地圖的故事

Boulder Media 大石文化

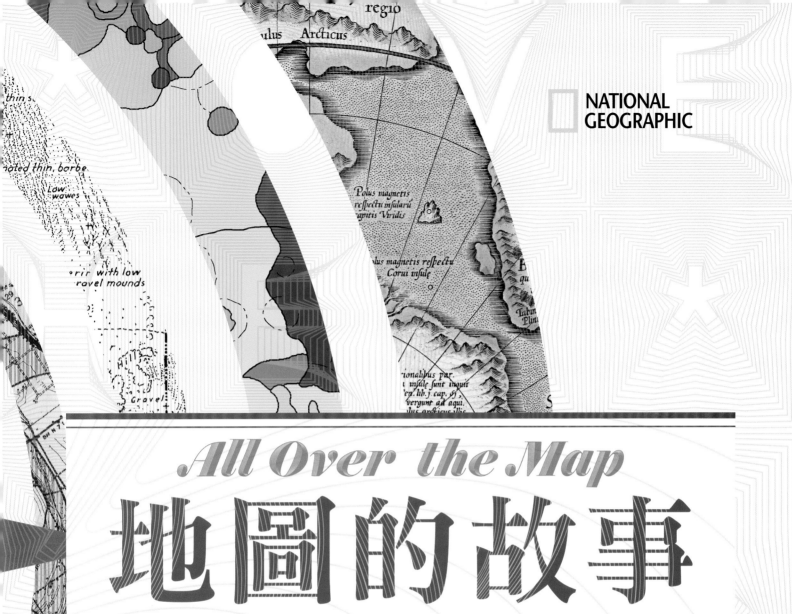

NATIONAL GEOGRAPHIC

All Over the Map

地圖的故事

悠遊在現實與想像、科學與藝術之間的地圖學發現之旅

作者◎貝西・梅森、葛瑞格・米勒
Betsy Mason & Greg Miller
翻譯◎陳義仁

Boulder Media 大石文化

目錄

每點一人

2013年，威爾登庫珀公共服務中心（Weldon Cooper Center for Public Service），維吉尼亞大學校長暨校董會

曾任維吉尼亞大學人口學研究員的達斯汀．凱伯（Dustin Cable）用3.08億個顏色編碼的點，來代表2010年人口普查中每個美國人的種族。這張細部放大圖顯示芝加哥市區白人（藍色）、黑人（綠色）、亞裔（紅色）和西班牙裔（橘色）的隔離狀態。

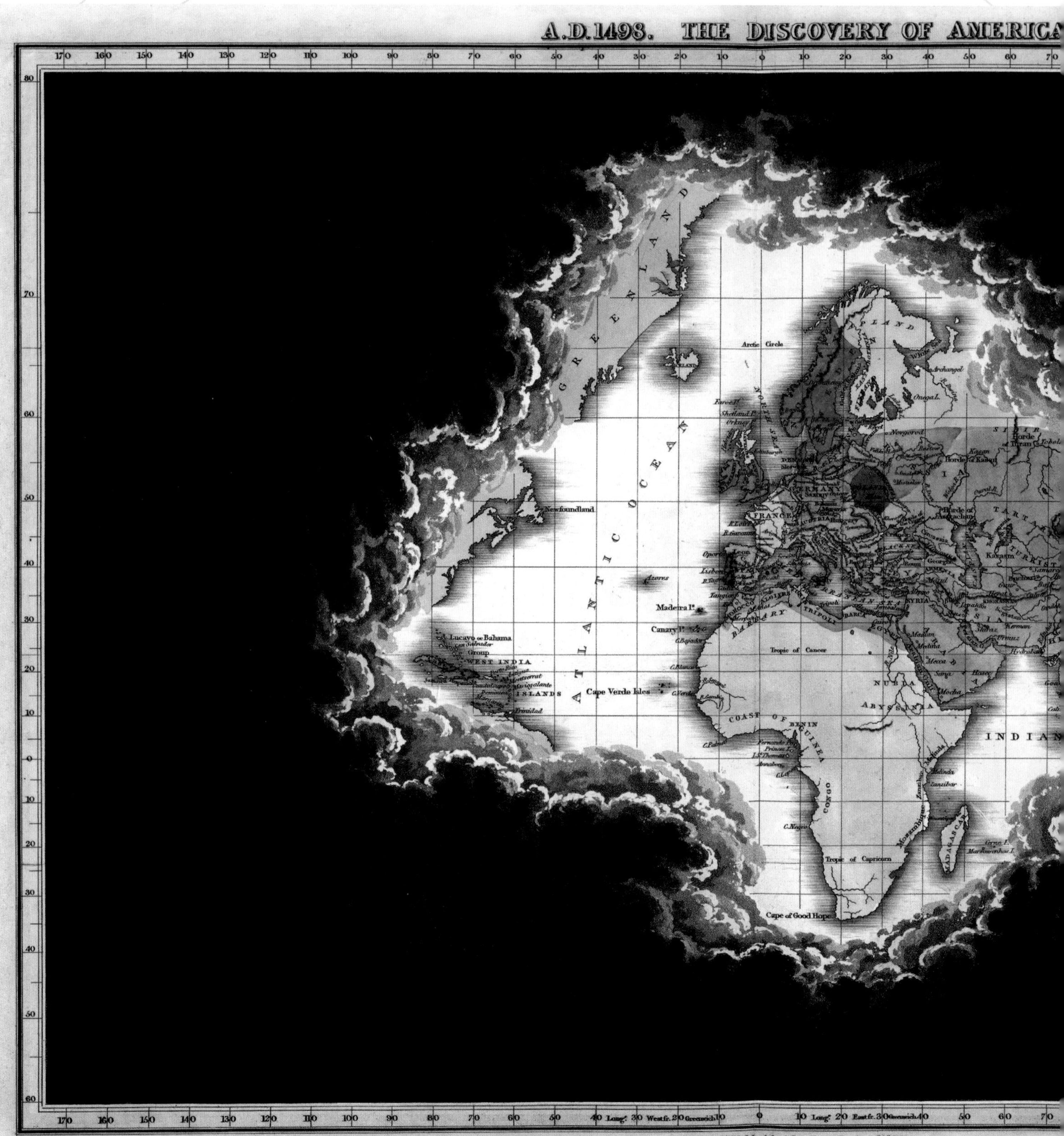
A.D. 1498. THE DISCOVERY OF AMERICA
GREENLAND
ATLANTIC OCEAN
Arctic Circle
Newfoundland
Azores
Madeira I.
Canary I.
Lucayo or Bahama Group
WEST INDIA ISLANDS
Trinidad
Cape Verde Isles
Tropic of Cancer
COAST OF GUINEA
BENIN
CONGO
NUBIA
ABYSSINIA
Tropic of Capricorn
Cape of Good Hope
MADAGASCAR
Zanzibar
Mozambique
INDIAN
FRANCE
Archangel
Onega L.
Novgorod
TRIPOLI
SYRIA
Mecca
Medina
Mocha
Long. West fr. Greenwich
Long. East fr. Greenwich
London, Published by Seeley & Burnside 169, Fleet Street, Jan. 1830.

前言

我們的大腦生來就是為了看地圖的。人類是視覺的動物——我們需要把東西圖像化，才能夠真正了解它。幾個世紀以來繪製地圖都是為了這個目的，把剛剛開始理解的世界在紙張（或是羊皮紙，或者數位影像）上呈現出來，或者用來敘述一個難以用其他方式表述的故事。對於概念的闡明或交流，地圖都是最佳工具之一。

因此，有些地圖才會這麼迷人。最好的地圖會牢牢抓住你的目光，因為它從圖面上看起來就令人好奇，或者充滿魅力，讓人覺得細看下去會有更多的收穫，例如能對這個世界獲得新的認識，對某個時代或是某個遙遠的地方產生具體的想像，或者知道一段有趣的故事。這本書最主要的目的，就是把有精采故事的地圖特別介紹出來。

知識撥開了雲層

1830年，大衛・倫西（David Rumsey）地圖收藏，史丹福圖書館，大衛・倫西地圖中心

在愛德華・奎因（Edward Quin）的古地圖集裡，雲層隨著地理知識與時俱增而退去，這部地圖集利用一系列地圖來顯示在歷史上不同時刻，世界上有哪些地方是已知的。這張地圖搭配的那一章詳述了1294到1498年間的重要歷史事件。

地圖最厲害的本領之一，就是能把你傳送到不同的時空。看到熟悉的城市以前的樣子、或是以前可能是什麼樣子，是非常令人神往的。或者見到完全陌生的地方，好比17世紀日本幕府將軍和武士通行的官道，或是18世紀初匈牙利人為採銀礦而開鑿的地下通道，工人打著燈籠、揮著十字鎬在裡面賣力工作。

地圖總是透露繪圖者的好惡與企圖。你看著一張地圖，就等於是透過別人的眼睛看世界——例如透過17世紀海盜的眼睛看見南美洲的海岸線，或是透過冷戰時期蘇聯軍隊的眼睛，鉅細靡遺地看見美國城市。

地圖向來是發現的工具，把世界上那些不是一望即知的事物揭示出來。1906年的舊金山大地震過後，地質學家繪製了舊金山的地圖，從圖上發現的訊息永遠改變了地質學。書上也有一些地圖說明了人類的知識探索有時會走進死胡同，例如認為火星表面的線條可能是火星人建造的運河，或者臭氣可能會傳播霍亂。

地圖也可以是想像力的跳板，是創造幻想世界或探索起碼目前尚不存在的地方的途徑。在製圖的過程中，也把我們最大的希望或恐懼具體呈現出來。本書就收錄了幾幅這樣的地圖，其中一幅是倫敦一名高瞻遠矚的速記員所規畫的20世紀烏托邦社區，把都市與農村生活的優點結合在一起；另外還有一名15世紀醫師畫出了他對末日降臨過程的想像。

人類想要探索、發現和創造美好作品的衝動貫穿整個地圖製作史。本書中好幾個故事都在介紹地圖師為了記錄實體地貌而採用的絕妙方法，以及為了生動呈現而開發的創新技術。

這本地圖書可能不同於你書架上可能會有的同類書籍。我們兩個都不是地圖學或地圖學史的專家，而是一輩子熱愛地圖、並且渴望更了解地圖的記者。我們過去五年來跟著好奇心的帶領，參觀地圖收藏，仔細研究檔案，並採訪了數十位學者、策展人、收藏家和地圖師，他們都很慷慨地花了時間分享他們的專業。

一路上，我們找到了從來沒有人在文獻中寫到過的有趣歷史地圖，發掘出知名地圖的新故事，發現了未完成的驚人地圖作品。我們在國家地理網站的「All Over the Map」網誌上分享過其中一些故事，但本書中絕大多數的故事都是首度面世。

其中一些地圖來自博物館、名門大學和著名藏家。但是，我們也設法把從比較少人矚目的來源取得的地圖收錄進來。這些地圖埋沒在不知名的政府公報、被遺忘已久的科學論文、私人收藏庫和圖書館的塵封角落。有一些是流行文化的產品，例如一張出自賣座電視劇《權力遊戲》（Game of Thrones）中的地圖。還有一些是日常生活的一部分——那種你會在飛機椅背的袋子裡找到的，或在踏上滑雪道之前塞進口袋的地圖。

我們把地圖的定義放得很寬，本書中有些圖片更是挑戰地圖的界線。比方說，有一張美麗的解剖圖標繪了腦部的連結，還有一張是《星際大戰》系列電影中惡名昭彰的超級武器死星的詳細示意圖。

往後各章大致按主題安排，但本書絕非地圖界的系統性概觀。實際上，我們試圖呈現出地圖的多樣性，從豐富的歷史性到繁盛的現代性，從實用性到幻想性。這是一本由地圖愛好者寫給地圖愛好者（包括那些還不知道自己是地圖愛好者的人）的書。這也是一本有大量插圖和真實短篇故事的書，只是內容剛好是關於一些厲害的地圖和製圖者。希望你會喜歡。

製圖的極致

1988年，國家地理學會

這張聖母峰地圖是《國家地理》雜誌1988年11月號所附的主題地圖，圖中表現地貌高差的手繪工藝至今尚無匹敵。這項測繪計畫是由著名探險家兼製圖師布拉佛．瓦許本（Bradford Washburn，他也製作了119頁的大峽谷地圖）帶領，地貌高差則是由瑞士聯邦地形局繪製。

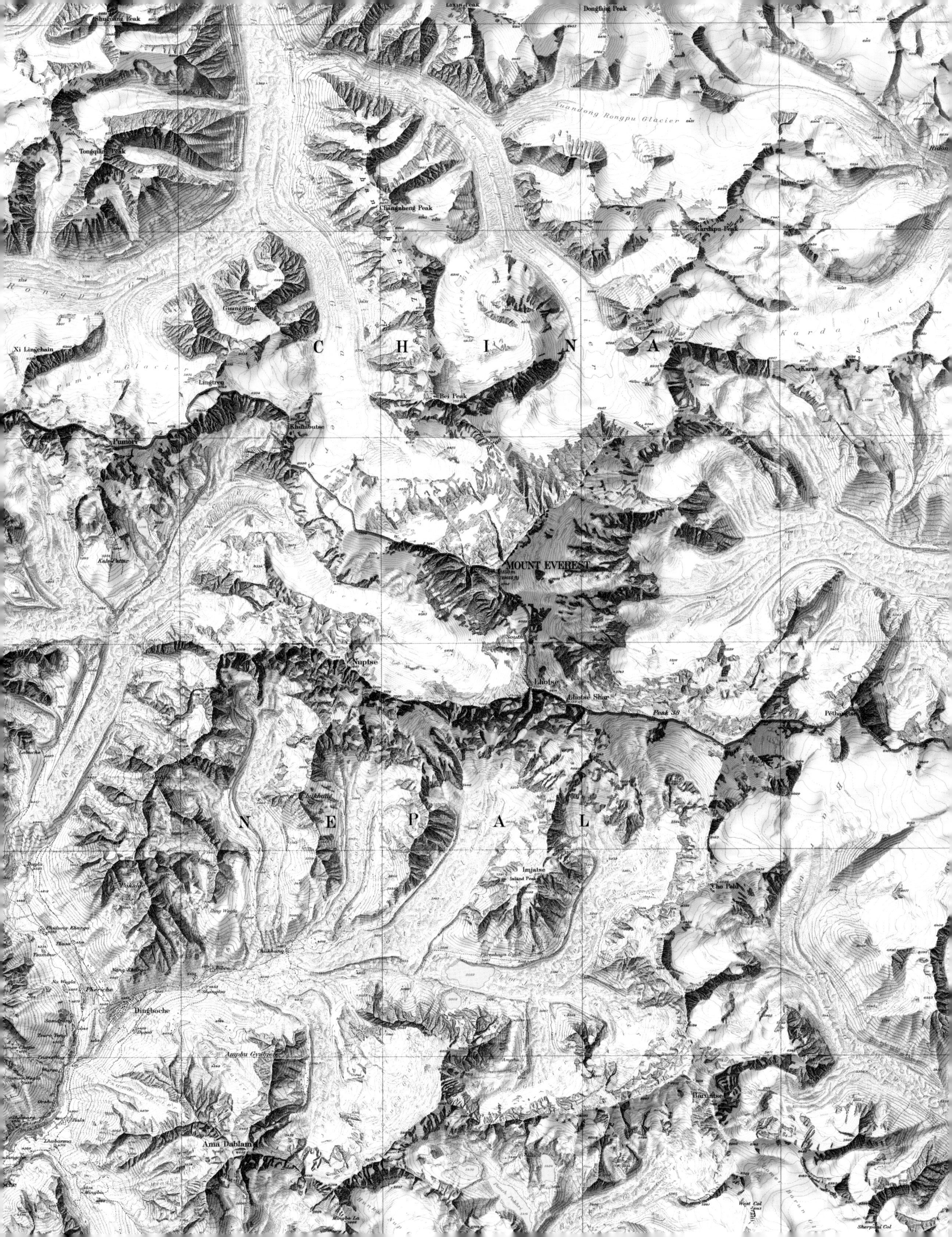

Shuguang Peak
Lixin Peak
Dongfang Peak
Xarlungnama
Yuandong Rongpu Glacier
Tongqiang Peak
Changzheng Peak
Kardapu Peak
Rongpu Glacier
Guangming Peak
Xi Lingchain
Pumori Glacier
Lingtren
Pumori
Khumbutse
Bei Peak
C H I N A
Karda Glacier
MOUNT EVEREST
Nuptse
Lhotse
Lhotse Shar
Peak 38
Pethangtse
Lobuche
N E P A L
Chukhung
Imjatse
Island Peak
Cho Polu
Dugla
Pokalde
Ding Wogla
Phulung Kharga
Thasa
Tsambur
Nang Kharga
Bibre
Na Wogla
Pheriche
Shangtso
Dingboche
Samdrang
Tsuro Teng
Duwo
Amphu Gyabjen
Warsa
Samso Wogla
Orsho
Rala
Lhabarma
Ama Dablam
Mingbo
Baruntse
West Col
Sherpani Col

1 WATER WAYS 水道

標繪河與海

縱觀人類歷史，水道一直是造就機會和奇觀的地方。一水之隔的另外一邊，或是河的上游，總讓人覺得有希望找到財富（或許在嚮往之餘，也害怕水面下不知道潛伏著什麼怪物）。有一些最有趣、想像力最豐富的地圖，就是從繪製水道而來。

海事地圖的繪製在17世紀的荷蘭到達頂峰。當時阿姆斯特丹的地圖業蓬勃發展，競爭十分激烈，地圖商提供航海圖和地圖給想在活絡的香料貿易中大撈一筆的水手（見32頁）。在那個爭搶殖民土地、不斷拓展貿易路線的時代，這類地圖非常搶手。英國海盜繞過半個世界，在美洲太平洋沿岸掠奪西班牙的大帆船，既是為了他們的黃金，也是為了他們的地圖（見18頁）。

隨著時代演進，海事地圖愈來愈科學，但美感並未減損。1807年，美國建國不久，國會委託進行第一次的全國海岸測量，這項艱鉅的工作一做就是數十年，最終產出一批美觀、嚴謹精準的美國海岸線與港口地圖（見42頁）。河川也成了研究對象。地質學家哈洛德・費斯克（Harold Fisk）記錄密西西比河河道變遷的彩色地圖，是史上最叫人嘆為觀止的地圖之一（見14頁）。

本章的地圖有很多不一樣的故事要說，但全都反映了水道在我們歷史和想像中的突出地位。➸

水手之鏡

1584年，貝瑞・勞倫斯・魯德曼（Barry Lawrence Ruderman）地圖收藏，史丹福大學大衛・倫西地圖中心

16世紀的Spiegel der Zeevaerdt（水手之鏡）是第一部收錄海圖和航行指示的印刷地圖集。製作者是荷蘭航海船長兼地圖師盧卡斯・楊松・瓦格赫納（Lucas Janszoon Waghenaer），後來這類地圖集在英語中就叫作「waggoner」。為了幫助水手，瓦格赫納不僅從傳統視角——從上往下看——描繪地形起伏，也畫出了側面，如同海上所見一般。這張地圖涵蓋了西班牙北部一段大約80公里的海岸線。

Ioannes à Doetecum, Fecit.

aien tußchen Rio de Sella en Auiles. alsmen daer beneffens zeijlt

et Auilam dum præternauigatur.

AIÆ PARS.

Villa Viciosa.

Sanson.

Gijon

Tores

C. de Pennas.

Auiles.

OCEANI

S

O W

E

OCEANVS

Z

PARS.

Die Caerte vande Zeekusten van biscaien, Zeer quade hauens voer groote schepen tußchẽ Rio de Sella ẽ Auiles.

Biscaiæ descriptio littoralis: portus magnis incommodißimos nauibus, inter fluuium Sellam et Auilam continens.

Lucas Iões aurigarius Inuet.

Cum Priuilegio ad decenniũ.

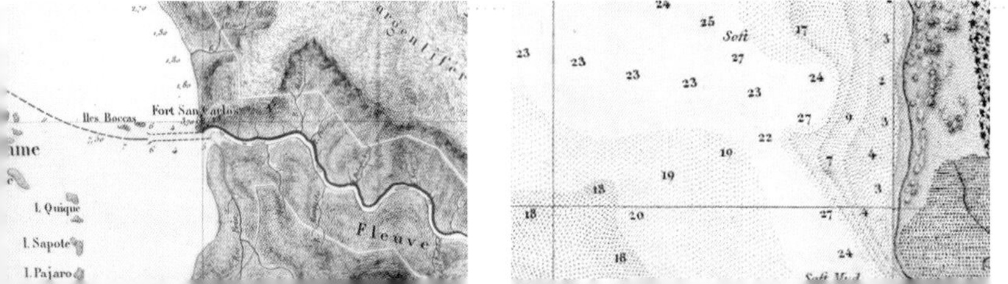

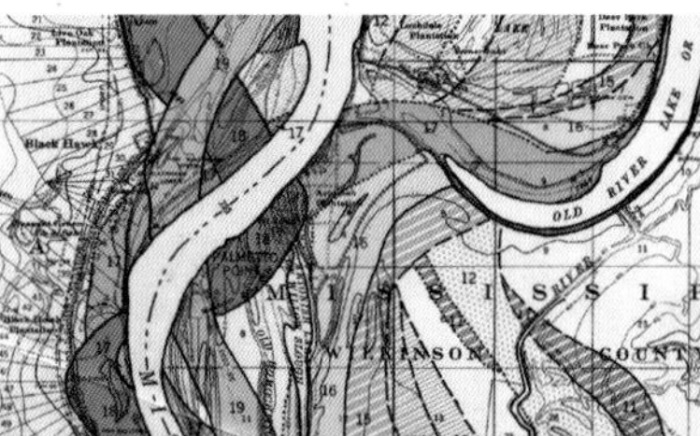

老人河的動盪過往

標繪密西西比河的河道變遷

製作年份： 1944年
來源： 美國陸軍工兵隊

西西比河在1927年發生嚴重且致命的氾濫，淹沒了超過61944萬7000平方公里的土地，水深最大達到9公尺。這場洪水造成超過一百萬人流離失所，好幾百人死亡，到現在還是美國歷史上最嚴重的天災之一。

然而，有人認為這場災難並不完全是天災。在這之前的200年間，河邊東一座西一座地陸續蓋了許多防洪堤，目的是保護城鎮和農地免於洪水侵襲。在堤防出現之前，密西西比河幾千年來都是自由改道，在谷地裡來回蜿蜒，不斷拋棄舊河道、創造新河道。正如一位美國陸軍工兵在1932年所說的，「它像一條被關起來的蛇一樣到處扭動。」1927年，這條蛇在好幾個地方突破了防洪堤。

最能清楚、有力呈現這段變動史的，莫過於地質學家哈洛德．費斯克在1944年製作的一套地圖。他早先在路易斯安那州進行地質調查，其中有一張地圖記錄了密西西比河的幾條舊河道，引起了美國陸軍工兵隊的注意；這個單位早在1928年就奉命治理這條任性的河流。1941年，他們委任當時路易斯安那州立大學的年輕教授費斯克，協助他們更深入了解綽號「大泥河」（Big Muddy）的密西西比河，進而加以馴服。

費斯克和他的四人地質學家團隊奉派調查整個密西西比河下游谷地的地質史，範圍從伊利諾州開羅鎮到墨西哥灣，花了兩年多的時間穿越谷地、研究地貌、審視空拍照片和舊的地形圖，以找出廢棄河道的跡證。他們還在古老的河流沉積層上鑽了300多個洞，也在既有的

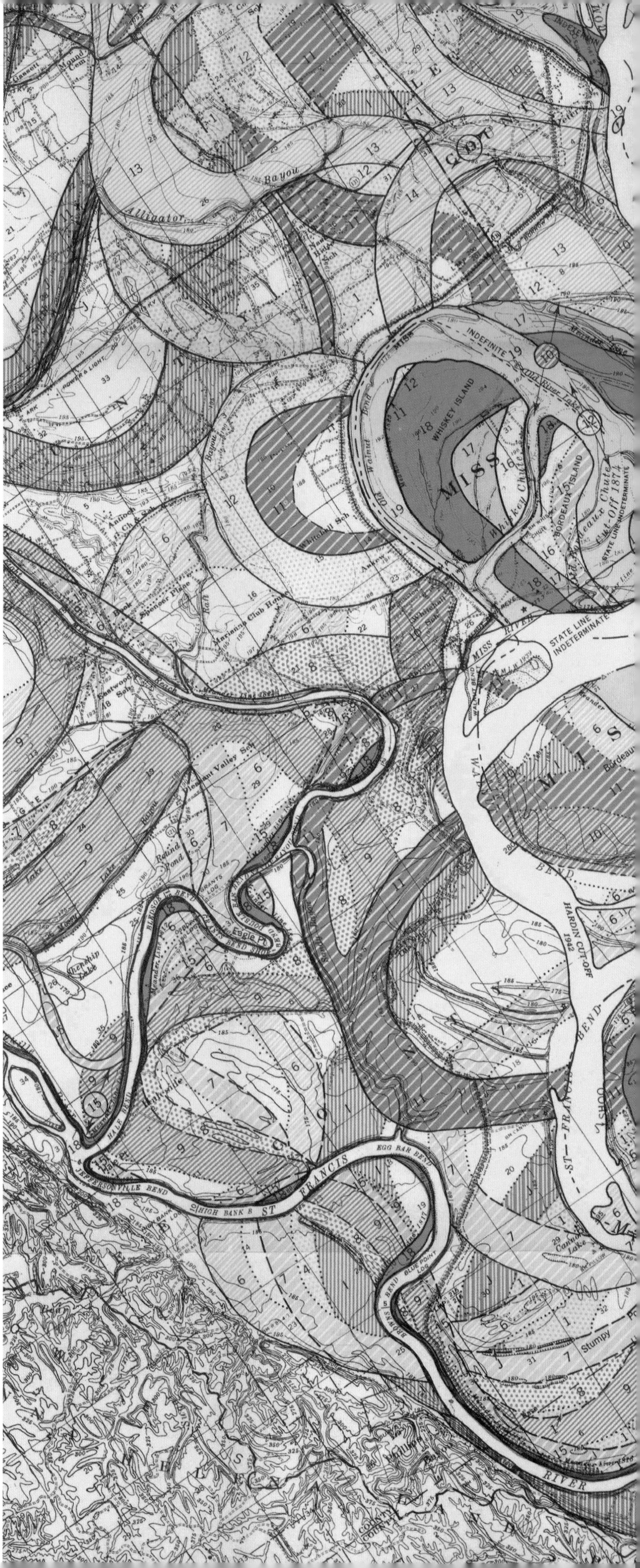

地質學家哈洛德．費斯克1944年發表的彩色密西西比河舊河道地圖，展示了密西西比河的改道傾向。今天的地圖學者仍認為這套地圖是製圖工藝的優秀範例。

MISSISSIPPI
ARKANSAS
R-I-V-E-R
ASHLEY POINT
MHOON BEND
Meander Line
Old River Lake
McKinney
Tunica
Jack Lake
FOX ISLAND BEND
Meander Line 1835
HARDIN
SHIP ISLAND
BEAVERDAM LAKE
Withers Brake
ARKANSAS
MISSISSIPPI
FLOWER LAKE
Cypress
Josephs Rest Ch
Rising Sun Ch Sch & Cem
BEND

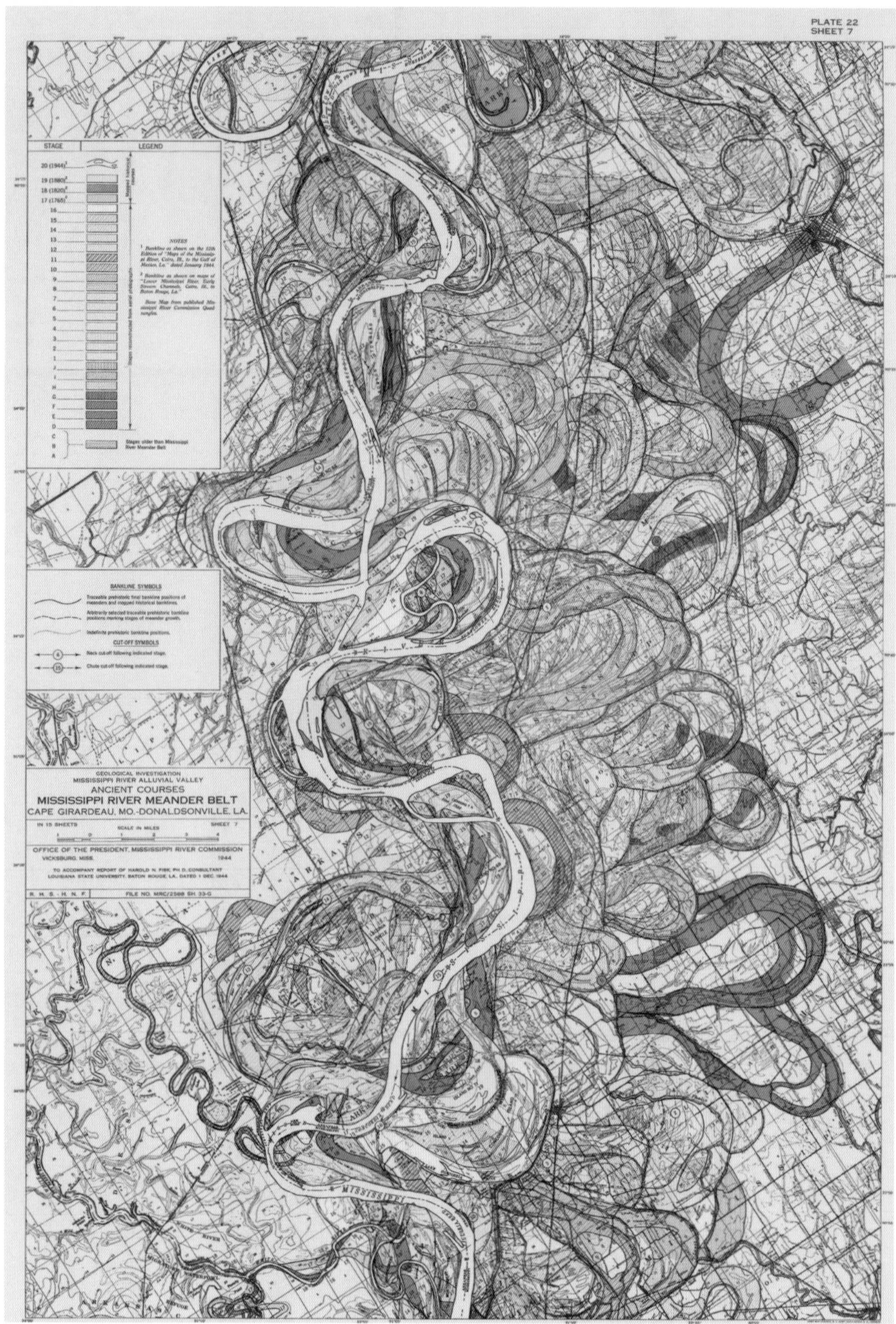

左圖 這張密西西比河舊河道地圖是費斯克1944年報告裡的15張地圖之一，這份報告涵蓋了伊利諾州開羅到墨西哥灣之間的下密西西比河谷（Lower Mississippi River Valley）。費斯克研究時的河道顯示為白色。

水井和油井蒐集資料，總共累積了大約1萬6000個地面孔洞的資訊。

地質學家把這些資料仔細拼湊起來，追溯出這條河在過去6000年間占據過的27條河道。有一位技藝高超的製圖員名叫比利．德門特（Billy Dement），他用6萬分之一的比例尺把每一條河道用不同的顏色標繪在地圖上。費斯克在1944年發表了完整的調查報告，其中就包含這套美得難以置信、精確度和科學性極高的地圖，名稱是平凡無奇的「圖版22號」。

這些地圖清楚揭露密西西比河多麼蜿蜒曲折——從一邊彎到另一邊最遠可達80公里，並點出發生這種現象的原因。河水通過彎道時，因轉彎處外側的水流較快，會慢慢侵蝕河岸、加深彎度。隨著彎度增加，有時河水就改走捷徑，從河彎頸部切出新河道，如本頁地圖靠近中央位置的兩處河彎（白色）。改道後，原本的河彎會形成月牙形的牛軛湖（如右頁衛星影像對照圖），並隨著河流定期淹氾濫、淹沒周圍平原而累積沉積物。相同過程會在任何一條曲流的上下游反覆發生。

費斯克的地圖揭露了一項事實，那就是緊鄰密西西比河邊的大小城鎮有很多都直接坐落在舊河道的路徑上。河流兩邊的平地都位於密西西比河慣於流動的領域內。雖然費斯克的地圖非常有效地呈現出密西西比河長久以來不安定的狀態，但他認為這條河其實正在安頓下來，成為他所謂的「平衡」河川。他察覺到其中曲折蜿蜒的部分愈來愈直。

這個想法符合美國陸軍工兵隊拉直河道的工作方向，包括截彎取直和加固防洪堤，並設法維持河道的位置。據費斯克所述，他們只是在加速河流本身正在做的事。這個策略似乎有效，在1944、1945和1950年都擋住了高漲的水位。但是1973、1993和 2011年幾次近期的泛濫，就讓工兵隊經常在重新評估對抗密西西比河的戰略。

雖然費斯克的想法不完全得到證實，但他的地圖經得起時間考驗，其中一些甚至在近年來獲得重生。由於這種尺寸的彩色地圖（每張都是71×102公分）在1944年的製作成本非常高，因此整份報告只印製了1000份正本。科學家和工程師對這套絕版地圖的持續需求，促使陸軍工兵隊在1990年代加以數位化，提供線上免費下載。終於這套地圖引起地圖學家和設計師的注意，被盛讚為這門工藝的典範，而且出現在雜誌、專輯封面和海報店。

「這些地圖用精采絕倫的方式呈現了一種整體模式，一種在數千年間逐漸發生的整體動態過程，同時還詳細呈現了這種模式的證據。」耶魯大學地圖學家兼歷史學家比爾．蘭金（Bill Rankin）說。

蘭金說，有趣的是，這些地圖雖然如今公認是「絕美製圖工藝的代表作」，卻是在完成以後很久才歸入經典。「可能還有無數絕美的地圖埋沒在我們不知道的政府公報裡。」他說。✱

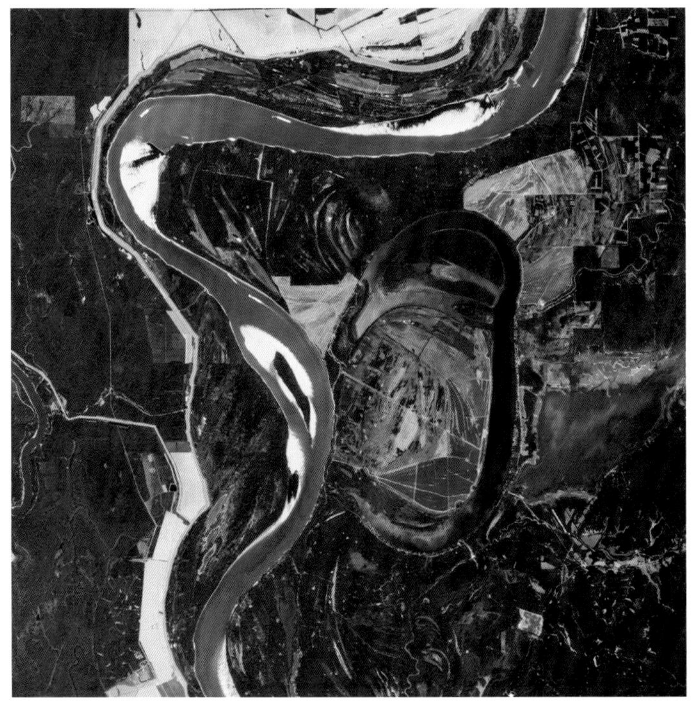

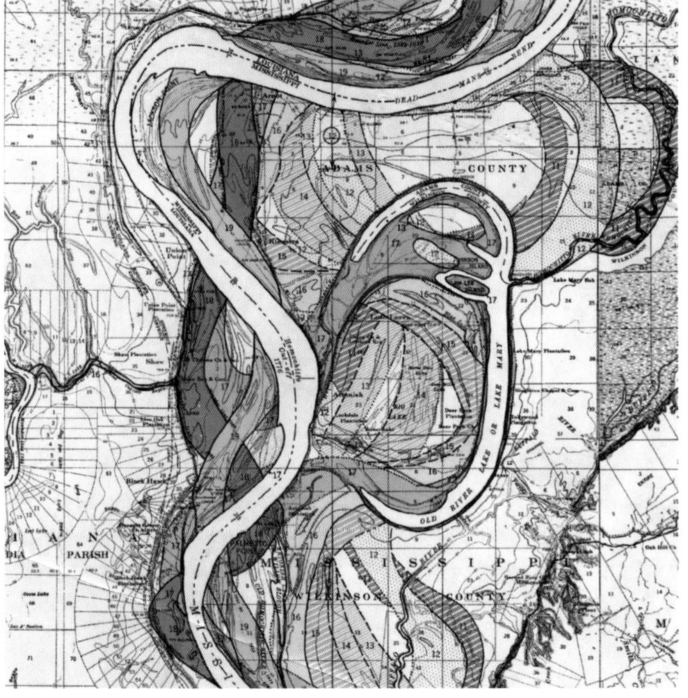

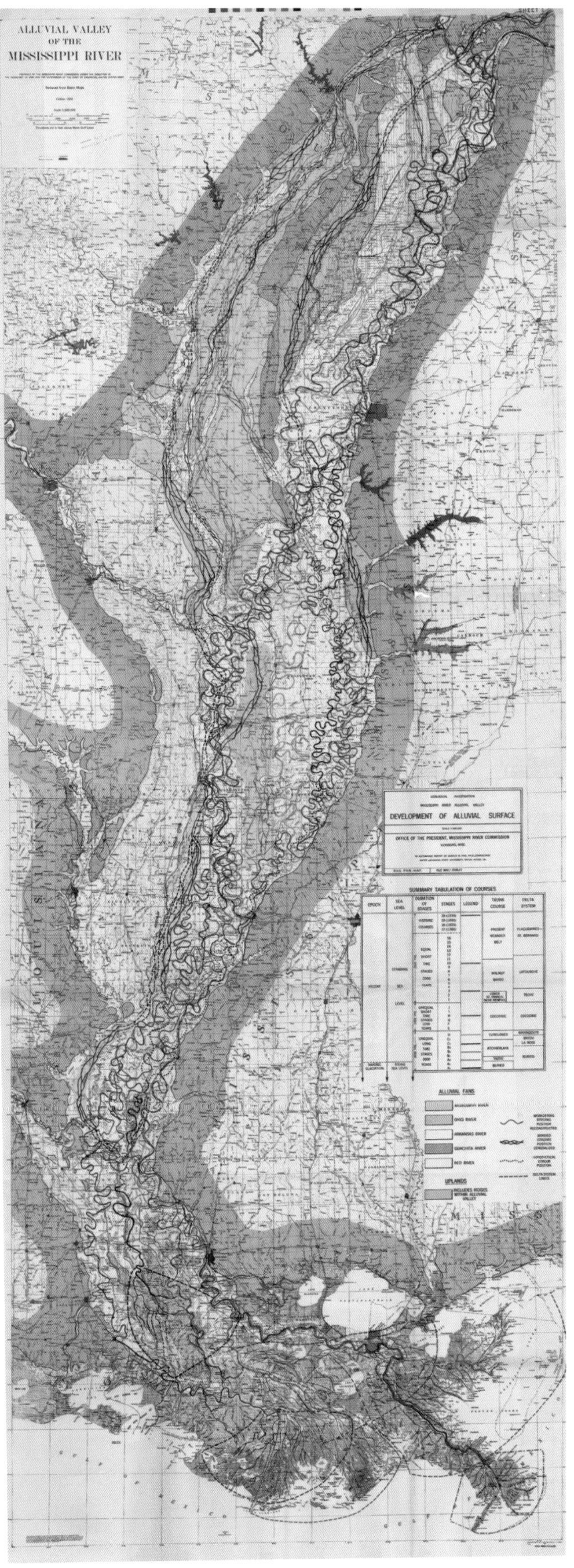

上圖 對照費斯克的1944年地圖（下圖）和1999年的衛星圖像（上圖），顯示密西西比河有一個蜿蜒處被新河道截斷，形成一座牛軛湖。周圍的平原上可以看到更早以前的舊河道痕跡。

右圖 這張出自費斯克1944年報告的地圖，顯示他在下密西西比河谷的調查範圍，圖中的古河道被簡化成好幾組，藍色實線代表費斯克團隊實地測繪的最近期河道（自1765年起）。

海盜搶來的航海地圖集

一名17世紀的英國海盜用一份搶來的西班牙航海圖換來自由身

製作年份：1669-1685年

來源：英國國家海事博物館、大英圖書館、亨丁頓圖書館

英國海盜巴索羅繆・夏普（Bartholomew Sharpe）在1680年和300人越過位於巴拿馬的中美地峽，俘獲西班牙船隻「三一號」（Trinity），利用這艘船在中南美洲太平洋沿岸劫掠西班牙船隻。他們的事蹟之所以會出名，主要是因為他們是一夥有讀寫能力的海盜：包括夏普在內，共有五人記下了詳細的日誌。

根據這些記述，我們知道他們搶來的最有價值的珍寶之一並非黃金或白銀，而是一份西班牙航海圖集。夏普後來找人依樣製作了一份彩色插圖的英文抄本，獻給英格蘭國王——這件禮物很可能保住了他的自由，甚至是他的性命。

這場大膽的竊盜行動發生在厄瓜多海岸外。1681年7月29日清晨，夏普有個手下看見一艘西班牙船的帆，海盜追了上去，在駁火之中擊殺了西班牙船長，拿下這艘名為「羅薩里歐號」（Rosario）的船。上船之後，他們發現好幾百瓶的葡萄酒和白蘭地、一些水果、還有少量金錢。他們把這些戰利品搬回三一號，然後砍倒羅薩里歐號的桅杆，讓仍在船上的40名船員隨波漂流。這群海盜還丟棄了700塊暗灰色的金屬板，他們以為是錫，後來才知道那其實是尚未精煉的銀，令他們深感懊悔——這筆財富原本會是「我們在整趟航程中最貴重的戰利品」，一名船員這麼寫道。

然而，他們並未看錯羅薩里歐號上另一樣東西的價值。夏普在日誌上描述那是「一份極具價值的西班牙手稿」。他的一名手下寫道，這是「一本充滿海圖和地圖的好書，非常精準且明確地描述所有屬於南海的港口、測深、溪流、河川、海角和海岸，以及西班牙人在那片海域航行時慣用的所有航道」。

他所謂的「南海」指的是太平洋。瓦斯科・努涅茲・德・巴波亞（Vasco Núñez de Balboa）是第一個經由新大陸抵達太平洋的歐洲人，他在1513年從巴拿馬越過隔開大西洋和太平洋的地峽，和夏普一夥人走的路線差不多。由於這條陸路是從北往南走，所以巴波亞稱之為南海。

一個半世紀後，西班牙人仍控制著那片水域，而英國人千方百計想要分一杯羹，因此這本西班牙航海圖才會這麼有價值。羅薩里歐號的船員曾在亂鬥過程中試圖把那本書扔下船，卻被夏普救了下來（在日誌中，他並沒有說是怎麼救下來的，不過表示那些西班牙人看到他把書弄到手都在哭喊）。

21頁的地圖來自一本西班牙航海圖，歷史

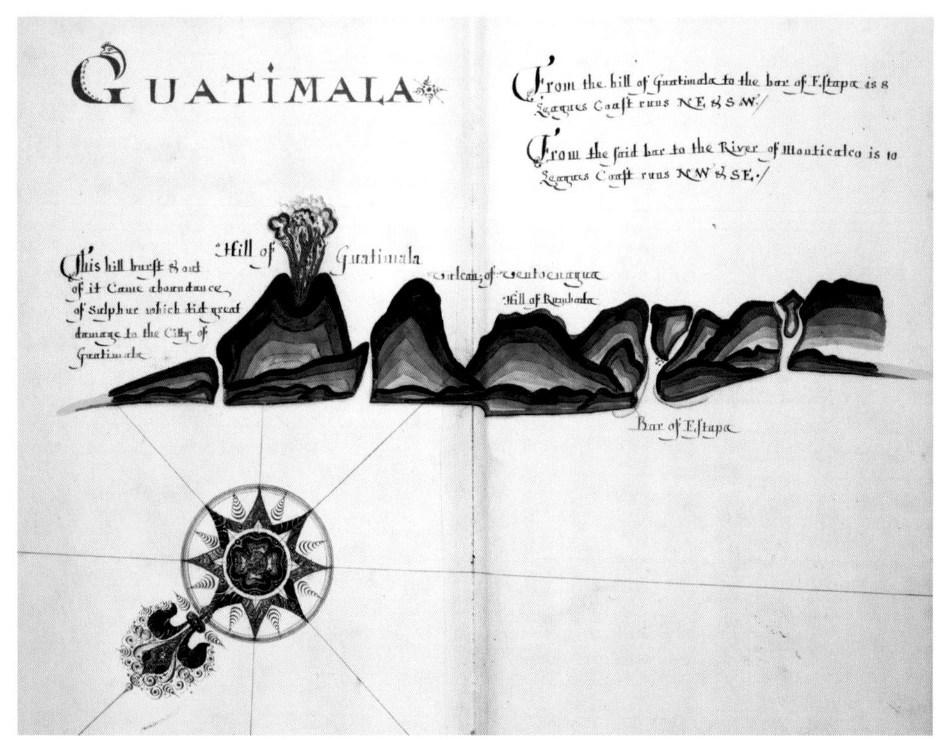

右頁 海盜夏普聘請倫敦製圖師哈克根據搶來的西班牙航海圖製作一本地圖集。這張地圖是哈克自己加上的，內容顯示夏普和手下繞過南美洲的航線。出自獻給英王查理二世的1684年版地圖集。

左圖 哈克地圖集裡的這一頁出自查理二世死後，獻給英王詹姆斯二世的1685年版，顯示一座從瓜地馬拉的太平洋岸可見的火山。「這座山爆發，噴出大量硫磺，對瓜地馬拉城造成重大破壞。」哈克在圖上寫道。

FLORIDA
Bay of Mexico
TROPICUS CANCRI
MAR DEL NORT
ÆQUINOCTIALIS
TERRA FIRMA
POPAYAN
GUIANA
AMERICA
MERIDIONALIS
Amazones rio
BRAZILIA
PERU
Potosy
Rio de la Plata
TROPICUS CAPRICORNI
MAR DEL ZUR
CHILI
PATAGONIA REGIO
the Straights of Magellan
Guilielmus Hack Delineavit Anno Dni 1683
Sharpe's Redditus

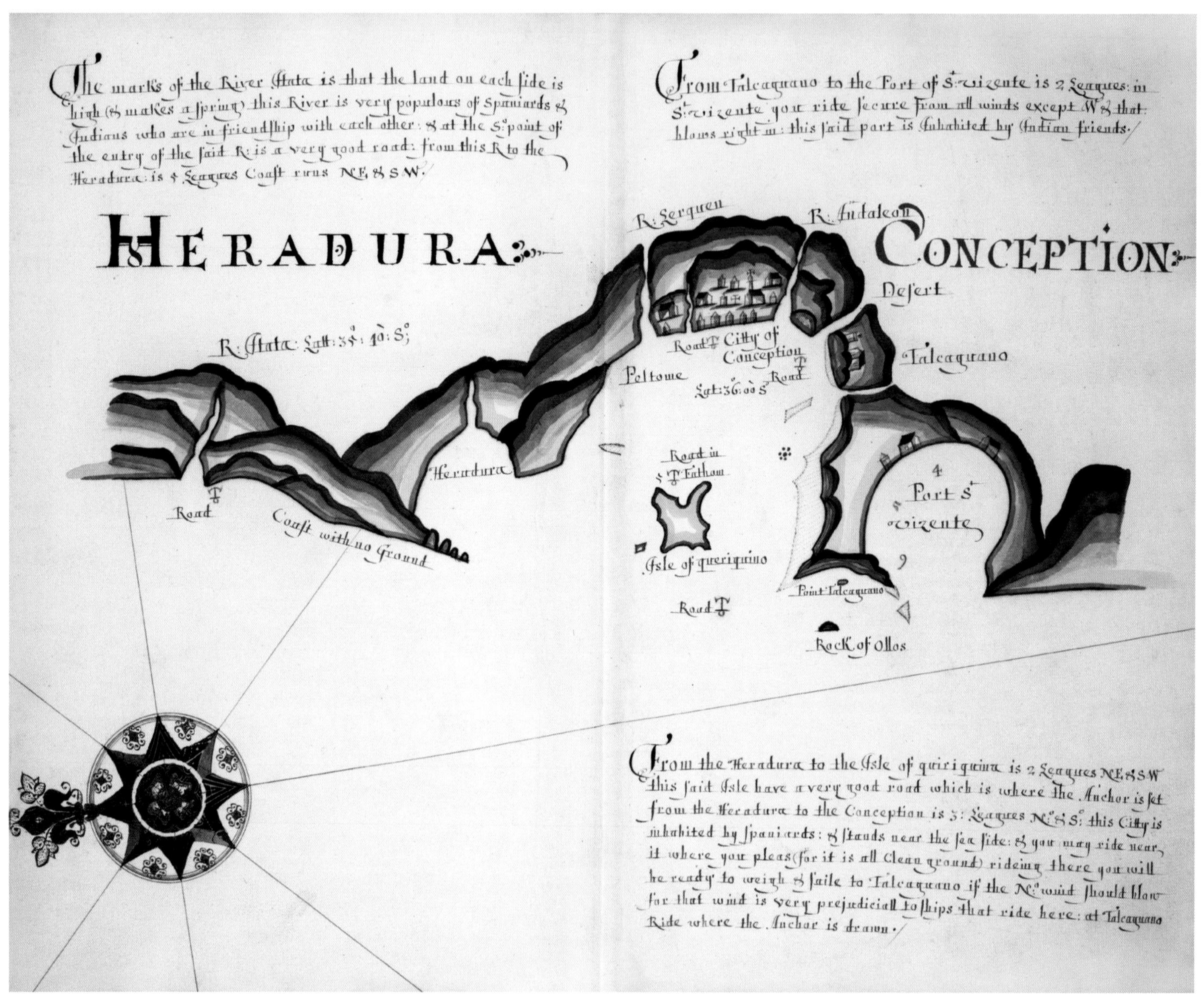

上圖 1685年版的哈克地圖集有一頁顯示康塞普森——現今的智利境內——周圍的南美洲海岸線。哈克提到，伊塔塔河（Itata River，圖左）「住了很多相互友好的西班牙人和印第安人。」

學家曾經以為那就是從羅薩里歐號搶來的那一本。圖中的航行指南和從外海往陸地方向看的港灣視圖，對當時的水手來說一定極其寶貴。近期的研究顯示，這本航海圖其實是著名海盜亨利．摩根（Henry Morgan）在這之前十年到手的戰利品。羅薩里歐號的航海圖就算還在，也是下落不明。

和羅薩里歐號交手過後，夏普繼續帶領手下侵襲太平洋沿岸的船隻，摧毀了25艘船，殺了200多人，使西班牙受到龐大的經濟損失。他們最終南下返航，成為第一批從西邊繞過南美洲尖端的英國人。

夏普在1682年一回到倫敦，就發現有麻煩等著他。西班牙大使為了羅薩里歐號船長之死而震怒，要求以海盜罪審判並絞死夏普。兩名證人在審判中做出對他不利的有力證詞，然而，令人驚訝的是，他被宣判無罪。

原因有可能就是那本航海圖。夏普從一開始就知道英王查理二世會對這份資料很感興趣。到了審判開始的時候，國王已經看過這本地圖，連要做出一本英文版的事都安排好了。

受聘重繪這些地圖的製圖師是威廉．哈克（William Hack），他以前是水手，說不定也當過海盜。根據大英圖書館前地圖策展人愛德

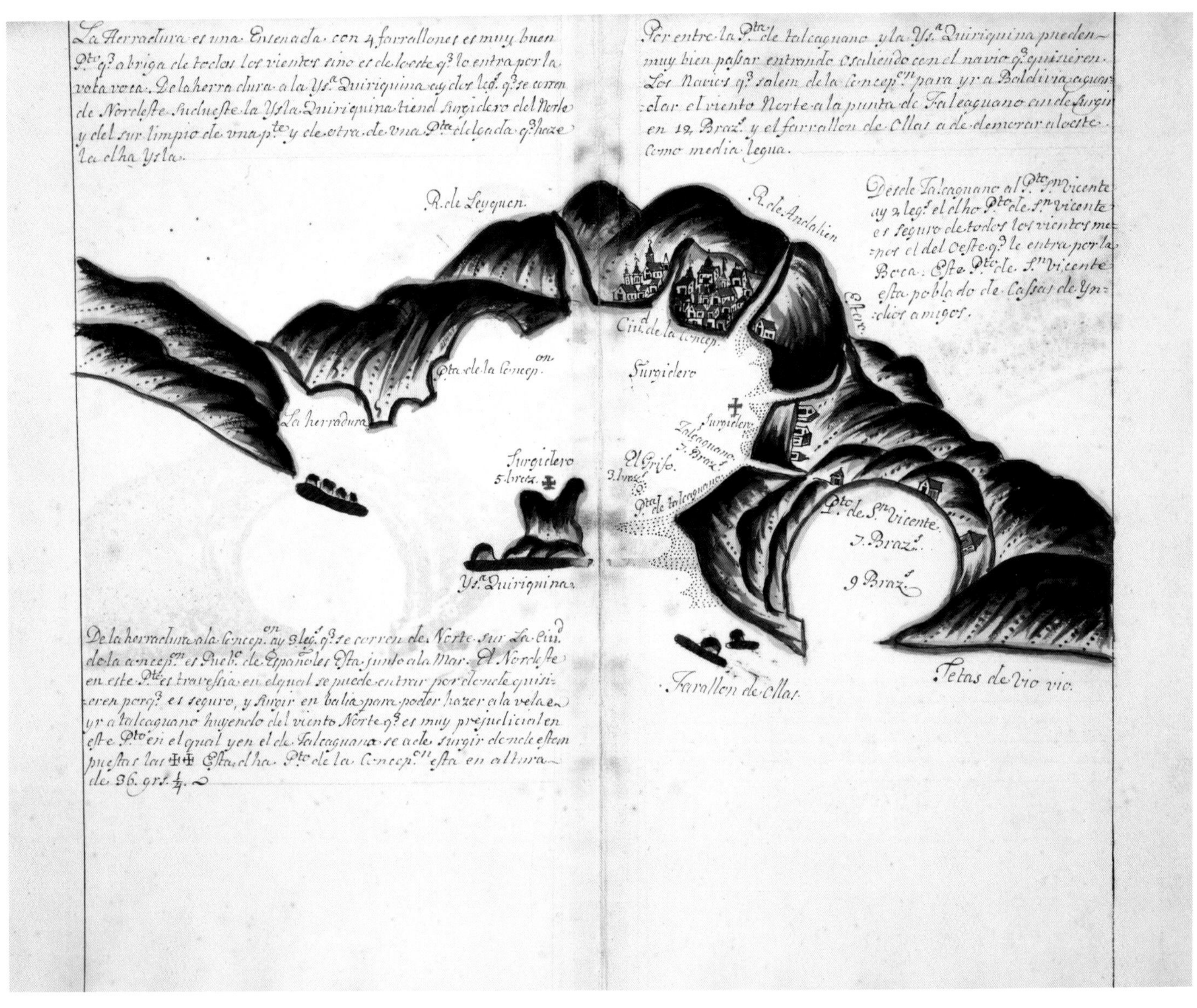

華．林納姆（Edward Lynam）的一篇文章，哈克顯然已經認定比較安全的謀生方式是「在當地酒館一邊喝白蘭地，一邊從失業海盜那裡收集刺激的祕密情報，賣給政府和貴族」。

哈克把一本根據羅薩里歐號航海圖製作而成的南海地圖集複製了好幾本（他似乎也在少數地方運用了摩根搶來的那本航海圖）。哈克的彩色繪圖稚氣得可愛，不過他對於盛行風、安全的下錨地，和從海上可以見到的當地地標做了不少描述，在當時一定對導航很有幫助。他描繪了美洲沿岸幾十個港（見上一頁的康塞普森地圖，這個港位於現今智利），共同的特色是點綴著樹木和房屋的青翠山丘，偶爾還有噴發的火山（見第18頁的瓜地馬拉地圖）。

第一本當然是獻給國王，上面還附了夏普寫的獻辭。這是非常明智的舉動，結果夏普非但沒被絞死，反而獲派為皇家海軍的艦長，奉命率艦到巴哈馬尋找一艘沉沒的西班牙寶藏船。這可是一項肥缺，但對夏普來說或許太乏味了。結果他自己決定前往西印度群島，重新開始時斷時續的犯罪生活，直到生命的盡頭，他內心都還是個海盜。＊

上圖 這張地圖涵蓋的範圍跟左頁哈克地圖集的地圖大致相同，出自一份1669年西班牙航海圖，哈克或許曾經看過（雖然這不是他的主要資料來源）。手寫的航行筆記描述了從海上可見的地形。

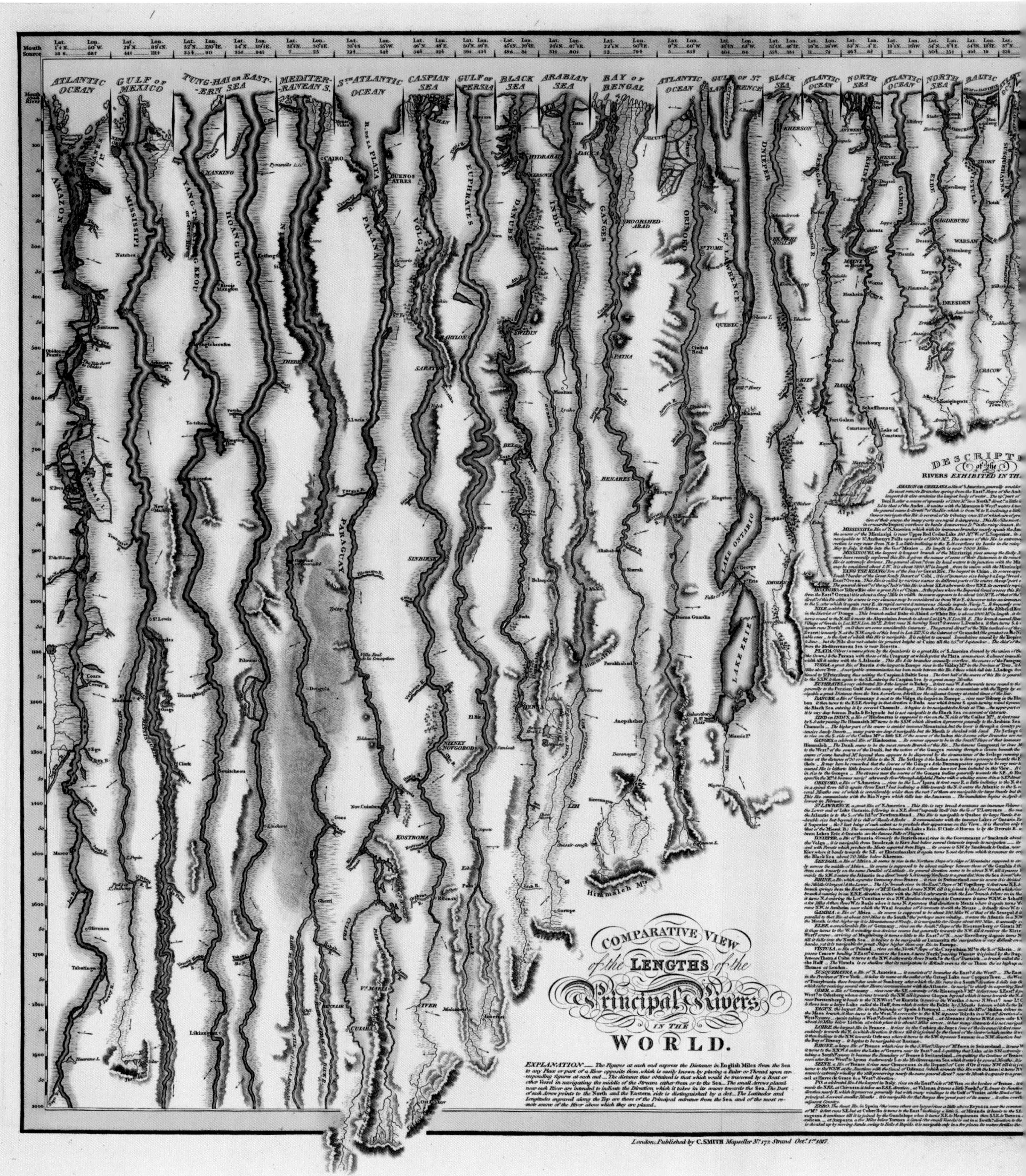
ATLANTIC OCEAN
GULF OF MEXICO
TUNG-HAI OR EAST-ERN SEA
MEDITER-RANEAN S.
S^T ATLANTIC OCEAN
CASPIAN SEA
GULF OF PERSIA
BLACK SEA
ARABIAN SEA
BAY OF BENGAL
ATLANTIC OCEAN
GULF OF S^T LAURENCE
BLACK SEA
ATLANTIC OCEAN
NORTH SEA
ATLANTIC OCEAN
NORTH SEA
BALTIC
AMAZON
MISSISIPI
YANG TSE KEOU
HOANGHO
PARANA
PARAGUAY
VOLGA
EUPHRATES
DANUBE
INDUS
GANGES
ORINOKO
S^T LAWRENCE
LAKE ONTARIO
LAKE ERIE
DNIEPER
RHINE
ELBE
VISTULA
CAIRO
BUENOS AYRES
NANKING
BABYLON
PATNA
BENARES
QUEBEC
MONTREAL
KIEF
MAGDEBURG
WARSAW
DRESDEN
CRACOW
Himmaleh M^ts
COMPARATIVE VIEW of the LENGTHS of the Principal Rivers IN THE WORLD.
EXPLANATION.— The Figures at each end express the Distance in English Miles from the Sea to any Place or part of a River opposite them, which is easily known by placing a Ruler or Thread upon corresponding figures at each end.— The distance thus obtained is that which would be traversed by a Boat or other Vessel in navigating the middle of the Stream either from or to the Sea.— The small Arrows placed near each River are intended to indicate the Direction which it takes in its course towards the Sea. The Dart of each Arrow points to the North and the Eastern side is distinguished by a dot.— The Latitudes and Longitudes engraved along the Top are those of the Principal entrance from the Sea, and of the most remote source of the River above which they are placed.
DESCRIPTION of the RIVERS EXHIBITED IN TH
London; Published by C. SMITH Mapseller N° 172 Strand Octr 1st 1817.

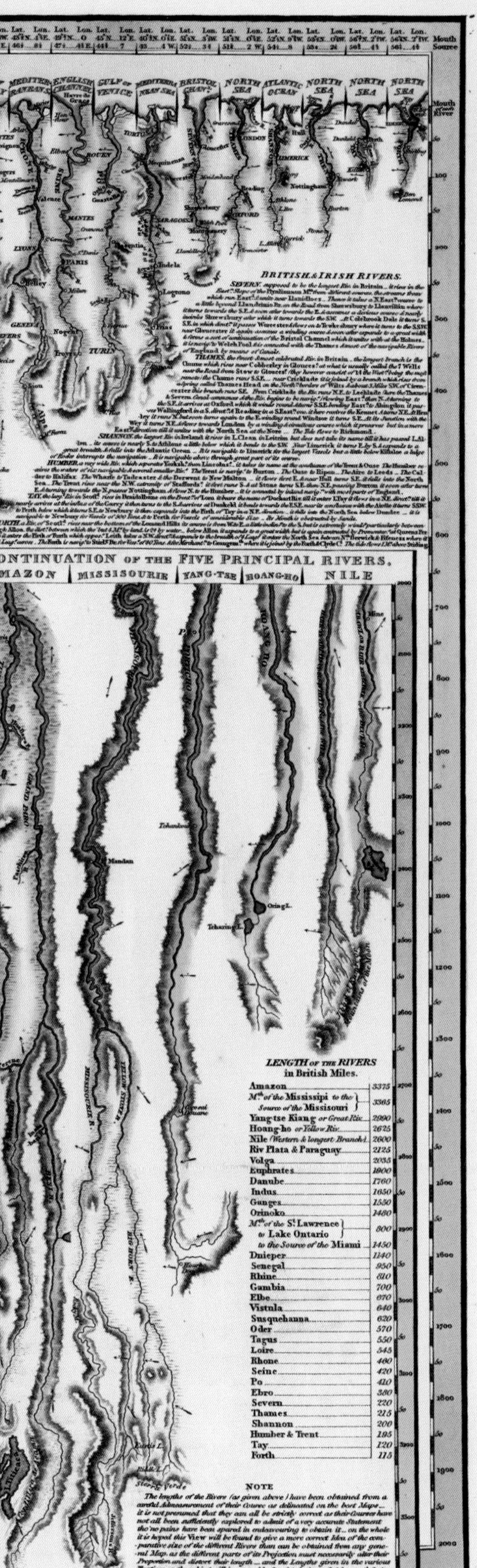

世界河川一覽圖

19世紀的比較圖
提供自然界的全球觀點

製作年份： 1817年

來源： 史丹福大學圖書館大衛・倫西地圖收藏

在19世紀初，地圖集裡常見的地理數據統計表開始變得有趣得多，那就是改以視覺化呈現。一開始是用圖表比較不同大陸上的幾座山脈高度，後來逐漸納入幾十座、甚至幾百座世界高峰。圖中的山岳通常被描繪成一堆，最高的山聳立在圖面的一邊，其他的山在前景上沿著高山兩側排列，依次漸矮。這是世人首次能以圖像方式直接比較全球地理特徵的相對大小。

不久之後，衆家製圖師就把這項技術應用到世界上的河川，他們把河川拉直，河口朝上吊掛在頁面上，並按長度排列。查爾斯・史密斯（Charles Smith）的〈世界主要河流長度比較圖〉（Comparative View of the Lengths of the Principal Rivers of the World）於1817年在倫敦出版，是這類比較圖中最早的一幅。這些圖在歐洲和北美很受歡迎，往往都是組合圖，最長的河在最左邊，最高的山在最右邊，呈對角線配置。

史密斯的圖以冗長的「描述來介紹這幅一覽圖中的河流」，反映了當時的地理知識。描述中提到：長江的源頭「似乎在西藏」；「原住民乘著獨木舟」航行在亞馬遜河和它的支流上，「很多地方湍急又危險。」。聖羅倫斯河（Saint Lawrence）容納了「巨量的水」，而密西西比河的河道「極其曲折」。史密斯還提到「認為恆河穿過喜馬拉雅山底下某個洞穴的想法」似乎已被推翻。

雖然關於世界前幾大長河的討論持續至今，但19世紀的比較圖表在某些統計資料上差異極大。比方說，史密斯1817年的圖把尼羅河標為4184公里長，但在1852年的一張圖中卻增加到5150公里，而現今則認為大約 6759公里。山岳的情況也一樣。在整個19世紀，俄羅斯的厄爾布魯士山（Mount Elbrus）的標高都在5002到5647公尺之間浮動。

隨著探險家、地理學家和科學家愈來愈了解全世界的河川和山岳，也愈來愈懂得如何精確測量，圖表裡的數字也跟事實愈來愈接近。但由於對整個實體世界的認識變多，可能使得比較圖到了19世紀末不再流行：隨著地圖上的空白被填上，地理之謎也被揭開，地圖就變得更準確，圖表也失去了訴求點。

「我們可以感嘆它的消逝，」美國國會圖書館地理與地圖部前主任約翰・沃特（John Wolter）在1972年寫道，「畢竟它細讀起來很迷人，觀賞起來也很悅目——也許僅次於觀看那些山脈和河流本身。」✳

在19世紀的歐洲和北美很流行這種把世界各大山川等地理特徵編排在一起的圖表，例如這幅1817年的圖，圖中世界各大河川都被拉直，並按長度排列以便比較。

西北航道的偉大探索

過去幾個世紀，不斷有製圖師在圖上標繪他們幾乎一無所悉的北極水道

製作年份：1558–1875年
來源：奧雪地圖圖書館（OSHER MAP LIBRARY）

一定錯不了，世界頂端一定有一片海。古希臘人在地圖上畫了這片海，然後接下來好幾個世紀，整個歐洲也都這麼做。從16世紀開始，無數人拚死都要找到這片海，盼望會有一條穿越北極地區的海上捷徑可以打開通往亞洲的全新貿易路線。現在，多虧了全球暖化，探尋許久的西北航道真的存在了……至少在一年中的部分時間會出現。

北方海洋航道這個概念至少可追溯到公元2世紀，數學家克勞狄烏斯．托勒密（Claudius Ptolemy）和古希臘人都認為，地球有四個適居帶，而頂部和底部各有一個不可居帶，通常被認為是嚴寒的水世界。但是一直到16世紀初，義大利探險家哥倫布發現新大陸之後，西北航道這個概念才開始在歐洲大眾的想像中立足。畢竟，當哥倫布向西航行要去尋找通往東方的海上航線，結果被一塊大陸擋住了去路。西北航道會是繞過這個僵局的途徑。

「在西班牙人和葡萄牙人控制了非洲和南美洲沿岸的南方貿易路線之後，荷蘭人、法國人和英國人再度想要利用這個途徑來接近東方，以及他們認為那裡所擁有的財富」，南緬因州大學奧雪地圖圖書館前館長伊恩．福勒（Ian Fowler）說。

這個時期的地圖充滿了製圖師的狂想。右邊是傑若德．麥卡托（Gerard Mercator）1633年繪製的著名地圖，按照傳說中的形容來描繪北極：一塊巨岩被水和四座大島包圍。實際上不存在的海灣和島嶼在這些地圖上很常見，同樣常見的還有海怪（如下圖）。取巧甚至徹底造假的情況也很普遍。26頁上方的地圖來自1558年出版的一本書，書中描述了威尼斯人澤諾兄弟（Zeno brothers）在1380年的航行。據福勒所述，這個故事幾乎可以肯定是假的，目的是為了回頭主張當年應該是威尼斯人發現了新大陸。即使如此，這張地圖還是廣受複製，而且可能導致某些遠征隊誤入歧途。「那很危險，」福勒說，「上面畫的格陵蘭和歐洲相連，這顯然不是真的。冰島以南有很多虛構的島嶼，而格陵蘭西邊則有一大片開闊海域，在當時很可能是無法航行的，因為有流冰。」

早期的探險家偶爾也會對事實疏於關心。英格蘭人馬丁．夫洛比雪（Martin Frobisher）在16世紀末三次出航都沒有找到西北航道，但這並未阻止他誇大其辭。「他是發現了一些海峽，但他宣稱發現的比實際上多得多。」福勒說。有一趟他帶著好幾噸礦石回到英國，聲稱是金礦，因而說服金主資助他另一趟航行，但那些礦石最終證明是俗稱愚人金

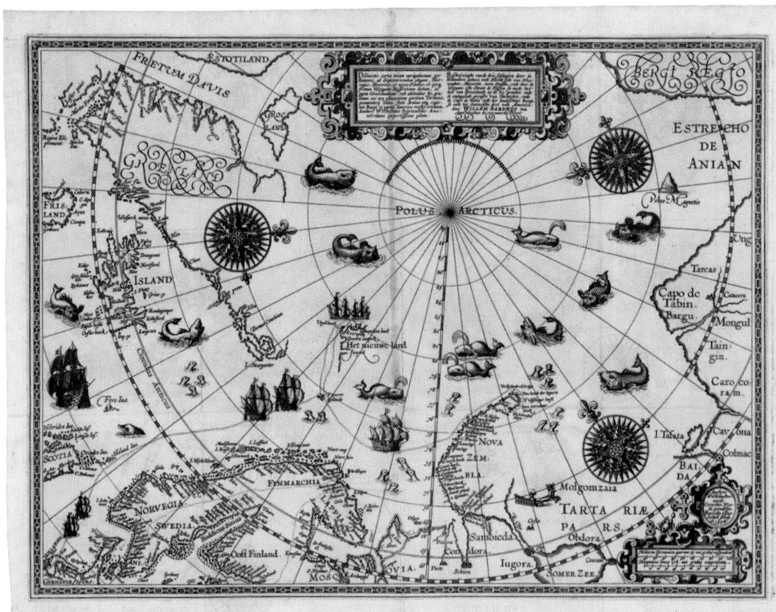

右圖 在麥卡托這張1633年地圖上，北極被描繪成一塊被水包圍的巨岩。圖中還包含不存在的弗里斯蘭島（Frisland），畫在左上角的嵌入圖，和地圖上靠底部的位置。

左圖 荷蘭探險家威廉．巴倫支（Willem Barents）這張1598年地圖上到處都是海洋生物，這是他在第三次北極之旅中受困海冰時繪製的。

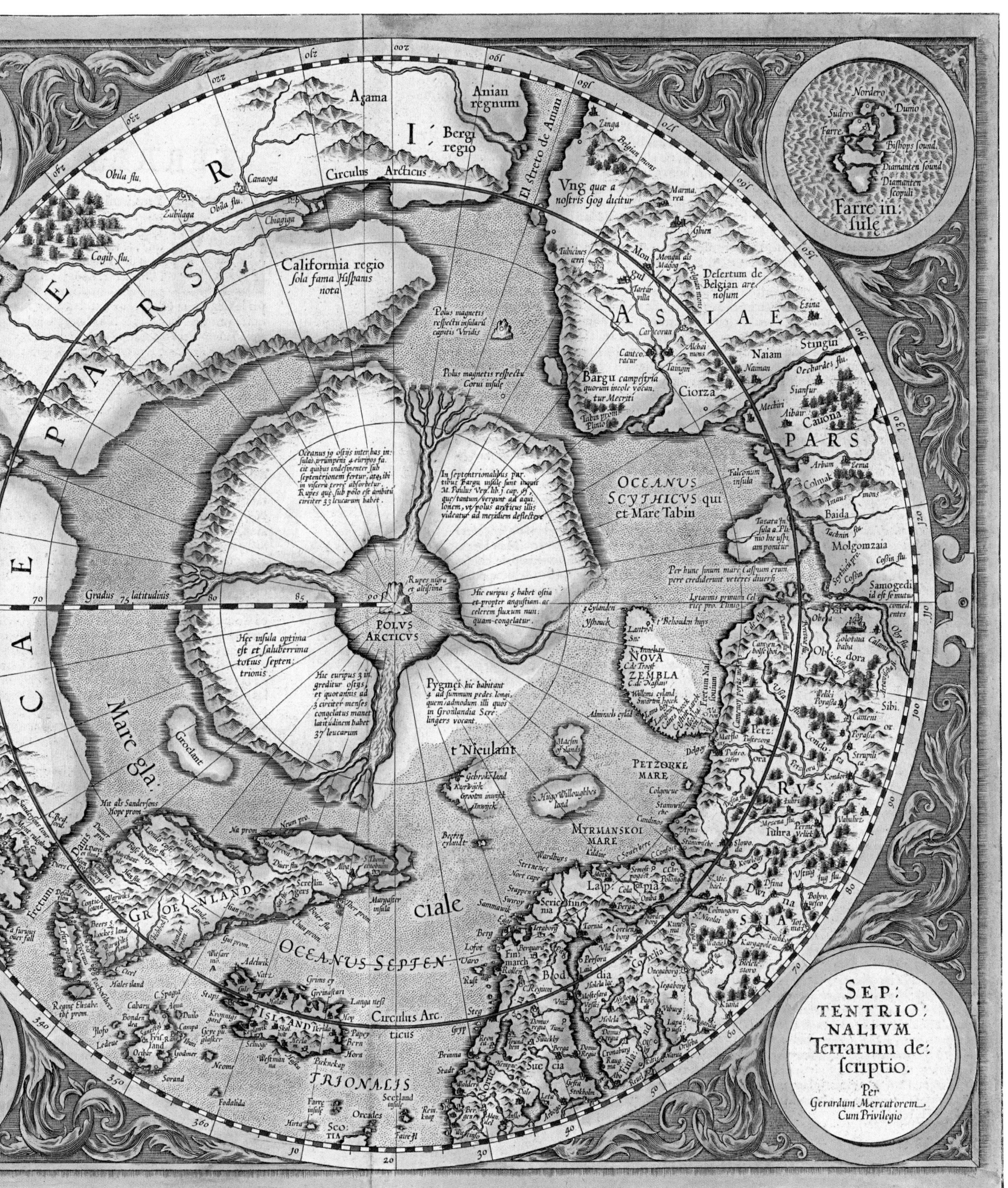
SEP:
TENTRIO:
NALIVM
Terrarum de:
scriptio.
Per
Gerardum Mercatorem
Cum Privilegio
Farre in:
sule
Polus Arcticus
Oceanus Scythicus qui et Mare Tabin
Oceanus Septentrionalis
California regio sola fama Hispanis nota
Anian regnum
Agama
Bergi regio
El streto de Anian
Circulus Arcticus
Circulus Arc. ticus
Nova Zembla
Petzorke Mare
Myrmanskoi Mare
Groenland
Island
Scotia
Mare glaciale
Desertum de Belgian arenosum
Bargu campestria quorum incole vocantur Mecriti
Rupes nigra et altissima
Gradus 75 latitudinis
t'Nieulant

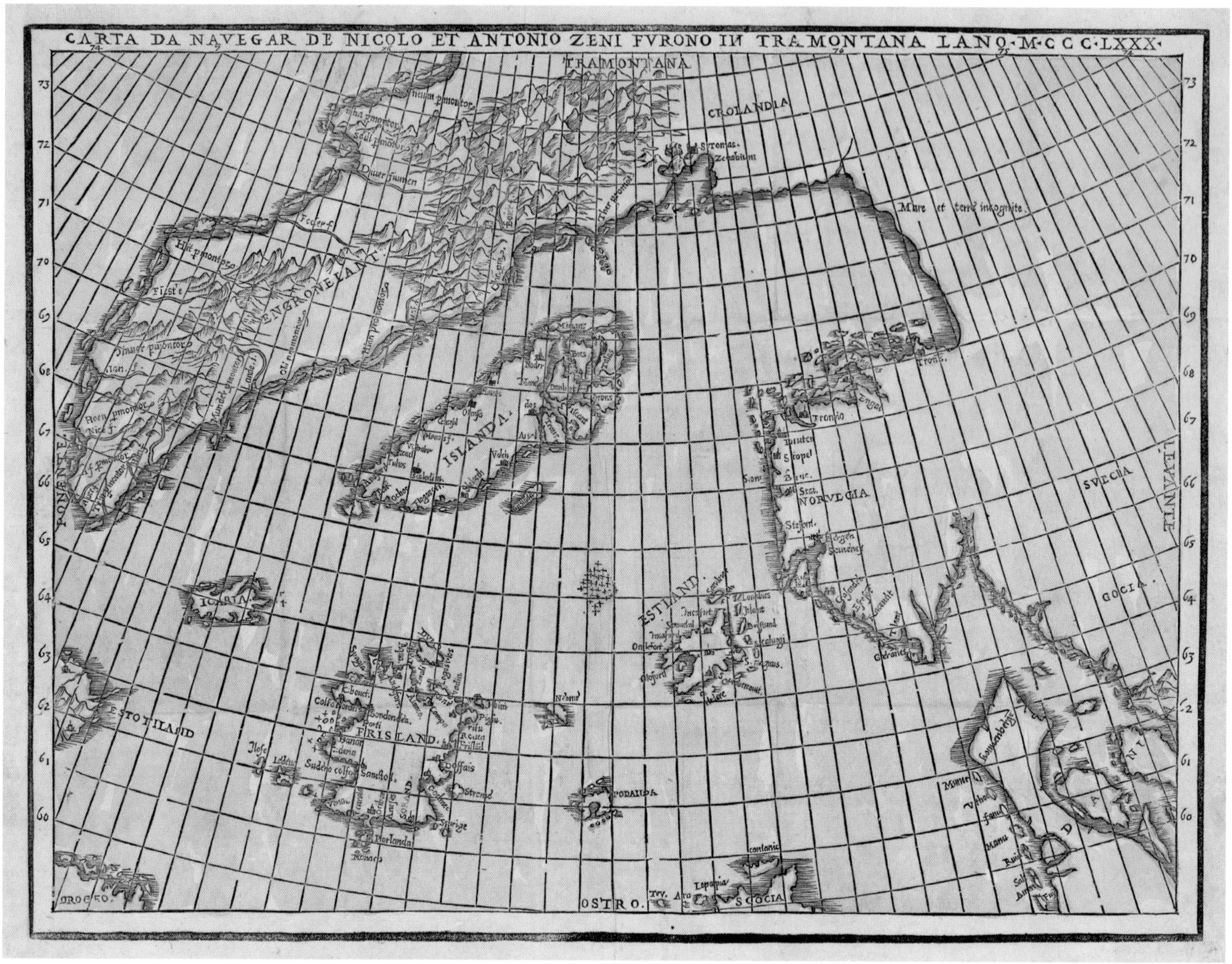

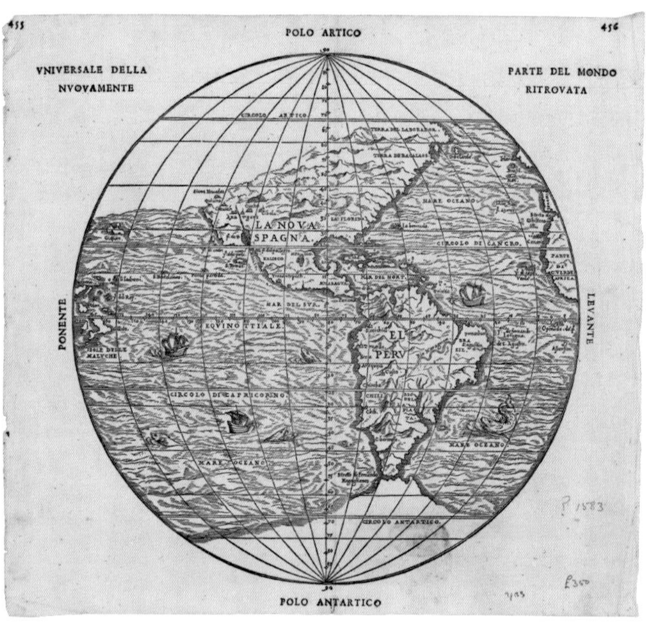

左圖 喬凡尼·拉穆西奧（Giovanni Ramusio）和賈科莫·蓋斯托迪（Giacomo Gastaldi）在1563年繪製的這張地圖，是第一張上市販售的精準美洲地圖，兩極的空白區域反映了當時地理知識的欠缺。

上圖 這張1558年的北極地圖據稱是依據威尼斯人澤諾兄弟的旅行所畫，圖中誤把格陵蘭描繪成跟歐洲相連。西邊的開闊海域當時必定充滿了海冰。

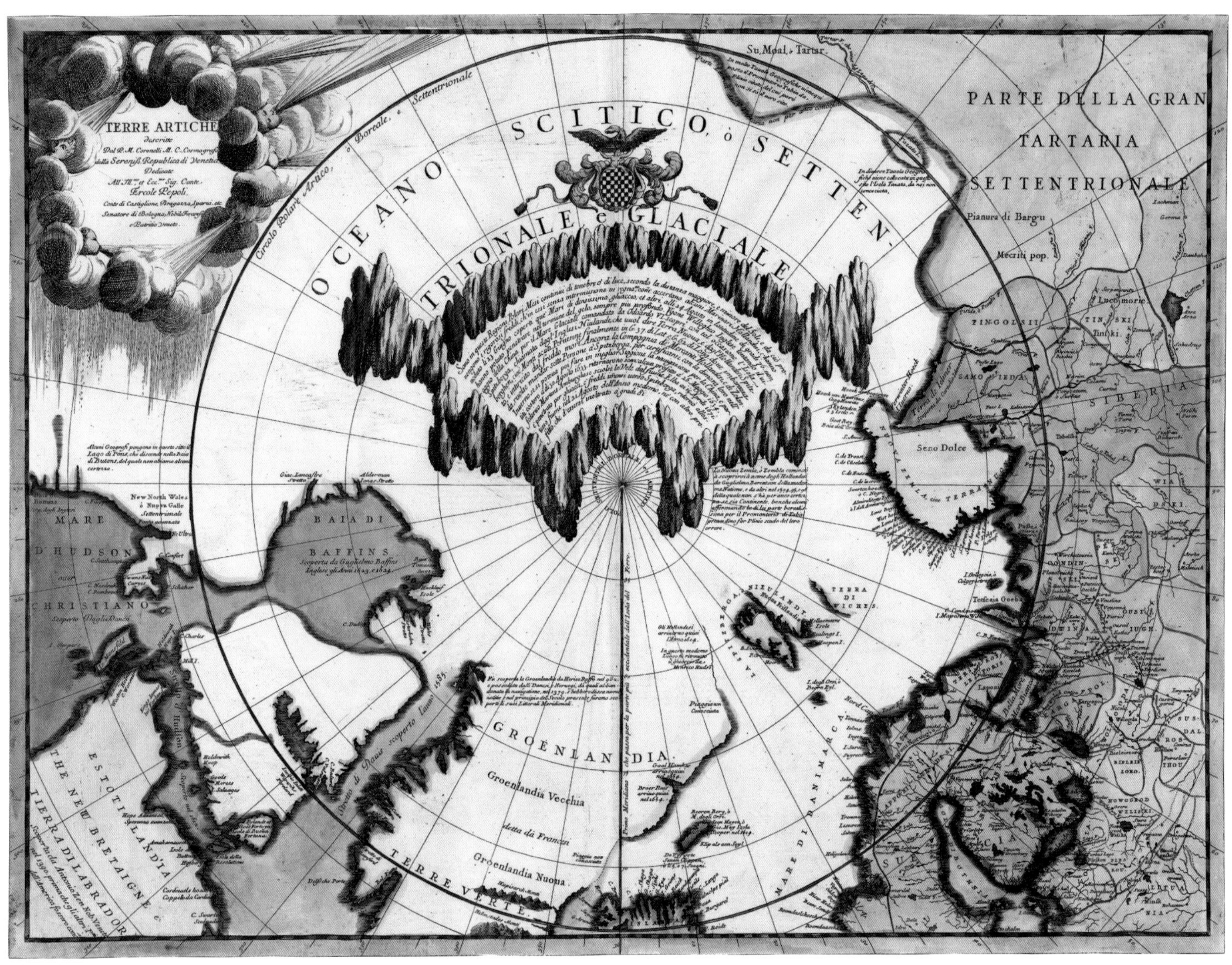

上圖 雅克·彼得斯（Jacques Peeters）這張1709年的地圖上，彩色雲朵代表了北極光。彼得斯把地圖上的地理特徵歸功於發現它們的探險家，並以虛線表示格陵蘭海岸一處未測繪過的區域（底部中間）。

的黃鐵礦。

隨著時間演進和後續探索，地圖也愈來愈好。第28頁的地圖在1784年於俄羅斯出版，是最早畫出西伯利亞北極區海岸細節的地圖，資料取自一項很有系統的大規模調查。圖中描繪一條可能的西北航道，最右邊的「西河」（R. de l' Ouest）連接了哈得孫灣和太平洋。可以看出亞洲這一側的詳細程度比北美洲這一側高很多；這種情況在一張同年出版的地圖上完全反轉，那張地圖依據的是庫克船長（Captain James Cook）對阿拉斯加海岸的探索成果。

在所有尋找西北航道的行動中，最有名的或許是1845年約翰·富蘭克林（John Franklin）爵士領軍的遠征。富蘭克林是英國海軍軍官，他帶領過先前兩次的北極遠征，但這次的遠征隊並未如期返回。富蘭克林的妻子珍夫人（Lady Jane）促請英國政府派遣一支搜索隊，最後在1848年成行。搜索行動在往後幾年擴大規模，增派了更多船隻，關於尋找失蹤遠征隊的新聞也吸引了英國大眾的關注。

最終，搜索隊員只找到幾位早在航行之初就過世的人的墳，還有少數幾件散落的筆記和其他遺物。他們當時不知道的是，富蘭克林的兩艘船都被冰困住，包括富蘭克林在內的129人已經喪生。這兩艘船在過去這幾年間找到了。2016年，研究人員在北極某個海灣的水底發現了《驚恐號》（H.M.S. Terror），保存情況意外地好，船尾艙的大玻璃窗經過將近170年都沒破掉。

富蘭克林和同時代的其他探險者都不知道，原來他們的遠征碰上科學家所謂的「小冰期」——北極地區經歷幾個世紀之久的異

常寒低溫。隨著19世紀末氣溫開始攀升，西北航道終於逐漸打開。挪威探險家羅爾德·阿蒙森（Roald Amundsen）在1906年完成首次全程乘船通過西北航道，前後歷時三年，包括在冰上度過兩個冬天。

近年來在北極地區的行船愈來愈容易。隨著極冰融化，這條路線變得更加暢通。2016年9月，一艘載有1700人的郵輪成為首艘通過西北航道的客輪。北極海冰的融化增加了全新貿易路線和開發能源生產的可能性，也增加了領土衝突，和地球上相對完好的地區環境受到破壞的機會。

不論好壞，北極充滿故事的歷史才正要展開新的一章，製圖師的西北航道之夢可能即將實現。✻

上圖 這張依據俄羅斯大北極探險（Great Northern Expedition）繪製的1784年地圖，在太平洋的亞洲這一側詳細得多，但也畫出了一條通過北美洲的可能水路：連接哈得孫灣和太平洋的「西河」（右下方）。

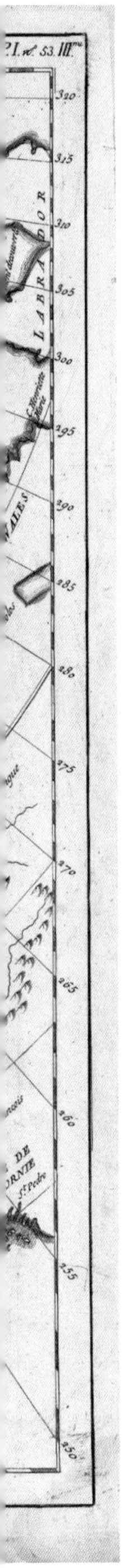

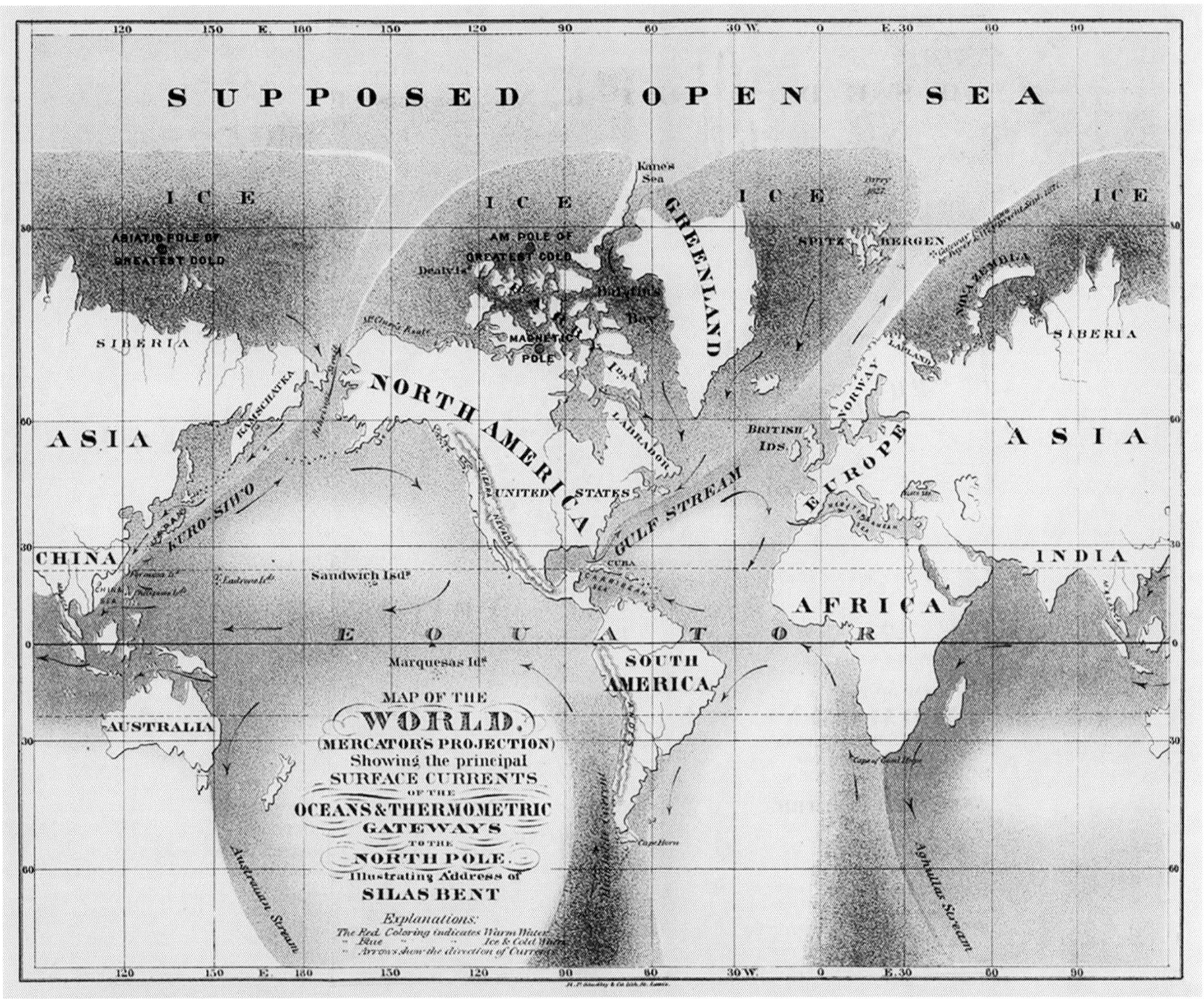

GIGANTIC ICEBERG SEEN BY THE ARCTIC SHIPS.—FROM A SKETCH BY AN OFFICER OF THE VALOROUS.

上圖 關於西北航道的可疑想法一直延續到19世紀。美國海軍軍官西拉斯·本特（Silas Bent）就藉著這張1872仟的地圖宣稱，墨西哥灣流和其他暖流會灌注到北極周圍的一片開闊海域。

左圖 英國大眾迷上了北極探險故事。這張1875年的圖像出自《倫敦新聞畫報》（Illustrated London News），顯示一支英國探險隊所看到的一座巨大冰山。

大洋頌

充滿了野生動植物的手繪太平洋地圖壁畫

製作年份：1940年
來源：大衛・倫西地圖收藏

在1936年和1937年，美國陸軍工兵隊在舊金山灣建造了一座人工島，名為金銀島（Treasure Island），作為1939年金門國際博覽會的場地。這場以太平洋為題的盛會就辦在這座160公頃的新建島嶼上，展示各種建築、藝術和娛樂，包括一座24公尺的太平洋女神（Pacifica）雕像，和莎莉・蘭德（Sally Rand）的裸牧場（Nude Ranch），這場秀主打衣著清涼的「牧場工」。

有一間叫作「太平洋館」的展廳擺滿了一批訂製的藝術品，其中大部分以地圖為題，著名的墨西哥畫家米格爾・科瓦魯比亞斯（Miguel Covarrubias）受邀來此繪製一系列巨型壁畫。科瓦魯比亞斯最為人所知的，就是他刊登在《紐約客》和《浮華世界》雜誌上風格獨特的名人諷刺畫，以及他的名人交友圈，包括尤金・歐尼爾（Eugene O'Neill）、卓拉・尼爾・赫斯特（Zora Neale Hurston）、朗斯頓・休斯（Langston Hughes）以及迪亞哥・里維拉（Diego Rivera）。科瓦魯比亞斯畫了六幅太平洋地圖，迥異於他生涯的其他作品。其中最突出的是7.3公尺寬的〈太平洋動植物相〉（Fauna and Flora of the Pacific），使用各種顏色來代表氣候和植被區，並畫出了各式各樣的動植物，從樹懶到柏樹都有。在這批作品印成的地圖集上，描述了綠色區域有「著名且往往駭人的」熱帶動物，西伯利亞的白色區域有「所謂的馬可波羅山羊」，紐西蘭的淡橄欖綠色區域有奇異鳥，「這種奇怪的鳥好像美國漫畫家設計的。」

博覽會結束後，這些壁畫先到紐約市的美國自然史博物館展出，然後掛在舊金山的渡輪大廈超過40年。渡輪大廈在2001年進行翻修，這些壁畫就被撤下收在倉庫裡好幾年，後來經過清潔修復，送到墨西哥進行短暫的巡迴展，2008年回到金銀島，又被收進倉庫，而且幾乎被人遺忘。其中四幅壁畫還在那裡，另外兩幅的命運則是截然不同。〈太平洋區的藝術型態〉（Art Forms of the Pacific Area）於1950年代消失在紐約和舊金山之間的某個地方，從此沒有人再見過。但是目前估值150萬美元的〈動植物相〉就掛在舊金山備受好評的德揚博物館（de Young Museum）中，每年有成千上萬的遊客欣賞得到。✳

THE FAUNA AND FLORA OF THE PACIFIC

Copyright Nineteen Hundred Forty by San Francisco Bay Exposition Company

科瓦魯比亞斯的《太平洋盛會》（Pageant of the Pacific）地圖集包含六幅大型主題地圖的版畫，這些地圖原先是1939年在舊金山世界博覽會展出的壁畫，其中包括這張太平洋地區動植物相地圖。

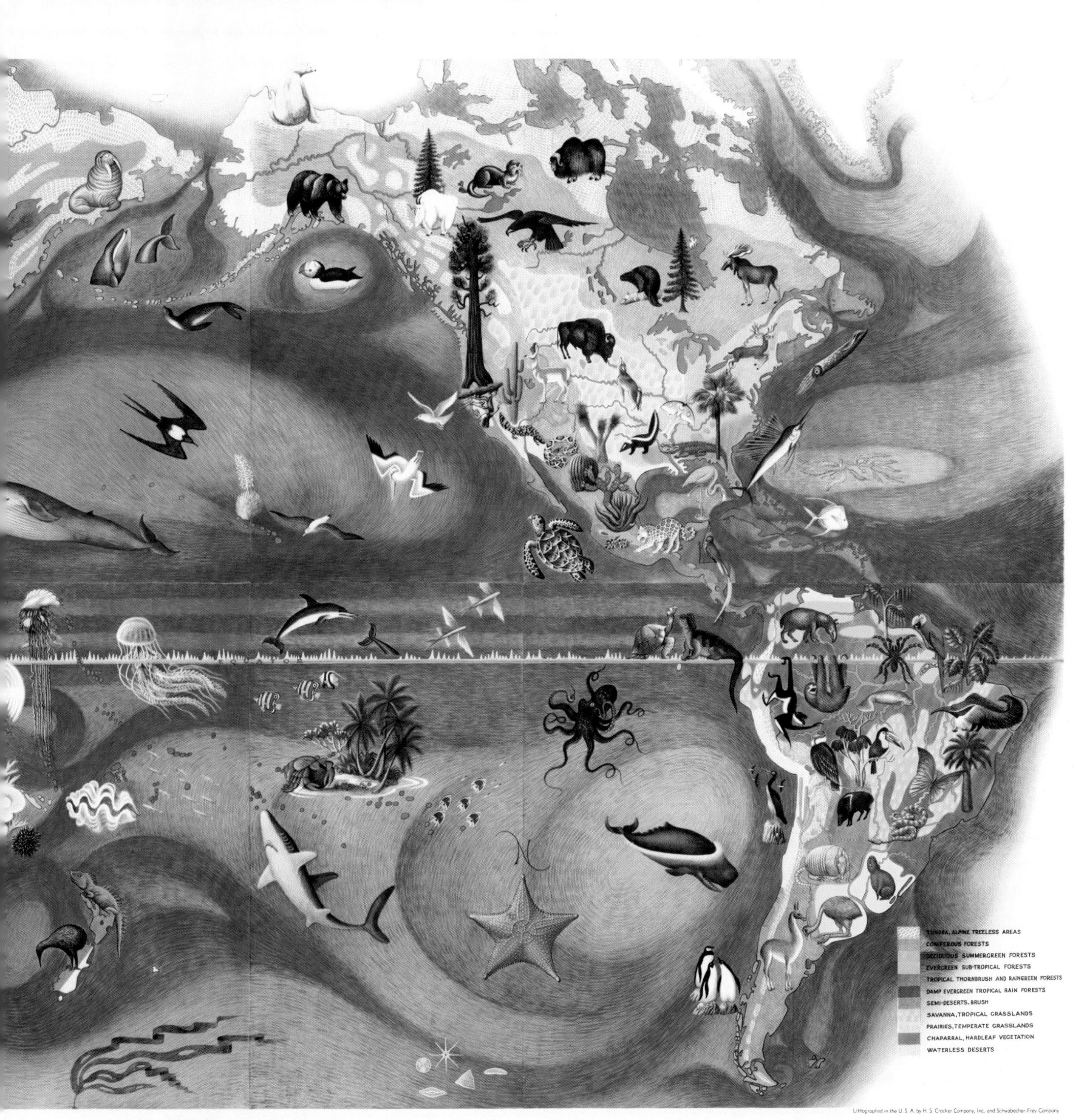

PLATE II: PAGEANT OF THE PACIFIC: MIGUEL COVARRUBIAS

Published by Pacific House, San Francisco, California

一部充滿美麗與心碎的海洋地圖集

在17世紀的地圖製作界，創新並不會自動帶來成功

製作年份：1658年
來源：奧雪地圖圖書館

阿姆斯特丹的地圖業在17世紀競爭很厲害。荷蘭東印度公司牢牢掌控香料貿易，派出數以百計的船隻到遠東採購黑胡椒、肉桂、肉豆蔻等異國原料。所有船長——更別說其他許多在近海的貿易路線上往返的人——都需要地圖和海圖的引導，幾家有技術的地圖出版商都在搶這筆生意，其中包括一位很有才幹，卻很少獲得賞識的製圖師，名叫阿諾德．科洛姆（Arnold Colom）。

在這個廝殺激烈的地圖業界有一個要角是布勞家族。威廉．布勞（Willem Blaeu），還有後來他的兒子若昂（Joan），都是荷蘭東印度公司的官方製圖師，因此他們比誰都更能接觸到最新地理資訊，也更有機會利用公司的業務賺錢，當然他們作品精美也是不爭的事實。他們是這段荷蘭製圖黃金時代最著名的製圖師。

然而能做出美麗地圖的並不是只有他們。我們對科洛姆所知甚少，不過他似乎是地圖業界的弱勢者。他只產出兩部重要作品，不過這一部1658年的《海洋地圖集，又名水世界》（Zee-atlas, ofte, Water-wereldt）是非常創新的出版物，不同於當時市面上的任何產品。

布勞家族製作的「領航書」是當時海員的實務指南，篇幅多達200頁，寫滿了關於駕船和導航的詳細說明和指示。這些書裡的地圖往往都很精美，不過是為了實用目的，而且著重於荷蘭在北海和地中海的重要貿易路線。科洛姆的地圖集不一樣。首先，它很大，頁面高度超過0.6公尺，寬度和高度差不多——是布勞家族領航書開本的四倍大。「說它是咖啡桌書是有點失敬，但就是這個概念。」研究過科洛姆的地圖收藏家兼研究者傑森．哈伯德（Jason Hubbard）曾經這麼說。但和一般咖啡桌書不同的是，一本17世紀的荷蘭海洋地圖集在拍賣會上可以賣到遠超過10萬美元，收藏家都把它們當作藝術品。

或許在布勞家族對地圖市場的把持之下感覺到沒有出路，科洛姆嘗試觸及新讀者：對海上貿易感興趣，但不可能親自掌舵的商人和相對富裕的公民。科洛姆省略了所有的航行指示，把文字控制在兩頁的導言。哈伯德說這招很妙。科洛姆想要接觸的讀者不需要這種技術資訊，直接略去能幫他省下一筆印刷費，因此他能以更低、更實惠的價格出售開本更大的地圖集。

科洛姆知道地圖本身不能省。和競爭對手不同的地方是，他除了當地水域之外，還加入了遙遠區域的海圖。科洛姆的海洋地圖集率先收錄新荷蘭（不久之後被英國人奪取，並改名為紐約）的海圖，也是最早把東、西印度群島的海圖（見34頁）都收錄進來的地圖集。這些地區的地圖當時在阿姆斯特丹很難找到，但科洛姆讓任何買得起他地圖集的人都能買到。如同當時的典型作法，這本地圖集是用銅板黑白印刷，並按買家的喜好和預算手工上色。

科洛姆的地圖集似乎未能獲得他所希望的重大商業成功。相關記錄指出，他在1663年出讓印製《海洋地圖集》的銅版，以清償積欠的房租。「這是最後的絕望之舉，」哈伯德說，「那些銅

這張出自科洛姆1658年《海洋地圖集》的地圖顯示英格蘭、荷蘭和挪威的北海海岸。圖上記錄了很多細節，包含點深度和淺灘位置，詳細程度遠超過地圖集裡描繪遠方地區的地圖，因為荷蘭人才剛開始探索那些地方。

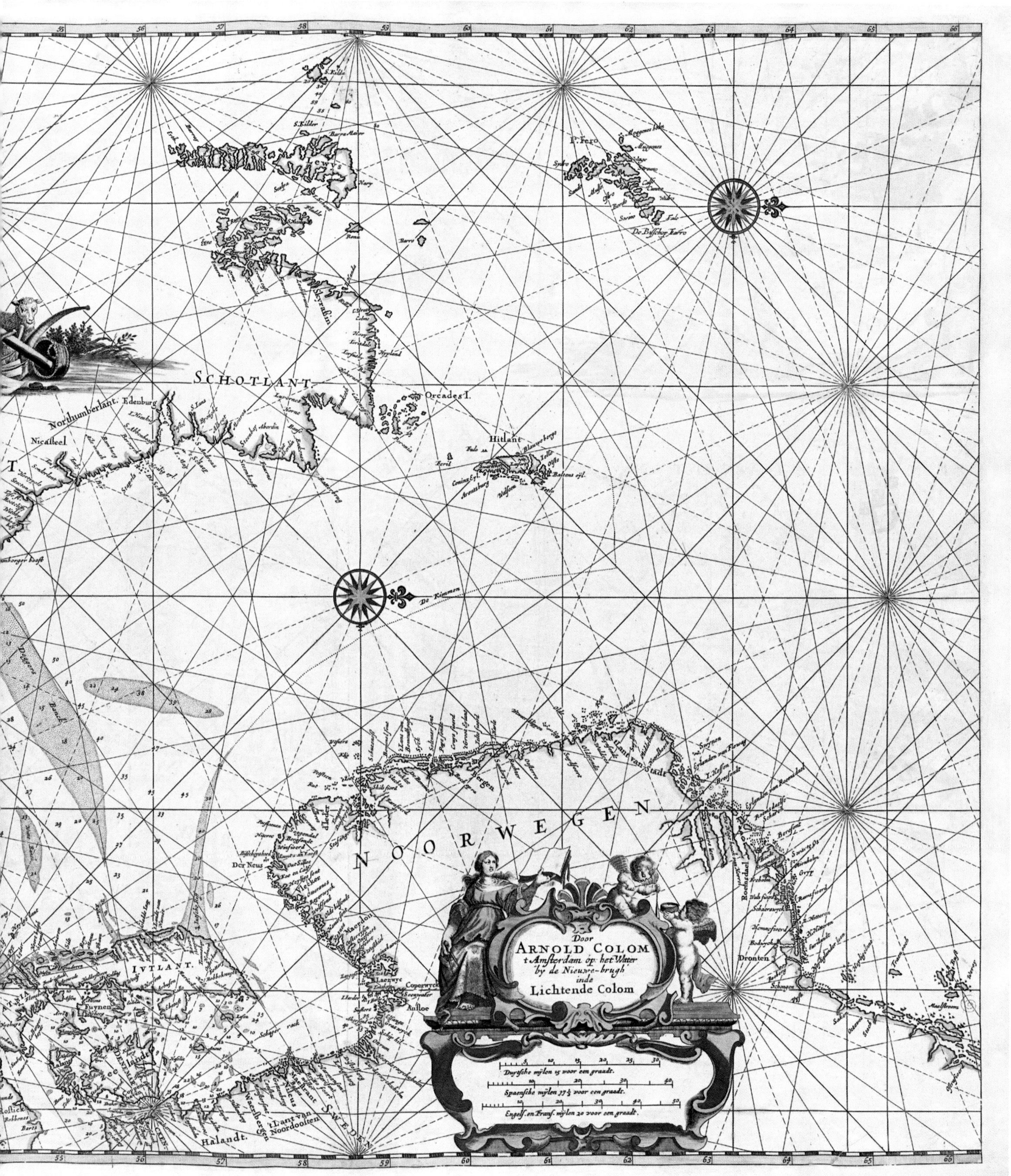
Door
ARNOLD COLOM
t Amsterdam op het Water
by de Nieuwe-brugh
inde
Lichtende Colom
Duytsche mylen 15 voor een graadt.
Spaensche mylen 17½ voor een graadt.
Engelf. en Franf. mylen 20 voor een graadt.
SCHOTLANT
NOORWEGEN
IVTLANT.
SWEDEN
Northumberlant.
Edenburg
Nicasteel
Orcades I.
Hitlant
P. Fero
Lewys
Skye
S. Kildor
Der Neus
Bergen
Dronten
Halandt.
Coperwyck
De Kimmen
Lant van Stade
Funen

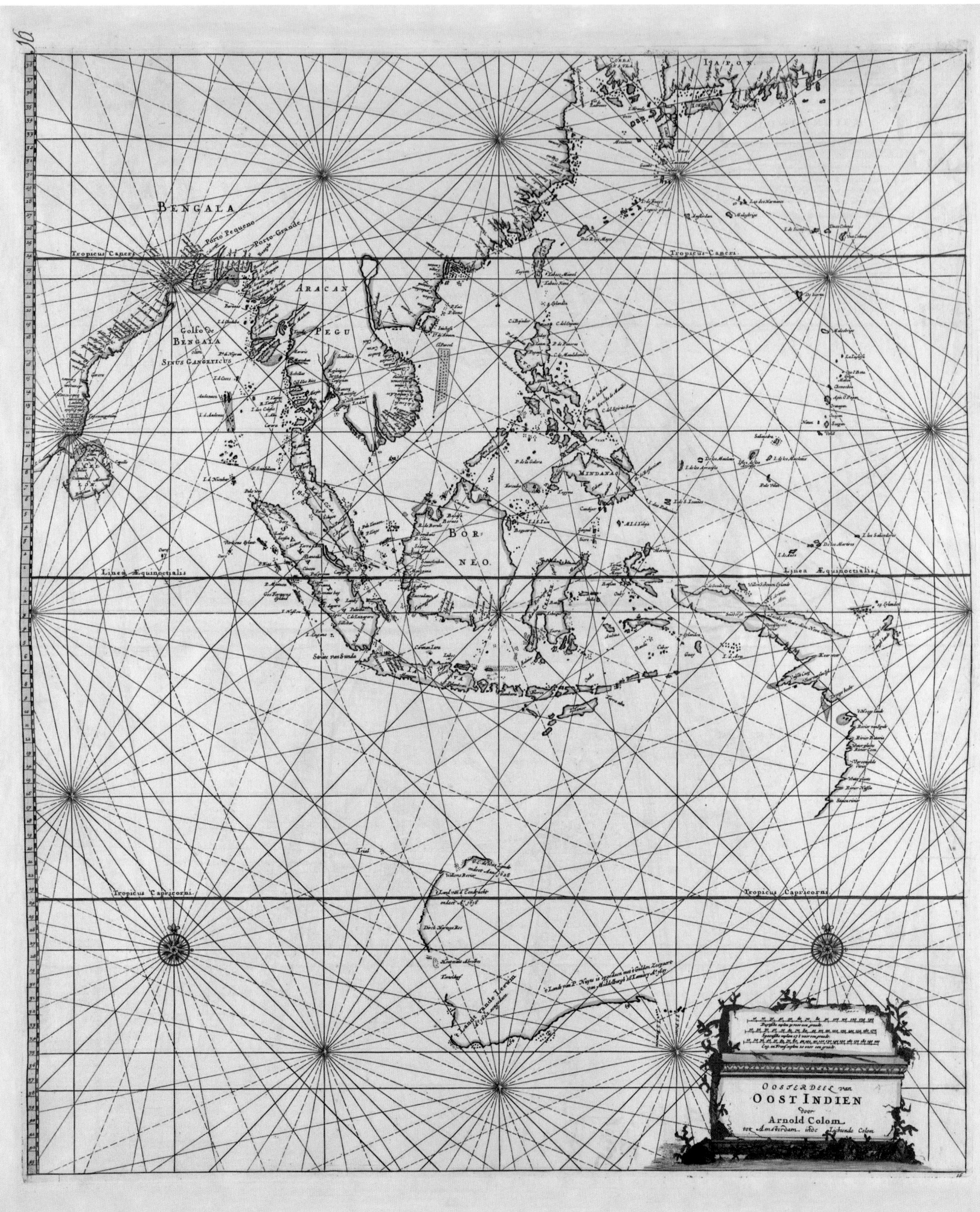
OOSTERDEEL van
OOST INDIEN
door
Arnold Colom
tot Amsterdam inde Lichtende Colom
BENGALA
Porto Pequeno
Porto Grande
Tropicus Cancri
ARACAN
PEGU
Golfo de
BENGALA
SINUS GANGETICUS
MINDANAO
BOR NEO
Linea Æquinoctialis
Tropicus Capricorni

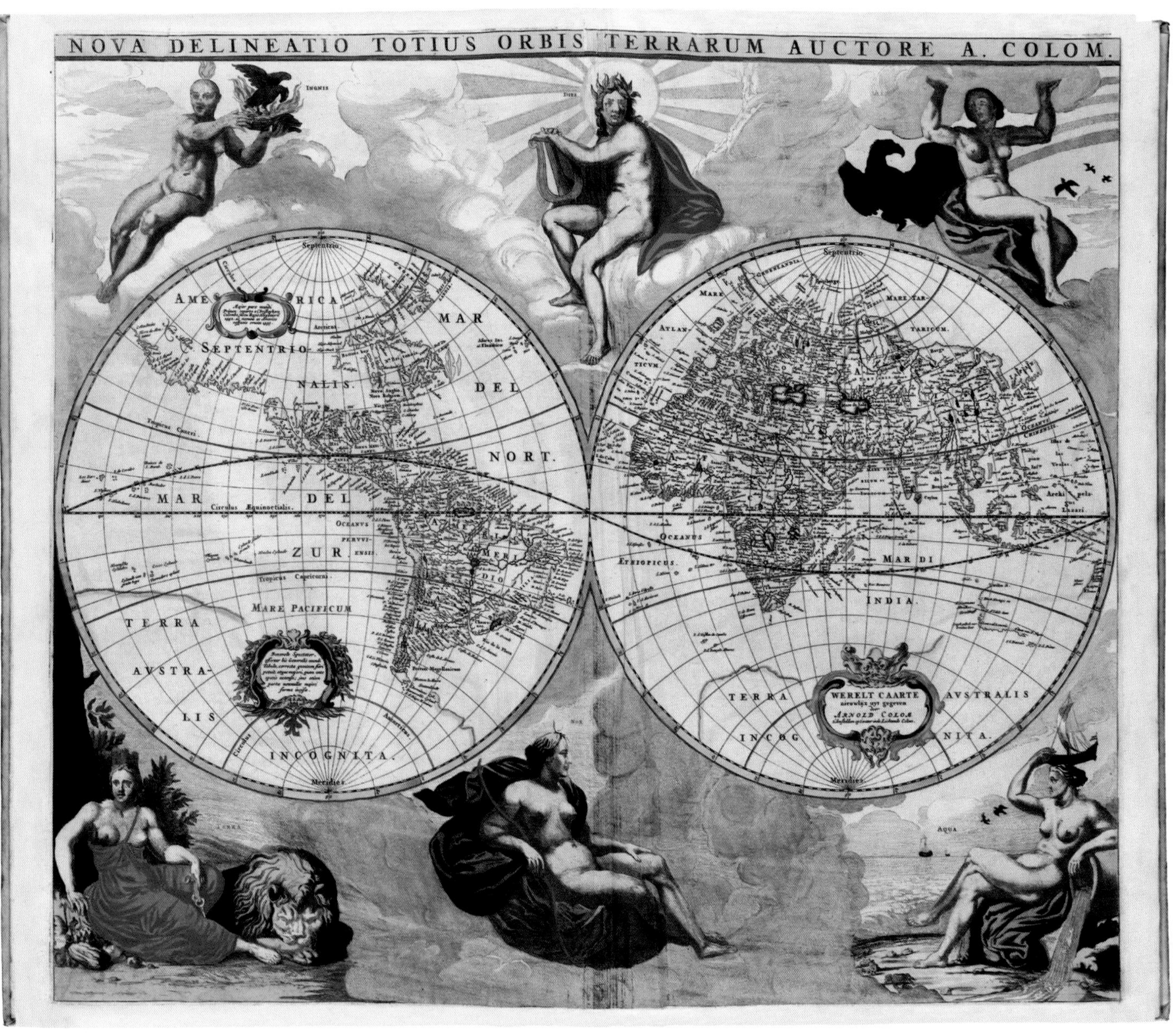

版是他所擁有最有價值的東西了。」科洛姆在幾年後去世，時年45歲左右。

如果說科洛姆並沒有從這部創新的地圖集賺到什麼錢，那麼其他人肯定是有的。地圖出版商亨德里克．登克（Hendrick Doncker）購得科洛姆的銅版，用來製作自己的《海洋地圖集》，不但隨處添上異國鳥類和花體字裝飾，還把科洛姆的名字換成自己的名字。登克在科洛姆死後那幾年發行了一部接一部的地圖集，競爭對手也有樣學樣。科洛姆發明的大型海洋地圖集版式突然成了暢銷品項。

科洛姆的圖版陸續在製圖師手上流傳，沿用了至少100年。科洛姆各張海圖上的俐落線條和精美的卷首插畫（如上圖），依舊證明他作為製圖師和製版師的技術——而且殘酷地提醒我們，技術並非成功的保證。✷

左頁 科洛姆的地圖集之所以有別於對手產品，除了版面大得出奇，也因為納入了遙遠的區域，例如東印度群島。

上圖 科洛姆地圖集卷首插畫上那些雕像式的人物代表白天和黑夜，以及四個古典元素：火、風、土和水。

水的形狀

標繪美國本土的所有水道

製作年份：2016年
來源：繆爾之道（MUIR WAY）地圖專賣店

這張美國本土48州的地圖顯示了每一條溪流、河川和湖泊——其他什麼都沒有。雖然看起來很像一張暈渲立體圖，但圖上看似山岳和谷地的效果，全都只是河流分布模式造成的。

這張地圖以太空梭繞行地球時收集的雷達資料為基礎，太空梭把雷達信號射向地表，然後記錄信號反射回太空船所需的時間。太空梭和地球上某一點的距離愈短，信號返回所需的時間就愈少；時間少就代表海拔高。NASA把所有反射信號轉譯成數位海拔模型，涵蓋了80%的地球表面，包含絕大部分的陸地，解析度約30公尺，是歷來最精細的全球地形圖。

以這張地圖來說，有一連串演算法用來處理地形資料，藉以辨識各種水道，從小型的季節性溪流，到密西西比河和大鹽湖。地圖上河川的寬度反映了各自在河川級序中的地位，這個級序叫作史崔勒數字（Strahler number）。河源的溪流定為1級序溪流，用細線繪出。兩條1級序溪流會合而成的路線就是2級序河段，用較粗的線條表示。兩條2級序河段結合變成更粗的3級序河段，依此類推。「圖上顯示的並非河川的實際尺寸，而是表現它們的互連性和流動方向。」為自家公司繆爾之道（Muir Way）設計這張地圖的傑瑞德．普林斯（Jared Prince）說，「這張圖讓我聯想到人類的血管系統，還有河川和溪流如何以類似的方式支持我們國家的生態系。」

這張地圖略過一切，只留下水道，而得以突顯出水道和地形的交互作用。山區的河流較短，往往大致相互平行；較平坦的區域河流較長，路線也比較蜿蜒。水流會慢慢侵蝕地貌，在山岳和丘陵上刻出谷地和峽谷，並創造平原。✷

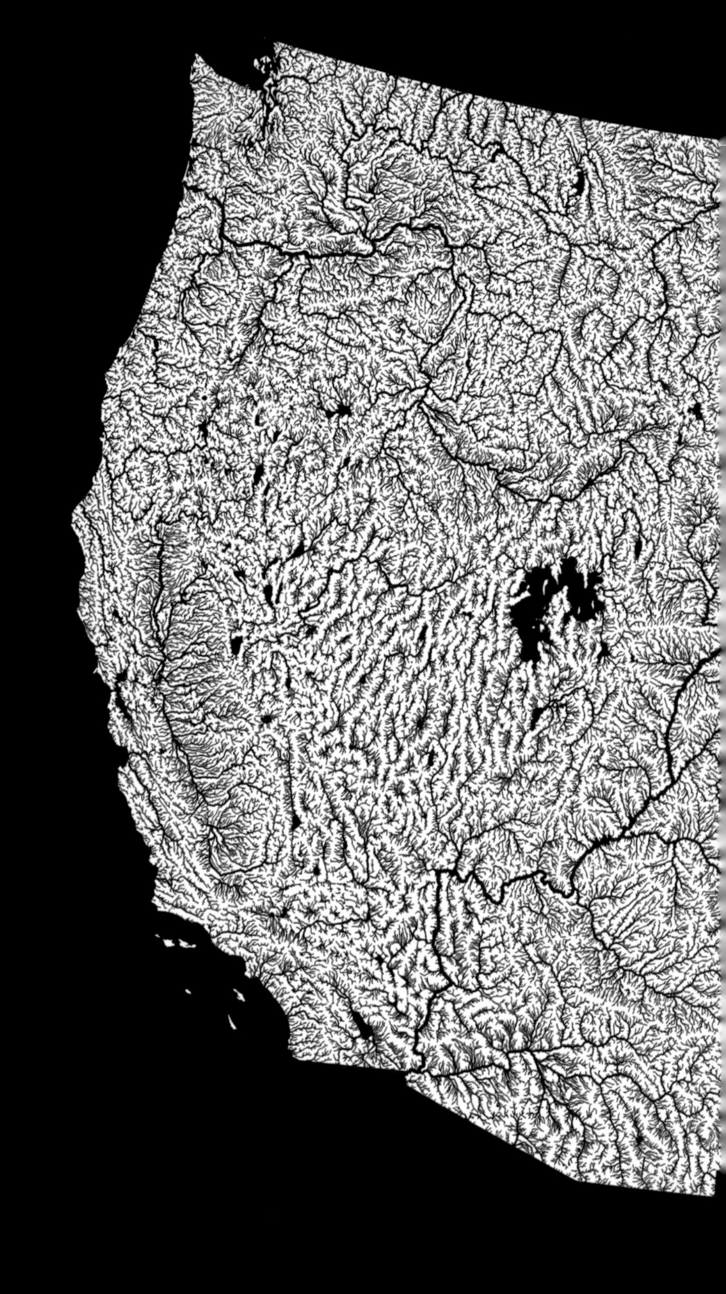

這張美國本土地圖只顯示河川、溪流和湖泊，利用演算法和NASA太空梭計畫所收集的海拔資料來標繪。

尼加拉瓜運河的詛咒

一條建造計畫屢屢受阻的誘人海運捷徑

製作年份：1858–1899年

來源：史丹福大學圖書館大衛・倫西地圖收藏、PROQUEST、康乃爾大學PJ・莫德說服性製圖收藏（PJ MODE COLLECTION OF PERSUASIVE CARTOGRAPHY）

在中美地峽開挖運河的構想可追溯到16世紀的西班牙征服者，不過他們當時的技術無法實現。直到300年後蒸汽鏟的發明，才使這樣的想法有了生機。

1858年，一位名叫菲力克斯・貝利（Félix Belly）的浮誇法國記者前往中美洲，推動一條連接大西洋和太平洋的運河的修建工程。貝利究竟是以官方身分為法國政府辦事，還是主動行事，至今無人知曉。無論如何，他談成了一項條約來解決尼加拉瓜和哥斯大黎加的邊界爭端，並取得修建運河的特許權。

這條運河計畫從大西洋的港口北聖胡安（San Juan del Norte），沿著聖胡安河往內陸走，利用一連串共七座船閘，在大約160公里的航程中把船隻抬升到海拔大約30公尺的大湖尼加拉瓜湖。接著再用另外六座船閘讓船隻一路回落，直達太平洋端的薩利納斯灣。但是貝利比較善於宣揚理念，卻沒那麼會籌資，所以整個事業在幾年內就把錢花光了。

貝利並不是唯一一個追逐運河夢的人。1848年加州金礦的發現，使得美國愈來愈看重西部發展，因此這樣一條海運捷徑顯得深具價值。一條運河能把從東岸南下繞過南美尖端，再北上太平洋港口的行程減少1萬3000公里以上。美國政府派出測量員和工程師去勘查各種選項，結果達成一項共識：這條運河不該蓋在巴拿馬，也就是現今的運河所在地，而是應該蓋在西北方650公里處的尼加拉瓜。

尼加拉瓜距離美國的港口更近，而且可以行船的尼加拉瓜湖就坐落在這條路線中間，代表只需要在湖的兩邊開鑿兩段短運河。此外，尼加拉瓜湖的海拔較低，可以少建幾個船閘。

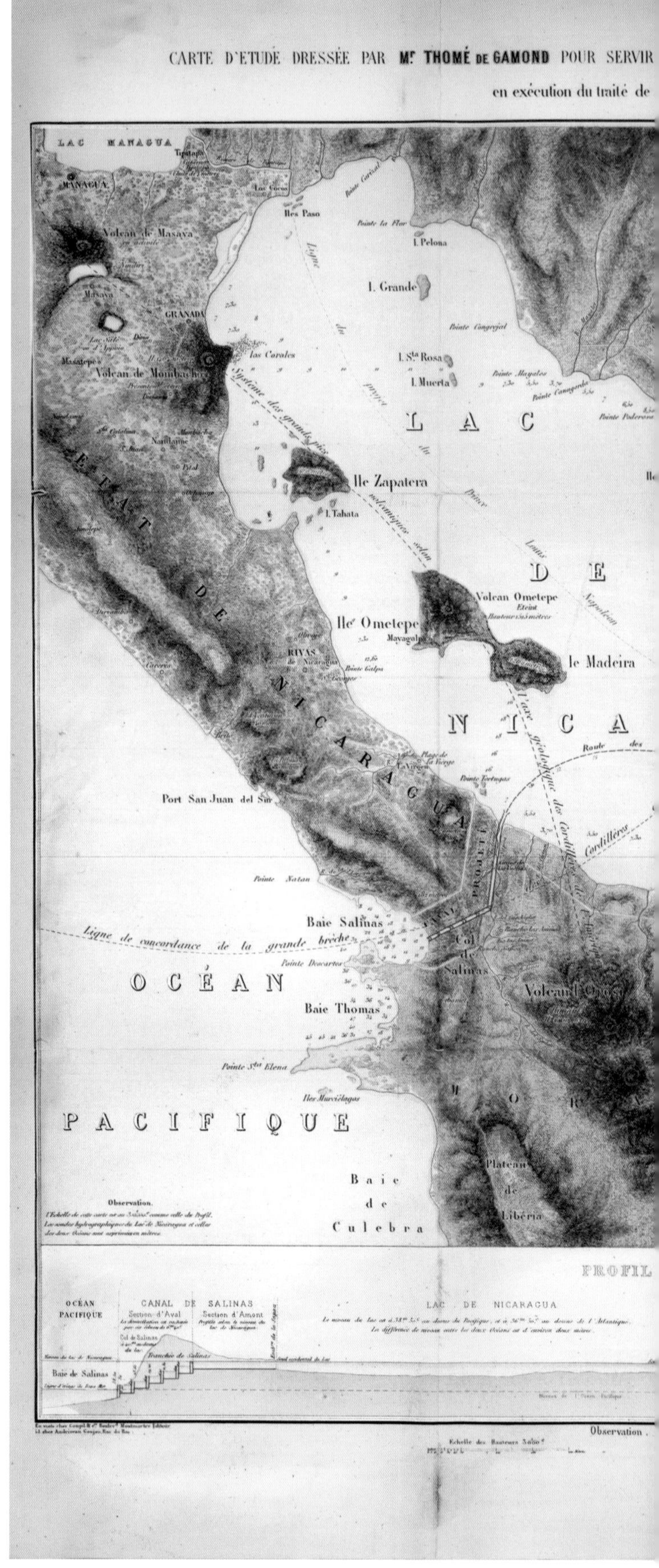

法國人貝利希望建造一條穿過尼加拉瓜的運河，連接大西洋和太平洋。這張1858年的地圖由貝利的工程師托梅・德・干蒙（Thomé de Gamond）製作，顯示提議的路線。在收錄這張地圖的書中也收錄了一份貝利在尼加拉瓜和哥斯大黎加之間交涉談妥的條約。

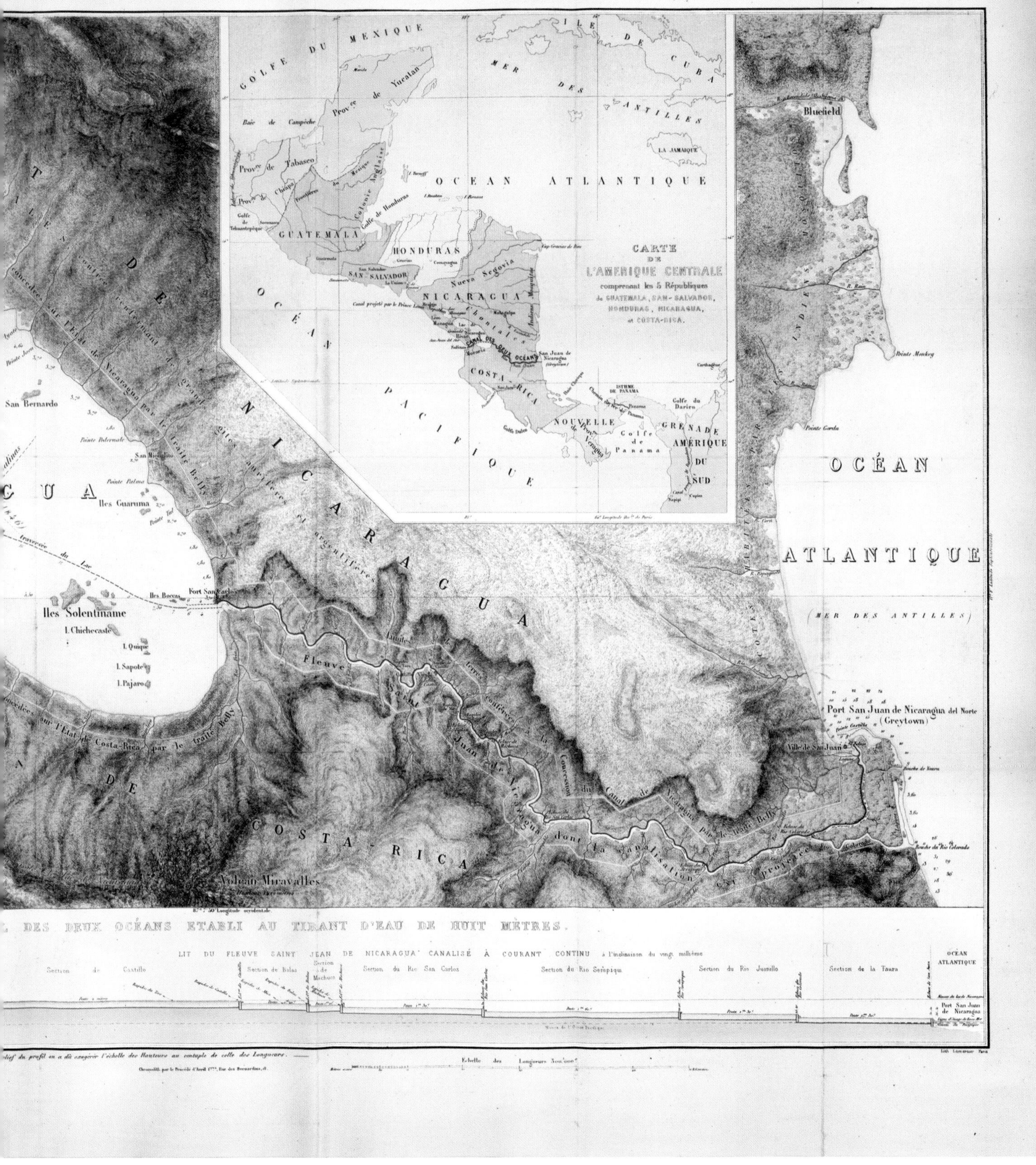
JET DU CANAL INTEROCÉANIQUE DE NICARAGUA, PAR LE FLEUVE SAINT JEAN ET LE COL DE SALINAS
le 1er Mai 1858 entre les Gouvernements de NICARAGUA et COSTA-RICA et Mr FÉLIX BELLY.
CARTE DE L'AMÉRIQUE CENTRALE
comprenant les 5 Républiques de GUATEMALA, SAN-SALVADOR, HONDURAS, NICARAGUA, et COSTA-RICA.
GOLFE DU MEXIQUE
ILE DE CUBA
MER DES ANTILLES
OCÉAN ATLANTIQUE
OCÉAN PACIFIQUE
GUATEMALA
HONDURAS
SAN-SALVADOR
NICARAGUA
COSTA-RICA
NOUVELLE GRENADE
AMÉRIQUE DU SUD
Bluefield
OCÉAN
ATLANTIQUE
(MER DES ANTILLES)
NICARAGUA
COSTA-RICA
Iles Solentiname
Fort San Carlos
Port San Juan de Nicaragua del Norte (Greytown)
Ville de San Juan
Volcan Miravalles
DES DEUX OCÉANS ÉTABLI AU TIRANT D'EAU DE HUIT MÈTRES.
LIT DU FLEUVE SAINT JEAN DE NICARAGUA CANALISÉ À COURANT CONTINU
Section de Castillo
Section de Balas
Section de Machuca
Section du Rio San Carlos
Section du Rio Serapiqui
Section du Rio Jusmillo
Section de la Taura
OCÉAN ATLANTIQUE
Port San Juan de Nicaragua

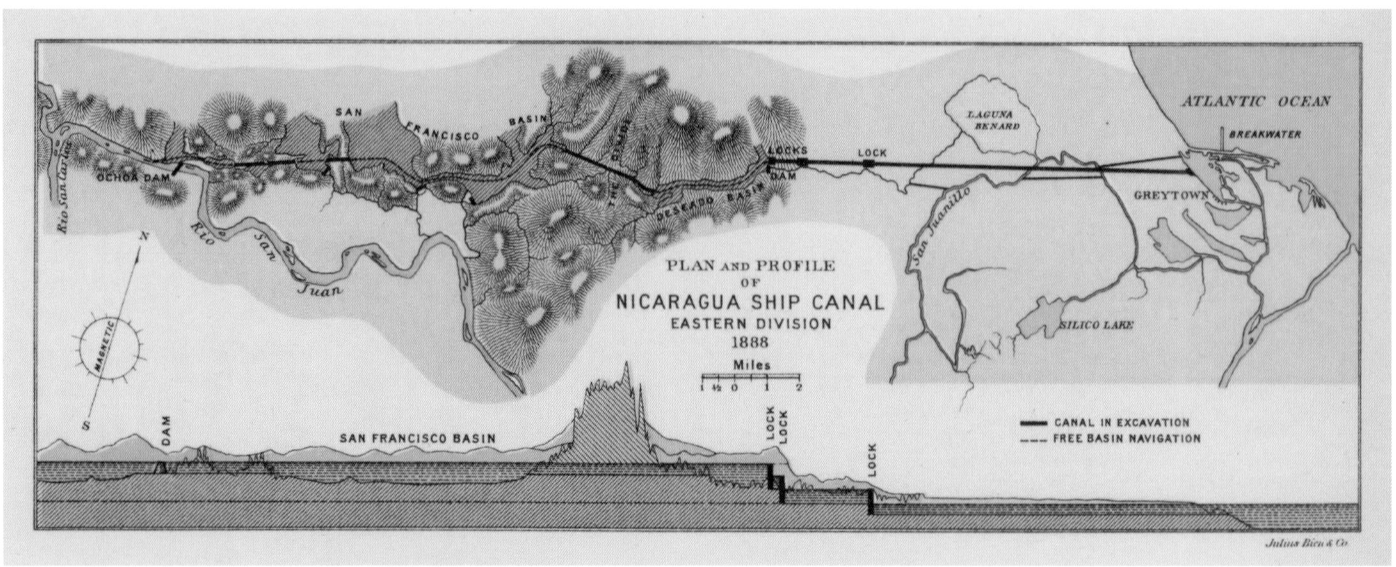

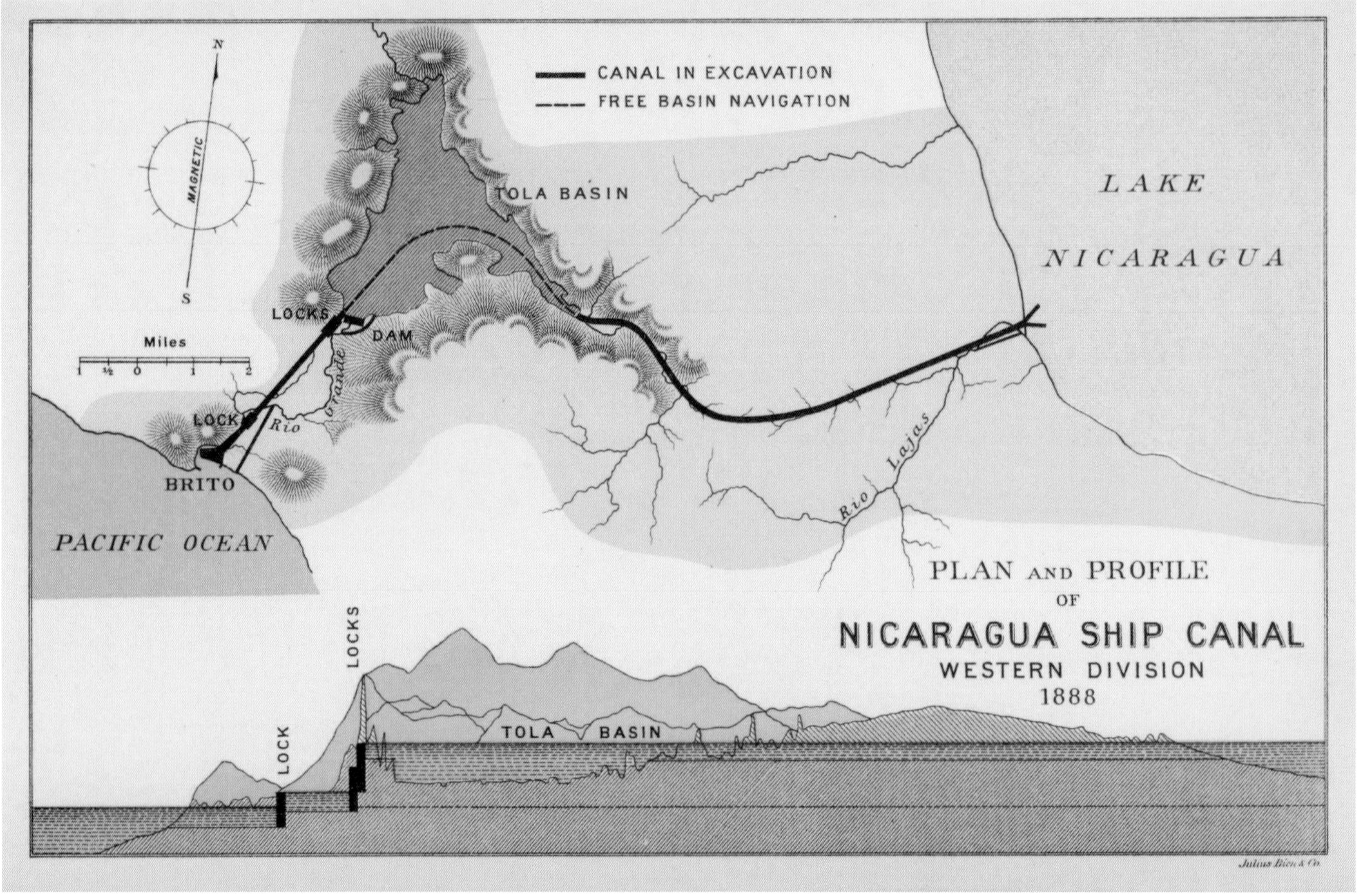

上圖 這兩張地圖出自尼加拉瓜海事運河公司的報告，圖中的路線跟貝利提出的略有不同，在大西洋一側是沿著一條較直的路線往內陸走，而不是沿著聖胡安河走（上圖），然後沿著一條較偏北的路線從尼加拉瓜湖往太平洋走（下圖）。這條路線較直接，需要的船閘較少。

右頁 這是1899年發表在《法官》雜誌上的社論漫畫，畫中美國總統威廉．麥金利跨立在中美洲地圖上，拿著十字鎬，捲起袖子，看著一面寫著「尼加拉瓜運河提案」的橫幅。滿載美國商品要外銷的船隻似乎正排隊等著穿越，山姆大叔則從華盛頓特區抱來十字鎬和鏟子。

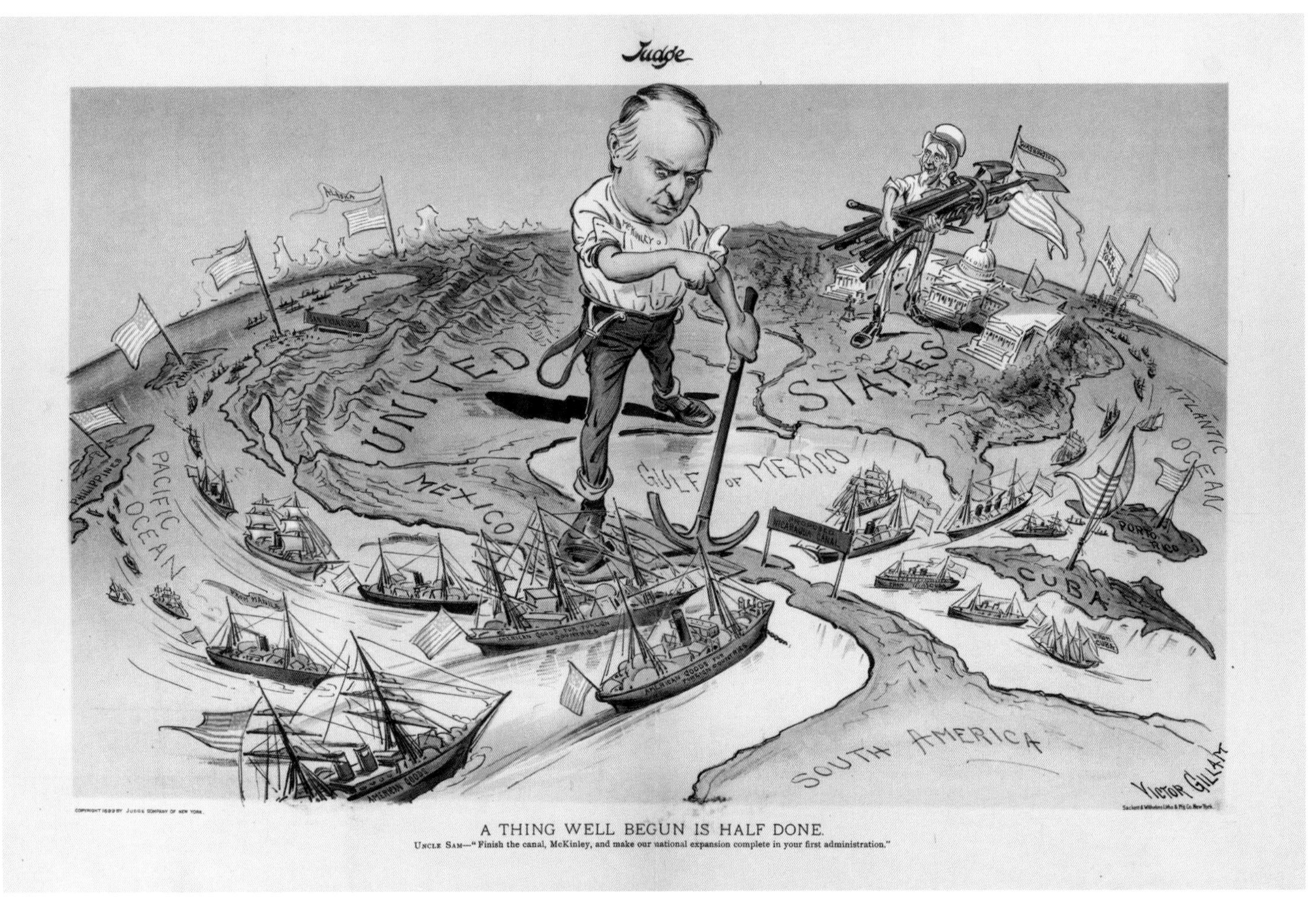

巴拿馬除了有海拔較高的山口，還是惡名遠播的瘴癘之地。有一條鐵路建於1850年代，作為穿過地峽通往巴拿馬市的人貨接駁之用，建造期間有數千人死於霍亂、痢疾和其他熱帶疾病。「雨季的道路恐怖到無法形容，」年輕的陸軍軍官尤利西斯·格蘭特（Ulysses S.Grant）在1852年親身走一趟之後如此寫道。

左頁的兩張地圖出自尼加拉瓜海事運河公司（Maritime Canal Company of Nicaragua）的報告，這家公司由美國政府在1889年成立；隔年，運河公司向美國國會報告已取得重大進展，築了一道防波堤，也挖了一條水道，用以改善北聖胡安（又名格雷敦〔Greytown〕）的港口。好幾條溪流已清掉土石，為疏浚做準備。營房、機工間、倉庫和其他建物也都蓋好了，還有一條鐵路正在興建，以便把工人和機器從港口送到內陸。然而這個事業很短命。一場經濟危機，也就是1893年恐慌，使運河公司倒閉。

後來陸續有人試圖重啓這項計畫，但都未能成功。同一時間法國人在1880年動工開鑿的巴拿馬運河情況更糟。瘧疾和黃熱病使工人犧牲慘重，工程師也低估了工程的難度。坍方不斷破壞大陸分水嶺（Continental Divide）上關鍵開挖地段的工事。到了世紀之交，第一家負責這項工程的法國公司已經破產，接替者也陷入困境。

對某些美國政治人物來說，知道巴拿馬有這麼一條蓋了一半的運河可以用低價購買，似乎愈看愈有吸引力，於是尼加拉瓜路線突然面臨重大競爭。在1902年一場關鍵參議院投票的幾天前，一位支持巴拿馬方案的人士送給每個參議員一份小禮物：一張描繪火山噴發場景的尼加拉瓜郵票，用意在提醒大家別忘了當地容易發生地震。結果參議院以些微差距表決通過，從法國人手中買下巴拿馬運河。

美國在1904年以4000萬美元這個划算的價格買下整個計畫，包含所有設備和當時的施工進度。十年後，巴拿馬運河開放船隻通行，此後一直是一條重要的航運路線。

但是，以運河跨越尼加拉瓜的夢想並未就此消失。2013年，有一位神祕的中國電信大亨與尼加拉瓜政府達成協議，要建造一條能讓超大型貨櫃船通行的運河。從一開始，這項計畫就有爭議，當地地主和原住民團體不讓人有任何機會搶走他們的土地，也有保育人士擔心工程可能危及尼加拉瓜的溼地、雨林和其他脆弱地區，以及最大飲用水來源尼加拉瓜湖的水質。

一場動土典禮就辦在2014年，然後整個案子就草草收場。那位大亨據傳在股市賠掉財富，除了拓寬幾條道路之外，工程從未開始進行。想要蓋一條運河來通過尼加拉瓜的計畫看來已經告終——至少目前是如此。✳

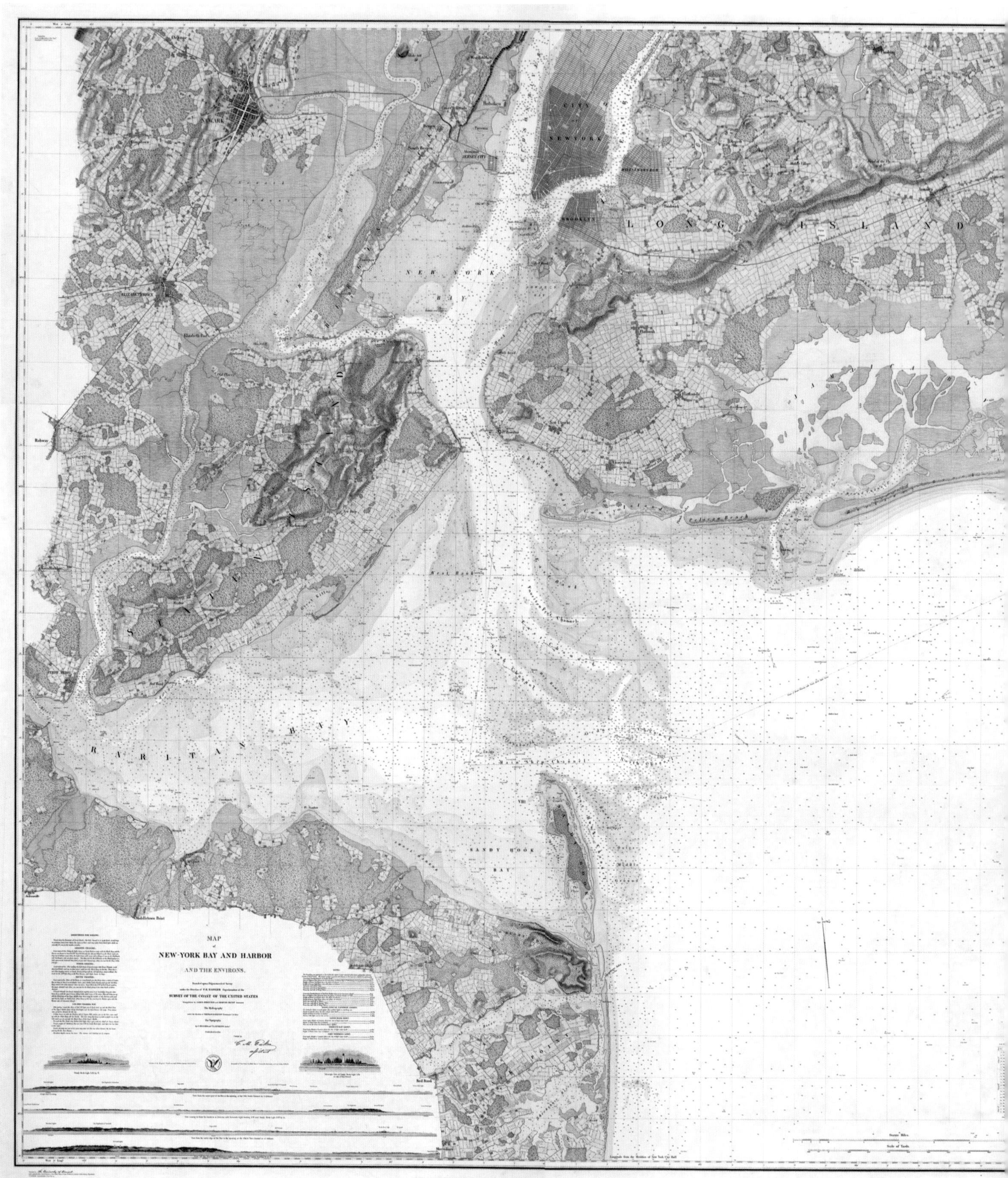
MAP
of
NEW-YORK BAY AND HARBOR
AND THE ENVIRONS.
SURVEY OF THE COAST OF THE UNITED STATES
NEW YORK
BROOKLYN
L O N G I S L A N D
N E W Y O R K B A Y
R A R I T A N B A Y
S A N D Y H O O K
B A Y

測量紐約港水深

美國海岸測量局開張大吉

製作年份：1844年
來源：史丹福大學大衛・倫西地圖收藏

國海岸測量局發表的第一張地圖雖然姍姍來遲，但值得等待。國會在1807年委託進行一項海岸調查，但過了37年之後，這張〈紐約灣、港暨周圍圖〉（New-York Bay and Harbor and the Environs）才終於製版印刷，公諸大眾。這張圖提升了當時準確度的上限，和超過一個世紀之後的地圖相比都不算遜色。圖中還詳細呈現出一項在測量港灣入口時得到的重要發現——要是早點發現的話，可能會改寫美國歷史。

之所以這麼久才發表，有一個原因是海岸測量局首任局長斐迪南・哈斯勒（Ferdinand Hassler）一絲不苟的個性。他1805年從瑞士來到美國，帶來了超過3000本科技書籍，以及一些標準砝碼和量尺，包括一根標有1法尺的精確長度的鐵棍。哈斯勒堅持採取系統化的科學方法，甚至在開始測繪海底之前，他就在海岸土地上利用天文觀測找出測深點位，並在各點之間進行三角測量，建立起地理架構。過程中經常要開路爬上陡坡、進行精確測量，並運用高等三角學。

在紐約地區建立起一套三角網之後，他們就開始測繪水下地貌。船隻橫越待測繪區域，每隔一定距離就停船，把鉛錘沉到海底測深。在每個停駐點都用六分儀和單筒望遠鏡來測量陸上兩個固定點位之間的角度，也在每個陸上點位進行同樣動作，測量船隻和另一個點位之間的角度，再利用這些角度計算出船隻位置，測深就標在每個點位上（見下圖）。

哈斯勒尤其關心的是找出另一條航線，讓船隻通過長島和桑迪胡克之間、幾乎橫跨整個出海口的淺水區。當時的船隻必須緊靠著桑迪胡克附近的海岸航行，才能經由主航道進港。哈斯勒派了湯瑪斯・蓋德尼（Thomas Gedney）去尋找一條靠北邊的全新深水航道。

蓋德尼是海軍中尉，任職海岸測量局期間曾在1835年制伏一名謀刺總統安德魯・傑克森（Andrew Jackson）的持械男子，並在1839年俘獲著名的運奴船友誼號（Amistad）。1835年，蓋德尼找到了哈斯勒期望的新航道。這條新航道比主航道深了0.6公尺，能讓較大船隻在低潮位時進入港灣，並提供更直接的進港路線。要是蓋德尼航道（Gedney's Channel）早在獨立戰爭期間就為人所知，那麼英國要封鎖紐約港和占領紐約就會困難得多。

海岸測量局早已應國會要求提交一些重要港口的初步海圖，但哈斯勒下定決心，在他們完全準備好之前，不發表任何官方地圖。紐約海圖的印刷銅版直到1842年才開始製作，這時已經是蓋德尼開始在紐約港工作的八年後了。遺憾的是，哈斯勒在1844年海圖發表之前就去世，但他的嚴謹工作確保測量局的基礎穩健，也讓這個美國第一個聯邦科學機構留下堅實的歷史遺產。✷

左頁 這張1844年紐約港地圖是美國海岸測量局（1878年更名為海岸暨大地測量局，在1970年併入國家海洋暨大氣總署）公布的第一張官方地圖。圖中包含數百筆測深資料，藉由把繫繩鉛錘垂放到海底所測得。

下圖 這張局部圖的左邊是進入紐約港的主航道。在地圖製作過程中發現的蓋德尼航道在右邊。數字代表測深。

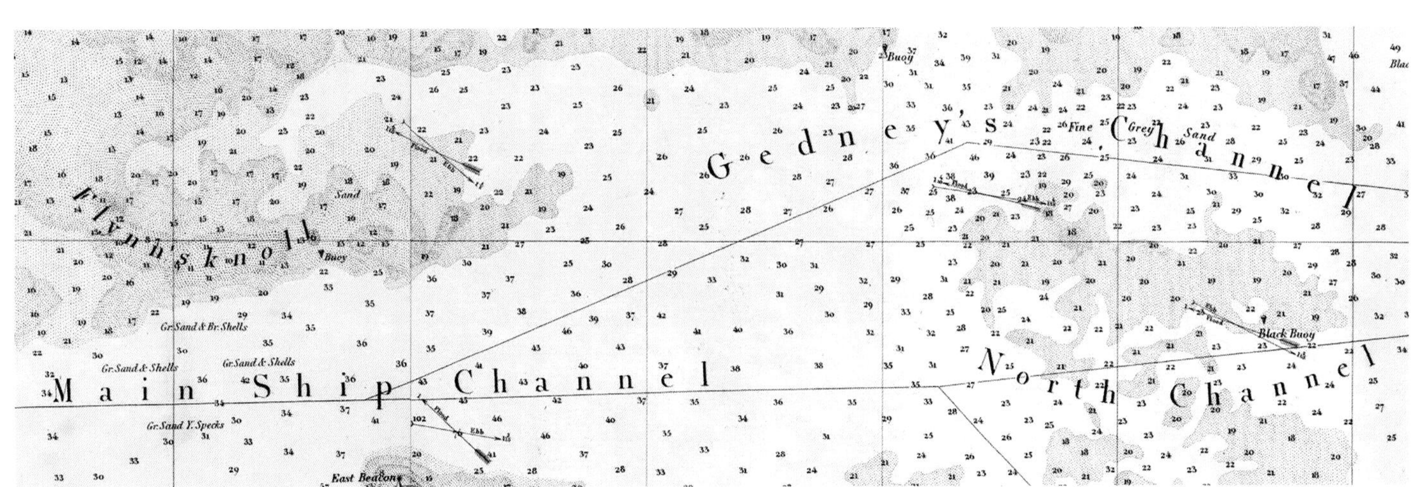

2 CITIES 城市

The perpendicular height of the Ground where the Congress house stands, is above the tide of Tiber Creek, 78 feet.
Perpendicular height
above the tide in
Euston Sq.
University College London
GOWER
BOND ST.
CONDUIT
BRUTON
BERKELEY
SQUARE
CLARGES
HALF MOON
GREEN
PARK
Buckingham Palace
Queen's Gallery
The Royal Mews
BUCKINGHAM PALACE GARDENS
BEALE
SPEAR
WHARF
ROAD
PALACE
Gallery
CARDINAL PLACE

EMBARCADERO

標繪
都市環境

城市地圖是最常見、最實用也最有趣的地圖類型。華盛頓特區、倫敦、紐約等知名大都會的街道格局一眼就能辨認，喚起觀者對那些地方的印象。對於家鄉、童年經常逗留的街坊，或初次獨自闖蕩的地方，那些空間模式往往會讓人產生情感上的連結。

這種與城市的平面圖像之間的連結，也使地圖成為往日時光的有效記錄。正如本章地圖所示，這些圖像提供了穩定的基礎，讓人可以追溯變化，捕捉城市生活的易逝性。鄂圖曼帝國在16世紀勢不可擋的崛起，就生動地呈現在那些被征服城市的彩色鳥瞰圖上（見60頁）。一張記錄了淘金熱時期舊金山廢棄船隻葬身之地的地圖，揭露了舊金山海岸線上有哪些地方因土地掩埋而擴大（見56頁）。數位資料的爆炸性增長，給了製圖師無窮的方式探索今日世界，譬如追蹤照片在紐約市的拍攝地點，以顯示遊客喜歡在哪裡停留，紐約客又是在哪裡出沒（見64頁）。

熟悉的道路網格給了觀看者一種參考依據，成了理解城市無形面向和城市生活的具體框架。當城市居民和旅客都借助數位地圖在街上找路，城市格局就成了一種地圖語言，近乎世界通用。➸

墨西哥市古城區
（1794年，
美國國會圖書館）

這張墨西哥市的地圖已有超過兩個世紀的歷史，但對熟悉今日墨西哥首都的人來說，這個街道模式一看就知道是在哪裡。位於墨西哥市古城區中心的是通稱索卡洛（Zócalo）的憲法廣場，是拉丁美洲最大的廣場之一，地圖上廣場兩邊的建築至今依舊屹立。這張地圖是在當時一項清理城市和打擊腐敗的行動中製作，不同的顏色表示哪些地方已有改進（紅色），哪些地方有待改進（黃色）。

Paseo de Revilla
El Carmen
Rl. Palacio
Paseo nuevo
egido
Nonoalco
S. Diego
Casa de pobres
Acordada
Corpus
la Piedad

阿姆斯特丹的時代變遷

透過建築物把城市的豐富歷史視覺化

製作年份：2013年
來源：瓦格協會（WAAG SOCIETY）的伯特・斯帕恩（BERT SPAAN）

姆斯特丹的城市規畫在歐洲算是最好認的。這也是歐陸典型城市演變的重要事例，中央是一個老城區，外圍是愈來愈新的建築，如同這張用顏色代表建物年代的地圖所示。

阿姆斯特丹秩序井然的市中心源自17世紀的城市規畫，圍繞著半同心圓的運河系統仔細構建而成。今天全市共有超過100公里的水道，這些水道創造出大約90座島，需要超過1500座橋梁。這處古老的運河區叫作運河圈（Grachtengordel），在2010年被列入聯合國教科文組織世界遺產名錄。

最內圈的是運河辛格（Singel），在15世紀末和16世紀是城市邊界，並充當護城河。辛格和最外圈的辛格爾運河（Singelracht）之間的大部分建築都是在17世紀荷蘭黃金時代建造的。但是在1800年以前就有的建築（以紅色表示）之間，零星散布著一些1960年以後的建築，以藍色表示。

這些新建築裡最大的就是市政歌劇院（Stopera），這座結合市政廳和歌劇院的建築在圖中是顯眼的淺藍色，就坐落在阿姆斯特爾河（Amstel River）北上進入市中心的位置。有另外幾個地點曾被考慮用來興建歌劇院或市政廳，但1979年市政府決定把兩者合併為一項設施，在1986年開幕。市政歌劇院建在弗洛伊恩堡（Vlooienburg），這裡原本是17世紀初建來作為工業區的人工島。1882年，一條毗鄰的運河被填平，弗洛伊恩堡也成了猶太區，偉大的荷蘭畫家林布蘭（Rembrandt）和哲學家斯賓諾莎（Benedict de Spinoza）都住在這裡。有一處公共市場依舊存在於運河原址。

LEGEND

- < 1800
- 1800–1850
- 1850–1900
- 1900–1930
- 1930–1945
- 1945–1960
- 1960–1975
- 1975–1985
- 1985–1995
- 1995–2005
- 2005 >

在市政歌劇院再往西北一些、靠近市中心的地方，有一座獨棟的8字型紅色建築矗立在廣場上，這可能是阿姆斯特丹最老的非宗教建築。叫作瓦格（Waag，意思是秤重房），建於15世紀末，原本是最老城區的一座城門。後來秤重房挪作各種用途，包括消防站和手術室。如今這裡是瓦格協會的所在地，瓦格協會是藝術、科技和社會創新的基金會，也是這張阿姆斯特丹建物年代地圖的製作單位。

這張地圖以荷蘭政府提供的資料為基礎，體現了2013年始於美國的互動式網路建物年代地圖趨勢。有鑑於愈來愈多市政府開始以數位形式公開這些類資料，於是有了製作這種地圖的構想。歐洲各城市也正在努力要讓資料更容易探索和使用，為這類地圖鋪好了路。✳

這張2013年的地圖把阿姆斯特丹的房子依照年代以顏色區分。圖中的建築分布顯示全市的發展是從運河環繞的古老中心區往郊區擴張，中心區大多是紅色的，顯示主要是1800年以前的建築，郊區則是以藍色調為主，代表多是1960年以後的建築。

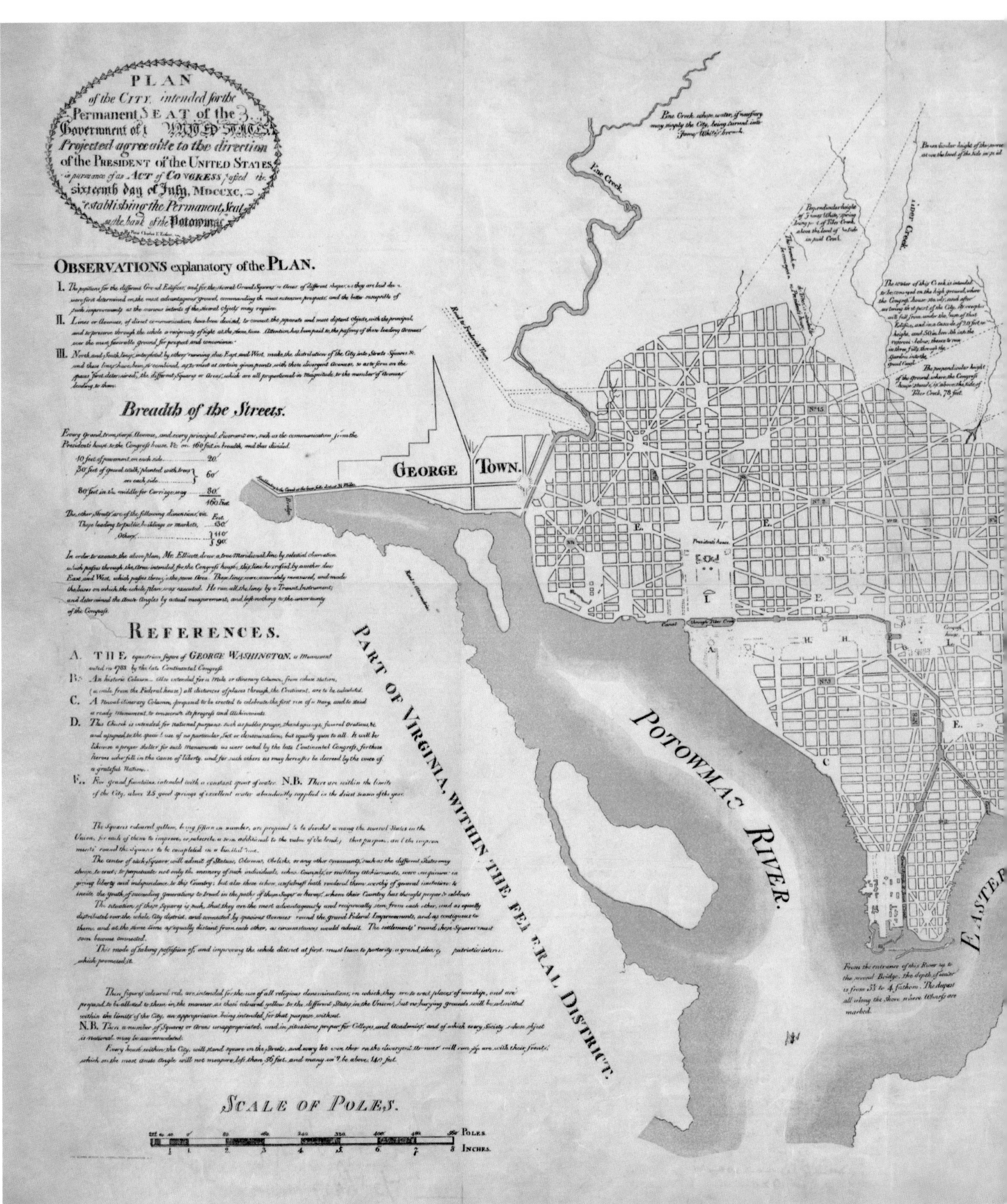
PLAN
of the CITY, intended for the
Permanent SEAT of the
Government of the UNITED STATES.
Projected agreeable to the direction
of the PRESIDENT of the UNITED STATES,
in pursuance of an ACT of CONGRESS, passed the
sixteenth day of July, MDCCXC,
"establishing the Permanent Seat
on the bank of the Potowmac"
OBSERVATIONS explanatory of the PLAN.
Breadth of the Streets.
REFERENCES.
GEORGE TOWN.
PART OF VIRGINIA, WITHIN THE FEDERAL DISTRICT.
POTOWMAC RIVER.
SCALE OF POLES.
POLES
INCHES.

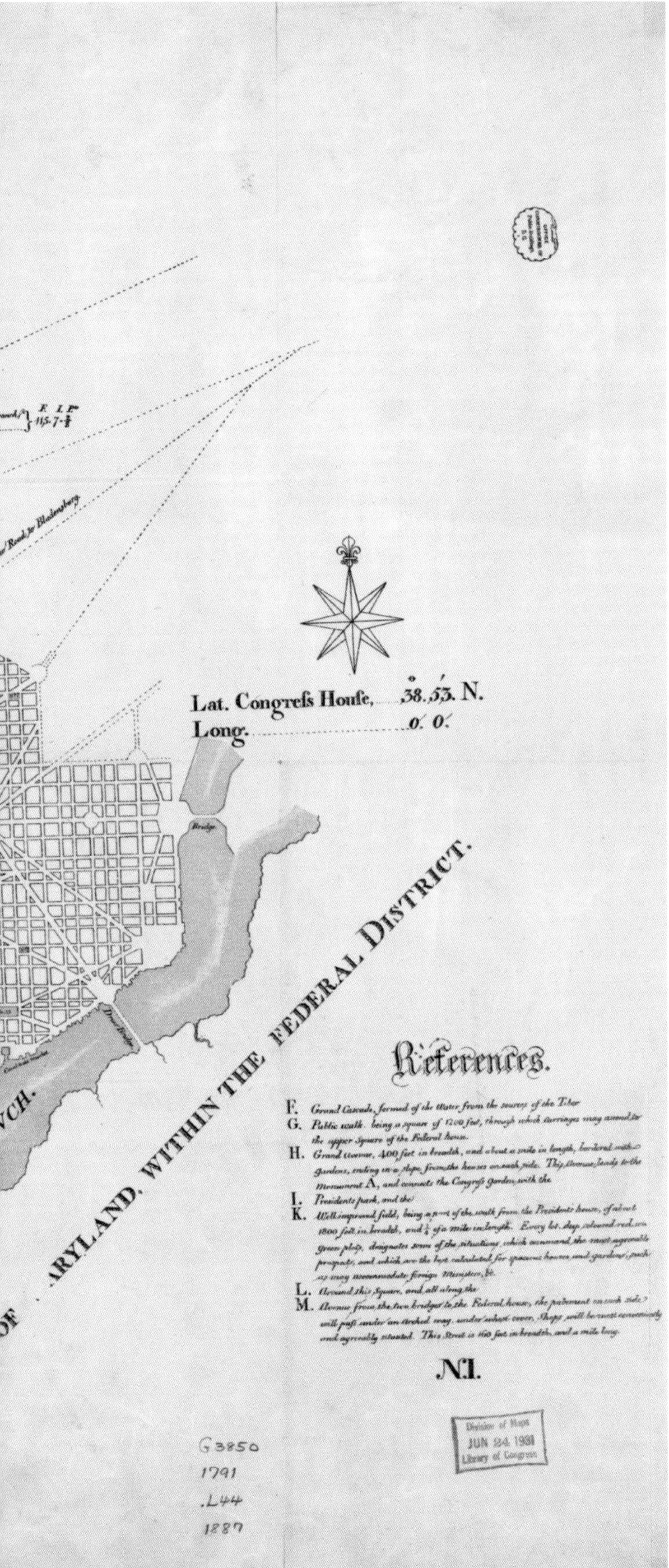

擘畫首都

這位眼光遠大的法國人設計了華盛頓特區，但去世時卻沒沒無聞

製作年份：1791年

來源：皮耶·查爾斯·朗方（PIERRE CHARLES L'ENFANT）

美國國會圖書館深處藏著一張顏色變得很深、難以辨讀的地圖，就鎖在一個灌滿加壓氬的45公斤重箱子裡。地圖內容大多因長年無人取用與保存不當而模糊不清，不過頂端的文字還是認得出：「美國政府永久所在地的城市規畫」。這是美國首都的第一張地圖，催生這張圖的是一個讓人意想不到的人，超過一個世紀以來，他的故事也和這張圖一樣模糊不明。

朗方在1776年離開巴黎前往美國，當時22歲。和他的許多同胞如拉法葉侯爵一樣，朗方也在革命戰爭期間來跟美軍並肩作戰。朗方雖然希望獲得軍功，但他在戰時最重要的成就卻是建立人脈。他巴結一票大人物，包括亞歷山大·漢密爾頓、詹姆斯·門羅和喬治·華盛頓。他是受過法國著名的皇家學院訓練的藝術家，在戰爭期間還畫過華盛頓的肖像。

但是，他也有建築和工程方面的才能。戰後，他的職業生涯就往這個方向走，因為漢密爾頓推薦了幾個受矚目的建築工作給他。到了1788年，朗方已經拿到一份好差事，為紐約州的市政廳進行翻修、擴建，以作為新聯邦政府的所在地。六個月內，他就把市政廳改造成當地一位記者所說的「美國迄今最龐大、最典雅」的建築。於是三年後，時年36歲的朗方得以說服華盛頓總統，讓他規畫美國的永久首都。

國務卿湯瑪斯·傑佛遜指示朗方在波多馬克河沿岸的聯邦土地上，選擇一處260平方公里以內的場地來容納一批政府大樓。但是朗方在1791年3月9日到達現場時，心中已經有了一個宏大的願景，想要打造一座既能匹配總統、又能體現新共和國理想的廣闊城市。

這份朗方版的華盛頓特區地圖是在1887年由美國海岸暨大地測量局製作。朗方的1791年地圖手稿隨著歲月流逝和保存不當而變深，有些地方已無法辨讀。

華盛頓要求他在三週內提出初步規畫，因此他不分晴雨都騎著馬，到處清點人煙稀少的森林、沼澤和農地。朗方依照地形安排規畫，把「國會大廈」放在靠近整塊地中央的最高山丘上，讓城市其餘部分像輪輻般向外發散。一條打算作為「人民公園」的宏偉大道，從山丘延伸到波多馬克河。總統府坐落在一個較小的高地上，面對壯麗的河景，和大道垂直接鄰（見右頁上方地圖）。

從兩棟聯邦建築延伸出來的多條斜對角大道，和公共廣場形成網路，讓整個設計有別於費城等美國城市的棋盤式街道網格，朗方形容那樣的規畫「陳舊乏味」。他的規畫是取法歐洲城市如羅馬的巴洛克風格，他設想的城市規模更加宏大，是一座最終要容納100萬人的城市——比當時美國所有主要城市加起來還要多。

華盛頓在3月底抵達這塊預定地，當場採納了朗方這套激情狂飆的城市構想。總統只給他五個月把計畫定案，於是朗方瘋狂地工作，設法趕上這個苛刻的期限。到了8月，他創造出傳記作者史考特．伯格（Scott Berg）所說的「第一件真正稱得上屬於美國的偉大藝術成就」。也就是在這時候，事情開始崩解。

關於如何執行計畫和籌資興建，朗方和包括傑佛遜在內的其他計畫參與者意見相左。傑佛遜偏好拍賣地段，利用收益慢慢建設這座城市。朗方則認為政府應該把某些公共廣場周邊的地撥贈給當時的14個州，成為各州的前哨站，讓城市以有機的方式生長，最終交織成一座有凝聚力的城市。他擔心傑佛遜的計畫會導致投機和閒置地段，阻礙城市生長。

這樣的分歧逐漸惡化，最後到了不可收拾的地步，結果朗方被完全趕出這項計畫。計畫的首席測量師安德魯．艾利科特（Andrew Ellicott）遵照傑佛遜的指示，畫出一張細部修改的草圖（上圖）。他拉直了幾道街道，拿掉了一些公共廣場。雖然這件作品基本上還是朗方的，但地圖上拿掉了他的名字。

時間證明朗方的顧慮是有道理的。這座城市的成長緩慢而遲滯，朗方的願景中最關鍵的層面到了一個多世紀後才被人認清。1900年，75位美國傑出建築師在首都聚會，目的是提出一項計畫來振興這座城市，他們覺得首都的發展雜亂無章，未能達成原先的承諾。國

左頁 測量師艾利科特依照傑佛遜的要求，在1792年更動朗方的計畫。他把幾條道路改直，拿掉幾個公共廣場，也把朗方的名字從地圖作者的地方拿掉。艾利科特還在朗方寫明他負責測量工作的地方，把自己的名字放大並用全大寫表示，在右下方的Breadth of the Streets（街道寬度）底下。

右圖 朗方對首都的規畫包含一條連接波多馬克河和安那考斯迪亞河（Anacostia River）的運河，朗方的地圖上稱之為東支流。這條運河在1815年竣工，但到了19世紀末已經停用，且大體上被掩蓋了。這張朗方版國家廣場原始設計的地圖在1901年由美國陸軍工兵隊為麥克米蘭委員會製作。

下圖 麥克米蘭計畫中對於國家廣場的設計受到朗方的原始設計（右圖）所啓發，兩者許多相似之處。但是這張1902年的地圖包含了280公頃的新土地，這些土地是1870年代波多馬克河進行疏濬，用清淤物在河岸上填成的。現在的林肯紀念堂和倒影池都位於這塊新生地上。

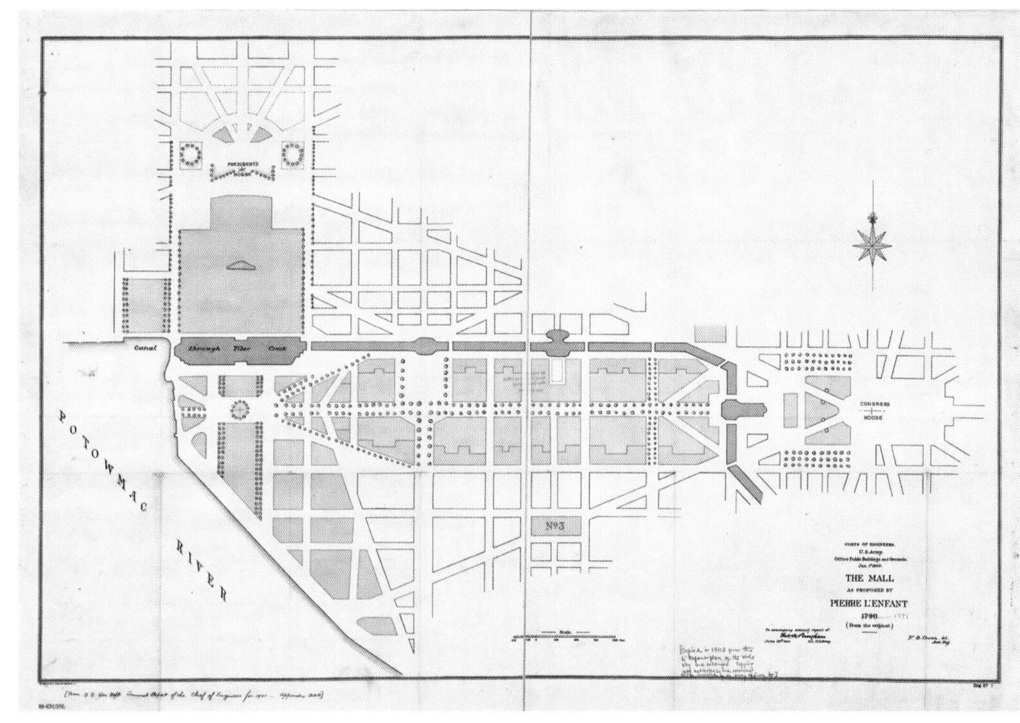

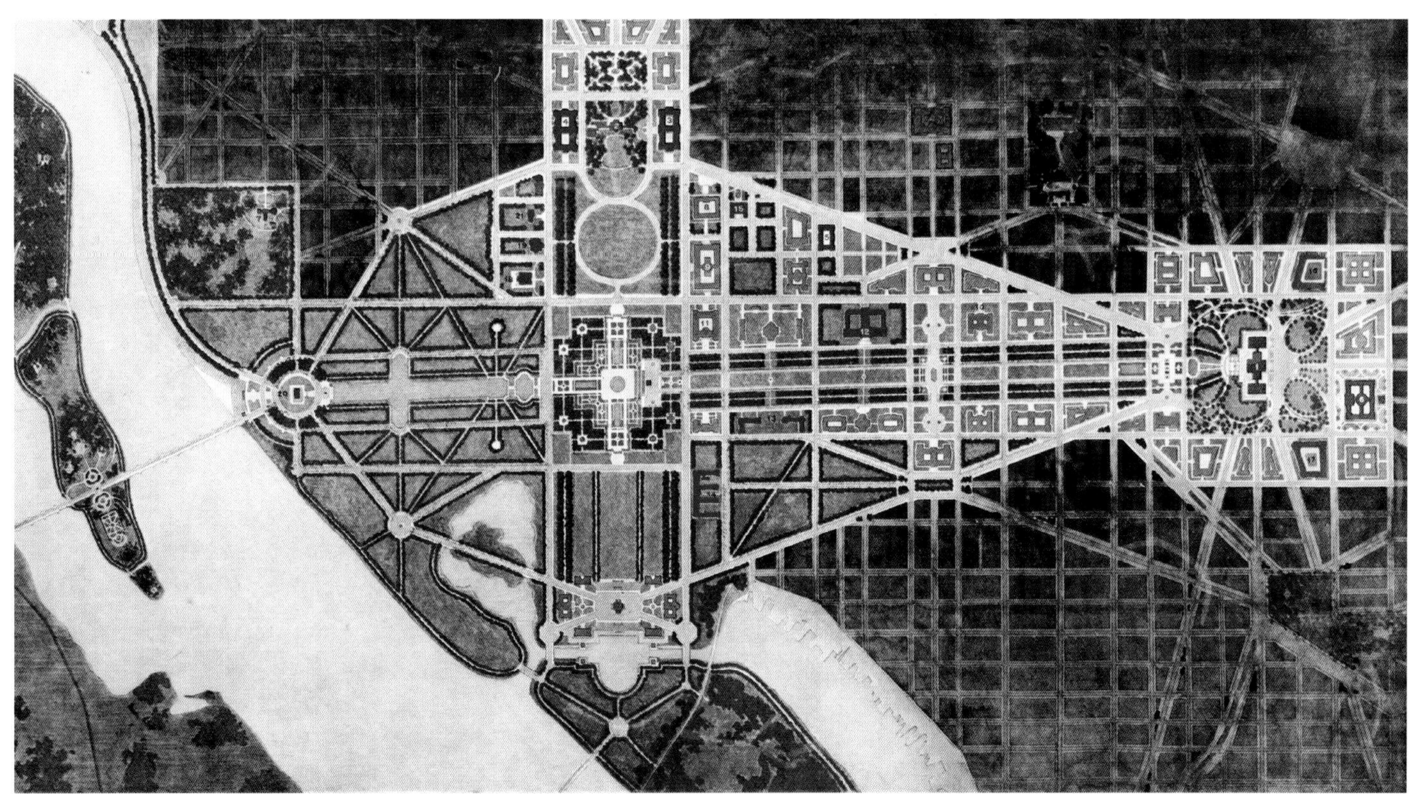

家廣場（National Mall）的狀態尤其令人無法接受，完全是不協調的花園、柵欄和鐵路胡亂拼湊而成的大雜燴。在他們的專業眼光中，這樣的狀態看不出意義，也沒有設計的整體性。

著名景觀建築師費德瑞克·勞·歐姆斯特德（Frederick Law Olmsted，見136頁）的兒子小費德瑞克·勞·歐姆斯特德建議，重新檢視朗方以公共空間作為市民中心的願景。由於密西根州聯邦參議員詹姆斯·麥克米蘭（James McMillan）力挺，這個想法得了動能，最終贏得聯邦政府的支持。

小歐姆斯特德和兩位建築師丹尼爾·伯納姆（Daniel Burnham）、查爾斯·金姆（Charles Kim）受託擬定一項計畫。他們研究了朗方的設計，了解他對強調國會大廈的用意，不過他們也深深受到當時正在蓬勃發展的城市美化（City Beautiful）運動的影響，這項運動的目標是為城市帶來光輝，以激勵公民參與和道德意識。他們最後完成了麥克米蘭計畫（McMillan Plan），1902年1月，這項計畫的地圖和等比例縮小模型在可可畫廊（Corcoran Gallery of Art）展出時，成千上萬人排隊等候，急著想看看首都未來的樣子。總統狄奧多·羅斯福也來觀看，談到了「這個構想的偉大」。朗方的宏偉大道回來了，把政府廳舍統合成一體，而填平波多馬克河的潮灘之後的新生地上規畫的景觀工程和紀念性建築，也被巧妙地融合了進來。麥克米蘭計畫就在往後幾十年裡一點一滴地執行，而且持續影響今天的城市規畫者。

朗方的願景並不是整個計畫唯一復興的東西。他死時非常貧窮，曾被他一位崇拜者的後代收容接濟，跟僕人和奴隸一起葬在他們位於聯邦特區外緣的土地上。但是，他的遺體在1909年被挖掘出來，這位最初規劃這座城市人，成了首位安放在國會圓形大廳裡供人瞻仰的移民。

朗方的努力終於獲得認可，被重新安葬在阿靈頓國家公墓。在葬禮上，美國總統霍華德．塔夫脫適切地說出了這一刻對朗方的意義：「很少有人需要等上一百年，等世界進步到能付出應該付出的獎賞，才得到他應該得到的回報。」✷

重新設計國家廣場的麥克米蘭計畫在1902年公開展覽，內容包括一張地圖（見53頁下圖）、一座立體模型，以及這張壯觀的華盛頓特區斜角鳥瞰圖，繪者是法蘭西斯．霍平（Francis Hoppin），他另一件知名的作品是幫作家伊迪絲．華頓（Edith Wharton）設計的住家。這幅畫後來成為呈現美國首都新設計的代表性圖像。

舊金山地下船骸

在這座城市的街道底下至今仍埋藏著數十艘船

製作年份：1852–2017年

來源：舊金山海事國家歷史公園以及其他

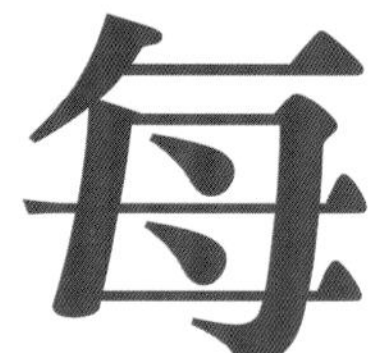

每天都有成千上萬的旅客乘著舊金山的地下電車，穿過一艘19世紀船隻的船身而渾然不覺。走在舊金山金融區的行人，也不知道街道底下就埋著好幾十艘船。在加州淘金熱期間，這些船載著許多探礦者來到舊金山，之後大多數就廢棄不用，在19世紀末隨著都市發展所作的土地填埋而被覆蓋。

淘金熱的消息在1848年傳開，很多人不顧一切要去加州，因此各種靠不住的船都被迫上陣。抵達之後，卻沒有回程的貨物或乘客可以載；此外，船長和船員也都渴望在金礦區裡試試運氣。這些船不見得都是棄船，他們往往會出錢找人來看著，但還是會因為閒置而逐漸破敗。第58-59　頁的銀版照片截自一張在1852年攝於芳草地灣（Yerba Buena Cove）的出色全景照，展現出歷史學者形容的「桅杆森林」。

有時候這些船會投入其他用途，最著名的例子就是捕鯨船尼安蒂克號（Niantic），這艘船在1849年故意擱淺，作為倉庫、酒館和飯店使用，最後在1851年一場大火中跟著灣內許多船隻一起燒毀。有一家飯店後來就蓋在位於企李街（Clay Street）和三桑街（Sansome Street）口的尼安蒂克號遺骸上方，距離目前的海岸線約六個街廓。

有些船是被船東弄沉的。房地產是一種熱門商品，而財產權法在這方面有漏洞。「你可以弄沉一艘船，然後主張船底下的土地是你的。」舊金山海事國家歷史公園主管理查・艾佛瑞特（Richard Everett）說。你還可以花錢請人把你的船拖到定點，再幫你弄沉。等掩埋場把海灣填平之後，你就得到了一塊上好的地產。這一切操作，加上對空間的競爭，曾導致幾次衝突和槍戰。

Happy Valley
HOWARD
FIRST
FOLSOM
FREMONT
FREMONT
BEALE
HOWARD
MISSION STREET WHARF
BEALE
MAIN STREET
Trescott
Panam
SPE
lighter
MAIN
MAIN ST. WHARF
RINCON
POINT
Candace
FOLSOM STREET WHARF
SPEAR
HOWARD
STUART STREET WHARF
CHARLES HARE
SHIP BREAKING YARD
SPEAR
HARRISON
THE EMBARCADERO
THE EMBARCADERO
SAN FRANCISCO
FIRE BOAT
STATION
BAY BRIDGE

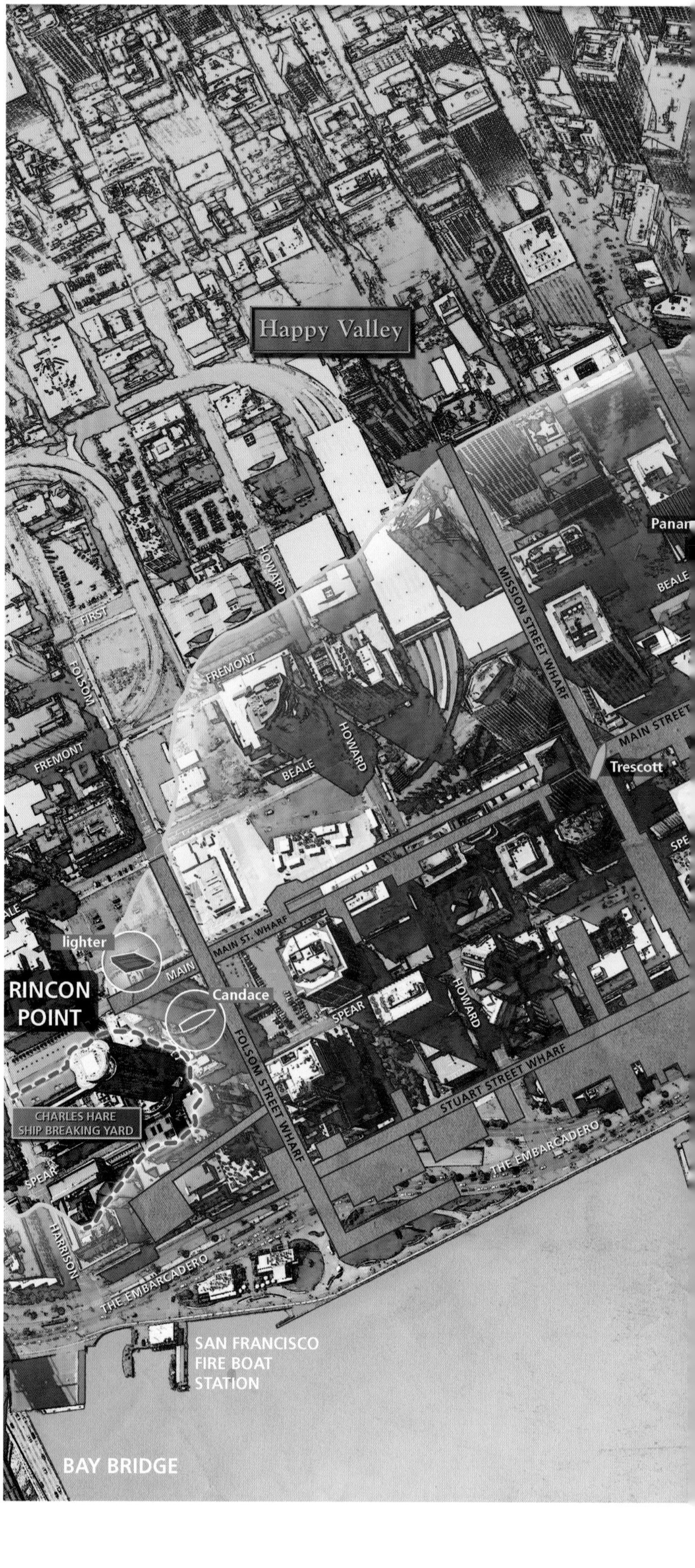

19世紀的舊金山海岸線比今天要再往內陸好幾個街廓。至少有50艘船埋在這個地區，也就是從海灣大橋現在的位置（圖中左下角）往北延伸的濱海區。

TRANSAMERICA PYRAMID BUILDING
COIT TOWER
Telegraph Hill
Sydney Town
CLARK'S POINT
Niantic
General Harrison
Tecumseh
Apollo
A Brig
Hoff St. Harbormaster
Fort Vigilance
Georgian
Louisa
Thomas Bennett
Fame
Francis Ann
Arkansas
Ricardo
Balance
Almandralina
A Brig
Fortuna
Wm.Gray
2 Unknown
Palmyra
Philip Hone
Dalmatia
Dryade
Envoy
Japan
Rhone
Salem
Autumn
Stieglitz
Alida
Brilliant
Magnolia
Cordova
Garnet
Globe
Elmira
Noble
Henry Lee
Hardie
Bethel
Inez
Elizabeth
Exploratorium
Rome
FERRY BUILDING
THE EMBARCADERO
PIER 1
PIER 3
PIER 5
PIER 7
PIER 9
PIER 15
PIER 17
PIER 19
CALIFORNIA
SACRAMENTO
COMMERCIAL
CLAY
COLUMBUS
JACKSON
MONTGOMERY
BROADWAY
PACIFIC
SANSOME
BATTERY
FRONT
DAVIS
DRUMM
VALLEJO
GREEN
UNION
FILBERT
GREENWICH
THE FILBERT STEPS
GRIFFING'S WHARF
INDIA DOCK
GREENWICH DOCK
CALIFORNIA STREET WHARF
SACRAMENTO ST. WHARF
LONG WHARF or CENTRAL WHARF
CLAY STREET WHARF
WASHINGTON STREET WHARF
JACKSON STREET WHARF
PACIFIC STREET WHARF
BROADWAY WHARF
VALLEJO WHARF
CUNNINGHAM'S WHARF
BUCKELEW'S WHARF
LAW'S WHARF
COWWEL'S WHARF
MARKET STREET WHARF
W
S
N
E

上圖 威廉・蕭（William Shew）在1852年拍攝的銀版照片，捕捉到芳草地灣內破落程度不一的數十艘船。

下圖 1868年的舊金山鳥瞰圖，可見到東部海岸線上密布的船隻。

其中一艘故意鑿沉的船是羅馬號（Rome），這艘船在1990年代被重新發現，當時舊金山在開挖隧道，以延伸一條電車線路，也就是市場街南邊的N－朱達線（N-Judah）。今天這條線路（以及另外兩條T線和K線）穿過羅馬號的船首部分船身，從市中心前往西部市區（見59頁草圖）。

舊金山海事國家歷史公園在研究過歷史學家和考古學家的報告後，在1963年首次製作了一份沉船地圖。2017年版地圖上的橘色圓圈代表近期發現和研究的場址。其中最有趣的一處是林康岬（Rincon Point）的一家拆船場，位在芳草地灣南端，靠近現今舊金山－奧克蘭海灣大橋（San Francisco–Oakland Bay Bridge）的錨泊點。一個名叫查爾斯・黑爾（Charles Hare）的男子在這裡經營獲利豐厚的打撈作業，雇了至少100名華裔工人在此拆舊船。黑爾把拆下來的黃銅和青銅設備賣掉，讓人用來建造新船和房子，同時也出售廢木料，這是當時很有價值的商品。

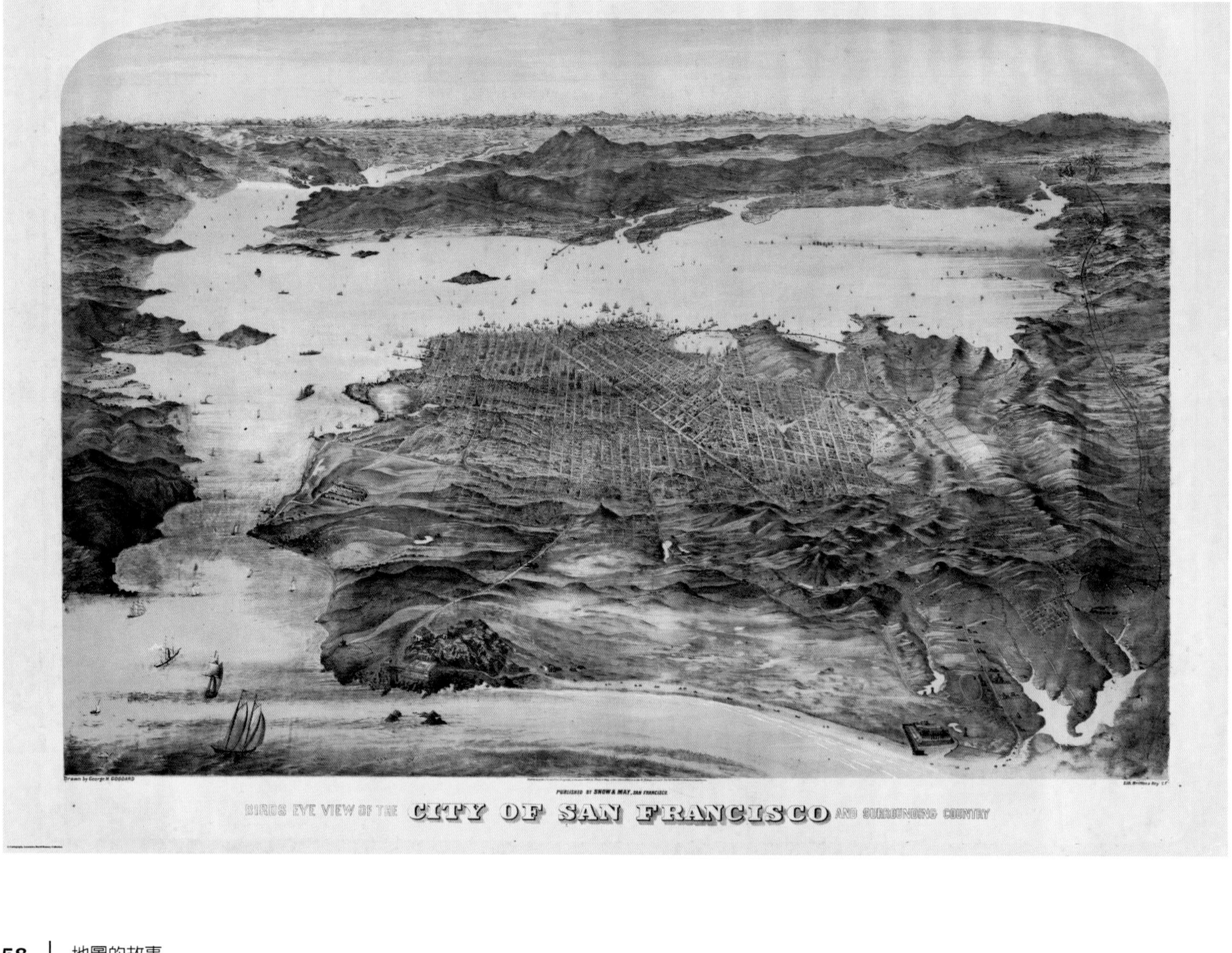

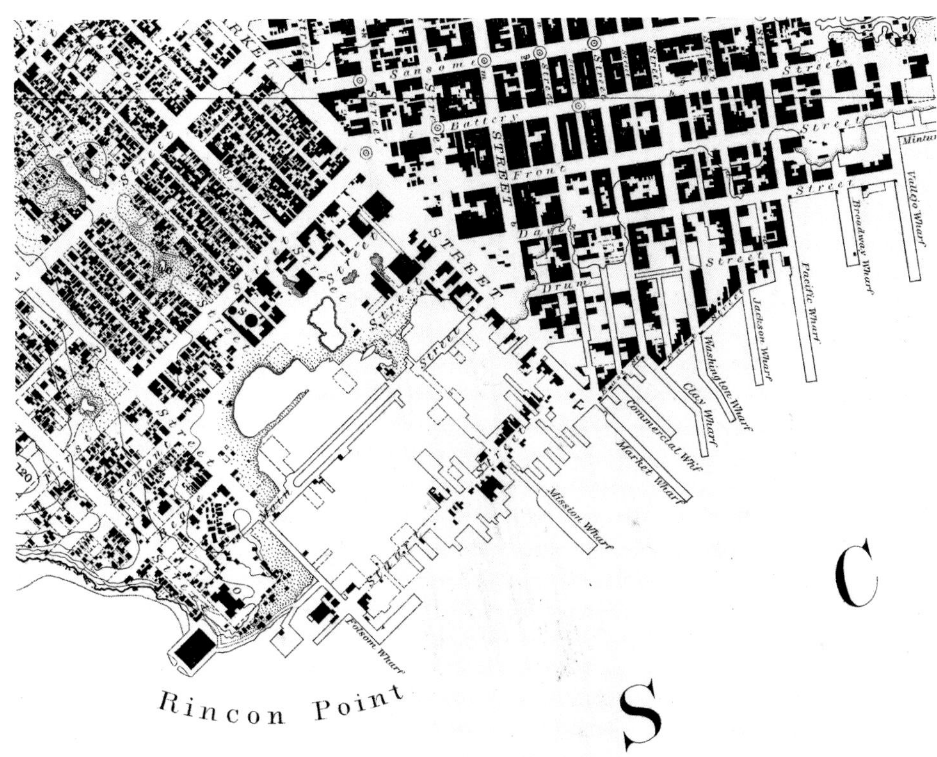

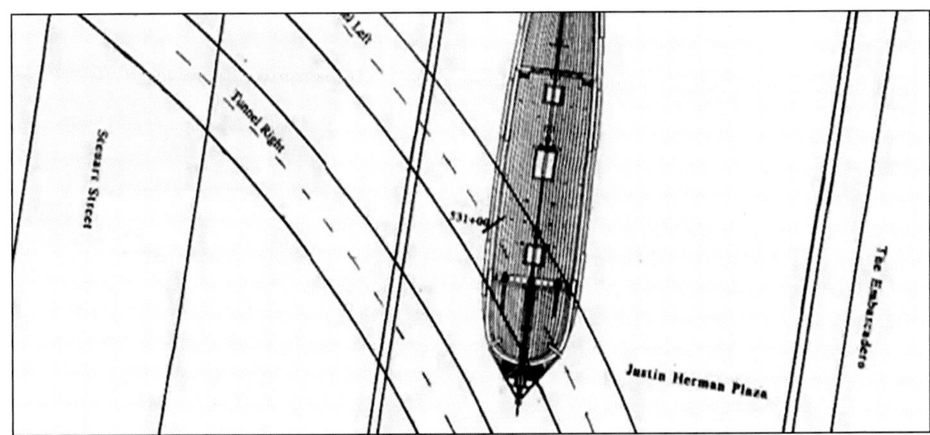

最上圖 這是美國海岸測量局在1857年發表的一張地圖局部，顯示許多結構物往正在填埋中的芳草地灣延伸。

上圖 海洋考古學家詹姆斯・艾倫（James Allan）的這張草圖中，顯示地下電車軌道在市場街南邊穿過羅馬號的船身。

1851年的一場大火扼殺了黑爾的生意。考古人員在遺址上發現了六艘船的殘骸，可能是火災時正在拆解的船，其中一艘叫作「坎迪斯號」（Candace），也是臨時被徵調來把淘金客載往舊金山的捕鯨船。他們還發現一艘小型的平底船，用來把貨物從繫泊在海上的船隻運到岸上。

2006年，寬街（Broadway）和前街（Front Streets）附近的一項開發案挖出了一些骨骸，考古學家懷疑是加拉巴哥象龜（第57頁地圖以星號標示處）。當時很多從東岸出發的船，繞過南美洲尖端的合恩角後，會在加拉巴哥群島停留，抓幾隻健壯的象龜扔進貨艙，這樣他們在北上加州的長途航行中才有新鮮肉類可以吃。那個時代的菜單顯示，海龜湯是海灣周邊餐館和旅館的常見菜色。艾佛瑞特說：「他們到了舊金山，結果真想不到——海龜多到吃不完。」

最終，芳草地灣被填平了。於是大家把碼頭往外蓋，好觸及繫泊在深水區的船，艾佛瑞特說：「碼頭像手指一樣不斷從岸邊長出來。」後來，大家開始把雜物和沙子倒進芳草地灣，其中很多地方原本就只有不到1公尺深。「請人用推車和馬匹載著沙子從你家的碼頭往外填，」艾佛瑞特說，「填出來的地就是你的。」有一張美國海岸測量局在1857年發布的地圖（上圖左），顯示芳草地灣逐漸被填平。

這種土地掠奪的作法影響深遠，爭議不斷的千禧豪景閣（Millennium Tower）就是證明。這棟2009年完工的58層摩天大樓裡全是價值百萬美元的公寓，但因為蓋在過去芳草地灣南緣附近的軟土地上，目前正逐漸傾斜。✷

標繪鄂圖曼帝國

一位16世紀博學之士的創新城市地圖

製作年份：1537-1564年
來源：馬特拉齊·拿蘇（MATRAKÇI NASUH）

馬特拉齊·拿蘇擁有令人難以置信的廣泛技能。拿蘇是鄂圖曼帝國著名的政治家，從數學、劍術到書法樣樣出衆。他也是一名精英軍官和高明的軍師，發明了一種用來訓練士兵的戰爭遊戲，叫作「馬特拉克」（Matrak），他的名字就是由此而來。但是，拿蘇後來還在他令人眼花撩亂的履歷上加上三個新的職業——歷史學家、地理學家和藝術家，使得後世歷史學者不得不把他和同時代的多才之士達文西相提並論。

隨著鄂圖曼帝國在16世紀中葉爬上巔峰，蘇萊曼大帝（Suleiman the Magnificent）要求拿蘇撰寫一部關於鄂圖曼歷代蘇丹及其戰功的歷史。拿蘇花了二十多年記錄他們的軍事功績，包括他自己在蘇萊曼統治時期目睹過的事件。他至少寫下了九冊，其中幾冊附有被征服城市的精美上視圖。這些插畫基本上就是以創新風格繪製的地圖，一方面明顯受到當時流行的歐洲式鳥瞰圖的影響，另一方面也跟波斯的袖珍畫有很強的關聯，這是出現在書籍中的小型彩色繪畫，用來說明詩歌和文學的內容。拿蘇的城市上視圖反映出鄂圖曼帝國的君王喜歡歌頌式的繪畫，同時也注重歷史的忠實性。

拿蘇最知名的地圖就是右邊這張伊斯坦堡的跨頁上視圖，這張圖已經成為重要史料，畫得十分詳細，把城內重要的穆斯林地標都畫了進來。圖的右半邊有著名的聖索菲亞大教堂（Hagia Sophia），建於6世紀，原是東正教教堂，畫這張地圖時已經改為清真寺。蘇丹居住的托普卡匹宮（Topkapi Palace）也清楚可見。有趣的是，地圖的左半邊——可以看見金角灣（Golden Horn）水道和14世紀的加拉達塔（Galata Tower）——是朝向不同的視角，因此需要把整本書順時針轉過來，才能看到正確的方向。

在拿蘇這張開創性的16世紀伊斯坦堡地圖上，可以看到聖索菲亞大教堂等著名地標的側面輪廓。這幅畫是一部鄂圖曼帝國歷史書中的跨頁插圖，地圖的左右兩半採取不同的鳥瞰方向。

這些地圖可能不是拿蘇親手畫的。當時的標準作法是找幾位專家各自畫下一張圖的某個方面，例如建築、地景或植物。不過幾乎可以確定這些地圖的重大創新畫法要歸功於拿蘇，也就是以當時的現場素描為製圖依據，而非純粹依靠二手報導和先前的敘述。從這些地圖的準確和詳細程度來看，歷史學者相信在畫每一座城市的時候，一定有某個參與地圖製作的人實際待在那個城市裡，或許就是拿蘇本人。

拿蘇是蘇萊曼在1534年到1535年征服伊拉克和伊朗期間的軍師，因此當然有可能親自描繪那段戰事。記錄這個時期的帝國擴張的那一冊，或許是他描繪得最有魄力的作品。蘇萊曼的軍事行動在攻占巴格達時達到最高潮，這個場景以一張跨頁圖來表現，採取兩個方向相反的視角，中間以底格里斯河（Tigris River）隔開（上方中圖）。這張地圖顯示巴格達東側建有城牆防禦，並包含三座大型清真寺。拿蘇畫出了大軍往返巴格達途中經過的幾乎每個停駐點和重要城市，包括阿勒坡（Aleppo）。阿勒坡地圖（上方左圖）的風格跟同一冊裡的其他地圖很不一樣，進一步證明這些地圖可能是由多位畫家所繪。這幅插圖裡的主角就是堡壘的圍牆要塞，這座要塞一直留存到今天，但在

左頁 不同於拿蘇藉由圖面說明過的大多數城市，阿勒坡並非處於擴張中的鄂圖曼帝國的邊境。他之所以在這部歷史書中納入阿勒坡，很可能反映了這座城市當時在區域經濟和政治上的重要性。

左圖 拿蘇這張跨頁的巴格達插畫被底格里斯河一分為二。地圖兩邊採用相反的斜角鳥瞰視角，周圍地區散布著沙漠的灌木和動物。

下圖 圖中的鄂圖曼海軍在1543年企圖占領地中海沿岸的法國城市尼斯。鄂圖曼海軍對尼斯的攻擊並未成功，但順利占領了法國港口城市土倫。

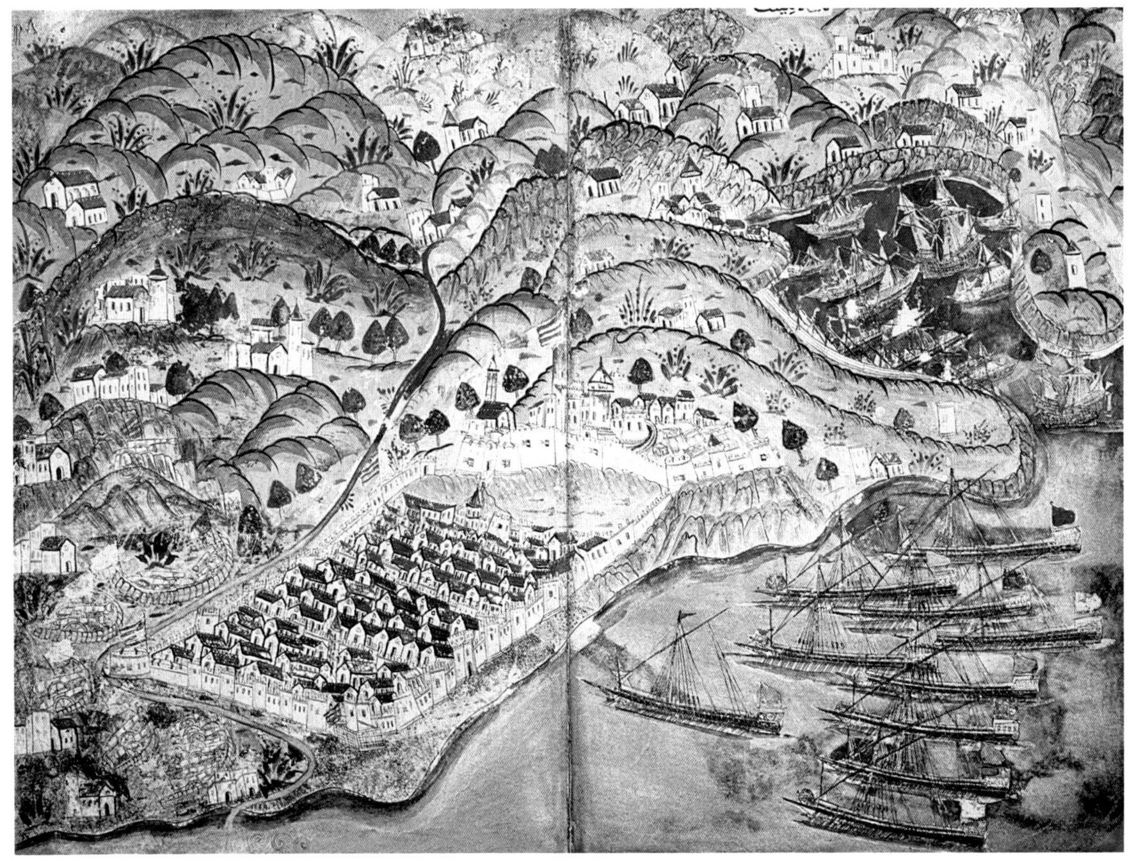

2011年爆發的敘利亞內戰裡受到重創。

拿蘇的另一冊地圖書記錄了鄂圖曼在1543年對法國的海上遠征，收錄好幾座法國沿海城市的上視圖。這次遠征是法國要求的，以期和鄂圖曼結成聯盟，但很快就後悔了。鄂圖曼海軍把這項要求視為掠奪地中海沿岸歐洲城市的機會，他們占領了法國的土倫港，也進攻了包括尼斯在內的其他城市（上方右圖）。

拿蘇用城市地圖來說明鄂圖曼帝國戰事和疆界，這在當時是全新的概念。他的方法顯然很有效，因為許多同代（和後代）歷史學者都在自己的作品中仿效這種作法。✳

一座城市，兩個故事

數位照片透露當地人和遊客最愛流連的地方

製作年份：2010年
來源：艾瑞克・費雪（ERIC FISCHER）

座城市裡最有趣的地方在哪裡？答案因人而異。當然每個人都有自己的喜好，不過最能影響答案的特質之一，就是這個人是當地人還是遊客。

製圖師艾瑞克・費雪在標繪自己穿越舊金山灣區的足跡時，就在思考這個問題，他發現照片分享網站Flickr會公開貼文者的拍照地點資料。費雪了解到，有了這些標記了時間的Flickr照片，他也能看見別人的足跡。「這一刻我有點像發現了新的人生，領悟到我不只能檢視自己的資料，還能找出別人對世界上哪些地方感興趣。」他說。

他下載了資料，然後追蹤大家在不同城市裡的足跡。他以不同的顏色標繪他們可能使用的交通方式，根據的是他們在不同拍攝地點之間的移動速度：時速5公里左右表示步行，時速50公里左右是搭車，時速16公里左右是腳踏車或渡船。

他把地圖發布到網路上之後，看到的人都很著迷。但是，他們想知道他的地圖究竟是反映這些城市的現實生活，還是只是顯示遊客去了哪裡。為了查明情況，費雪檢視大家在某個時間區間內的行為。如果有人一整年貼出的照片中都包含了某個城市，費雪推論他很可能就住在那裡；如果貼出的照片集中在一週內，那就很可能是遊客，尤其如果那個人通常是從別處的家鄉上傳照片的話。

在他的紐約市地圖（右頁）上，費雪發現當地人（藍色）和遊客（紅色）有明顯分別。黃色足跡代表無法確定，通常因為那是某人帳號中唯一的照片，所以無法判斷那人是在參訪，還是只是在上班途中拍下觀光渡船的照片。不意外，時報廣場是全市最常被拍照的地方。其他典型的觀光景點如自由女神像也有很多照片。有趣的是，遊客較常拍布魯克林大橋，而鄰近的曼哈頓大橋則是紐約人拍得多。「我覺得這和橋的知名度有關。」費雪說。

有些城市，例如羅馬（下方右圖）和拉斯維加斯，主要都是遊客的照片，拍照的位置往往聚集成簇。其他城市，例如臺北（下方左圖）和多倫多，則大多是當地居民拍的照片，位置也比較分散。大部分城市是混合型，有些地點被居民大量拍照，但遊客拍的很少。「如果你只在某個地方待一個星期，能去多少地方畢竟有限，」費雪說，「你大概不會發現其他比較隱密的好地方。」⁕

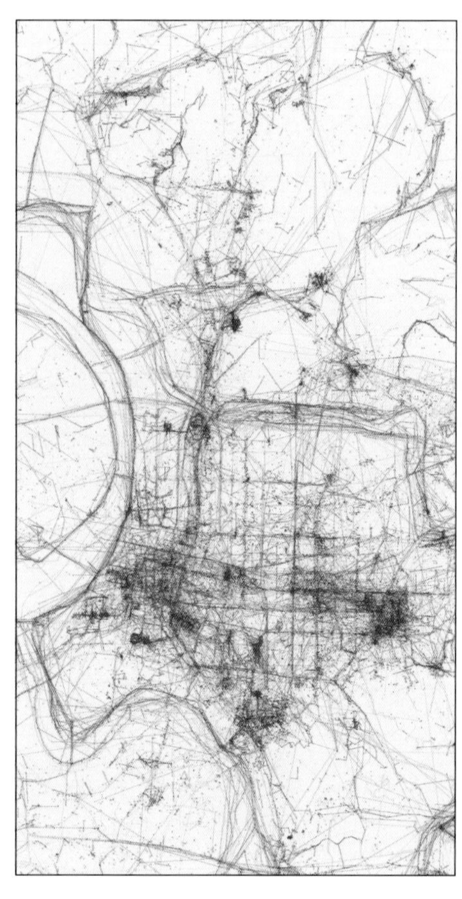

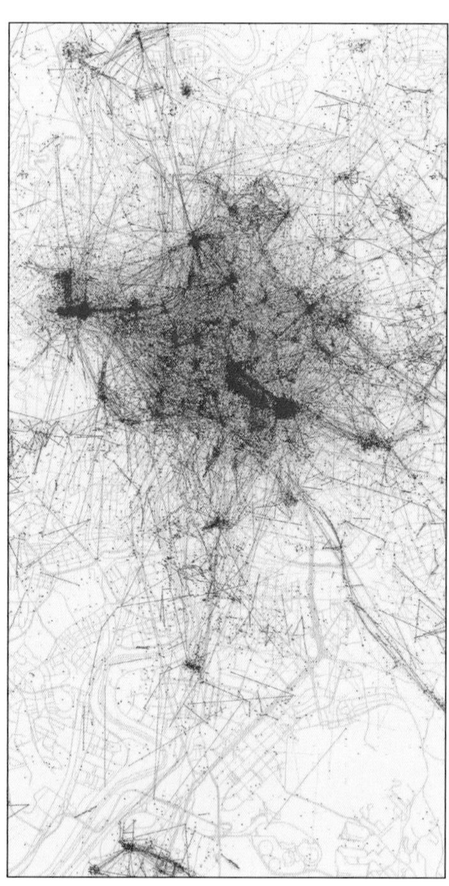

右頁 在這張紐約市地圖中，從2010年到2014年紐約人和遊客上傳到 Flickr上的照片可以看出他們的足跡。紐約人用藍線標示，遊客停留過的地方用紅線。黃線標示的路線可能當地人，也可能是遊客的。

最左圖 在臺北市，當地居民發布到Flickr的照片（顯示為藍色）拍攝地點較分散，遊客拍照的地方（顯示為紅色）則形成幾個小簇。

左圖 大多數攝於羅馬、並上傳到Flickr的照片都是遊客拍的（顯示為紅色），而且集中在市區西邊的聖伯多祿大殿周圍，和東南邊的羅馬競技場附近等地區。

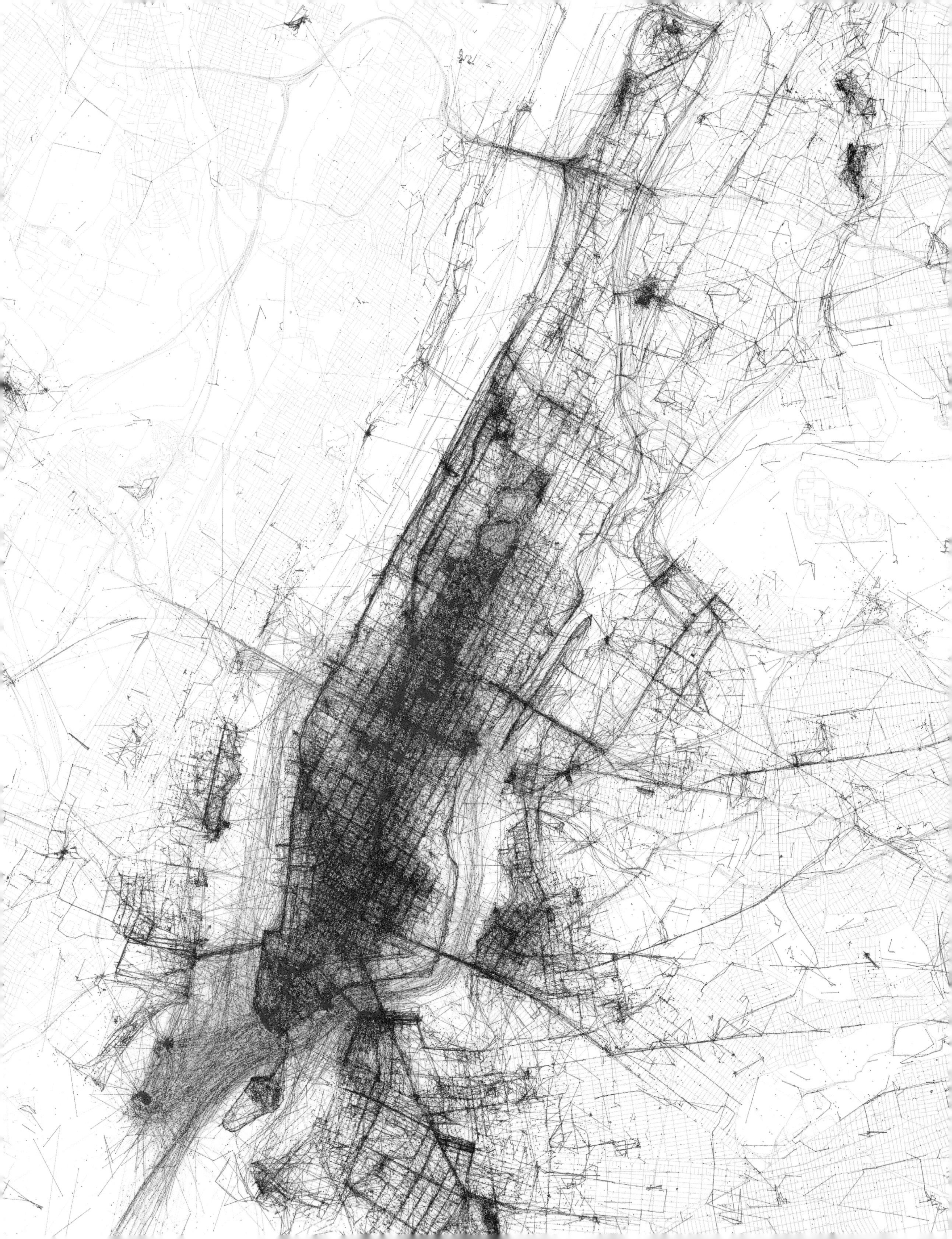

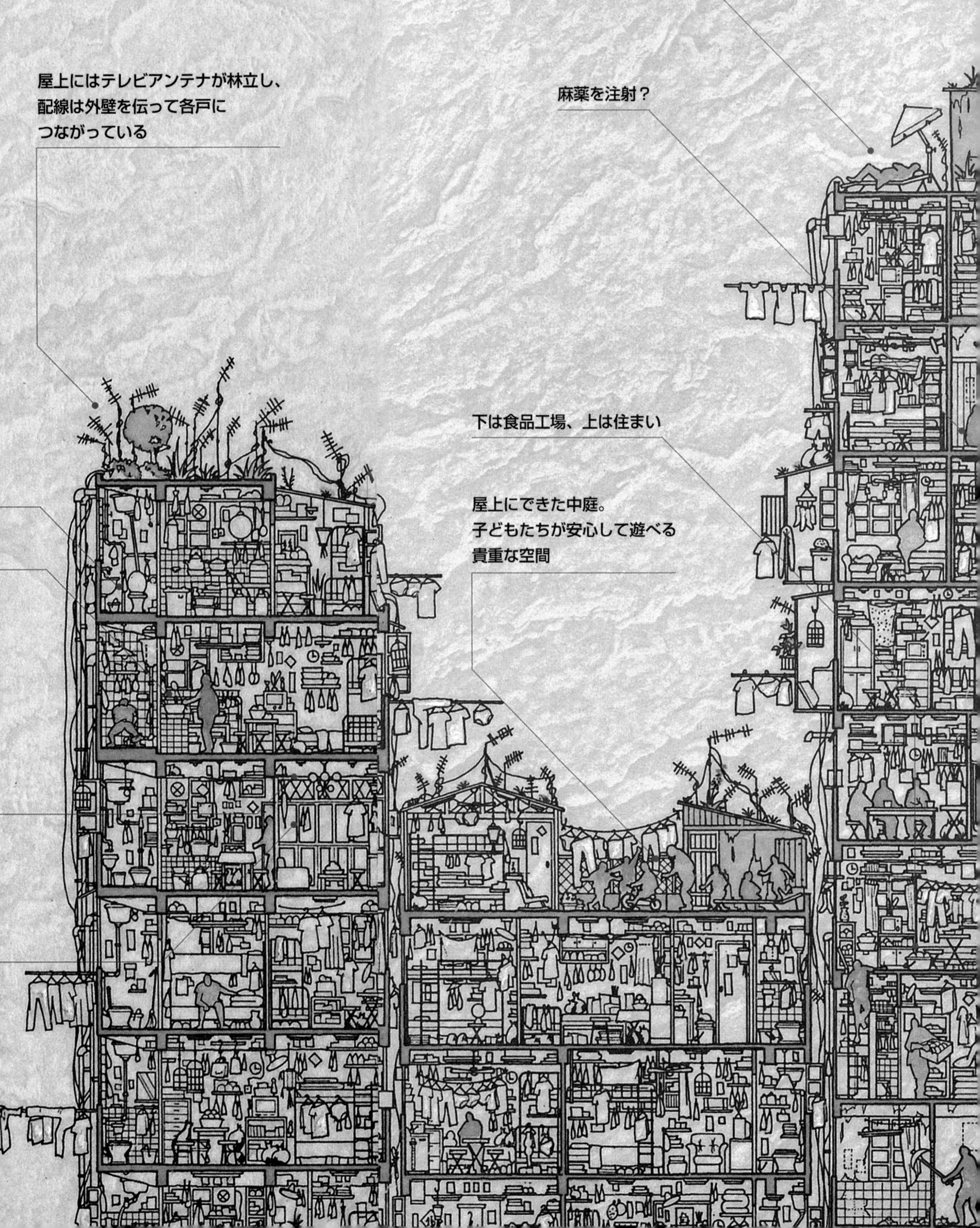
ひなたぼっこで極楽気分だ
屋上にはテレビアンテナが林立し、
配線は外壁を伝って各戸に
つながっている
麻薬を注射？
下は食品工場、上は住まい
屋上にできた中庭。
子どもたちが安心して遊べる
貴重な空間

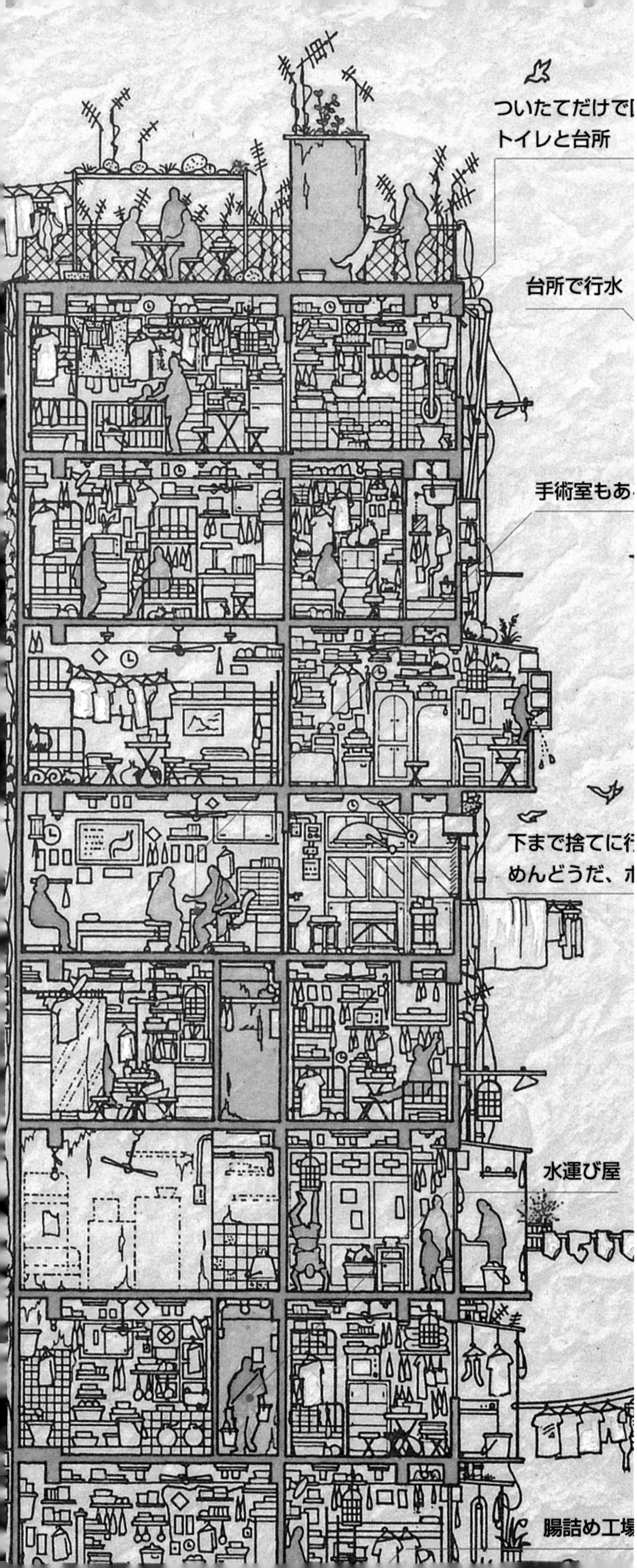

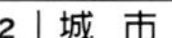

香港惡名昭彰的城中之城

鉅細靡遺的手繪地圖，呈現史上最密集人類居落的生活

製作年份：1997年

來源：寺澤一美（HITOMI TERASAWA）

香港九龍寨城最初是一座舊要塞，有許多人擅自入住，在其中紮營。在二次大戰後的幾年裡，人口隨著逃離國共內戰而來的中國難民而膨脹。居民一點一滴打造這個地方，在城市規畫者和建築稽查員睜一隻眼、閉一隻眼的情況下蓋滿了違章建築。

到了1990年代初期，已經有好幾萬人在這片2.8公頃的中高樓建築群裡生活、工作和玩樂。這裡的人口密度有多高？想像一下曼哈頓這個美國人口最稠密的都會區，把50倍的人口塞進來就是了。建築群裡的環境很惡劣，黑幫出售毒品給逃避現實的居民，常有人過量吸食海洛因，賣淫也稀鬆平常。

後來香港官員終於忍無可忍，在1993年開始拆除九龍寨城——不過在此之前，有一組日本建築師自告奮勇要來探索這裡的空間和通道，畫成地圖留給後人緬懷。他們自稱為九龍寨城探險隊。

這群人在預定拆除的幾個月前抵達香港。拆除大隊的一位主管允許他們進入這片已經撤離的建築群，但要遵守幾個條件：只給他們八天時間，不得干擾任何施工人員，一次不得超過六人進入，而且若發生任何事故或損傷，香港政府都不負責。

探險隊立刻分成幾組人員。其中一組負責平面圖，另一組則以測量和拍照來重建整個建築群的剖面圖。晚上回到飯店之後，他們就拿出筆記和照片，根據留下的家具、垃圾和其他線索來判斷每個房間的用途。

寺澤一美筆下的九龍寨城剖面圖局部，圖中充滿電視天線的屋頂，是孩子難得能在戶外玩耍的地方。

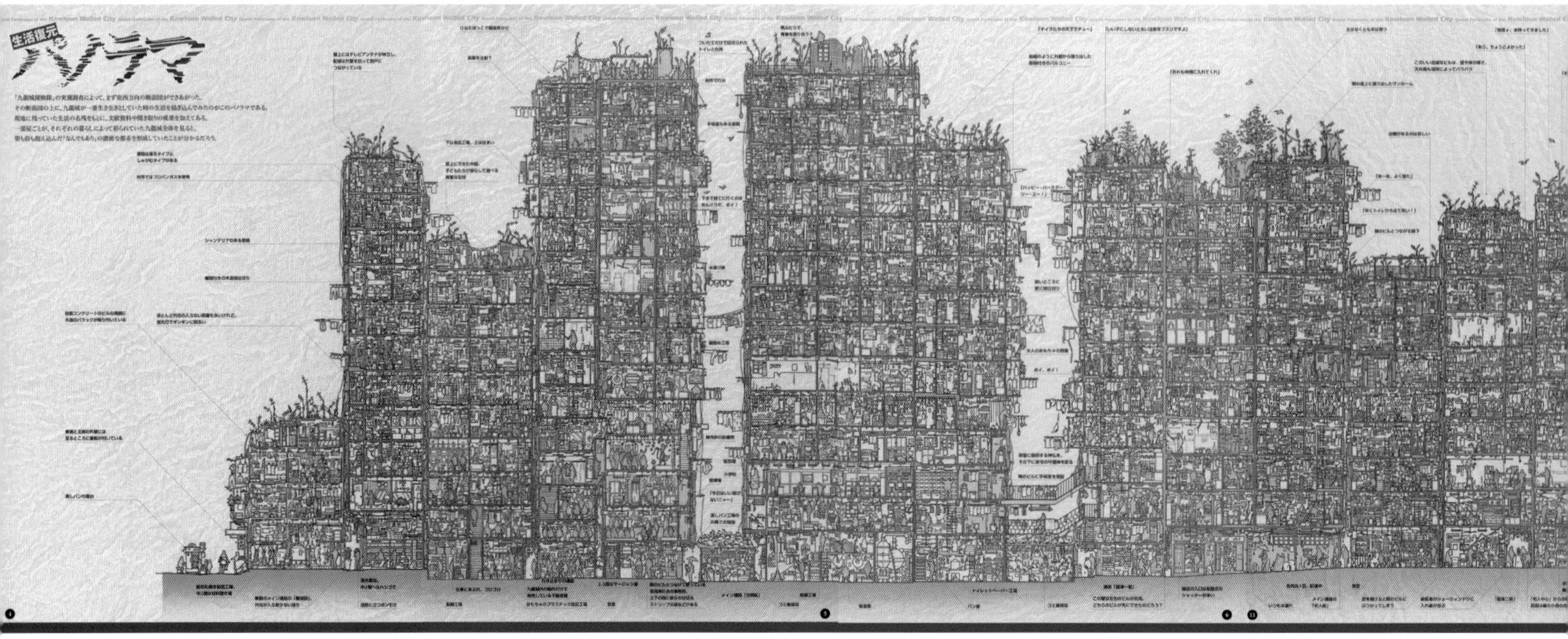

上方 建築群裡的房間進行各種合法和非法用途。其中包括（左上起順時針方向）香腸工廠、診間、理髮院，以及類似脫衣舞廳的場所。

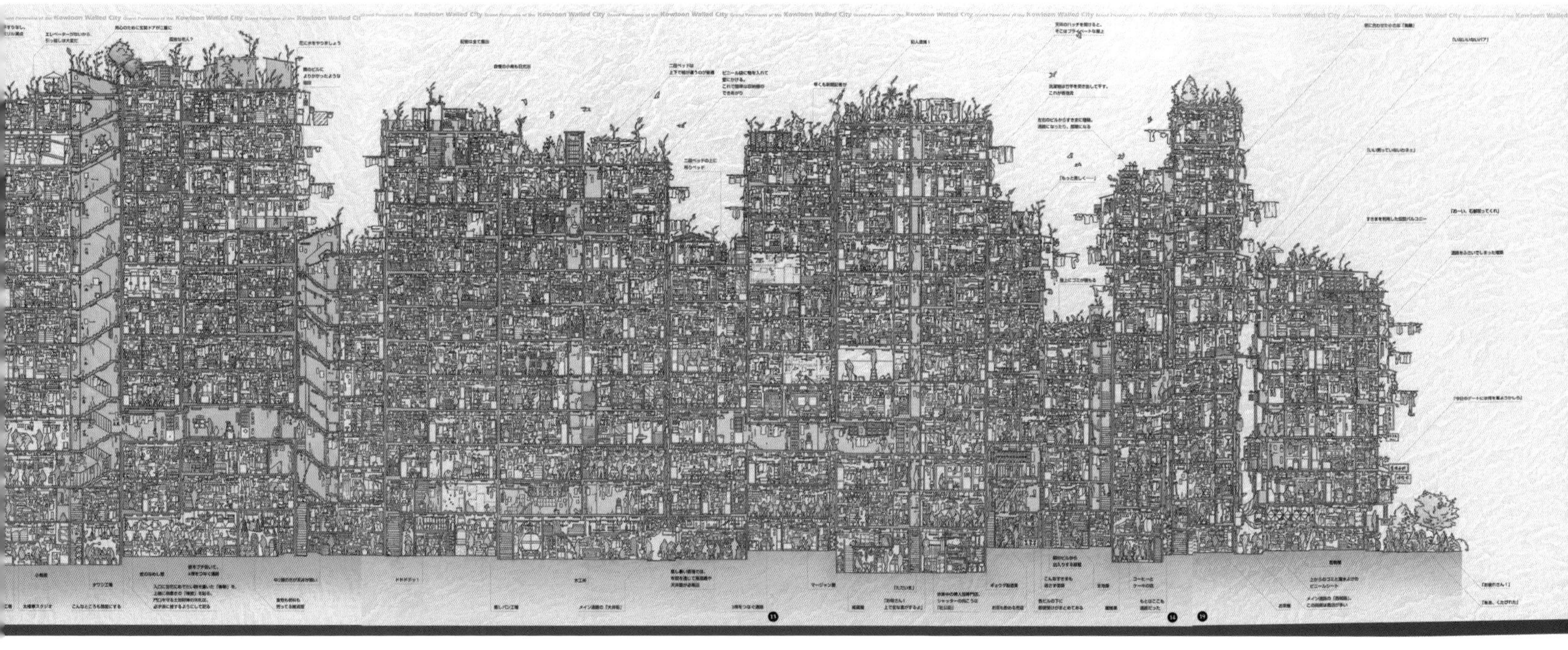

上圖 寺澤的九龍寨城地圖橫跨八頁，收錄在1997年出版的一本日本書籍中。她畫出了好幾百個房間、隱密通道，以及居民的日常生活片段。

右圖 這張攝於1989年的空拍照片，顯示構成九龍寨城的大約500棟建物。由於啟德機場的飛機降落航道就在附近，這些建物的高度不能超過14層樓。

這些地圖是在幾年後由寺澤一美繪製，這位插畫家利用探險隊蒐集到的材料，重建出寨城全盛時期可能樣貌的剖面圖。寺澤確實把一些惡行的證據畫了下來，例如一名年輕女子在一群男性觀眾面前跳舞的房間（見68頁左下方局部圖）。不過，她也記錄了任何城市都有的生活痕跡：晾在陽臺上的衣物、爐子上燒滾的水壺、玩跳繩的孩子。

這是一座擁有自己的學校、寺廟和經濟制度的城中之城。這裡有聞名全香港的低價牙醫，因為沒有執照不能在別處執業。有許多小工坊能用金屬和塑膠製造出各種東西，還有一些家庭式的迷你工廠，生產的東西從糖果到麵條應有盡有。有傳言說當時全香港的魚丸80%都是在寨城裡做的。

寨城的基礎建設就算有，也十分不可靠。飲用水來自居民挖掘的大約70口井，但水質很有問題。電力往往從城市電網偷接而來。在《華爾街日報》2014年推出的一部紀錄片中，一位當時擔任郵差的先生說到他曾經在這裡觸電，因為有一條未絕緣的電線接觸到金屬郵箱。他也記得那些老鼠。「我從沒見過這麼大的老鼠，大到肚子都在地上拖。」他說。

長久以來，九龍寨城一直是作家、電玩設計師等創意人士取材的對象。在2005年電影《蝙蝠俠：開戰時刻》中，高譚市裡破敗的奈何島區（Narrows）就是以寨城為原型；日本東京市郊一家巨大的電子遊樂場也是仿照城寨來設計，連垃圾和塗鴉都忠實複製。

目前寨城的原址成了一座公園，但這個地方真正的歷史遺產，是它能持續引發後人的想像力。✳

MISTICK RIVER
White Island
Winisimit
BREEDS HILL
BUNKERS HILL
CHARLES TOWN
Mill
Charles Town Battery
NODDLES ISLAND
Battery
Hancocks Warf
CAMP ISLAND
Long Warf
Rows Warf
Bird Island
BAY
GALLOWS BAY
Wind Mill
DORCHESTER NECK
Ferry to Castle William

波士頓市區最軟的一塊

都市填海造陸的美麗與哀愁

製作年份：1630-2018年
來源：波士頓公共圖書館等

垃圾腐爛與污水的氣味，讓波士頓市開始動手進行一項最早的大型填海造陸計畫。這一年是1800年，瘴氣致病理論——認為臭氣是疾病爆發的根源——已經深植人心。波士頓北端一處淺灣裡累積的垃圾發出的惡臭，讓波士頓人心生畏懼，所以他們決定把它埋起來。

這個問題早在150多年前就開始了，當時灣中築有堤壩，好利用潮汐力推動磨穀機。除了作為磨坊的動力之外，因築壩而形成的磨坊池（Mill Pond，左頁）也成為傾倒家庭垃圾和動物屍體時最受歡迎的場所，當地居民還會把廁所污水直接排進磨坊池。起初，潮水會把池裡大部分的廢棄物帶走。但在1800年，磨坊業者關掉了一些磨坊，也關閉了半數的水閘，因而堵住了水流。於是穢物開始累積，發出惡臭。

沒有人知道這個令人不快的局面是不是事先計畫好的，磨坊業者不久就開始遊說市政府，要求允許他們填平磨坊池，把填出來的土地賣掉。增加土地可以多抽稅，這一點打動了市政府，居民也擔心有害的臭氣會變成危險的病源。1807年，填埋工作開始進行。

填海用的土方來自附近的比肯丘（Beacon Hill），多年來的造陸工程已使這片山丘的海拔高度降低了18公尺左右。填平磨坊池創造出來的20公頃新生地成了今天的布爾芬奇三角區（Bulfinch Triangle），名稱取自建築師查爾斯．布爾芬奇，他把這裡的新街道配置成三角形，如這張1841年的地圖所示（見72頁右圖）。後來有更多土地從三角區擴張出去，用來興建鐵路機廠。

1630年清教徒建立波士頓時，今天這座城市心臟地帶的土地大多還不存在。當時美洲原住民稱之為肖馬特（Shawmut）的波士頓半島面積還不到200公頃，半島上散布小丘陵，由一道在漲潮時會淹沒的狹窄地峽連接本土。但是在往後的三個半世紀，波士頓增加了超過2000公頃的人造土地。

波士頓最大的一塊掩埋地是後灣（Back Bay）區。後灣包含地峽北側的大片潮灘地。和磨坊池一樣，後灣在1821年也築起堤壩以提供磨坊動力。一旦蓋了水壩，後灣最終也難逃被填平的命運。

一些小塊土地不久就開始變大，包括波士頓公園（Boston Common）西邊的波士頓公共花園（Boston Public Garden）。在 1830年代，後灣進一步被鐵路線隔開（見72頁的1841年地圖），不但減少了水的流通，也使原本就已經疲弱到只能推動幾座磨坊的潮汐力施展不開。

左圖 這張1775年左右的地圖顯示，建城一個世紀半後的波士頓已經把肖馬特半島的大部分地方都填平了。圍住磨坊湖的水壩靠近半島北端。長碼頭（Long Wharf）建在東側的小灣，狹窄的波士頓地峽連接半島和本土。

下圖 在1630年建城那年，波士頓只有幾條路、幾座光禿禿的山丘，以及在肖馬特半島北端附近圍住磨坊池的一道水壩。這張地圖是西邊朝上。

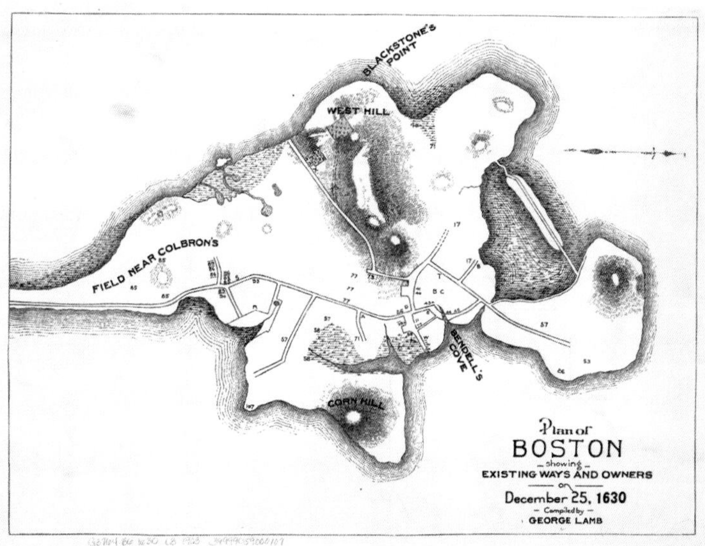

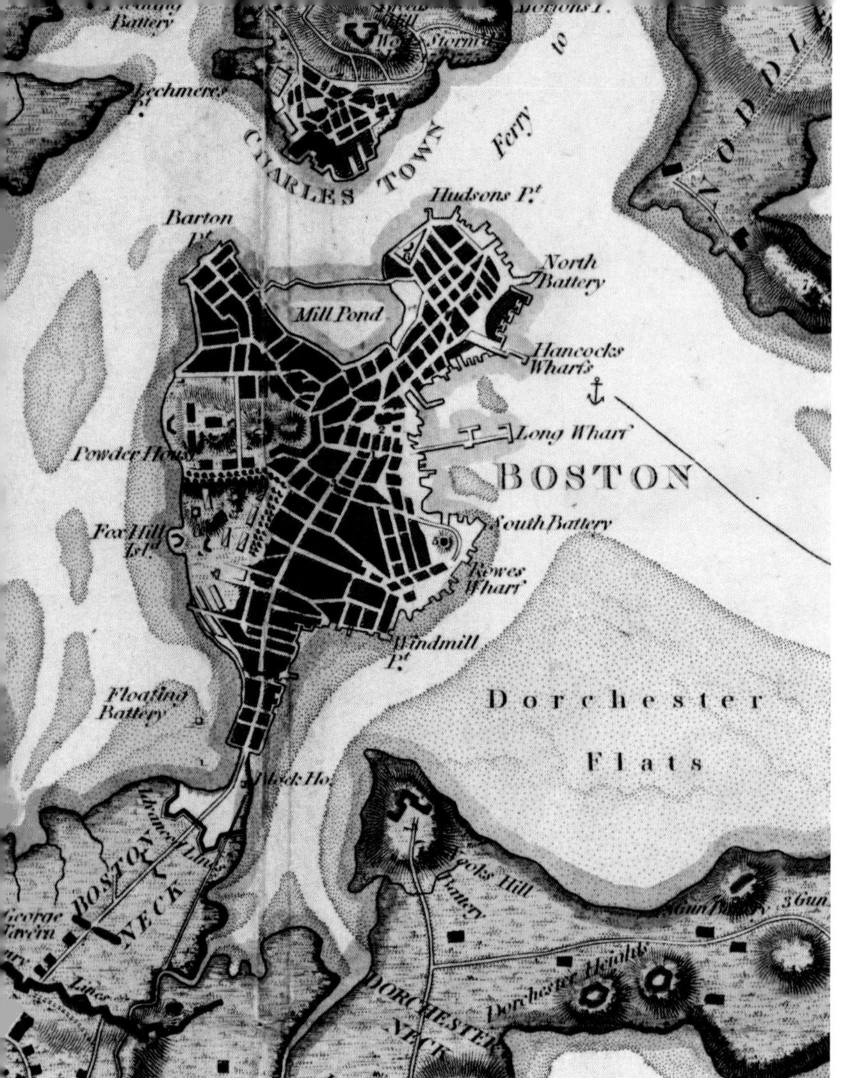

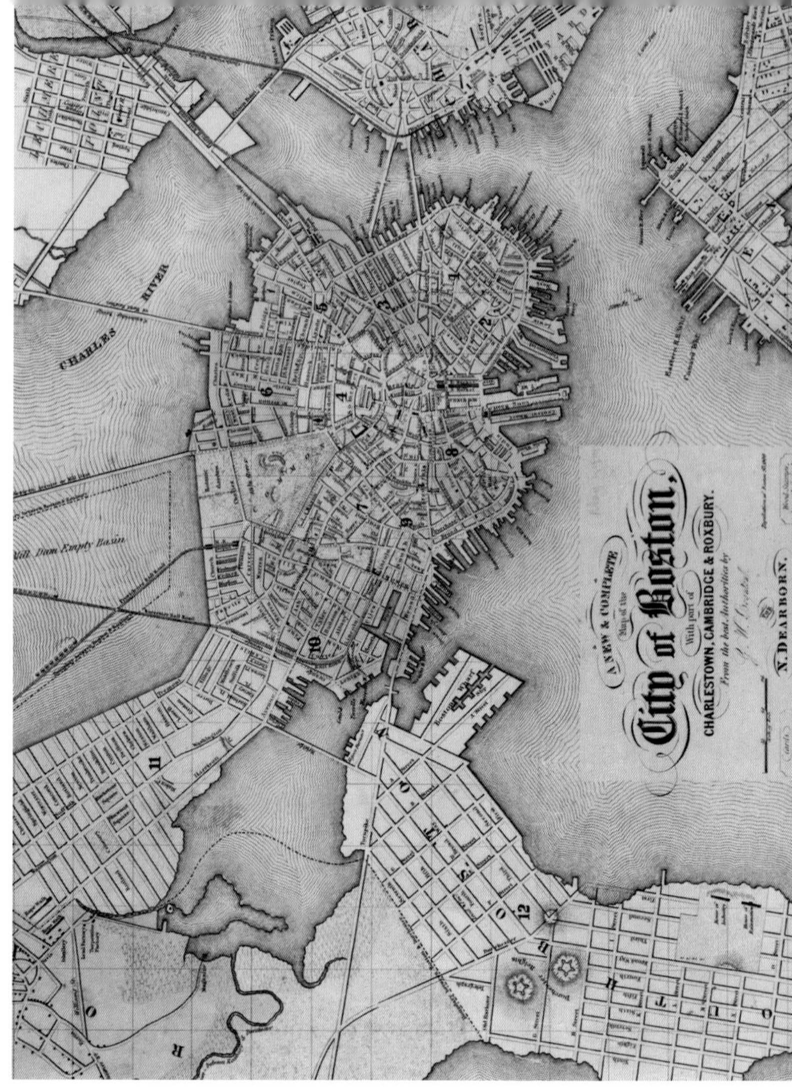

不久，分隔之後的後灣也出現了由污水導致的惡臭，不健康的瘴氣飄進城裡招致居民譴責。歷史學者南希・西肖爾斯（Nancy Seasholes）發現一份1849年的市誌生動地描述了當時的情況：「此刻的後灣簡直是一座巨大的污水池，這個人口不斷增加的大城市每天把所有的穢物都倒進去……一片綠綠的浮渣，有好幾碼寬，沿著西街〔磨坊壩〕的岸邊綿延不絕，更遠處的水面像湯鍋一樣冒著泡泡，有毒的氣體正從底下的腐敗物質迸發出來。」

1850年，波士頓開始積極地把這個冒泡的大湯鍋填起來。在一張1878年的地圖（右頁左上圖）上，後灣的部分地區已經填平，包括聯邦大道（Commonwealth Avenue）的起點。這條街規畫成一條宏偉的林蔭大道，中間有美觀的綠化公共步行區，目的都是為了增加土地的價值。另一個未言明的目的可能是為了創造一個吸引人的地方，讓新英格蘭人想要來買房子，以誘使他們移居波士頓，對抗快速湧入的愛爾蘭移民。到了19世紀末，後灣已經完全填滿了。

今天的後灣區成了全波士頓最令人嚮往的鄰里之一。但是這裡也接受了人造土地的不幸遺產：地基腐爛。掩埋地上的建物都有幾十根木樁支撐，每根木樁長9到12公尺，樣子類似電線桿，向下穿過掩土方直達硬質黏土層。這些木樁完全位在地下水位之下，可防止空氣中的微生物侵蝕木樁並導致腐爛。

但是，從土方外漏進汙水下水道或涵管的水，可能導致地下水位降到基樁底下。這就是1929年發生的情形，當時後灣心臟地帶的一條下水道發生滲漏，使波士頓公共圖書館底下的一些基樁外露，造成大樓的宏偉入口出現裂縫。維修費用花了20萬美元，相當於現今將近300萬美元。此後大約有200棟建築進行了基樁維修。今天因基樁腐爛而進行地基補強所需的費用可達40萬美元以上。

1986年，波士頓地下水信託基金成立，透過公有地的監測井網路來追蹤市內水位。但是，由於波士頓的人造土地比其他美國城市都要多（可能除了舊金山以外；見56頁），波士頓人在可預見的未來都要跟這個問題共處。✷

上方 這幾張地圖從1806年直到今日（左起分別為1806、1841、1878和2018年），顯示波士頓不斷填海造陸而逐漸增長。1806年，磨坊池在城市北端被水壩圍住，但仍然存在。到了1841年，磨坊池已被填平，連同長碼頭周圍小灣的大部分地區，以及連接半島和大陸的波士頓地峽周邊的一些土地。1878年，波士頓西南邊的後灣部分被填平。而今後灣已經完全填滿，南灣也是。

右頁下 對照現今海岸線（淺綠色）和1630年海岸線（深綠色），顯示波士頓和周圍地區增加了多少面積。兩條海岸線之間所有淺綠色土地都是填平港灣的淺水區而來。

Community College
East Boston
I 93
US 1
CHELSEA
Mystic River
ORE ST
THIRD ST
FIRST ST
ES ST
East Cambridge
Charles River
SUMNER TUNNEL
MA 1A
COMMERCIAL ST
Charles River
Massachusetts General Hospital
CROSS ST
MA 3
Boston
STATE ST
Beacon Hill
Charles River Esplanade
BEACON ST
Financial District
Boston Common
COMMONWEALTH AVE
NEWBURY ST
Back Bay
BOYLSTON ST
STUART ST
I 90
MASSACHUSETTS TURNPIKE
B ST
HAUL RD
SUMMER ST
A ST
COLUMBUS AVE
TREMONT ST
E BERKELEY ST
D ST
E ST
South End
A ST
B ST
W FIRST ST
E FIRST ST
SHAWMUT AVE
ALBANY ST
Boston University Medical Campus
HARRISON AVE
D ST
E ST
South Boston
Dorchester Heights

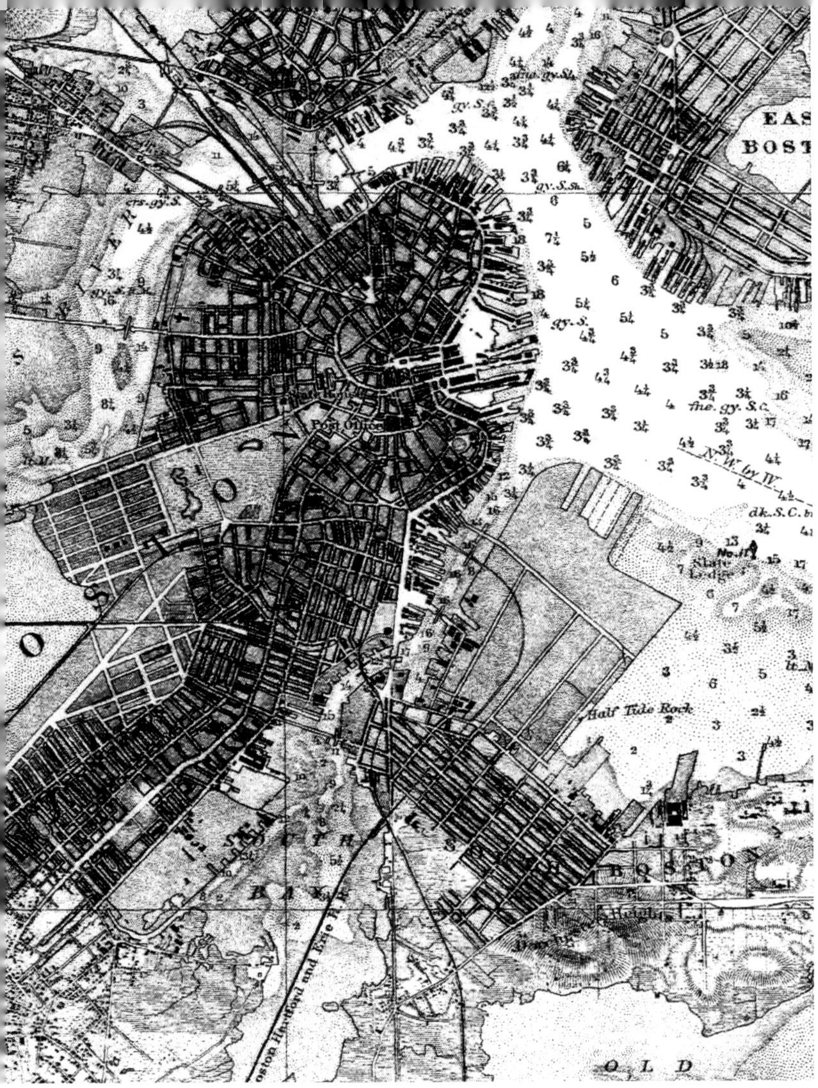

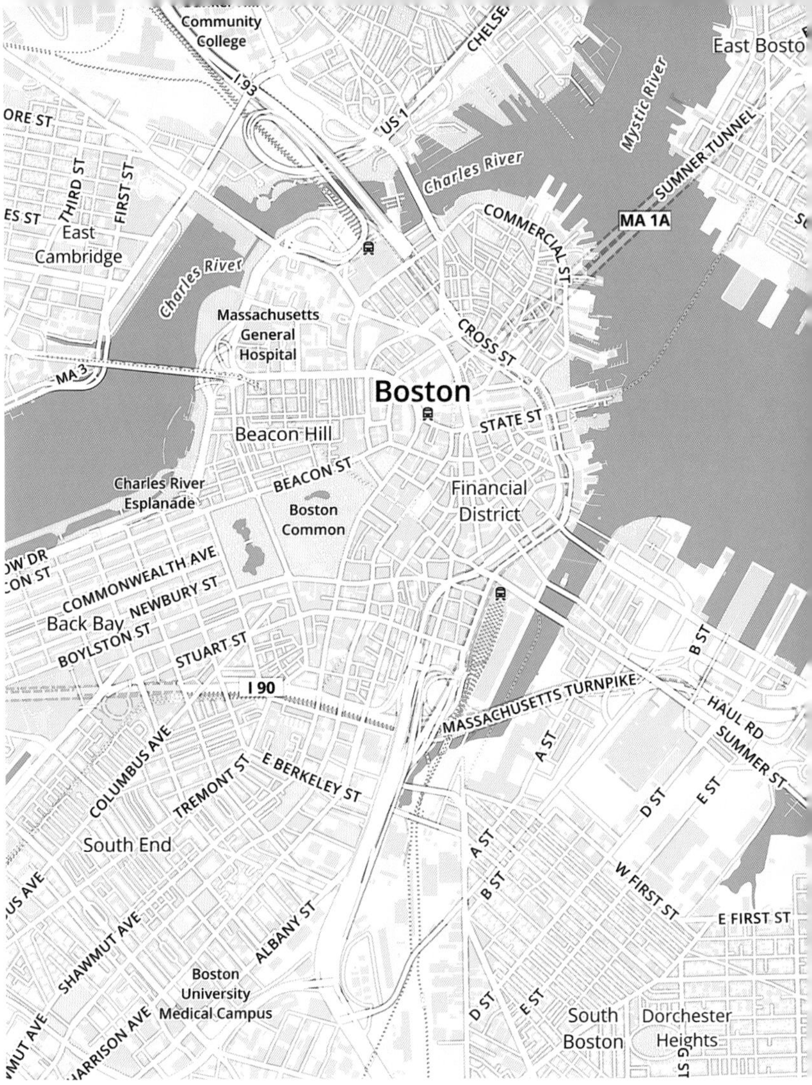

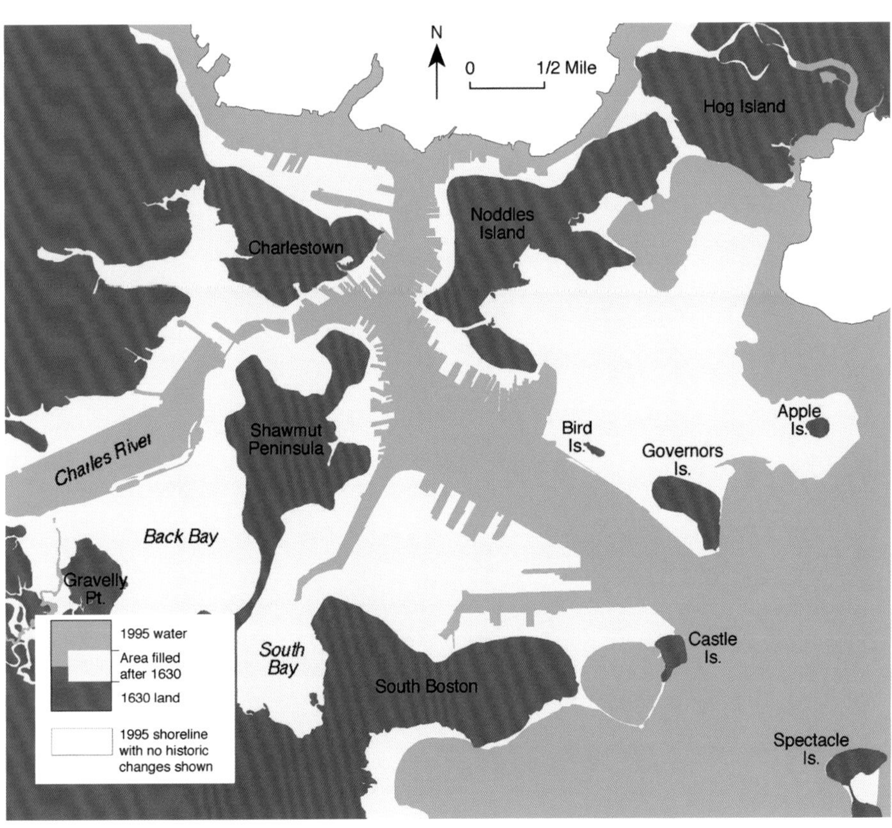

N
0 1/2 Mile
Hog Island
Noddles Island
Charlestown
Shawmut Peninsula
Charles River
Bird Is.
Governors Is.
Apple Is.
Back Bay
Gravelly Pt.
South Bay
South Boston
Castle Is.
Spectacle Is.
1995 water
Area filled after 1630
1630 land
1995 shoreline with no historic changes shown

Ryl. Academy of Music
PORTLAND PL.
GT. PORTLAND ST.
Russell Sq.
BLOOMSBURY
Univ. of London
British Museum
Goodge St.
TOTTENHAM COURT RD.
MARYLEBONE HIGH ST.
Wallace Collection
WIGMORE ST.
A5204
MORTIMER ST.
REGENT ST.
Oxford Circus
Tottenham Ct. R.
NEW OXFORD ST.
Bond St.
OXFORD ST.
A40
NEW BOND ST.
SOHO
CHARING CROSS RD.
SHAFTESBURY AV.
Covent Gdn.
Leicester Sq.
Roosevelt Mem.
GROSVENOR SQUARE
MAYFAIR
CONDUIT ST.
A4201
Piccadilly Circus
HAYMARKET
National Gallery
Nelson's Col.
Charing Cross
NORTHUMBERLAND AV.
WHITEHALL
PICCADILLY
Green Park
ST. JAMES'S ST.
PALL MALL
A4
Admiralty Arch
Marlborough Ho.
ST. JAMES'S
Horse Guards Parade
GREEN PARK
St. James's Palace
Lancaster Ho.
ST. JAMES'S PARK
(Closed to traffic on Sundays)
Churchill War Rooms
HYDE PARK CORNER
CONSTITUTION HILL
Queen Victoria Memorial
Buckingham Palace
BUCKINGHAM PALACE GARDENS
Queen's Gallery
The Royal Mews
GROSVENOR PL.
A302
BELGRAVE
BUCKINGHAM GATE
BIRDCAGE WALK
St. James's Park
Wellington Barracks
Westminster Abbey
Big Ben
VICTORIA
Cenotaph
A4202
PARK LANE
7/7 Memorial

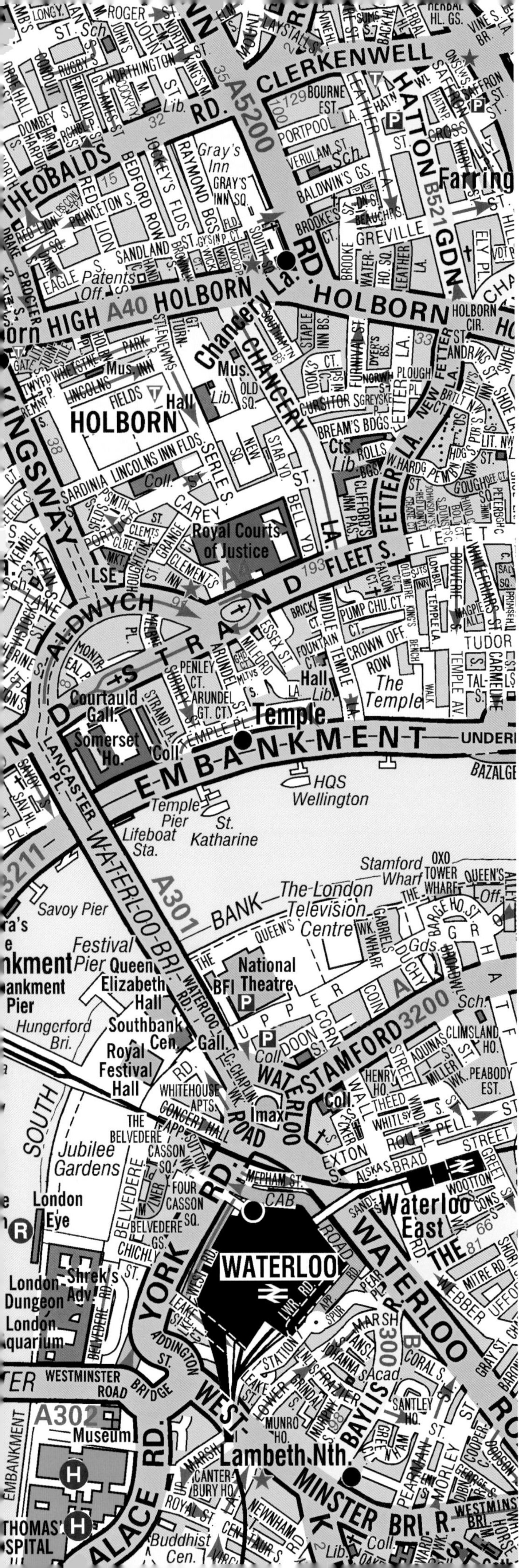

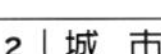

解密倫敦

計程車司機利用這樣的地圖，悠遊在世界上最容易迷路的城市

製作年份：2018年

來源：地理學家的A到Z地圖公司（GEOGRAPHERS' A-Z MAP COMPANY）

以倫敦市中心著名的查令十字（Charing Cross）為中心，半徑9.7公里內大概有2萬5000條街道。這是個令人迷惑的道路網，最氣人的是常常從一個街廓到下個街廓就會改變路名或方向。所以計程車司機得要熟悉每一條大街小巷。

為了取得駕駛倫敦招牌的黑色計程車的權利，有志當司機的人都要面對世界上最難的考試之一：「知識大全」（The Knowledge），應試者必須準備好在考官選擇的任何兩個地點之間，說出一條有效率的路線。這些地點抽取自超過12萬5000個興趣點，從白金漢宮之類的顯著地標，到某家偏僻的後巷酒吧都有。

大多數計程車學生使用的地圖是由「地理學家的A到Z地圖公司」製作，英國人稱這家公司為「A到Z」，是一家已成立80多年的地圖出版商，歷史就跟它出品的地圖一樣豐富多彩。

A到Z公司由菲莉絲．皮爾索（Phyllis Pearsall）在1936年創立，她的父親是匈牙利製圖師。根據皮爾索本人的說法，她在某個下雨的夜晚要去參加派對時迷了路，於是決心做一張更好的地圖。她宣稱親自走過倫敦大街小巷，經常天一亮就出發，在一年之中記錄了4800公里的街道，製作出她的第一本地圖集。

這個故事雖然迷人，但有人不太相信。其中一位就是大英圖書館地圖部主任彼得．巴伯（Peter Barber），他認為比較有可能的是皮爾索更新並改良了當時市面上的某一本地圖集，例如她父親製作過的那些外觀相似的地圖集。

無論皮爾索的故事是真的，或者只是聰明的行銷手法，大家都讚賞A到Z地圖即使是把那麼大量的資訊塞進這麼小的空間裡，讀起來還是非常清晰。「它們真的是藝術品。」任教於倫敦知識點學校（Knowledge Point School）的計程車司機彼得．艾倫說。他說準備知識大全的考生經常把主要和次要的道路稱為「橘子」和「檸檬」，指的是A到Z地圖用來表示道路等級的獨特橘黃配色。較小的街道是白色的，讓學生可以輕鬆標註自己喜歡的捷徑。

在倫敦街頭，經常可以看見計程車學生騎著速克達演練路線，把手上就架著一本A到Z地圖集。通過知識大全的人平均準備了四年，到時候他們大概連睡覺都會看到橘子和檸檬吧。✱

倫敦A到Z地圖上的街道名稱最初是用手寫的，這樣才能配合倫敦街道的曲折，同時保持清晰易讀。這張地圖顯示中倫敦的一個地區，查令十字就在靠近圖的中央位置。

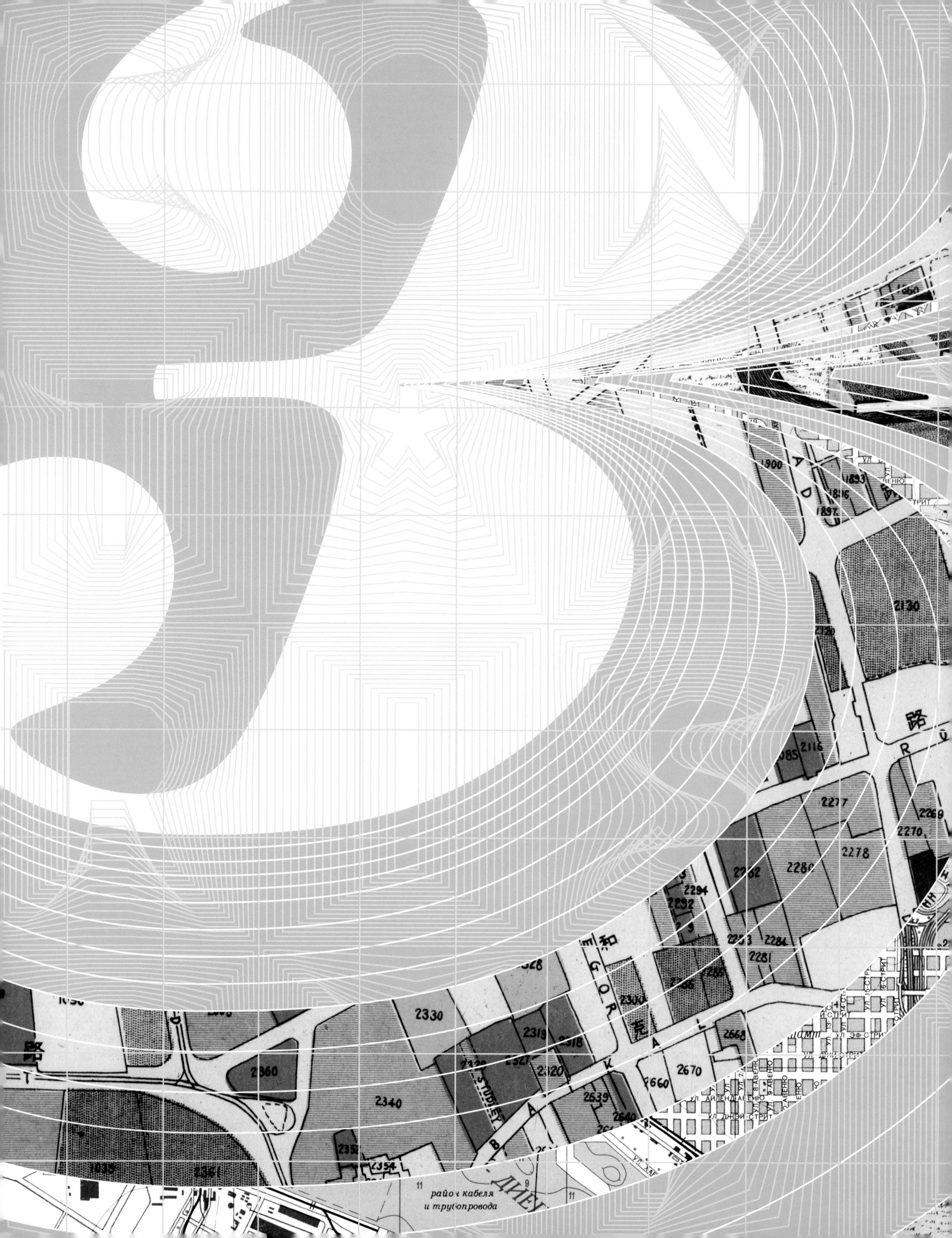
район кабеля
и трубопровода

3 CONFLICT AND CRISIS 衝突與危機

3 衝突與危機

戰爭地圖學

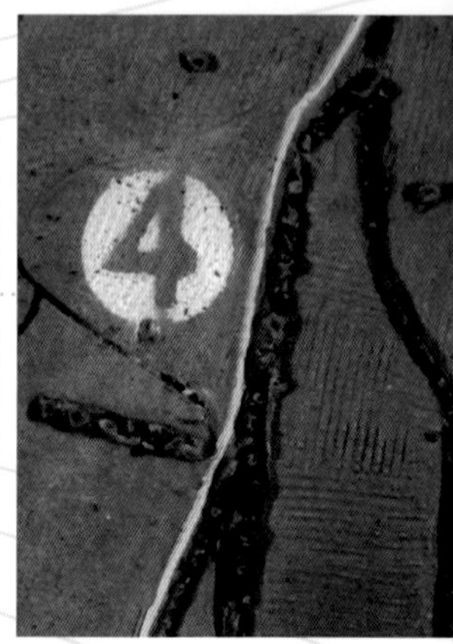

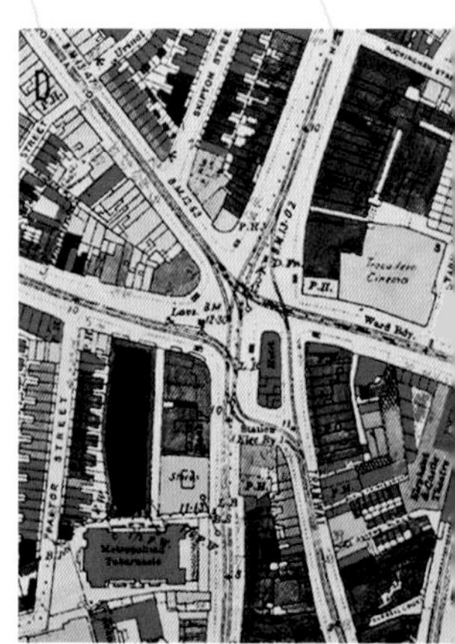

戰爭期間製作的地圖，有特別豐富的故事。這些地圖顯示戰略總是從地理出發：重要的不只是知道敵人的位置，還要知道他們所仰賴的資源和補給線。

一個好例子就是約翰・巴傑・巴徹德（John Badger Bachelder）的蓋茨堡戰役全景地圖（見80頁）。這張地圖以巴徹德的素描和部隊訪談為基礎，影響了歷史對於美國內戰這個轉捩點的表述方式。一個更直白的例子是德國標繪第一次世界大戰期間U型潛艇攻擊地點的地圖（見98頁）。不列顛群島周圍的海域紅點密布，每個紅點都代表一艘沉船，其中許多是民用貨船或客船，令人不寒而慄，呈現出種些全新戰爭機器的致命效果。

本章還有一些地圖敘述的是已經備戰、但最後沒有開打的戰爭。長期以來潛在的敵對國家就會互相竊取地圖，祕密派遣遠征隊到對方境內實施測繪，因而產生了這些地圖，是製圖師和間諜合謀的成果。

這些地圖揭露了戰爭和其他衝突的劇本，但其中的故事不是只有戰略和地緣政治的陰謀，也包含了在衝突中付出的慘痛人命代價。

帝國的觸手

（1944年，康乃爾大學——PJ莫德說服性地圖收藏）

地圖長久以來一直是輿論戰的工具。這張地圖由二戰期間流亡倫敦的荷蘭政府委託繪製。章魚是文宣地圖常用的符號，這隻代表日本的章魚尤其駭人，長長的黃色觸手纏繞著荷屬東印度群島（今印尼）。文字寫的是：「東印度群島必須自由！努力奮鬥爭取自由！」當日本終於在1945年投降時，印尼人民也立即宣布從荷蘭人手中獨立。

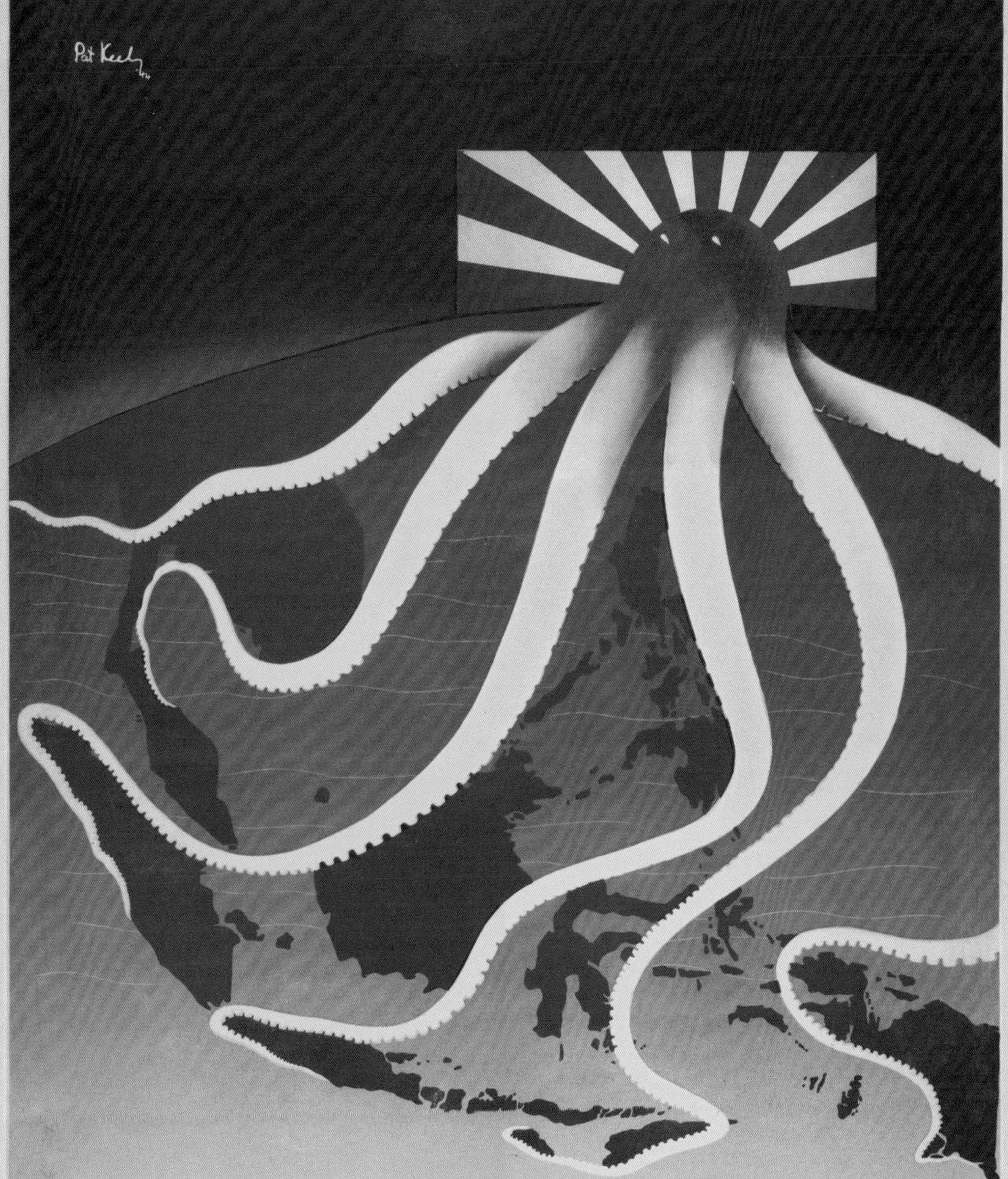
INDIE MOET VRIJ !
WERKT EN VECHT ERVOOR!

巴徹德的蓋茨堡

一個人如何影響全國民眾對一場關鍵內戰的記憶

製作年份：1864年
來源：美國國會圖書館地理與地圖部

巴徹德在1863年7月抵達蓋茨堡戰場時，屍體還在陸續下葬。他此行的任務是用筆和顏料記錄這場三日戰役中發生的事。

次年，他發表了一張驚人的戰場全景圖，詳細呈現北軍和南軍各軍團在戰役中每一天的位置。這張地圖讓巴徹德這個沒有軍事背景、也沒有正式學過地圖學和歷史的風景畫家，成為史上最具影響力的蓋茨堡歷史專家。巴徹德在蓋茨堡戰役的戰場和歷史遺產上留下巨大的足跡，使這場著名的軍事衝突在美國人的集體記憶中，穩居美國內戰轉捩點的地位。

「對於我們今天知道的故事樣貌，他的影響遠勝過任何人。」蓋茨堡歷史學者湯姆．德佳丹（Tom Desjardin）說。他指的包括每一位在他之後的歷史學家，以及每一個參加這場戰役的人，甚至兩軍的指揮官。

巴徹德等了很久才等到蓋茨堡戰役。之前他花了好幾年努力要為美國史上另一起重大事件——1775年的邦克山戰役——創作一幅大畫，但他找不到必要的細節來適當描繪這場將近一個世紀前的戰役。南北戰爭爆發後，他就把目光對準新的衝突。

1862年，他跟著北軍行動，打算「等待那場決定勝負的偉大戰役；他研究戰場地形，向當事人探聽細節，最後開始準備用文字和圖面呈現這段歷史」。巴徹德還沒有看到任何值得記錄的行動，就因病而被迫返鄉。但在離開戰場之前，他請求軍官，要是他期待的重大戰役即將發生就通知他。1863年，蓋茨堡終於有消息來了。

巴徹德一到達現場就開始工作。首先騎馬和步行到處素描地形，接著向目擊者探詢戰役細節。他帶著地圖去醫院採訪傷兵，甚至把其中一些人帶回戰場，請他們指出自己的位置，講述他們目睹的情況。在蓋茨堡地區待了84天之後，巴徹德把他獲悉的一切都放上地圖，然後去找已經開拔的北軍軍團討論。

巴徹德在戰事剛結束就抵達蓋茨堡，這時的他既不是歷史學者，也不是製圖師。但是，他的戰場地圖使他成為蓋茨堡戰役最著名的權威，至今仍深深影響後人對這場內戰的記憶。

RG
BATTLE-FIELD.
CORPS BADGES
PLAN OF THE SOLDIERS' NATIONAL CEMETERY

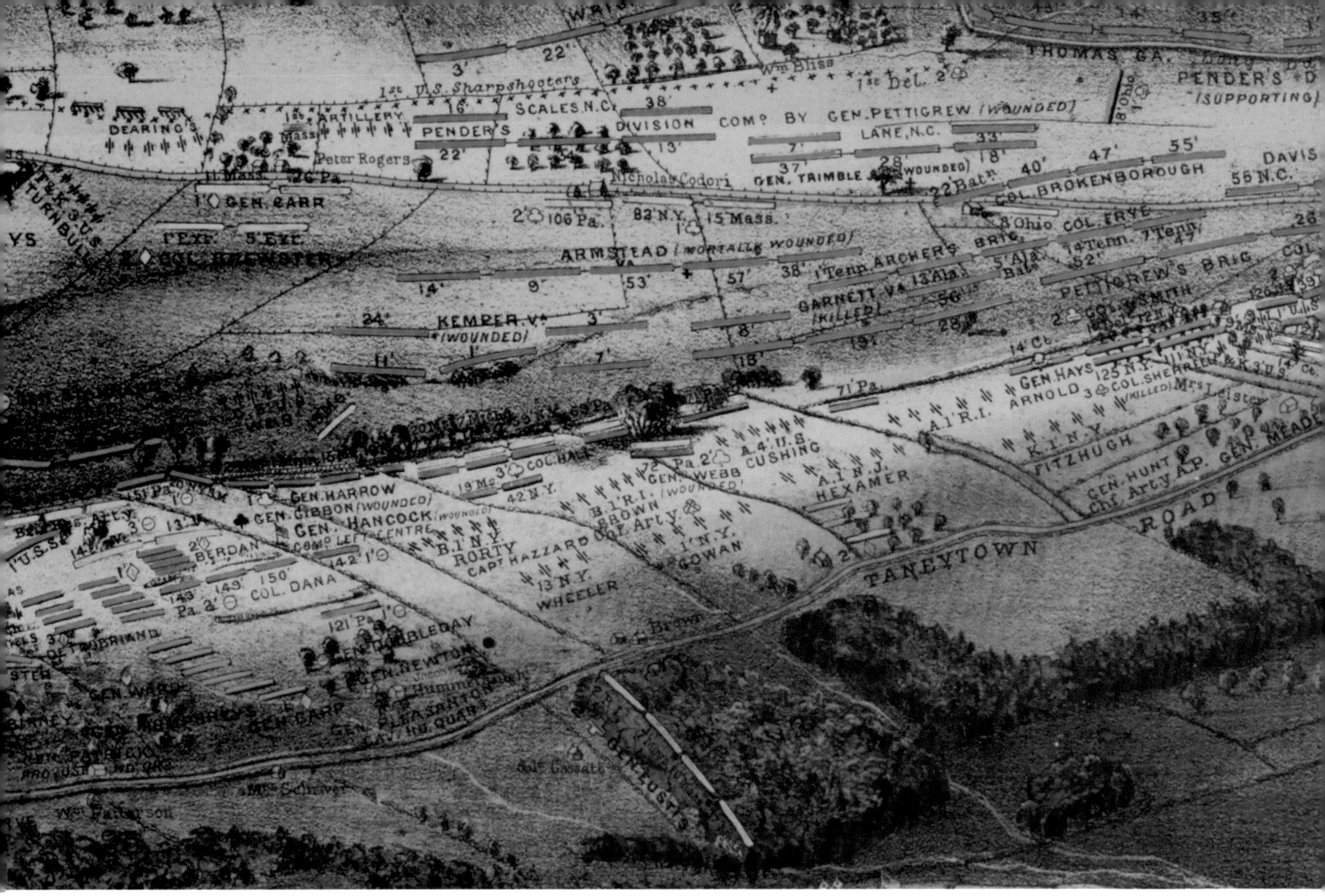

上圖 據巴徹德所述，著名的「小灌木林」是引導南軍最後進攻的地標；這個位置就畫在整張戰爭地圖的中心。蓋茨堡戰役結束的幾年後，這裡的農民地主想砍這些樹，被巴徹德搶救了下來。

右圖 北軍顯示為白色（戰役第二天）和藍色（第三天），以寇普嶺（Culp's Hill）作為防線的一部分；南軍顯示為黑色（第二天）和橘色（第三天）。

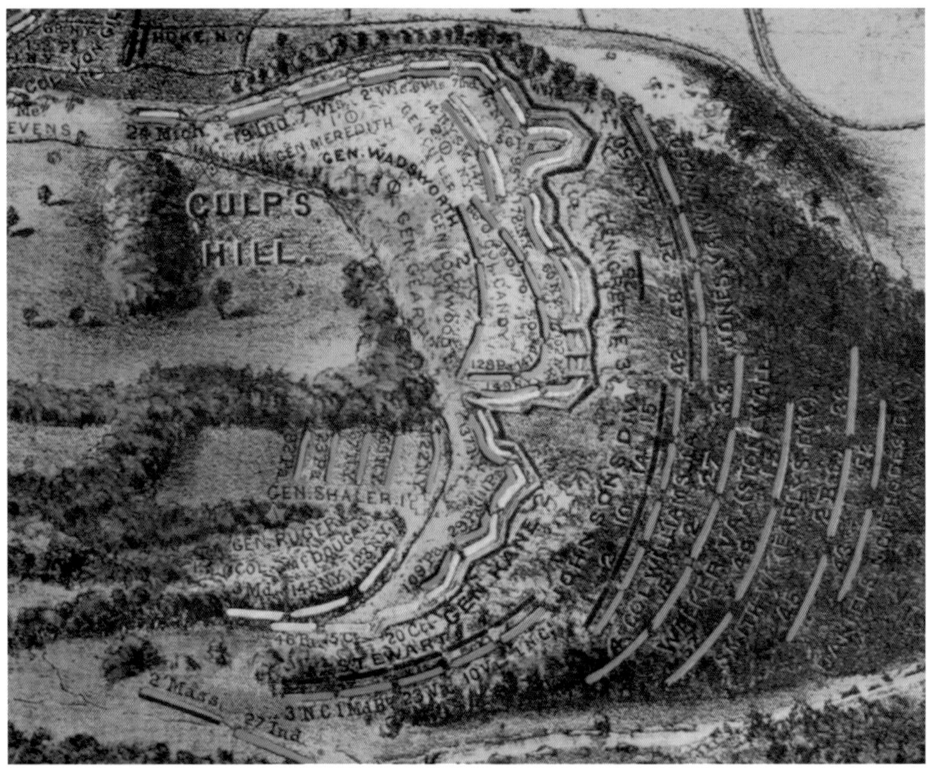

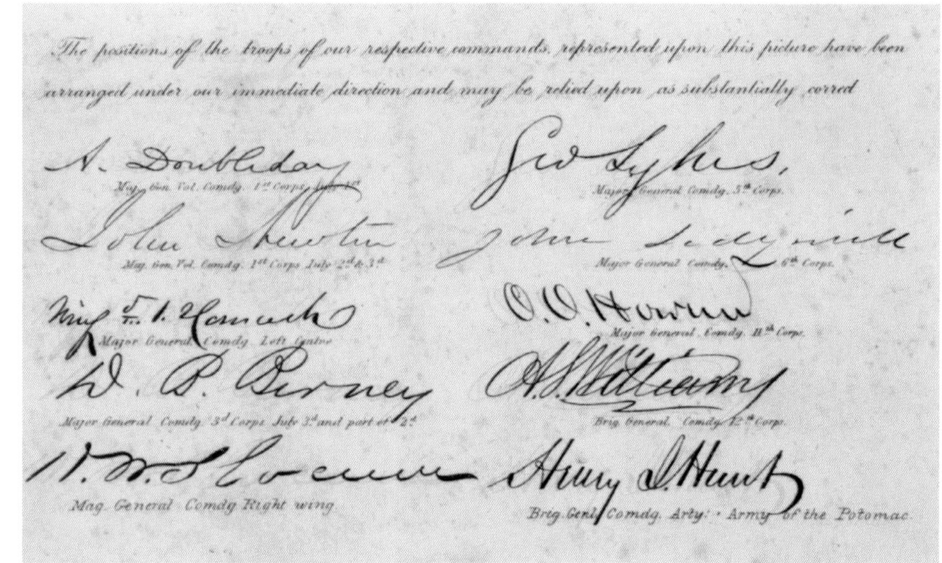

左圖 1888年，巴徹德和妻子伊莉莎白站在蓋茨堡戰場上。他的蓋茨堡戰役歷史書從未發表，但他收集的眾多第一手資料已成為歷史學家的寶貴資源。

上圖 北軍指揮官在巴徹德地圖上署名，署名上方是他們的背書：「吾等領導的部隊在此圖中的位置皆按吾等直接下達的指示部署，可以據以為信。」

如他後來所說，「1863年和1864年的整個冬天，我都在造訪每個軍團，和軍官說話，很多時候也和小兵對話，把我的戰場素描拿給他們過目，請他們在上面指證和補上部隊的位置。」這樣他還是不滿意，又把地圖副本寄給所有相關的北軍指揮官，請他們標出自己單位的位置和行動。

這份地圖在1864年春天終於完成並出版，上面有大多數北軍指揮官的認證簽名（右上）。領導北軍贏得蓋茨堡戰役的喬治・米德少將為這張地圖背書，在地圖底部邊緣親筆寫下：「我對地形描繪和部隊部署位置的準確度非常滿意。」

巴徹德從此成為蓋茨堡戰役最權威的紀錄者，也讓眾人開始認定這場戰役是南北戰爭中決定性的戰役。德佳丹認為，這位缺乏史學背景的作者似乎憑著這張地圖，獲得了歷史學家的信譽。一位在戰爭結束前看到地圖的北軍將領說：「你這張圖，除了此刻能讓所有參戰人員感興趣之外，它的藝術之美也會在將來擁有現在還難以領略的歷史價值。」

1880年，巴徹德憑著他的作品和聲望，說服國會給他一筆5萬美元（約合今天的100萬美元）的超高額經費，來撰寫一部為蓋茨堡蓋棺論定的歷史書。

雖然他苦幹多年，從雙方收集了數百筆、甚至數千筆記述，但一直沒有把這些資料編纂成史書出版。儘管如此，巴徹德對蓋茨堡戰役中大小事件的說法，都在後來主導了關於這場戰役、乃至於整場戰爭的集體記憶。他讓著名的「小灌木林」（Copse of Trees）地區成為引導南軍最後一次進攻失敗的地標，南軍在這次進攻中抵達的最遠位置稱為「高水位」（High Water Mark），這也是他取的名字。他的採訪和筆記，在所有記錄美國歷史事件的資料中是數量最龐大的一批，對後來的歷史學者助益極大。

巴徹德還在這場戰役的歷史遺產上留下了實體印記。他在1883年到1887年擔任蓋茨堡戰場紀念協會的碑銘總監，今天蓋茨堡國家軍事公園裡散布著超過1300座碑、標示牌和紀念物，其中絕大多數的擺放位置和刻字內容都是經過他同意的。

然而，他的影響力並非毫無爭議。有些軍人對他標示戰役中各軍團位置的紀念碑有所質疑。有一個軍團把他們的案子一路上訴到賓州最高法院（而且勝訴了）。今天的歷史學家推論，巴徹德偏好的戰場敘事可能影響了受訪官兵的說法，畢竟他們的記憶往往不太牢靠。

就算是這樣，但憑著迅速抵達蓋茨堡戰場，並堅持研究數十年，巴徹德可能已經比誰都更逼近真相了。✷

共黨祕繪

冷戰期間蘇聯軍方祕密標繪全世界

製作年份：1940年代至1980年代

來源：東方視野地理空間公司（EAST VIEW GEOSPATIAL）、約翰・戴維斯（JOHN DAVIES）私人收藏

美國在2001年9月11日過後準備入侵阿富汗時，規劃軍事行動的人員發現他們少了一樣要緊的東西：阿富汗的詳細現代地圖。

最初，他們手上最好的地圖是根據1950年代末的空拍圖繪製的。他們當然也有衛星圖像，但上面缺少一些必要細節，製圖師托姆・凱伊（Thom Kaye）說；當時他是國家情報測繪局（National Intelligence Mapping Agency）的承包商。不久之後，凱伊和他的同事轉而尋求另一個想像不到的來源：1980年代蘇聯占領阿富汗期間製作的軍用地圖。

「我們很仰賴這些俄製地圖，因為圖上有很多不可思議的細節，是只有你人在現場才可能知道的。」凱伊說。這些蘇聯地圖精確標出了學校、醫院、清真寺和其他地標的位置，這一切對於要在異國判明方位的部隊來說都很寶貴。

俄國人對地圖的注釋非常徹底。凱伊發現，地圖上的山口連什麼時間不會下雪、可以通行都有註記，令他十分嘆服。在這片乾旱之地，水井是重要設施，但在衛星圖像上難以辨認，而這些俄製地圖把水井位置、井水鹽度和飲用安全性都標示了出來。

當然，蘇聯也標繪了冷戰時期的敵國。他們的美國城市地圖非常詳盡，包含了一些同時代美製地圖上都沒有的軍事設施。他們的歐洲地圖也是如此。事實上，這是我們目前所知全世界最龐大的測繪工作之一。

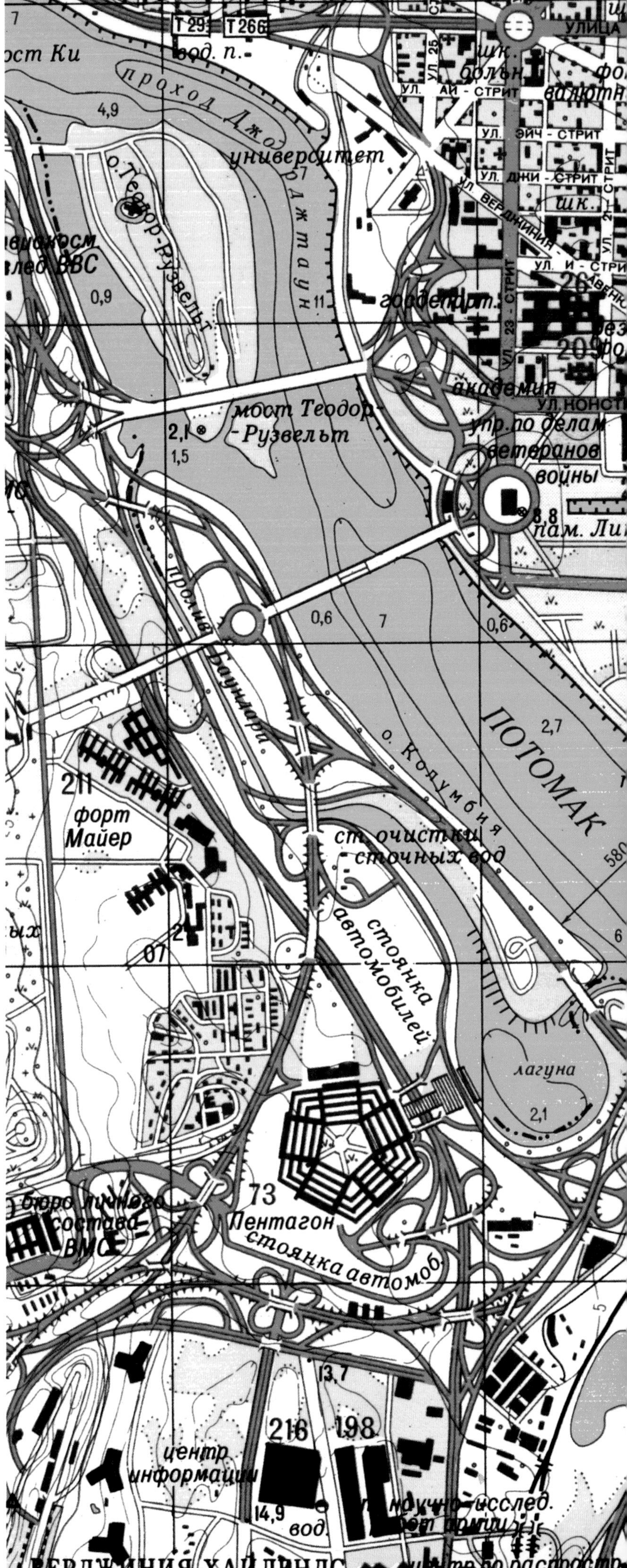

在這張1975年的蘇聯軍事地圖上，五角大廈、美國國會大廈和白宮，以及其他華盛頓特區地標全都看得一清二楚，這是史上最大祕密測繪作業的產物。

библ.
музей
УЛИЦА НЕЙ-СТРИТ
редакция
УЛ. АЙ-СТРИТ
банк
упр. по космон.
почта
УЛ. НЬЮ-ЙОРК-АВЕНЮ
УЛ. ЭЙЧ-СТРИТ
узел связи
вычислит. упр.
типография
183
УЛ. ДЖИ-СТРИТ
Белый дом
гос. казначейство
картин. галерея
суд
почтамт
23
вкз. Юнион
УЛ. И-СТРИТ
УЛ. МАССАЧУСЕТС
по гражд. обороне
мин. внутр. дел
5,5
муниципал.
комитет гос. дохода
мин. связи
мин. юстиции
федерал. суд
135
22,2
УЛ. ДИ-СТРИТ
мин. труда
архив
УЛ. ПЕНСИЛЬВАНИЯ-АВЕНЮ
УЛ. КОНСТИТЮШЕН-АВ.
сенат
верховный суд
мин. ВМС
59
музей
худож. галер.
179
УЛ. ЭЙ-СТРИТ
УЛ. ИСТ-КАПИТОЛ-СТРИТ
пам. Вашингтону
УЛ. ВАШИНГТОН-ДРАЙВ
Капитолий
библ. конгресса
мост
мин. здравоохр.
УЛ. ИНДЕПЕНДЕНС-АВЕНЮ
палата представителей
18,6
радиост.
дом офицеров
УЛ. СИ-СТРИТ
3,0
3,4
комитет по печати
УЛ. ДИ-СТРИТ
строит. часть
251
5,2
УЛ. И-СТРИТ
эл.-ст.
T95
издат.
фферсону
УЛ. ДЖИ-СТРИТ
жел.-дор. ст. грузовая
152
шк.
3,0
1,2
УЛИЦА МЕЙН-АВЕНЮ
УЛ. НЕЙ-СТРИТ
7,6
6
144
библ.
спорт. пл.
сооружения пункта базирования
клуб
УЛ. ЭМ-СТРИТ
0,6
КАНАЛ ВАШИНГТОН
парк Ист-Потомак
УЛ. ЭН-СТРИТ
8
0,6
УЛ. ОУ-СТРИТ
35
артиллерийский
УЛ. ПИ-СТРИТ
вод. п.
УЛ. НЬЮ-СТРИТ
АНАКОСТИЯ
мост Дуглас
0,9
237
штаб военного округа
139
3,7
склад ГСМ
0,6
1,5
колледж военно-инженер.
ясли
эл.-ст.
249
52
УЛ. ВИ-СТРИТ
1,5
9
1,2
2,4
бух. Рачес-Ран
53
воен. колледж
3,0
1,8
м. Гринлиф
УЛ. САМНЕР
1,2
2,1
4,0
7

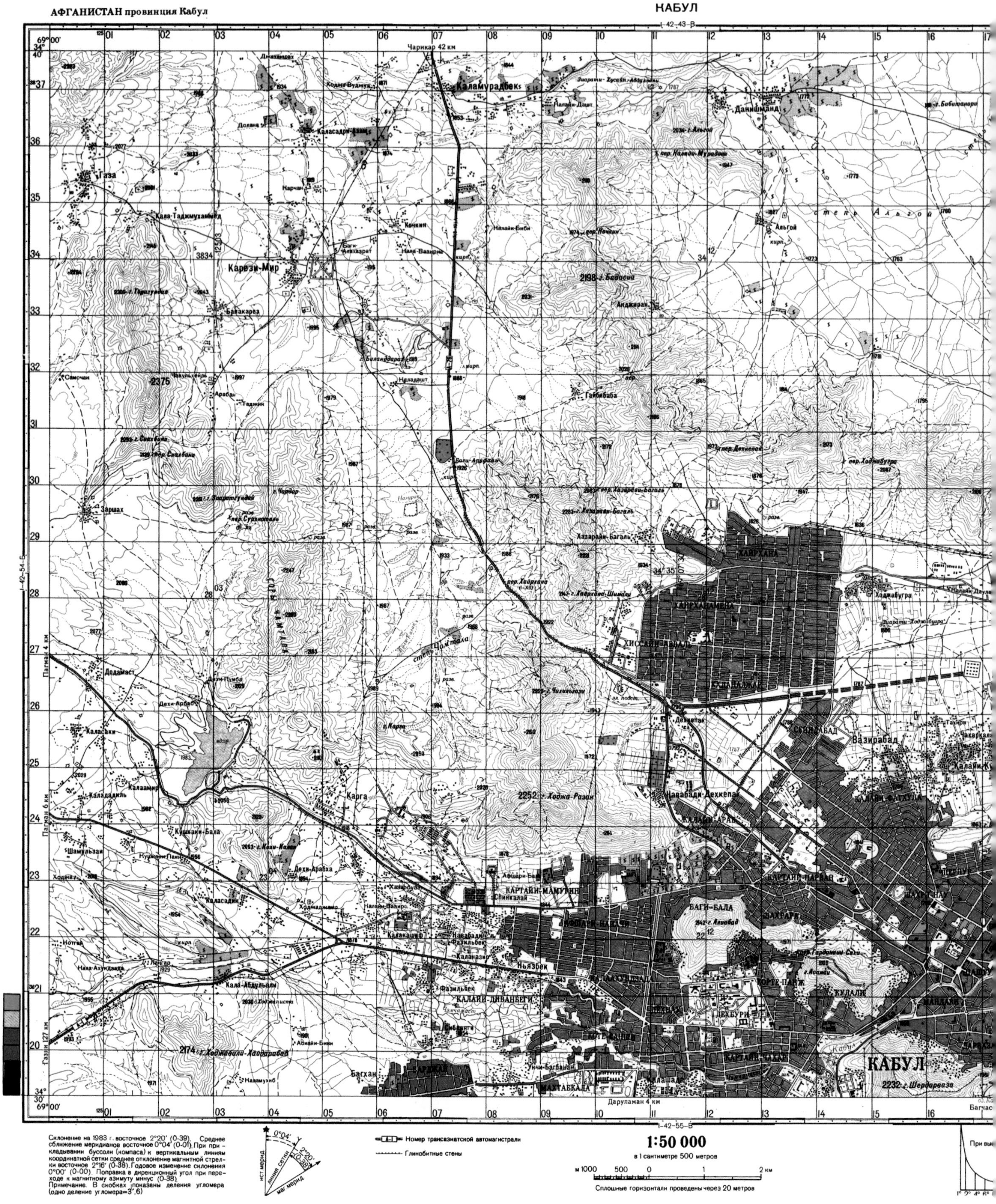

КАБУЛ

I-42-43-В

I-42-54-Б

I-42-55-В

Склонение на 1983 г. восточное 2°20′ (0-39). Среднее сближение меридианов восточное 0°04′ (0-01). При прикладывании буссоли (компаса) к вертикальным линиям координатной сетки среднее отклонение магнитной стрелки восточное 2°16′ (0-38). Годовое изменение склонения 0°00′ (0-00). Поправка в дирекционный угол при переходе к магнитному азимуту минус (0-38).
Примечание. В скобках показаны деления угломера (одно деление угломера=3′,6)

ист. мерид. / линия сетки / маг. мерид. — 0°04′ — 2°20′ (0-38)

Номер трансазиатской автомагистрали

Глинобитные стены

1:50 000

в 1 сантиметре 500 метров

м 1000 500 0 1 2 км

Сплошные горизонтали проведены через 20 метров

09-42-055-I I-42-55-A

Состояние местности на 1982 г. Издание 1983 г.

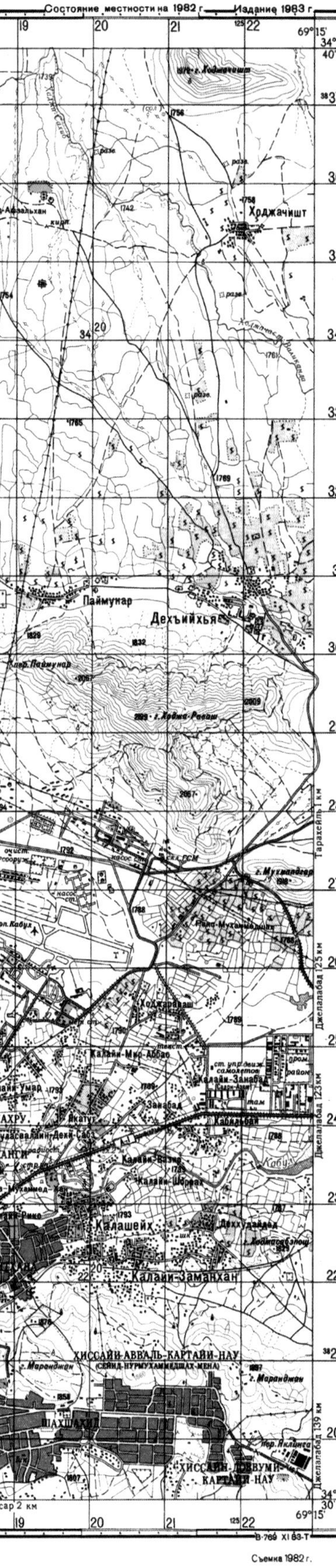

Съемка 1982 г.

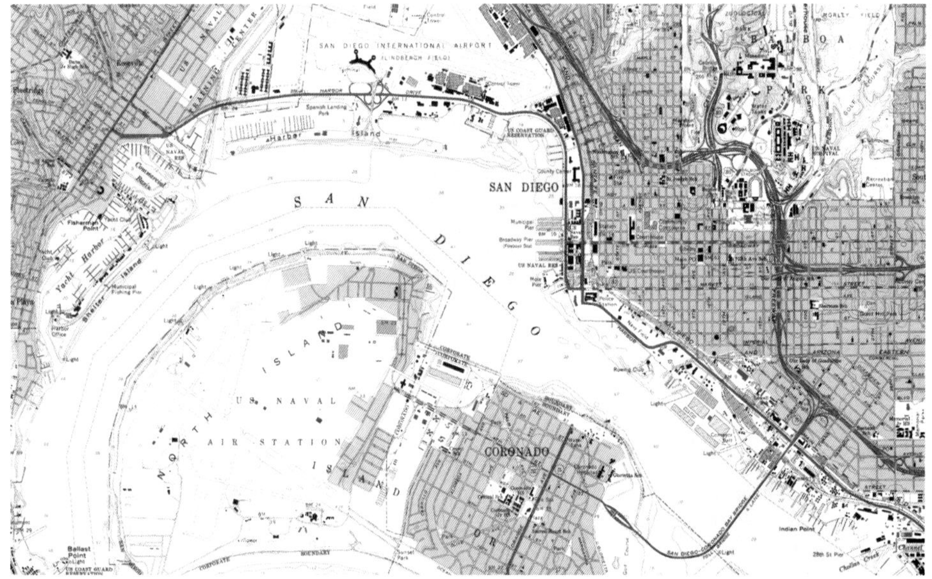

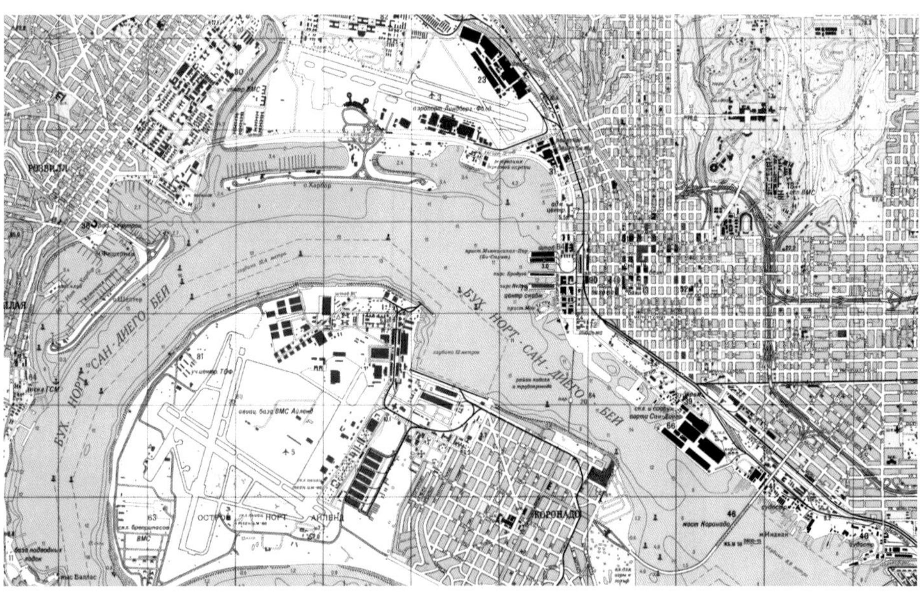

左圖 這張1982年的蘇聯地圖顯示阿富汗喀布爾周圍地區。九一一事件後，美軍計畫入侵阿富汗時曾使用這樣的地圖。

上方 一張1980年蘇聯製聖地牙哥地圖（上圖），畫出了海軍訓練中心和陸戰隊招募站裡的建築（深綠色），數量比1978年美國地質調查所的同地區地圖（最上圖）還要多。

從1940年代開始，蘇聯就用七種比例尺標繪全世界，有一系列涵蓋全球的地圖，分成1100個區塊，每一塊的範圍和美國面積較小的州差不多大；也有一連串詳細的城市地圖，可以看見轉運站和個別建物的輪廓。很難說有多少人參與了這項大規模製圖事業，不過應該有好幾千人，包括測量員、製圖員，可能還有間諜。全部加起來，他們製作的地圖有數十萬張。

這些地圖大多是機密資料，僅限軍官使用。在鐵幕背後，大多數人都無法接觸到精確地圖。政府會故意把大眾消費性地圖畫得不正確，隨機作一些改動，讓地圖無法用來導航，並拿掉任何可能讓敵方得到有利情報的細節。

ПРЕНЦЛАУЭР-
-БЕРГ
ЭРНСТ-
-РОЙТЕР
-ЗИДЛУНГ
МИТТЕ
ОТТО-
-ЗУР-
-ЗИДЛУНГ
Вольташтрасе
Бернауэр-Штрасе
(нед)
Нордбанхаф
Розенталер-Плац
Зенефельдер Плац
Люксембургплац
Ораниенбургер-Тор
Ораниенбургер Штрасе
Вайнмайстерштрасе
Марис-Энгельс-Плац
Александерплац
Шиллингштрасе
Клостерштрасе
Унтер-ден-Линден
Бранденбургские ворота
Франц.-Штрасе
Штадтмитте
Хаусфогтайплац
Янновицбрюкке
Меркишес-Музеум
Шпиттельмаркт
Тельманплац
Генрих-Хайне-Штрасе
Кохштрасе
Анхальтер-Банхоф
Морицплац
дворец и палата
ратуша
Совет Мин.
МИД
МВД
гос.совет
ЦК СЕПГ
универс.
музей
банк
магистр.
мин-во
ТЭЦ

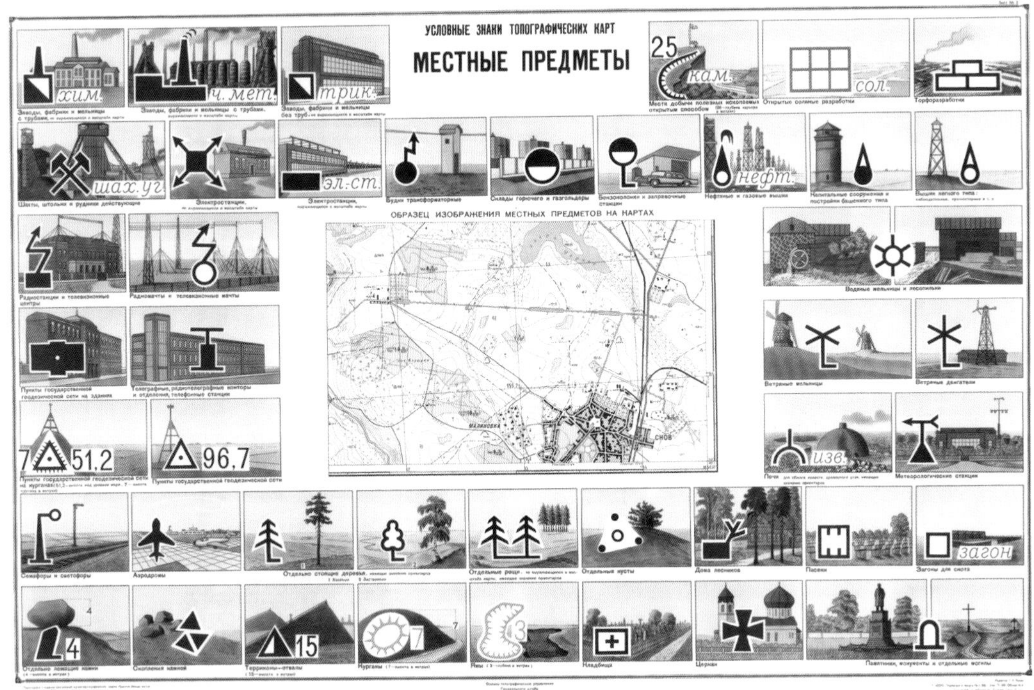

左頁 這張蘇聯1983年製作的柏林地圖上，有一條洋紅色的線表示柏林圍牆。

左圖 在這張蘇聯訓練海報裡，軍用地圖使用的超明確符號就印在所代表物體的圖畫上。

2017年出版的《紅色地圖集》（The Red Atlas），對蘇聯這項祕密軍事計畫的許多已知部分（目前還有很多地方未知）做了概述。這本書的作者是英國地圖愛好者約翰．戴維斯，和坎特伯里基督教會大學（Canterbury Christ Church University）地理學家亞歷山大．肯特（Alexander Kent）。

戴維斯和肯特認為，這些俄製地圖就像數位時代以前的維基百科，收錄蘇聯對某個地方知道的一切，因此和英美軍情機構在冷戰期間製作的、與戰略利益相關地區為主的地圖有很大的不同。這些地圖確實包含大量戰略資訊，從道路狀況到橋梁承載力都有，但也記錄了看似無關緊要的東西：某個地區蓋房子會用什麼建材，周圍的森林有哪些種類的樹木。

俄羅斯人對基礎設施非常熱中，把運輸路網、電網和工廠這些東西全部記錄在地圖上，而且往往附上很詳盡的描述。因此在戴維斯眼中，這些地圖並不是入侵地圖，而是接管世界的指南。「當年有一種假設是共產主義會獲勝，當然到時候作主的就是蘇聯。」他說。

我們並不清楚俄國軍方如何製作這些地圖，不過看樣子他們用上了任何弄得到的材料。例如要畫美國的時候，他們一定是拿得到美國地質調查局的地形圖，但是戴維斯認為他們不只是複製而已。戴維斯在十年之中花了大半時間，編列出蘇聯地圖和約略同時期市售地圖之間的細微差異。蘇聯地圖往往包含了同時期美製或英製地圖沒有的細節。一張1980年俄製聖地牙哥地圖（見87頁）就比美國地質調查所在1978年發表的同一地區地圖，更詳細地畫出了科羅納多島海軍航空站建物和其他軍事設施。

以這個例子來說，多出來的細節很可能來自衛星影像，俄國人在1962年發射第一顆間諜衛星後就能取得衛星影像。但其他例子，我們就很難想像如果沒有地面人員要怎麼得知某些細節。有一個說法，俄製瑞典地圖是利用蘇聯大使館的外交人員取得的細節來補強，那些外交人員會經常到有戰略意義的地點附近野餐，友善地跟當地建築工人攀談。1982年在斯德哥爾摩附近的一處海灘上就發生了這樣的談話，目的是套出瑞典防禦雷區的資訊，結果被某個在附近潛伏的瑞典反情報人員偷聽到，這名蘇聯間諜因此被驅逐出境。

對於經歷過冷戰的人來說，最不寒而慄的就是發現熟悉的地貌全被潛在敵人標繪了出來，熟悉的地標被寫上了陌生的西里爾字母。然而，這些蘇聯地圖還是莫名地吸引人。即使用現代標準來看都稱得上製作十分精良。「製作這些圖的人一直讓我感到敬畏。」戴維斯說。

隨著蘇聯在1980年代末解體，這些地圖開始出現在地圖商的型錄上。電信和石油公司都是積極的買家，買光了中亞、非洲和其他開發中國家的俄製地圖，因為市面上並沒有令人滿意的替代品。在偏遠地區工作的援助團體和科學家也用過這些地圖。

這些俄製地圖究竟如何流入西方仍是一個敏感話題。畢竟它們是不該離開母國的，也從來沒有正式解密過。2012年，一名俄羅斯退役上校因為私運地圖出境，被判間諜罪，褫奪軍階，並處12年監禁。

「那就是這個故事的陰暗面，」戴維斯說。「沒有人願意談。」✱

18世紀歐洲爭奪戰

安娜．比克的迷人地圖掩飾了西班牙繼承戰爭的殘酷殺戮

製作年份：1684–1709年

來源：美國國會圖書館地理與地圖部

洲的18世紀初是一段動盪時期。西班牙國王剛剛去世，而他的指定繼承人竟然是法國國王路易十四的17歲孫子。這個轉折使得強大的波旁王朝對歐陸擁有更大的權力和影響力，對此英格蘭、奧地利和神聖羅馬帝國不能接受，於是組成同盟來對抗年輕國王。接下來十多年，整個歐洲都被西班牙繼承戰爭給吞噬。

根據這些記述，我們知道他們搶來的最有價值的珍寶之一並非黃金或白銀，而是一份西班牙航海圖集。夏普後來找人依樣製作了一份彩色插圖的英文抄本，獻給英格蘭國王——這件禮物很可能保住了他的自由，甚至是他的性命。

這些地圖描繪整場衝突的一些關鍵地點和戰役，是荷蘭製圖師安娜．比克（Anna Beek）的作品，她在當時的荷蘭共和國首都海牙經營一家出版社。

美國國會圖書館地圖專家卡琳．奧斯朋（Carlyn Osborn）說，在那個時候的低地國，女性參與地圖出版的情況並不少見。她指出，那些出版社往往由大家庭經營，妻子和女兒都會參與地圖製作和印刷的所有階段。有些時候妻子甚至會在丈夫去世後接管事業。

但比克的丈夫沒有去世。他跑了，留給她七個孩子，還有他的生意——多虧當地法院判准她離婚。根據奧斯朋的研究，比克沉著穩健地經營那家出版社，申請了好幾項專利，還控告一名競爭對手剽竊她的作品。

300年後，我們只能猜測當時誰會去買比克的地圖，又會怎麼使用。「其中一些似乎是新聞地圖，可能是掛在公共空間，讓大家前來閱覽最近的戰役」，奧斯朋說。「當時低地國的識字率非常高，因此絕大多數民眾都讀得懂。」有些地圖同時以法語和荷蘭語描述戰況。

海牙是歐洲重要的貿易中心，所以想必比克的工作室能從往來商人和其他水手那裡接觸到戰爭消息，因而能夠製作出以當時的標準來說非常即時的地圖，在事件發生的幾個月內就出版。

比克的地圖有的比較華麗，可能被當成紀念品掛在公開場合或某人的住家。例如有一張地圖（見93頁）就以特別華麗的畫面呈現西班牙繼承戰爭的一場重要戰役：1709年發生在法國北部的馬爾普拉凱戰役（Battle of Malplaquet）。那年的嚴冬讓法軍無以為繼，而同盟軍正在發動攻勢，領軍的正是偉大的英國指揮官馬爾波羅公爵（Duke of Marlborough）。馬爾波羅的10萬兵力在小村馬爾普拉凱附近遭遇一支規模略小的法國部隊。法軍在樹林裡死守，隨後雙方在樹木之間互相用滑膛槍射擊，騎兵你來我往，砲火沖天，造成嚴重死傷。在單單一天的戰鬥中，同盟軍就有2萬2000人傷亡，法軍則死傷1萬2000人。這是18世紀死傷人數最多的戰役之一。比克的紅線和綠線冷酷地展示雙方在戰場上的布陣，只在右下角的裝飾性畫作中用成堆的屍體暗示了這場殺戮。

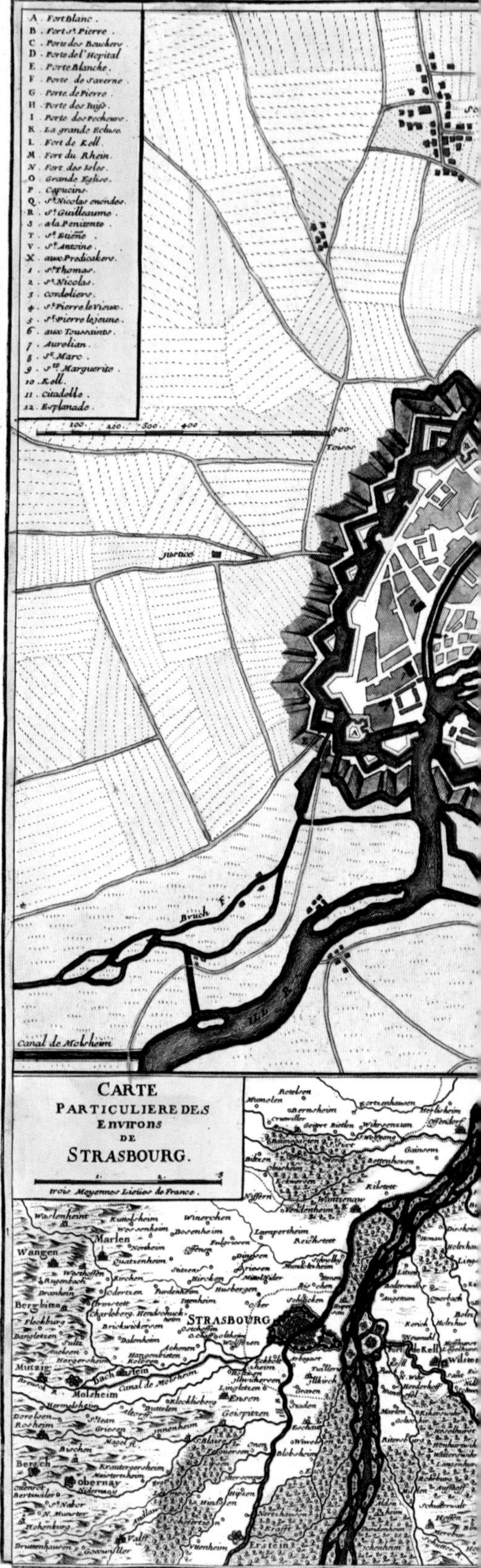

這張1708年出版的地圖，顯示萊茵河畔城市史特拉斯堡內外的防禦工事，萊茵河如今構成法國和德國的邊界。圖中包含多座毀於戰爭的小型要塞。

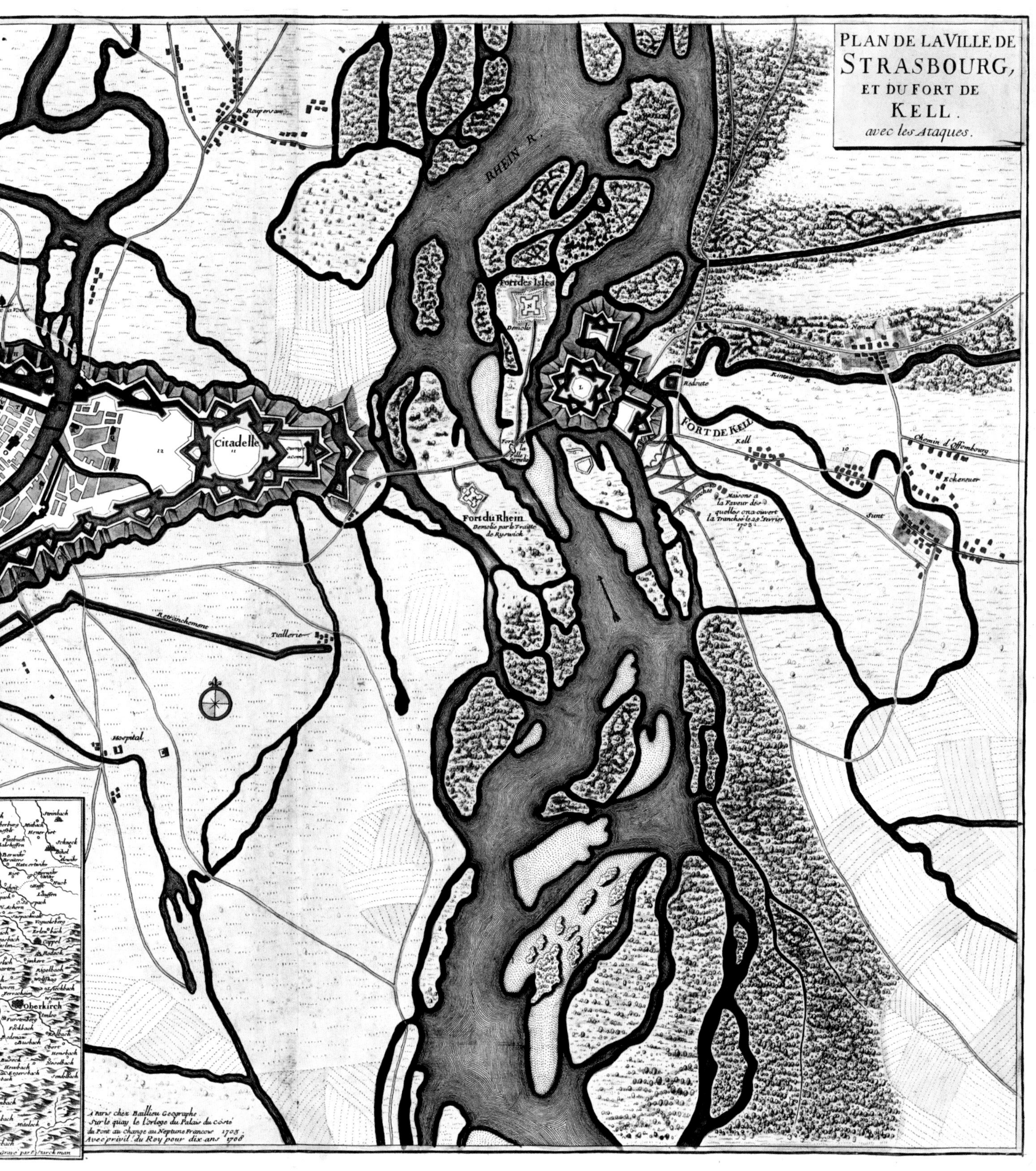
PLAN DE LA VILLE DE
STRASBOURG,
ET DU FORT DE
KELL.
avec les Ataques.
RHEIN R.
Fort des Isles
Citadelle
Fort du Rhein
Demolie par le Traité de Ryswick
FORT DE KELL
Kell
Redoute
Chemin d'Offembourg
Eckenheim
Tuillerie
Retranchement
Hospital
Maisons a la Faveur des quelles on a ouvert la Tranchée le 25 Février 1703
Oberkirch
A Paris chez Baillieu Geographe
Sur le quay le l'orloge du Palais du costé
du Pont au change au Neptune Francois 1703.
Avec privil. du Roy pour dix ans 1708

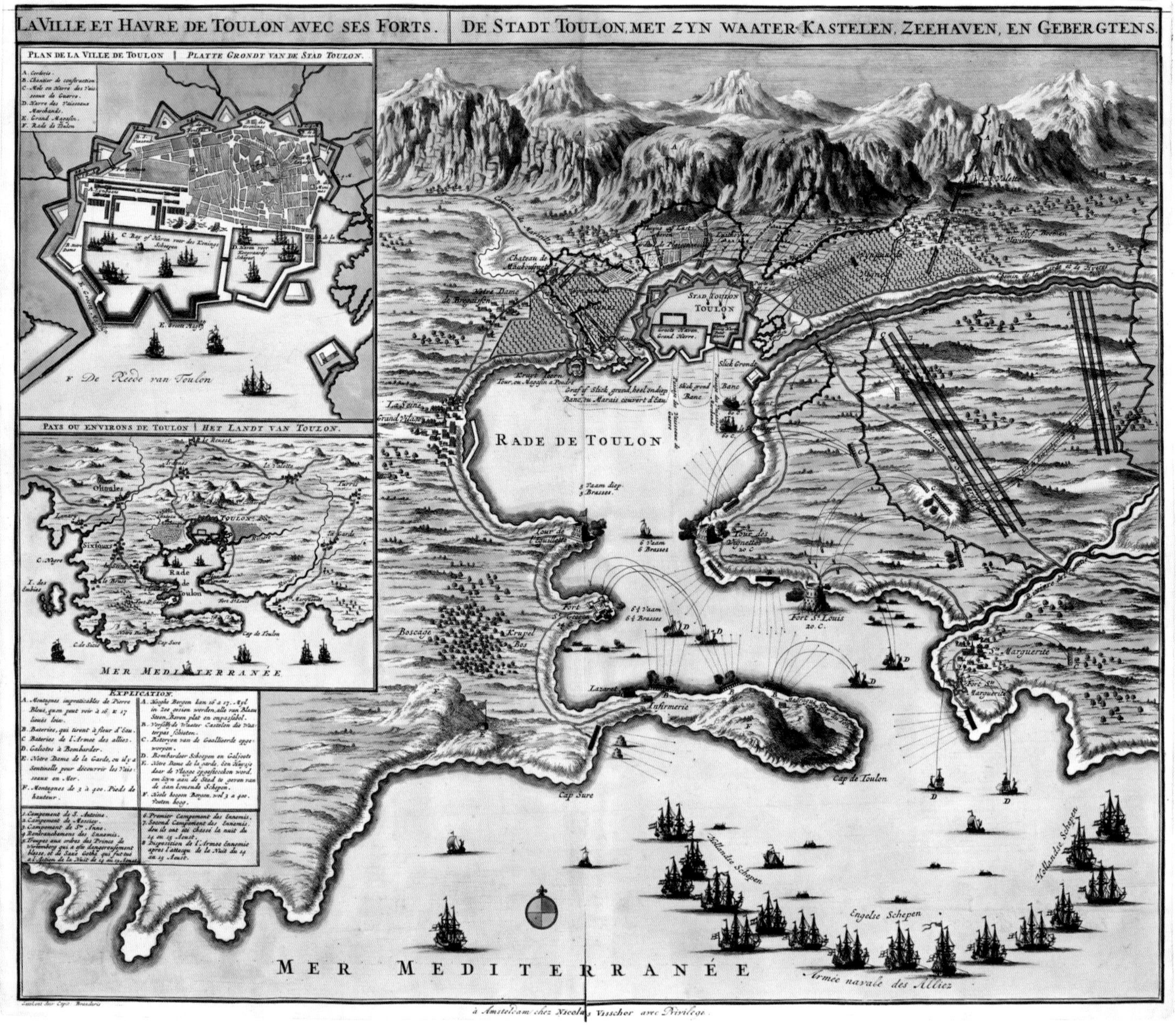

上圖 在1707年的土倫戰役中，法國和西班牙聯軍成功阻止英國與盟軍拿下這座地中海沿岸城市，法國有一處重要的海軍基地就在這裡。

左圖 星形要塞是比克地圖上的一項普遍特徵。要塞的尖角和斜牆可以抵擋砲火，而稜堡則為要塞守軍提供清楚的射擊視野。

右頁 比克在這張記錄血腥的馬爾普拉凱戰役的地圖底部，列出了各軍團的指揮官。圖上的彩色槓條顯示戰場上的部隊配置。

當時謠傳馬爾波羅陣亡，於是造就了一首紀念他的歌，曲調就是我們今天常聽到的〈他真是個好人〉（For He's a Jolly Good Fellow）。然而馬爾波羅其實沒有死，他在馬爾普拉凱的慘勝牽制了法國的勢力。當戰爭終於結束，和約的各項條款有利於同盟國，從此英國崛起成為歐洲強權，法國和西班牙則付出慘痛代價。比克的地圖以優美的畫面捕捉到這場導致歐洲發生劇變的戰爭。＊

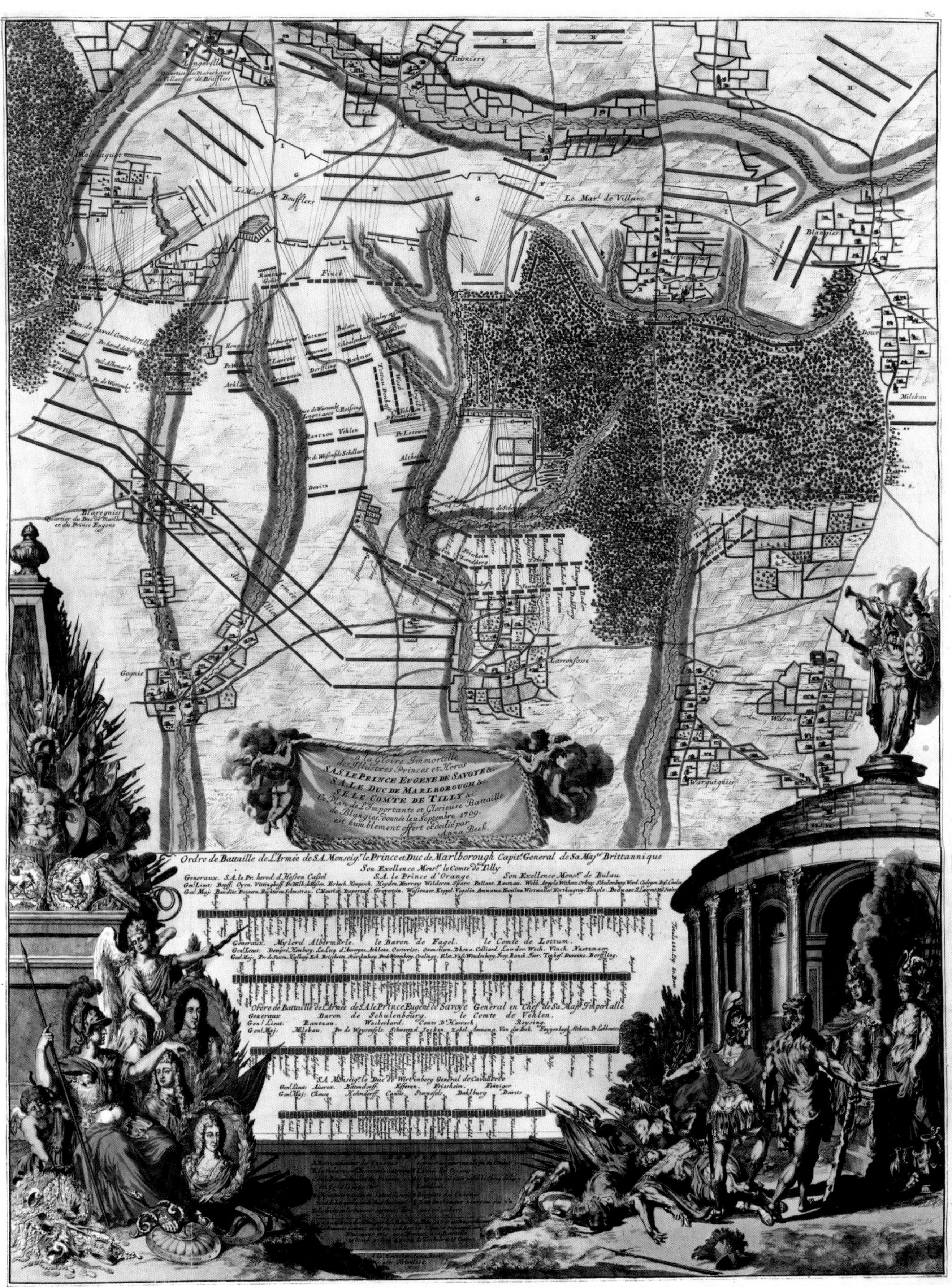

EDITION OF 1916
CHARING CROSS WARD
ST. MARTIN IN THE FIELDS PH.
VICTORIA EMBANKMENT GARDENS
Hungerford Bridge
WESTMINSTER BRIDGE
Westminster Bridge
RIVER THAMES
HOUSES OF PARLIAMENT
ST THOMAS'S HOSPITAL
BOARD OF TRADE
NEW SCOTLAND YARD
New Palace Yard
Westminster Hall
Lambeth Palace
Lambeth Bridge
BISHOPS WARD
MARSH WARD
CHRIST CH.
ST JUDE
LAMBETH PARLY. BOROUGH
LAMBETH
LAMBETH MET. BOROUGH
LAMBETH PH.
KENNINGTON
CHARACTERISTICS AND SYMBOLS FOR BOUNDARIES, &c.

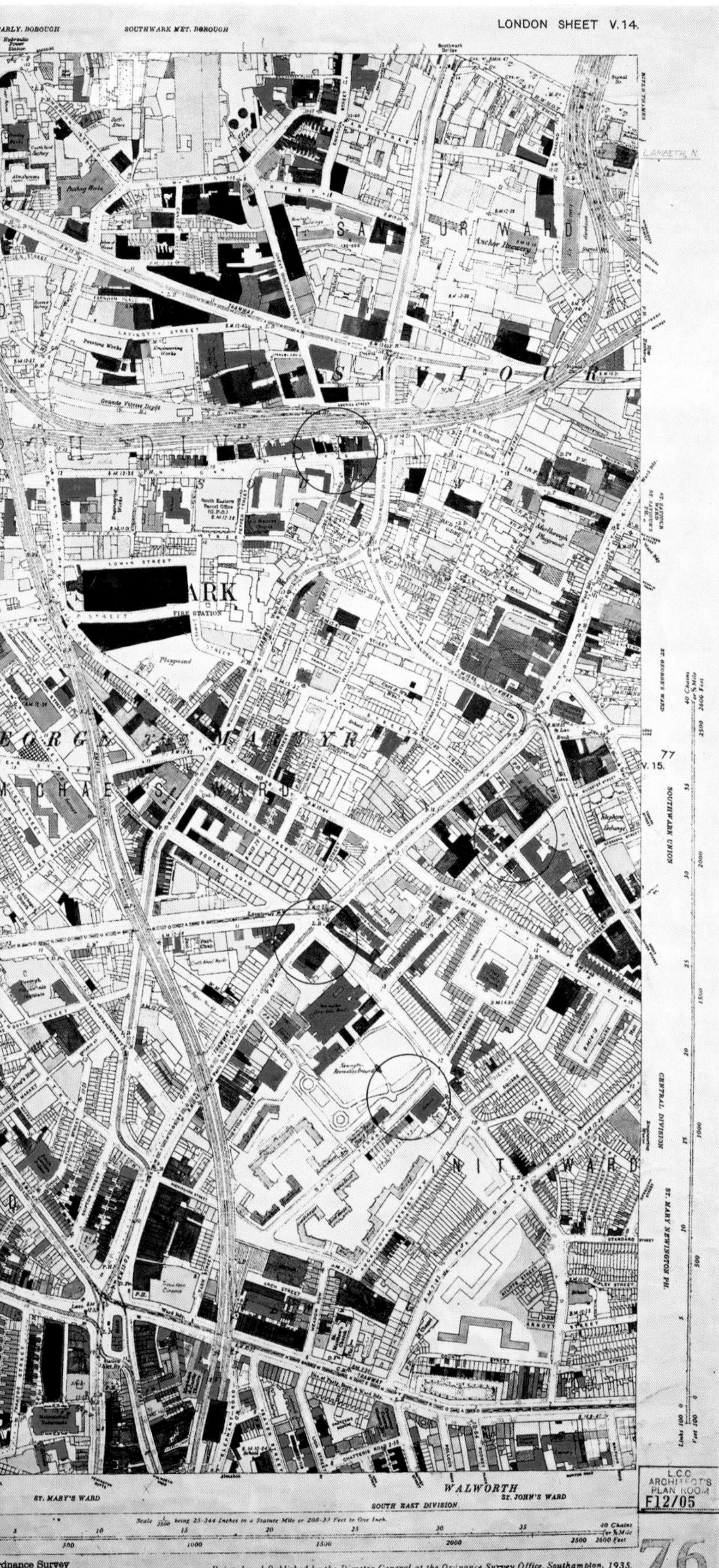

空襲過後的顏色

標繪二次大戰轟炸後的倫敦

製作年份：1940–1945年
來源：倫敦大都會檔案館

德國空軍在1940年到1945年間向倫敦投下了數以萬計的炸彈，造成大約3萬人喪生，超過7萬棟建物全毀，另有170萬棟受損。幾乎在空襲過後的同一時間，每一棟建物的損壞程度就被測量員、建築師、工程師和建築工人記錄和測繪下來。於是有了今天這一套不可思議的地圖，共110張，以手工標繪顏色，詳盡地揭露了轟炸破壞的驚人程度。如今，這些地圖成為了解倫敦史上這個悲慘時刻的獨特窗口。

地圖上的資料從炸彈一落下就開始收集了。倫敦郡議會——範圍約略相當於今天的「內倫敦」地區的中央行政機構——責成議會的建築師部門在炸彈損害發生時做出因應。測量員在戰前原本負責建築法規的執行和建築物的驗收，這時突然變成要負責救援行動。他們和當地由工地人員（例如土木技師和泥水匠）組成的救援隊攜手合作。

LEGEND

- **Total Destruction**
- **Damaged Beyond Repair**
- **Seriously Damaged** Doubtful if Repairable
- **Seriously Damaged** Repairable at Cost
- **General Blast Damage** Not Structural
- **Blast Damage** Minor in Nature
- **Clearance Areas**

「他們的主要目標是把人從瓦礫堆和受損的建築裡拉出來，盡可能搶救生命。」收藏這批地圖原件的倫敦大都會檔案館首席檔案員勞倫斯．沃德（Laurence Ward）說，「他們被指派為救援隊，因為他們了解建築物是怎麼回事。」

受損建築在崩塌之前有多少時間可以救人，就是由他們來判斷。總計救援隊出動了1萬6396次，救了2萬2238人，救援過程中損失了54名成員。

救援作業一結束，測繪工作就開始進行。測量員和援救人員逐棟勘驗受損建築，把損壞程度分成六

如這張地圖所示，倫敦的滑鐵盧區（Waterloo）和象堡區（Elephant and Castle）在二戰期間因德軍空襲而大量受損。圖上以手工上色表示破壞的嚴重程度，著色依據為陸續送達的受損報告。

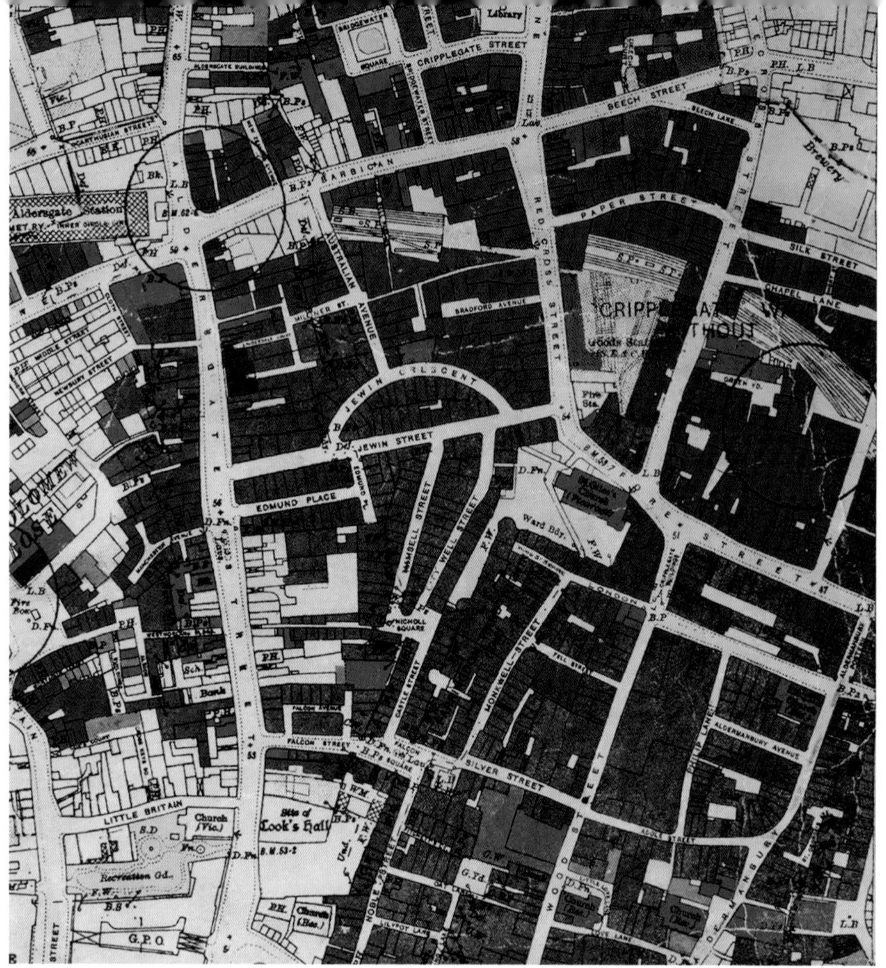

左圖 少了跛子門的聖吉爾斯教堂（圖中央右側）以粉紅色表示，代表嚴重受損但可修繕。教堂周圍的大片建物都標示成紫色，代表無法修繕預定拆除。

左中圖 在這張1953年的空拍照片中，聖吉爾斯教堂幾乎是獨自兀立。教堂周圍的建築大多被炸毀而必須拆除。

左下圖 戰後的現代建築圍繞著聖吉爾斯教堂，包括許多金融機構和巴比肯屋村（Barbican Estate），這組住宅大樓是英國粗野主義建築的最佳範例。

右圖 倫敦的萊姆豪斯區（Limehouse）和斯特普尼區（Stepney）因空襲受損嚴重，不過損害分布不均。有些街廓的全毀建築周圍是可以修復的建築。重建之後，造成今日倫敦兼容混雜的建築風格。

級，從「輕微」到「全毀」，勘驗結果再記錄到英國地形測量局在1916年製作的城市地圖上，一直更新到1940年。每一級的損壞程度各以一種顏色表示，以手工為每一棟受損建築上色。

有一筆1941年4月20日的每日回報記錄來自救援隊的一位建築師，生動描述了這項工作是什麼樣子：「我開始勘驗的那棟大樓——八層樓高，每層兩戶——整面牆都掀掉了。我發現屋頂的一部分是可以站上去的。於是，我抓住一座破損的煙囪，勘查那邊的損壞情形。我的筆記本變得很髒，因為沾滿了灰塵、煤煙、潮溼的汙泥和緊張的手汗，很難讀出來我寫了什麼。不過我把筆記本弄乾，把內容謄寫到一份報告裡，所以這些筆記還是發揮了作用。」

這些地圖的視覺效果很吸引人。各種顏色隨機出現，與街道和建築物的整齊格局形成強烈對比。某些地方，有整塊涵蓋了幾個街廓和數十座建築物的區域全部塗成黑色（全毀）和紫色（無法修繕）。也有一些地方的受損程度差異很大，在整片大致是黃色（輕微受損）的區域上零星散布著黑色、紫色和紅色（嚴重受損）。

圓圈表示被V-1和V-2火箭擊中，這些「飛行炸彈」造成了巨大破壞。德國從1944年6月

開始用V-1空襲，在此之前德軍是以飛機空投燃燒彈為主。V-1是一種無人駕駛飛行器，搭載一枚850公斤重的彈頭，靠自動導航來撞擊目標。雖然這些火箭只有四分之一擊中目標，但有超過2000枚落在倫敦地區，造成 2329人喪生。1944年9月，有一枚V-2火箭擊中倫敦，這是全世界最早的彈道飛彈。到戰爭結束時，共有517枚在倫敦爆炸，造成2511人喪生。

「我很驚訝他們還能繼續過日子。倫敦就是在這樣的情況下繼續過日子。」沃德說，「這一定是一段非常了不起的時期。」

戰爭一結束，隨著被炸過的地方開始重建，這些地圖就開始用於保險理賠和城市規畫。倫敦在戰爭的破壞下改頭換面，成為今天這個充滿建築多樣性的城市。這些地圖有助於解釋何以一排排舊時維多利亞時代建物之間，會穿插著1960年代典型的現代、機能取向的低矮住宅。

新舊建築並置的一個明顯例子，就是建於14世紀的哥德式教堂「少了跛子門的聖吉爾斯教堂」（St Giles-without-Cripplegate）。跛子門地區在戰時受到密集轟炸，兩枚V-1擊中教堂附近街廓。在左頁的受損建築地圖上，聖吉爾斯教堂是塗成粉紅色（嚴重受損），而周圍一整片建築都是紫色（無法修繕）。教堂周圍幾乎每座建物都被拆除（左頁中圖），但聖吉爾斯教堂完成修復之後屹立至今，成為被現代建築包圍的唯一老建築（左頁下圖）。

「這些地圖可以說出這麼多故事，」沃德說，「是很棒的資料來源，會讓你想要繼續了解更多。」✷

U型潛艇的海上威嚇

一張德製地圖記錄了一次大戰期間致命的潛艇攻擊

製作年份：1918年

來源：美國國會圖書館地理與地圖部

這是一種前所未見的戰鬥型態。1915年2月，德國宣布在大西洋發動無限制潛艇戰，誓言不但要攻擊對德國港口實施嚴厲封鎖的英國軍艦，也要攻擊商船——包括中立國的船。德國將不再遵循海戰的紳士規則，也就是攻方船隻在奪取貨物或擊沉船艦時，要確保對方船員平安。從此不再鳴砲警告。這是全面性的戰爭。

右邊的地圖描繪了一年之間發生的慘重死傷。每個紅點都代表1917年2月1日到1918年2月1日間沉沒的某一艘船。這張地圖也是戰爭進程的一張快照。淺藍色區塊對應的是限制區，德國U型潛艇在此阻止其他船隻通過。德國北海和波羅的海沿岸的棕色區塊顯示被英軍封鎖的區域，兩支小小的交叉紅色劍，則指出發生小規模海戰的地點。

「潛艇是最早用來在第三個維度發動戰事的人造武器，」海軍歷史學家揚．布雷默（Jan Breemer）寫道。因此潛艇不怕任何反制。只要待在水下，U型潛艇就能匿蹤。就算有一艘戰艦偵測到U型潛艇，想要擊中一個上下移動自如的目標也是難上加難。沒有武裝的商船就只能祈禱不被U型潛艇的魚雷打中。

潛艇帶來了非常致命的結果。德國U型潛艇的魚雷在一次大戰期間擊中了超過5000艘商船和超過100艘軍艦，損失了數以萬計的人命，以及數以百萬噸計的貨物。攻擊地點集中在不列顛群島海岸外和地中海，因為德國人想要切斷英國的食物和其他基本物資的運補路線，然而從黑海到非洲外海的維德角群島，全成了潛艇的攻擊目標。

不過稱得上最惡劣的那次U型潛艇攻擊沒有顯示在地圖上：1915年皇家郵輪盧西塔尼亞號（RMS Lusitania）在愛爾蘭海岸外被擊沉，將近1200人喪生，其中包括128名美國人，而隨後的輿論譁然迫使美國投入了這場原本想要避開的戰爭。✷

右圖 這張局部圖截取自一家德國出版社為一般大眾製作的1918年地圖，內容顯示1917年2月1日到1918年2月1日間被U型潛艇擊沉的船隻。

下圖 德國U型潛艇剖面圖，出自一張戰後幾年出版的地圖。

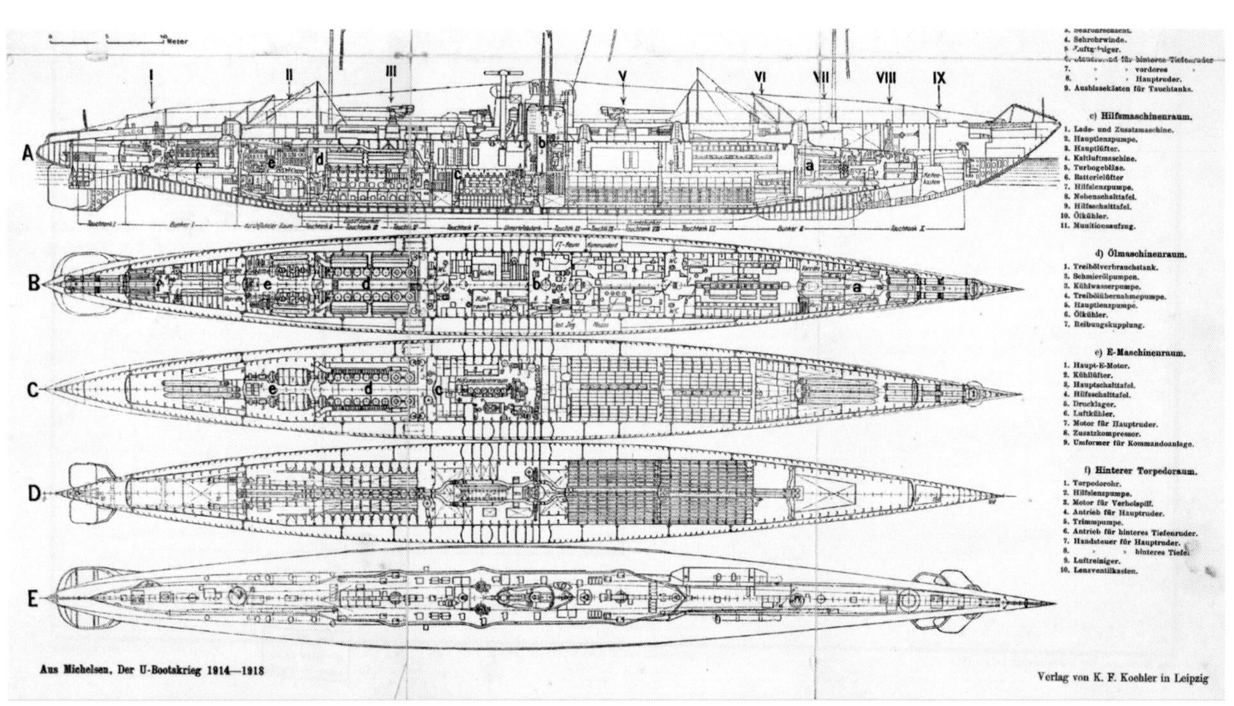

Färöer (Dänisch)
3 sm Abstand
Shetland's I.
Orkney I.
Hebriden
NORD SEE
Irische See
Dogger-Bank
Engl. Seesperre
Skagerrak
Kattegat
Gotland
Öland
Bornholm
OSTSEE
Bottnischer Busen
Finnischer B.
Ladoga See
KURLAND
LIVLAND
LITAUEN
HAMBURG
BERLIN
LONDON
PARIS
POLEN
Warschau
KANAL
FRANKREICH
Meerb. v. Viscaya
ÖSTERREICHISCH
UNGARISCHE
MONARCHIE
WIEN
Budapest
RUMÄNIEN
BULGARIEN
MONTENEGRO
SPANIEN
Sierra Morena
Balearen
Menorca
Mallorca
CORSICA
SARDINIEN
SIZILIEN
ADRIATISCHES MEER
TYRRHENISCHES MEER
IONISCHES MEER
GRIECHENLAND
KRETA
MITTELLÄNDISCHES MEER
60 sm
ALGERIEN
MAROKKO
Kleine Syrte
Große S

二次大戰的三維地圖

這些煞費苦心、精雕細琢的地形模型，協助盟軍獲得勝利

製作年份：1944年
來源：美國國會圖書館地理與地圖部

盟軍在二戰期間進行的許多關鍵行動都是祕密策畫和準備的——而且是由極小規模的人員在執行。在世人大多渾然不覺的情況下，一支由英美兩國人員組成的小隊，針對數百處潛在目標建造了等比例縮小模型，對戰爭造成巨大影響。

這些模型，例如這件法國諾曼第猶他海灘模型，各以不同比例製作，用於戰略規畫和派兵到陌生領域前的部隊簡報。資料是取自當時既有的地圖，再以最新空拍照片彌補不足之處。這些照片是飛行員冒著巨大風險所取得，其中很多人在過程中喪生。這些模型製作得非常精準，連建築物的顏色、籬笆的高度都顧到了。如此做出來的三維地圖比平面地圖易讀得多，尤其是對於不擅長讀圖或理解空拍照片的部隊而言。一般相信這些地圖挽救了無數人命。

英國皇家空軍在1940年成立了稱作V部門（V-Section）的模型製作單位，美國在1942年也參與這項作業。兩國各自在部隊裡尋找具備相關技能的人員，包括建築、工業設計、製圖、雕塑和繪畫。他們也招募軍隊以外的人，聘請了好幾位好萊塢人士，還有一名紐約市無線電城音樂廳的舞臺設計師。隨著模型需求增加，所有可用的人員都用上了，他們開始到英國的藝術學校去雇用女學生。這支雜牌軍以位在倫敦東邊的英國皇家空軍駐地麥德曼罕村（Medmenham）為基地。

製作模型的方式是，先把地圖放大，貼到硬質纖維板（類似塑合板）上沿著等高線切割，再把切片疊好固定，做出地形。板片之間會用熟石膏來填補、塑造成地形。模型師經常參考立體空拍照片，以確保每處沼澤地和丘陵都是精確的。

接下來，取比例精確的照片覆蓋在模型上面，然後弄溼，在必要的地方拉伸，然後塗上顏料使色彩逼真，顏料塗得很薄，讓來自照片的紋理透出來。每條道路都是以手繪呈現出正確寬度。建築物是用油氈依大小切割而成，高度往往是從空拍照片上的陰影推估而來，樹籬和樹木則是用一種自製工具來布置，類似做蛋糕的擠花器。沒有所謂不重要的細節，連散布在港口裡的小船都做了出來，有的船上還用剪下來的一小段鬍子做成桅杆。

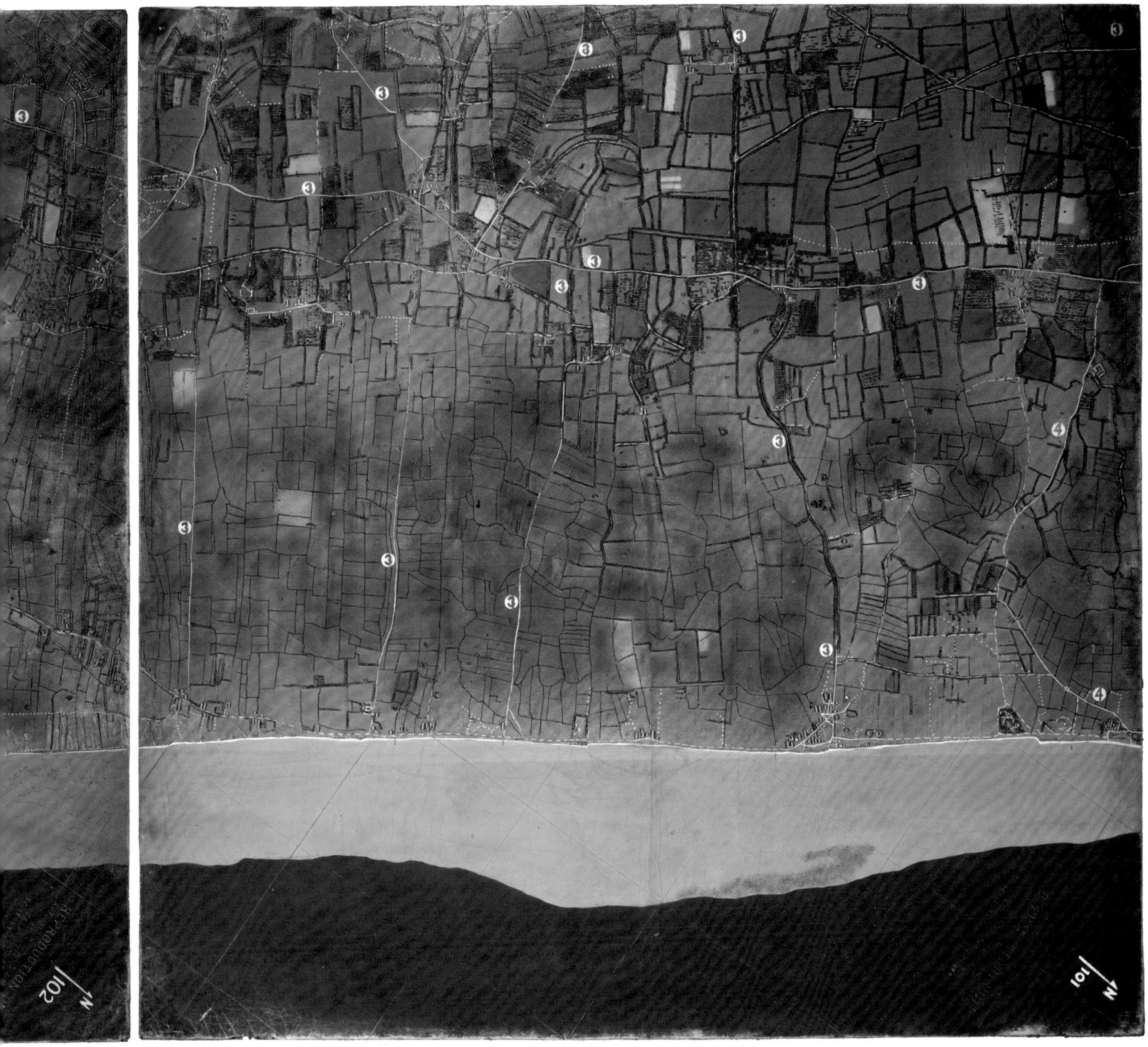

這座法國諾曼第猶他海灘的三維地形模型，曾用來協助盟軍規畫1944年6月的D日攻擊行動。整座模型是由兩塊組成，各1.2公尺見方，製作得極為精細，兼顧每項細節的準確性，好讓指揮官和部隊確切知道到了現場會遇到什麼狀況。在右邊的特寫照片中，可以看見法國鄉間常見的房屋和樹籬。這些模型是由一個專責的祕密單位製作，公認拯救了許多人命。

左圖 一位模型師使用自製工具（類似烘焙師用來裝飾蛋糕的擠花器）把樹籬添加到盟軍使用的地形模型中。這些模型的存在是一大機密，不過為了避免萬一還是走漏了風聲，模型小組有時會被指派製作不是實際目標的地方作為幌子。

下圖 一名美國海軍中尉利用地形模型，向即將在入侵法國南部期間參與登陸行動的官兵做簡報，時為1944年6月5日，D日的前一天。

一位英國皇家空軍中尉在基爾（Kiel）的模型上指出細節，此地是重要的德國海軍基地和造船中心。基爾在二戰期間遭受盟軍猛烈轟炸，整座城市大半被毀。

那些為了提供空軍實施轟炸而製作的模型經常會拍照下來，有時還會錄影，並透過打光來模擬預定行動的時間，讓飛行員看見現場會是什麼樣子。

這一切的努力，都是為了確保場景的準確度，因為出錯是會出人命的。美國陸軍下士雷納德．亞伯蘭（Leonard Abrams）在一本講述他擔任V部門模型師那段時間的回憶錄中，提到了一個罕見例子：在德軍占領的法國港口第厄普（Dieppe）的模型上，有一道海堤做得太高，讓盟軍坦克以為在戰鬥中會有掩護，結果卻暴露在炮火下。這座原本該是不可或缺、可能救下數百條性命的模型就出了這麼一個錯，顯示準確度事關重大。

有一項規模最大、最重要、也最機密的模型製作計畫，是為了1944年6月6日在諾曼第發動的D日攻擊行動。整個諾曼第海岸以五千分之一比例做成模型。德軍在猶他海灘的緩坡上設置許多障礙物，用來破壞或摧毀搶灘的船隻，這些障礙物在漲潮時看不到。因此，D日行動需要趁低潮時，利用拂曉前的月光。這次攻擊原定在6月5日發動，但預報指出天氣不佳。時年27歲的海軍情報官查爾斯．李．伯威爾（Charles Lee Burwell）專精潮汐和海灘障礙物，他利用猶他海灘模型說明，如果盟軍把行動推遲一、兩天或是幾天，各會發生什麼情況。據伯威爾所述，出席這場簡報的人包括德艾森豪將軍（Gen. Dwight D. Eisenhower），他最後決定在6月6日出擊。伯威爾在戰後一直保管這座模型，並在2003年交給美國國會圖書館。

事實證明，這些模型對盟軍的成功至關重要。馬克．克拉克將軍（Gen. Mark Clark）在1964年寫給亞伯蘭的信中寫道：「這些模型廣泛運用在每次重大兩棲或空降行動中。其中最出色、同時對某一次行動的成功扮演最重要角色的，大概就是針對法國諾曼地登陸製作的模型。很多人都能證實，當時行動的成敗很大程度上取決於這些模型。」✳

岐陽

隣圖名

甑山	平壤西部	平壤東部
江西		中和
鎭南浦	兼二浦	黑橋

大正六年測圖昭和七年第一回修正測圖

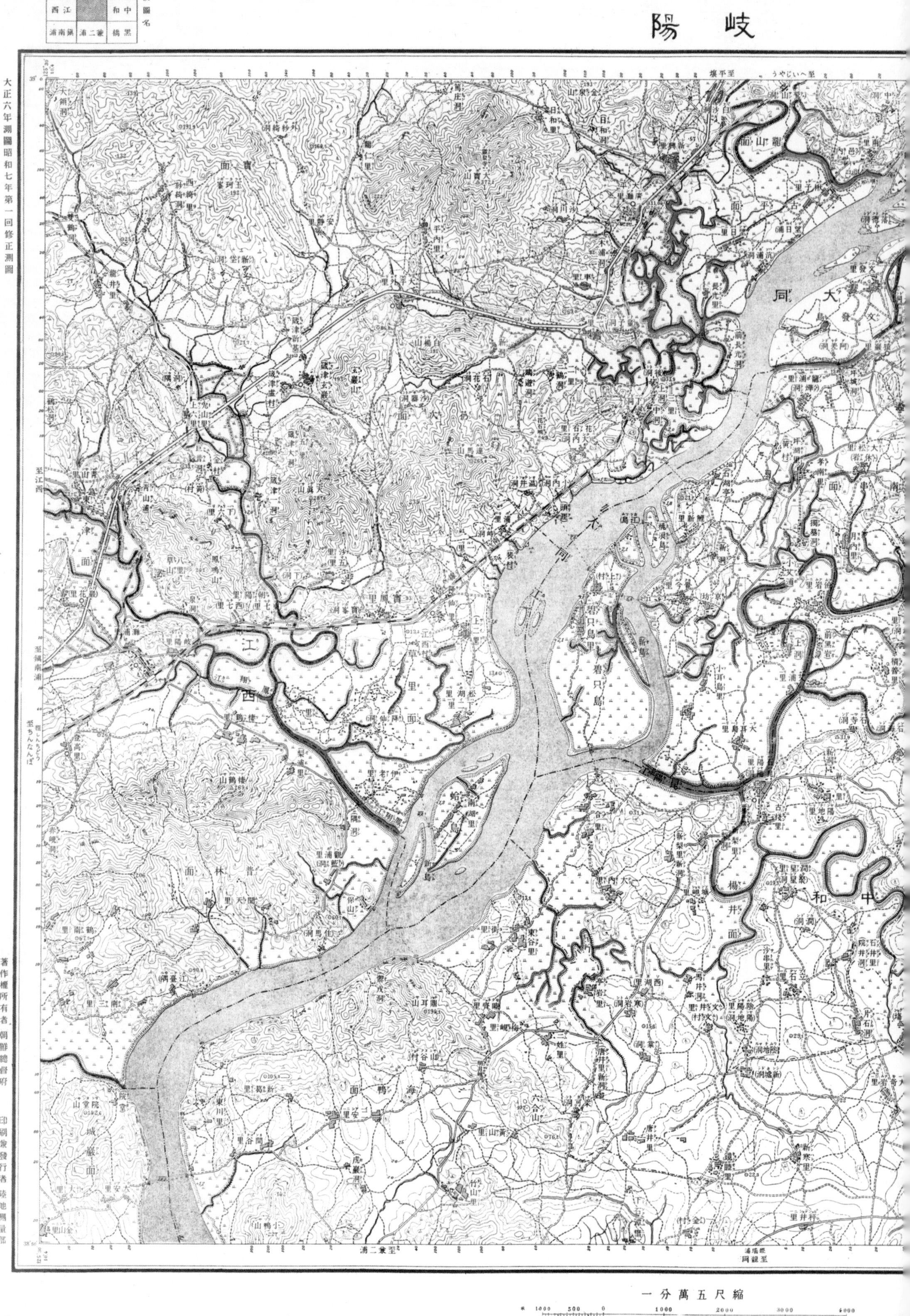

印刷兼發行者 陸地測量部

縮尺五萬分一

1000 500 0 1000 2000 3000 4000

10 5 0 10 20 30

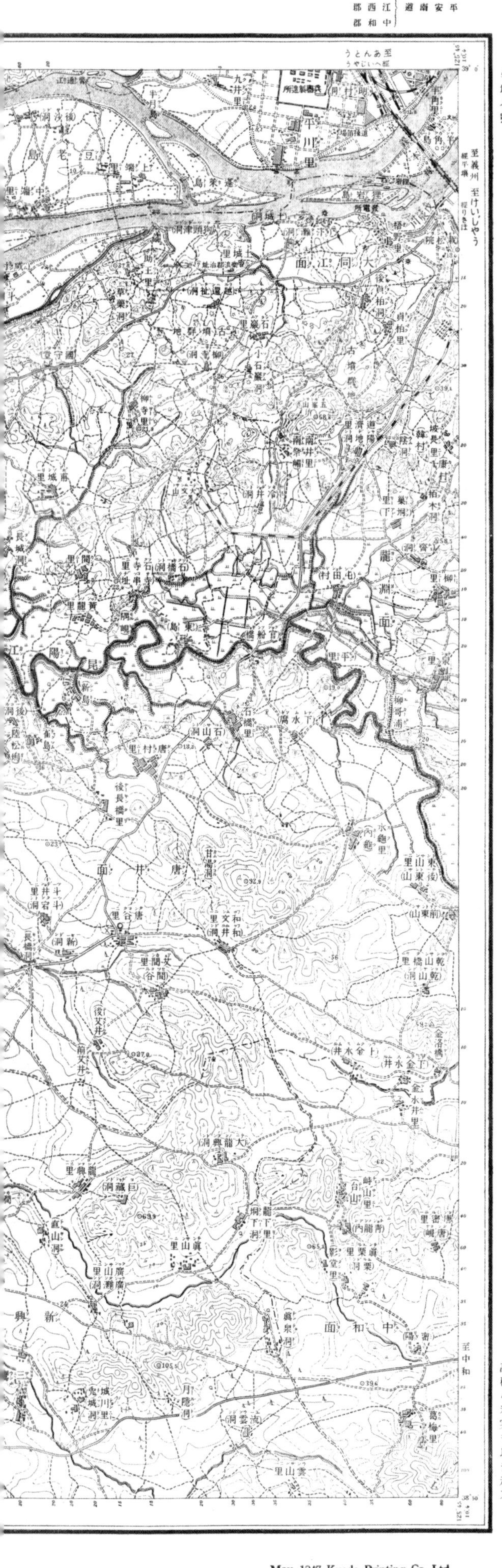

日本祕密繪製的外邦圖

美軍在二戰結束時繳獲的地圖，精準呈現亞洲的型貌

製作年份：1870年代－1940年代

來源：史丹福大學圖書館

在二次大戰末期，美軍沒收了數千張日本機密軍用地圖，以及用來印刷的圖版，並運往美國保管。這些地圖涵蓋了亞洲大部分地區，所描繪的遠遠不止是各地的地形。有的著重在運輸系統，有的是當地族群和盛行疾病的分布。日本人稱這些地圖為「外邦圖」（gaihōzu）。對美國人來說，這是很寶貴的情報來源，不但能了解剛擊敗的敵人，還能了解一個新出現的敵人：蘇聯。

美國陸軍地圖局認為，不該把這麼寶貴的戰略資源存放在會被核武攻擊摧毀的單一地點，所以分別送到全國數十家圖書館和機構。幾十年來這些地圖就一直擺著，幾乎被人遺忘。

史丹福大學研究生謝美裕聽過一些傳聞，表示校內智庫胡佛研究所的檔案室裡收藏了一疊疊神祕的亞洲老地圖，於是在2008年左右決定著手調查。謝美裕的論文是探討古代漢朝何以能在兩千多年前建立起中國第一個長治久安的大帝國，但是在現代地圖和衛星圖像中，許多相關的考古遺跡都看不到，不是隨著時間受到侵蝕，就是在中國工業化過程中被掩蓋。謝美裕推想，舊地圖或許藏有一些重要線索。

她一路探究下來，最後來到了史丹福地球科學圖書館地下室一間排滿抽屜的陰暗房間。謝美裕花了一整個下午想要弄清楚裡面有些什麼。她發現校內收藏的日本軍事地圖，是多年前從胡佛塔（Hoover Tower）塵封的閣樓移到圖書館地下室來的。原來史丹福大學總共大約有8000張。

這張1947年日本軍用地圖顯示現今北韓首都平壤的周圍地區。

上圖 這張日製上海地圖以顏色表示在這裡生活和工作的居民身分，例如綠色為日本人居住地，淺藍色區塊代表這裡有美國註冊公司。

下圖 這張局部圖取自一張京城（Keijo）地圖，京城是日本人在1926年到1945年統治韓國期間對現今首爾的稱呼。左邊的白色區域是一大片公共空間，原本是一座14世紀宮殿的場地。

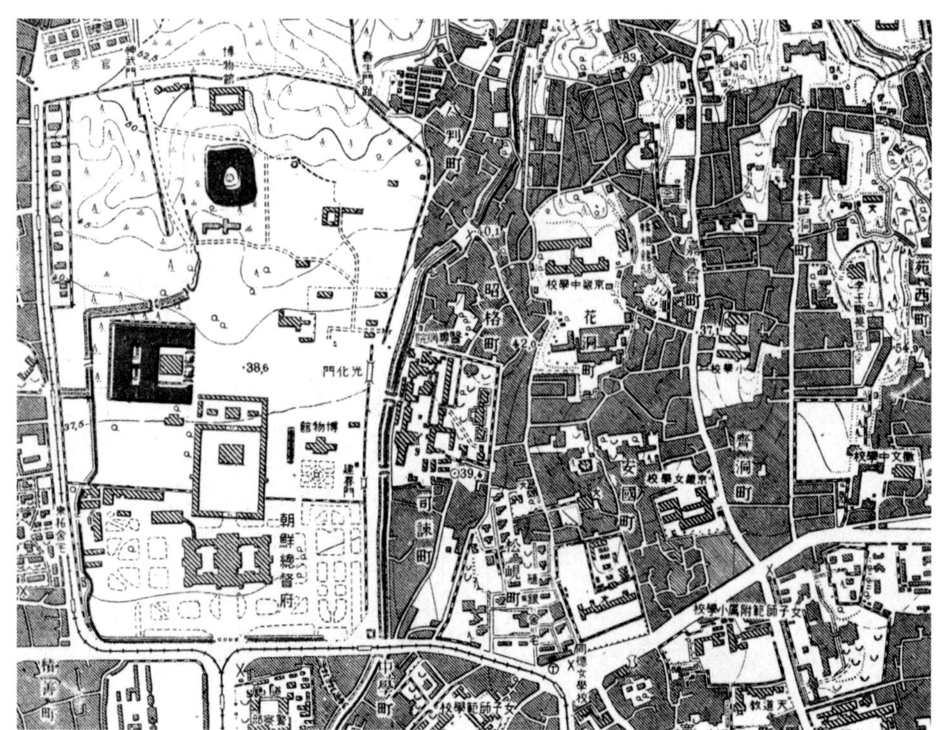

根據大阪一位退休教授、外邦圖的權威專家小林茂（Shigeru kobayashi）所述，日本軍方早在1870年左右就開始製作這些地圖，時間遠在二戰爆發之前。那是日本史上一段不安的時期。在世界其他地方，歐洲的帝國列強正忙著瓜分非洲。日本領導人認為他們有兩個選擇：成為殖民強權，或被殖民強權接管。他們不想成為別人的殖民地，於是一種防禦性的帝國主義就此誕生。

一開始，軍方只是複製在鄰國找得到的地圖。但是，日本軍官很快就意識到他們需要更詳細的地圖，於是開始派出隊伍去測量中國和韓國的海岸線，後來也進入內陸地區。

不令人意外的是，日本勘測人員在其他國家並不受歡迎。根據小林所述，1895年憤怒的韓國人殺了一支日本測量隊的好幾名助手（日本在1910年併吞朝鮮，一直統治到二戰結束）。從1913年開始，日本就派出祕密測量隊進入中國。這些人員假扮成旅商，暗中製作地圖，器材就只有指南針，距離用步伐測量。

日本人有悠久的地圖複製傳統，往往從敵人手中拿到地圖，再添加自己的注解和細節，如上方這幅日製地圖，就直接套用了俄國夫拉迪沃斯托克（Vladivostok）的地圖，上面還看得見西里爾文字。當然，他們的敵人也會做

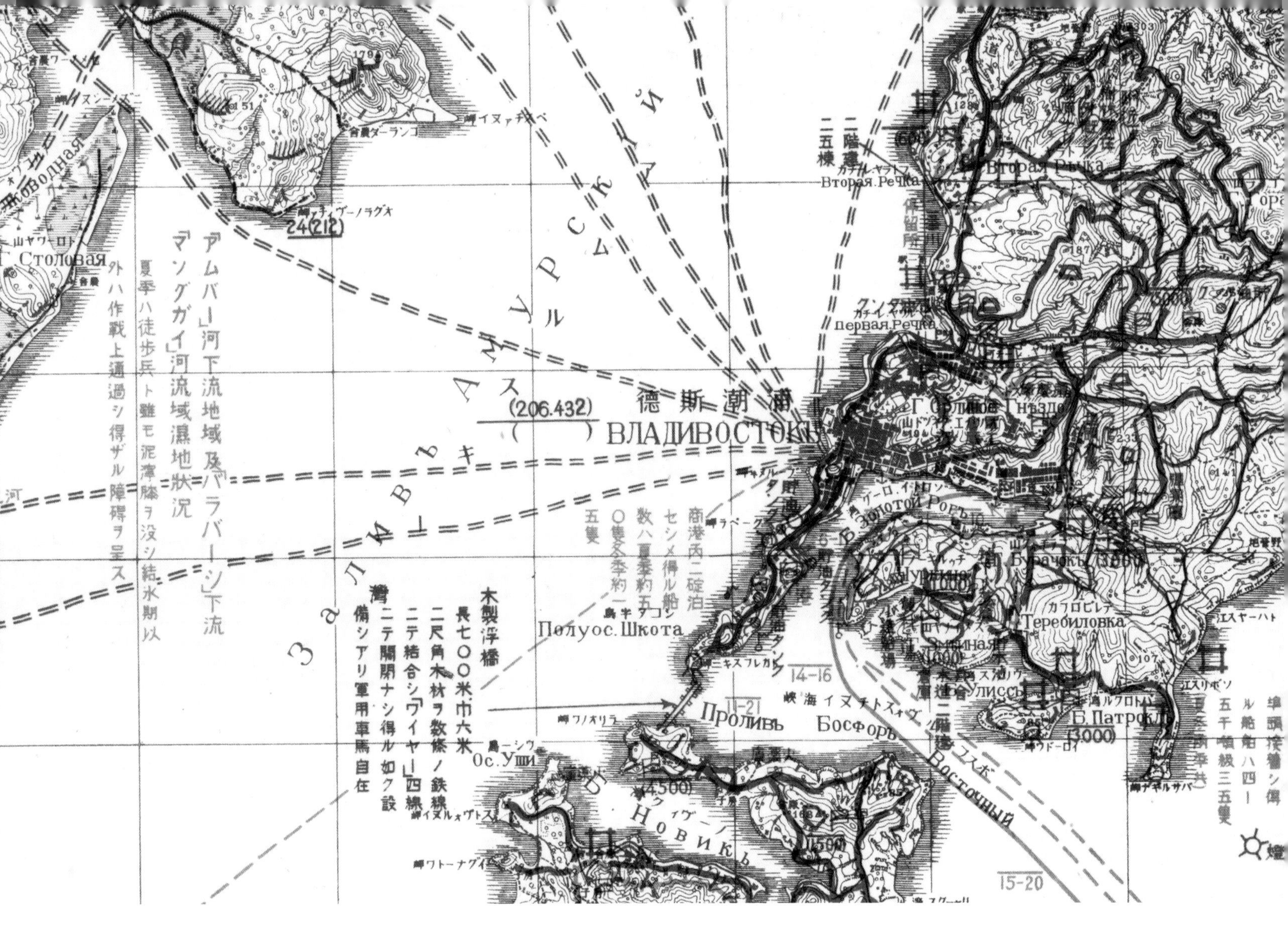

上圖 這張1938年的俄國夫拉迪沃斯托克地圖，就直接畫在一張俄製地圖上。日文注釋敘述了渡船航線和其他運輸系統，包括橋梁類型的說明。

同樣的事，如美軍也會使用在沖繩和其他地方作戰時繳獲的日製地圖。

除了顯示其他國家地形的地形圖之外，日本軍方還製作了各種地圖，從航空圖，到顯示街坊鄰里的生活與工作類型的城市地圖（如左頁的上海地圖）都有。這些地圖很多都有詳細的日文注解，指出可能具有戰略價值的地貌，例如某條海岸線是否適合船隻登陸、某個地段是否適合設置兵工廠等。在一張南太平洋某島嶼的地圖上，注解說明了當地的飲食和島上唯一製冰機的位置。

這些外邦圖涵蓋的範圍北起阿拉斯加和西伯利亞，西到到印度和馬達加斯加，南達澳大利亞。沒有人知道這些地圖總共有多少張，主要是因為日本軍方把測繪計畫列為機密，並在二戰尾聲美軍逼近之際下令銷毀地圖。許多留存至今的地圖顯然是為此奉獻了一生的日本製圖師拯救下來的。他們違抗銷毀自己作品的命令，寧可看著它被敵人沒收。

外邦圖如今已經失去戰略價值，但小林茂和謝美裕等研究者仍然視之為窺看亞洲歷史的獨特窗口。謝美裕如今是俄亥俄州立大學的歷史學家，她正在這些地圖上找尋古代文明的線索；小林茂則是熱衷於利用外邦圖來研究東南亞和中國的森林濫伐，以及其他類型的環境退化。兩人都希望這些當初為了軍事目的製作的地圖，能在和平的知識追尋中重獲新生。✳

遷移中的難民

標繪數以百萬計戰亂流離者的遷移軌跡

製作年份：2014年

來源：Hyperakt和艾克內・列歐瑪（EKENE IJEOMA）

在2016年，總計有超過2250萬人離開母國躲避迫害、暴力或戰爭——這是自1950年聯合國開始進行這項統計以來人數最多的一年。陷入致命內戰的敘利亞是這年最大的難民產出國，有550萬人逃出這個國家。

這張地圖出自一項呈現近年來全球難民危機歷史的計畫，取自紐約社會設計工作室Hyperakt的互動式網站，彙整了超過40年的難民資料。根據聯合國定義，人民要離開母國才算難民。在2016年，逃出家園但未跨越國界的人數幾乎是難民的兩倍。

「我自己也是難民。」這家工作室的創始合夥人之一德羅伊・佩拉薩（Deroy Peraza）說，「這已經是我的自我認知的一部分。」佩拉薩出生在古巴，小時候就來到美國。他發現很多人都有類似的經驗，但他想要進一步了解。「我不知道逃難者的規模有多大，持續了多久，有哪些地方在發生。」佩拉薩說。

這份地圖的線上版可以像電影般播放，隨著年份跳動，紅圈會出現在有大量人口逃往國外的地方。1990年代初是伊拉克，接著是盧安達，再來是波士尼亞。阿富汗上面的大紅圈基本上一直都在。非洲中部也幾乎總是不平靜。把滑鼠游標移到某個紅圈上，就會輻射出許多線條，顯示所有難民的去向——往往是前往無力阻擋難民湧入的鄰國。以2016年來說，美國是排名第18的庇護國，收容了來自158國的26萬8513名難民，「顯示我們提供的避風港對於受迫害者有多麼重要。」佩拉薩說。⁕

2016年敘利亞有超過500萬難民出逃，比任何國家都多。土耳其、黎巴嫩、約旦等鄰國接納了其中大部分。

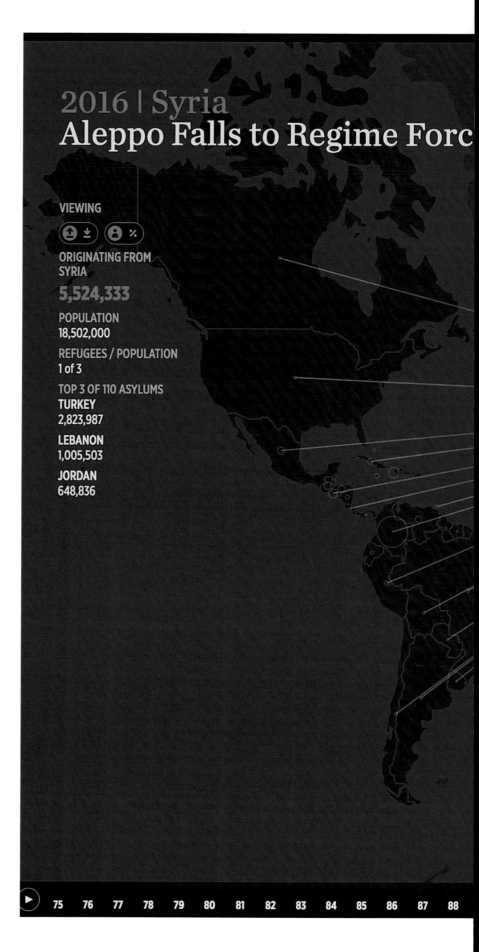

2016 | Syria
Aleppo Falls to Regime Forc
VIEWING
ORIGINATING FROM
SYRIA
5,524,333
POPULATION
18,502,000
REFUGEES / POPULATION
1 of 3
TOP 3 OF 110 ASYLUMS
TURKEY
2,823,987
LEBANON
1,005,503
JORDAN
648,836
75 76 77 78 79 80 81 82 83 84 85 86 87 88

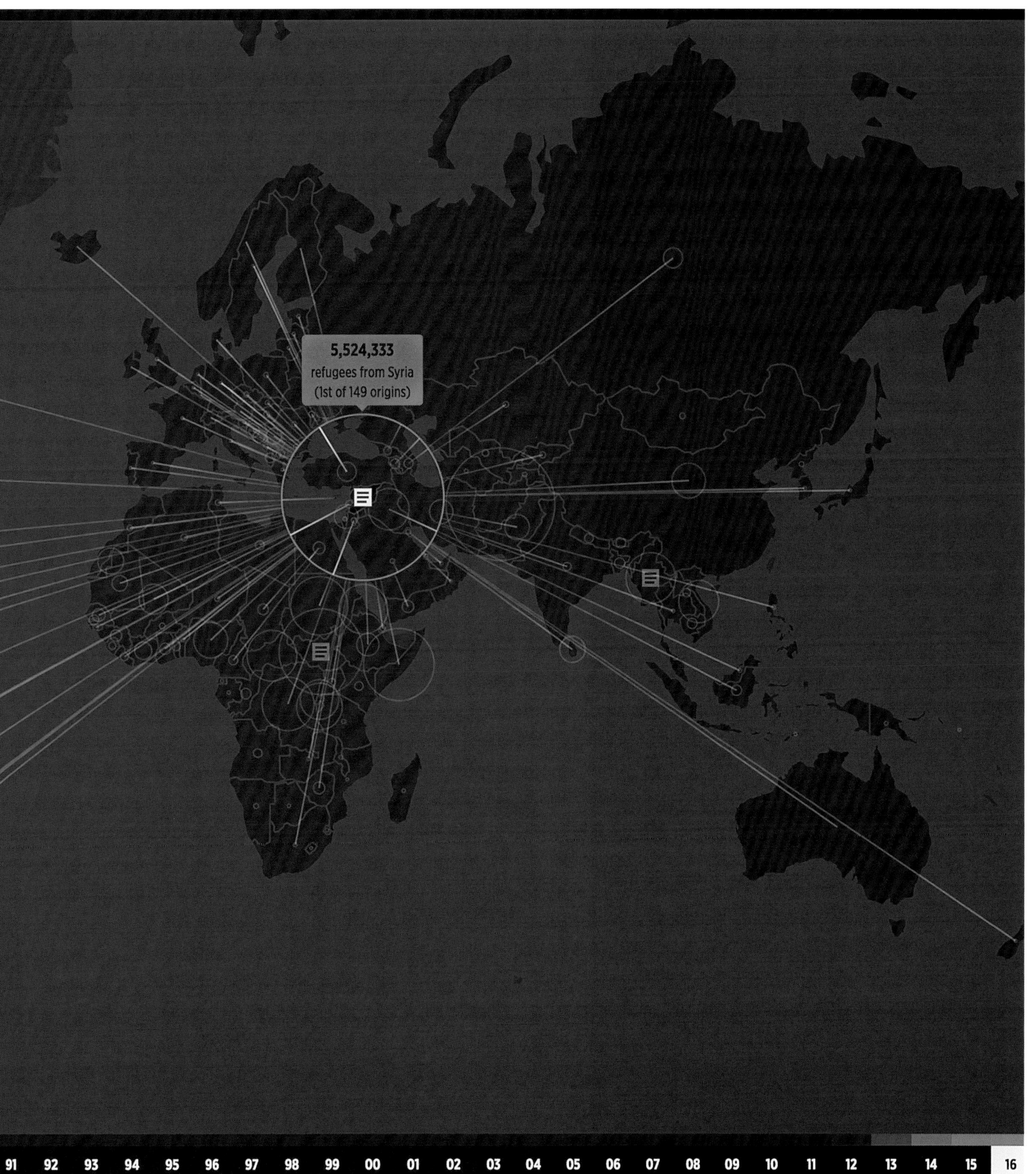
5,524,333
refugees from Syria
(1st of 149 origins)
91 92 93 94 95 96 97 98 99 00 01 02 03 04 05 06 07 08 09 10 11 12 13 14 15 16

TONTO TRAIL
3699
2500
+3426
+3684
Indian
Garden
△3850
Spring
BRIGHT ANGEL TRAIL
4000
CANYON RIM
NATURE
TRAIL
Grand Canyon
School
Athletic
Field

4 LANDSCAPES 地景

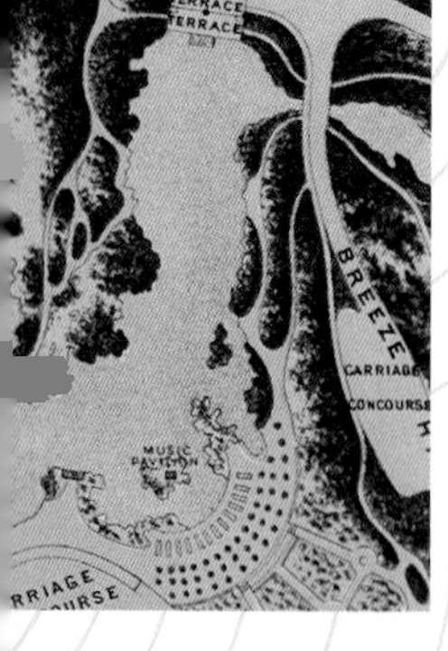

高難度的地形測繪工作

有些史上最美的地圖，就是為了精確傳達陸地的風貌。這絕不是一件簡單的事。如何在二維的平面上描繪三維的地景，一直是地圖學史上的一大挑戰，也驅使製圖師的技藝不斷精進。

本章地圖展現各種在紙面上描繪地景的方法。瑞士製圖師愛德華·英霍夫（Eduard Imhof）是這方面的偉大創新者，首創以陰影起伏技法來模擬山岳投射的陰影（見132頁）。由於英霍夫的貢獻，20世紀瑞士人在地形表現方面居於執牛耳的地位，也因此美國探險家兼製圖師布拉德福·瓦許本（Bradford Washburn）才會聘請瑞士頂尖製圖師，為他的1978年代表作大峽谷地圖繪製崖面（見118頁）。瓦許本耗費多年測量大峽谷，就是為了在地圖上完成這項最後的潤飾。

奧地利畫家海因里希·貝倫（Heinrich Berann）發展出另一種描繪山岳的方式。他的1991年黃石國家公園全景畫（見114頁）採用匠心獨具的變形，來產生一種堪稱比公園的任何一處實景都更美觀的效果。他的作品啓發了很多人，如吉姆·尼修斯（Jim Niehues），尼修斯略為調動滑雪道的角度好放進同一個畫面裡，製作出既優美又好用的滑雪道地圖（見139頁）。

今天的製圖師仍在模仿、微調和採用這些方法，並利用愈來愈先進的數位工具來標繪我們周遭的地貌。➤➤

高聳地形

（1857年，波士頓珍稀地圖專賣店）

這張迷人的印度鳥瞰圖是由瑪麗·瑞德（Mary Read）在倫敦出版，她是19世紀少有的女性獨立出版商之一。在這張地圖出版的四個月前，也就是1857年5月，印度爆發反對英國統治的起義，世人對印度的興趣激增，瑞德可能希望藉機牟利。圖中包含數百座城市的側影，不過最突出的地貌還是在縱軸上經過誇大的喜馬拉雅山脈，聳立在地平線上俯視這塊次大陸。

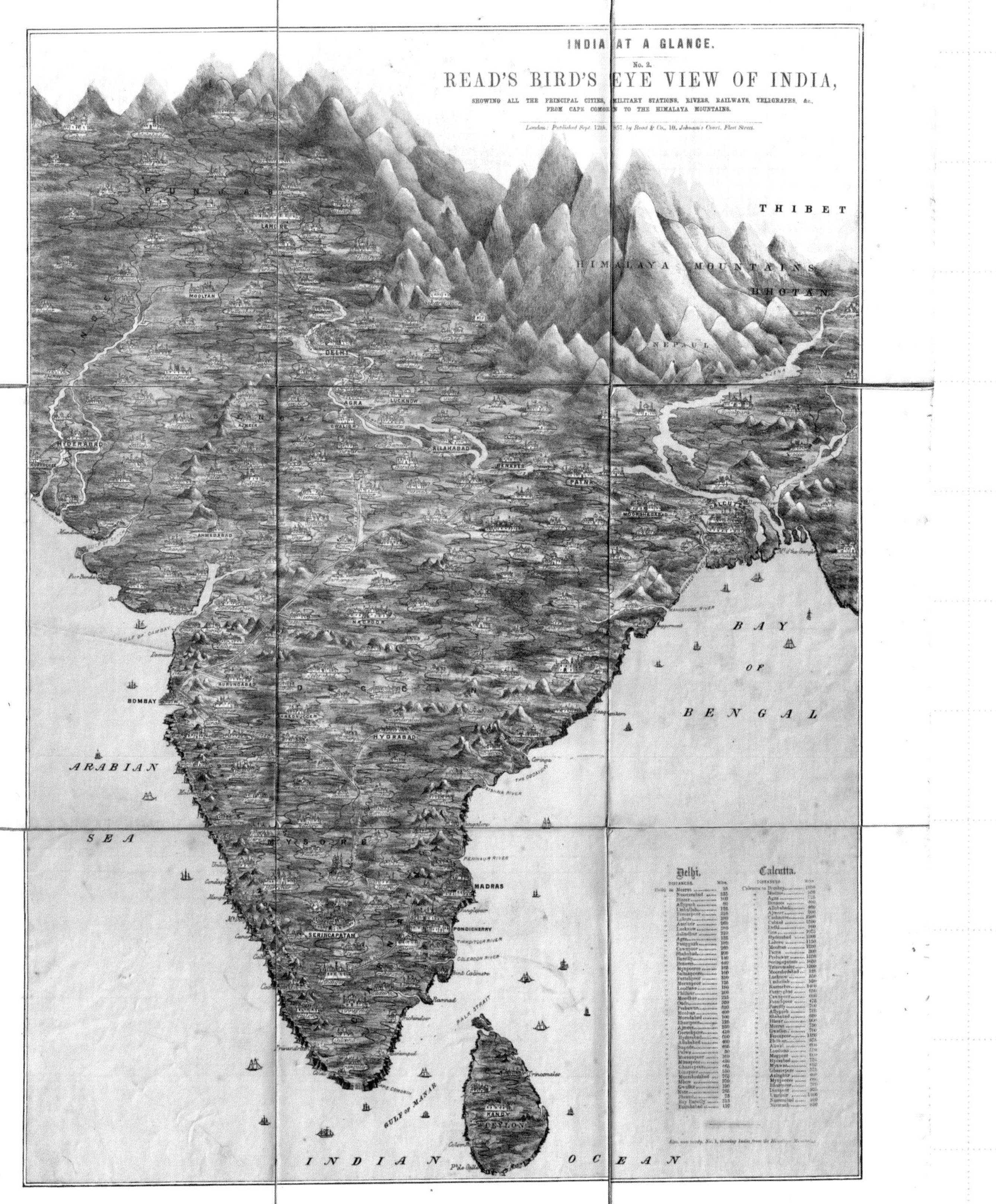
INDIA AT A GLANCE.
No. 2.
READ'S BIRD'S EYE VIEW OF INDIA,
SHOWING ALL THE PRINCIPAL CITIES, MILITARY STATIONS, RIVERS, RAILWAYS, TELEGRAPHS, &c.,
London: Published Sept. 12th, 857, by Read & Co., 10, Johnson's Court, Fleet Street.
THIBET
HIMALAYA MOUNTAINS
BHOTAN
NEPAUL
LAHORE
MOOLTAN
DELHI
AGRA
LUCKNOW
ALLAHABAD
BENARES
PATNA
HYDERABAD
AHMEDABAD
GULF OF CAMBAY
BOMBAY
BAY
OF
BENGAL
ARABIAN
SEA
MYSORE
MADRAS
PONDICHERRY
SERINGAPATAM
GULF OF MANAR
PALK STRAIT
CEYLON
INDIAN
OCEAN
Delhi.
Calcutta.

全景地形圖

貝倫開創新技法描繪大型地景的宏偉視野

製作年份：1991年

來源：美國國家公園署

海因里希．貝倫的黃石國家公園畫作在許多方面都勝過任何實景。這是全景地圖的經典範例：將地圖和繪畫冶為一爐，貝倫首創了這種畫法，並達到登峰造極的境界。

貝倫在藝術創造力鼎盛時期，畫了四幅卓越的全景地圖作為國家公園署海報。經過時間考驗，他的作品依然歷久彌新，因此在2018年國家公園署將他的原畫製作成全新的數位影像並發布，包括這幅1991年的黃石公園作品。

貝倫1915出生於奧地利一個藝術家家庭，受過設計、雕塑和解剖藝術的訓練。他可觀的繪畫技巧都是自學而來，且從未學過地圖製作，但他在這兩個領域都深具天賦。他的第一張全景圖描繪奧地利阿爾卑斯山一條新的山口道路，在1934年贏得一項藝術競賽的首獎，貝倫從此成為這門技藝的創新者。

1963年，他的作品引起《國家地理》雜誌的注意，並受託繪製兩張聖母峰的全景圖。他還跟瑪麗．薩普（Marie Tharp）和布魯斯．希森（Bruce Heezen）合作，共同為《國家地理》雜誌的一系列主題海報創作最早的海床實景圖。1977年，三人聯手製作他們的代表作〈世界海床地圖〉，以前所未見的畫面揭露海床的性質（見188頁）。

在60年的職業生涯裡，貝倫畫過數百幅全景圖，題材大多是阿爾卑斯山，緩慢地發展、精進他的風格。他的全景作品主要依據地形圖和空拍照片繪製，不過都經過選擇性的變形，藉以呈現地景最重要的面向。例如黃石公園全景圖，貝倫把頂端南北向的提頓山脈向東旋轉了大約55度，以呈現它標誌性的東面輪廓，而非地理上正確、但難以辨認的端點視角。他還放大某些地標，包括圖中右邊的老忠實小屋、靠近中央的黃石大峽谷，還有公園裡的好幾處大型間歇泉。

今天製作三維數位地圖的製圖師試圖重現貝倫的一些技法，例如逐漸改變視角：陸地在全景圖下半部向觀者傾斜，接近頂部的畫面往後延伸顯得較扁平，類似在飛機上看到的景象。

這種選擇性變形雖然扭曲了地理現實，卻有助於創造更美觀、易懂的地景。「而這正是他作品的魔力所在。」國家公

貝倫擅長在他的全景地圖中，對谷地和山峰畫出同樣豐富的細節，不同於從飛機上看到的景象。他還刻意突顯重要特徵，例如這張1991年黃石國家公園圖右上方的老忠實小屋。若按照圖中的比例，這棟房子實際上會有1.2公里長。

園署高級製圖師湯姆・派特森（Tom Patterson）說。「用意就是提供大衆一個無法在公園裡看到的絕妙視野，」他說，「如果你搭飛機飛過這些公園，你看到的景觀不會像貝倫的全景圖這麼令人驚豔，因為他用了很多藝術技巧。」✷

燃燒的山

維蘇威火山兩百年的熔岩流構成一幅美麗的肖像

製作年份：1832年
來源：哈佛大學霍頓圖書館（HOUGHTON LIBRARY）

張19世紀地圖利用各種顏色，呈現義大利維蘇威火山28次噴發所產生的熔岩流。這幅迷人的火山肖像顯示，從過去到現在，住在這片山腰上都是一件危險的事。

這張地圖的作者是一位住在那不勒斯的英國業餘地質學家，名叫約翰．奧喬（John Auldjo），他在1827年成為第一位登上白朗峰的英國公民。他出版的登頂記述和素描是當時最流行的登山敘事作品。為了追尋更多冒險，奧喬在1831年前往爆發期的維蘇威火山。

奧喬的目的是要製作一本關於維蘇威火山的書，以素描配上維蘇威健行指南和爆發的歷史與地圖。內文一開始就說：「在備受詩人喜愛的那不勒斯灣周圍名聞遐邇的景色中，有許多迷人的地貌，其中最迷人的莫過於維蘇威火山這座『燃燒的山』，吸引了各個時代、來自各國的好奇與飽學人士。」

維蘇威火山最知名的就是公元79年的致災性噴發，把古羅馬龐貝城的大部分埋在6公尺深的火山灰底下。小普林尼的目擊記述既詳細又精確，他所描述的爆炸式噴發現在就稱為普林尼式噴發。

雖然維蘇威火山後來的噴發都不像這次這麼猛烈，但在1631年，還是有一次噴發冒出大量熔岩流，沿著山坡往下流淌，造成數千人死亡。維蘇威火山自此進入一個新階段，發生過一些類似但規模較小的噴發威脅到附近城鎮。

奧喬在1831年抵達的時候，維蘇威火山已成為旅遊勝地。他在1832年出版的《維蘇威素描》（Sketches of Vesuvius）開頭就以詳細的敘述告訴遊客哪裡有風景優美的步道、最奇特的岩層，以及最和緩的斜坡。他的畫作描繪亮紅色熔岩流的驚險場景，其中好幾幅都有穿白褲、戴高帽、持手杖的男子，悠閒地旁觀火山噴發（下圖）。

奧喬在接下來的篇幅詳實描述從公元79年龐貝災難以來的43次噴發。「維蘇威火山周圍的土地總有地方被地震破壞、被熔岩流摧毀，或是被火山灰覆蓋，平靜的時間不曾超過100年。」他寫道。

較早的事件大多被後來的噴發所掩蓋，證據已不復見，因此奧喬的地圖始於1631年的大規模熔岩流，在他的圖上以粉紅色表示。「熔岩分成七股主要的分流，」他寫道，「摧毀花園、葡萄園、城鎮，所經之處無一倖免。」他也畫出了此後直到1831年的多次噴發，雖然規模都比較小，但有很多次還是造成了破壞，其中兩次一路流到海灣邊的托雷格雷科鎮（Torre del Greco）。地圖上共有28次熔岩流沿著維蘇威火山的邊坡蜿蜒流下，在單一畫面中揭露這座火山曾經發生的激烈活動，並為後人提出警告。自從奧喬的地圖出版以來又發生了十多次噴發，最近一次是在1944年。今天大約有60萬人就生活在維蘇威的火線上。✳

The small cone, from the S. E. summit of the great cone.

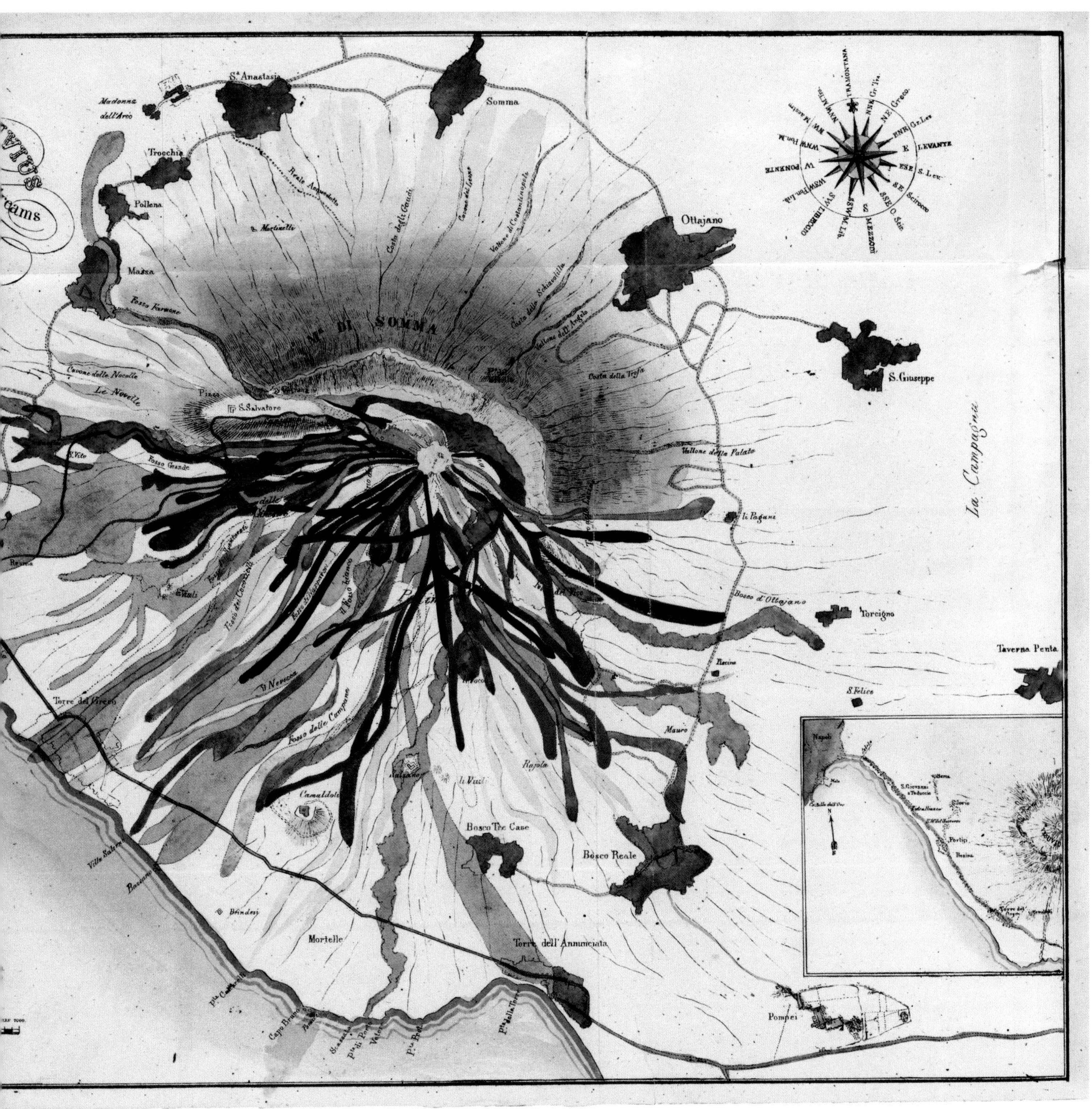

左頁 奧喬在1831年造訪時，維蘇威火山已經是一處旅遊勝地。他對當時進行中的噴發畫了許多素描，其中很多都有衣著時髦、戴著高帽的男人在欣賞奇觀。

上圖 維蘇威火山在1631年到1831年間的28次噴發帶來的熔岩流都記錄在這張地圖上，每次噴發的熔岩流各以不同顏色表示。這張地圖上記錄的最早噴發（粉紅色）也是最大的一次。

大峽谷之心

這場史詩般的八年歷險
測繪地球上最受喜愛的自然奇觀

製作年份：1978年
來源：國家地理學會

瓦許本在1970年承接了一項製圖工作，今天生活在數位世界的人聽起來會覺得很不可思議。他經過八年的規畫、田野調查、分析、畫草稿、繪圖和協調，製作出大峽谷地圖。工作成果集結成〈大峽谷之心〉（The Heart of the Grand Canyon）地圖，在1978年由國家地理學會出版，至今仍有許多人認為是歷來最美的大峽谷地圖。

「現在已經沒有人這樣做地圖了，」製圖師肯・費爾德（Ken Field）寫道，「這樣的做法體現了對於製圖工藝的執著與奉獻。」

這一切始於瓦許本和妻子芭芭拉在1969年造訪大峽谷。他們此行是要從峽谷底部帶一塊巨礫回去，放在波士頓科學博物館前面展出，當時瓦許本是博物館的館長。「我們很訝異，竟然到處都找不到可靠的大比例尺地圖。」他回憶道。於是他決定自己做一張。

時年60歲的瓦許本是世界著名的探險家、登山家和攝影師，擁有一份令人讚嘆又獨特的履歷。阿拉斯加有超過12座山峰都是他首先登頂；愛蜜莉亞・艾爾哈特（Amelia Earhart）當年如果按照他的建議行動，可能不會失蹤；他的一本山岳攝影書由安瑟・亞當斯（Ansel Adams）寫序。他帶領過數十支長途登山隊，隊員不曾發生任何重大傷害——他還冒著生命危險從裂隙中救出三隻雪橇犬。芭芭拉陪他遠征許多次，也成為首位登上北美最高峰：阿拉斯加麥金利山（目前正式名稱為德納利）的女性。

這些遠征行動多次獲得國家地理學會贊助，其中一次的成果是製作出阿拉斯加－加拿大邊境的聖艾利亞斯山脈壯觀的局部地勢圖。1939年，他開始擔任科學博物館館長，領取館方每年1萬美元的小額研究基金。1970年他用這筆錢展開一項曠世計畫：測繪世界上最偉大的一處自然奇觀。

第一件事就是取得大峽谷的空中畫面。他請人從大約8000公尺高度全面拍攝大峽谷，然後從大約5000公尺高空再整個拍一次。有了照片，他和芭芭拉就前往峽谷進行下一步動作：在峽谷內部和邊緣建立一個測量網，以亞奇觀景點（Yaki Point）為起始點，這裡有已知的海拔、緯度和經度，就刻在美國地調所釘在岩石裡的黃銅水準點上。

他們測量時用到的很多測點都很難（甚至不可能）徒步抵達，所以瓦許本雇了直升機把他們送過去。大峽谷有些偏遠的地方可能從來沒有人到過，瓦許本夫婦和他們的助手可能是最先踏上那些地方的人。

瓦許本往往以垂降的方式下到某一座尖峰或小方山的頂端（見121頁），並帶著測量器材，例如有一具最先進的雷射測距儀，當時還在研發中，廠商先借給他們用。利用內建望遠鏡，瓦許本把氦氖雷射瞄準幾公里外另一個測點的反射稜鏡，雷射光束

右圖 〈大峽谷之心〉經過八年的田野調查、起草和繪製才完成，在1978年由國家地理學會出版成單張地圖，和7月號雜誌的主題地圖。

左圖 瓦許本和妻子芭芭拉拿著一張空拍照片，在上面標出他們的位置。當時是1973年，他們在大峽谷測量北凱巴布步道（North Kaibab trail）的長度。瓦許本夫婦用測距輪把大峽谷裡的每條步道幾乎都量遍了。

THE HEART OF THE
GRAND CANYON
Grand Canyon National Park, Arizona
Produced by the Cartographic Division
National Geographic Society
GILBERT M. GROSVENOR, PRESIDENT AND CHAIRMAN
NATIONAL GEOGRAPHIC MAGAZINE
JOHN B. CARVER, JR., CHIEF CARTOGRAPHER
in collaboration with the
Museum of Science, Boston, Massachusetts
BRADFORD WASHBURN, HONORARY DIRECTOR
KAIBAB PLATEAU
TONTO
COCONINO PLATEAU
Grand Canyon

Cheops
Pyramid
Ninetyone Mile Creek
Phantom Ranch
Corral
Pueblo Ruin
U.S.G.S. Gaging Stations
KAIBAB BRIDGE
Tunnel
Bright Angel Campground
River Ranger Station
SILVER BRIDGE
Pipe Creek Rapids
Horn Creek Rapids
TONTO TRAIL
TONTO PLATFORM
River Resthouse
RIVER TRAIL
Panorama Point
Plateau Point
Pipe Creek
Horn Creek
Dana Butte
The Tipoff
Emergency Telephone
Devil's Corkscrew
Garden Creek
Window
Skeleton Point
KAIBAB TRAIL
Indian Garden
Spring
Burro Spring
The Battleship
Powell Point
Powell Memorial
Maricopa Point
BRIGHT ANGEL TRAIL
Pipe Spring
O'Neill Butte
Cedar Ridge
Yavapai Point
Yavapai Museum
Jacobs Ladder
Three Mile Resthouse
Grandeur Point
SOUTH ENTRANCE ROAD
Mather Point
View Overlook
One and One Half Mile Resthouse
Tunnel
Bright Angel Lodge
El Tovar Hotel
Garage
CANYON RIM NATURE TRAIL
Amphitheater
Park Headquarters
Visitors Center & Museum
Shrine of the Ages
Water Tank
Water Tanks
Trailer Village
Yavapai Lodge
Mather Center
Motor Lodge
Grand Canyon School
Athletic
Picnic Area
Campers Service
Yaki Point
KAIBAB TRAIL HEAD

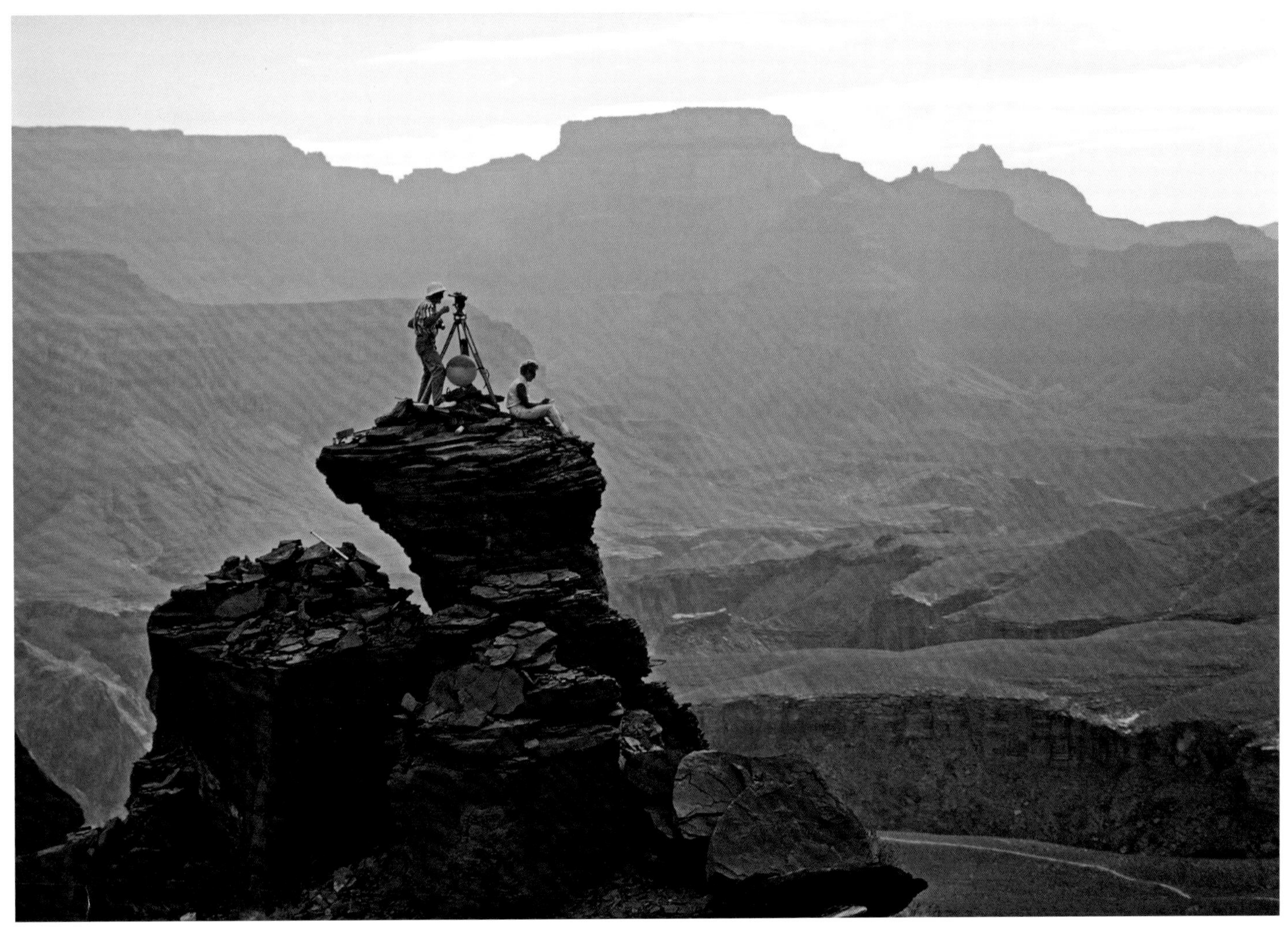

會反射回測距儀，測距儀再測量光束往返的時間，換算成距離，每公里誤差小於1公分。瓦許本還用了一架18公斤重的經緯儀來測量各個控制點之間的角度，為他提供每一組控制點的相對位置和高度。

在峽谷裡待了幾週以後，瓦許本確信有可能做出「一張真正絕美、地形表現的品質也高的地圖」。他很清楚該去哪裡找專才和資金來實現這樣的可能性，於是請求國家地理學會參與這項計畫。

學會的檔案庫藏有數百頁關於這項計畫的信件，顯示了瓦許本不羈的熱情，酷愛使用奔放的文字，而且非常執著於一定要做出一份最高水準的地圖。「要是能把地圖的品質做到閃閃發亮，全世界的製圖界就會多一件激動人心的作品，」他在贊助提案中寫道，「而且描繪的是世界上製圖難度最高的地方。」

1971年，瓦許本拿到了他要的3萬美元，他也承諾：「我會不遺餘力確保這件工作執行得漂漂亮亮，包在我身上。」

他不是說說而已。在接下來的七年裡，瓦許本仔細琢磨每一項細節，從指導團隊如何勸服直升機駕駛員願意一大清早就出動，到如何讓峽谷裡的懸崖在地圖上看起來夠崎嶇。一路走來，整個計畫的規模增加了一倍，從原本面積218平方公里的南緣（South Rim）這個遊客最多的地方，擴大為包括南、北緣的427平方公里範圍，大約90%的熱門步道都涵蓋在內。

每個實地測量結果都經過再三確認，而且特別注意步道。每條步道瓦許本夫婦都至少徹底測量過一次，有的是兩次，用的是周長恰為千分之一英里的測距輪（見118頁）。他們沿著地面推動測距輪，然後在一組空拍照片上標示進度，以求出步道的確切長度；這些照片是從3700公尺高空沿著每條步道拍攝。瓦許本並不滿足於只有自己的測量結果，所以還派了助手和志願者進入峽谷，把他的路線重新走一遍，而且給了非常明確的指示。「如果出了大錯，千萬別倒退，因為測距輪不能倒轉。」他寫給一位志願測量員說，「只管停下來，適可而止地罵個兩句。然後回到前一次你知道測量結果可靠的地方。」

左頁 瓦許本的大峽谷地圖局部，圖中的丹納孤山（Dana Butte，實景為上方照片）位於左側邊緣的中央，光明天使步道（Bright Angel Trail）這條通往公園總部的熱門步道顯示於左下方。科羅拉多河上的急流用V形來標示。

上圖 瓦許本站在丹納孤山上，用經緯儀測量大峽谷兩點之間的水平和垂直角度。他的妻子芭芭拉坐在旁邊記錄數據。製作這張地圖所需的測量點有些要搭直升機才能抵達。

到了1974年，瓦許本夫婦已經出了十幾趟田野，總計在峽谷待了147天，直升機垂降將近700次，測得距離和角度數千筆，測量並再三確認了大約160公里的步道。費用由國家地理學會和科學博物館分攤，總額超過10萬美元，換算今天的幣值將近50萬美元。但是，最難的部分還沒來。

事實證明要把田野資料轉成地圖，不但和收集資料同樣費工，而且複雜度加倍。瓦許本的目標是做出一件傑作，這代表需要建立一支全明星隊來製作地圖。「這種事從來沒有人做過。」他在給國家地理學會理事主席的信中寫道。

為了把所有航照調查和田野測量資料轉換成底圖上的等高線，瓦許本聘請了一家紐約的測繪公司，他認為那家公司「非常擅長這項精細的工作」。為了他心目中「歷來最複雜、最具挑戰性的暈渲地貌繪製計畫」，他堅持邀請廣受好評的瑞士聯邦地形局（Swiss Federal Office of Topography，又稱Swisstopo）加入。其餘部分就由國家地理學會的世界級地圖工作室負責。

瓦許本指揮整張地圖製作過程的所有層面，對每個細節都表達了意見。他會修正等高線，讓步道尖角跟過溪處對齊，會擔心該用哪種線條來代表暫時性溪流，會考慮陰影處該用多深的藍色調。他特別在意要忠實畫出峽谷的獨特色彩，所以吩咐再做一次空拍，這次是彩色的，「為的是讓製圖師有非常準確的了解，不只是了解岩石的顏色，也要了解樹木等植被的確切覆蓋範圍。」

即使如此，瓦許本還不滿意。他安排讓兩位製圖師飛到峽谷去親自看看顏色，其中一位來自瑞士，另一位來自國家地理學會。學會關於這項計畫的內部備忘錄上有一些評註，顯示他的堅持令人又敬又惱：「瓦許本不接受別人說不！」、「瓦許本絕對不會放棄！」

從以前到現在，瑞士製圖師運用「暈滃法」（hachuring），來讓山岳和崖面產生立體錯覺的能力一直獨步全球，這項技法需要順著坡面方向畫出明確的短線條。據瓦許本所述，有時候得「全神貫注超過一天，才能畫出幾平方公分的懸崖」。到目前為止，還是沒有人能超越瑞士製圖師的手藝。

「我想大家都會同意，瓦許本這張地圖和其他瑞士聯邦地形局地圖上的手工岩石暈滃實在是太精采了，」國家公園署製圖師湯姆．派特森說道；他本身國家公園署製圖師對大峽谷的標繪工作也受到瓦許本這張地圖的啓發。「這基本上是最高水準的表現，而且還沒有被數位工具複製過。」他說。

曾到瑞士受訓的國家地理學會製圖師提伯．托斯（Tibor Tóth）在這張地圖上畫出了起伏陰影。大峽谷地圖是托斯待在國家地理學會的22年間處理過最大、最耗時的地形圖。據他估計，這張地圖總共花了1074.5個小時。

最終，這一切努力的結果完全達到了瓦許

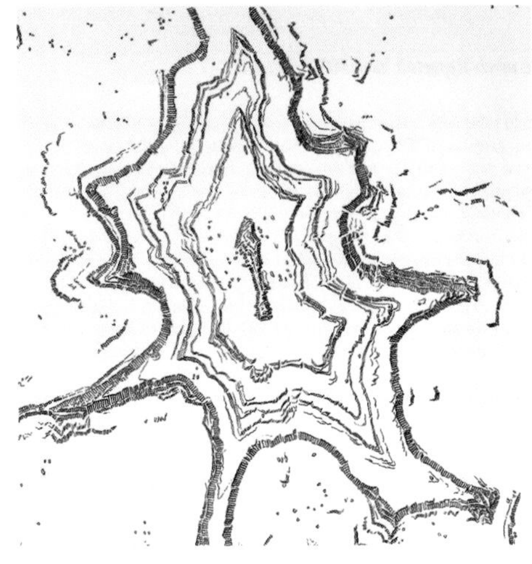

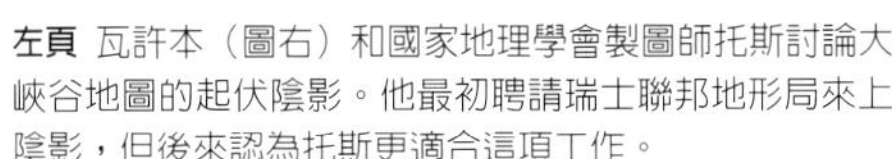

左頁 瓦許本（圖右）和國家地理學會製圖師托斯討論大峽谷地圖的起伏陰影。他最初聘請瑞士聯邦地形局來上陰影，但後來認為托斯更適合這項工作。

左圖 這幾張圖顯示如何畫出大峽谷伊西斯神廟（Isis Temple）的地勢。左上：稱為暈滃線（hachure）的短垂直線用來畫出無法以等高線表示的陡崖面。右上：坡度較不陡的地方加上等高線。左下：畫出起伏陰影讓地貌顯示出質地。右下：所有元素結合在一起。

下圖 根據托斯所述，在大峽谷地圖上繪製起伏陰影（圖中他正拿著噴筆繪製）總共花了超過一千小時，超過他在國家地理學會擔任製圖師22年來做過的所有地勢圖。

本的期望，製作出一張在技術和美感上都出類拔萃的地圖。國家地理學會推出了兩個版本的〈大峽谷之心〉地圖，一個是84乘86公分的完整尺寸，另一個涵蓋範圍略小，作為《國家地理》雜誌1978年7月號的主題地圖，送到全世界超過1000萬名讀者手裡。

而今，這種艱鉅、耗時的資料收集方式幾乎全被GPS取代了，但是這張地圖的藝術水準並未被超越。「瓦許本的〈大峽谷之心〉地圖依舊是今日大峽谷測繪的黃金標準。」派特森說。✻

手繪地形之美

賴斯以驚人的細節描繪地球表面

製作年份：1967年

來源：大衛・倫西地圖收藏

文・賴斯（Erwin Raisz）這位身材矮小、輕聲細語的匈牙利移民對美國製圖界帶來了巨大的影響。他是20世紀最好的鋼筆製圖師之一，即使數位時代已經開始入侵製圖業，他仍在持續鑽研手繪技法。

賴斯協助發展出一種描繪真實地貌的技法並使之普及化，這樣的圖叫作地文線圖或地勢圖，在平面的底圖上表現立體的地形。憑藉這種方法，他就能用最直接的方式呈現出景物給人的實際感受。賴斯地勢圖上的洛磯山脈看起來就像山，撒哈拉沙漠充滿了沙丘，艾佛格雷茲沼澤看起來就很有沼澤的樣子。這些地圖無法像等高線地圖那樣精確表達相對高度，但賴斯更感興趣的是準確地描繪地表。

「這張地圖可以讓一般人馬上看懂，」他在1931年寫道，「它指出的是真正的地貌，讓觀者能看到大地本身，而不是閱讀一張抽象的地段圖解。它是作用在想像力上。」

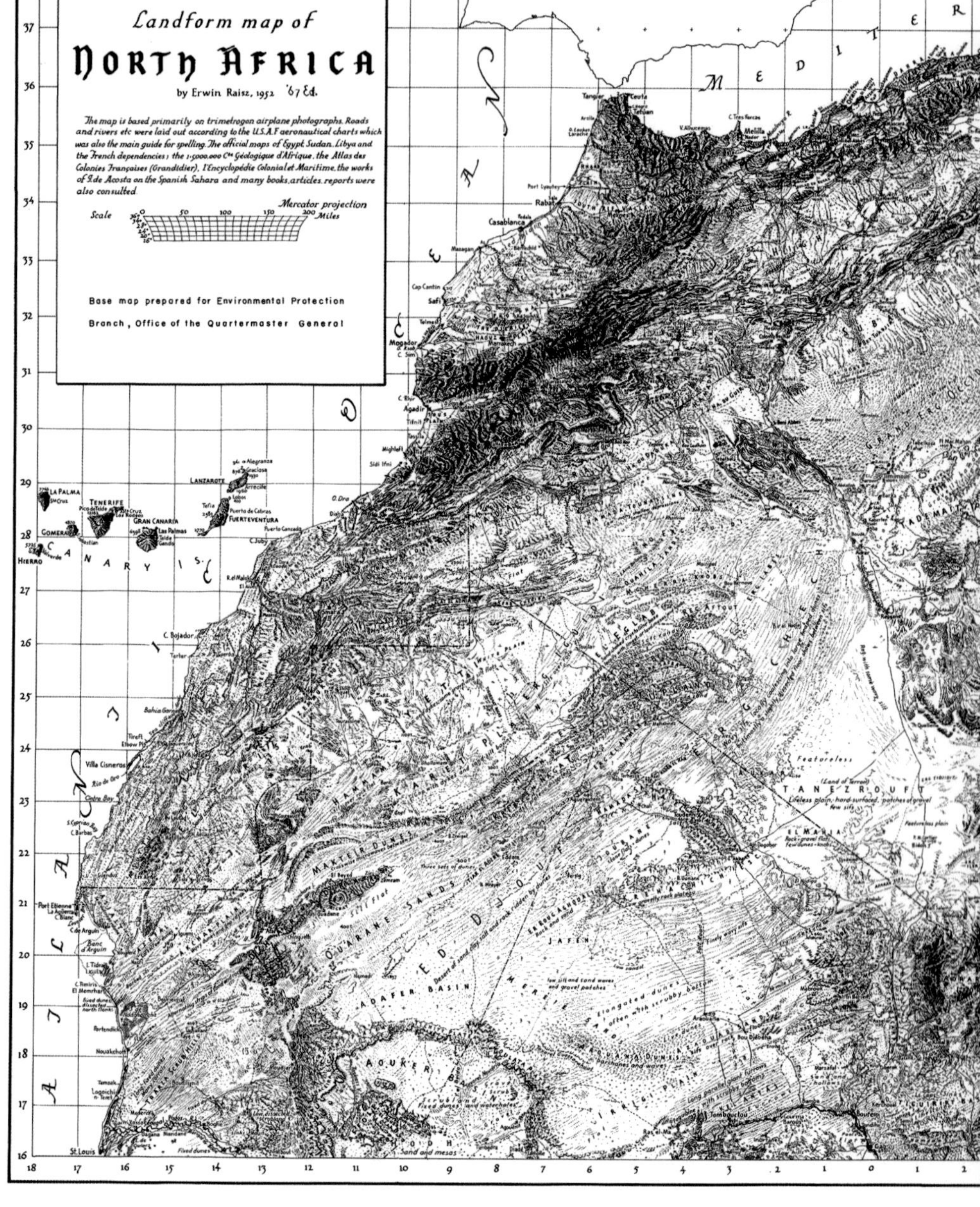

他畫的一些地勢圖，包括這張完成於1952年的北非地圖的1967年版，尺寸都是大約1公尺寬，充滿了近乎無限多的手繪細節和手寫字樣。這些圖根據的是當時的最佳地圖和空拍照片，對於地圖資料不足的地區例如北非，無疑曾是最佳地形資訊來源。事實上一直到 2005年，地理學家根據衛星影像繪製全新的北非數位地勢圖時，都還參考了賴斯的地圖，而且表示「這件手繪作品仍是現存最詳盡的撒哈拉地勢圖」。

賴斯隨時隨地都在素描地貌，藉此養成繪畫能力。他的妻子瑪麗開了一間古董店，所以他陪著太太到世界各地採購異國商品時，有很多機會練習畫畫。「哈佛地圖收藏」（Harvard Map Collection）的退休研究員加佛（Joseph Garver）說，他甚至發明了一套「地理速記」法，來記錄他乘坐汽車、火車、公車或飛機途中所見的地貌。

賴斯把他的標繪方法編成一套可供製圖師使用的圖形符號系統，依據實際地形的斜視圖來表示40種不同地形（見127頁），從凍原、珊瑚礁到峽谷，應有盡有。他歸納出三種類型的沙丘、八種山形、十多種平地和平原，也創造了不同符號用來表示地質、水和植被的類型，以及距離、高度和顏色。

賴斯最知名的就是優美的地圖作品，但他也影響了一整個世代的美國製圖師。1923年賴斯剛到美國時，大學裡都還沒有製圖這個學

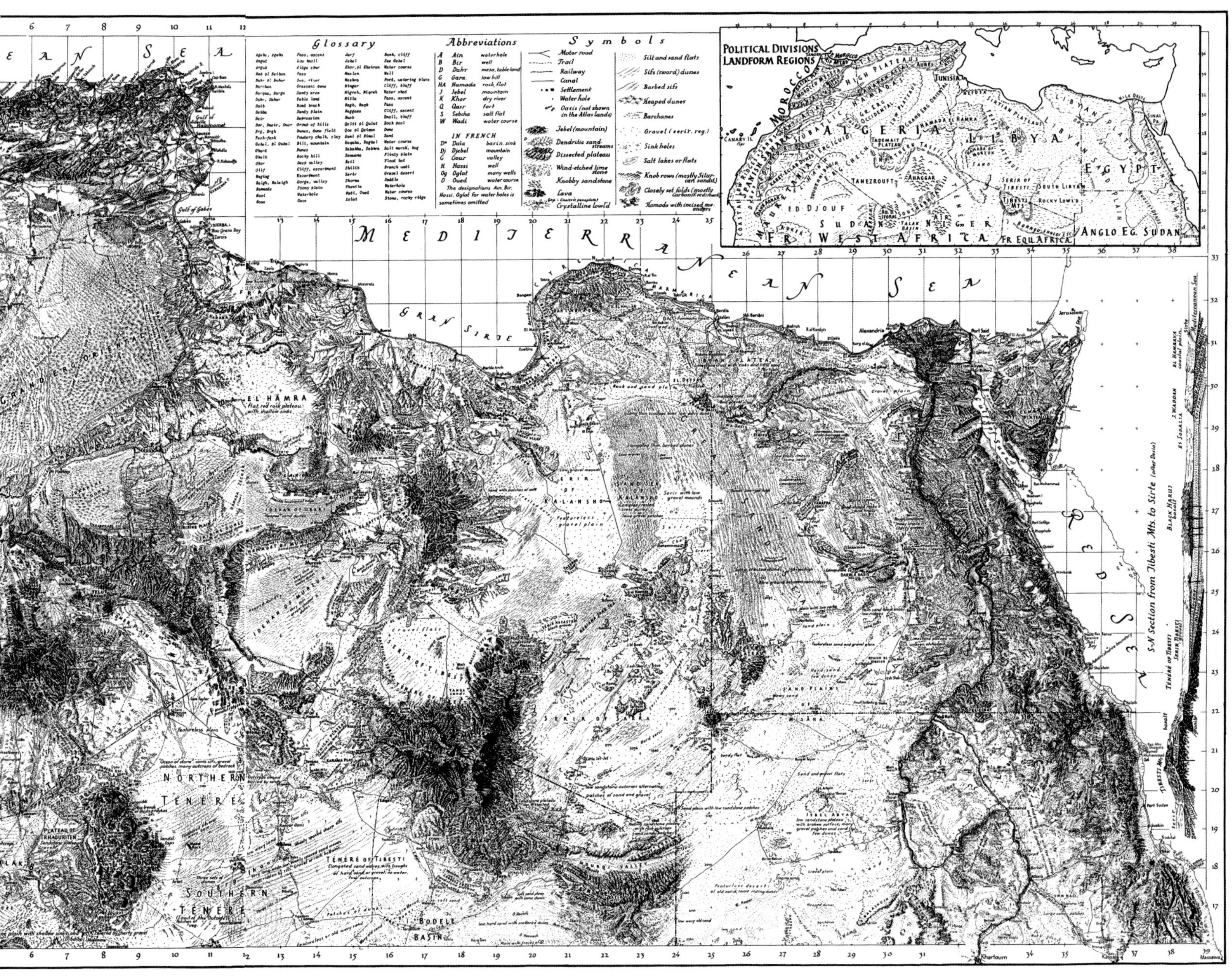

科，他協助改變了這個狀況。他1927年在哥倫比亞大學地質學研究所就讀時，就在校內開了第一門地圖學課程。1931年哈佛大學聘請他到地理探索研究所（Institute of Geographical Exploration）教授製圖學。

他在1938年寫下了最早的英文地圖學教科書：《普通地圖學》（General Cartography），往後15年間都是唯一的英文教科書，成為美國相關領域學生和製圖師最重要的參考書。賴斯企圖把地圖學打造成一門學科，因此

賴斯在他1952年的手繪北非地圖（本圖為1967 年版）上描繪了18種地貌，其中包括4種沙丘。40年多後，科學家根據衛星影像製作全新的地勢圖時，就表示賴斯這張119乘34公分的地勢圖是當時既有的圖面資料中最精確的，並以這張圖當作指南。

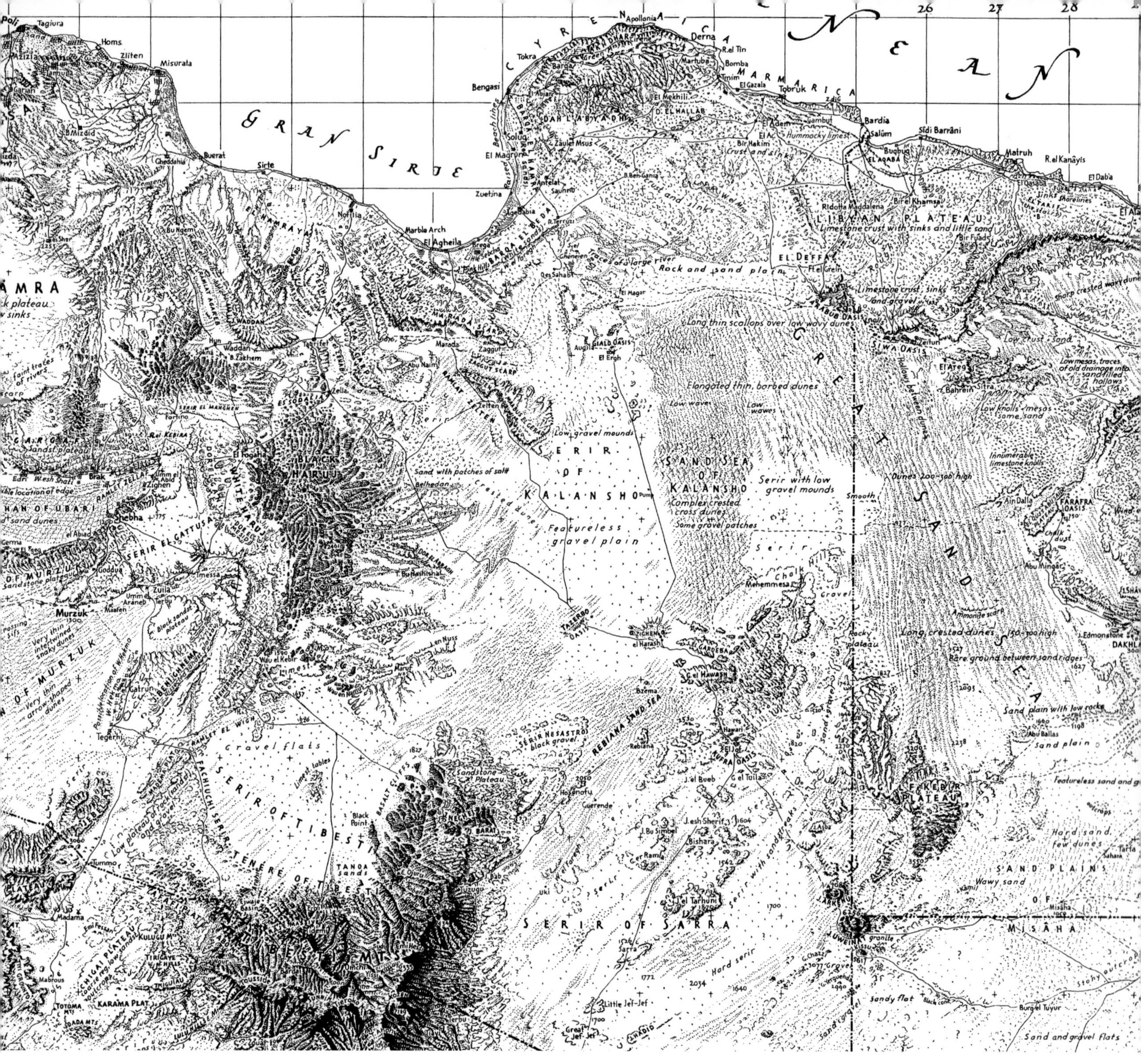

在書中傳授的不只是製圖的技巧，還有地圖學的科學基礎和歷史。地圖學之所以成為地理學研究的一環，大部分是賴斯的功勞。1943年，為了激發更多關於地圖投影的嘗試，他發明了一種新的投影法，形似犰狳彎曲的鱗甲（見267頁）。

賴斯取得地質學博士學位之後，對地殼結構有了更深的了解，堅信「製圖師必須以大地為師」。當然賴斯是因為擁有可觀的藝術技巧，才能把這番理解傳達得這麼有感染力，但是他相信任何有心學習製圖的人，都能用他的地形符號系統來描繪大地，無論藝術天賦高低。

「他總是告訴學生，製圖既是科學也是藝術。」加佛說。

加佛採訪過賴斯的一些學生，他們說他說話的聲音很輕，腔調又重，有時很難聽懂，不過他的熱情和驚人的繪畫技巧還是使他們深受

上圖 賴斯的北非地圖東北角局部放大圖，可看出圖上的細節多到難以置信。所有的字樣都是他手寫的。

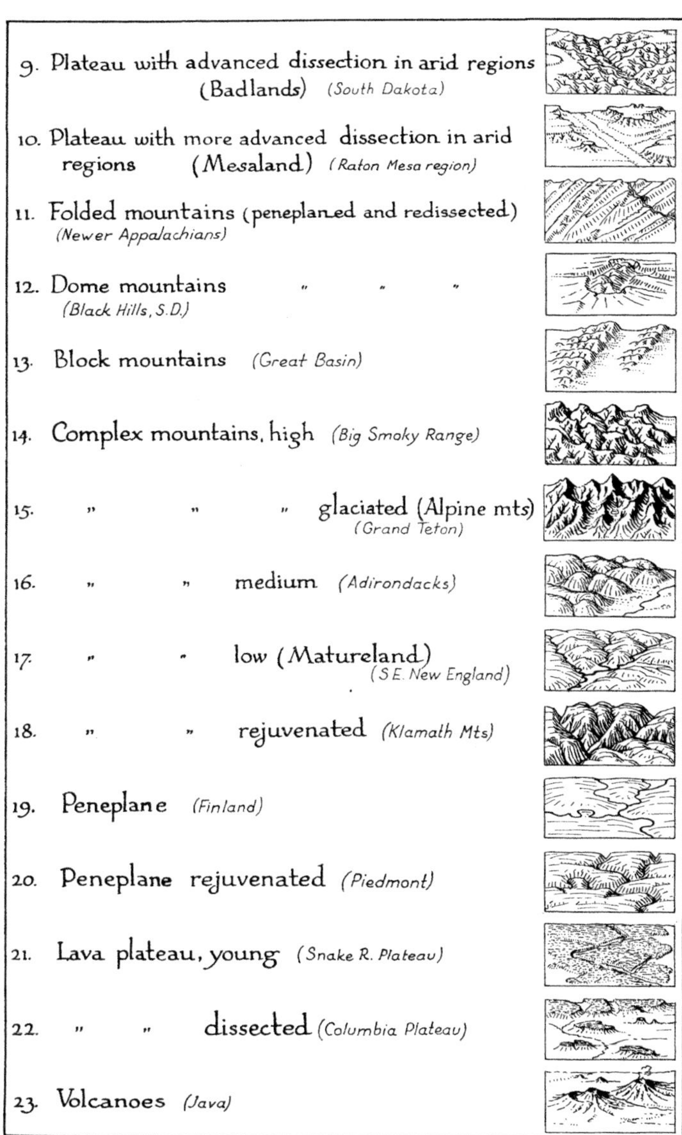

啓發。他經常憑記憶在黑板上草繪出整塊大陸的全景剖面圖，事後學生總是不想擦掉。加佛認為，可能就是學生說服他用彩色粉筆，把他在課堂上畫過的圖重新畫在棕色包裝紙上的。這些精采的畫作有好幾幅就留存在哈佛地圖收藏中。

哈佛地理探索研究所在1950年關門以後，賴斯就到其他幾所學校任教，並繼續製作他的手繪地勢圖，直到1968年以75歲之齡去世為止。在那個製圖界開始邁向自動化的時代，他還是繼續埋頭用鋼筆和墨水，細細刻畫每個山脈、海岸階地和峽灣。✳

上圖 賴斯開發出一套圖形符號，來表示地圖上的40種地形，包含5種高原和8種山形。這裡顯示其中15個地形符號。

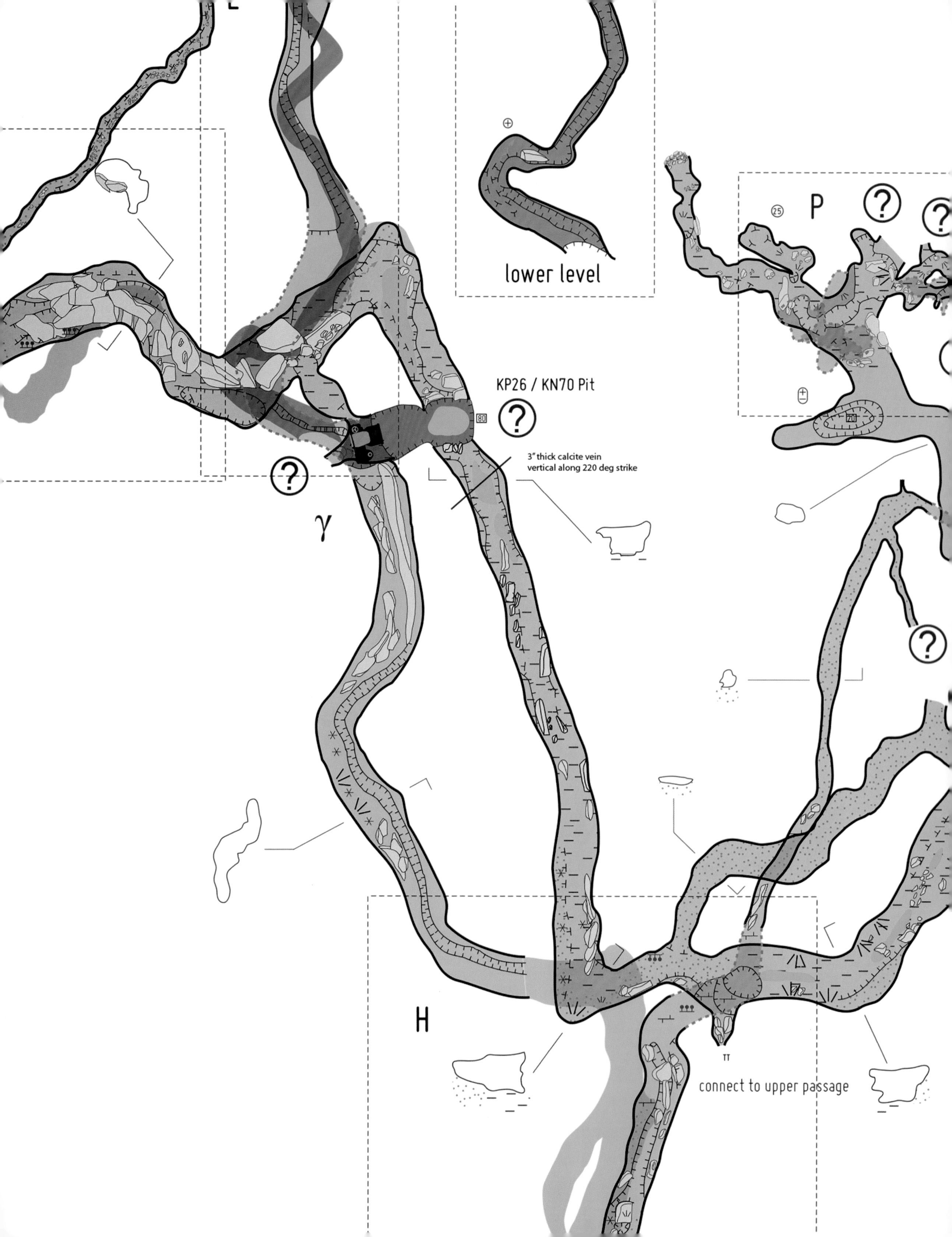

lower level
P
25
KP26 / KN70 Pit
80
70
3" thick calcite vein
vertical along 220 deg strike
γ
H
connect to upper passage

To The Historic Entrance
2.96 miles
127.0°

Past the KNC9 Pit

測繪地下迷宮

洞穴探險者花費數十年 調查世界上最長的洞穴之一

製作年份：2014年

來源：史蒂芬・格拉迪厄（STEPHEN GLADIEUX）

走過肯塔基州的一座乳牛牧場，穿過一片及腰的草地，就會來到森林邊緣。再走個幾分鐘你會發現一處滲穴——只要你知道該往哪裡找的話。滲穴底部有一個金屬艙門，通往世界上最長的洞穴之一：漁人嶺洞穴系統（Fisher Ridge Cave System）。

附近的猛獁洞國家公園（Mammoth Cave National Park）擁有世界上最長的洞穴系統，地下通道總計超過650公里。猛獁洞自19世紀末以來就是旅遊勝地，而漁人嶺則是在1981年才被一群自稱「底特律都市石窟」（Detroit Urban Grotto）的探洞者發現。他們從那時候就開始進行探索和測繪，至今已標繪了超過206公里的地下通道。

「石窟」主席史蒂芬・格拉迪厄說，這處洞穴知名的是擁有大量閃亮的白色石膏晶體，有時還會形成精緻的白色「晶花」。格拉迪厄是冶金工程師，探索這處洞穴已經超過十年，並畫出了這些洞穴深度地圖。洞裡還有其他有趣的岩層，如鐘乳石和石筍，但大多數探洞者都不是為此而來，而是為了有機會去別人沒去過的地方，格拉迪厄說。「這是世界上僅存的少數幾個地方，能保證你每個週末過來，都能去到某個沒有人去過的地方，而且不只這樣，你頭燈上的燈是那些岩壁有史以來接受到的第一道光！」

繪製洞穴地圖是這整個行動的重點。要是沒有地圖，探洞者就會浪費時間在走過的地方重複探索，過程中還可能傷害到洞穴裡脆弱的生態系。

探洞者通常四人一組，一個人在最前面偵察，第二和第三個人找好兩個測點——能夠互相看見對方的任何兩個點——然後使用捲尺、傾斜儀和羅盤來測量兩點間的距離、斜

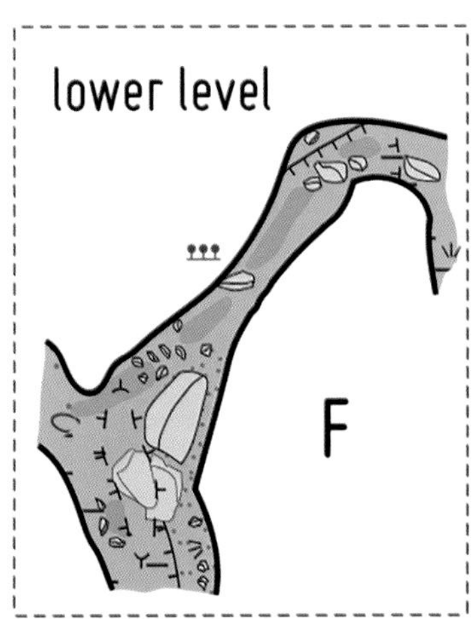

這張局部圖顯示漁人嶺洞穴系統裡KN峽谷段的一小部分，以不同顏色表示不同深度的通道。問號表示尚未探索的可能通道。形狀奇怪的輪廓顯示那一點的橫截面。

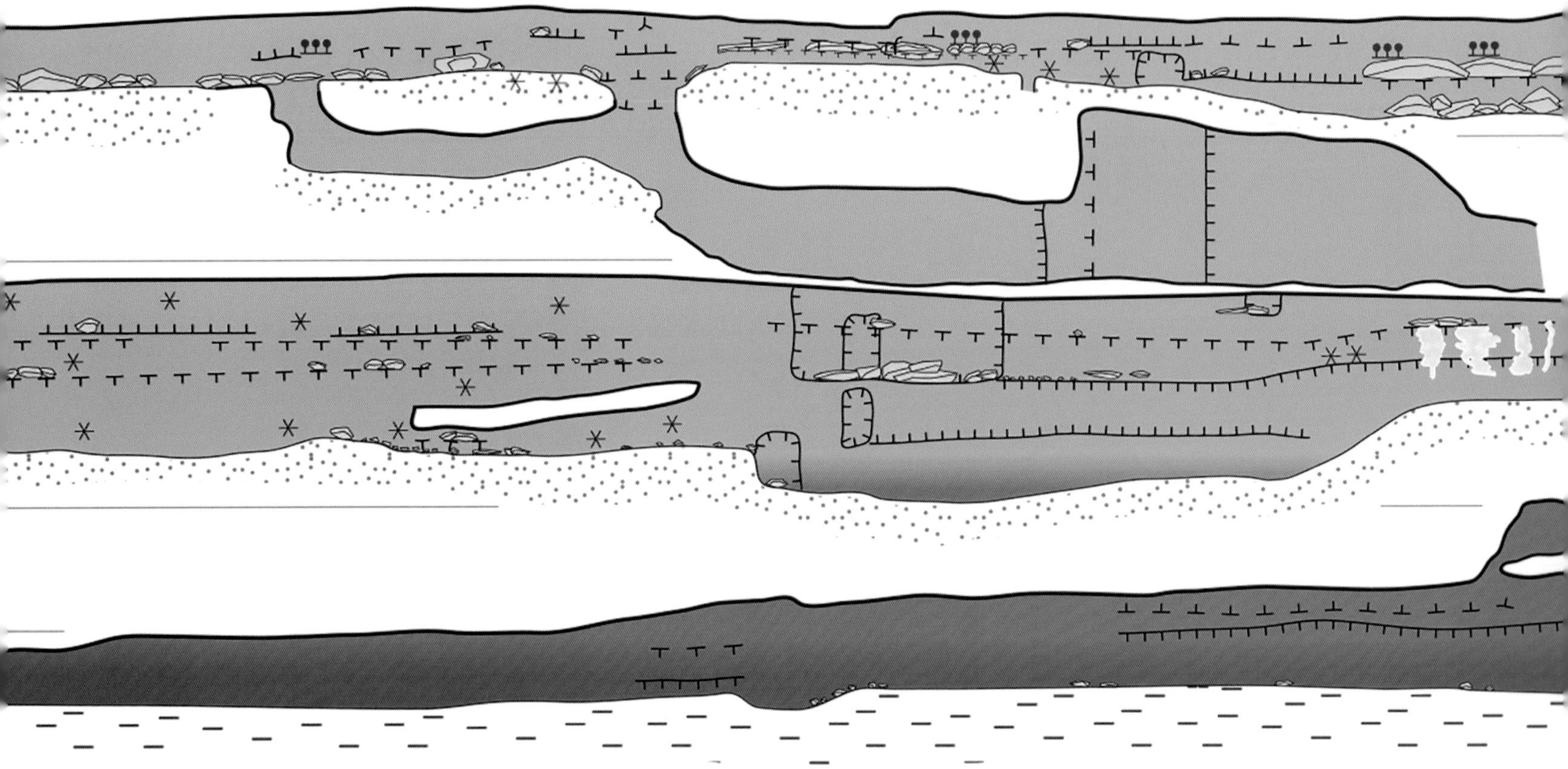

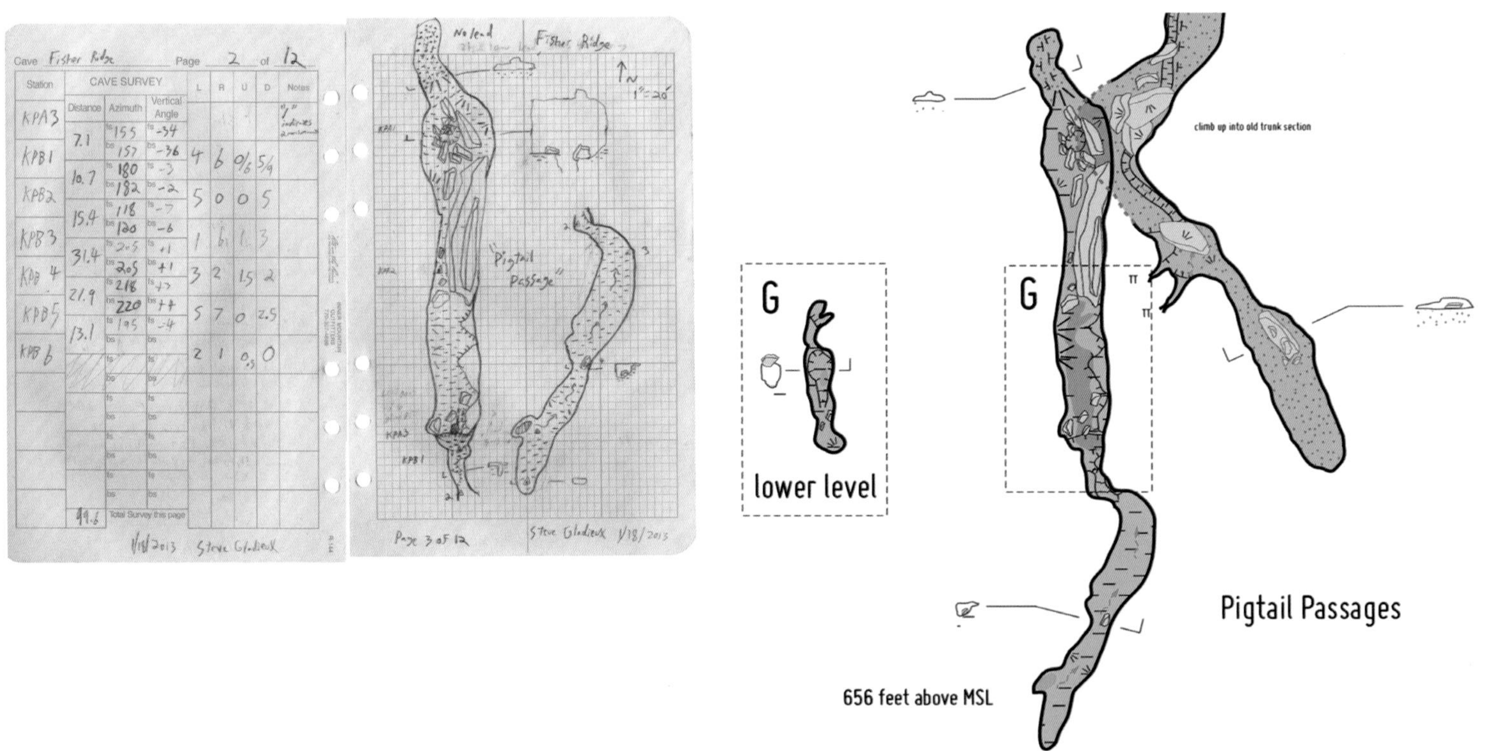

Cave Fisher Ridge
Page 2 of 12
Station
CAVE SURVEY
Distance
Azimuth
Vertical Angle
L
R
U
D
Notes
KPA3
KPB1
KPB2
KPB3
KPB4
KPB5
KPB6
Total Survey this page
Steve Gladieux
No lead
Fisher Ridge
Pigtail Passage
Page 3 of 12
Steve Gladieux 1/18/2013
G
lower level
G
climb up into old trunk section
Pigtail Passages
656 feet above MSL

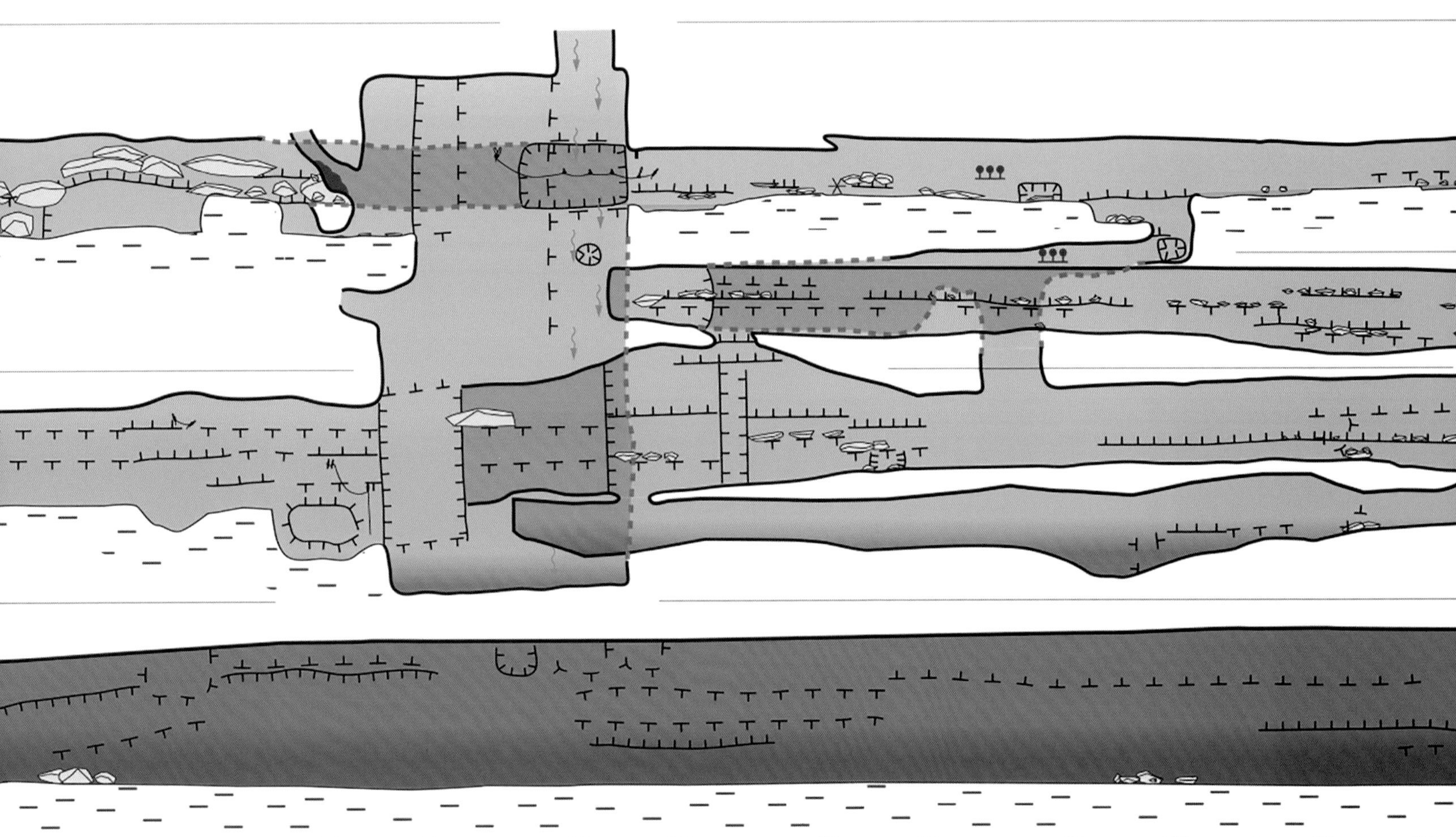

度和方向。要取得好的讀數有時不太容易。「你可能得趴在10公分深的冰水裡，還要吐氣才能把身體擠過去。」格拉迪厄說。第四個人負責把所有數字都記錄在防水筆記本上，並畫出通道的素描（見左頁）。

測量行程要走一整天，平均來回大約5公里，視路況而定。洞穴的這一段有很多地方需要「跳峽谷」（canyon hopping），格拉迪厄說。「你走在一條半公尺到一公尺寬的岩架上，旁邊是二十公尺深的落差，然後走到後來岩架沒了，你就只能跨過間隙到另一邊的岩架去，」他說，「這種時候有些人真的會非常猶豫。」

在其他地方，洞穴測繪者會用高架索來越過坑洞，他們緊握一條橫跨間隙的繩子，然後用名為「提洛爾橫渡法」（Tyrolean traverse）的標準登山動作把自己一路拉到另一邊去。「你會覺得自己好像吊掛在太空中，」格拉迪厄說，「你會很清楚意識到底下什麼都沒有。」

格拉迪厄說他受過的製圖訓練就是「我在當鷹級童軍時學到的那些」，但他的地圖贏得探洞者和製圖師的認可。他說主要的困難在於表現深度，後來他決定利用顏色，紫色代表整座洞穴最深的通道，綠色是中等深度的通道，褐色是靠近地表的區域（見上圖）。

本節收錄的地圖細部，只涵蓋了漁人鎖洞穴系統目前已知存在、並已完成測繪的區段中很小的一部分，而且整個洞穴系統可能還有很多地方尚未發現。地圖上圓圈內的問號表示測量員發現某個值得一探的線索，可能是某個透出微風的細小開口，也可能是探洞者沒時間繼續調查的明顯通道。格拉迪厄說，那些問號有很多到最後都發現是死路，不過幾乎每個問號背後都有好幾公里長的新通道可以探索。✳

左頁左圖 格拉迪厄筆記本的這兩頁記錄了名為「豬尾通道」（Pigtail Passages）的測量數據和草圖。短線段表示地面是粉砂或黏土，圓點代表沙子。

左頁右圖 完工地圖的細部，左邊的褐色區段對應到格拉迪厄筆記本上的「豬尾通道」草圖。標示為「G」的嵌入圖顯示主要通道底下的一段小通道的特寫。

上圖 這張圖顯示格拉迪厄如何使用顏色來表示洞穴的內部深度。褐色代表最接近地表，不過仍在地下大約40公尺處。最深的靛藍色通道幾乎有兩倍深。

山岳傑作

瑞士製圖師以創新技法讓阿爾卑斯山躍然紙上

製作年份：1930年代至1970年代

來源：瑞士高山博物館與蘇黎世聯邦理工學院圖書館

要在地圖的扁平表面上呈現山脈的立體感絕不是簡單的事。擅長此道的製圖師彷彿變魔術，能在沒有深淺的地方創造出深淺的錯覺，讓觀者感覺像飛在地景上空一樣。

瑞士製圖師英霍夫是製作這類地圖的先驅。1938年他畫了右邊這幅畫，畫中以寫實主義手法描繪瓦倫湖這座瑞士阿爾卑斯山中大湖的周圍地貌，被很多製圖師奉為傑作。畫的尺寸也很可觀，有2公尺高，略超過4.5公尺寬。

英霍夫從小就愛畫畫，小時候會帶著素描本和顏料，跟父親在蘇黎世自家附近健行。他曾經嚮往成為登山家，但最終選擇到蘇黎世瑞士聯邦理工學院學習測量和製圖，在25歲成為校史上最年輕的教授，在學院任教40年（英霍夫在1986年過世，享年91歲）。

製圖師和畫家用暈渲法來模擬丘陵和山岳投射的陰影，至少已有500年之久，但這項技法到了英霍夫手中成了一門藝術。他關於這項技法的著作《地圖的暈渲表現法》（Cartographic Relief Presentation）最初是在1965年以德語出版，至今仍是製圖師的重要讀物。

澳洲墨爾本蒙納許大學的地圖學者伯恩哈德・簡尼（Bernhard Jenny）說，英霍夫最大的貢獻之一是讓製圖者明白，人站在山頂望向地平線時，由於霧靄的緣故，近處山峰會比遠處山峰顯得更清晰。英霍夫模擬這種效果的做法就是讓觀者從空中視角俯瞰地形，就像從飛機上往下望一樣。「最高的山峰距離觀者最近，所以用最高的對比度來描繪，而最低的谷地是最遠的，所以用最低的對比度來描繪。」簡尼說。瓦倫湖這幅畫裡就可以看見這一點：最高的山丘稜線銳利，

比起下方谷地裡較模糊的起伏線條，看起來更顯凸出。

明暗和色彩加強了英霍夫作品中的深淺錯覺。暈渲法並不是他發明的，但他誇大了明暗區域之間的差別，並用色彩來提高這種畫法的效果。以瓦倫湖圖為例，他用黃色、赭色和其他暖色調來表現湖畔陡坡反射出來的陽光，並用深紫紅色來表現陰影。

在英霍夫看來，這張瓦倫湖圖不是地圖，而是一次實驗，探索在地圖製作上運用繪畫技法能帶來什麼效果。「我嘗試故意不按傳統製圖規則來畫一幅風景畫，」他在一部1983年的瑞士電視紀錄片裡說道。他以一張同地區的地形圖為例，指出那張圖包含了更多資訊，例如用來表示教堂和不同道路類型的符號，以及表示海拔高度的數

上圖 製圖師英霍夫的大尺寸瓦倫湖地圖畫作，這是一幅三聯畫，圖中淡淡的直線即為分隔線。這幅畫目前收藏在伯恩的瑞士高山博物館。

右圖 這張攝於1955年左右的照片清楚顯示英霍夫地圖畫作的真實大小。拍攝地點是這張地圖的老家，也就是蘇黎世的瑞士聯邦理工學院，英霍夫在這裡工作了40年。

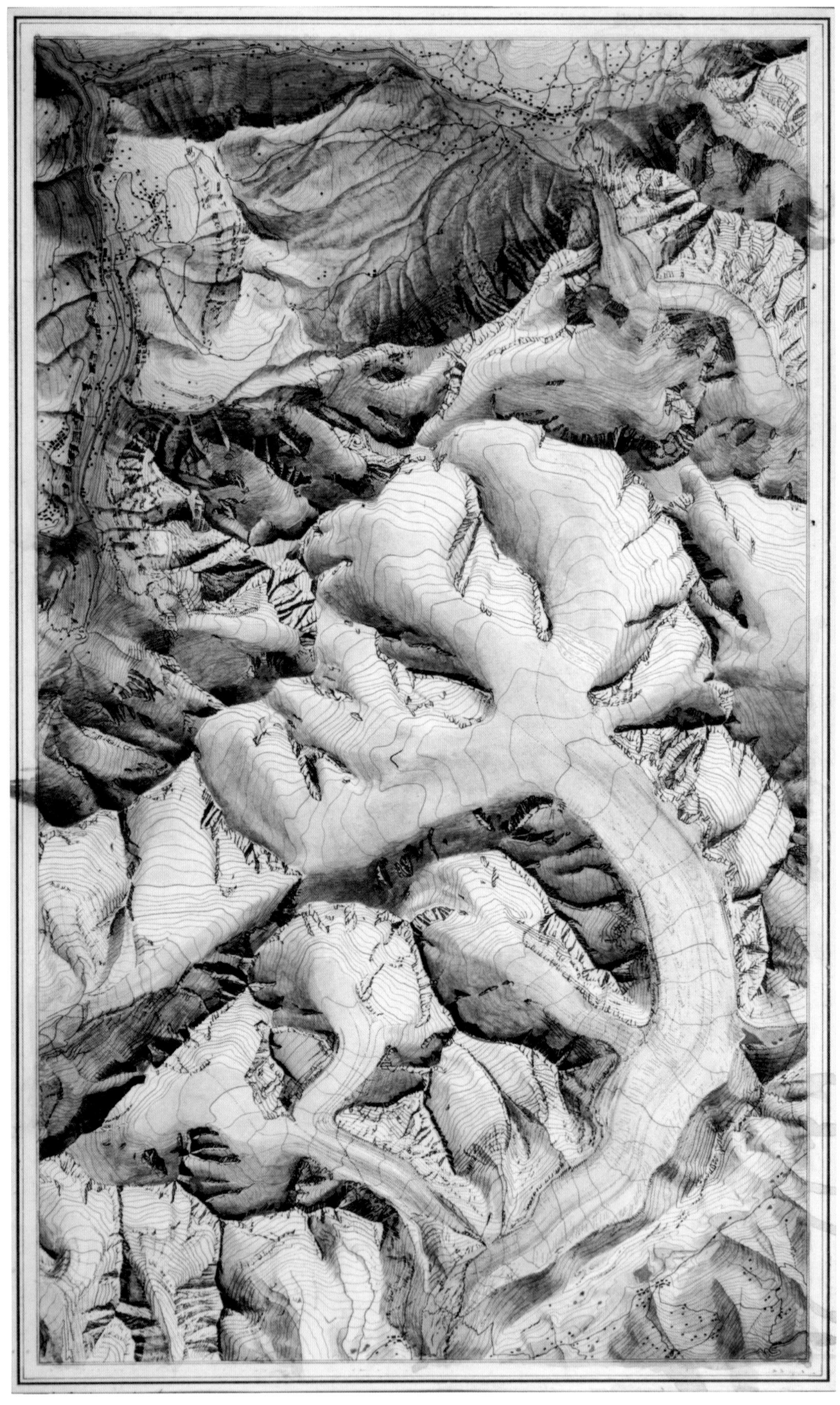

左頁 阿萊奇冰川是阿爾卑斯山最大的冰川。這張地圖顯示冰川的周圍區域，是為了瑞士中學的地圖集而製作，英霍夫熟練地運用色彩和明暗，以增強深淺錯覺。

左圖 這張照片攝於1938年，英霍夫正在蘇黎世的瑞士聯邦理工學院製作一座地形模型，他整個專業生涯都在這裡工作。

下圖 近處山峰顯得對比分明，遠處山峰則隱沒在傍晚的霧氣中，這是英霍夫1978年的水彩畫，描繪瑞士東北部桑提斯山（Säntis）上的展望。

字。他這幅畫裡完全沒有這些東西，但傳達出一種更生動、更直接的地景感。

在製作過程中，英霍夫沒有參考空拍照片。根據他在《地圖的暈渲表現法》中所述，這幅畫表現的是「用藝術的方式自由詮釋在山區長途行走得到的視覺印象」。

從1920年代末到1970年代中，英霍夫負責監製瑞士中小學使用的地圖集。左頁這張伯恩阿爾卑斯山的阿萊奇冰川巨幅地圖是以他的水彩畫為底圖，再加上表示海拔的等高線，和表示道路與建築物的符號。標記是後來添加的，好讓人知道這是完成版的地圖，但畫中仍可充分看出英霍夫對於暈渲法、提亮和色彩的熟練運用，以及結合藝術和製圖的優美手法。✷

布魯克林的公共空間

歐姆斯特德設計了許多著名的都市公園，但對這一座特別自豪

製作年份：1871年
來源：布魯克林歷史學會

費德瑞克・勞・歐姆斯特德對全美各地城市的公共空間影響深遠，無數人享用他的作品，但很少有人聽說過他。很多知道他名字的人記得他是紐約市中央公園的設計者。但是，歐姆斯特德還設計了美國其他數以百計的公園、大學和中學校園、機構場地、住宅區和墓園，以及1893年芝加哥世界博覽會的場地。

歐姆斯特德是公認的景觀建築之父；直到今天，學生和從業者仍在學習他提倡的原則。他設計的第一處景觀就是中央公園，這件傑作已經成為世界上最著名、最多人造訪的公園之一，甚至被稱為19世紀美國最重要的藝術作品。但是，歐姆斯特德的第二座公園，在某種程度上才是最充分地實現了他對公共空間的願景，也就是讓大家有一個景色優美的自然去處，有益居民健康。

1865年，布魯克林官方決定，他們的城市──當時是美國第三大城──也應該有一座大公園。曾經與歐姆斯特德攜手贏得中央公園競圖的英國建築師卡爾弗特・沃克斯（Calvert Vaux）再次說服歐姆斯特德，一同為布魯克林創造一座公園。憑著巨額預算和城市公園委員會的支持，兩人共同創造了展望公園，走一趟這座213公頃的公園，就像上了一堂景觀建築的大師班。

如同歐姆斯特德後來設計的其他許多公園，他為展望公園設下的目標是要創造一片能讓身心復原的景觀，來抵銷住在擁擠城市對健康的負面影響。他要讓他的公園成為人人喜愛的場所，能夠惠及社會所有階層，尤其是最窮和最弱勢的公民。

這張1871年的展望公園配置圖，顯示歐姆斯特德如何精心設計一系列對比空間，營造自然感並化解人工都市景觀。在公園的一端，長草地（Long Meadow）延伸1.6公里，形成一片開闊的田園空間，感覺起來比實際上還要大。歐姆斯特德指定了一些地方，要把80種、總計數百棵的樹木種在草地邊緣。公園的另一端有一座大到可以划船的人工湖，包含一座湖岸音樂亭，舞臺就設在一座小島上，還有個別空間讓觀眾坐著、站

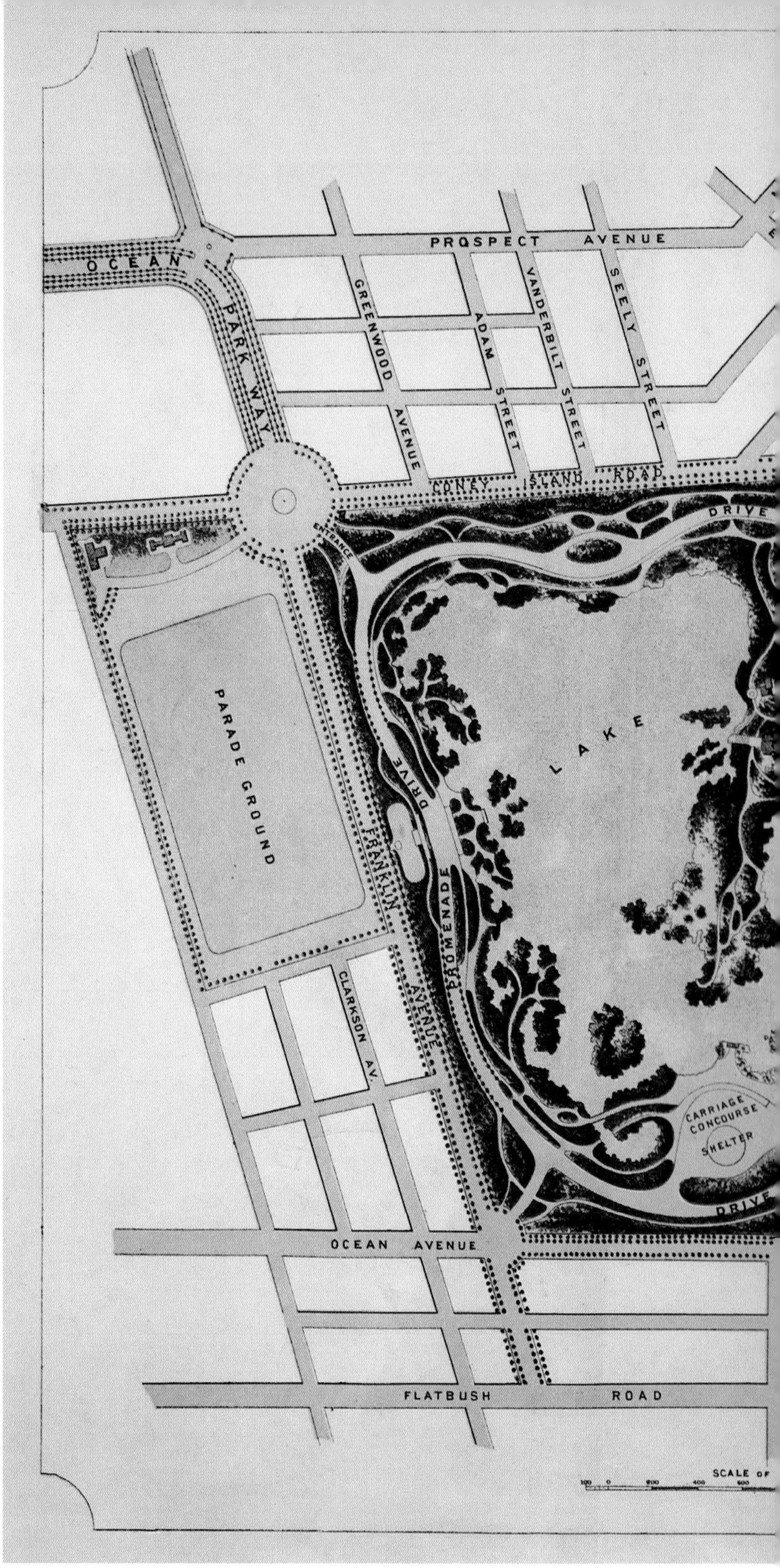

歐姆斯特德和沃克斯為展望公園草擬的配置，說服布魯克林市政官員放棄原先想要建造一座橫跨弗萊布許大道（Flatbush Avenue）的小型公園的計畫，改為選擇這條路西側一塊大得多的區域。他們的設計需要買下價值400萬美元的土地（現值約6000萬美元），但公園委員確信這項計畫「不應做任何改變」。

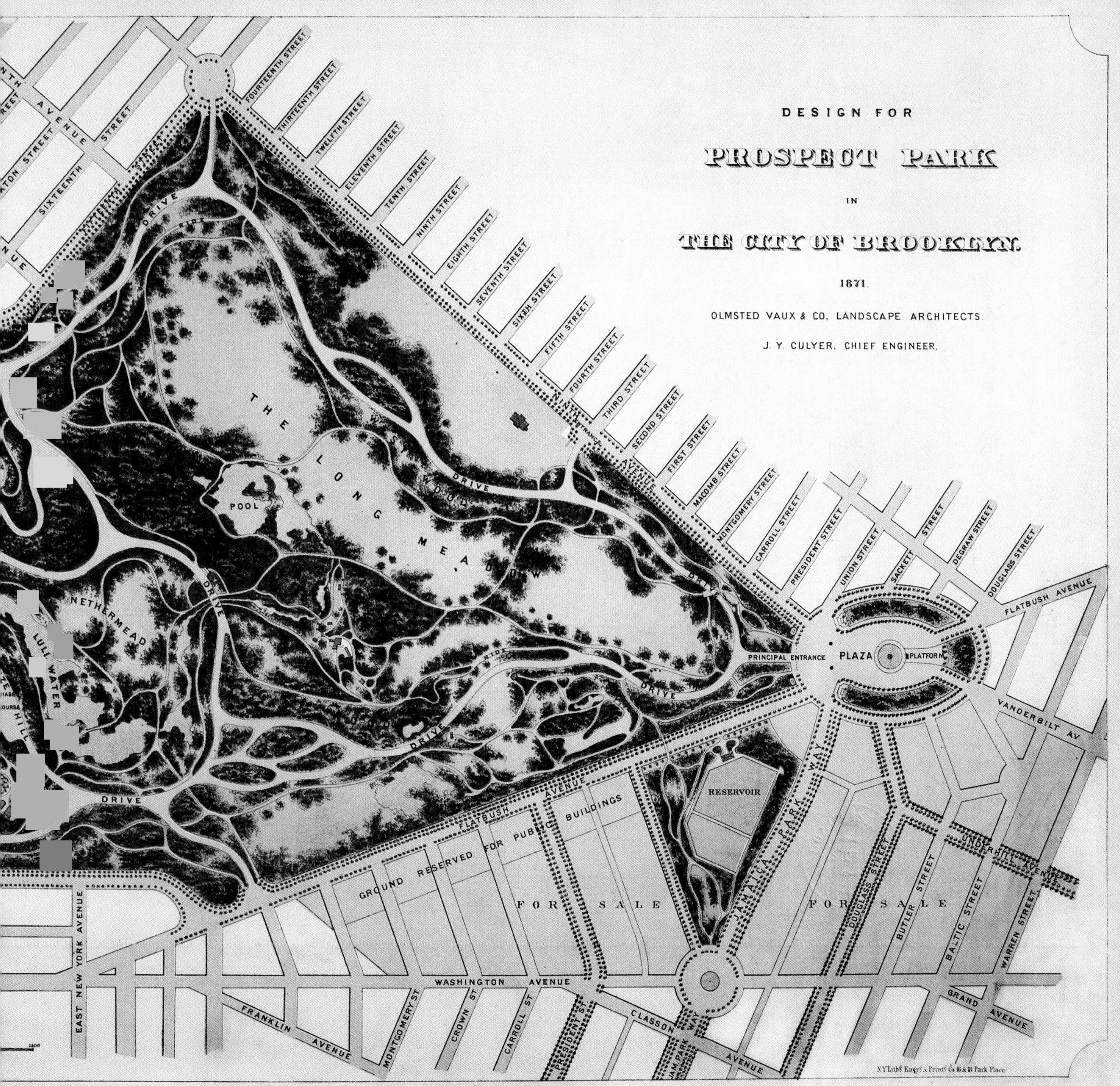

著，或從馬車上觀看。在兩端之間，步道沿著一道風景如畫的小谷地蜿蜒穿過樹林區，谷中有溪流流貫，沿途形成多處瀑布。還有一處兒童區，有一個池塘可以划玩具船，另外還有一片貴格會墓園、幾座水池、一處射箭場，以及一個用於軍事操練和運動的閱兵場。

在建造期間，歐姆斯特德曾寫信給公園委員會主席，信中寫到展望公園「極其宜人，我對它的自豪勝過我所參與過的一切」。

受到紐約這兩座公園成功的啓發，全美各地城市也開始規畫自己的公園。歐姆斯特德設計了其中許多座，包括波士頓、水牛城、芝加哥三地的整個公園系統。連帶地，也使公園成為整體美國經驗的一環。

雖然展望公園並未像中央公園那樣變成旅遊勝地，但仍是布魯克林人的好去處，也真正成為歐姆斯特德所設想的休憩之地。✷

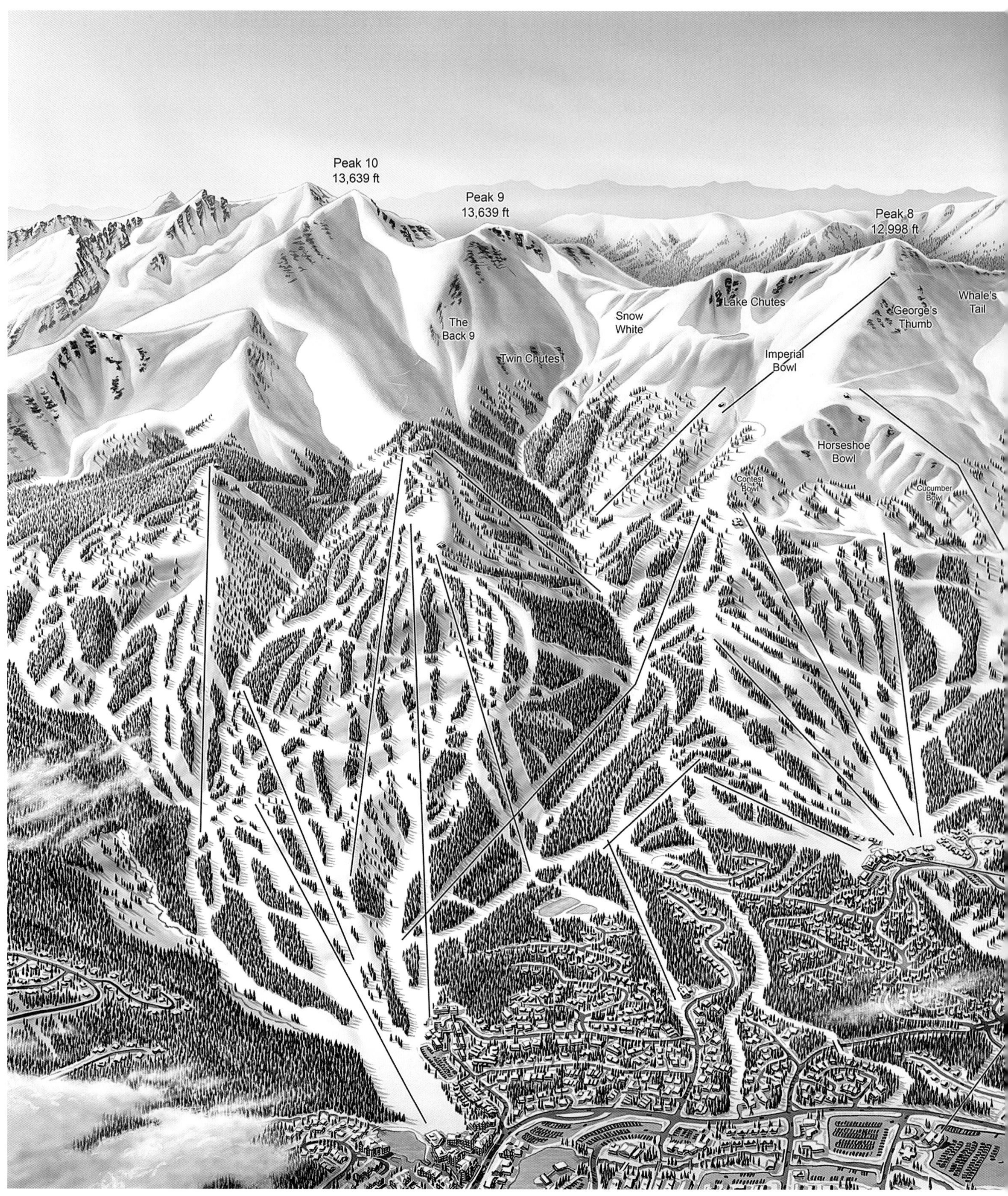
Peak 10
13,639 ft
Peak 9
13,639 ft
Peak 8
12,998 ft
Lake Chutes
Whale's
Tail
Snow
White
George's
Thumb
The
Back 9
Twin Chutes
Imperial
Bowl
Horseshoe
Bowl
Contest
Bowl
Cucumber
Bowl

一覽無遺的滑雪坡

手繪雪道地圖，呈現滑雪場完整面貌

製作年份：2016年
來源：吉姆・尼修斯（JIM NIEHUES）

只要你曾在北美洲任何一座滑雪場用過地圖來導滑，你就很可能受惠於尼修斯獨特的製圖技能。他花了30年的工夫，研究如何把在滑雪道上的經驗轉換成平面的雪道圖。他畫過194座滑雪場的纜車線、雪道、樹木和饅頭（mogul），其中大部分在美國。幾十年來，尼修斯一直是美國製作手繪滑雪道地圖的翹楚。

創作一張雪道圖會碰上一些有趣的挑戰，最主要的就是如何用一個容易理解的畫面，把朝向各個不同方向的雪道一次呈現出來。對尼修斯來說，這是製圖和工藝的結合。「重點是對山的詮釋，」尼修斯說，「不是測量，而是圖面給人的感知。」

尼修斯認為他的成功有一部分要歸功於時機。他在1988年、40歲的時候，打定主意離開平面設計工作，這時想起了小時候想要成為風景畫家的夢想。他在科羅拉多州的住家周圍都是滑雪場，他覺得這是天作之合，不如就來畫滑雪場。他的科羅拉多州同鄉海爾・謝爾頓（Hal Shelton）在1960年代首創以結合製圖和工藝的技法來描繪滑雪場，後來在1980年代，同樣來自科羅拉多州的比爾・布朗（Bill Brown）也畫了類似的手繪作品。

在這張地圖上，科羅拉多州布雷肯里治滑雪場（Breckenridge Ski Resort）的地貌被畫家尼修斯巧妙調整，讓滑雪客可以一目了然看見所有雪道。

左上圖 尼修斯先在草圖上確定好滑雪場地圖的細節，再用投影機把草圖描到繪圖板上，放大成全尺寸的定稿圖，例如這張布雷肯里治地圖。

左圖 用噴筆把天空、白雪和陰影加到布雷肯里治地圖上。尼修斯對較遠區塊使用較藍的色調，較近的部分使用較暖色調。

左下圖 尼修斯在布雷肯里治的斜坡上畫出無數棵樹木，還有岩石、崖面、小屋、停車場和汽車。之後客戶會再標上雪道名稱和難度分級。

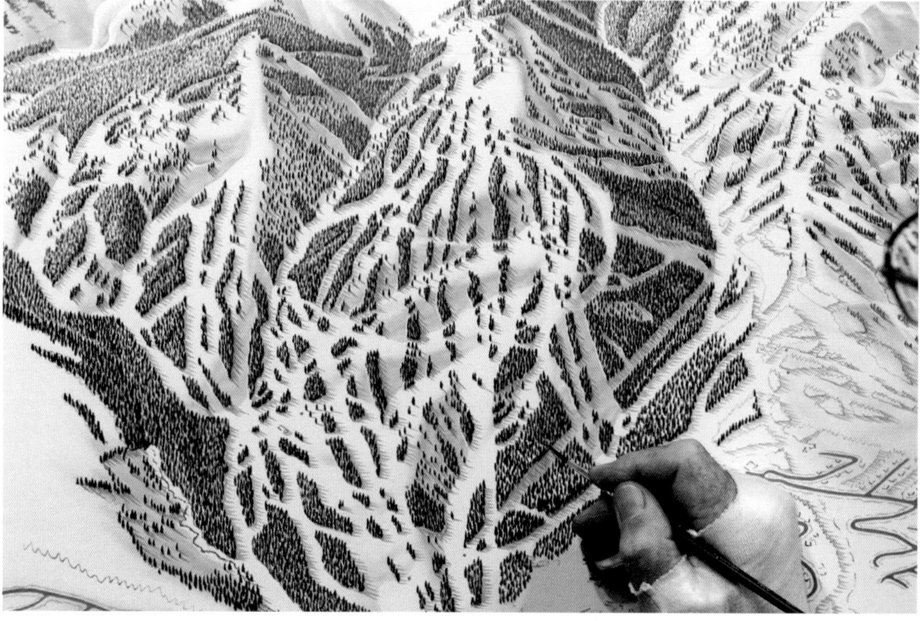

巧合的是，尼修斯就在布朗準備轉換跑道時主動前去接觸。布朗讓尼修斯試畫他某張科羅拉多州冬季公園滑雪場（Winter Park Resort）地圖上的一小幅嵌入圖，畫的是瑪麗珍山（Mary Jane Mountain）的背面。尼修斯一試入迷，火炬也就此傳給了他。

為了讓作品既能協助導引滑雪客，又能反映實際在山上的體驗，尼修斯先從航空攝影開始。他從直升機上拍下標繪滑雪場所需的每個角度，然後利用一些創造性的變形，把所有資訊放進單一畫面中。「基本上我要做的就是移動不同纜車的頂點，然後把山轉一轉，讓所有雪道都看得見，」尼修斯說，「而且看起來可信。」

為了維持一定程度的真實感，很重要的一點就是要在垂直方向上，把每個頂點大致維持在該有的相對位置，並確保纜車和雪道的相對

猶他州鹿谷滑雪場的地形需要一種更接近衛星視角的觀點，才能在單一地圖上把位於山體東南西北面的雪道全部呈現出來。

長度是準確的。尼修斯在草圖上定出所有角度和細節，然後投影到一面76乘102公分的繪圖板上，藉以描出作畫用的底圖。

然後，他用噴筆畫出天空和白雪，用較藍的色調表現較遠區域，暖色調顯示較近區域。接著用畫筆畫出細節：樹木、岩石、懸崖和小屋，甚至停車場上一排排的車子。畫完之後，尼修斯再把圖轉成數位影像，傳給滑雪場幫雪道加上標示和符號。

有的滑雪場比較複雜，尤其是有的雪道位於主要山體的背面。遇到這種情況，尼修斯往往採取更接近衛星俯瞰視角的觀點，把同一座山峰的多個側面同時畫出來，訣竅是務必讓纜車看起來是沿著頁面往上，雪道方向往下，好讓滑雪者對地形一目了然。上面這張猶他州帕克市鹿谷滑雪場（Deer Valley Resort）的地圖，就是他的衛星視角技法的範例。

這些因素共同實現了尼修斯的期望，創造出既美觀又實用的作品。「令我自豪的是，我的地圖能用來吸引這麼多滑雪客到山上來，而且大家都很仰賴它。」他說。

雖然有些滑雪場採用電腦繪製的地圖，但尼修斯堅持一定要有手繪的筆觸才對味。而且數位地圖一旦放大印在山上的解說牌上，視覺效果也會差很多。他說例如樹木，在那種尺寸下就沒辦法只用簡單的三角形來代表。

尼修斯已經打算退休，而且擔心手繪雪道圖可能會成為一門失傳的藝術。但是，已經有一位新生代滑雪場製圖師問了尼修斯，是否願意幫他從電腦繪圖轉成手工繪圖。

「這個時機正好，」他說，「我很高興他已經準備開始接手，要讓手工地圖繼續存在下去。」⁕

總統山脈的岩峰

這張獨特的地圖宣傳一趟路程陡峭的火車之旅

製作年份：1908年左右
來源：康乃爾大學－PJ莫德說服性地圖收藏

在20世紀初，福特第一款量產汽車T型車即將上市之際，波士頓－緬因鐵路公司（Boston and Maine Railroad）發表了一張宣傳地圖，以吸引民眾搭乘火車前往美國東北部的最高峰。

地圖背面的文字寫道：「在華盛頓峰頂上可以欣賞到的風景無法形諸文字。這裡包羅萬象的景觀和主要地貌，能透過這張地圖感受一二，這張鳥瞰圖一窺綿延的群峰、湖泊、池塘、河流、峽谷和森林，放眼所及，全都呈現在這一片超過100英里的環繞視野中。」很多鐵路公司都出版了這種宣傳摺頁，往往附有地圖，不過這張地圖就跟它要宣傳的鐵路一樣獨特。

地圖標題指出這是一張鳥瞰圖，這種風格是從歐洲引進，在19世紀末和20世紀初成為北美城市地圖的流行格式。這些地圖的視角通常設定為從離地750公尺處斜望出去，往往由市政府製作，目的是招攬生意和遊客。而這張華盛頓峰地圖其實比較像變形的魚眼視角，中心是山頂的火車站，地平線往每個方向延伸，周邊地區有另外189個有編號的地標。

華盛頓峰是附屬於白山山脈的總統山脈（Presidential Range）最高峰，總統山脈還有另外八或九座以總統命名的山峰；至於是八座還是九座，要看你認不認同新罕布夏州在2003年把亨利．克雷峰改成雷根峰。華盛頓本人從未到過華盛頓峰，但格蘭特總統曾在1869年鐵路完工時乘坐火車登頂。

火車上山需時70分鐘，採用40人座的車廂，以蒸汽火車頭推進，全程超過5公里。這是全世界第一條齒軌鐵路，使用齒輪和齒軌來爬上陡坡。摺頁上誇稱華盛頓峰軌道是世界上最陡的齒軌鐵路之一（見下圖），其中有一段坡度37%的90公尺棧橋，名叫雅各天梯（Jacob's Ladder）。在海拔1917公尺的峰頂迎接乘客的是一家旅館兼餐廳，「號稱雲端底下很少有旅館的菜做得比它更好。」

這條鐵路至今仍在營運，乘客可以選擇「高效能新式生質柴油火車頭」，或者多花6美元選擇「經典蒸汽引擎」。✳

右圖 這張宣傳地圖在1908年左右印製，當時新罕布夏州的白山地區是重要旅遊勝地，除了步行之外，鐵路仍是大多數人登上華盛頓峰的唯一方式。

下圖 根據宣傳摺頁所述，圖中這座號稱雅各天梯的棧橋是全世界最陡的一段齒軌鐵路。蒸汽火車每行駛2.67公尺就爬升1公尺。

Jacob's Ladder, Mt. Washington Railway.

Birds-Eye View from Summit of Mt. Washington; White Mountains, New-Hampshire.

EST TO NORTH.

173. Burke Mt., Vt.
174. Mt. Prospect, Lancaster.
175. Cherry Pond.
176. Jefferson Village.
177. Jay Peak, Vt.
178. Mt. Orford, in Canada.
179. Pilot Mt.
180. Starr King Mt.
181. Boy Mt.
182. Mitten Mt.
183. Burt's Ravine.
184. Randolph Mt.
185. Mt. Jefferson.
186. Sam Adams Mt.
187. Mt. Clay North.
188. Mt. Clay South
189. Great Gulf.

NORTH TO EAST.

13. Mt. Adams.
14. Mt. Madison.
15. Pine Mt.
16. Mt. Hayes.
17. Bald Cap Mt.
18. Ingalls Mt.
19. "Old Spec" Mt.
20. Goose Eye Mt.
21. Sunday River White Cap Mt.
22. Crescent.
23. Aziscoos Mt., Me.
24. Umbagog Lake. Me.
25. Mt. Carmel. Me.
26. Rangeley Lakes. Me.
27. E. Kennebago Mts., Me.
28. Bald Mt., Me.
29. Tumbledown Mt., Me.
30. Bigelow, Me.
31. Meguntîcook, Me.
32. Southern Speckled Mt., Me.
33. Caribou Mt., Me.
34. North Carter Mt.
35. South Carter Mt.
36. Carter Dome.
37. Wild Cat Mt., North Peak.
38. Royce Mt.
39. Mt. Moriah.
40. Bald Face Mt.
41. Upper Kezar Lake. Me.
42. Abraham.
43. Jefferson Ravine.
44. Gorham Village.
45. Blue Mt.
46. City of Berlin.
47. Glen House.

EAST TO SOUTH.

48. Wild Cat Mt., South Peak.
49. Spruce Mt.
50. Eagle Mt.
51. Black Mt.
52. Sable Mt.
53. Mt. Eastman.
54. Mt. Doublehead.
55. Tin Mt.
56. Thorn Mt.
57. Rattlesnake Range.
58. Mt. Kearsarge.
59. Gemini Mt.
60. Green Mt.
61. Pleasant Mt., in Me.
62. Mt. Agamenticus. Me.
63. Isles of Shoals, N. H.
64. Portland, City of Me.
65. Atlantic Ocean.
66. Iron Mt.
67. Kezar Lake.
68. Sebago Lake, Me.
68A. Long Lake.
69. Walker's Pond.
70. Boott Spur.
71. Giant's Stairs.
72. Mt. Resolution.
73. Mt. Isolation.
74. Mt. Parker.
75. Mt. Langdon.
76. Mt. Pickering.
77. Mt. Stanton.
78. Lovewell's Pond.
79. Ossipee Lake.
80. North Moat Mt.
81. South Moat Mt.
82. Table Mt.
83. Mt. Chocorua.
84. Ossipee Mt.
85. North Conway.
86. Intervale.
87. Jackson.

ON SUMMIT.

1. Lizzie Bourne Monument.
2. Mt. Washington R. R. Train.
3. Summit House.
4. Tip Top House.
5. Office of Among the Clouds.
6. Stage Office.
7. U. S Signal Station.
8. Car House.
9. Stage Road to Glen House.
10. Stables.
11. Stables.

122. Mt. Croyden.
124. Haystack Mt., in Vt.
125. Mt. Carr.
126. Flume Mt.
127. Mt. Liberty.
128. Mt. Lowell.
129. Mt. Anderson.
130. Mt. Monadnock.
131. Mt. Ascutney, Vt.
132. Mt. Moosilauke.
133. Mt. Lincoln.
134. Mt. Bond.
135. Mt. Guyot.
136. South Twin Mt.
137. Crawford Notch.
138. Mt. Lafayette.
139. Mt. Tom.
140. Mt. Field.
141. Mt. Willey.
142. Big Coolidge Mt.
143. Mt. Willard.
144. Killington Peaks, in Vt.
145. Appalachian Shelter.

Issued by Passenger Department of Boston & Maine R.R.

5 ECONOMIES 經濟

Klamath
Salmon

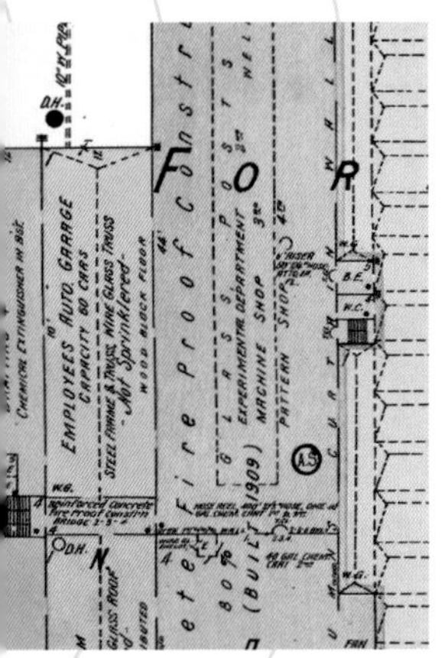

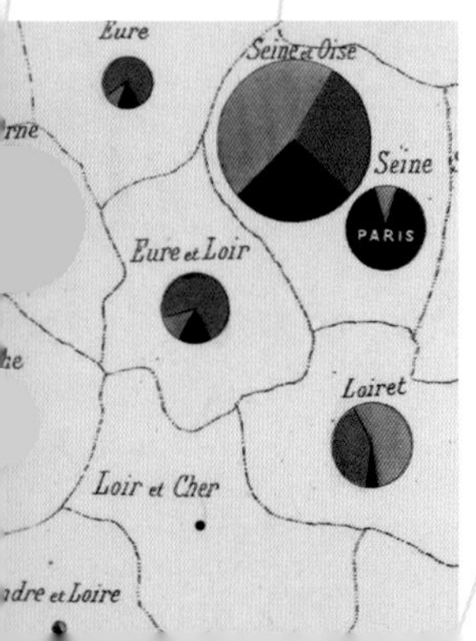

5 經濟

標繪金錢、產業與貿易

從農耕到水力壓裂，許多產業都和特定的地方緊密相連。地圖可以揭露這些現象的原因。本章地圖講述的故事與全球各地的產業和市場有關，除了標出土壤和水等自然資源，也追蹤棉花和肉類等商品的流動。因此這些地圖必然是資訊豐富，其中很多還美得令人難以置信。

有幾張地圖捕捉到產業在某個時刻的興盛狀態。很難想像過去開採銀礦是打著油燈，用馬匹拖動升降機把礦石帶到地表，但有一張18世紀早期匈牙利礦場的地圖（162頁）非常詳細地記錄了當時的情況。同樣地，火災保險公司在20世紀初製作的地圖（見164頁）也成了難得的資料，讓我們得以一窺使美國變成工業強國的中西部工廠內部的情況。

有些地圖想要推銷某樣東西，有時整個產業都會用地圖來促銷生意。一個最顯著的例子是一張充滿奇趣的地圖，描繪茶的一切（見174頁）。整張地圖都是茶有關的瑣事，這是英國茶在大蕭條之後為求振興，打算往非洲擴張的作法之一。

經濟可以是在地的或是全球的，也可以是暫時性的或是永久性的。但無論如何，如果你想跟著錢走，地圖是很好的起點。➤➤

地圖廣告

（1897年，康乃爾大學—PJ莫德說服性地圖收藏）

這張19世紀末的地圖是由一家號稱全世界最大的馬商委託製作。這家公司兩棟著名的「藍面」建築——「零售部」和「拍賣部」——就畫在靠近地圖頂部，一旁就是公司主席和財務長的肖像。這張地圖採用當時流行的鳥瞰視角，雖然公司在曼哈頓中城各處馬廄的位置標得很清楚，但這張精采的廣告地圖重視藝術性甚於地理。

GREATER NEW YORK
AND VICINITY
PRESENTED WITH COMPLIMENTS OF FISS, DOERR & CARROLL HORSE COMPY

THE LARGEST DEALERS IN HORSES IN THE WORLD.

農耕的好處

一部政府地圖集
利用科學和地圖來改善農耕生活

製作年份：1936年
來源：美國農業部

奧利佛·愛德恩·貝克（Oliver Edwin Baker）是一位農村理想主義者。他1883年出生於俄亥俄州的提芬（Tiffin），後來成為他那個時代最著名的農業地理學家。任職美國農業部（USDA）的30年間，貝克為了幫助農民，產生了推廣農學的強烈願望，他認為農民不僅攸關美國的繁榮，也攸關文明本身。

貝克最著名的成就之一就是1936年發表的《美國農業地圖集》（Atlas of American Agriculture），內容彙編了數十年間有關美國地形、氣候、自然植被和土壤的實地研究。這部作品的大部分內容原已零散地發表在政府公報上，但貝克把那些內容和最新的地圖和科學彙整起來，希望協助農民對於土地使用方式做出更妥善的決定。

在貝克的《美國農業地圖集》裡，土壤顯得特別美麗，書中包含看似抽象藝術的土壤類型剖面（下圖），還有顯示全國土壤分布的馬布特地圖數位合成版。

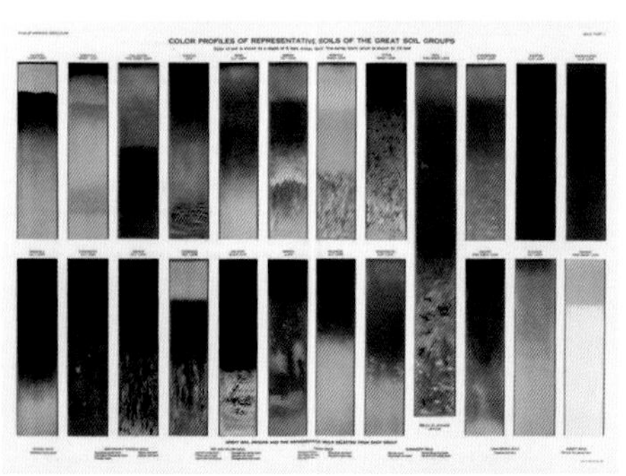

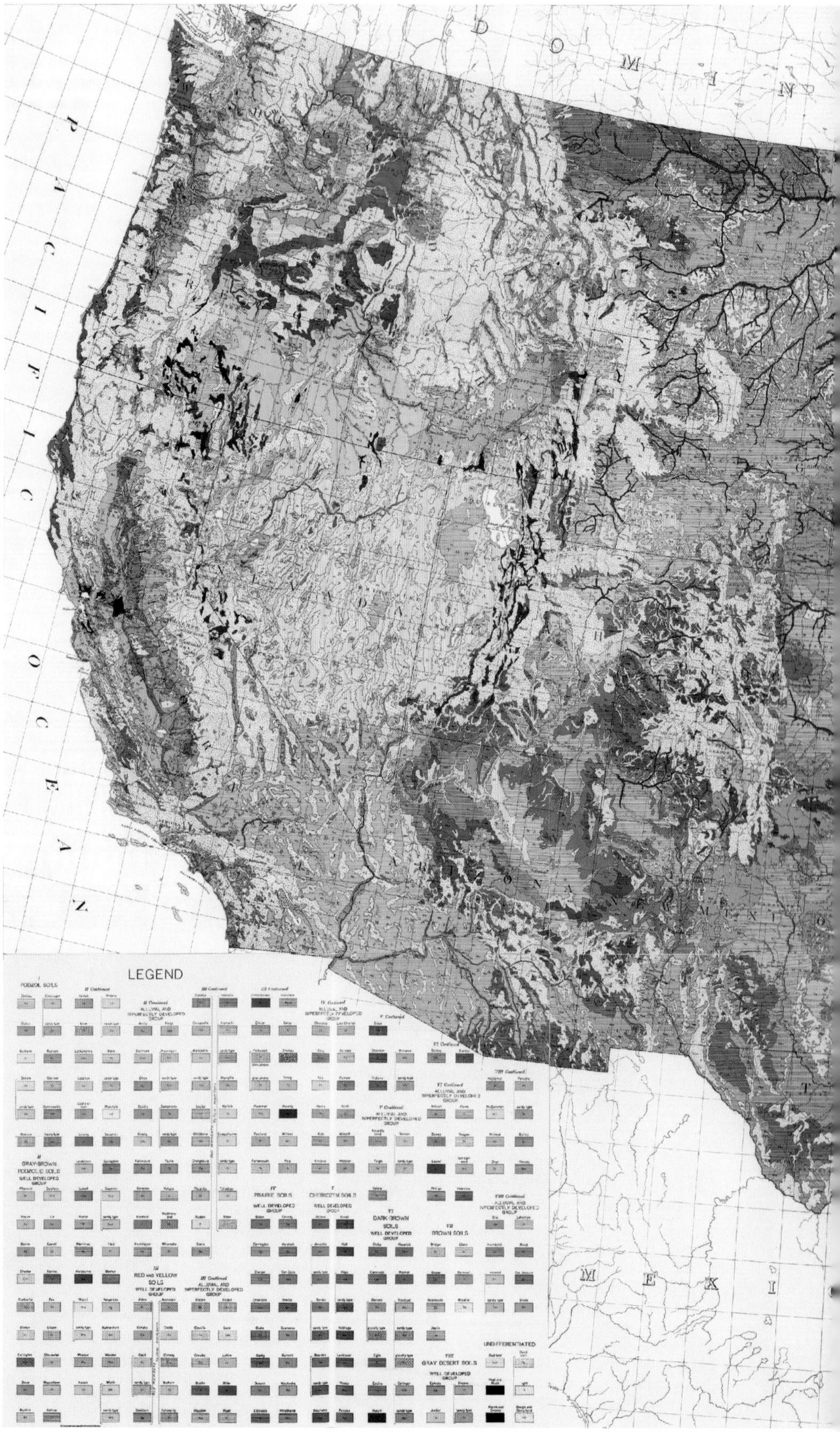

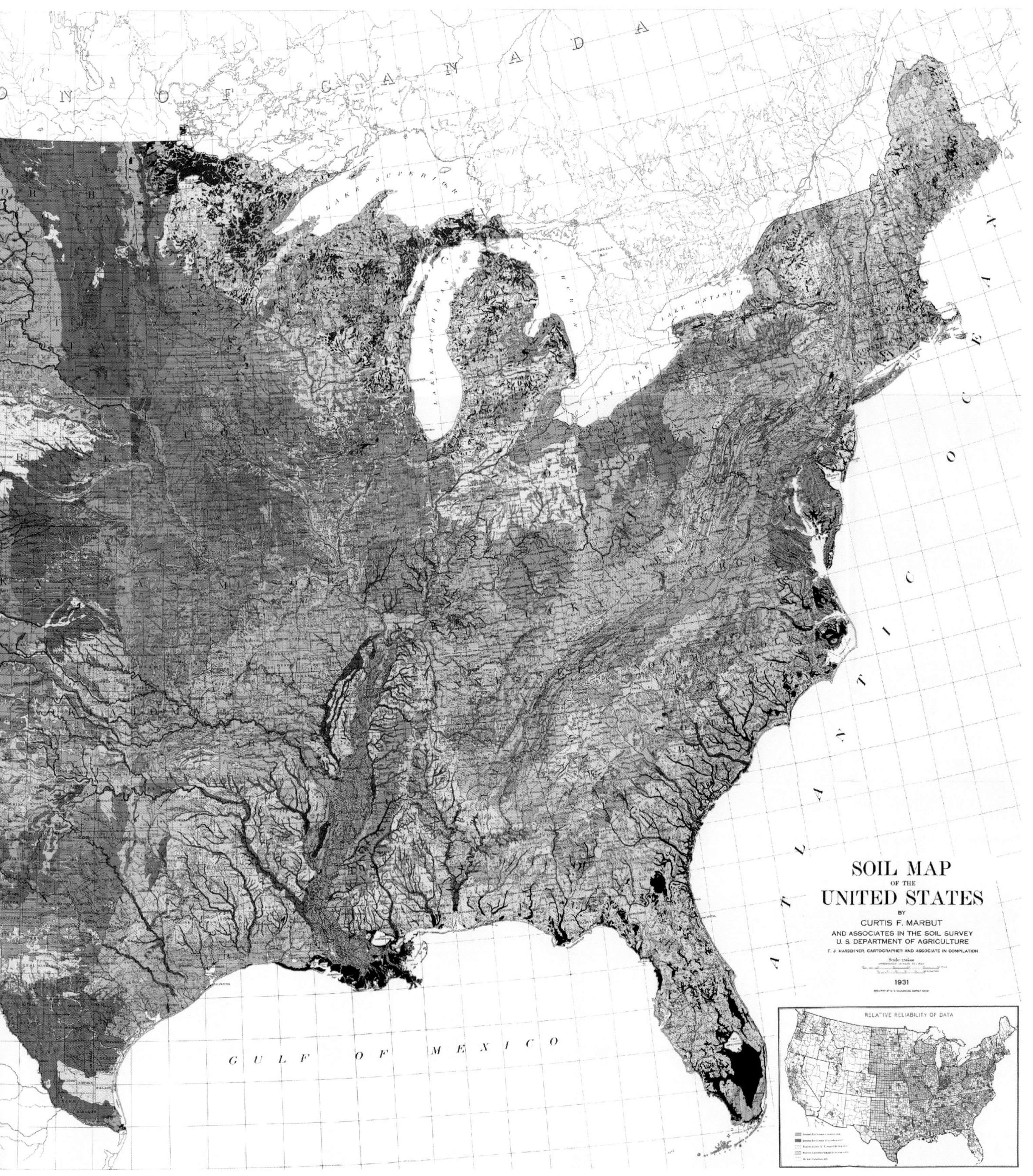
SOIL MAP
OF THE
UNITED STATES
BY
CURTIS F. MARBUT
AND ASSOCIATES IN THE SOIL SURVEY
U. S. DEPARTMENT OF AGRICULTURE
F. J. MARSCHNER, CARTOGRAPHER AND ASSOCIATE IN COMPILATION
1931
RELATIVE RELIABILITY OF DATA
LAKE SUPERIOR
LAKE MICHIGAN
LAKE HURON
LAKE ONTARIO
LAKE ERIE
GULF OF MEXICO
CANADA
ATLANTIC OCEAN

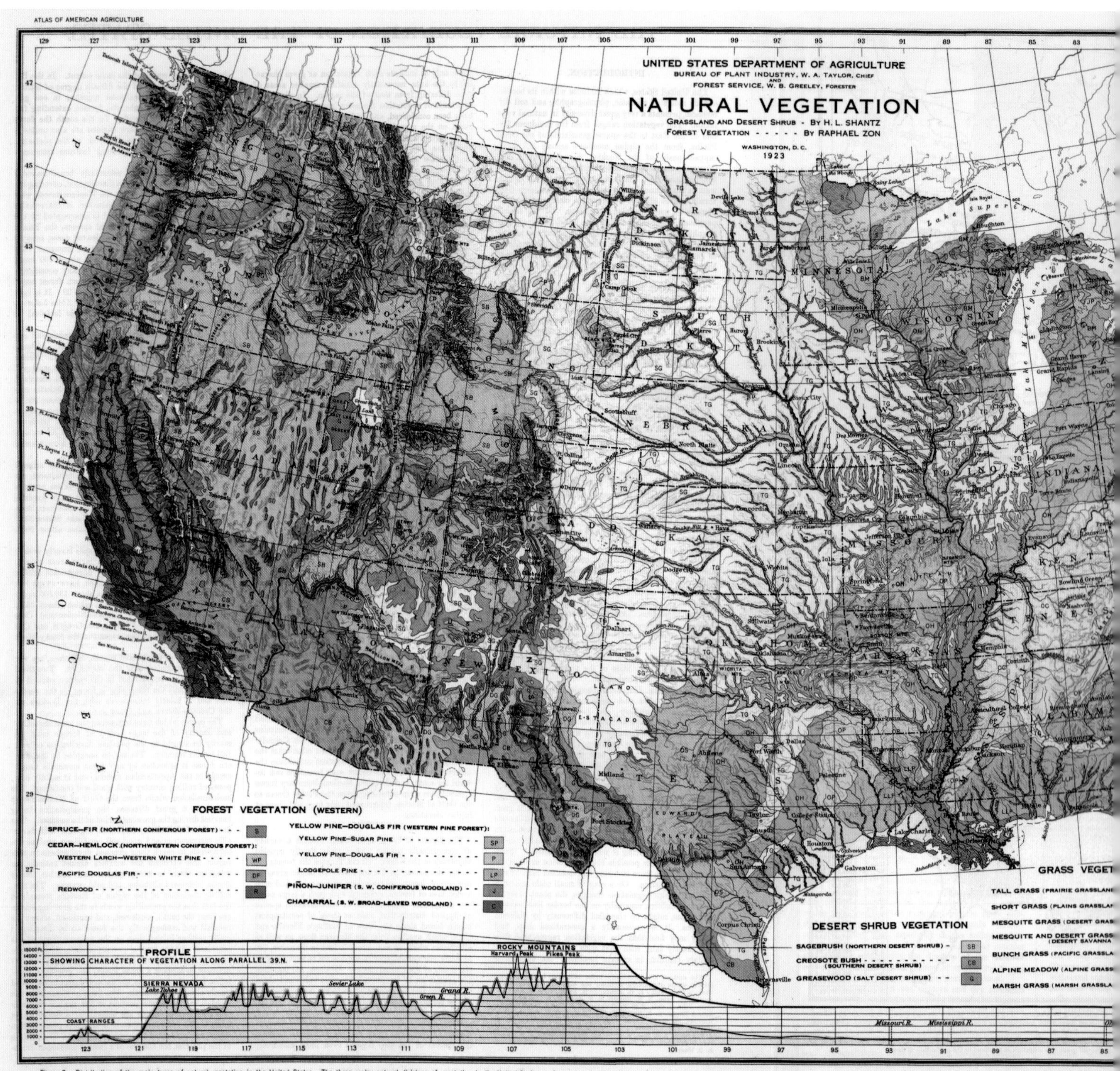

當時，美國農民迫切需要幫忙。經濟大蕭條期間的經濟破產，和前所未見的塵暴區（Dust Bowl）乾旱，迫使數以萬計的家庭放棄自家農場，很多人只能到不適合耕作的土地上耕作，從南部大面積的土壤貧瘠地區，到生長季短暫的上中西部地區，以及新墨西哥州和亞利桑那州的乾旱氣候帶。

這部地圖集中最有價值的，就是由寇帝斯．馬布特（Curtis Marbut）製作的土壤地圖（見148頁），根據馬布特為美國農業部主持的全國土壤調查。馬布特的隊員帶著土鑽，對全國各地大片土地進行地毯式調查，收集土壤樣本，並留下詳細的筆記和素描。「這是很無聊、辛苦、又不討好的工作。」里奇蒙大學美國科學史學者艾利克斯．切科維奇（Alex Checkovich）說，「當然，除非它讓你的生命有意義。」

對當時妻子已經去世的馬布特來說，情況就是這樣。這位傑出科學家改造了這個領域，他證明土壤組成不單取決於地質情況，改變了美國科學家對土壤的看法。馬布特透過田野調

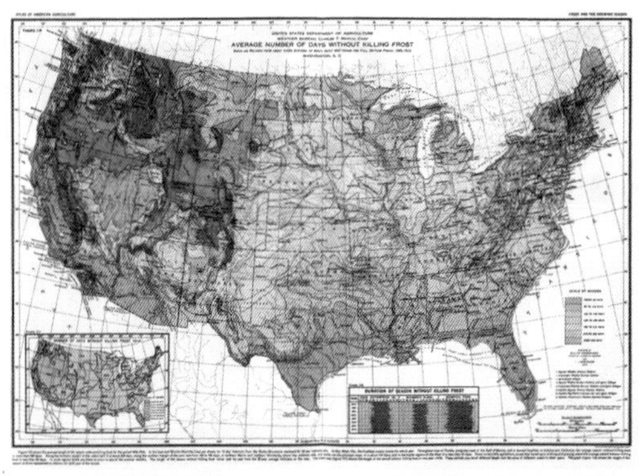

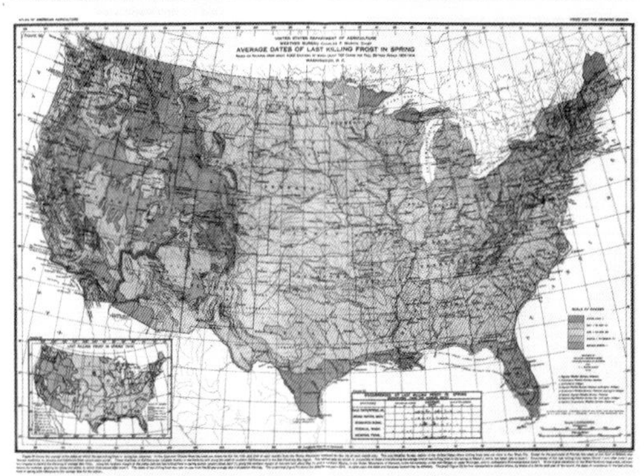

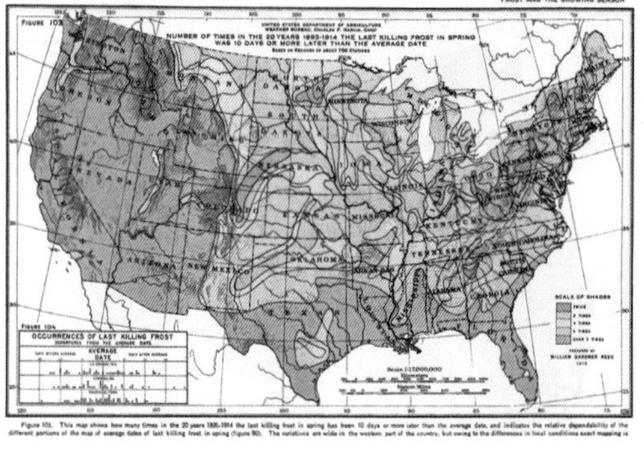

最左圖 地形和植被之間的關係——尤其是北美大平原上廣袤的黃色草原——在這張五彩繽紛的地圖上清楚可見。底下的剖面圖顯示東西岸之間北緯39度線的陸地海拔。

左圖 貝克地圖集的氣候章節以多種角度呈現歷史天氣資料。這一系列地圖側重於霜凍，顯示（從上到下）沒有致枯霜凍的平均天數、春季終霜的平均日期、無霜期異常短的頻率，以及春霜異常晚的可能性。較冷區域為藍色，較暖區域為紅色。

查，並且把一位重要俄羅斯科學家的研究工作第一次譯介到西方，讓美國人認識到氣候、原生植被和其他因素在土壤組成中的作用。不幸的是，這部地圖集的土壤部分在1935年首次出版的幾週後，他就死於肺炎。

整部地圖集中最詳細的部分就是馬布特的土壤專章，不過氣候各節對數據的深入探究也大有可觀，這幾節不只包含尋常的平均氣溫地圖，還有全國各地秋季初霜和春季終霜的平均日期圖。例如有一張地圖顯示從哪一天開始春霜的機率會降到10%以下；還有一張顯示每年實際無霜期顯著短於常態的頻率。每次改版想必都是為了幫助農民決定何時播種，以及在提前上市和失去整批作物的風險之間取捨。

在導言中，貝克的語氣近乎惆悵，他說這部地圖集原本應該包含若干篇章，來涵蓋農業的社會和經濟面向。他並未解釋最終為何略去，但這些主題是他在地圖集出版後的幾年裡一直掛念的。

他提倡「鄉城」（rurban）式的生活，也就是都市人自己種植一部分食物，在某種程度上達到農村的自足美德。這是領先時代的想法，但在今天的某些城市已經是一種時尚的行為。貝克夫妻和四個孩子住在馬里蘭州一大塊郊區土地，一家人在那裡養雞、種菜。晚年他在雪南多亞谷（Shenandoah Valley）買了一座農場，追尋一個愈來愈難以企及的鄉村夢。✻

標繪經濟流動

米納德創新的視覺化圖像

製作年份：1858到1869年

來源：查爾斯・約瑟夫・米納德（CHARLES JOSEPH MINARD）

在1869年有一張出色的圖表，描繪拿破崙在1812年入侵俄羅斯和隔年的撤退行動。圖中有一條漸細的線，同時顯示了軍隊的行進路線，以及部隊從超過40萬人一直削減到只剩1萬人的慘況。這種直白有力的表現法，在資料視覺化的學生和學者之間很有名，被稱為是史上最佳的統計圖表。

學者經常會把創造這張圖表的米納德，拿來與約翰・史諾（John Snow）、佛羅倫斯・南丁格爾（Florence Nightingale）和威廉・普萊菲（William Playfair）等資料視覺化巨擘相提並論。但是，米納德的不同之處在於，他留下來的貢獻幾乎完全被這張1869年的圖表掩蓋了，很多喜愛這張拿破崙征俄圖的人，可能從未見過米納德最初用來搭配的作品——以圖面呈現公元前218年漢尼拔率軍跨越阿爾卑斯山期間的大量傷亡（見154頁）。

他製作過很多其他的圖表，以及將近50張地圖。他開創了好幾種重要的主題製圖法，並對另外幾種加以改良。例如，米納德雖然不是第一個用流線圖來表現移動狀態的人，但他確實把標準提高了。他的流線圖目的在說故事——套用他的話就是「講給眼睛聽」。以這個描繪1858年、1864年和1865年歐洲棉花進口的系列地圖為例，藉由畫出同一項數據在不同時間的改變，米納德呈現出美國內戰對全球造成的某些漣漪效應。

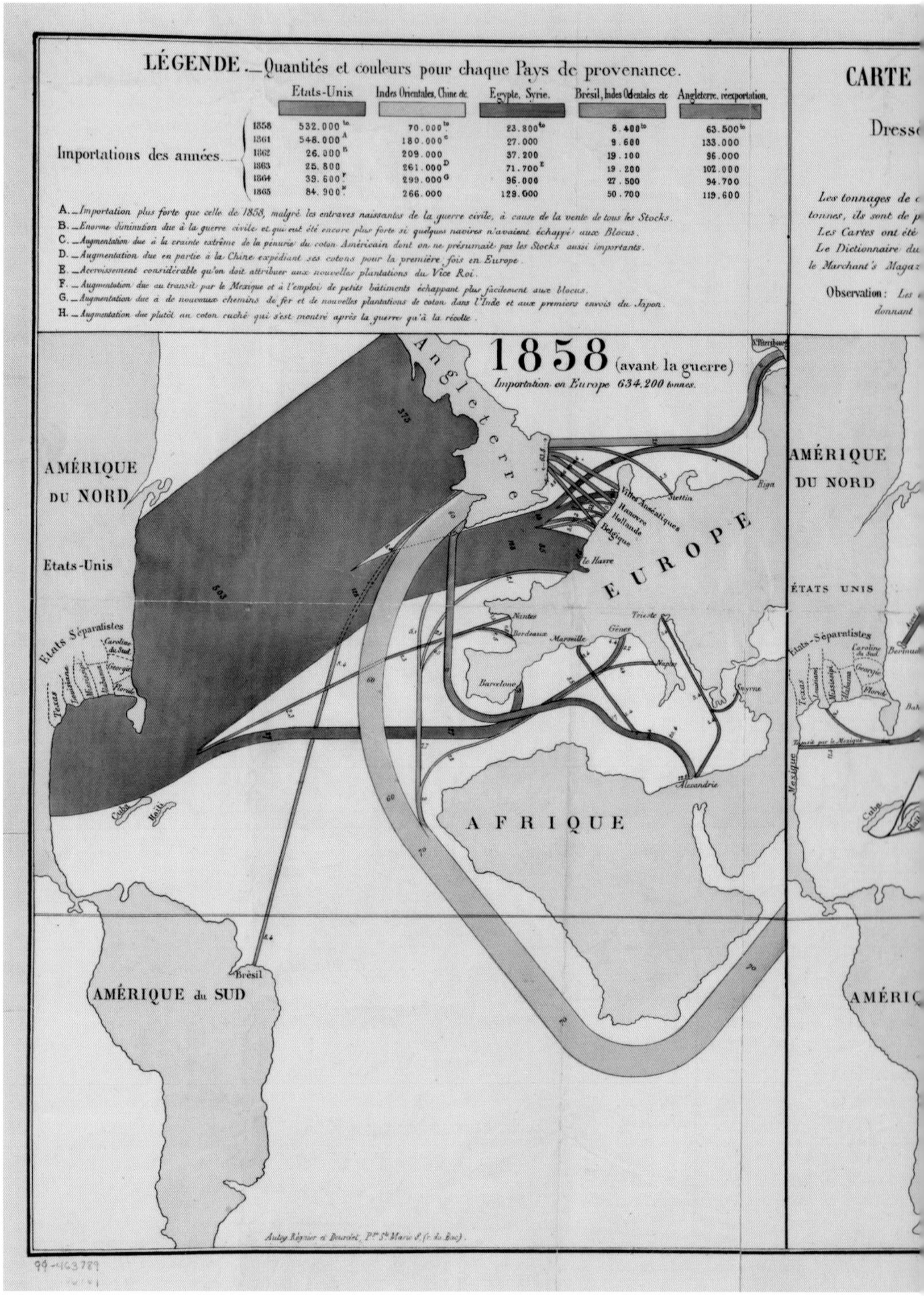

線條的顏色代表棉花來自哪個國家，粗細則表示沿著那條路線而來的棉花的相對數量，每1公厘的粗度代表5000公噸棉花。在1858年地圖中，那道寬闊的藍線顯示建立在奴隸勞力上的美國棉業如何主宰全球市場，並提供歐洲絕大多數的進口棉花。這一切在1861年美國內戰開始後就改變了。米納德的1864年地圖反映北軍的海軍封鎖幾乎擋住南方各州所有輸出，少數躲過封鎖的輸出都是通過墨西哥，或用較小的船突圍。同時，這張地圖也顯示亞洲和埃及利用這個機會增加了出口量來滿足需求。1865年的地圖顯示，戰後美國出口大增，因為南方各州囤積的棉花終於上市。

LÉGENDE.—Quantités et couleurs pour chaque Pays de provenance.

Importations des années	Etats-Unis	Indes Orientales, Chine etc	Egypte, Syrie.	Brésil, Indes Occidentales etc	Angleterre, réexportation.
1858	532.000 to	70.000 to	23.800 to	8.400 to	63.500 to
1861	548.000 A	180.000 C	27.000	9.600	133.000
1862	26.000 B	209.000	37.200	19.100	96.000
1863	25.800	261.000 D	71.700 E	19.200	102.000
1864	39.600 F	299.000 G	96.000	27.500	94.700
1865	84.900 H	266.000	129.600	50.700	119.600

A.—Importation plus forte que celle de 1858, malgré les entraves naissantes de la guerre civile, à cause de la vente de tous les Stocks.
B.—Enorme diminution due à la guerre civile et qui eut été encore plus forte si quelques navires n'avaient échappé aux Blocus.
C.—Augmentation due à la crainte extrême de la pénurie du coton Américain dont on ne présumait pas les Stocks aussi importants.
D.—Augmentation due en partie à la Chine expédiant ses cotons pour la première fois en Europe.
E.—Accroissement considérable qu'on doit attribuer aux nouvelles plantations du Vice Roi.
F.—Augmentation due au transit par le Mexique et à l'emploi de petits bâtiments échappant plus facilement aux blocus.
G.—Augmentation due à de nouveaux chemins de fer et de nouvelles plantations de coton dans l'Inde et aux premiers envois du Japon.
H.—Augmentation due plutôt au coton caché qui s'est montré après la guerre qu'à la récolte.

1858 (avant la guerre)
Importation en Europe 634.200 tonnes.

AMÉRIQUE DU NORD
Etats-Unis
Etats Séparatistes
Angleterre
EUROPE
AFRIQUE
AMÉRIQUE du SUD
Brésil
Alexandrie
CARTE

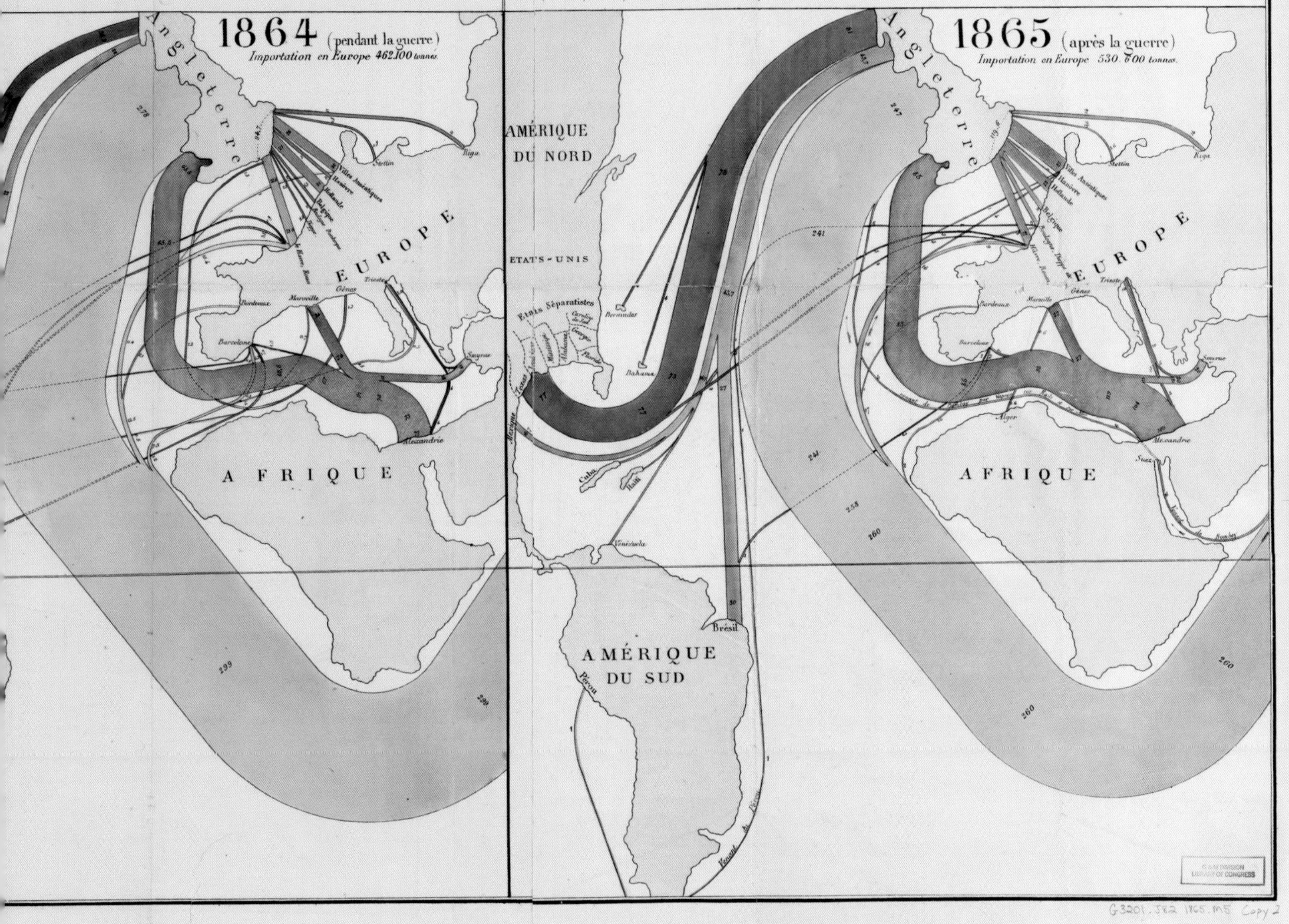

米納德感興趣的主題我們今天稱為「經濟地理學」：用地圖來表現從煤炭、葡萄酒到人類等一切事物的移動。他總是資料優先，往往會扭曲地理形狀來容納資料，就像他的1858年全球移民地圖（見157頁）。這張圖上的英格蘭被放大，好配合數據所需的粗線條來表現前往澳洲、美國和加拿大的人數，每公厘代表1500人。英吉利海峽被加寬，好畫出從德國到美國的移民流線；印度洋上小小的留尼旺島也被放大，以承接從西非過去的移民流線。這一切地理上的調整都有助於更清楚傳達米納德眼中最重要的資訊。

他也首開風氣之先，以圓餅圖作為地圖符號。雖然圓餅圖是普萊菲的發明，但最早在

從美國出口到歐洲的棉花在美國內戰期間經歷重大變化，情況可見於米納德這一系列地圖。地圖上線條的顏色反映棉花的來源：藍色來自美國、橘色來自亞洲、棕色來自埃及。線條粗細表示運送量，1公厘代表5000公噸。

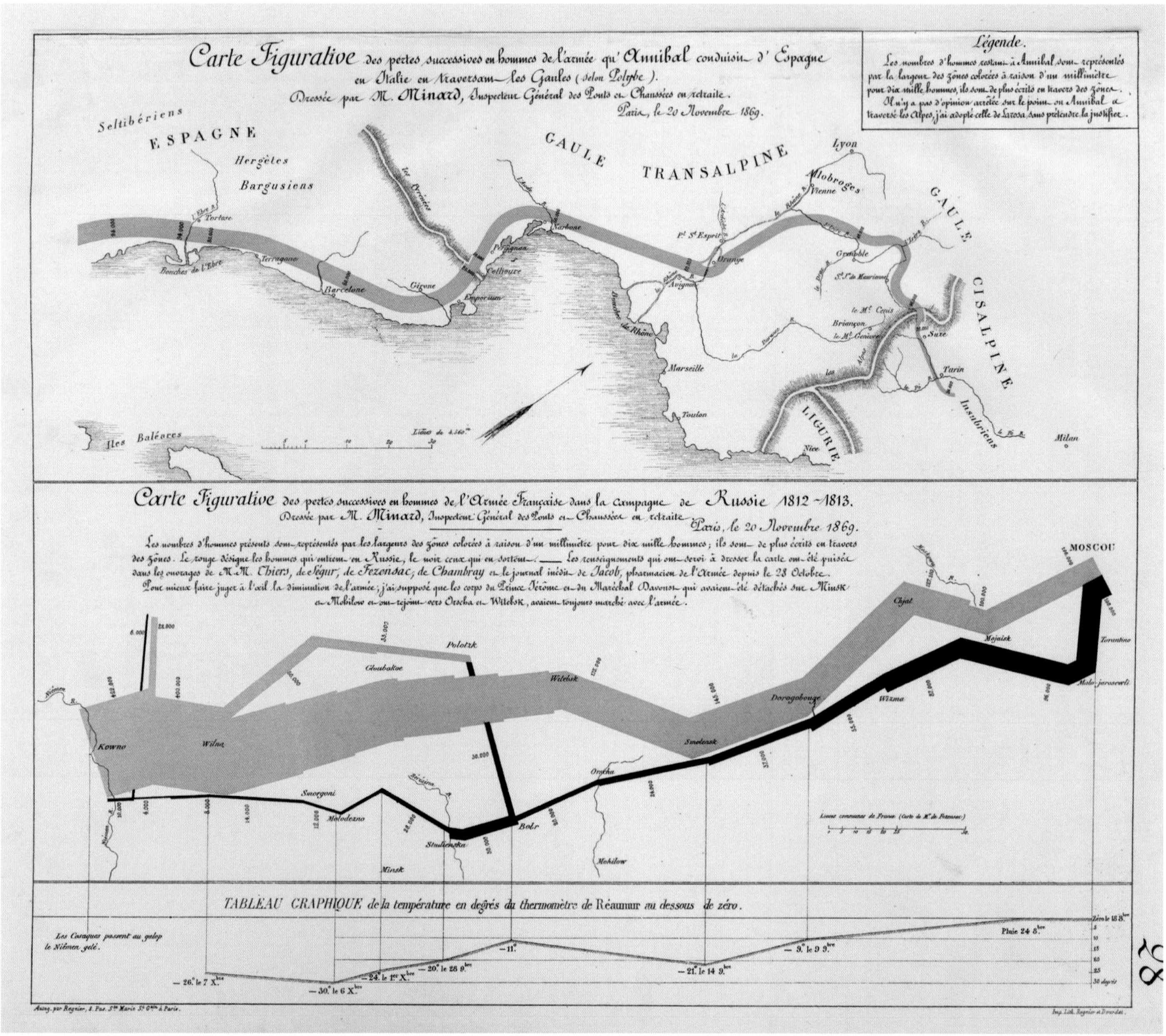

地圖上使用圓餅圖的是米納德。他甚至還加上自己的創新，把圓餅圖變成比例符號，如他的1858年巴黎市場鮮肉產地地圖（右圖）。圓餅的大小代表有多少鮮肉從法國各省而來；圓餅裡的顏色代表肉品種類，黑色是牛肉，紅色是小牛肉，綠色是羊肉。顯示為黃色的是供應肉品的地區，未供應肉品的地區是褐色的。在一個半世紀後的今天，製圖師仍在使用這種表現法。

米納德的整個職涯都待在巴黎郊區的國立橋路學校（École Nationale des Ponts et Chaussées），先是擔任現場工程師，然後是講師，65歲時升任為學校總監。雖然他在橋路學校時就製作了一些地圖，但要到1851年70歲屆齡退休後，才真正致力於製作他所謂的「圖表和表意地圖」。

他非常樂於卸下公務，在退休後根本就是展開了第二職涯，以遠快過以往的步調製作圖表、開發新技術。他每年發表好幾張地圖，往往受到政府以及其他決策者和規畫者廣泛使用。開創性的拿破崙與漢尼拔圖表都是他最後的作品，完成於逝世前不到一年。

大家都說，米納德直到去世前頭腦都還很靈光。他的女婿在訃告中寫道：「他驚人的記

上圖 米納德這張繪於1869年的知名圖表，呈現1812年拿破崙進軍莫斯科（下半部），搭配公元前218年漢尼拔率軍跨越阿爾卑斯山的圖表（上半部）。線條同時顯示了部隊在時間和空間中的路線，寬度1公厘相當於1萬人，線條變細表現了傷亡情況。

右圖 米納德率先在地圖上使用圓餅圖作為比例符號。在這張1858年地圖上，圓餅的大小表示法國各省鮮肉運往巴黎的相對數量。顏色表示肉品類型（紅色是小牛肉，黑色是牛肉，綠色是羊肉）。

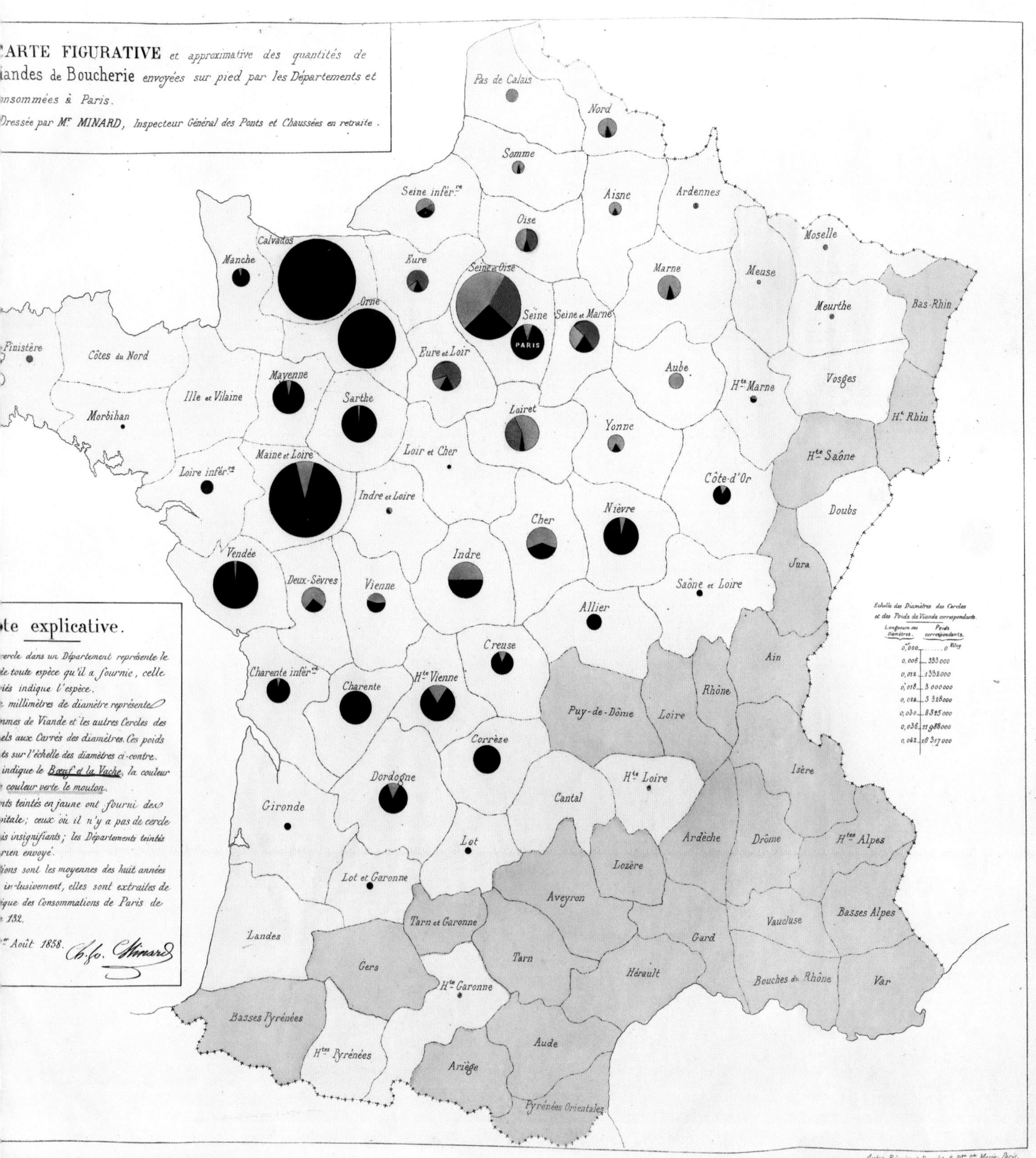

ARTE FIGURATIVE et approximative des quantités de
iandes de Boucherie envoyées sur pied par les Départements et
onsommées à Paris.
Dressée par Mr. MINARD, Inspecteur Général des Ponts et Chaussées en retraite.
Pas de Calais
Nord
Somme
Seine infér.re
Aisne
Ardennes
Oise
Moselle
Calvados
Manche
Eure
Seine et Oise
Marne
Meuse
Orne
Seine
PARIS
Seine et Marne
Meurthe
Bas-Rhin
Finistère
Côtes du Nord
Eure et Loir
Aube
Mayenne
Ille et Vilaine
Hte Marne
Vosges
Morbihan
Sarthe
Loiret
Hte Rhin
Yonne
Loir et Cher
Maine et Loire
Hte Saône
Loire infér.re
Côte-d'Or
Indre et Loire
Nièvre
Doubs
Cher
Vendée
Indre
Jura
Deux-Sèvres
Vienne
Saône et Loire
Allier
Echelle des Diamètres des Cercles
et des Poids de Viande correspondants.
Longueurs des Diamètres.
Poids correspondants.
0,000 … 0 Kilog.
0,006 … 333 000
0,012 … 1332000
0,018 … 3 000 000
0,024 … 5 328000
0,030 … 8325 000
0,036 … 11 988000
0,042 … 16 317 000
te explicative.
ercle dans un Département représente le
le toute espèce qu'il a fournie, celle
iés indique l'espèce.
millimètres de diamètre représente
nnes de Viande et les autres Cercles des
els aux Carrés des diamètres. Ces poids
ts sur l'échelle des diamètres ci-contre.
indique le Bœuf et la Vache, la couleur
couleur verte le mouton.
nts teintés en jaune ont fourni des
itale; ceux où il n'y a pas de cercle
is insignifiants; les Départements teintés
rien envoyé.
ions sont les moyennes des huit années
inclusivement, elles sont extraites de
ique des Consommations de Paris de
132.
Août 1858.
Ch. Jo. Minard
Creuse
Ain
Charente infér.re
Charente
Hte Vienne
Rhône
Puy-de-Dôme
Loire
Corrèze
Isère
Dordogne
Hte Loire
Cantal
Gironde
Ardèche
Drôme
Htes Alpes
Lot
Lozère
Lot et Garonne
Aveyron
Tarn et Garonne
Vaucluse
Basses Alpes
Landes
Gard
Tarn
Gers
Hérault
Bouches du Rhône
Var
Hte Garonne
Basses Pyrénées
Aude
Htes Pyrénées
Ariège
Pyrénées Orientales
Autog. Régnier et Dourdet, 8, Pge Ste Marie, Paris.

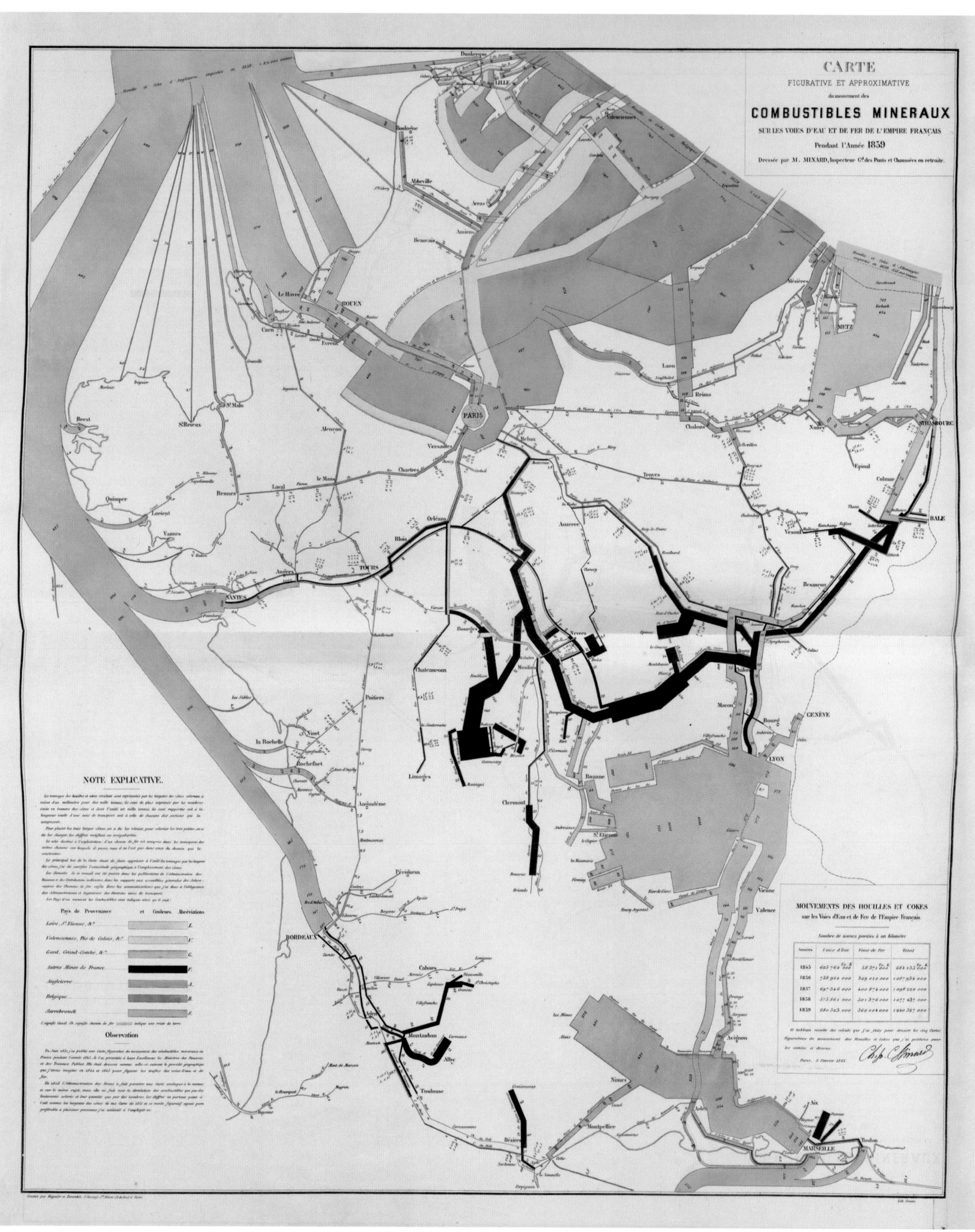
CARTE
FIGURATIVE ET APPROXIMATIVE
du mouvement des
COMBUSTIBLES MINERAUX
SUR LES VOIES D'EAU ET DE FER DE L'EMPIRE FRANÇAIS
Pendant l'Année 1859
Dressée par M. MINARD, Inspecteur Gal des Ponts et Chaussées en retraite.
MOUVEMENTS DES HOUILLES ET COKES
sur les Voies d'Eau et de Fer de l'Empire Français
Nombre de tonnes portées à un Kilomètre
Années | Voies d'Eau | Voies de Fer | Total
1845 | 625 764 000 | 58 371 000 | 684 135 000
1856 | 758 924 000 | 329 010 000 | 1 087 934 000
1857 | 697 346 000 | 400 874 000 | 1 098 220 000
1858 | 575 861 000 | 501 376 000 | 1 077 237 000
1859 | 880 523 000 | 360 004 000 | 1 240 527 000
Paris, 5 Février 1861
NOTE EXPLICATIVE.
Pays de Provenance
Couleurs.
Abréviations
Observation
PARIS
LILLE
ROUEN
Le Havre
Caen
Brest
Nantes
TOURS
Orléans
Blois
Angers
Rennes
Laval
le Mans
Chartres
Versailles
Melun
Troyes
Reims
Laon
METZ
STRASBOURG
BALE
Besançon
Nancy
Epinal
Colmar
Vesoul
Dijon
Auxerre
Nevers
Bourges
Moulins
Chateauroux
Limoges
Clermont
Roanne
LYON
Macon
Bourg
GENÈVE
Vienne
Valence
Avignon
Nimes
Montpellier
Béziers
Narbonne
Perpignan
Toulouse
Montauban
Alby
Cahors
Bordeaux
Périgueux
Angoulême
Poitiers
La Rochelle
Rochefort
Niort
Quimper
Lorient
Vannes
St Brieux
St Malo
Alençon
Evreux
Amiens
Abbeville
Boulogne
Arras
Beauvais
Valenciennes
Dunkerque
Aix
MARSEILLE
Toulon

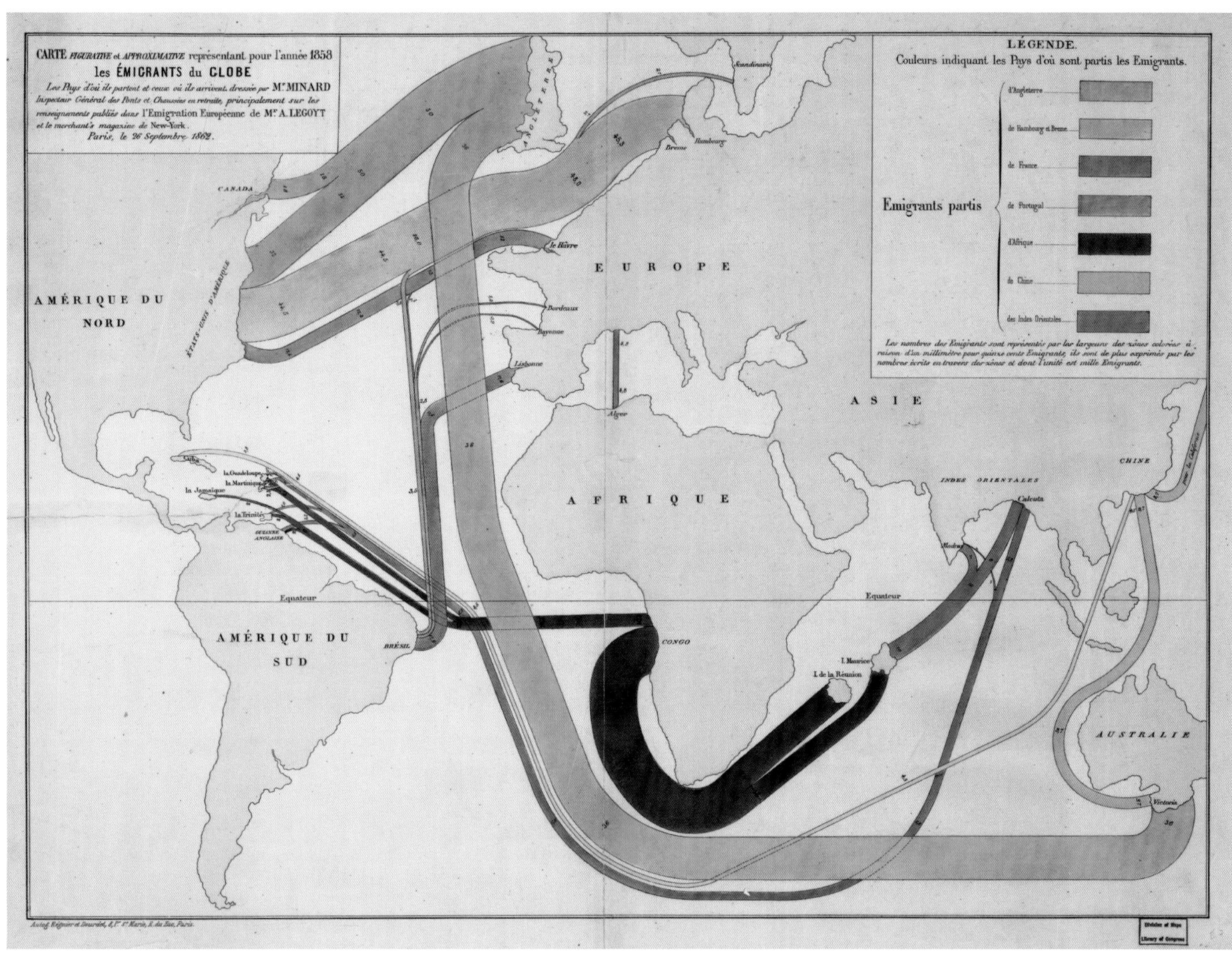

性，一如往常活躍的智力、規律的習慣、清醒的生活，還有家人給他的關愛，全都讓人想不到盡頭將至。」但是，他在晚年的確身體變得虛弱，得靠拐杖行動，或許就是因為這樣，當普魯士軍隊向巴黎挺進，米納德才會在1870年9月11日跟著成群的婦女、兒童和其他巴黎老人逃往波爾多。他只帶上正在進行的研究，拋下了他的書籍、論文和「精神財富」。也許米納德預期他很快就會回去，但巴黎圍城戰從9月19日開始，持續了4個月。米納德繼續在波爾多工作，或許是在為他下一張偉大地圖做研究。但在10月24日，一場小病奪走他89歲的生命。

據他女婿所說：「在漫長的工程師生涯裡，他有幸參與了幾乎所有開創我們這世紀的偉大公共工程問題；然後在20年的退休生活裡，他也總是知道技術科學和經濟科學的發展，致力於推廣最突出的成果。」

顯然，米納德大部分作品在他在世期間，就已經獲得官員和專家的知悉和欣賞，尤其是在法國。在一幅1861年法國公共工程部長的肖像裡，出現了米納德1858年的一張呈現法國各地貨物流動情形的流線圖，就披在背景中的一張椅子上。能入畫就是一種榮譽，代表他以圖形傳達資訊的能力深受肯定，這項技能是資料視覺化從事者至今仍在仿效的。✳

左頁 這張地圖描繪1859年礦物燃料（煤炭和焦炭）從境外輸入法國，以及在法國境內運送的情形。線的粗細表示燃料量，1公厘代表2000公噸。不同顏色代表不同的來源。

上圖 在這張1858年全球移民地圖上，線條的顏色表示移民離開的國家。線條粗細代表移民數量，1公厘為1500人。

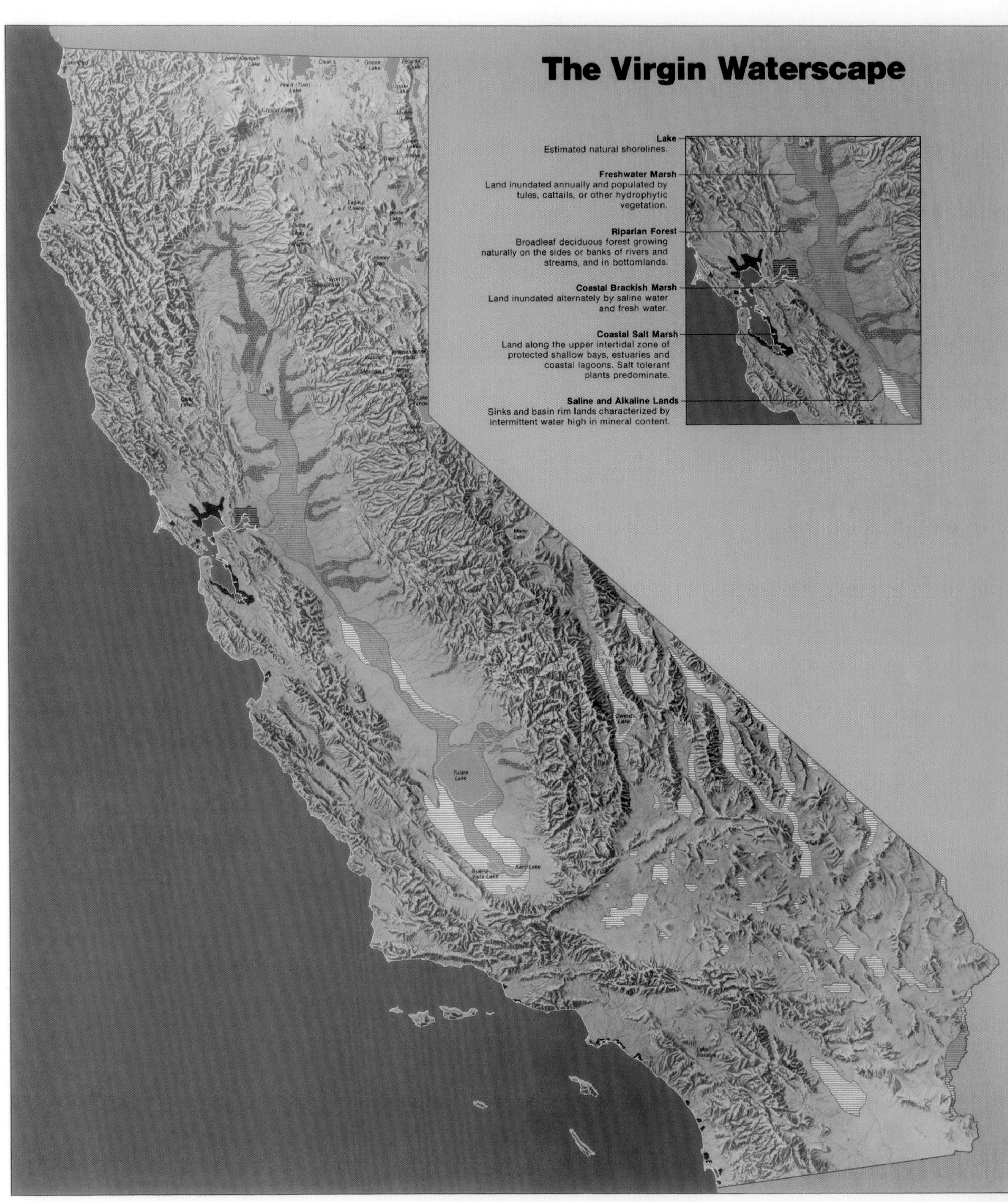
The Virgin Waterscape
Lake
Estimated natural shorelines.
Freshwater Marsh
Land inundated annually and populated by tules, cattails, or other hydrophytic vegetation.
Riparian Forest
Broadleaf deciduous forest growing naturally on the sides or banks of rivers and streams, and in bottomlands.
Coastal Brackish Marsh
Land inundated alternately by saline water and fresh water.
Coastal Salt Marsh
Land along the upper intertidal zone of protected shallow bays, estuaries and coastal lagoons. Salt tolerant plants predominate.
Saline and Alkaline Lands
Sinks and basin rim lands characterized by intermittent water high in mineral content.
Lower Klamath Lake
Clear L.
Goose Lake
Rhett (Tule) Lake
Crystal Lake
Tulare Lake
Kern Lake
Mono Lake
Owens Lake

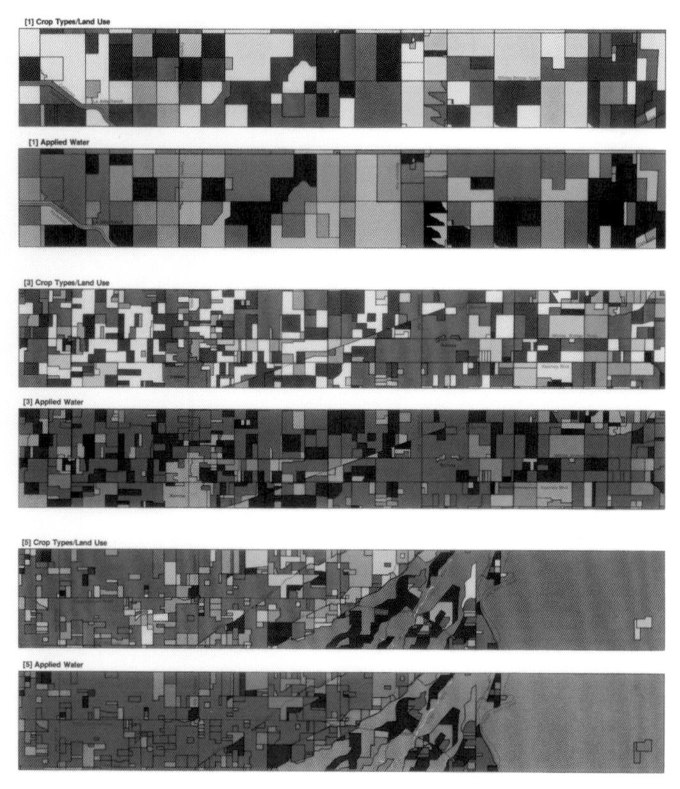

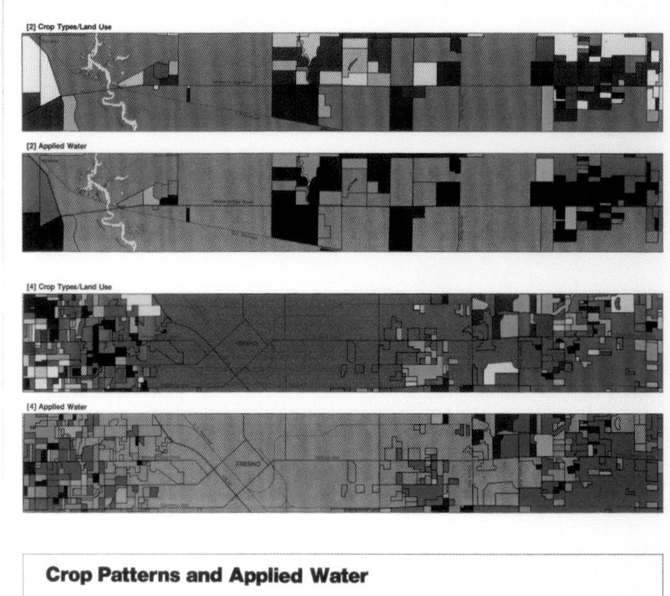

5 | 經 濟

加州的液體資產

追蹤世界第六大經濟體的水力來源

製作年份：1979年
來源：加州州長計畫與研究辦公室

「這本書講的是聯邦最富有、人口最多的州所發生的最大的故事。」一本企圖心驚人的政府出版品在前言中這麼寫道。《加州水地圖集》（The California Water Atlas）在1979年由州長計畫與研究辦公室（Office of Planning and Research）出版。整本地圖集試圖把加州最複雜、最具爭議性的問題之一：水資源利用，提煉成一系列地圖和視覺化資料，讓所有公民都能理解。製作這些地圖的人充滿了理想，希望以最先進的地圖製作法，使大眾對加州的水政策問題有更充分的認識。

加州的歷史和經濟與水密不可分。財富取決於水落在何處、導向何方、誰決定怎麼用。加州許多風景優美的自然特徵也和水的因素息息相關，從內華達山脈的冰川湖，到廣大的中央谷（Central Valley）裡曾經繁茂的溼地。

這本地圖集的構想出自年輕的加州州長傑瑞．布朗（Jerry Brown）的辦公室。布朗的自由派傾向和標新立異的態度，讓較保守的批評者稱他是「月光州長」（Governor Moonbeam）。布朗的一位顧問就是反文化英雄史都華．布蘭德（Stewart Brand），他創辦並主編《全球目錄》（Whole Earth Catalog），這是一本進步派雜誌兼政治行動指南。正是布蘭德大力促成水地圖集計畫。

布蘭德說，目標是要教育民眾加州的水是從哪裡來，又是怎麼用的。他堅稱沒有政治意

左頁 這張地圖呈現加州水道在受到顯著人為干涉之前的樣貌，依據的是1843年1878年間製作的老地圖，當時加州大部分地區相對而言尚未受移民影響。

上方 地圖集裡的這兩頁顯示加州的五個農業區，每個區以兩張一組的長條地圖表示，每組的上圖顯示種植的作物類型，下圖顯示灌溉水的用量。

圖。「沒有什麼『應該』，」他說，沒有所謂該做哪些事的處方。「任何人不管對這個議題的立場是什麼，都能在這本書上看到事實。」

整個計畫——從向州級和地方機構索取資料，到製作出地圖和圖表——只花了15個月就完成。這是一項驚人的成就，尤其是在還沒有電腦的時代。

這本地圖集從降雨和降雪區域的基礎知識開始，包括好幾張地圖，例如158頁的「原始水文」地圖，描繪尚未受到人為改變的加州湖泊、河流和溼地。接著概述歷史，說明州民如何在19世紀開始改變這些原貌，使河水改道，最初是為了採礦，後來是因應急遽發展的農業經濟，以及舊金山和洛杉磯等快速成長城市的需要。

書中的幾章探討水資源經濟，包括哪些產業用量最大（石油業和採煤業，而且遠超過其他產業），以及都會區水價和用水量的關係。圖表採用1970年代的時髦配色，跟現代的視覺化資料比起來可能很粗陋，但在前電腦時代，這種展現地圖和資料的創意是深具開創性的。

當時數位時代的黎明尚未到來，但已經不遠。加州州立大學北嶺分校的年輕地理學教授威廉．包溫（William Bowen）帶領這項計畫的一小群製圖人員，他說他偶然發現德州儀器有一種新型計算機可以開立方根，因而得到了一次突破。這項工具可以很快算出許多三維圖形的正確長寬高——儘管有人仍用尺在頁面上測量和劃記。

這本地圖集問世之後反應良好，廣受製圖師和水資源學者讚賞。原書最初售價為20美元，首刷很快銷售一空。布蘭德說，這本書好得過了頭，「結果我們做出來的書馬上就進了圖書館的珍善本室」，而不是如他所願成為一部持續更新、容易查閱的文獻。如果你今天有幸找到這本書求售，可能要價幾百美元。就布蘭德來說，這是個遺憾。「我們不經意創造了一件收藏品，而不是一件政策工具。」他說。✷

上圖 本圖呈現加州主要河流的水流量。黃色圖形表示單一年測得的實際流量，峰值通常出現在春季。對應的藍色圖形表示這條河流在沒有水壩或其他人為調整之下的估計流量。

右頁 在這張加州湖泊與水庫圖表上，巨大的藍色圓柱體代表塔荷湖（Lake Tahoe）。塔荷湖是世界上最深的湖泊之一，擁有151兆公升的水，傲視加州其他湖泊和水庫。

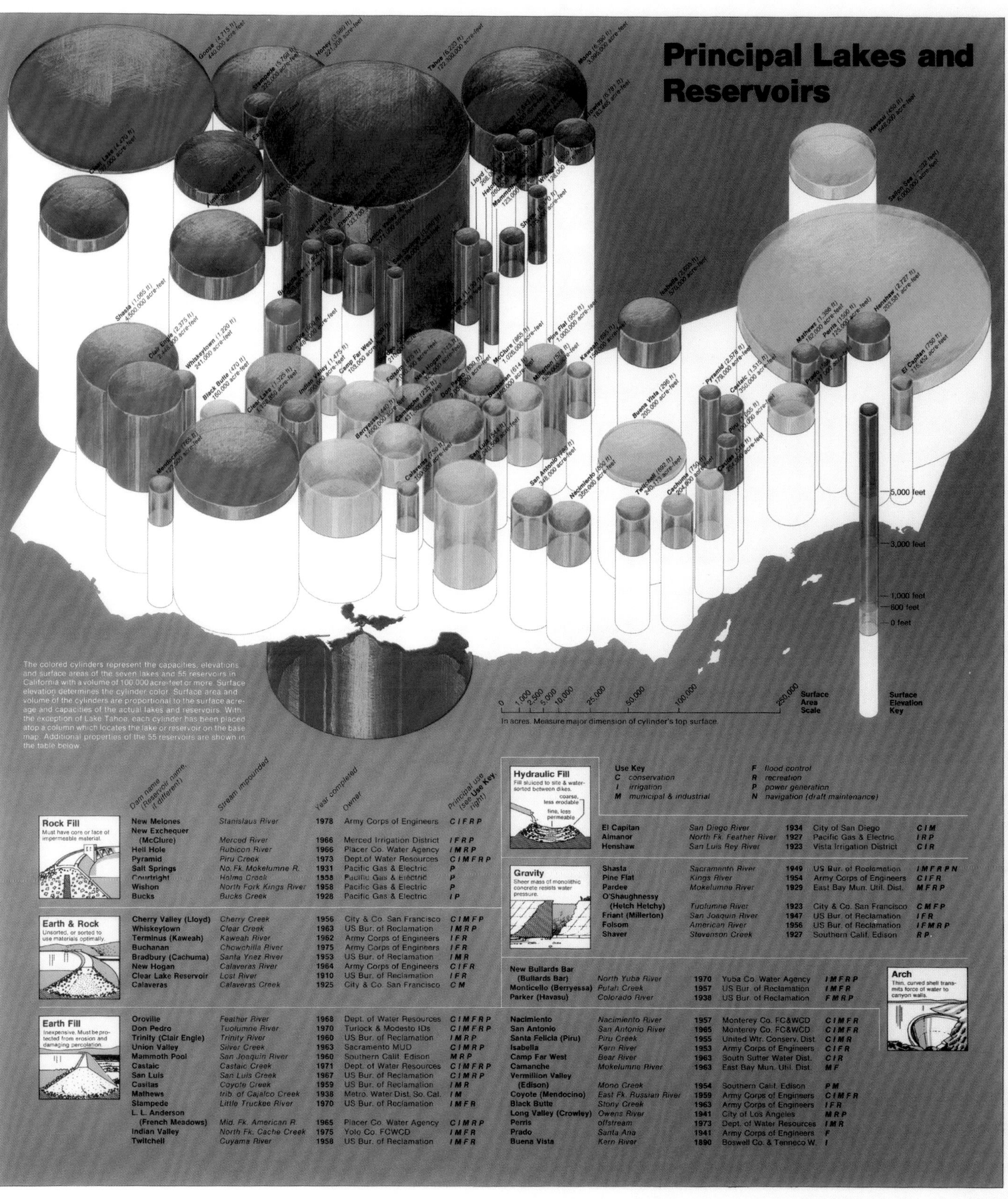

Principal Lakes and Reservoirs
The colored cylinders represent the capacities, elevations and surface areas of the seven lakes and 55 reservoirs in California with a volume of 100,000 acre-feet or more. Surface elevation determines the cylinder color. Surface area and volume of the cylinders are proportional to the surface acreage and capacities of the actual lakes and reservoirs. With the exception of Lake Tahoe, each cylinder has been placed atop a column which locates the lake or reservoir on the base map. Additional properties of the 55 reservoirs are shown in the table below.
0 1,000 2,500 5,000 10,000 25,000 50,000 100,000 250,000
Surface Area Scale
In acres. Measure major dimension of cylinder's top surface.
5,000 feet
3,000 feet
1,000 feet
600 feet
0 feet
Surface Elevation Key
Rock Fill
Must have core or face of impermeable material.
Earth & Rock
Unsorted, or sorted to use materials optimally.
Earth Fill
Inexpensive. Must be protected from erosion and damaging percolation.
Hydraulic Fill
Fill sluiced to site & water-sorted between dikes.
coarse, less erodable
fine, less permeable
Gravity
Sheer mass of monolithic concrete resists water pressure.
Arch
Thin, curved shell transmits force of water to canyon walls.

Use Key
C conservation
I irrigation
M municipal & industrial
F flood control
R recreation
P power generation
N navigation (draft maintenance)

Dam type	Dam name (Reservoir name, if different)	Stream impounded	Year completed	Owner	Principal use (see Use Key, right)
Rock Fill	New Melones	Stanislaus River	1978	Army Corps of Engineers	C I F R P
	New Exchequer (McClure)	Merced River	1966	Merced Irrigation District	I F R P
	Hell Hole	Rubicon River	1966	Placer Co. Water Agency	I M R P
	Pyramid	Piru Creek	1973	Dept.of Water Resources	C I M F R P
	Salt Springs	No. Fk. Mokelumne R.	1931	Pacific Gas & Electric	P
	Courtright	Helms Creek	1958	Pacific Gas & Electric	P
	Wishon	North Fork Kings River	1958	Pacific Gas & Electric	P
	Bucks	Bucks Creek	1928	Pacific Gas & Electric	I P
Earth & Rock	Cherry Valley (Lloyd)	Cherry Creek	1956	City & Co. San Francisco	C I M F P
	Whiskeytown	Clear Creek	1963	US Bur. of Reclamation	I M R P
	Terminus (Kaweah)	Kaweah River	1962	Army Corps of Engineers	I F R
	Buchanan	Chowchilla River	1975	Army Corps of Engineers	I F R
	Bradbury (Cachuma)	Santa Ynez River	1953	US Bur. of Reclamation	I M R
	New Hogan	Calaveras River	1964	Army Corps of Engineers	C I F R
	Clear Lake Reservoir	Lost River	1910	US Bur. of Reclamation	I F R
	Calaveras	Calaveras Creek	1925	City & Co. San Francisco	C M
Earth Fill	Oroville	Feather River	1968	Dept. of Water Resources	C I M F R P
	Don Pedro	Tuolumne River	1970	Turlock & Modesto IDs	C I M F R P
	Trinity (Clair Engle)	Trinity River	1960	US Bur. of Reclamation	I M R P
	Union Valley	Silver Creek	1963	Sacramento MUD	C I M R P
	Mammoth Pool	San Joaquin River	1960	Southern Calif. Edison	M R P
	Castaic	Castaic Creek	1971	Dept. of Water Resources	C I M F R P
	San Luis	San Luis Creek	1967	US Bur. of Reclamation	C I M R P
	Casitas	Coyote Creek	1959	US Bur. of Reclamation	I M R
	Mathews	trib. of Cajalco Creek	1938	Metro. Water Dist. So. Cal.	I M
	Stampede	Little Truckee River	1970	US Bur. of Reclamation	I M F R
	L. L. Anderson (French Meadows)	Mid. Fk. American R.	1965	Placer Co. Water Agency	C I M R P
	Indian Valley	North Fk. Cache Creek	1975	Yolo Co. FCWCD	I M F R
	Twitchell	Cuyama River	1958	US Bur. of Reclamation	I M F R
	Nacimiento	Nacimiento River	1957	Monterey Co. FC&WCD	C I M F R
	San Antonio	San Antonio River	1965	Monterey Co. FC&WCD	C I M F R
	Santa Felicia (Piru)	Piru Creek	1955	United Wtr. Conserv. Dist.	C I M R
	Isabella	Kern River	1953	Army Corps of Engineers	C I F R
	Camp Far West	Bear River	1963	South Sutter Water Dist.	C I R
	Camanche	Mokelumne River	1963	East Bay Mun. Util. Dist.	M F
	Vermillion Valley (Edison)	Mono Creek	1954	Southern Calif. Edison	P M
	Coyote (Mendocino)	East Fk. Russian River	1959	Army Corps of Engineers	C I M F R
	Black Butte	Stony Creek	1963	Army Corps of Engineers	I F R
	Long Valley (Crowley)	Owens River	1941	City of Los Angeles	M R P
	Perris	offstream	1973	Dept. of Water Resources	I M R
	Prado	Santa Ana	1941	Army Corps of Engineers	F
	Buena Vista	Kern River	1890	Boswell Co. & Tenneco W.	I
Hydraulic Fill	El Capitan	San Diego River	1934	City of San Diego	C I M
	Almanor	North Fk. Feather River	1927	Pacific Gas & Electric	I R P
	Henshaw	San Luis Rey River	1923	Vista Irrigation District	C I R
Gravity	Shasta	Sacramento River	1949	US Bur. of Reclamation	I M F R P N
	Pine Flat	Kings River	1954	Army Corps of Engineers	C I F R
	Pardee	Mokelumne River	1929	East Bay Mun. Util. Dist.	M F R P
	O'Shaughnessy (Hetch Hetchy)	Tuolumne River	1923	City & Co. San Francisco	C M F P
	Friant (Millerton)	San Joaquin River	1947	US Bur. of Reclamation	I F R
	Folsom	American River	1956	US Bur. of Reclamation	I F M R P
	Shaver	Stevenson Creek	1927	Southern Calif. Edison	R P
Arch	New Bullards Bar (Bullards Bar)	North Yuba River	1970	Yuba Co. Water Agency	I M F R P
	Monticello (Berryessa)	Putah Creek	1957	US Bur. of Reclamation	I M F R
	Parker (Havasu)	Colorado River	1938	US Bur. of Reclamation	F M R P

差點就沒了的銀礦地圖

打敗仗讓一位執著的義大利伯爵幾乎賠掉出版畢生心血的機會

製作年份：1726年
來源：蓋提研究中心（GETTY RESEARCH INSTITUTE）

義大利的路易吉・費南多・馬西利（Luigi Fernando Marsigli，有時拼寫為Marsili）伯爵在1704年陷入了困境。馬西利是神聖羅馬皇帝的將領，在西班牙繼承戰爭期間奉派防守萊茵河上的一座重要城堡，抵擋法軍來犯。由於寡不敵眾加上補給不足，這座城堡在法軍進攻13天後就投降了。對此皇帝極為不悅，擔任副指揮官的馬西利不但被撤職，還在公開儀式上受辱，佩刀被當場弄斷成數截。指揮官則被斬首。

這次事件危及馬西利原本即將出版的畢生心血：一部關於多瑙河——歐洲第二長河兼商業要道——的自然暨人文歷史的專題巨著。馬西利花了超過20年，以軍事工程師兼軍官的身分走訪這個區域。受到追根究柢的精神所驅使，他帶著顯微鏡等科學儀器，對本區的地質、植物、動物和聚落做了廣泛的筆記和詳細的素描。這張地圖描繪匈牙利王國境內的班斯卡史提亞夫尼察（Banská Štiavnica）（位於今斯洛伐克）的一座著名銀礦。

這個地區在2000多年前就開始採礦了。到了馬西利的時代，這座礦場已是一項技術奇蹟，也是區域經濟的重要推動力。這位人脈很好的伯爵動用關係，讓礦場老闆允許他進到裡面去，把豎井和通道畫下來，因而創造出這些獨特的圖面，詳細地呈現礦井內部的作業現場。馬西利的地圖顯示了礦坑伸進村子底下有多深。看得更仔細一點，還能看見揮著十字鎬和錘子、打著提燈的礦工。

公然受辱後，馬西利一直很低調。但過了20年，就在即將過世之前，他說服了一家荷蘭出版商製作一套六卷的專書，其中包含了這張採礦地圖。「有誰會想到這部作品竟然會在我經歷這一切浮沉之後得見天日？」馬西利在前言中寫道。接著他寫下：然而，一度看似無望的事情終究還是實現了。⁕

這座銀礦裡的通道（顯示為大致水平的線條）順著礦脈延伸，採到的礦石就裝進皮革袋裡，用推車送往幾座豎井，再透過巧妙的裝置，由地面上的馬匹或人力轉動輪子，把礦石拉上去。

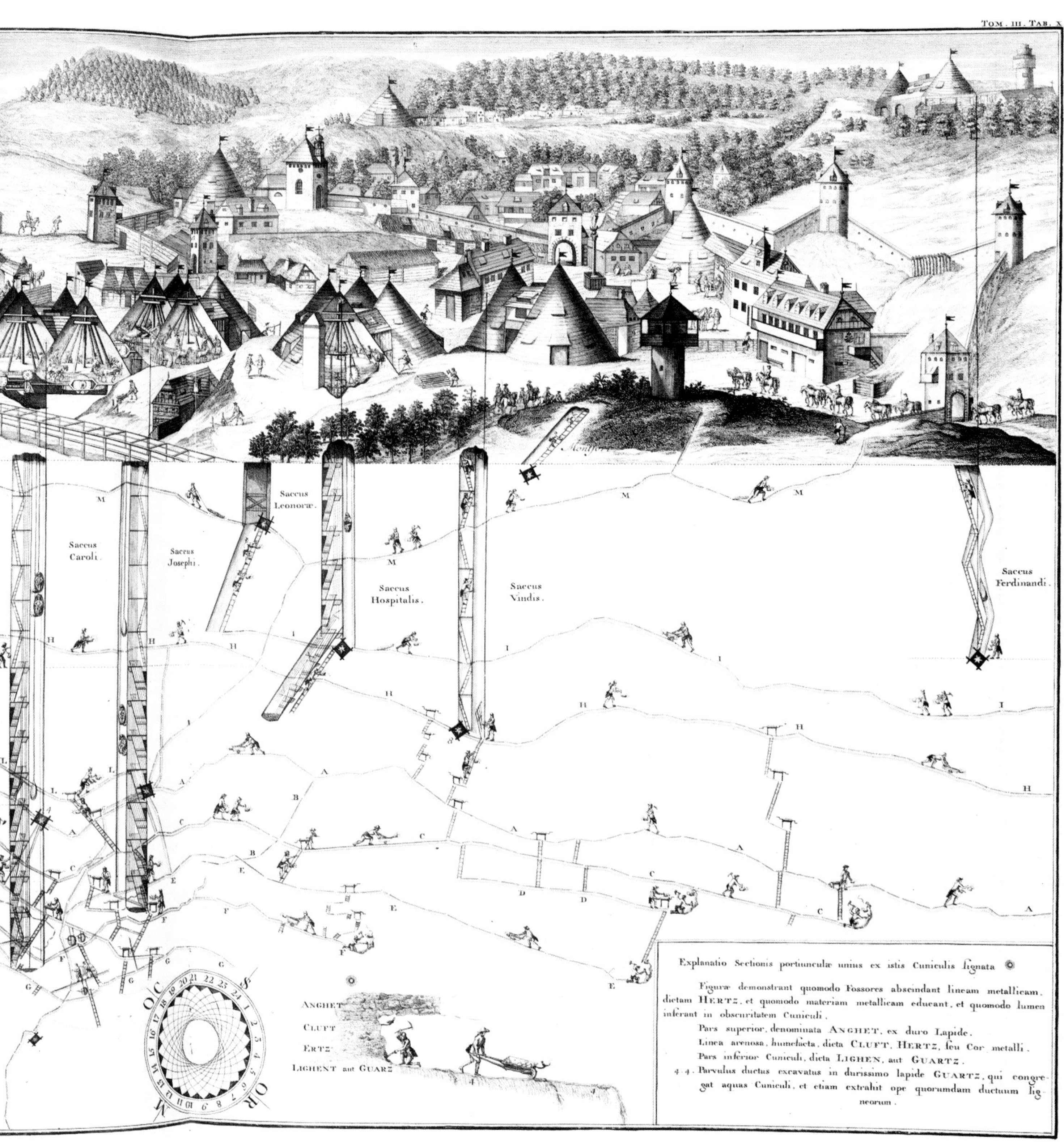
Tom. III. Tab. X.
Saccus Caroli.
Saccus Josephi.
Saccus Leonoræ.
Saccus Hospitalis.
Saccus Viridis.
Saccus Ferdinandi.
Explanatio Sectionis portiunculæ unius ex istis Cuniculis signata
Figuræ demonstrant quomodo Fossores abscindant lineam metallicam, dictam HERTZ, et quomodo materiam metallicam educant, et quomodo lumen inferant in obscuritatem Cuniculi.
Pars superior, denominata ANGHET, ex duro Lapide.
Linea arenosa, humefacta, dicta CLUFT, HERTZ, seu Cor metalli.
Pars inferior Cuniculi, dicta LIGHEN, aut GUARTZ.
4.4. Parvulus ductus excavatus in durissimo lapide GUARTZ, qui congregat aquas Cuniculi, et etiam extrahit ope quorumdam ductuum ligneorum.
ANGHET
CLUFT
ERTZ
LIGHENT aut GUARZ

測繪美國廠區內部

透視20世紀初推動美國工業榮景的工廠

製作年份： 1894－1950年
來源： 桑伯恩地圖公司（SANBORN MAP COMPANY）

伯利恆鋼鐵公司在19世紀末，靠著供應鋼鐵給美國新興的鐵路網而起家。在往後數十年，這家公司成為全美工業化和都市化浪潮的一大助力，生產非常多的品項，從美國海軍的火砲和船艦，到全世界第一座摩天輪上41公噸重的輪軸。芝加哥多座摩天大樓和金門大橋也是用伯利恆的鋼鐵建造的。

根據這些記述，我們知道他們搶來的最有價值的珍寶之一並非黃金或白銀，而是一份西班牙航海圖集。夏普後來找人依樣製作了一份彩色插圖的英文抄本，獻給英格蘭國王——這件禮物很可能保住了他的自由，甚至是他的性命。

這幾張20世紀初的地圖提供了獨特的視野，讓我們得以一窺伯利恆鋼鐵廠等代表性的美國工業場所在全盛時期的內部狀況。這些圖選自為了投保火險而製作的地圖集，保險公司據此評估承保各種建物和設施的風險，並決定費率。

下面這張1912年地圖顯示位於賓州東部利哈伊河（Lehigh River）河岸廣大的伯利恆鋼鐵廠區。地圖上的註解提到當時廠內雇員有1萬2000人，日夜輪班運作。鐵路把原料帶來，把成品帶走。圖上標註了鼓風爐和鑄造廠的尺寸，並以不同顏色表示用不同建材蓋成的機工間，有些機工間似乎是專門製造砲彈、裝甲板和橋梁部件。由於廠內到處是爐火和熔融金屬，保險代理人看到伯利恆鋼鐵公司自己有一個大約150人的消防部門，一定感到很欣慰。

製作這些地圖的桑伯恩地圖公司，是在1866年由測量員丹尼爾．阿佛雷德．桑伯恩（Daniel Alfred Sanborn）創辦。這家公司測繪了至少1萬3000個美國城鎮，會派出測量員進入大街小巷，實際測量建物尺寸並記下建築材料。測量員也會檢視工廠和商業建築的內部，記下是否使用易燃材料和有無灑水系統等相關細節。

桑伯恩公司的測量員和製圖師遵守一套嚴格規範，內容就列在一部受到嚴密保管的公司手冊裡。他們有很清楚的記錄對象，每件東西也有固定的畫法和顏色編碼。雖然沒有在作品上留名，但從標題頁上華麗的花飾即可看出他們的藝術才能，例如167頁這張圖，就出自他們1894年的一本中大西洋區威士忌倉庫地圖集。

很多大城市都有自己的桑伯恩地圖集。單單一冊可能就有20公分厚，重量將近14公斤。保險公司會租一套自家承保區域的地圖集，桑伯恩的員工會定期來訪並加以更新，可能是在地圖上貼一張紙片，表示這裡多了一棟新建築，或是更改建築物的註記。這些紙片有特定的編排方式，每一張都有資訊顯示該貼在

這些地圖出自一本1912年火災保險地圖集（下圖），顯示伯利恆鋼鐵公司全盛期的樣貌。各種顏色對應到不同建材：藍色代表混凝土、紅色代表磚塊、黃色表示木結構。右頁的局部圖顯示幾座用來從礦石提取金屬的鼓風爐（上圖），以及廠內的幾個機工間，包括砲彈鍛造場（下圖）。

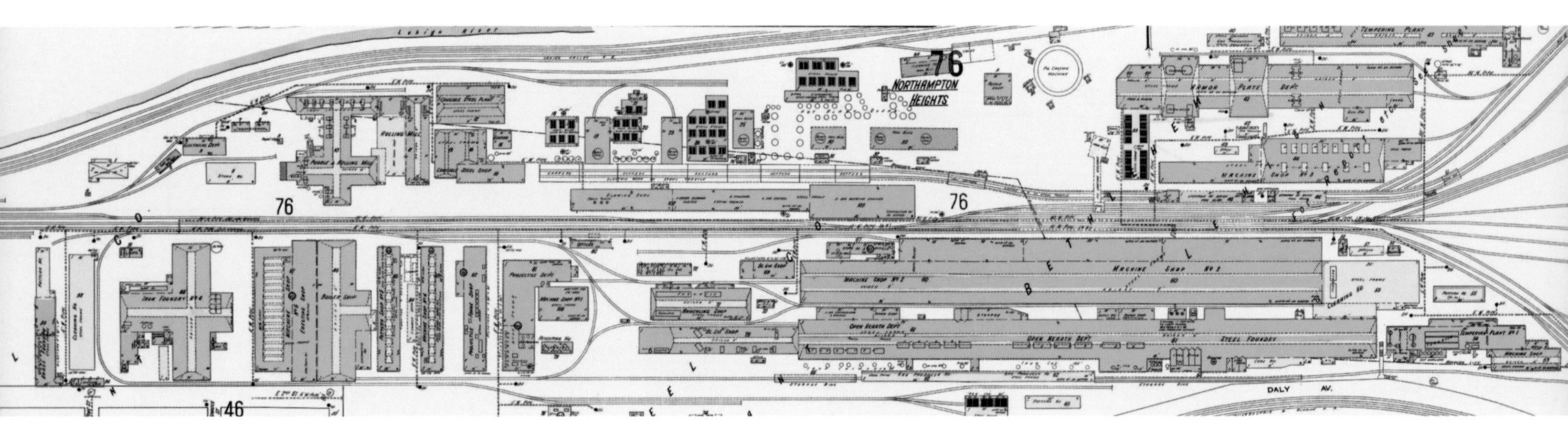

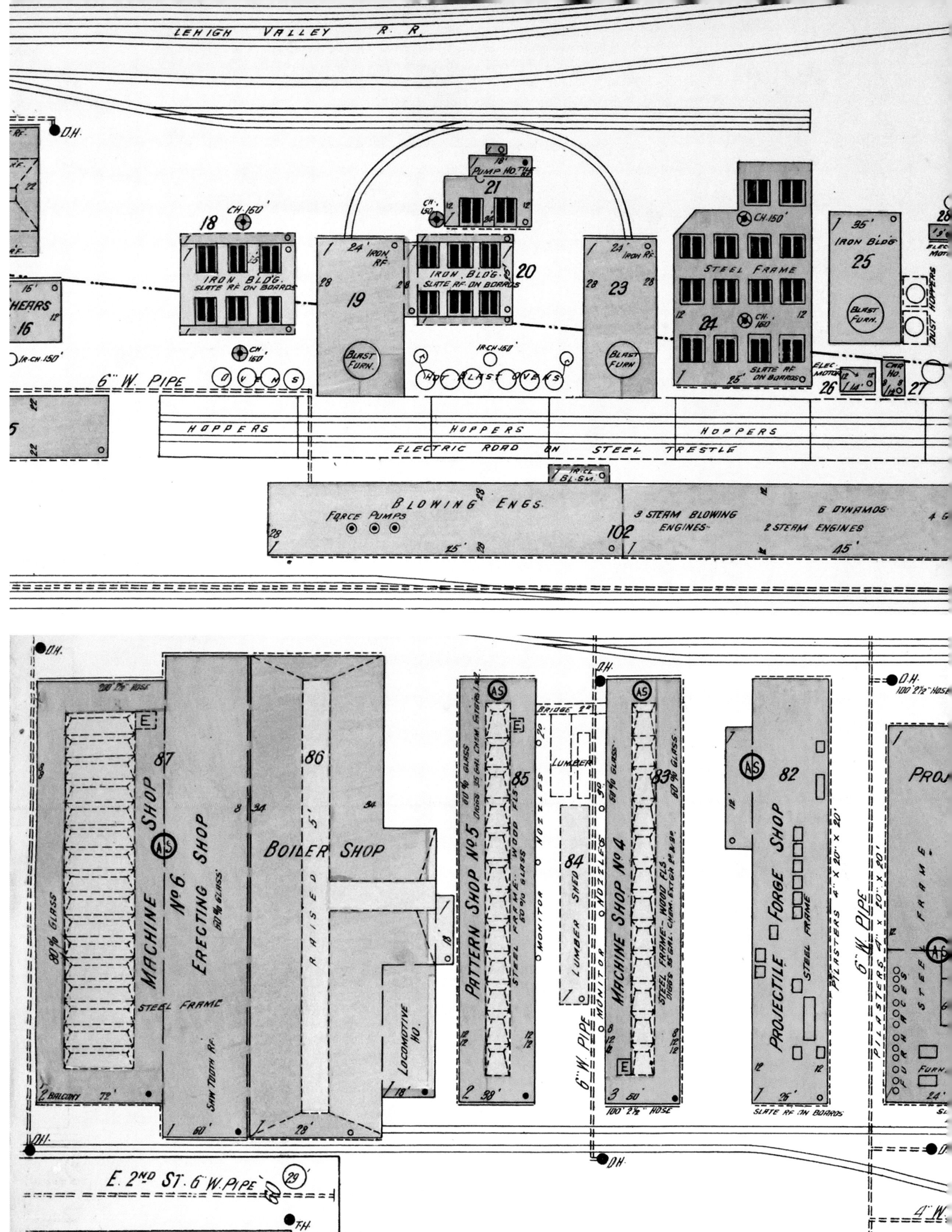
LEHIGH VALLEY R. R.
IRON BLDG. SLATE RF. ON BOARDS
IRON BLDG. SLATE RF. ON BOARDS
PUMP HO.
STEEL FRAME
IRON BLDG.
BLAST FURN.
HOT BLAST OVENS
OVENS
6" W. PIPE
HOPPERS
ELECTRIC ROAD ON STEEL TRESTLE
DUST HOPPERS
BLOWING ENGS.
FORCE PUMPS
3 STEAM BLOWING ENGINES
6 DYNAMOS
2 STEAM ENGINES
MACHINE SHOP No 6
ERECTING SHOP
STEEL FRAME
SAW TOOTH RF.
BOILER SHOP
RAISED
LOCOMOTIVE HO.
PATTERN SHOP No 5
LUMBER
LUMBER SHED
MONITOR
NOZZLES
MACHINE SHOP No 4
PROJECTILE FORGE SHOP
STEEL FRAME
SLATE RF. ON BOARDS
PILASTERS
FURNACES
E. 2ND ST. 6 W. PIPE

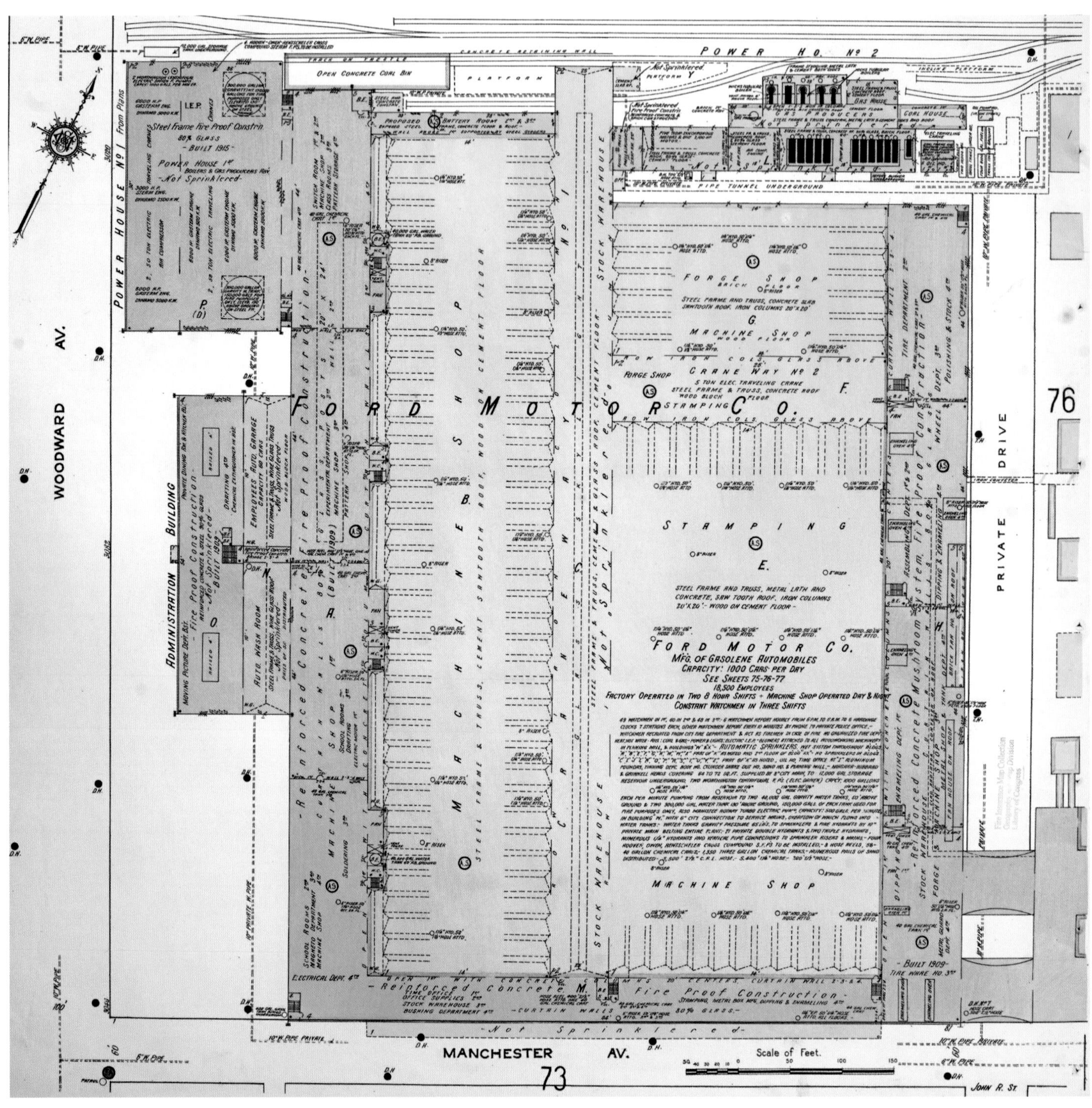

地圖上的哪裡，並有微小的標記，貼的時候用來對準位置（見右頁）。

火險地圖業務在1950年代開始衰退，當時保險公司改用統計方法來估計風險，不再詳細評估每處地產。但這些老地圖還是很吸引城市地理學者和歷史學者——或者任何想知道某個地方如何變遷的人。

伯利恆鋼鐵廠在1995年關閉，幾年後申請破產。如今舊址已經再生為一處藝術兼娛樂場所。其中兩座鼓風爐還留在原地，各自的70公尺煙囪依然矗立，讓人緬懷這裡作為工廠的往日時光。✷

上圖 亨利・福特位於密西根州高地公園的汽車工廠在1910年開業時，就在工業效率上創造了奇蹟（圖為1915年桑伯恩公司製作的一張福特汽車廠地圖）。巨大的窗戶和開闊的平面規畫除了提供充足的自然光，也讓機器可以緊密擺放，減少工人動作上的浪費。

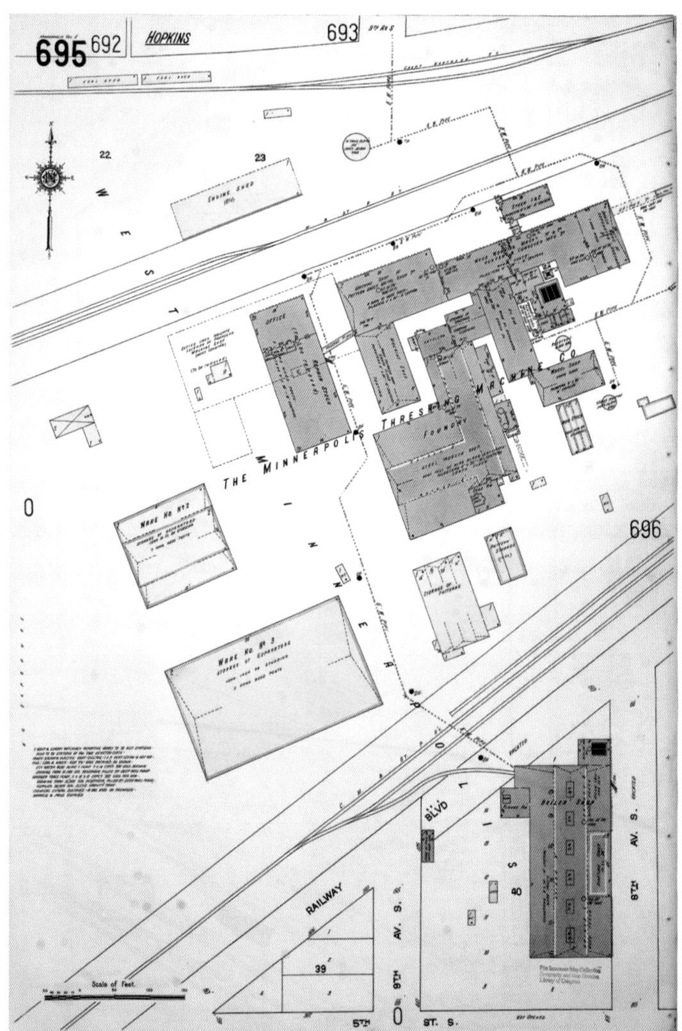

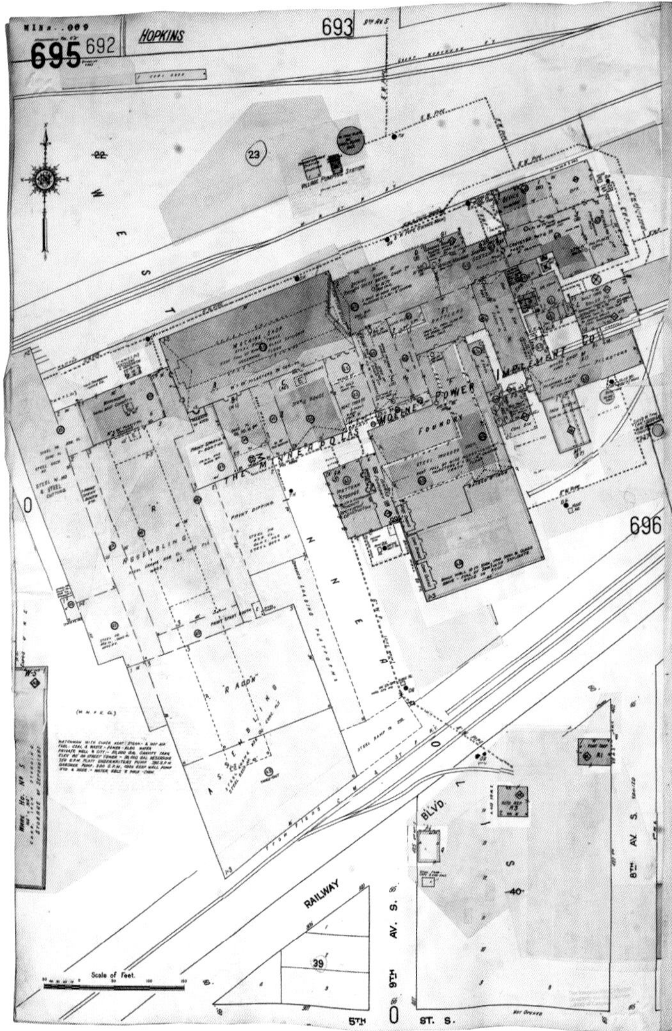

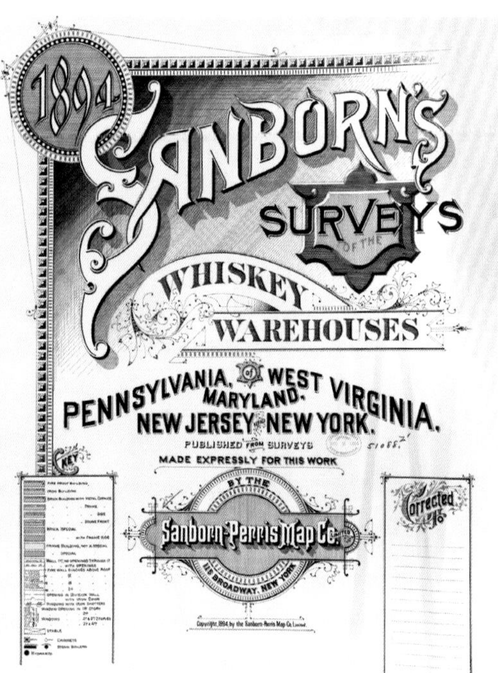

上圖 位於明尼蘇達州霍普金斯的明尼亞波利斯－莫林公司，為美國農民提供曳引機等機具，在1912年（左）到1950年（右）之間快速擴張。1950年地圖上的暗色輪廓，就是桑伯恩公司員工貼過紙片的地方，目的是標示出自上一版以來新建成或已拆除的建築物。

左圖 地圖集的華麗標題頁顯示了桑伯恩公司製圖員的藝術才華，例如這本收錄了賓州、西維吉尼亞州、馬里蘭州、新澤西州和紐約州威士忌倉庫的1894年地圖集。這些地圖集裡的地圖都遵循一套嚴格的一致性規範，但標題頁的設計還是各有不同。

當飛行成了娛樂

在老地圖中感受早期商業航班的浪漫與冒險

製作年份：1920年代
來源：英國航空、安伯利出版（AMBERLY PUBLISHING）

對夠有錢的人來說，在20世紀上半葉有一種新奇刺激的旅行模式可以嘗試：搭乘商業航班飛上天。以往走海路要花好幾週的行程，搭飛機只要幾天。例如倫敦人可以飛到巴黎去度個週末再回來。

「航空在當時是革命性的旅行方式，」擔任英國航空歷史文物中心（British Airways Heritage Collection）主管的作家保羅．賈維斯（Paul Jarvis）說，「帶有某種神祕和冒險的氣氛。」

隨著航空業開始發展，地圖成了一種重要的廣告工具，一方面利用不再遙不可及的異國景點來撩撥民眾的旅行慾望，同時把這種看待世界的新方式浪漫化。

賈維斯說，1918年一次大戰結束後，很多飛行員突然發現閒暇時間變多了，有些人決定受聘幫人開飛機，於是幾家小型私人航空公司冒了出來，利用舊軍機成立機隊。1924年，英國政府收購這些航空公司中最好的四家，合併為帝國航空（Imperial Airways），是今天英國航空最早的前身。

早期的航空廣告強調豪華和舒適，並以一般人較熟悉的船艙來比擬（見170頁下圖）。就和

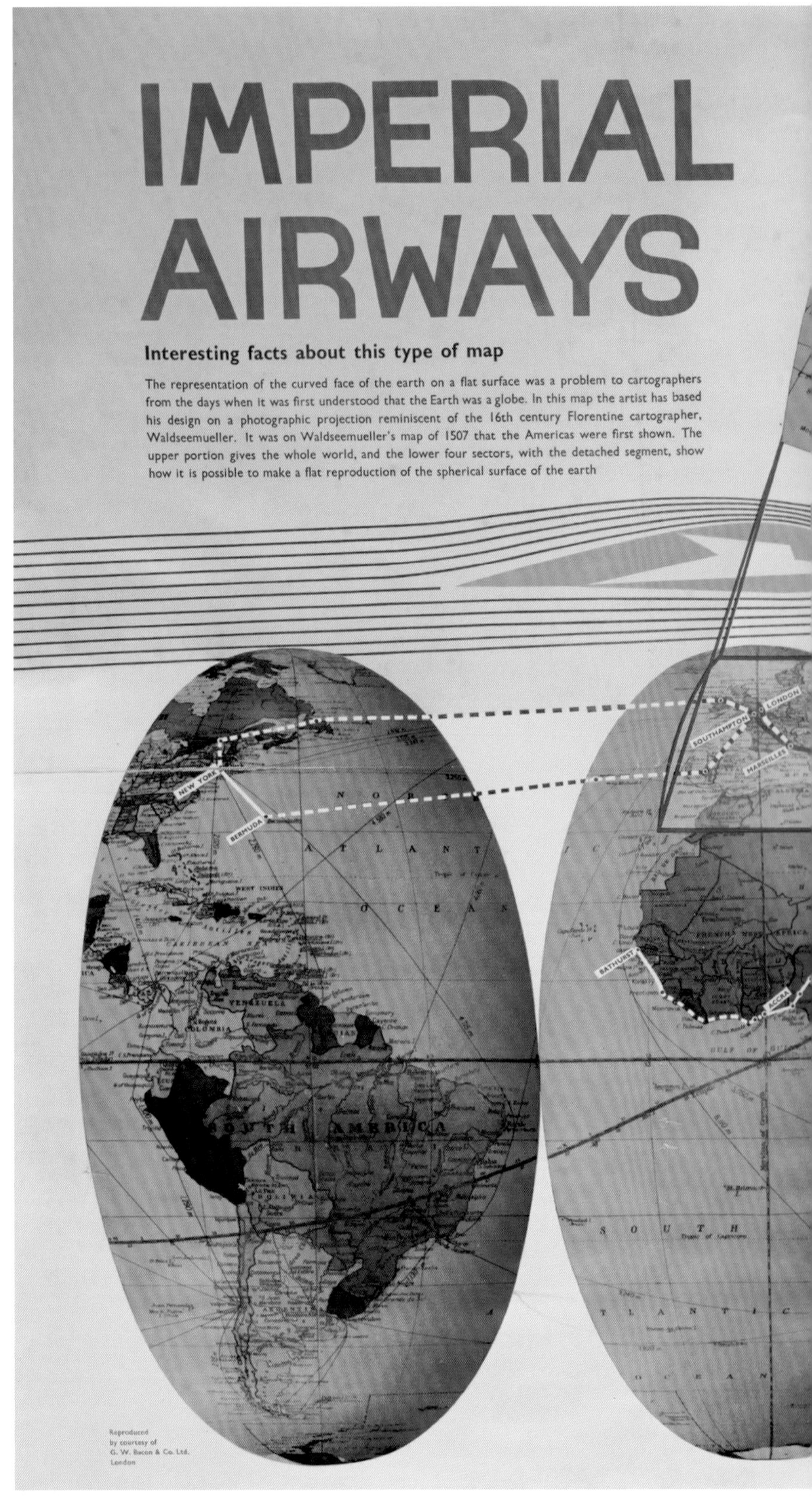

IMPERIAL
AIRWAYS
Interesting facts about this type of map
The representation of the curved face of the earth on a flat surface was a problem to cartographers from the days when it was first understood that the Earth was a globe. In this map the artist has based his design on a photographic projection reminiscent of the 16th century Florentine cartographer, Waldseemueller. It was on Waldseemueller's map of 1507 that the Americas were first shown. The upper portion gives the whole world, and the lower four sectors, with the detached segment, show how it is possible to make a flat reproduction of the spherical surface of the earth
NEW YORK
BERMUDA
SOUTHAMPTON
LONDON
MARSEILLES
BATHURST
ACCRA
SOUTH AMERICA

這張1938年帝國航空的航線圖幫讀者上了一堂製圖課：圖中把地球攤平所用的投影法，根據的是16世紀製圖師馬汀．瓦爾德澤米勒（Martin Waldseemüller）的概念。

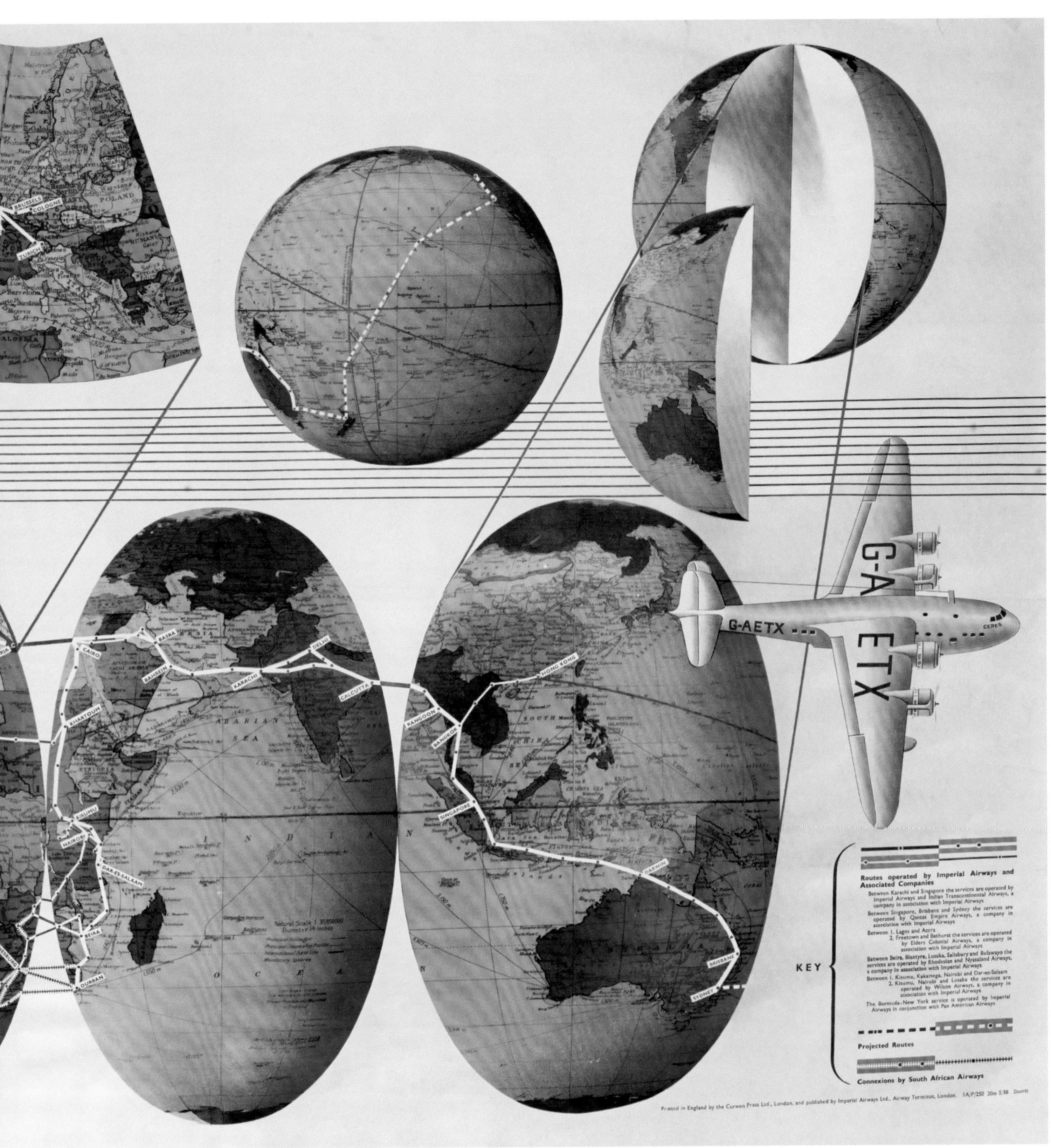
CAIRO
BASRA
BAHREIN
KARACHI
DELHI
CALCUTTA
KHARTOUM
KISUMU
NAIROBI
DAR-ES-SALAAM
BEIRA
DURBAN
RANGOON
BANGKOK
HONG KONG
SINGAPORE
DARWIN
BRISBANE
SYDNEY
BRUSSELS
COLOGNE
ZURICH
POLAND
ARABIAN SEA
INDIAN OCEAN
G-AETX
CERES
KEY
Routes operated by Imperial Airways and Associated Companies
Between Karachi and Singapore the services are operated by Imperial Airways and Indian Transcontinental Airways, a company in association with Imperial Airways
Between Singapore, Brisbane and Sydney the services are operated by Qantas Empire Airways, a company in association with Imperial Airways
Between 1. Lagos and Accra 2. Freetown and Bathurst the services are operated by Elders Colonial Airways, a company in association with Imperial Airways
Between Beira, Blantyre, Lusaka, Salisbury and Bulawayo the services are operated by Rhodesian and Nyasaland Airways, a company in association with Imperial Airways
Between 1. Kisumu, Kakamega, Nairobi and Dar-es-Salaam 2. Kisumu, Nairobi and Lusaka the services are operated by Wilson Airways, a company in association with Imperial Airways
The Bermuda-New York service is operated by Imperial Airways in conjunction with Pan American Airways
Projected Routes
Connexions by South African Airways
Printed in England by the Curwen Press Ltd., London, and published by Imperial Airways Ltd., Airway Terminus, London. IA/P/250 20m 5/38 Stuarts

B·O·A·C
WORLD AIR ROUTES
EASTERN HEMISPHERE
PACIFIC OCEAN
ATLANTIC OCEAN
INDIAN OCEAN
TROPIC OF CANCER
EQUATOR
TROPIC OF CAPRICORN

AN IMPERIAL FLYING-BOAT
SPEED WITH SPACIOUS COMFORT
SMOKING ROOM · PROMENADE DECK · 4 ENGINES
IMPERIAL AIRWAYS
EUROPE · AFRICA · INDIA · THE FAR EAST · AUSTRALIA · U.S.A.

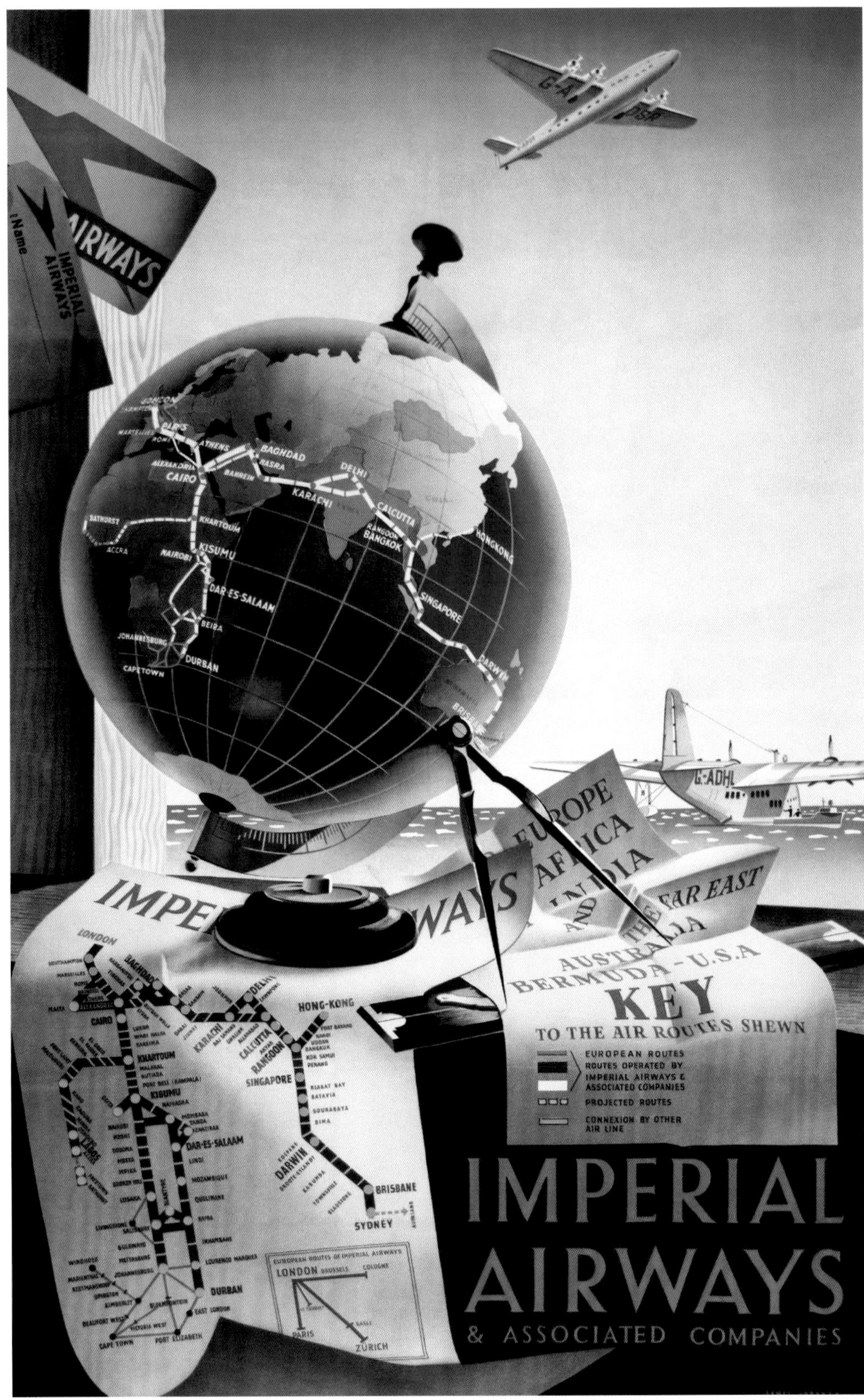

左頁上圖 這張1950年代的航線圖上畫了駱駝、袋鼠和異國裝扮的人，航點包括英國在南亞、非洲和澳洲的殖民哨站。

左頁下圖 早期航空公司廣告都強調豪華和舒適，並以一般人較熟悉的船上客艙來比擬，例如這張1937年左右的廣告。

上圖 這張1938年海報出自藝術家詹姆斯．加德納（James Gardner）之手，海報上這幅寫意的航線圖，可能是受到哈利．貝克（Harry Beck）著名的1933年倫敦地鐵圖所啟發。

船上一樣，飛機上的廚房也叫作廚艙（galley），賈維斯在2016年的著作《標繪航路》（Mapping the Airways）中寫道，「在1930年代的大型飛船上，還有散步甲板讓乘客社交，而且真的可以透過舷窗看著世界在幾千英尺底下慢慢掠過。」

一開始，「飛行只屬於富人，或政府公僕、軍方和生意人。」賈維斯說。有能力搭飛機的人習慣了豪華的鐵路車廂，所以飛行時也會期待類似的設施。比方說，飛機內裝可能會用上桃花心木貼面，來模仿普爾曼鐵路車廂的桃花心木實木家具。乘客也為了搭機而打扮。「男性會穿上西裝和有領襯衫，打上領帶。」賈維斯說。

這些早期旅行花在路程上的時間，在今天看來似乎慢得可笑，但當時的人一定覺得快得不得了。有一份1935年帝國航空時刻表，列出從布魯塞爾到剛果的九個停點，其中幾段旅程是要搭火車的。廣告中說整趟需時四天半，但賈維斯認為肯定至少要五天。「機票錢包含所有的飯店，所有的轉乘，所有的餐飲。」他說。

1920年代和1930年代的空中旅行也比較危險。賈維斯在英航收藏品中找到一張地圖，圖上畫出了山丘等地標，讓機師萬一需要在開羅和巴格達之間的沙漠上迫降時，用來確定自己的所在位置。圖上還提到某些道路狀況很差，說「巨礫很多，非常難走」，暗指救援會來得很慢。

二次大戰期間，全歐洲的商業航班都停飛。賈維斯說，英國的航線都被軍方接管用於執行任務，例如把駕駛軍機前來支援盟軍的美國、加拿大飛行員送回國。還有冷戰的影響。整個1970年代，蘇聯嚴格管制進出柏林三座機場的空中交通。當時有一張地圖用幾條細線表示允許飛行的路徑，此外全部封鎖。

20世紀上半葉的航空地圖加入了裝飾藝術，和其他當代藝術運動的元素。許多作品出自著名的藝術家和設計師，包括拉斯洛．莫侯利－納吉（László Moholy-Nagy），他是1920年代到1930年代初德國包浩斯藝術暨設計學校的領軍人物。

今天你在飛機椅背袋裡看到的地圖就沒有這種情懷了。就算是沒經歷過那個時代的人，還是很容易對以前不用大排長龍接受安檢和搜身的年代產生懷舊之情，那時只要穿上漂亮衣服，坐上飛機，五天後就到剛果了。✳

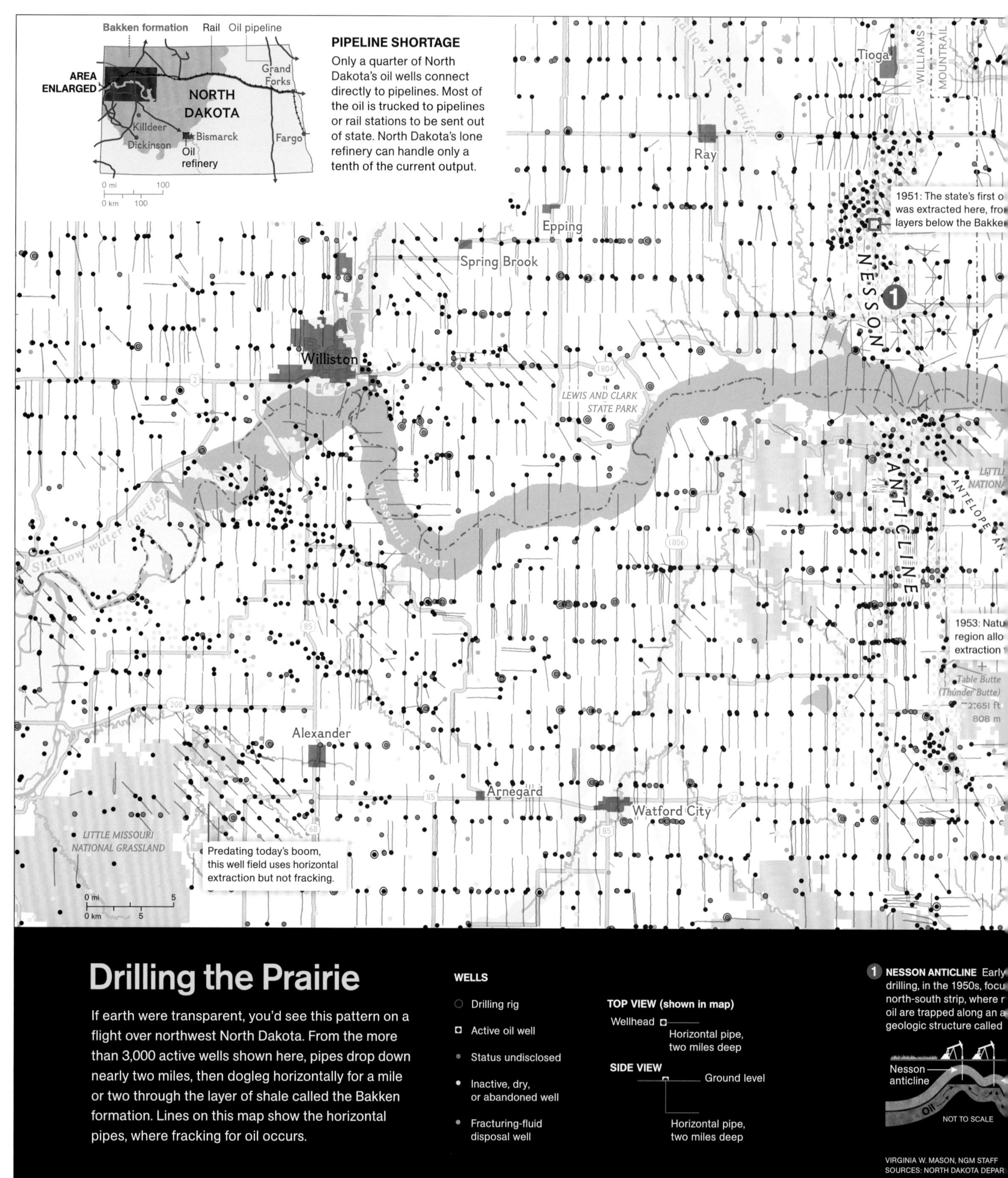

Drilling the Prairie

If earth were transparent, you'd see this pattern on a flight over northwest North Dakota. From the more than 3,000 active wells shown here, pipes drop down nearly two miles, then dogleg horizontally for a mile or two through the layer of shale called the Bakken formation. Lines on this map show the horizontal pipes, where fracking for oil occurs.

油頁岩熱潮

把北達科他州的「地下經濟」攤在陽光下

製作年份：2013年
來源：國家地理製圖師吉妮・梅森（GINNY MASON）

北達科他州在2013年，每天從巴肯地層（Bakken formation）中汲取超過80萬桶原油，這片3500萬年的岩層位於州境內西北角地下3公里左右。這張地圖出自《國家地理》雜誌2013年3月號，揭露了這項規模龐大的地下活動，這在地表的草原上是看不到的。

在這張地圖問世的十多年前，因為水力壓裂法（簡稱壓裂法）這種鑽探技術有了進展，加上高油價，以及要求美國減少依賴外國化石燃料的呼聲，導致這場熱潮開始醞釀。這種型態的原油開採已經成為美國化石燃料生產的重要部分，不過對氣候和當地環境的影響十分堪慮。用壓裂法開採石油或天然氣，是靠高壓把特殊的混合液灌進岩石，造成岩石開裂。混合液裡的沙粒會卡在裂縫裡，把裂縫撐開，讓石油和天然氣可以流過。

石油公司使用新的定向鑽探技術，垂直向下鑽到巴肯地層，然後轉彎90度，沿著岩層再水平鑽鑿2、3公里，盡可能將岩層壓裂。這種做法使北達科他州在2015年和2017年的每日產量增加到超過100萬桶。地圖上的水平通道是以從圓點延伸出去的線條來標示，每個圓點都代表當時在北達科他州威利斯頓（Williston）地區穿入巴肯地層的一口油井，總數是3000口，而全州有8000口油井。製圖師吉妮・梅森利用油井型態的可見差異，顯示這處油田如何隨著時間演變。

地圖上數字1附近的密集圓點，多數為傳統式的1950年代油井，開採的是匯聚在一處拱形岩層底下、最容易取得的原油。數字3附近連著短線的油井，是2006年左右熱潮之初的早期壓裂井。數字2附近密集的線條反映出由於技術的進步，得以鑽出更長的水平油井，降低成本，並使地表更多空間不受鑽井平臺破壞。

梅森說製作這張地圖最大的困難，是取得關於這個複雜又具爭議性的主題的大量資訊，再用清楚、易懂又正確的方式呈現出來。✳

地圖上的每個圓點都代表北達科他州西北部的一座油井。從圓點延伸出去的線條，代表水力壓裂法鑽出的橫向鑽探井。

茶葉攻占全世界

一張充滿妙趣的行銷地圖在經濟大蕭條之後為英國茶的復甦提供助力

製作年份：1940年
來源：大衛．倫西地圖收藏

英國茶產業在經濟大蕭條結束之際陷入困境，茶葉價格崩盤，國內的需求也維持不住。茶葉生產商需要擴大市場，而對印度和斯里蘭卡（當時稱為錫蘭）等地的英國種植戶來說，非洲看起來是個絕佳機會：一整個大陸的人都還沒有領略過喝茶的樂趣。

於是就出現了這張向非洲介紹茶葉的地圖，當時是搭配國際茶葉市場開發會（International Tea Market Expansion Board）發起的行銷活動。為了這張地圖，英國商會請來了平面設計師麥克唐諾．吉爾（MacDonald Gill），他最叫人印象深刻的作品是用一張俏皮的地圖勸倫敦人開心點，別再抱怨地鐵的問題。吉爾的茶地圖出版於1940年，同樣塞滿了逗趣的細節。

「在往亞馬遜河上游航行1000英里的客輪上可以喝茶。」畫在巴西上面的橫幅寫道。「英國海軍每天喝兩噸茶。」另一面橫幅寫道，每一個「茶」字都用了大寫字母，彷彿在吆喝一樣。有些地方引述了詩人和作家如何談論茶的好處，還有茶葉進出口量最多的國家與統計數字。鮮紅色的標題說明了一切：「茶葉振興全世界。」

「這真是一張很厲害的地圖。」加州大學聖塔巴巴拉分校的歷史學者艾瑞卡．拉帕波特（Erika Rappaport）說。她在2017年的著作《帝國之渴：茶如何塑造現代世界》（A Thirst for Empire: How Tea Shaped the Modern World）中寫道，為了在非洲行銷茶葉，促銷商把吉爾的地圖印成3乘6公尺的海報。「他們會開著廂型車到處繞，然後架起小貨攤，教大家認識茶葉，還有怎麼泡茶，」她說。

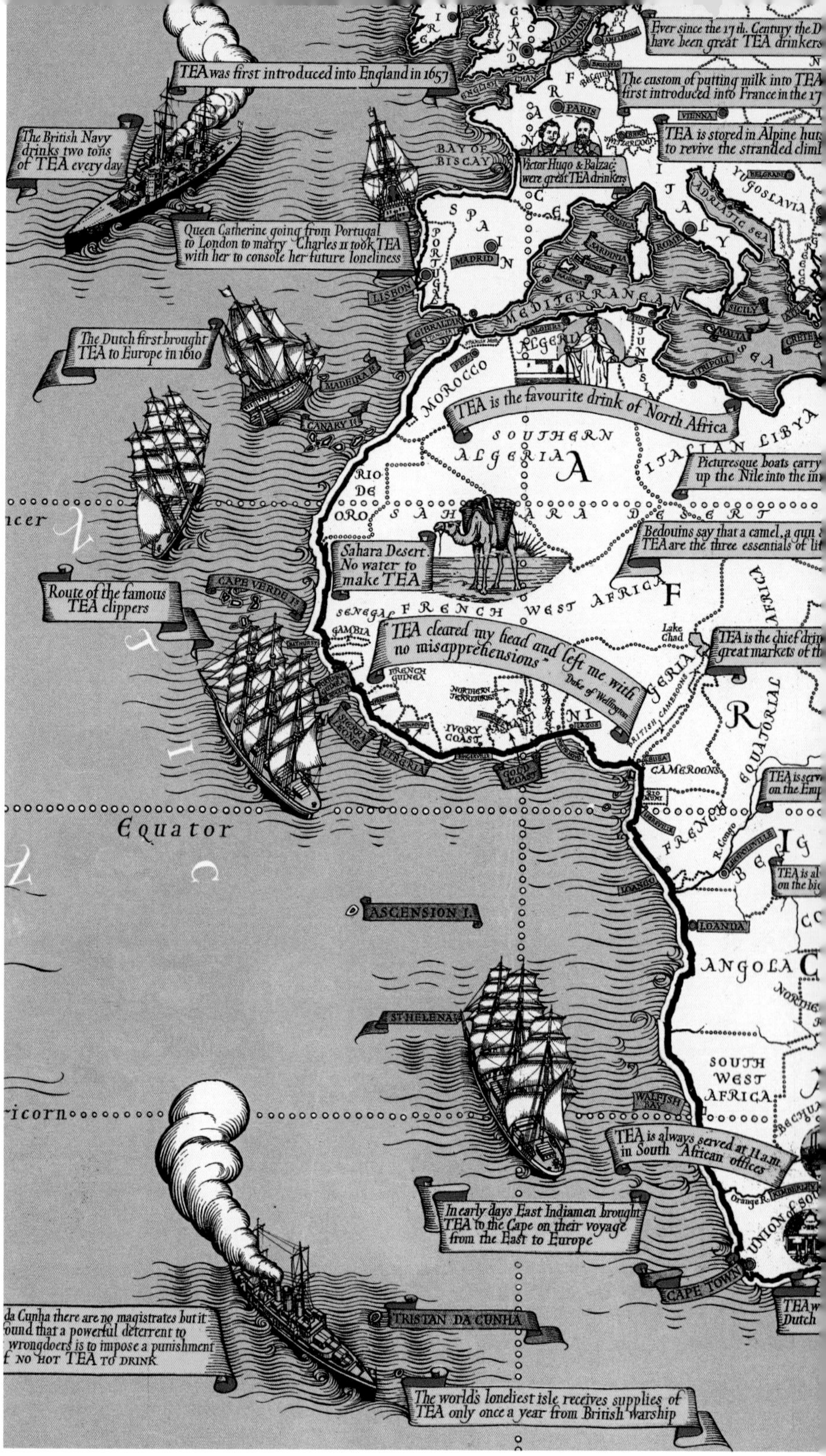

這張地圖在非洲放進了許多有趣的細節（「貝都因人說駱駝、槍和茶是生活三要事」），但在中國這個茶的發源地和最古老的茶文化，卻只放了幾件平淡無奇的軼事。拉帕波特說這可能不是巧合，因為廉價的中國茶有可能進一步威脅到英國在世界市場上的份額。換句話說，那些看似毫不相干的事實陳述，可能和中國的茶葉價格大有關係。✱

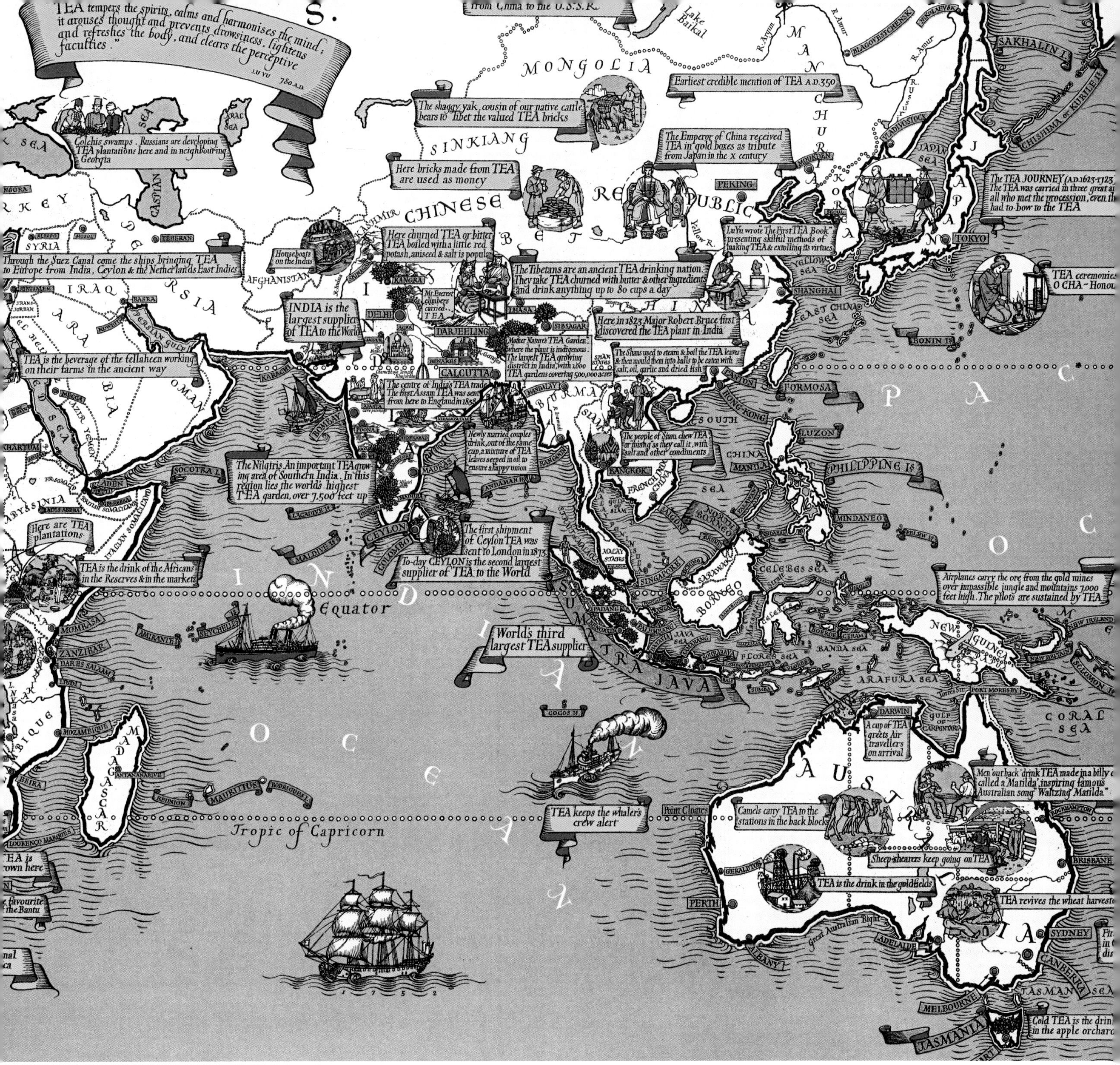

"TEA tempers the spirits, calms and harmonises the mind; it arouses thought and prevents drowsiness, lightens and refreshes the body, and clears the perceptive faculties." LU YU 780 A.D.

from China to the U.S.S.R.

MONGOLIA

Earliest credible mention of TEA A.D.350

The shaggy yak, cousin of our native cattle, bears to Tibet the valued TEA bricks

Colchis swamps. Russians are developing TEA plantations here and in neighbouring Georgia

SINKIANG

The Emperor of China received TEA in gold boxes as tribute from Japan in the x century

Here bricks made from TEA are used as money

CHINESE REPUBLIC

PEKING

The TEA JOURNEY (A.D.1623-1323) The TEA was carried in three great ... all who met the procession, even the ... had to bow to the TEA

Lu Yu wrote The First TEA Book presenting skilful methods of making TEA & extolling its virtues

Here churned TEA or bitter TEA boiled with a little red potash, aniseed & salt is popular

Houseboats on the Indus

Through the Suez Canal come the ships bringing TEA to Europe from India, Ceylon & the Netherlands East Indies

The Tibetans are an ancient TEA drinking nation. They take TEA churned with butter & other ingredients and drink anything up to 80 cups a day

TEA ceremonies O CHA - Honou...

INDIA is the largest supplier of TEA to the World

Mr. Everest climbers carried TEA

Here in 1823 Major Robert Bruce first discovered the TEA plant in India

Mother Nature's TEA Garden, where the plant is indigenous. The largest TEA growing district in India, with 1000 TEA gardens covering 500,000 acres

The Shans used to steam & boil the TEA leaves & then mould them into balls to be eaten with salt, oil, garlic and dried fish

TEA is the beverage of the fellaheen working on their farms in the ancient way

The centre of India's TEA trade. The first Assam TEA was sent from here to England in 1838

Newly married couples drink, out of the same cup, a mixture of TEA leaves seeped in oil to ensure a happy union

The people of Siam chew TEA or "mieng" as they call it, with salt and other condiments

The Nilgiris. An important TEA growing area of Southern India. In this region lies the world's highest TEA garden, over 7,500 feet up

Here are TEA plantations

The first shipment of Ceylon TEA was sent to London in 1873. To-day CEYLON is the second largest supplier of TEA to the World

TEA is the drink of the Africans in the Reserves & in the markets

Airplanes carry the ore from the gold mines over impassible jungle and mountains 7,000 feet high. The pilots are sustained by TEA

Equator

World's third largest TEA supplier

INDIAN OCEAN

A cup of TEA greets Air travellers on arrival

Men 'out back' drink TEA made in a billy ... called a 'Matilda' inspiring famous Australian song "Waltzing Matilda".

TEA keeps the whaler's crew alert

Tropic of Capricorn

Camels carry TEA to the stations in the back blocks

Sheep-shearers keep going on TEA

TEA is the drink in the goldfields

TEA revives the wheat harveste...

TEA is grown here

favourite ... the Bantu

Cold TEA is the drin... in the apple orchar...

這張局部圖截取自吉爾在1940年為國際茶葉市場開發會製作的地圖，圖上充滿了趣味十足但難以驗證的瑣事，包括「英國海軍每天喝兩噸茶」，和「茶是班圖人最愛的飲料」。完整地圖（右方）左下角的裝飾書卷，列出種植和進口茶葉的國家，並宣稱全世界每年喝掉3000億杯茶。

SCIENCE
科學
6

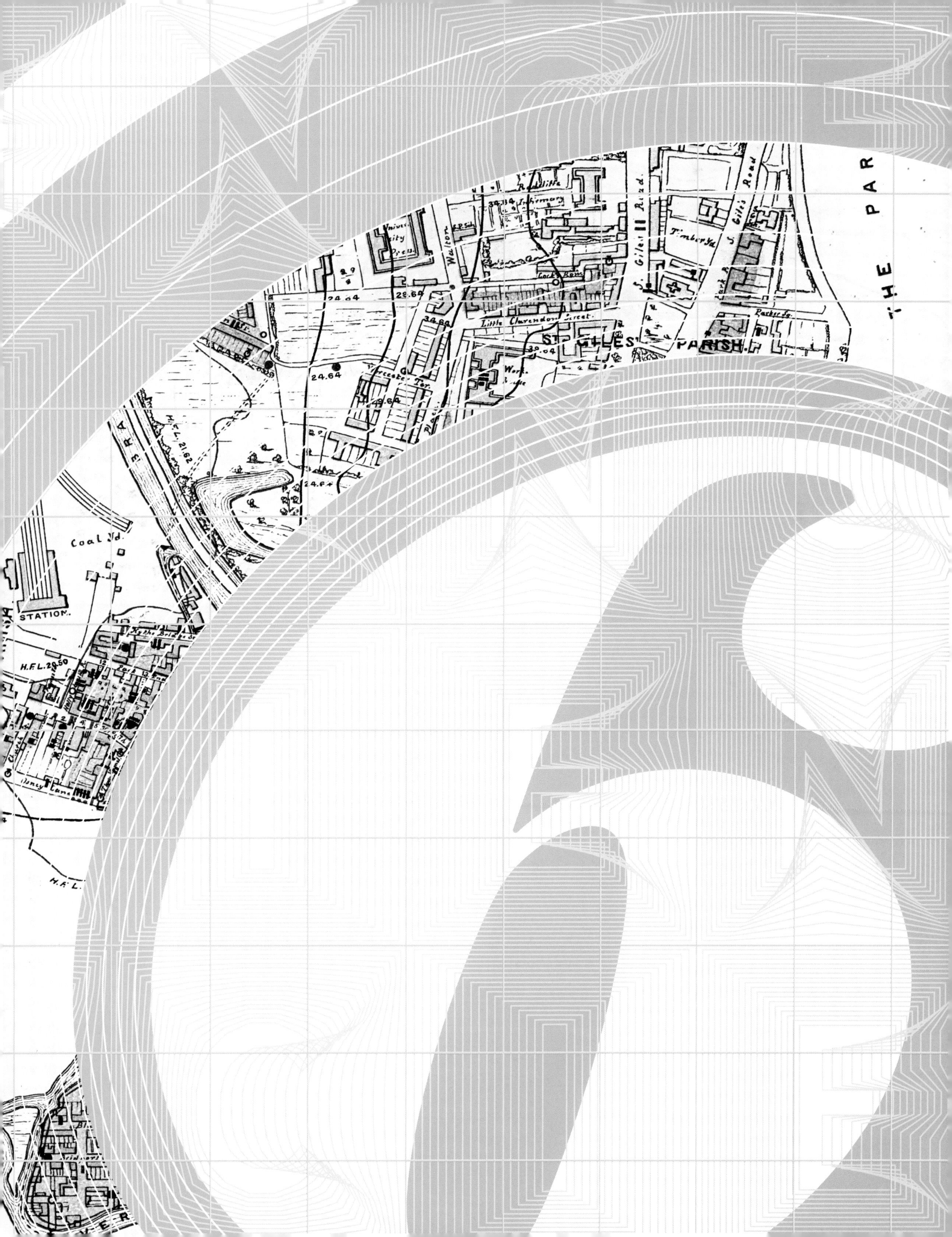

6 科學

優美的科學性地圖

很多科學領域的固有本質就是空間和時間，從演化、海洋學，到粒子物理學都是如此，使得科學成為培養地圖的沃土。科學家有時候會利用地圖來說明他們的研究，而且效果十分絕妙；有時候則是需要製作地圖來幫忙找答案。對於某些研究，地圖本身就是科學的表現。本章收錄了科學製圖的優秀範例，有的迷人、有的美觀，有的兩者兼具。

海洋學始於19世紀美國海軍軍官馬修．封丹．毛瑞（Matthew Fontaine Maury）製作的地圖，他的海風和洋流圖大大改善了海上航行（見207頁）。一個世紀後，瑪麗．薩普跟隨毛瑞的腳步，製作出壯觀又詳細的世界海底地圖，改變我們對地球上這一大片未知地帶的理解（見184頁）。現代流行病學也是從19世紀追蹤疾病傳播的地圖發展出來的，這些地圖指出了可能的起因，雖然並不一定正確（見180頁）。

地質學或許是跟地圖學關係最密切的科學領域。1906年舊金山地震後，地質學家製作的地圖帶來開創性的科學發現（見194頁）。地圖也協助科學家解讀其他星球的表面，從月球到火星（見204頁）。

為了科學目的而製作的地圖，讓我們看見進步的發生，往往來自對事物之間的空間關係的新理解，也因此這類地圖不但有趣，也深具啓發性。➸

一門科學的誕生
（1815年，史丹福大學圖書館）

18世紀末，一位名叫威廉．史密斯（William Smith）的測量師注意到，在英國的許多地方，不同種類的岩石往往按照相同順序堆疊，並且發現可以透過其中的化石來辨認特定的岩石單位。史密斯花了四分之一個世紀，製作出英國的第一張地質圖，這也是世界上最早的地質圖之一。他用顏色來表示岩石單位，深色陰影表示各層的底部，如這張呈現英格蘭西南部岩層的局部圖。

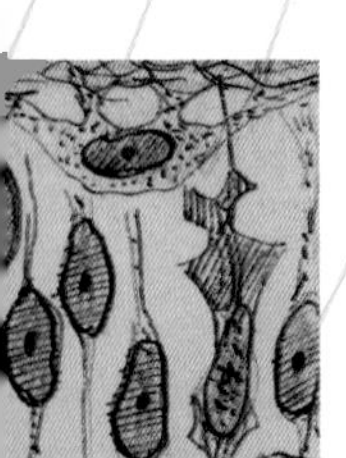
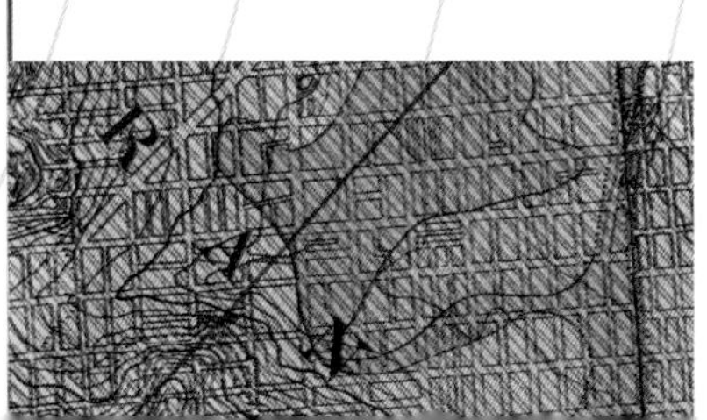
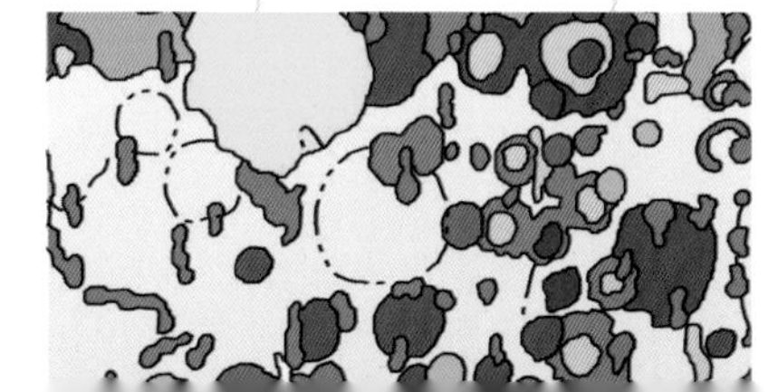
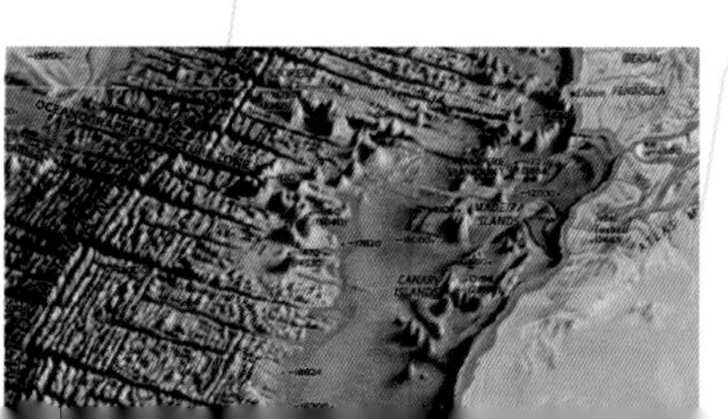

Ledbury
Tewksbury
Winchcombe
Deddington
Buckingham
Newent
Cheltenham
Chipping Norton
Bicester
Mitchel Dean
Gloucester
Northleach
Burford
Woodstock
Witney
Oxford
Stroud
Minching Hampton
Cirencester
Fairford
Abingdon
Thame
Berkeley
Dursley
Tetbury
Cricklade
Highworth
Wantage
Watlington
Wallingford
Chepstow
Thornbury
Malmsbury
Wotton Basset
Swindon
Sodbury
Bristol
Marshfield
Chippenham
Calne
Marlborough
Hungerford
Newbury
Bath
Bradford
Devizes
Trowbridge
Kingsclere
Basingstoke
Whitchurch
Andover
Ludgarshall
Wells
Frome
Warminster
Shepton Mallet
Glastonbury
Amesbury
Stockbridge
Winchester
Alresford
Bruton
Wincaunton
Hindon
Salisbury
Gillingham
Shaftsbury
Downton
Romsey
Ilchester
Yeovil
Sherborne
Stalbridge
Sturminster Newton
Cranbourne
Fordingbridge
Southampton
Ringwood
Havant
Blandford Forum
Fareham
Wimborn Minster
Gosport
Portsmouth
Lymington
Christ Church
Poole
Bridport
Dorchester
Wareham
Newport
Yarmouth
Melcomb Regis
MARLBRO' DOWNS
ISLEY DOWNS
LAMBOURN DOWNS
SALISBURY PLAIN
GREAT RIDGE
VALE OF WARDOUR
WEST PLAIN
CRANBOURNE CHASE
WORTHY DOWN
DORSETSHIRE DOWNS
WAREHAM AND POOLE HEATHS
ISLE OF PURBECK
ISLE OF WIGHT
STUDLAND BAY
SANDOWN BAY
FRESHWATER BAY
THE NEEDLES
SPITHEAD
BEAULIEU FOREST
WHICHWOOD FOREST
SAVERNACLE FOREST
HERRIARD COM
GORING HEATH

疾病地形學

一位19世紀醫師以地圖呈現霍亂造成的死亡人數

製作年份：1856年

來源：普林斯頓大學圖書館

英國在1831年發生霍亂，數以萬計的人在一波波嚴重疫情中喪生。當時霍亂的致死率高達四分之一，往往在罹病幾天內就會死亡。當時許多科學家相信這樣的理論，認為流行病的起因是大多數主要城市中瀰漫的穢氣，又叫作瘴氣（來自露天化糞池、未淨化的污水和腐爛的垃圾）。直到1854年，一位名叫約翰．史諾的年輕英國醫師記錄了他在倫敦自家社區的一場霍亂疫情，情況才開始改變。

故事是這樣的，史諾仔細標繪病患住家位置，結果顯示死者都集中在蘇活區寬街（Broad Street）一處公共水泵周圍（見182頁上圖）。他採訪病患家屬，發現幾乎所有霍亂病例都能追溯到那處水泵，這個結果支持了他的理論，亦即霍亂是一種水媒病，因此他說服地方當局拿掉那座水泵的把手。這個故事已經成為傳奇，史諾的地圖也經常被描繪成地圖學和流行病學的一個突破性時刻。當然，真相可是複雜得多。

史諾確實做了出色的研究推動科學進步，他的地圖也依然無愧於醫療地圖學的典範地位。但是，史諾的理論是在他1858年去世之後很久才被證明是對的，至此他的研究才被奉為歷史的轉捩點。「他的地圖已經成為經典，史諾本人也成了神話般的人物。」醫學地理學家湯姆．科赫（Tom Koch）在《疾病地圖學》（Cartographies of Disease）中寫道，「因此很少有人注意到，史諾其實未能說服同時代的人相信他的論點，以及他的命題在那個時代背景下受到的侷限。」

史諾並不是唯一用地圖來記錄1854年英格蘭霍亂疫情的人。亨利．溫特沃斯．阿克蘭（Henry Wentworth Acland）醫師追蹤了牛津在同年爆發、感染了290人的霍亂。他把

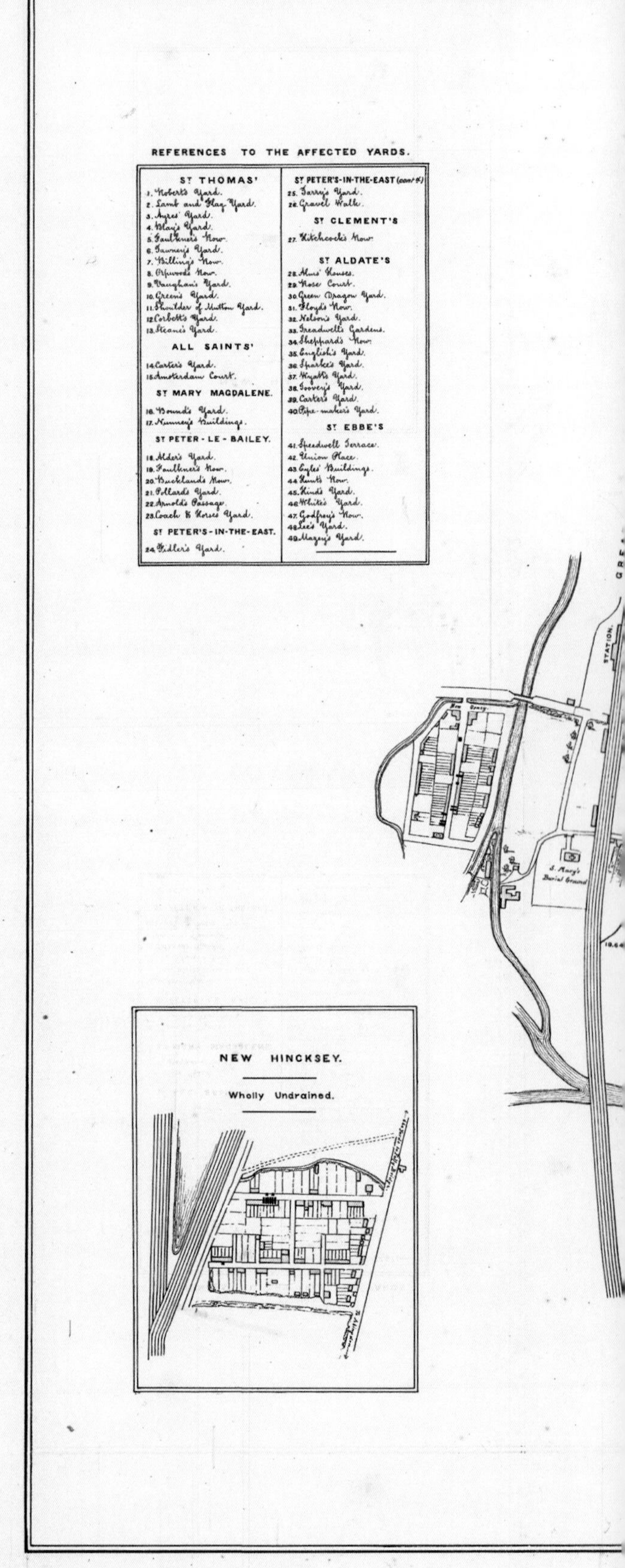

阿克蘭在地圖上標出19世紀中葉牛津爆發的三次霍亂的病患，結論是霍亂和聚集在地勢較低處的穢氣有關。

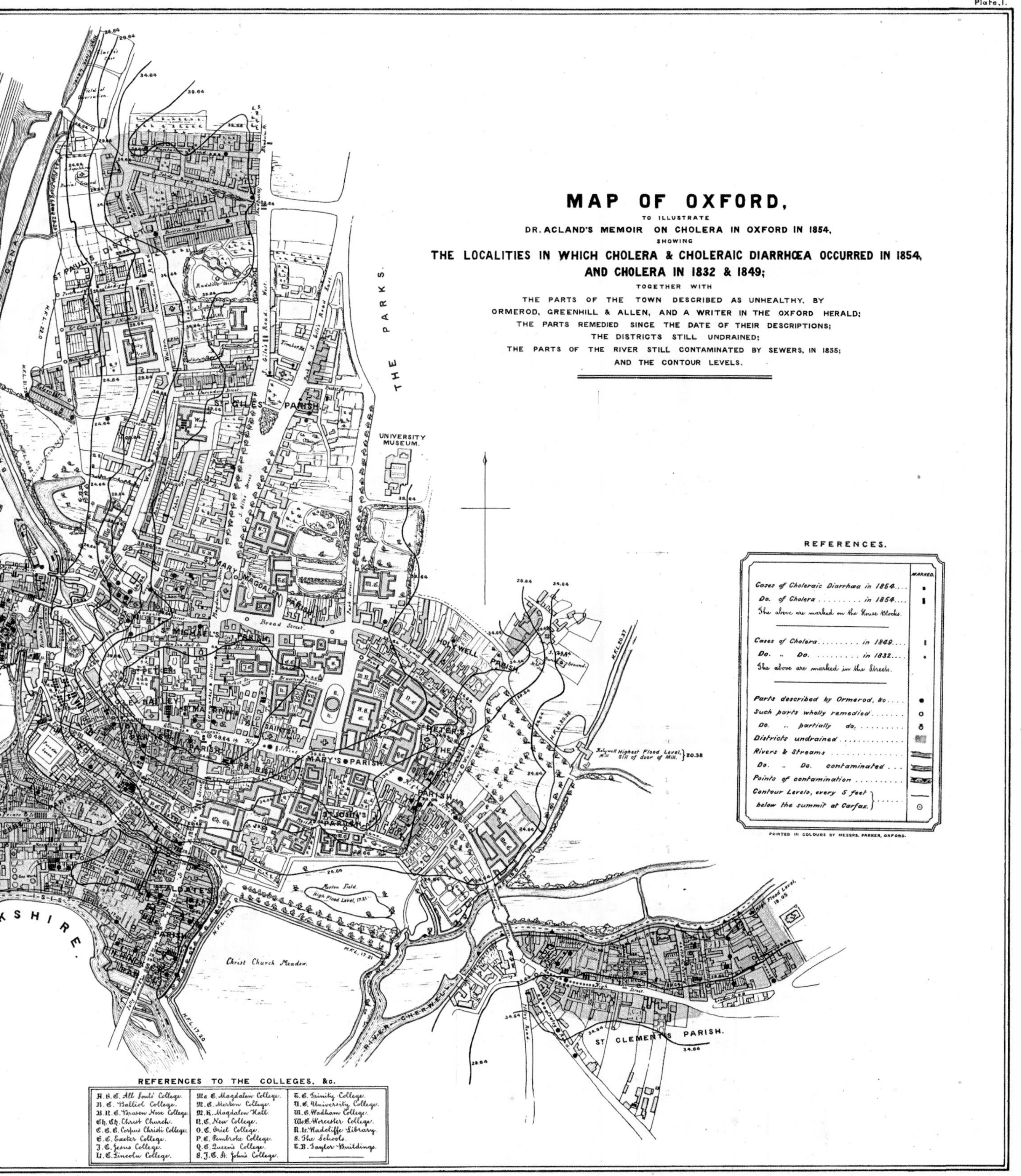
Plate. I.
MAP OF OXFORD,
TO ILLUSTRATE
DR. ACLAND'S MEMOIR ON CHOLERA IN OXFORD IN 1854,
SHOWING
THE LOCALITIES IN WHICH CHOLERA & CHOLERAIC DIARRHŒA OCCURRED IN 1854,
AND CHOLERA IN 1832 & 1849;
TOGETHER WITH
THE PARTS OF THE TOWN DESCRIBED AS UNHEALTHY, BY
ORMEROD, GREENHILL & ALLEN, AND A WRITER IN THE OXFORD HERALD;
THE PARTS REMEDIED SINCE THE DATE OF THEIR DESCRIPTIONS;
THE DISTRICTS STILL UNDRAINED;
THE PARTS OF THE RIVER STILL CONTAMINATED BY SEWERS, IN 1855;
AND THE CONTOUR LEVELS.
REFERENCES.
MARKED.
Cases of Choleraic Diarrhœa in 1854....
Do. of Cholera .... in 1854....
The above are marked on the House Blocks.
Cases of Cholera.......... in 1849....
Do. .. Do. .... in 1832....
The above are marked in the Streets.
Parts described by Ormerod, &c....
Such parts wholly remedied.......
Do. .. partially do. ....
Districts undrained...........
Rivers & Streams ....
Do. .. Do. contaminated...
Points of contamination ....
Contour Levels, every 5 feet below the summit at Carfax. ......
PRINTED IN COLOURS BY MESSRS. PARKER, OXFORD.
THE PARKS
UNIVERSITY MUSEUM.
ST. GILES PARISH
ST. PAUL'S DISTRICT
ST. MARY MAGDALEN PARISH
ST. MICHAEL'S PARISH
HOLYWELL PARISH
ST. PETER'S
Broad Street
Christ Church Meadow
ST. CLEMENT'S PARISH.
RIVER CHERWELL
KSHIRE.
ST. ALDATES
REFERENCES TO THE COLLEGES, &c.
A.S.C. All Souls' College.
B.C. Balliol College.
B.N.C. Brasen Nose College.
Ch.Ch. Christ Church.
C.C.C. Corpus Christi College.
E.C. Exeter College.
J.C. Jesus College.
L.C. Lincoln College.
Ma.C. Magdalen College.
M.C. Merton College.
M.H. Magdalen Hall.
N.C. New College.
O.C. Oriel College.
P.C. Pembroke College.
Q.C. Queen's College.
S.J.C. St. John's College.
T.C. Trinity College.
U.C. University College.
W.C. Wadham College.
Wo.C. Worcester College.
R.L. Radcliffe Library.
S. The Schools.
T.B. Taylor Buildings.

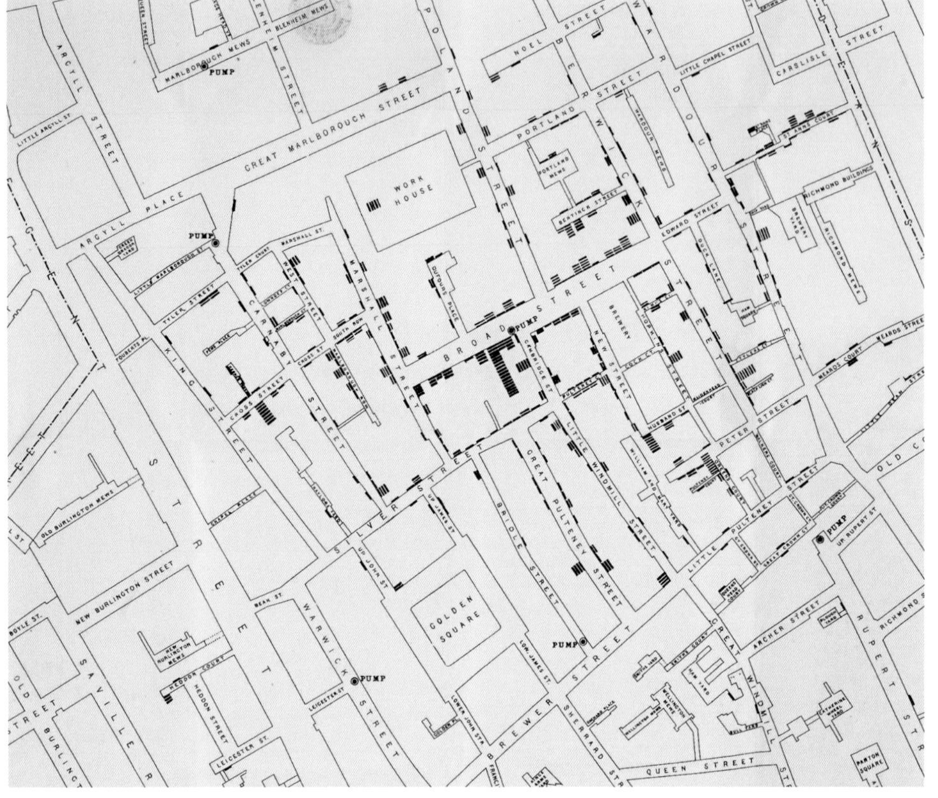

左圖 在史諾著名的1854年倫敦蘇活區霍亂疫情地圖上，可以看出病例集中在寬街的一處水泵周圍，當時居民的飲用水都取自這裡。

左下圖 這張地圖上標示了霍亂病患的住家位置：黑色方塊和短線代表1854年的霍亂，藍色短線是1849年，藍色圓點是1832年。受污染的河流用虛線表示，地勢高度則以黑色的1.5公尺等高線顯示。

研究成果寫成170頁的《牛津霍亂回憶錄》（Memoir on the Cholera at Oxford）和一張隨書地圖（右圖），科赫認為這本書「或許是當時針對一種都市疾病所做過最全面性的研究。」

有些專家認為阿克蘭的成果比史諾更有說服力，部分原因在於廣度和深度。但是，阿克蘭的研究還有另一個很大的優勢：它的結論支持已經發展了好幾個世紀的瘴氣致病理論。反觀史諾卻是用他的水媒病理論頂撞主流。

史諾的分析著重於提供一種可能的疫情解釋，他的論證一目瞭然地展現在他的地圖上；而阿克蘭則是採取較偏向統計學的方法，考慮了許多潛在的疾病因素。除了在地圖上標出病患，阿克蘭還納入原先認定不健康的地點（棕色圓點）、後來打掃清潔過的地點（棕色圓圈）、未受污染的溪流，還有已受污染的溪流（虛線），包含原污水外流的點源污染（見左邊特寫）。排水不良地區加上綠色層。

史諾覺得已經提出充分證據，就不再標繪之後發生的霍亂死亡個案。相較之下，阿克蘭不但標繪了1854年的所有病例，連先前兩次爆發的全部病例都標了出來。他用不同符號標註了出現病例的住家位置，1832年用藍色圓點、1849年用藍色短線，1854年用黑色方塊和短線。而且阿克蘭用1.5公尺等高線呈現出整座城鎮的實際地形，作為他最重要的論據。他的地圖，連同他的統計分析，顯示地勢高度和霍亂之間有清楚的相關性。在這三次疫情中，低處居民的感染率和死亡率都高得多，就連標上了代表不健康的棕色圓點的地區中，地勢較高的地點也比較低的地方情況來得好。

阿克蘭的地圖不偏不倚地支持了瘴氣理論，顯示有毒空氣會聚集在較不通風的低地區。「他的統計展現了絕佳的論點和證據。」Esri製圖軟體公司的醫務長艾絲特・傑拉提

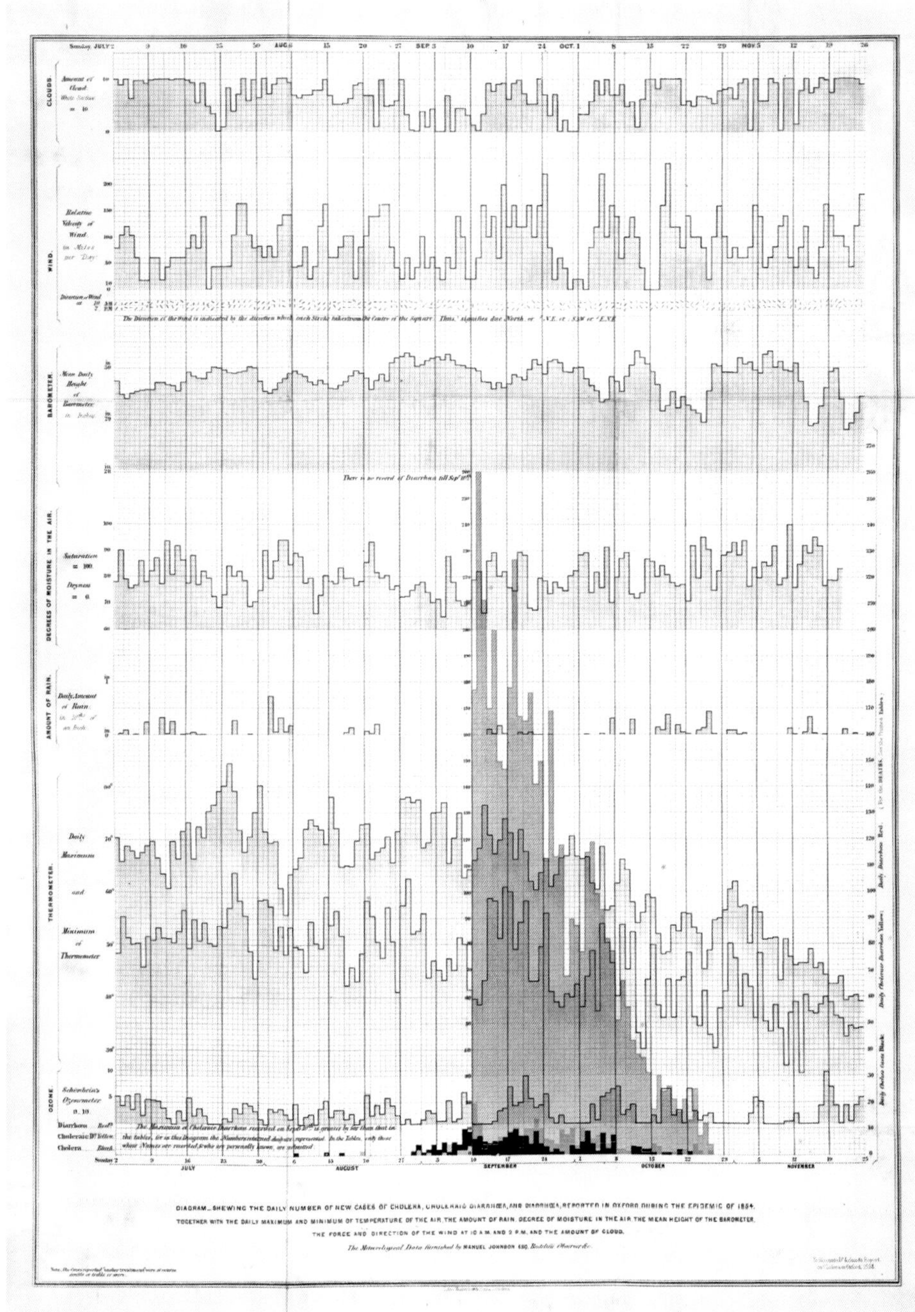

阿克蘭在溫度、雨量和風速等氣候和天氣變數的背景上，標出1854年牛津霍亂病例的時間線，希望藉此揭示某種相關性，但未能找出明顯關聯。

（Este Geraghty）說。但阿克蘭未能縱觀全局，反成了令後人引以為戒的例子，她說。「你必須確認事情的意涵，而不是只看結果和相關性。」

阿克蘭把受污染的水視為產生瘴氣的潛在因素，而沒有想到可能是散布某種不可見病原體的媒介。因此他並未關注飲用水的來源，而是跟很多當時的人一樣，想從天氣找到海拔高度如何影響霍亂的線索。

「大氣狀態，或地球上某些未可知的媒介的狀態，跟這場流行病的存在有關，曾經仔細關注霍亂歷史的人幾乎都不會懷疑這一點。」他寫道。

阿克蘭把1854年疫情的時間線精心標在一組當地氣候變數上，包括溫度、氣壓、風速、雨量、溼度、雲量和臭氧濃度（上圖）。但是他未能找出哪一項是正好隨著新增霍亂病例數量而起伏的。阿克蘭能用大量資料證明的是，1854年是牛津天氣的異常年份，比起25年前，他發現雨量和風速都異常地低。而異常高的項目是溫度範圍、氣壓、雷電、冰雹天數，和北極光出現次數。

他不太能把這些變數中的任何一項，跟地勢高度放在一起來解釋，尤其是考慮到先前疫情並未遵循相同模式。但是阿克蘭仍然相信，要是發生另一次流行，「迅速發展的氣象學」將能利用資料來釐清是哪些異常現象造成影響。

就當時而言，阿克蘭的研究在全面性上——還有說服力上——勝於史諾，但有個明顯的缺陷：結論是錯的。「如同每個時代的許多科學，它漏掉了一項中介載體，」科赫寫道。阿克蘭沒有看到的是，在地勢較高處，用水的來源通常是水井或溪流，較低處則大多依靠河川，而河水往往會受到污水。但是，科赫指出，「它的測繪方式——就這個例子來說，還有最後的圖面表現——很清楚，邏輯也很一貫，雖然終歸是不正確的，但還是很嚴謹。」

史諾的理論在他在世期間基本上不被接受，但在他過世很久之後終於勝出。相反地，阿克蘭的霍亂研究獲得同儕認可，卻活著看到支持自己研究的理論被推翻。儘管如此，資料視覺化記者阿爾貝托．開羅（Alberto Cairo）還是認為，他這項研究的價值不只是歷史上的一段小插曲。

「因為一直有人認為這位英雄隻手粉碎了瘴氣理論，讓人忘了堅信這個理論的人其實思慮也很周密，」開羅寫道，「很可惜我們並未更進一步研究他們，畢竟人類——無論是個人還是全體——從錯誤中學到的比從成功中學到的多。＊

揭露海底面貌

薩普的革命性地圖作品 讓水下世界成為注目焦點

製作年份：1961－1977年

來源：瑪麗・薩普、布魯斯・希森、海因里希・貝倫

了20世紀中葉，探險家的足跡已經遍及許多世界上最極端的地形。他們在北極、南極，以及世界上許多最高、最危險的山峰上都插了旗幟；聖母峰不久就要被征服。但是，對於地球上最大片的未知領域：洋底，世人連一眼都沒看過。

有將近四分之三的地球表面淹沒在平均數千公尺深的海水底下，原本大家都以為那是一片沒有特殊地貌的平原。但是這個情況即將改變。1952年，瑪麗．薩普和布魯斯．希森兩位地質學家聯手展開一項測繪計畫，準備揭露海底的真實面貌，使我們對地球的理解發生革命性的改變。

「我要在一張空白的畫布上畫出各種超乎尋常的可能性，或是拼出一幅迷人的拼圖。」薩普在50年後的一次回顧中寫道。

在那個地質學完全由男性主導的時代，薩普抓住一次難得的機會展開了地質學生涯。二次大戰使得密西根大學地質系人力不足，因此首次向女性敞開大門。薩普獲得錄取，並在1945年完成碩士學位。1948年，她在哥倫比亞大學地質系找到工作，擔任包括希森在內的海洋學研究生的繪圖助手。

薩普來到哥倫比亞時，適逢海洋學新時代的開始。從前，關於海底地形的唯一資訊就是船隻以鉛錘測得的粗略測深數據。二戰過後，船隻開始用回聲測深儀積極收集深度資料，這項新技術的原理是往海底傳送聲音脈衝，測量需要多久才會反射回來。時間較長就代表海底較深，時間愈短就表示海底愈高。

希森是第一批搭乘研究船測量海深的科學家。到了1952年，他和其他海岸機構、私營公司和軍方科學家總共記下數萬筆北大西洋的測深。薩普奉派協助希森處理數據，把回聲時間換算成深度，並繪製船跡下方的海底剖面圖。經過幾個月的一絲不苟的標繪，她總算拼湊出六張橫跨北大西洋不同緯度的剖面圖。

雖然這些剖面圖只涵蓋海底的一小部分，但薩普已經開始設想水下地貌。毛瑞（見207頁）等早期海洋學家已經發現，大西洋中間有一道隆起的模糊輪廓，但薩普的剖面圖則顯示有一道巨大的洋脊，從大西洋中央南北貫穿。

然而真正讓她一下子就注意到的，是每張剖面圖上都有一個形狀非常相似的V形裂口位於洋脊頂部。薩普猜想，這個裂口可能是連續沿著整條大西洋中洋脊的軸部延伸。如果她是對的，那麼她發現的可能不只是一座海底裂谷這麼簡單。薩普認為這可能是大陸漂移的證據——這是當時備受爭議的概念，認為各大陸會在地球表面上移動。

1950年代的美國科學家幾乎一致鄙視大陸漂移說，希森也

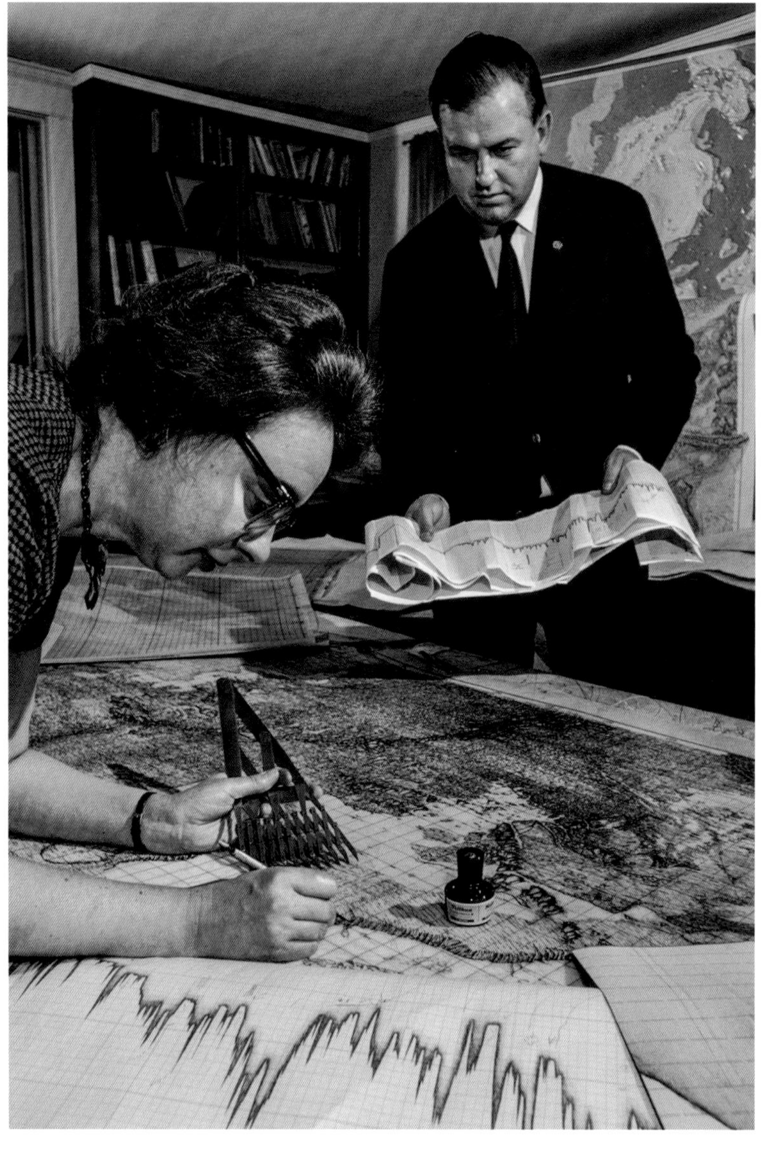

上圖 薩普和希森正在繪製海底地文圖，根據的資料是船隻沿途記錄下來的測深數據（如照片前景）。

右頁 這張大西洋海底地圖，由奧地利畫家貝倫依據薩普和希森製作的地文圖所繪製，作為《國家地理》雜誌1968年6月號附贈的主題地圖。

ATLANTIC OCEAN FLOOR
-12000 Depth in feet below sea level
9000 Height above sea level
(14000) Height above the 16,000-foot average depth of the abyssal plains
Produced in the Geographic Art Division
National Geographic Society
MELVIN M. PAYNE, PRESIDENT
for THE NATIONAL GEOGRAPHIC MAGAZINE
MELVILLE BELL GROSVENOR, EDITOR-IN-CHIEF; FREDERICK G. VOSBURGH, EDITOR
WILLIAM N. PALMSTROM, CHIEF, GEOGRAPHIC ART DIVISION
Based on bathymetric studies by Bruce C. Heezen and Marie Tharp of the Lamont Geological Observatory
Painted by Heinrich C. Berann, Compiled by Leo J. Boberschmidt
HORIZONTAL SCALE 1:30,412,800 OR 480 MILES TO THE INCH AT THE EQUATOR
VERTICAL SCALE EXAGGERATED
Mercator Projection
JUNE 1968
GREENLAND
ICELAND
JAN MAYEN RIDGE
SCANDINAVIA
HUDSON
BAY
FAEROE ISLANDS
NORTH
SEA
BRITISH
ISLES
BALTIC SEA
MID-OCEAN CANYON
CANADIAN SHIELD
NORTH
AMERICA
EUROPE
ISLAND OF NEWFOUNDLAND
GRAND BANKS
BISCAY ABYSSAL PLAIN
IBERIAN PENINSULA
SOHM ABYSSAL PLAIN
OCEANOGRAPHER FRACTURE ZONE
KELVIN SEAMOUNT
HUDSON CANYON
COASTAL PLAIN
GULF OF MEXICO
BAHAMA ISLANDS
HATTERAS ABYSSAL PLAIN
NARES ABYSSAL PLAIN
PUERTO RICO TRENCH
CUBA
CANARY ISLANDS
MADEIRA ISLANDS
ATLAS MOUNTAINS
MEDITERRANEAN RIDGE
SAHARA
CAPE VERDE ISLANDS
CENTRAL
AMERICA
AFRICA
GAMBIA ABYSSAL PLAIN
DEMERARA ABYSSAL PLAIN
SIERRA LEONE RISE
AMAZON CONE
ROMANCHE FRACTURE ZONE
CEARA ABYSSAL PLAIN
COCOS RIDGE
GALAPAGOS ISLANDS
AMAZON BASIN
CONGO BASIN
SOUTH AMERICA
PERNAMBUCO ABYSSAL PLAIN
ANGOLA ABYSSAL PLAIN
BRAZILIAN HIGHLANDS
NAZCA RIDGE
PERU-CHILE TRENCH
COLUMBIA SEAMOUNT
KALAHARI DESERT
WALVIS RIDGE
SOUTH
PACIFIC
OCEAN
RIO GRANDE RISE
VEMA SEAMOUNT
JUAN FERNANDEZ ISLANDS
ARGENTINE ABYSSAL PLAIN
TRISTAN DA CUNHA GROUP
CONTINENTAL SHELF
HERDMAN SEAMOUNT
MERZ SEAMOUNT
METEOR SEAMOUNT
FALKLAND PLATEAU
FALKLAND ISLANDS
MORNINGTON ABYSSAL PLAIN
SCOTIA RIDGE
SOUTH GEORGIA
SOUTH SANDWICH TRENCH

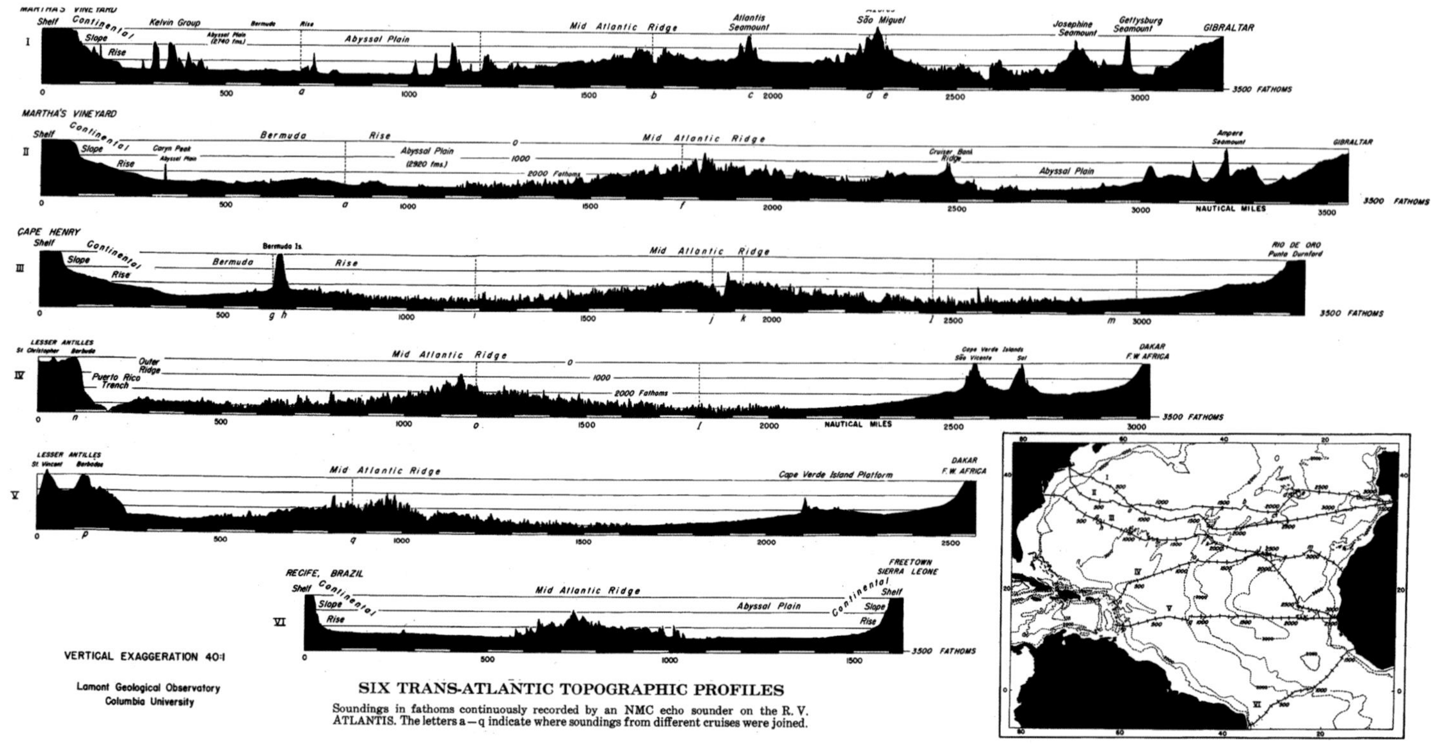

不例外。他們認為，沒有人為這種移動的驅力提出任何合理的解釋。但是，薩普認為她發現的裂谷可能支持大陸漂移學說。「從地球深處冒出新物質的地方會形成這道裂谷，讓中洋脊裂成兩半，往兩邊推開。」她寫道。

她花了幾個月才說服希森相信裂谷的存在，但希森之所以改變立場，是因為不相關的研究證實了薩普的想法。1953年，希森請一位助手為某項計畫繪製海底地震震央地圖，協助貝爾實驗室選擇跨大西洋電纜的新鋪設地點。把這張地圖和薩普的地圖比對，他們發現有一系列的震央的位置和這道裂谷吻合。

如此一來，薩普就能循著這些震央，找出各張剖面圖之間的洋脊位置。她開始製作所謂的地文圖，以三維視角畫出海底地形（見右頁地圖）。用這種方式來呈現裂谷，是用簡單的等高線辦不到的。「這讓我們能夠捕捉到海底許多具有紋理的變化，對照出深海平原的平坦與洋脊沿線山脈的崎嶇。」她後來說道。

這種技法還有一個很大的好處。美國海軍把所有詳細的海底等高線圖都列為機密，用地文圖就沒有洩密的問題，他們得以在不透露確切深度的情況下發表成果，與全世界分享新發現。他們的北大西洋地圖在1957年首次登上一份技術期刊，是當時最全面的一張海洋地圖。

這張地圖並未立即獲得成功。「科學界的反應從訝異、懷疑到蔑視都有。」薩普說。有科學家認為各張深度剖面圖之間的地形有太多臆測的成分，也有科學家不相信這道裂谷的存在。

但是，隨著其他地方的新資料陸續抵達哥倫比亞大學，薩普發現了更多關於中洋脊的證據，包含裂谷和地震震央。不久，她就看出了他們發現的地形規模有多大：這是一個穿過各大洋的連續洋脊系統，環繞整個地球。到了1960年代末，她已經標繪完地球的每個大洋。

另一方面，愈來愈多的證據顯示大陸確實在移動。

希森和薩普的研究扮演了關鍵角色，把大陸漂移說變成描述地球運作的新理論：板塊構造論。普林斯頓大學地質學家哈利．赫斯（Harry Hess）曾經假設，並不是大陸在海洋地殼上拖動，而是海底本身在移動。赫斯的想法叫作海底擴張，與薩普對大西洋中洋脊的看法一致，表示中洋脊就是地殼分開、新地殼形成的地方。隨著更多地殼產生，新的海洋地殼持續、緩慢地遠離裂谷。

這道裂谷是赫斯理論的具體表現，薩普的地圖提供了視覺上的證據。「真的是靠了這道裂谷，才讓老派地質學家相信這是可以觀察到的，而不是推論出來的。」在哥倫比亞大學拉蒙特－多爾蒂地球觀測所擔任副所長的地震學家亞瑟．勒納－拉姆（Arthur Lerner-Lam）說。

薩普的地圖訴求的不只是頑固的科學家。她的作品也引起國家地理學會的注意，學會邀請薩普和希森與奧地利風景畫家貝倫（見114頁）合作，把他們的印度洋地圖繪製成1967年《國家地理》雜誌上的一幅插畫。從此他們展開與貝倫的十年合作，製作出一些歷來最美麗、最直觀的世界海洋地圖，包括大西洋地圖（185頁）。

他們的集大成之作就是次頁的1977年世界海底地圖，這幅傑作在藝術技巧上，以及清楚呈視海底本質的能力上，至今依舊未被超越。「在我看來，這張地圖因為加入了視覺風格的元素，才能變成最後這樣充滿資訊性和意義。」勒納－拉姆說。

儘管薩普在研究中的角色十分關鍵，但她在署名、發表和被其他科學家引用時，往往排

在希森之後。直到薩普在2006年去世前的十年間，她對科學和地圖學的重大貢獻才真正得到認可。美國國會圖書館讚揚她，各大海洋學機構表彰她，哥倫比亞大學拉蒙特－多爾蒂地球觀測所更以她之名成立一項獎助金，提拔女性科學家。

「這對於任何人來說都是一生只有一次，甚至是整個世界史上只有一次的機會，不過對於1940年代的女性來說更是如此。」她寫道，「是時代的本質、科學的地位，以及大大小小合理或不合理的事件，共同促使這一切發生。」＊

左頁 薩普利用回聲測深儀越洋測出的深度數據繪製海底剖面圖，圖中這幾張是大西洋的海底剖面圖；大西洋中洋脊位於每張圖上的靠近中央處。

上圖 薩普製作的地文圖，是以斜上方視角畫出地形起伏，例如這張1961年南大西洋地文圖。

次頁 這張舉世無雙的世界海底地圖是薩普和希森最後一次合作的作品，繪製者是貝倫。地圖尺寸1.9乘1.1公尺，在1977年希森去世後不久出版，全球許多海洋學系所至今仍懸掛這張圖。

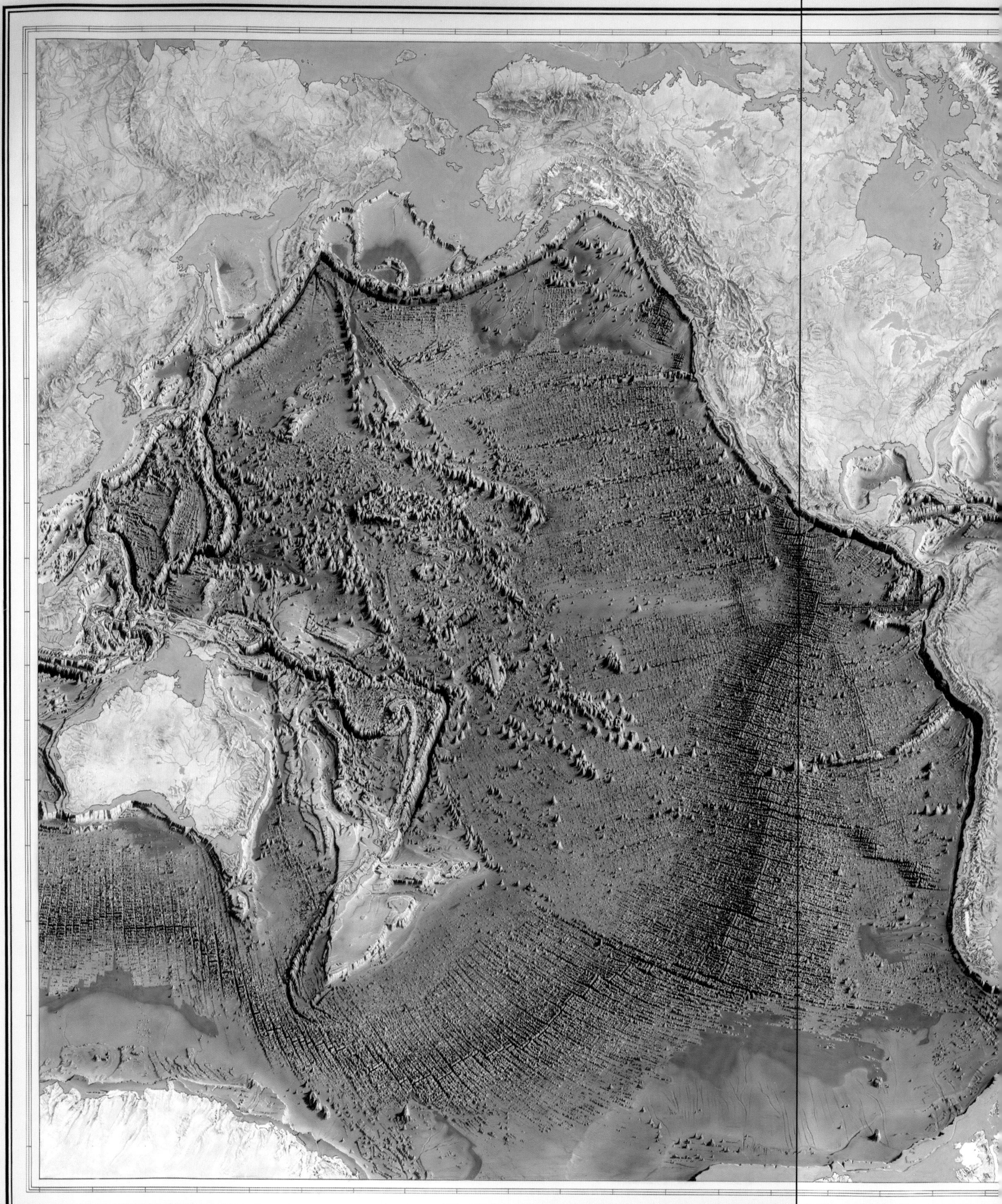

BERANN

發掘羅馬

一張由19世紀考古學家製作的地圖捕捉到羅馬歷史的精緻細節

製作年份：1901年

來源：「測繪羅馬」（MAPPINGROME）計畫與其他

羅馬是有史以來最常被畫成地圖的城市之一，而魯道夫．蘭恰尼（Rodolfo Lanciani）的羅馬地圖是其中最迷人的一張。蘭恰尼的地圖完成於1901年，以專業考古學家的嚴謹目光記錄整座城市——從古代一直到19世紀末。

這張地圖非常大，約5乘7公尺，蘭恰尼在八年間分成46個單張出版。他用了一種就當時而言很顯著的創新，就是以顏色表現羅馬在歷史上不同階段的樣貌——現代製圖師把這種做法的效果發揮得非常出色（見48頁）。帝國時期和基督教早期的建築顯示為黑色，中世紀和早期現代建築是紅色，現代建築是藍色（從蘭恰尼的觀點看來，「現代」是從1871年算起，羅馬在這一年成為剛統一不久的義大利的首都）。

「這是最早一次有人嘗試在地圖上呈現古老羅馬的不同時期。」都市歷史學家艾倫．策恩（Allan Ceen）說；他是「測繪羅馬」計畫的協作者，這項計畫由設計師和學者合作，目前正在進行羅馬歷史相關地圖和文獻的數位化。

蘭恰尼生活在羅馬歷史上的關鍵時期。長期邦國林立的義大利終於統一，羅馬古城牆內的閒置空間正要進行一項大型的擴建計畫，建設過程會讓埋藏數世紀的遺跡重新出土。蘭恰尼把這些工地當作考古發掘場，趁新建設再次把遺址蓋掉之前，仔細加以測量描繪。「蘭恰尼驚愕又心痛，城市有部分地方竟然要蓋在古羅馬遺跡上，把羅馬的歷史消滅掉。」奧勒岡大學建築學教授、測繪羅馬計畫的領導人之一詹姆斯．泰斯（James Tice）說。

蘭恰尼利用各種資料，製作這張名為《羅馬城形貌》（Forma Urbis Romae）的地圖，名稱取自3世紀初一幅刻在大理石上的地圖。這幅古地圖約13乘18公尺，比起來連蘭恰尼的地圖都顯得渺小。在驚人的1:240比例尺下，這幅詳細的大理石地圖把個

這張細部圖截取自「測繪羅馬」計畫製作的蘭恰尼地圖數位重建版，呈現出這座古老城市的心臟地帶，從羅馬競技場（最右邊的橢圓形）到臺伯河。整張地圖是持續進行中的作品，學者正設法與現代地圖對接，並改善蘭恰尼用來呈現建物年代的色彩計畫。

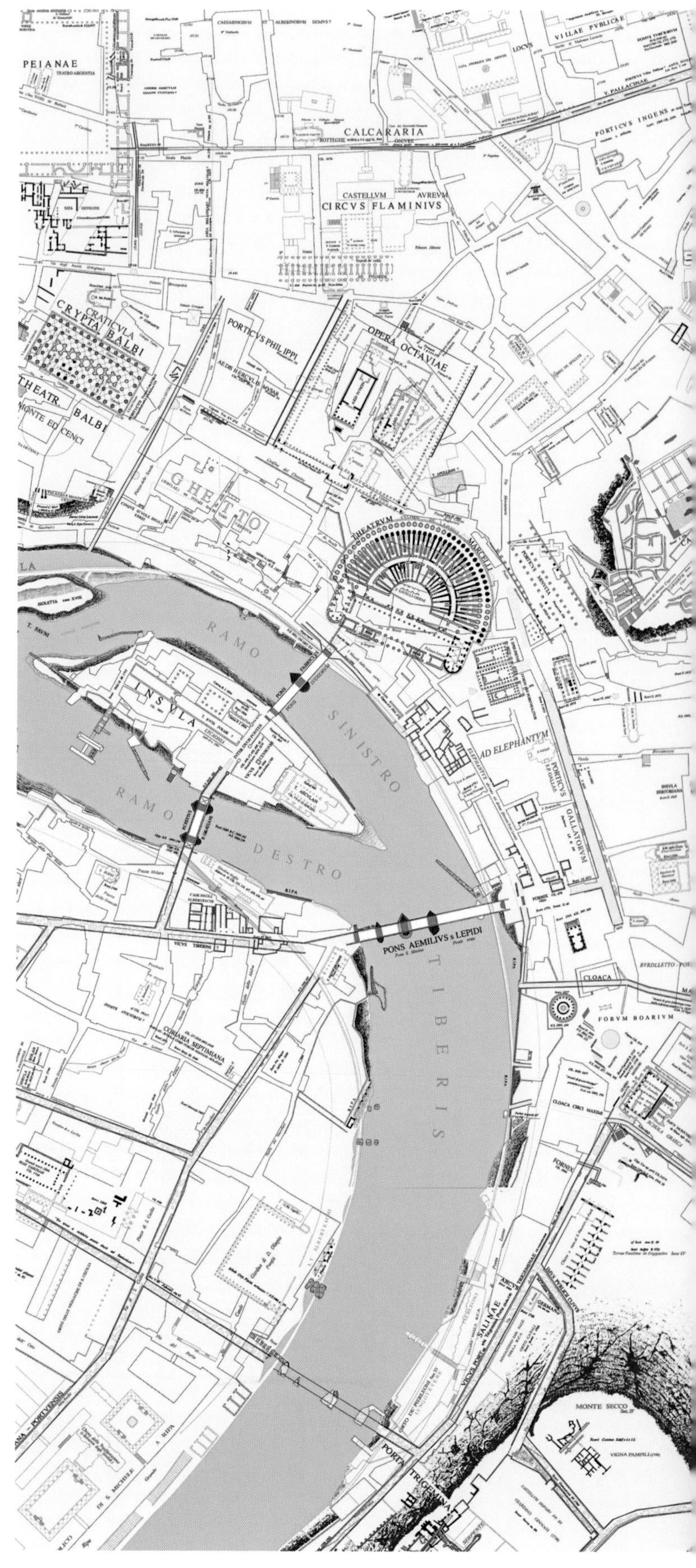

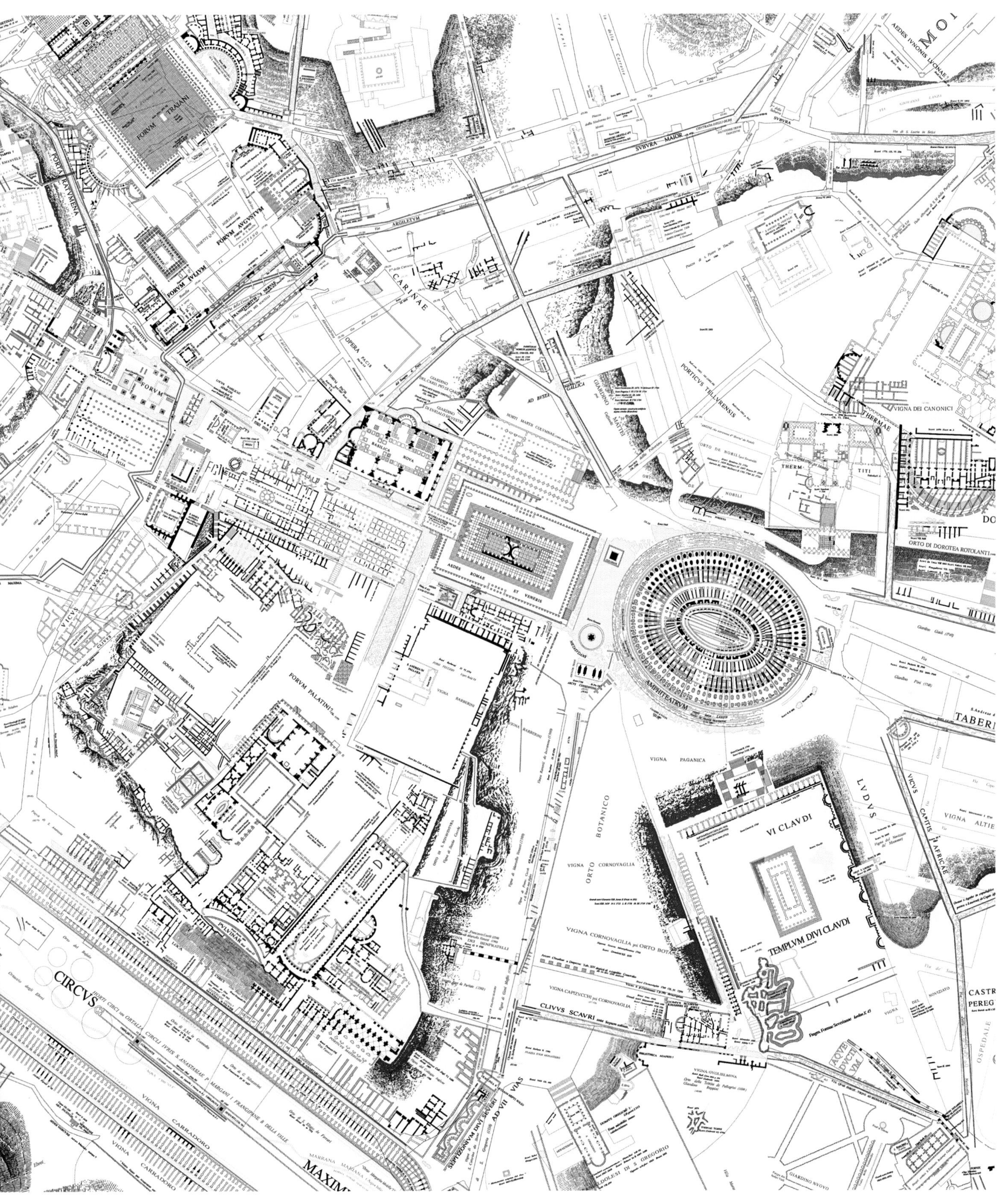

FORVM TRAIANI
FORVM AVGVSTVM
FORVM IVLIVM
SVBVRA MAIOR
ARGILETVM
CARINAE
OPERA PACIS
AEDES IVNONIS LVCINAE
BASILICA NOVA
AEDES ROMAE ET VENERIS
AMPHITEATRVM
PORTICVS TELLVRENSIS
VIGNA DEI CANONICI
THERM TITI
ORTO DI DOROTEA ROTOLANTI
FORVM PALATINI
DOMVS TIBERIANA
VIGNA BARBERINI
VIGNA PAGANICA
ORTO BOTANICO
VIGNA CORNOVAGLIA
VI CLAVDI
TEMPLVM DIVI CLAVDI
LVDVS
VICVS CAPITIS AFRICAE
VIGNA ALTIE
TABERN
CLIVVS SCAVRI
SEPTIZONIVM DIVI SEVERI
AD VII VIAS
CIRCVS
MAXIM
VIGNA CARRADORO

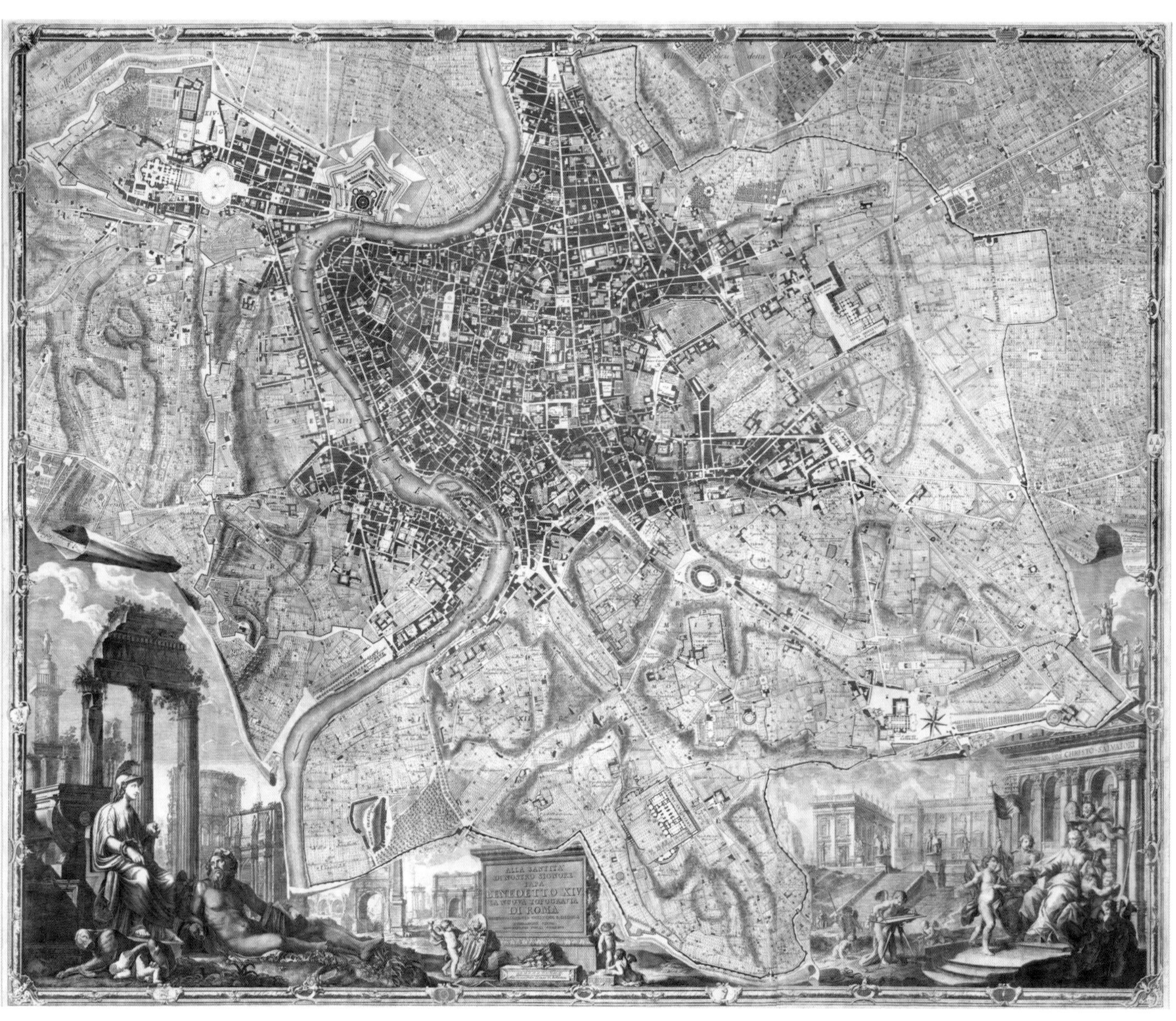

別建築物的平面圖都呈現了出來。倖存至今的只有將近1200塊的碎片，蘭恰尼在製作地圖時曾用來參考。

蘭恰尼的另一個重要資料來源，是建築師兼測量員詹巴迪斯塔．諾里（Giambattista Nolli）在1748年製作的一幅精美地圖（見上圖）。當時的製圖傳統會把視角稍微拉高，形成鳥瞰效果，而諾里的羅馬地圖卻是從正上方呈現整座城市。圖上的建築完全是平的，可以看見建物輪廓和基本配置，細節極為豐富，而且精準；幾個世紀後的現代衛星地圖都能和諾里的地圖吻合。

羅馬在諾里時代之後發生了許多變化，因此蘭恰尼找了很多稅籍圖、建築配置圖、草圖、素描、繪畫和照片，以補上城市發展的細節。他收存在羅馬的國立考古暨藝術史研究院的檔案包含了數千份這樣的文獻，其中包括右頁的人民廣場（Piazza del Popolo）草圖，這是19世紀初由建築師朱塞佩．瓦拉迪爾（Giuseppe Valadier）重新設計的大型公共廣場。

泰斯說：「瓦拉迪爾高明地解決了一個問題，就是利用一個適合馬車行走的坡道系統，把原來的廣場連接到居高臨下的蘋丘（Pincio）山頂。」他接著說，今天這些坡道仍在使用，只是使用者換成自行車騎士。

測繪羅馬計畫的長期目標之一，是更新並改善數位版的蘭恰尼地圖。這項工作包括利用上個世紀發現的遺跡來更新蘭恰尼地圖，最終創造出更精細的分層——例如把蘭恰尼劃入古代建物的單一黑色層拆成多個分層，以對應歷史學者對古代各時期的細分。

如今蘭恰尼的地圖經過一個世紀仍不顯老，只要一點幫助，很久以後的歷史學家和都市設計師都還能持續利用這張地圖，並發展出其他想法。這張地圖在俐落、優雅的設計中容納了數量驚人的細節，讓我們能夠看出羅馬的過去如何演變到現在，還有未來會是什麼樣子。✷

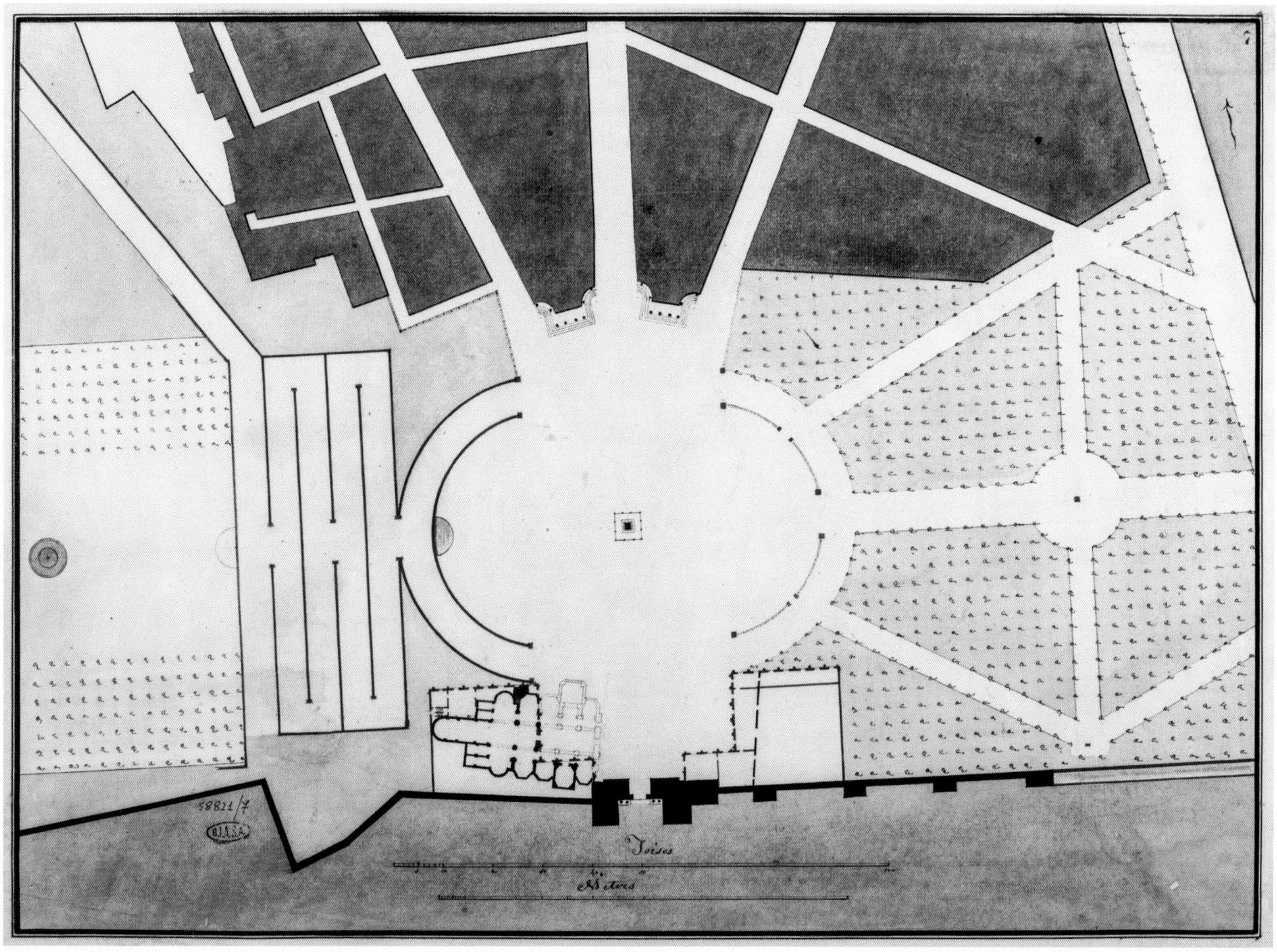

左頁 諾里的1748年羅馬地圖以當時來說非常精確，不但呈現數以百計的建築物輪廓，其中一些還畫出了基本平面圖。

上圖 這張1813年的人民廣場設計圖後來被瓦拉迪爾修改，把通往左邊山丘的一連串坡道改成更優雅的弧形設計。

右圖 原始大理石版《羅馬城形貌》的這幾塊碎片出自羅馬的市立古物館（Antiquarium Comunale），顯示的是大角鬥學校（Ludus Magnus），這是角鬥士的訓練學校兼競技場。

EARTHQUAKE INVESTIGATION
COMMISSION
GEOLOGICAL MAP OF THE CITY OF SAN FRANCISCO
BY ANDREW C. LAWSON
TO ACCOMPANY THE PAPER BY H. O. WOOD
Topography by the
Coast and Geodetic Survey.
Contour interval 20 feet
Presidio Shoal
Fort Pt.
North Pt.
Black Pt.
SOUTH BAY
Mile Rocks
PT. LOBOS
Richmond
Rincon Pt.
Mission Rock
Potrero Pt.
Double Rock
Shag Rock
Candlestick Pt.
Visitation Pt.
LAKE MERCED
Ingleside
Oceanview
Union Park
5 fathom line
6 fathom line

LEGEND

Made land.

Pleistocene and Recent Marine sands, sandstone and alluvium.

Pliocene-Merced Series Sandstone, pebbly conglomerate, sandy shales, clays and one thin ash bed.

Serpentinized peridotitic intrusive in the Franciscan.

Spheroidal basalt and diabase chiefly intrusive in the Franciscan.

Franciscan Series

Sandstone—Stratigraphic position not well determined—probably above the formations listed below.

Upper formation of radiolarian chert.

Middle formation of sandstone.

Lower formation of radiolarian chert.

Lower formation of sandstone.

Original shore line of city.

舊金山大地震

看看1906年如何為這座城市和科學發展帶來永久的改變

製作年份： 1908年

來源： 史丹福大學大衛・倫西地圖收藏

在1906年4月18日清晨5點12分，一陣天搖地動震醒了舊金山。建築物下方的土地崩陷、房子倒塌，道路碎裂隆起，瓦斯管線斷裂，自來水幹管破裂。隨後的大火幾乎把整個城市燒成平地——地震過後幾分鐘，瓦斯從破裂的管線外洩著火，大火延燒四天，吞噬了大約500個街廓，燒毀至少2萬8000棟房子。20多萬人——超過全市人口半數——無家可歸。至少3000人死亡。

這場7. 8級的地震持續不超過一分鐘，卻產生巨大而長遠的衝擊，造成的影響至今仍感受得到。

災後幾週內，市民就開始修復舊金山，想證明他們沒有被地震打垮。十年後，當初倒塌或燒毀的建築全部重建了起來。

整個灣區的地質學家也很快採取了行動。幾個小時內，已經有數十名科學家開始在記錄受損情況。幾天內，州長把這項行動正式歸建，成立加州地震調查委員會，任命加州大學地質系主任勞森（Andrew C. Lawson）為主持人。這群地質學家的調查結果將永遠改變地震科學，也讓急於重建的舊金山人知道，他們這樣做反而把後代置於更大的險境中。

勞森的團隊在1908年發表的報告，是地球科學史上最重要的報告之一，地質學家稱之為勞森報告，揭露了至少六項關於地震性質和地震影響的重大訊息。這份報告不僅成為往後一切地震知識的基礎，也把地球科學導入一條路線，在50多年後發展出板塊構造理論。

勞森十年前製作的地質圖上，都還看不到引發大地震的聖安德魯斯斷層；但地震發生後，勞森團隊一路追蹤這條斷層到洛杉磯，大約960公里；整條斷層也才1300公里。他們發現在震央附近的幾個地方，圍欄和道路被斷層切斷，水平錯斷達6公尺。令他們驚訝的是這條斷層是水平移動，不是垂直移動，和他們研究過的大多數斷層都不一樣——這個早期線索透露出聖安德魯斯斷層是兩個巨大的構造板塊的邊界，兩者沿著地表慢慢互相擠壓。

他們也推論，1906年的地震並不是聖安德魯斯斷層第一次發生大震動。地面在地震期間的運動往往會

左圖 勞森在1906年地震後製作這張詳細的舊金山地質圖，不同顏色代表城市底下的不同岩石和沉積物，紅色是玄武岩或輝綠岩等硬岩，綠色代表砂岩，黃色是人造地。

右圖 1906年舊金山地震一發生，斷裂管線外洩的瓦斯就引發火災。大火摧毀了舊金山的一大片地方，如這張出自1908年一份科學報告的地圖所示。

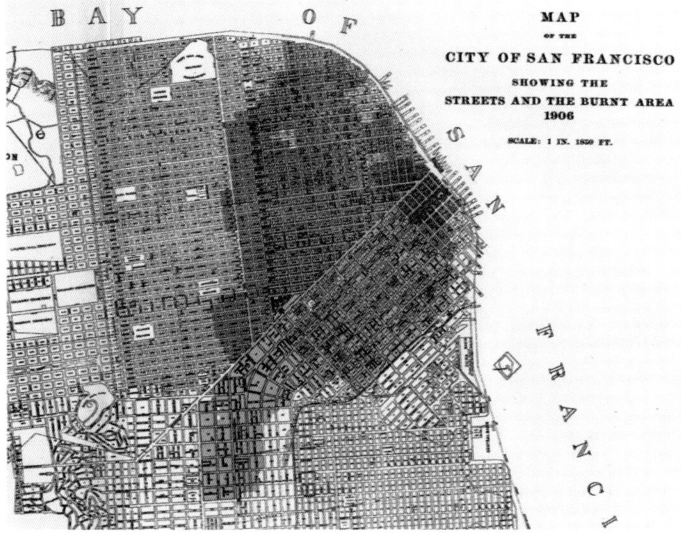

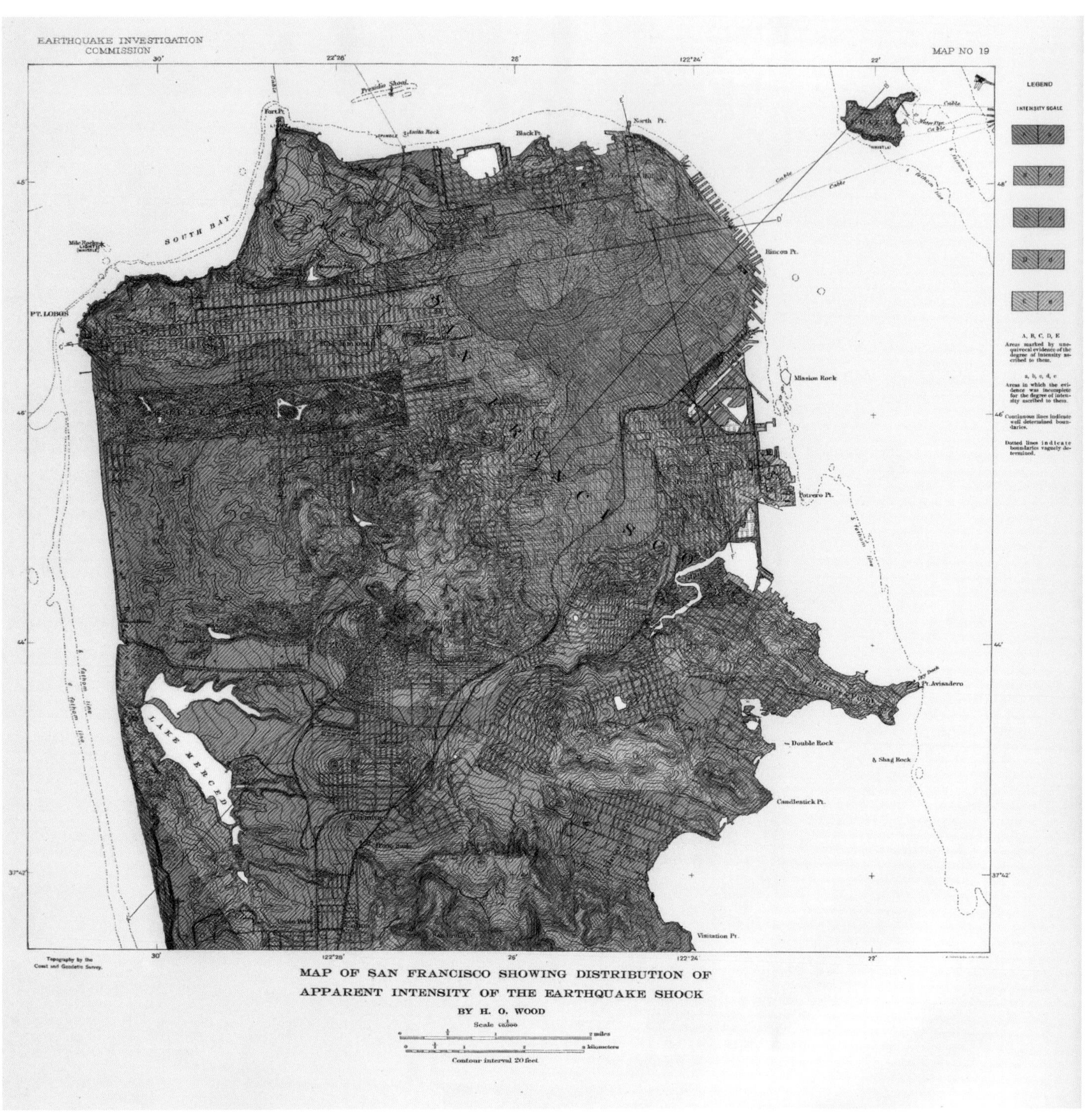

上圖 工程師評估建築物受損程度，製作出這張1906年地震期間舊金山目測震度地圖。勞森團隊對把這張地圖和194頁的地質圖比對，發現建築物損壞程度與地質之間的關係。輝綠岩等硬岩相對安全，人造地是最危險的。

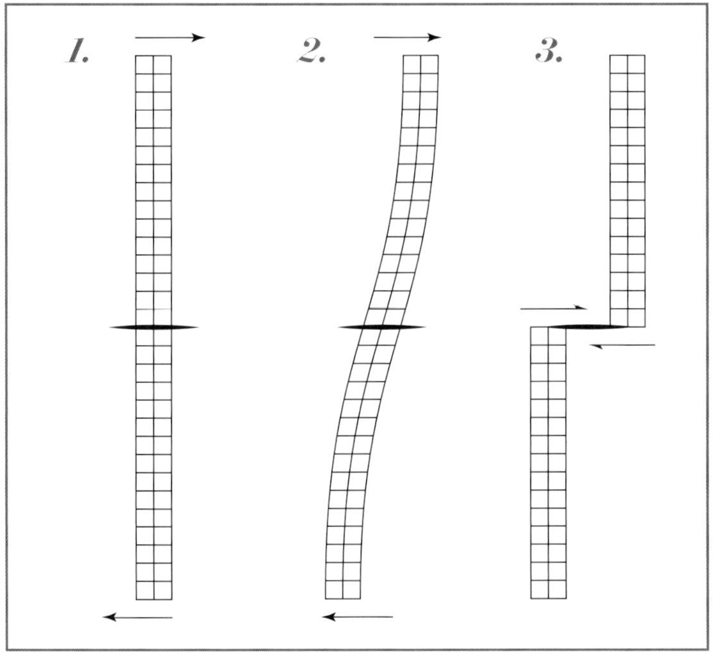

上圖 兩塊構造板塊往相反方向水平運動，會在交界處拉扯斷層沿線的陸地，應變最終會突破斷層兩邊的摩擦力，造成突然的滑動而引發地震。

右圖 1906年地震後，地質學家吉伯特（G. K. Gilbert）在舊金山南邊拍下一名女子站在裂開的聖安德魯斯斷層旁。這條斷層在某些地方水平移動了6公尺之多。

使地形更突出，使山脊變長，使谷地加深。他們看到這些山脊和谷地是反覆的地震逐漸造成的，代表未來可能還會發生更多地震。

還有一項更大的發現，來自對美國海岸暨大地測量局（U.S. Coast and Geodetic Survey）在地震前50年間製作的一系列地圖所作的分析。這些地圖大概每十年測量一次地標之間的角度，顯示在1906年地震之前，離斷層好幾公里遠的地面就一直緩慢移動，而緊鄰斷層的地面則卡住不動。地球物理學家哈利·瑞德（Harry Reid）推斷，某種未知力量造成的應變一直在累積。這場地震的發生，就是應變克服了讓斷層留在原地的摩擦力，導致斷層沿線的地面往前跳，追上了周圍土地的位移（見上圖）。

這個概念，就是我們現在知道世界上哪些地方地震風險高的基礎。瑞德推論，透過長時間監測應變，可以發現哪些地區有大量的應變累積，因此地震風險較高。今天世界各地共有大約2萬5000個持續記錄的GPS接收器就在做這件事。

另一方面，勞森團隊的工程師忙著收集損害與震動報告，這是史上針對單一地震收集過最廣泛的一組資料。他們把一切都記錄下來：哪種建築物受損最嚴重、墓碑往哪個方向倒、桶子裡的牛奶怎麼灑。他們發現，沒有適當支撐的結構和非加強磚造建築最經不起搖動。

他們根據觀察到的損害，編成左頁這張預估震度地圖。他們把這張地圖與勞森的新版地質地圖（見194頁）一比對，得到了重大發現：震度和受損程度會因結構底下的地質情況而異。建築物蓋在堅固的岩盤上，比蓋在鬆軟的沉積物上受損要輕微得多。由溼軟掩埋物構成的土地，例如震度地圖上位於舊金山東北緣、林康岬（Rincon Point）北邊的灰色區域，是最危險的。

科學家在研究這些的時候，有些舊金山人已經忙著在掩埋場填成的人造土地上蓋起替代建築，這些地方幾乎保證會在下一場大地震中造成嚴重損害。一旦那樣的地震發生，傷亡人數可能遠遠超過1906年，當年大舊金山灣區只住了不到100萬人，今天卻有超過700萬人。1906年地震後建造的房子有很多仍需進行結構補強，而舊金山競爭激烈的房地產市場卻鼓勵大家忽略本區地質程度不一的危險性。

據估計，今天灣區要是發生1906年規模的地震，經濟損失將會超過2000億美元——是卡崔娜颶風的兩倍，而且絕大部分沒有保險。會有幾十萬人流離失所，幾百條道路關閉；沙加緬度三角洲的堤防可能失效，成千上萬人可能喪生。

正如我們在勞森報告發表後這一個多世紀所知道的，下一次大地震不是會不會發生，只是哪時候發生的問題。不過，灣區依舊是尖端地球科學和結構工程研究的重鎮，聖安德魯斯斷層也持續激勵地質學家和地震學家開拓新發現。⁕

城市對上物種

一本地圖集說明了哪些地方的都市化對生物多樣性造成威脅

製作年份：2017年

來源：「世界末日地圖集」（ATLAS FOR THE END OF THE WORLD）計畫

1570年，法蘭德斯製圖師亞伯拉罕・奧特柳斯（Abraham Ortelius）出版了第一本現代地圖集：《寰宇概觀》（Theatrum Orbis Terrarum）。此時地理大發現時代剛進入熱絡階段，奧特柳斯畫工精細的地圖，呈現的正是許多歐洲人眼中的新世界，充滿了新發現的土地，可以好好殖民和開拓。

這樣的世界已經不存在了，理查・韋勒（Richard Weller）說，他是賓州大學景觀建築師，也是「世界末日地圖集」這項線上計畫的領導人。韋勒說，這個帶有末日感的題目指的並不是廣義「世界」的結束，而是奧特柳斯心目中那個世界的結束，「曾經我們以為自然是一種無限資源，可以不顧後果予取予求，而這個世界已經到了末日。」韋勒說。

這本地圖集的主要焦點是聯合國鎖定保育的36個生物多樣性熱點。這些熱點──例如右圖位於東南亞的印緬熱點──是跨國界的，科學界共同定義為特有種動植物豐富、且有嚴重滅絕危險的地區。截至2017年，只有14個熱點達到聯合國設定的目標，也就是熱點範圍內陸地與內陸水道劃入保護區的比例達到17%。這本地圖集詳細畫出每個熱點內的各個生態系，以及這些生態系所面臨的採礦、農業和都市化等人類活動威脅，清楚呈現無法達標的原因。

地圖集的一大主題是保育和都市化的相互糾纏。36個生物多樣性熱點中，共有422個人口至少30萬的城市。這些城市中有許多正在成長，而且絕少有全盤的都市規畫，埋下了日後衝突的因子。韋勒和共同作者利用耶魯大學研究人員的都市增長預測，標出這些衝突可能發生的地點。

韋勒認為從事景觀建築和都市規畫的同行，可以在這方面扮演更大的角色。「我們所做的是模擬各種情境，找出有哪些機會可以吸收人口的成長，在某個程度上改變城市的發展方向。」他說。基本概念是透過引導，使人口成長不要出現在最脆弱的地區。困難之處在於每個城市都是獨特的，需要專屬的計畫來平衡成長和對生物多樣性的衝擊。

韋勒說，這不是簡單的事，但任何設法保護和恢復生態系的努力，都是一種希望，代表我們與自然界的關係從奧特柳斯時代以來已經有所改善。✳

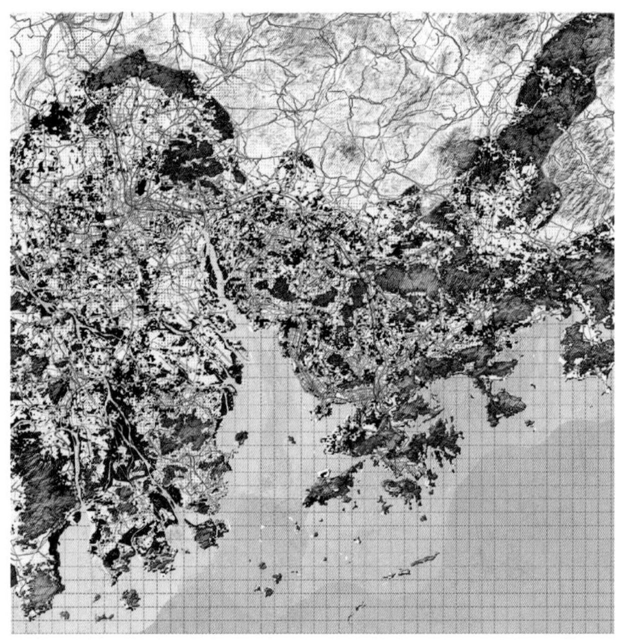

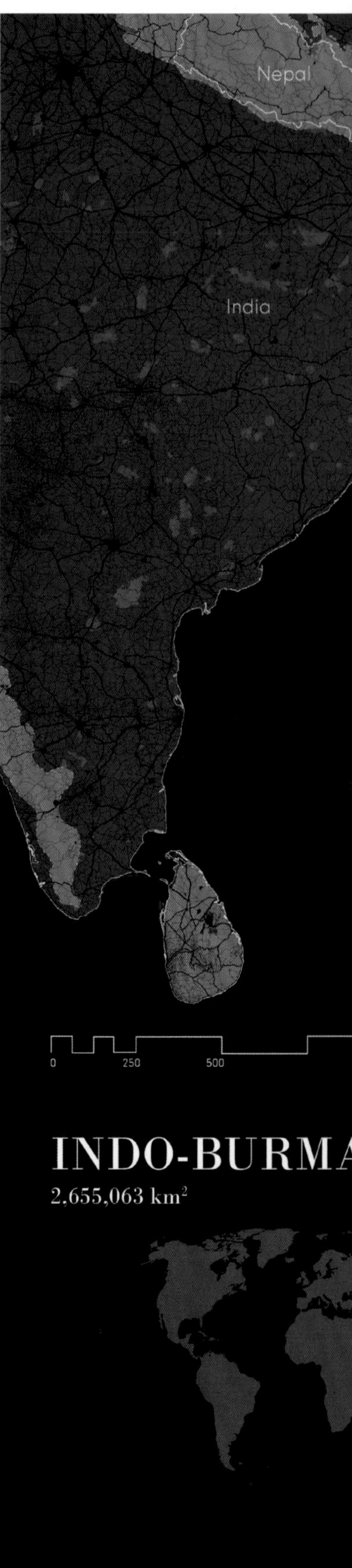

右圖 在東南亞的印緬生物多樣性熱點，只有略多於13%的土地受到保護（顯示為綠色）。這個數字並未達到聯合國設定的17%目標，但已經比許多其他地區接近。

左圖 這張香港、深圳和廣州周圍區域地圖，以紅色顯示都市成長與生物多樣性極可能產生衝突的區塊，深綠色為殘存原生植被的地方。

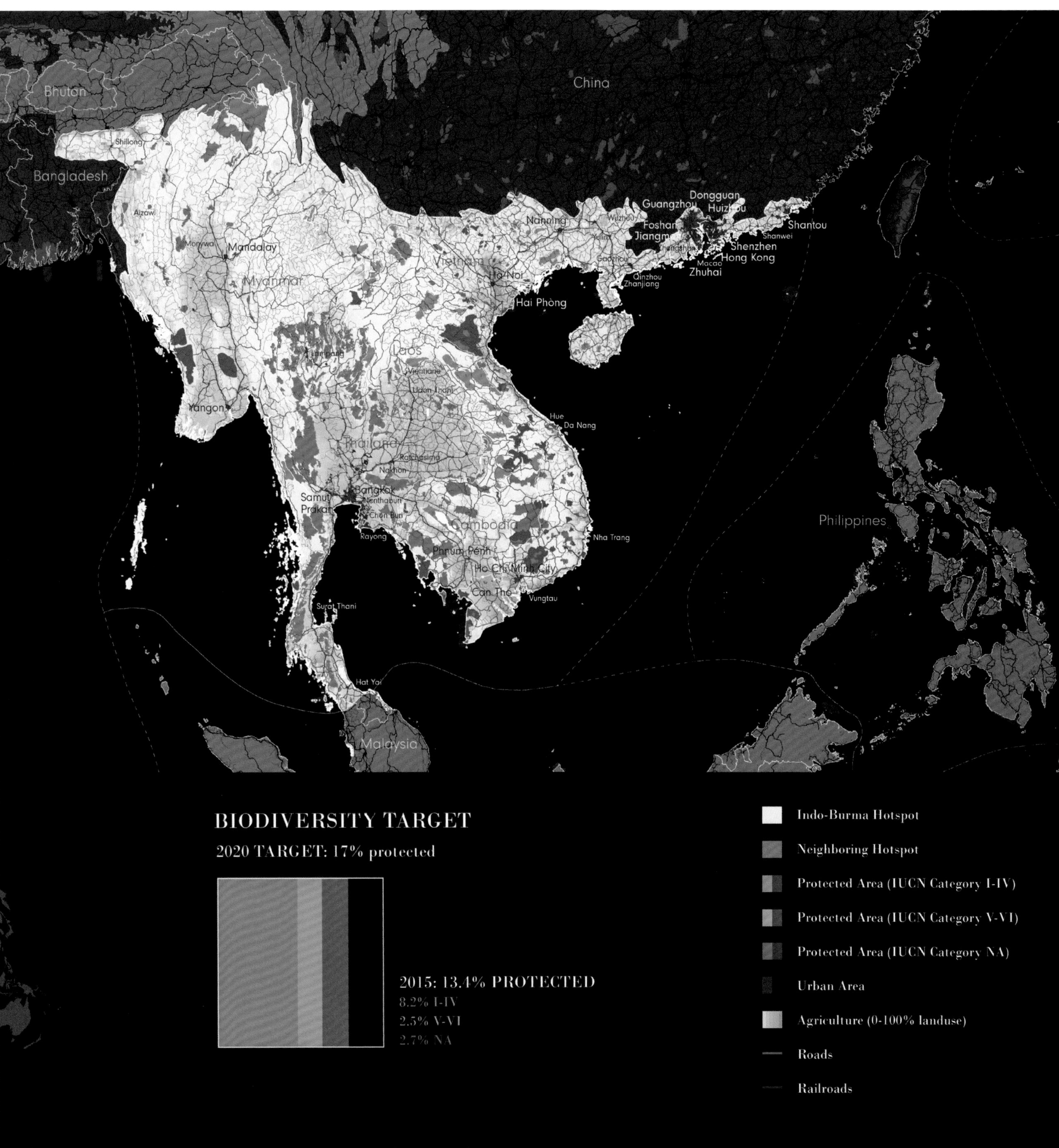
China
Bhutan
Bangladesh
Shillong
Aizawl
Monywa
Mandalay
Myanmar
Yangon
Guangzhou
Dongguan
Huizhou
Foshan
Jiangmen
Shantou
Shanwei
Shenzhen
Hong Kong
Macao
Zhuhai
Nanning
Qinzhou
Zhanjiang
Vietnam
Ha Noi
Hai Phòng
Laos
Vientiane
Udon Thani
Hue
Da Nang
Thailand
Ratchasima
Nakhon
Samut Prakan
Bangkok
Nonthaburi
Chon Buri
Rayong
Cambodia
Nha Trang
Phnum Penh
Ho Chi Minh City
Can Tho
Vungtau
Surat Thani
Hat Yai
Malaysia
Philippines
BIODIVERSITY TARGET
2020 TARGET: 17% protected
2015: 13.4% PROTECTED
8.2% I-IV
2.5% V-VI
2.7% NA
Indo-Burma Hotspot
Neighboring Hotspot
Protected Area (IUCN Category I-IV)
Protected Area (IUCN Category V-VI)
Protected Area (IUCN Category NA)
Urban Area
Agriculture (0-100% landuse)
Roads
Railroads

標繪大腦

拉蒙－卡哈爾名留千古的不朽科學繪圖

製作年份：1887－1934年
來源：卡哈爾研究所（INSTITUTO CAJAL）

拉蒙－卡哈爾（Santiago Ramón y Cajal）在19世紀中葉的西班牙長大，他醉心繪圖，自認是個書寫狂。他想成為藝術家，但他的醫師父親堅持要他學醫。年輕的卡哈爾同意協助父親教授解剖學，發現自己有畫解剖圖的天賦，於是決定報讀醫學院。50年後，卡哈爾畫出了將近3000幅大腦繪圖、得到諾貝爾獎，並且永遠改變了神經科學。

在職涯早期，卡哈爾就迷上當時還算新的組織學，研究顯微鏡下細胞和組織的解剖構造。把極薄的染色組織切片放在兩塊玻璃片之間，就能看到其中的微觀結構。在19世紀步入尾聲之際，義大利科學家高爾基（Camillo Golgi）發現一種新的組織染色法，能讓個別神經細胞看得比以往更清楚。於是卡哈爾突然能夠看見一個個被染成黑色的神經元，在淺色背景之中顯得纖細又美妙。

他開始把看到的東西畫下來：各種不同大小、形狀和樣式，在腦中似乎擔當了不同角色的神經元。他畫過兔子大腦皮質裡的錐狀神經元（pyramidal neuron）、人類海馬迴的星狀膠細胞（astrocyte）、老鼠脊髓裡的膠質細胞。他的優勢就是觀察力敏銳，又精通繪畫。藉由仔細標繪死掉的腦細胞，卡哈爾開始設想活著的腦部如何運作，結果得到好幾項重大見解，協助奠定現代神經科學的基礎。

據他推測，神經元是透過緊密接觸來互動的個別細胞，而非像高爾基所相信的，是一個無間斷的網路。卡哈爾還為我們對大腦運作的理解帶來突破性的進展，靠的就是仔細檢視並畫出視網膜——眼睛後方薄薄的一層感光細胞（右頁）——的神經元。

高爾基的染劑讓科學家看見神經元有兩種神經突：多條又細又短、從細胞體向外發散出去的樹突，以及只有一條、可能長得多也比較粗的軸突。卡哈爾觀察到，視網膜神經元的樹突朝向眼睛的感光細胞，這些細胞會被進入眼睛的光觸發。軸突則是朝向大腦。看到這種配置，卡哈爾推論，樹突的用處是接收來自外界

右頁 拉蒙－卡哈爾的視網膜圖，標示出眼球後方感光結構的主要細胞層，包括由光觸發的光受體（B層、C層和D層）、轉接神經元（F層）和神經節細胞（H層）

左圖 受到路易．達蓋爾（Louis Daguerre）發明的實用攝影法的激勵，卡哈爾自學如何拍攝、顯影和沖印照片。他一輩子拍了許多自拍像，這張是他30歲出頭時在西班牙瓦倫西亞的實驗室中的留影。

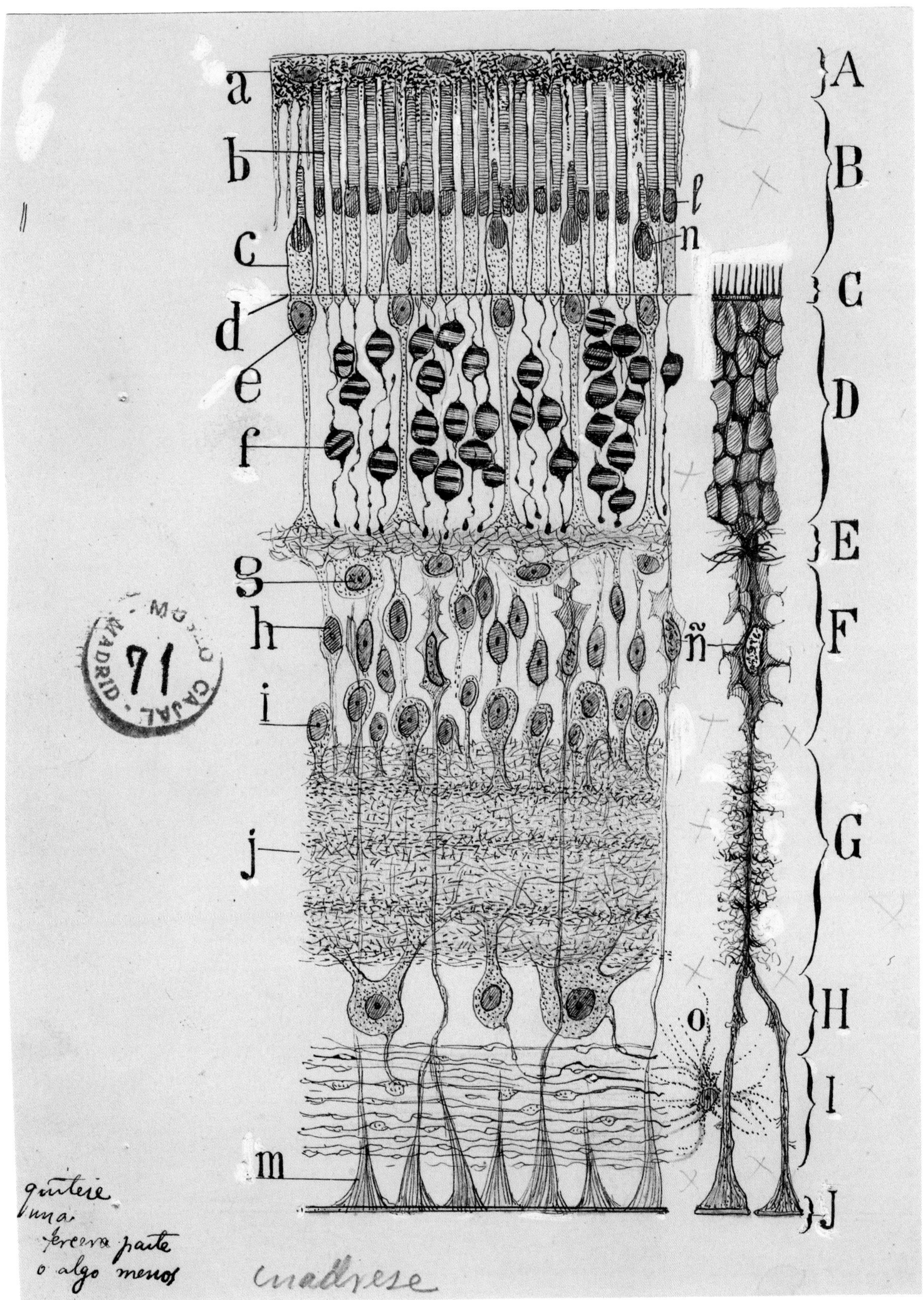
a
b
l
n
c
d
e
f
g
h
ñ
i
j
o
m
A
B
C
D
E
F
G
H
I
J
MUSEO CAJAL
MADRID
71
quitese
una
tercera parte
o algo menos
cuadrese

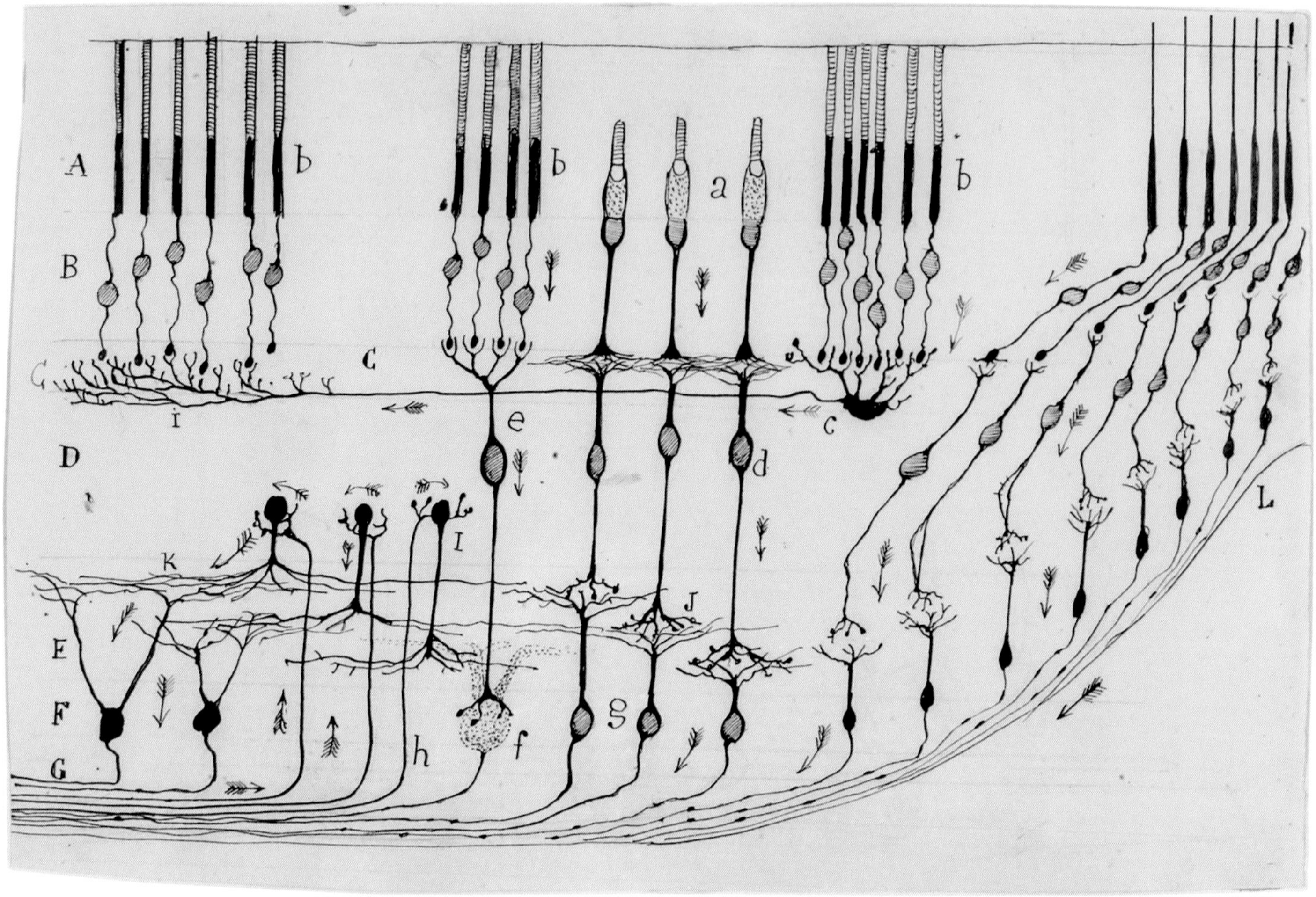

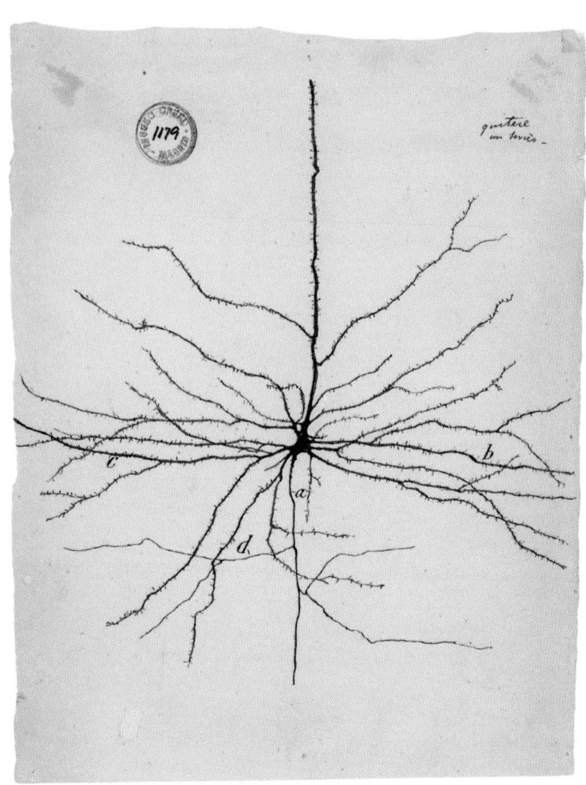

的資訊，再傳遞到細胞體，而軸突接著再把信號傳遞到其他神經元。上方這張卡哈爾的視網膜圖上，卡哈爾用箭頭標示經過多層視網膜，然後往外前往大腦視丘的訊息流方向。

「他觀察大腦，就推論出別人都看不到的事情。」哈佛大學神經學家傑夫．利特曼（Jeff Lichtman）說。

在此之前一個世紀，路易吉．伽伐尼（Luigi Galvani）利用雷暴產生的電，來刺激死去的青蛙的腿部肌肉，顯示大腦是用電信號來傳遞訊息。卡哈爾的研究則是顯示這些電脈衝可能沿何種方向流過神經元。利用這項發現，他破解並畫出大腦其他許多部位的神經迴路，今天無數科學家的研究仍繼續建立在他的成果上。

「他是探險家。」南加州大學神經學家賴瑞．史旺森（Larry Swanson）說，「幾乎可以把他想成像哥倫布，到了外面去之後率先把地圖畫出來，讓後人可以追隨。」

左頁上圖 藉由研究神經元在視網膜中的結構和位置，卡哈爾推論出資訊在所有神經元之間流動的方向。這張圖上他以箭頭表示光受體細胞（A層和B層）把訊息傳遞到轉接神經元（D層），再到輸出神經元（F層），然後經由長長的軸突（G層）傳遞出去。

左頁下圖 圖為大腦皮質裡的單一個錐狀神經元，是卡哈爾最具代表性的圖像之一。錐狀神經元以本身細胞體的形狀得名，遍布於大腦皮質（包括海馬迴）。卡哈爾把錐狀神經元稱作「崇高而神祕的思維細胞。」

右圖 在這張卡哈爾所繪的海馬迴（例如H和G）中可看到大量分布的錐狀神經元，箭頭表示訊息流過海馬迴的方向。海馬迴在包括記憶鞏固在內的大腦功能中扮演重要角色。

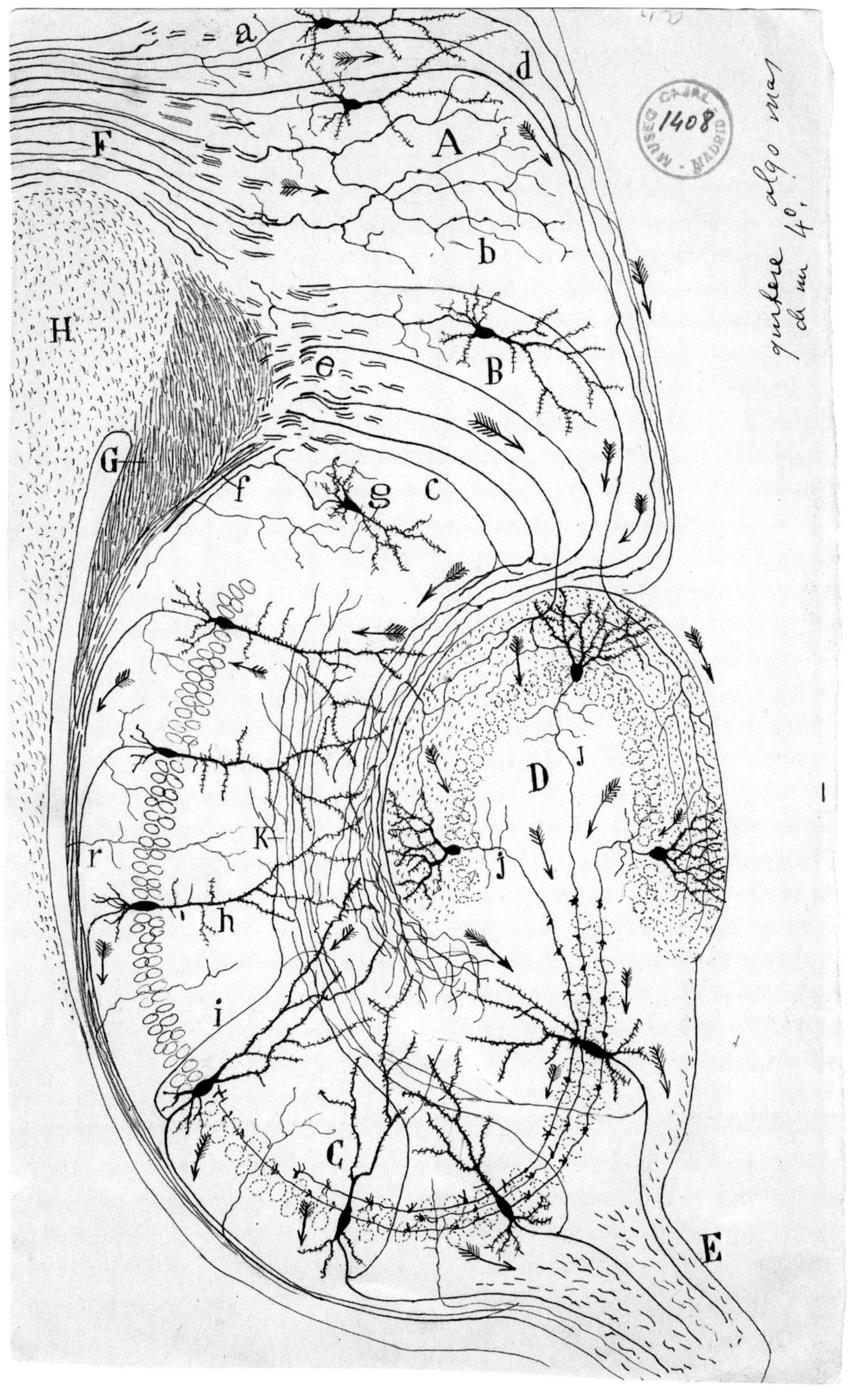

1906年，卡哈爾和高爾基共同獲頒諾貝爾生理學或醫學獎，「以表彰兩人對神經系統結構所做的研究。」雖然高爾基對這種結構的看法有誤，但他的染色方法對卡哈爾的觀察至關重要。諾貝爾委員會有一位成員談到卡哈爾對神經科學的貢獻時說：「正是他建立起我們思維結構的幾乎整個框架。」

雖然在卡哈爾之後，繼續有人畫出了無數的神經系統圖、解說圖和示意圖，但今天的教授還是會用他的圖，幫助學習神經科學的人探索大腦結構和功能。✳

行星地圖學

太陽系地質資訊構成的異世界地圖

製作年份：1977－1978年
來源：美國地質調查局

在一般人看來，地質圖可能類似抽象藝術。但是，仔細觀察就會看出一些自然、甚至熟悉的圖案——除非那張地質圖是畫的是另一個世界。

美國地調局製作的這些月球地圖，比你見過的任何地圖更像外星世界。這是地質學家在1970年代和1980年代，根據阿波羅登月任務和水手9號火星軌道飛行器等太空任務回傳的大量資料，繪製而成的一批帶有迷幻感的行星和衛星地圖。

這些月球地圖上面沒有任何符號、註記和地形底圖，只留下代表各種岩石類型和年代的顏色，所以看起來特別奇怪。之所以會有這麼陽春的地圖，是因為美國地調局把他們的一批天體地質圖數位化，以供現代製圖軟體使用。其中有一個步驟就是把不同類型的資訊拆成數位圖層，其中只顯示岩石單位的圖層顯得很突出。

月球最主要的地貌，是數十億年間千千萬萬顆流星和小行星撞出來的坑，因此地圖上才會有這麼多圓形。乍看之下，這些月球地圖很不像地球的地質圖，但運用的技術是為了標繪地球而開發的，不過當然作了一點調整，因為目前（還）不可能在火星上沿著斷層行走，或在水星上採集岩石樣本。但是，基本的地質原理也適用於其他天體：最古老的岩石通常在最底下，年輕的岩石在上面。

科學家利用在地球上學到的知識，根據遠端收集到的圖像和資料，從中提取關於外星地貌的線索。陸上望遠鏡和太空船拍攝的照片透露的質地、亮度和地形差異，可幫助科學家辨識岩層的類型和年齡。例如，從小行星撞擊坑裡拋出的碎片往往粗糙而明亮，坑緣通常較高較銳利。但是時間一久，坑緣會變得較圓，碎片也會比較平滑，反光度變低。撞擊坑的相對密度是透露周圍地帶年齡的線索之一：撞擊坑較少的區域通常會比有更多時間讓小行星接連衝擊的區域來得年輕。

地質學家會隨時根據月球任務取得的新資料來更新地圖。阿波羅太空人在1969年到1972年間，從月球帶回超過360公斤的岩石樣本，地質學家就利用這個難得機會來調整並重新詮釋地圖。他們學到的經驗也能幫助科學家標繪太陽系中的其他岩質行星和衛星。

今天，科學家經常透過X射線、伽馬射線、紅外線和紫外線偵測器取得資料，這些設備可以幫助他們區分天體表面的不同化學成分，另外藉由引力、磁力和數位高度資料，了解行星外部和內部的更多情形。由於太空船用來探索其他天體的儀器愈來愈精密，行星地質圖只會愈來愈好。✷

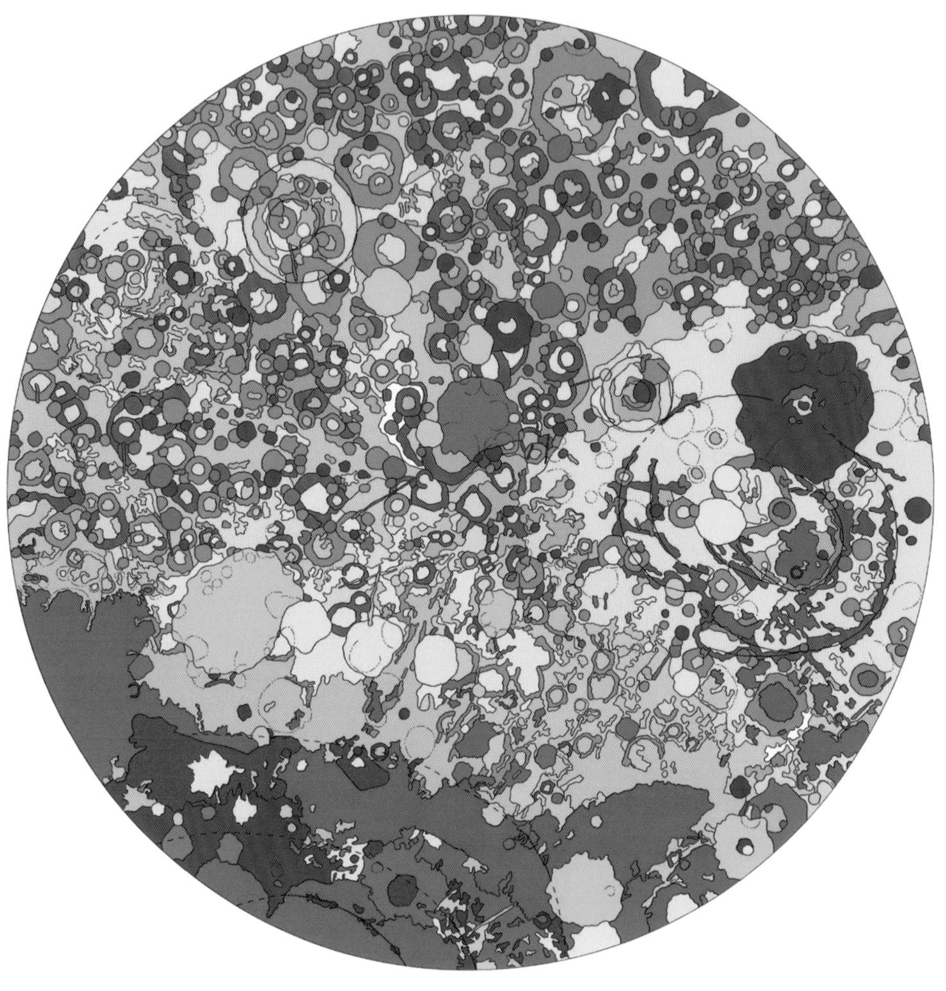

上圖 在這張1978年的月球北部地質圖上可見到布滿撞了擊坑，不同顏色代表各種類型和年齡的岩石。

右頁 這是1977年的月球西側地質圖，一大片呈噴濺狀的藍色區域是930公里寬的東方盆地（Orientale Basin），這是一個很大的月球撞擊坑，大約形成於38億年前。東方盆地中央（以及地圖右上方）的鮮紅色代表後來的熔岩流。

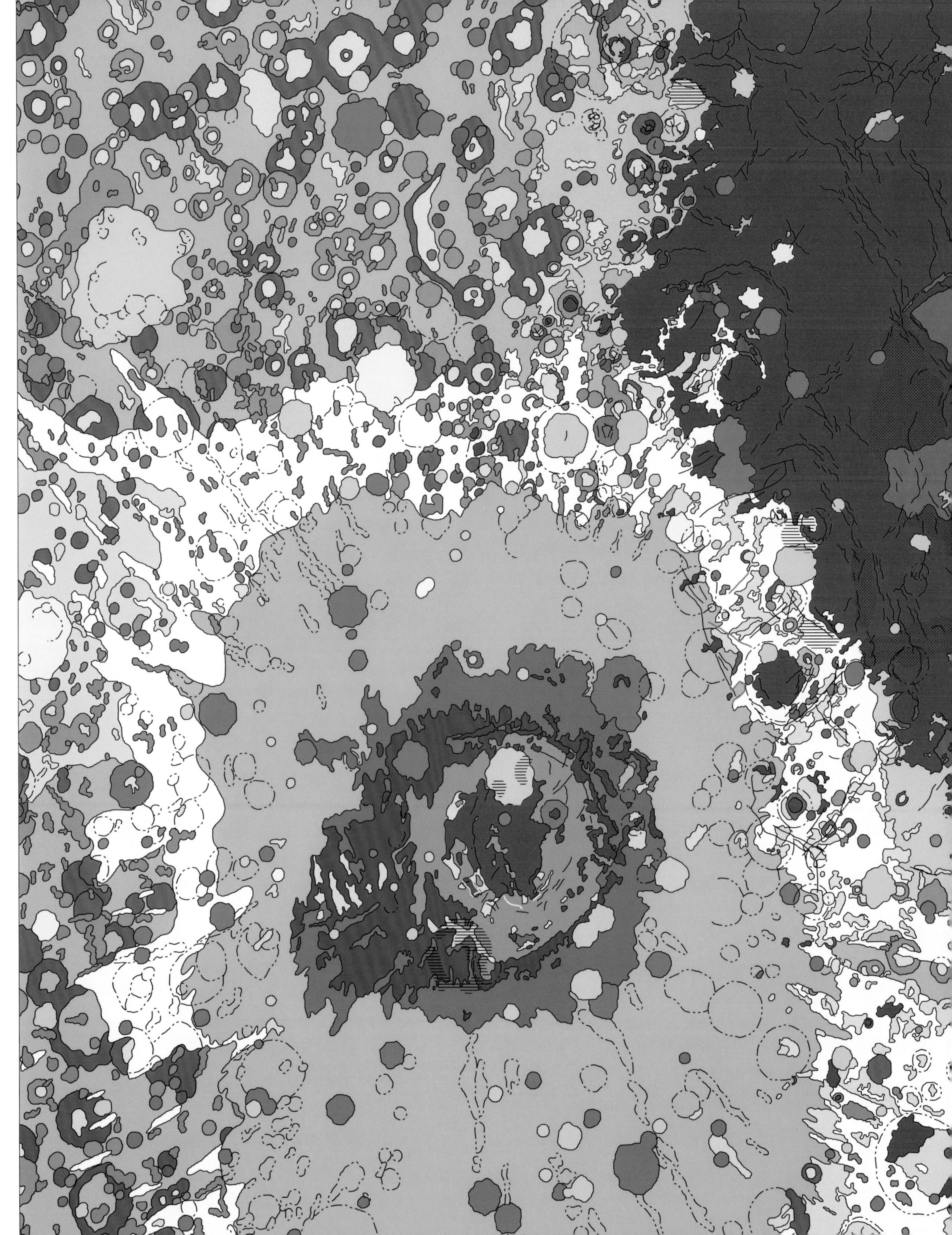

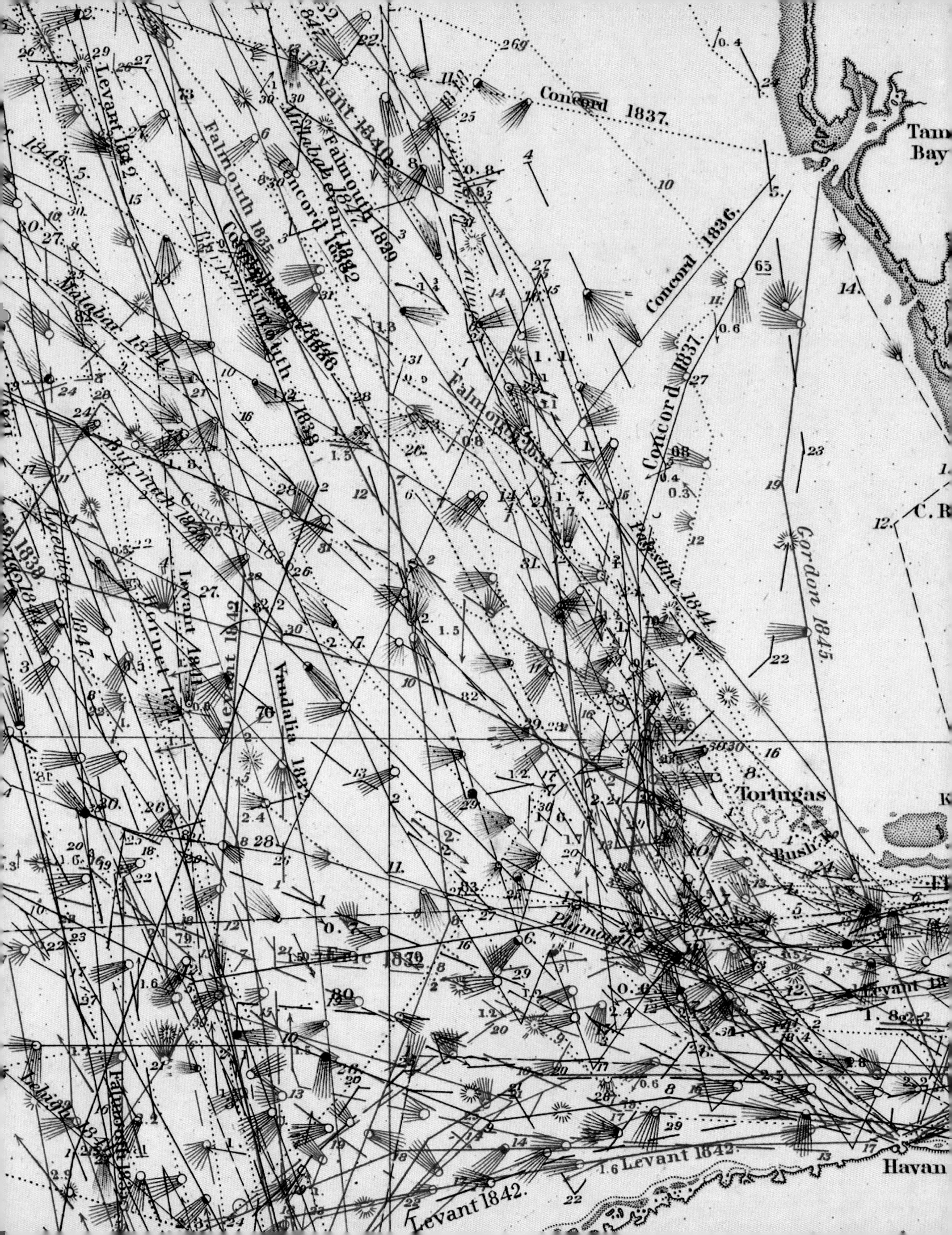

Concord 1837.
Tam
Bay
Concord 1836.
Concord 1837.
Falmouth 1835
Falmouth 1829
Levant 1842
Malabar 1844
Palestine 1844
Gordon 1845
Levant 1841
Vandalia 1832
Erie 1832
Plymouth
Tortugas
Bush
Levant 1842.
Levant 1842.
Levant 1842.
Havan

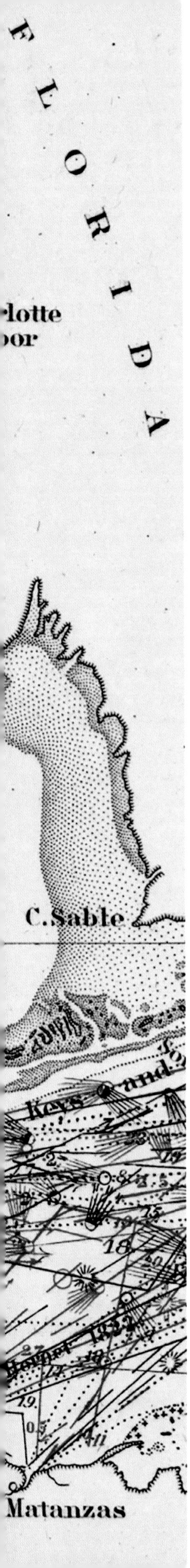

海洋科學家的誕生

一位美國海軍軍官如何創建海洋學，並引發航海革新

製作年份：1850年代
來源：美國地理學會圖書館及其他

要不是因為一場驛馬車事故被解除了擔當海上勤務的資格，毛瑞很可能不會成為現代海洋學之父。毛瑞出身維吉尼亞州一戶農家，在1825年加入美國海軍，隨即對航海原理產生興趣。他最早服役的艦艇之一是文森尼斯號（Vincennes），第一艘環航全球的美國軍艦。

毛瑞的職涯原本似乎注定會在海上發展了，但在1839年，他搭乘驛馬車時從車頂上摔下來，造成一邊膝蓋脫臼，一條腿嚴重骨折，花了好幾年才復原。重返海軍之後，他被降職為文書，負責保管海圖和儀器，包括海軍的航海鐘——用來在海上測定經度的關鍵設備——以及其他導航工具和記錄。如果是比較沒有志氣的人，在這樣的職位上可能就會得過且過，但是毛瑞卻看到了機會。

嗜讀若渴的毛瑞發現，庫房裡雜亂的老船長日誌藏著大量未善加利用的航海資料。他鑽研日誌之後，開始看出一些模式。有一種情況經常發生，就是領航員死守著最短路線航行，結果航程卻受到不利的風向和洋流延誤。如果利用這些自然力，不去對抗，即使航線較長，往往還是比較快。

這些航海日誌揭露了另一項當時多半不受重視的航行難題：洋流和風向會隨季節變動，所以3月的最佳路線到了8月可能變得險惡。毛瑞認為，現在需要一種新的海圖，把一年之中某個時間最快、最安全的路線標示出來。

毛瑞的《北大西洋海風與洋流圖》（Wind and Current Chart of the North Atlantic）在1848年首次出版，收錄了數百位船長的觀測紀錄（左邊的放大圖上可以清楚看出個別船隻的船名）。他用一些小刷子狀的符號，來表示航海日誌中記述的特定位置的海風強度和變化。線條的長度表示風速，刷子的寬度則表示風向是一貫的或多變的。

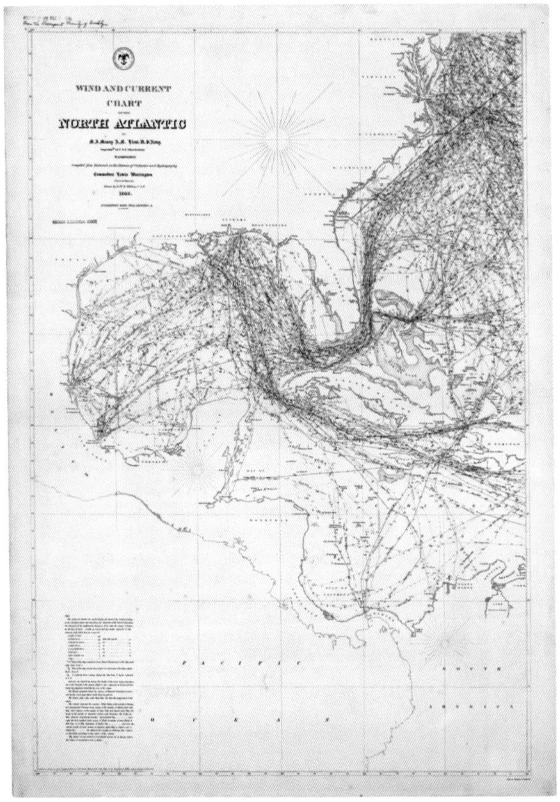

毛瑞根據船長的日誌所繪製的海風和洋流圖，使航海變得更快、更安全。左頁的局部圖取自1850年版的毛瑞《北大西洋海風與洋流圖》（左圖）。線條的每一種顏色各代表一次航行。刷子狀的符號反映船長日誌中對於海風速度和變化的註記。

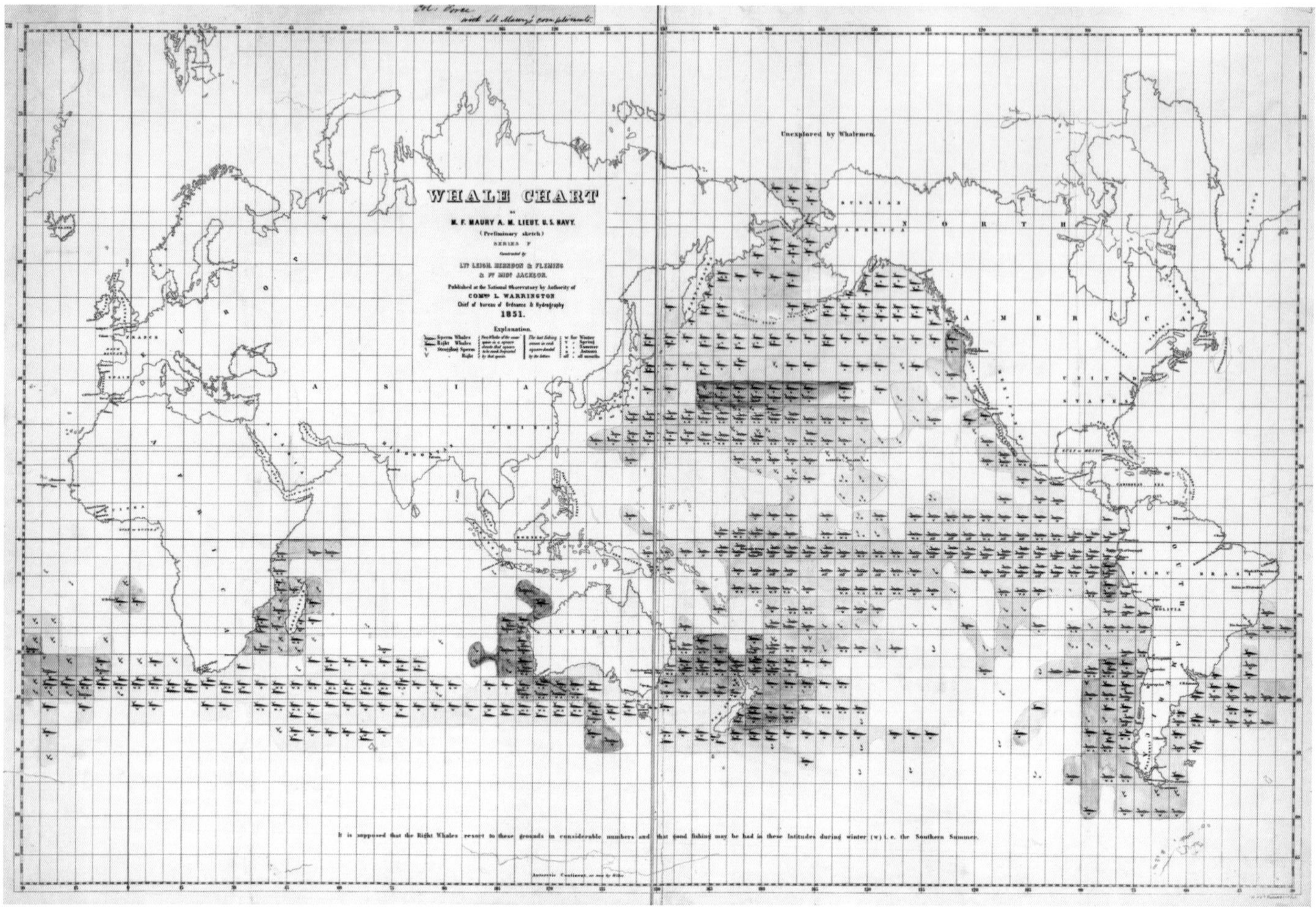

上圖 在美國內戰期間，南軍的突擊艦利用毛瑞的鯨魚蹤跡圖來鎖定北軍捕鯨船，知道可能會在鯨魚出沒的海域找到它們。

右頁 這張地圖出自毛瑞的《海洋自然地理學》，顯示適合的航行路線。小型船隻的帆可依照某個地點的海風方向來調整，這是毛瑞在圖上納入大量資訊的創新方式之一。

左圖 這張毛瑞肖像攝於1853年，他在布魯塞爾籌辦第一次海洋氣象學國際會議期間。毛瑞曾促請其他國家合力收集海風和洋流資料。

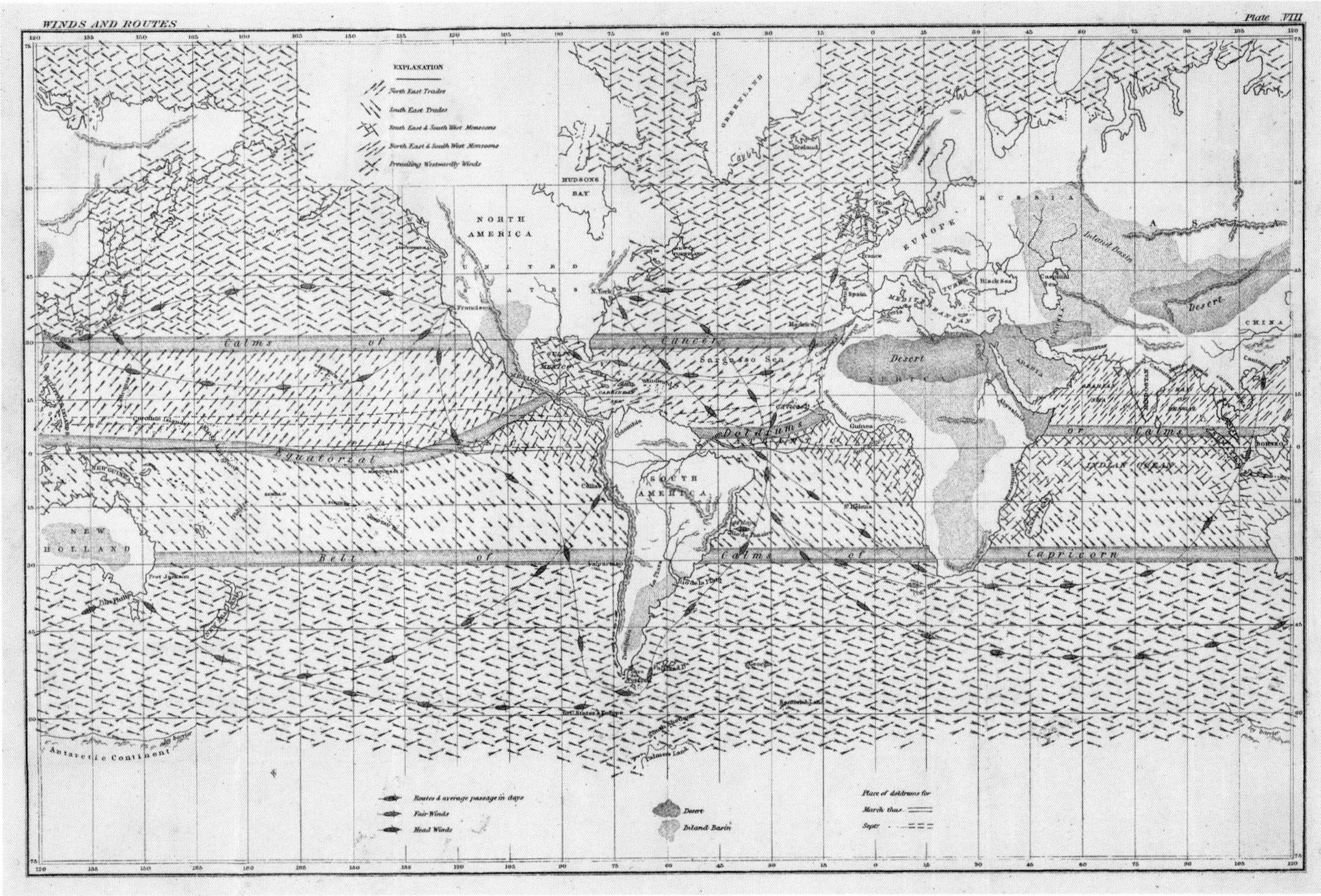

當然，海員早就知道洋流和風向，但他們的知識大多來自口耳相傳。沒有人在尋找跨越整個海洋，或長時間下的變化模式。毛瑞就這麼做了，而且把全部資料歸納成實用的航行指南。他的地圖和海圖告訴海員如何以最快路徑通過會讓帆船受困數天、甚至數週的熱帶無風帶。他告訴海員如何調整路線，跟隨夏季北移的墨西哥灣流，以利用這股強大的洋流從北美洲前往歐洲。

剛開始很少有船長願意嘗試毛瑞的路線。出於習慣和迷信，他們堅持自己航行多年的路線。後來，有一位巴爾的摩的船長在某次航程中採用毛瑞的一條路線，載著一船麵粉到里約熱內盧，結果省下了17天。這次經驗被人大肆宣揚，這位船長在回程時決定再相信毛瑞一次，結果提前35天把一批巴西咖啡運回巴爾的摩。於是愈來愈多船長開始採用毛瑞的路線，都得到類似的成功。加州爆發淘金熱時，省下來的時間更加可觀：船從東岸南下，繞過合恩角北上舊金山，原本需時六個月，而毛瑞的路線省下了超過40天。

為了進一步提升海圖的精確度，並擴展到其他海洋，毛瑞發放航海日誌，讓船長填寫後交還給他。因為看見毛瑞的科學方法帶來的好處，許多人都樂於配合。到了1851年，已經有一千艘船定期向他傳送資料。一位船長寫了一封感謝函給毛瑞：「我現在還覺得在接下你的作業之前，一直都是矇著眼睛穿越海洋。」

隨著報告紛紛湧入，毛瑞開始把海圖納入天氣模式、水溫，甚至鯨魚遷徙。1855年，他出版了暢銷著作《海洋自然地理學》（The Physical Geography of the Sea），這是第一本海洋學教科書，收入第一張顯示海底地形的地圖，後來被用來決定1858年第一條跨大西洋電報電纜的鋪設位置。

美國內戰開始後，毛瑞面臨痛苦掙扎，不知道是要選擇家鄉維吉尼亞州，還是他奉獻一生的海軍。於是，他懷著沉重心情遞交辭呈。在南軍手中，他那些曾經幫助美國海軍和商船水手的地圖很快就變成用來對付他們的武器。南軍的突擊艦在戰爭期間不斷追擊北軍船隻，擊沉了數百艘。毛瑞的地圖畫出安全的航海路線，告訴南軍哪裡可以找到目標——還有哪裡可以躲藏。

毛瑞面對這場戰爭不知如何自處，因此在戰爭大部分時間和戰後好幾年，都在英格蘭自我放逐，最終在1868年回到維吉尼亞州，以教學和寫作度過餘生，在1873年去世，此後出版的每張海圖都反映了他對海洋科學的持久貢獻。✷

C. GEN. STORE
W. GROCERY
AND SALOON
C. DRUG STORE
LODGING
C. BARBER SHOP
AND LODGING
C. TAILOR SHOP AND
BARBER SHOP
GAMBLING
C. GEN. MDSE.
SAM YIP CO.
C. DRY GOODS
a dance.
DUPONT
810
812
816
816
818
822
RESTAURANT
C. DRUG STORE
C. GEN'L STORE
C. TAILOR.
C. GEN'L STORE
GAMBLING.
JOSS HOUSE AND SOCIETY ROOMS
CONGREGATIONAL C. MISSION AND SCHOOL.
EXEMPT FIRE CO.
C. LODGINGS.

HUMAN EXPERIENCES 人類經驗

7 人類經驗

記錄人類的處境

在地圖學中，標繪實體地貌以外的事物是一種比較新的構想，到了19世紀中葉才真正流行起來，當時製圖者開始調查種族、移民和犯罪活動等主題。這些地圖有的是為了推動向善，有的正好相反，但都揭露了人類經驗中某些原本不明顯的部分。

右邊的地圖就是一個完美的例子，出自19世紀晚期的一項著名調查，內容顯示倫敦的貧窮情況比大多數人以為的更普遍，更深入市內的各個街坊鄰里。這些地圖成為推動社會變革的工具，為反貧窮提供了助力。

約略同一時期，舊金山的監督委員進行了一項社區調查，但目的完全不同。這項調查在反華人移民情緒達到最高點時發動，調查結果和製作出來的地圖（見214頁）支持的結論一如預料，認定舊金山華埠是罪惡的淵藪，是全體市民的威脅。如果說倫敦貧窮地圖反映了人性中的善良天使，那麼華埠地圖則反映了人性中較黑暗的衝動。

本章地圖處理的是各種社會、文化和政治問題。有精美的手繪卷軸，描繪日本古代朝拜者和武士行走的一條道路（見218頁），也有利用衛星資料追蹤人類活動的現代地圖（見230頁），在在揭露了特定時空下的人類經驗。➸

標繪貧窮

（1898－99年，倫敦政治經濟學院圖書館）

1886年，一位名叫查爾斯・布斯（Charles Booth）的富商因為對一份報告感到懷疑，內容是說倫敦有四分之一的居民處在貧窮狀態，而決定自掏腰包調查倫敦的生活條件。結果發現實際上是超過三分之一。這張局部圖取自布斯地圖的數位重建版，圖中富裕的馬里波恩（Marylebone）區毗鄰較多元的菲茨羅維亞（Fitzrovia）區。黃色代表富人區，紅色為中產階級區，藍色代表窮人區。至於黑色則是「墮落的、準罪犯構成的最底層。」

HOLY TRINITY
Marylebone Rd.
LEBONE
ST JOHN THE EVANGELIST
Fitzroy Squ.
FITZROY SQUARE
ALL SOULS
Langham Place
LANGHAM PL.
ST ANDREW
Wells Street
ALL SAINTS
Margaret Str.
ST THOMAS
Portman Square
CAVENDISH SQUARE
ST JOHN THE BAPTIST
Great Marlborough Str.
ST LUKE
Berwick Str.
ST ANSELM
ST THOMAS
Regent Str.
ST PETER
Great Windmill Str.
GROSVENOR SQUARE
Grosvenor St.
Brooks Mews
BERKELEY SQUARE
QUADRANT
Glasshouse Street
ST JAMES
Westminster

華埠裡的鴉片、妓院和偏見

舊金山監督委員會委製的地圖揭露了欲蓋彌彰的反移民政策

製作年份：1885年
來源：史丹福大學圖書館大衛・倫西地圖收藏

在19世紀中葉，美國建造第一條橫貫大陸鐵路時，吸引了大批華工前往加州尋找工作機會。有1萬2000名華人移民協助修築鐵路。工程在1869年完工以後，許多人就在舊金山定居下來，開洗衣店、修鞋店等作為生計。別號「灣邊之城」（City by the Bay）的舊金山如今也許是出了名的自由派，但當時很多居民認為華人是一項嚴重問題。

當時反華情緒高漲，216頁和217頁的地圖正是這股情緒的展現（右邊是局部圖）。這張地圖涵蓋當時舊金山華埠（當地現在仍為華埠）一片六個街廓的區域，並附有一份毫不掩飾種族偏見的報告，由舊金山監督委員在1885年發布，大意是說這個區域是疾病和敗德的淵藪。「中國人一定要滾！」是當時的流行口號，很多人覺得華埠危及整個舊金山。

在地圖上，民間寺廟又稱「神像間」（joss house），被標為紅色，在報告中描述為道德衰敗的指標。「樣貌最醜惡的偶像蹲踞在祭壇上。」報告中不但如此描述，還指出這些偶像

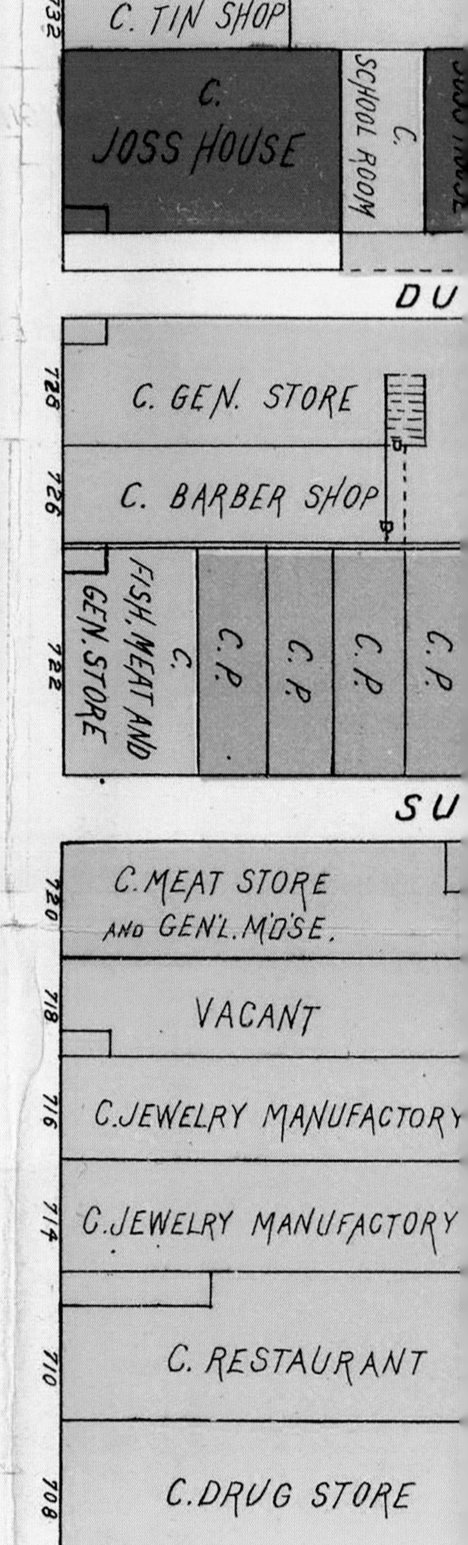

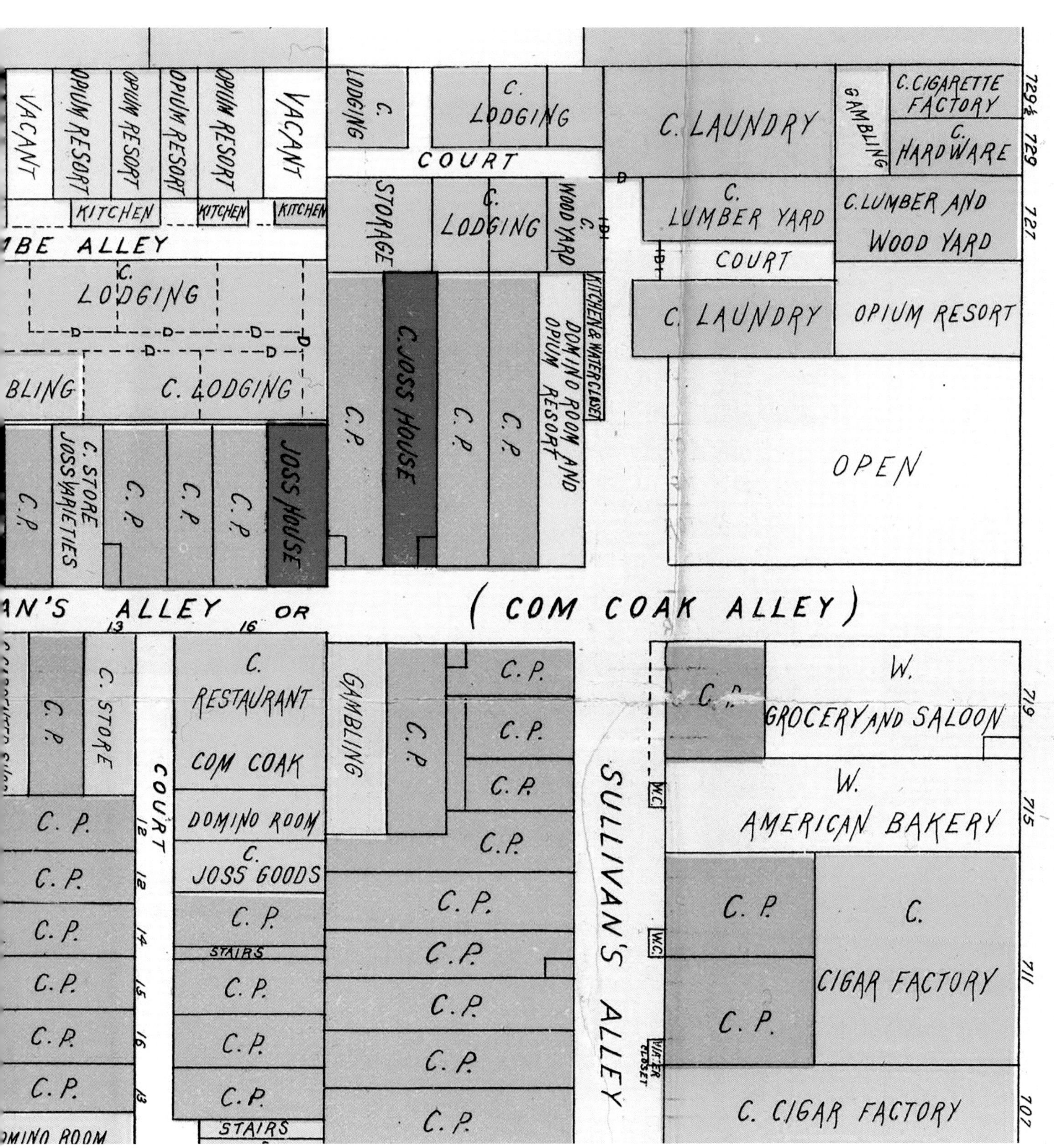

上方 這張局部圖取自一張1885年的舊金山華埠地圖，圖中顯示擁擠的鴉片館（黃色）、賭場（粉紅色）和妓院（綠色）。

左頁 這張照片拍攝於20世紀初，顯示某個神像間的外觀，當地有許多這種傳統中國寺廟，在這張地圖上以紅色標示。

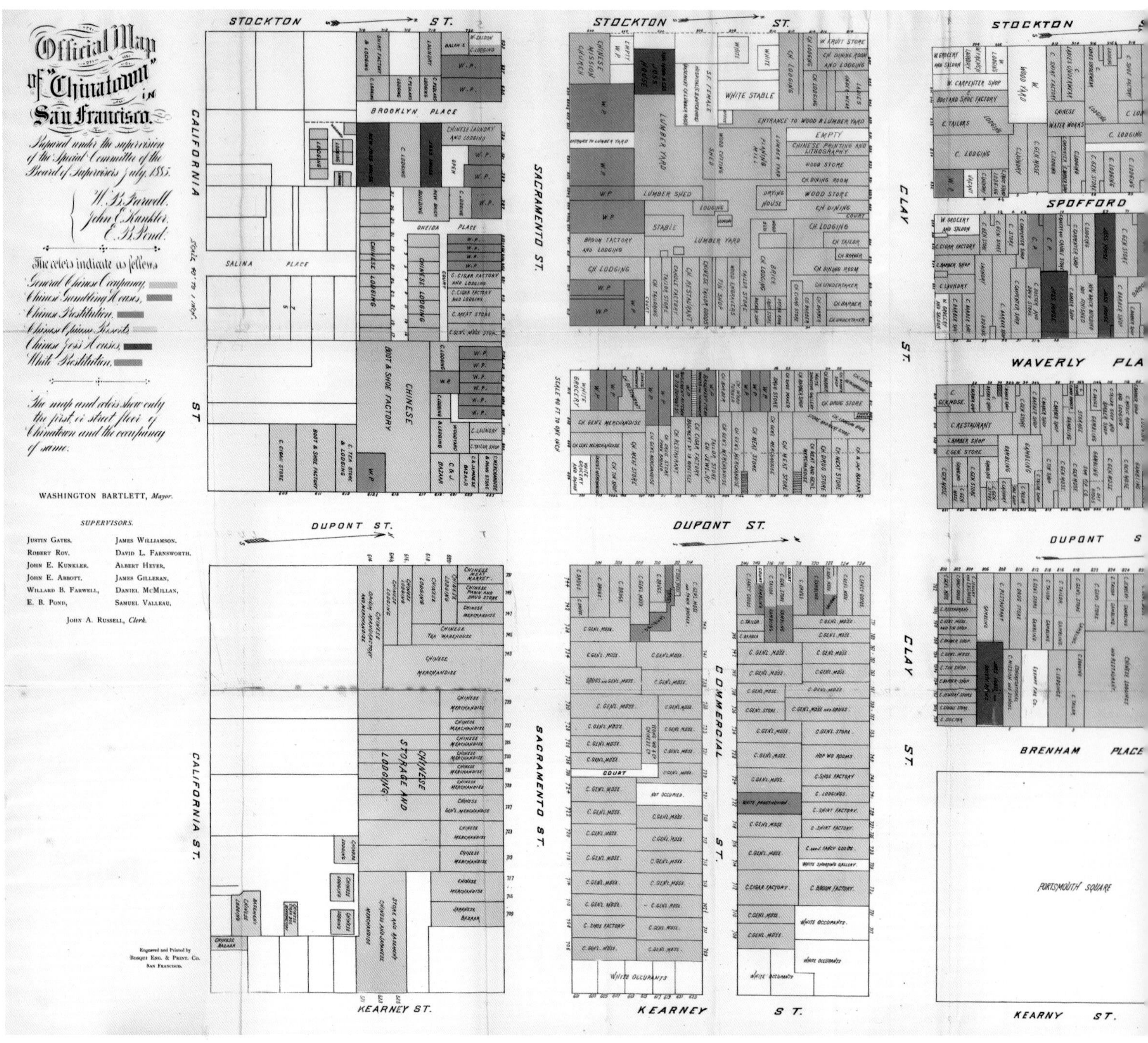

允准崇拜者犯罪，並沉溺於各種惡習之中。

這份報告自栩為對華埠生活條件所作的公正調查，認為華埠是汙穢和疾病的溫床，危及大眾健康。事後看來，真正的問題顯然出在別的地方：他們覺得移民搶了美國公民的工作。

1873年的恐慌引發了經濟蕭條，許多失業的東部人搭乘剛建好的鐵路，往西到加州這個的應許之地求職，結果發現沒有工作。很多這些新來的人和當地白人居民，認為是願意接受長工時、低薪資的華人移民在和他們搶飯碗。

為了因應這種主觀感受上的威脅，舊金山監督委員會在1870年代通過一系列歧視性法律，其中一條禁止商販用扁擔挑貨，而這正是華人的習慣。另一條是對沒有馬的洗衣店開徵重稅（大多數華人洗衣店都沒有馬）。還有一項法律規定出租房間時，每個房客的平均空間不得少於14立方公尺——這在過度擁擠的華埠是很常見的居住條件。1877年夏天，一場反華暴動肆虐兩天，造成四人死亡，華商財產損失超過10萬美元。共有20家華人洗衣店被毀。

1882年，國會通過《排華法案》（Chinese Exclusion Act），全國禁止華人移工。這項法案雖然嚴厲，但規範不到既有移民，因此舊金山監督委員會委託辦理一項研究，以加強趕走他們的理據。

檢查員記錄到27間鴉片館，環境從「骯髒」到「非常骯髒」不等。他們也發現大約150間賭館，很多都裝了活板門，以利警察臨檢時逃跑。賣淫方面，這份報告引述一位當地醫生的話。「以我的了解，我確信城裡所有染

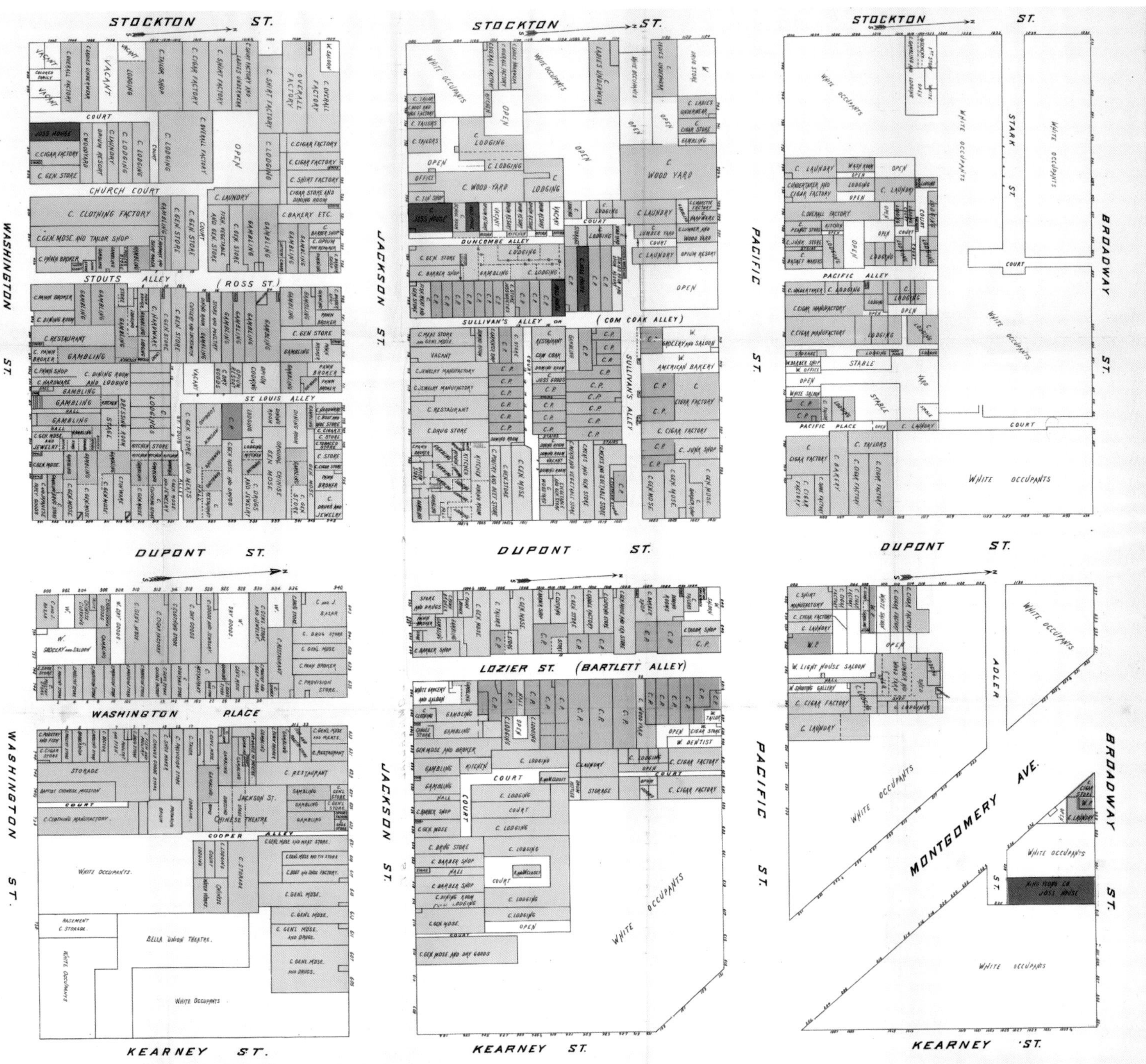

上性病的男性幾乎每一個都是在華埠感染的。」他說。或許更重要的是，報告裡極為明確地估計出投入服裝等商品的生產、直接與美國工人競爭的華工人數是2326人。

諷刺的是，有一些理應造成危害的因子，反而成了華埠吸引觀光客的地方。業者以聳動的話術兜售貧民窟之旅，比較沒良心的導遊還會把顧客帶進像迷宮一樣的房子裡，然後人就不見了，讓他們自己找出路。

舊金山華埠至今仍是一大旅遊景點，但如今更加適合家庭出遊。鴉片館和妓院已經被港式飲茶餐館和紀念品商店取代。2010年，舊金山選出華人移民之子為市長。但儘管改變這麼大，造就1885年地圖的偏見和怨恨至今依然存在。✳

這張華埠地圖記錄了區內各種生意的有趣細節，包括幾間馬房和一大堆雪茄工廠。藍色方塊標示白人妓院。W和C這兩個字母分別代表白人妓院和華人妓院（但地圖上並未說明白人或華人指的是業主、客戶，還是兩者皆是）。

傳奇的東海道

一套古代日本地圖讓人在家就能神遊一趟著名的徒步之旅

製作年份：約18世紀

來源：英國國會圖書館地理與地圖部

虛擬旅行在17、18世紀的日本很流行，沒有錢出遊的人可以藉由書籍、圖畫和地圖，神遊在合稱為「五街道」的日本官道上。

從領主和武士，到商人和農民，各種人在五街道上都看得到。有些人是出於實際或公務需要，有些人則是為了朝拜、尋找靈感或純粹玩樂。但是，要走完五街道中最重要的東海道，平均需時15天，沿途有許多站點提供食宿，對很多人來說是難以負擔的花費。把走五街道當成一生之中要完成一次的目標，在當時是很普遍的願望，通常是作為一種宗教或精神上的實踐。但是負擔不起的人，還是可以借助充滿故事性的圖畫路線圖神遊一場。

「這套地圖的性質介於旅遊指南和旅遊故事繪本之間。」吉莉·特拉加諾（Jilly Traganou）說，她是紐約新學院（The New School）附屬帕森斯設計學院（Parsons School of Design）的建築師與空間研究學者。

東海道全程513公里，連接東京（時稱江戶）和京都這兩個日本都城，這條官道的圖解地圖在市場上很受歡迎。最初的東海道路線圖是為了獻給將軍（統御日本領土的軍事獨裁者）而繪製，畫工精緻優美，到最後出現了許多不同版本，把基本輪廓刻在木印板上，然後像蓋印章一樣大量複製，再依目標受眾的需求加上細節，有時還會上色。這些地圖可能包含實用資訊，例如旅店價格，或站點之間的距離，有的還會收錄與沿途地點有關的短篇故事、詩歌或神話。也有的會介紹適合的觀光景點，如在哪裡欣賞富士山的角度最好，或者路邊有哪些種類的樹木。

這種地圖有的很長，攜帶不便，顯然不是用來當作路線指引，如美國國會圖書館就收藏了一幅36公尺長的東海道地圖（其中一段如上圖）。特拉加諾說，這張地圖很可能是某一張原版地圖的早期複製品，價格比較高的那種，目的可能是用來讓人想像這趟旅程。圖中畫出了路上的幾十個中途站，以及河流渡口、寺廟和樹木。上圖精美地畫出了富士山，山的右邊下著暴雨。特拉加諾猜想，雨是要讓人想起某個和當地有關的故事或神話。

特拉加諾說，幾乎整個江戶時代（1603-1863年）都有人在製作東海道地圖，但地圖內容會隨時間而改變，根據的是在大眾的理解中一般人對東海道的哪些事情感興

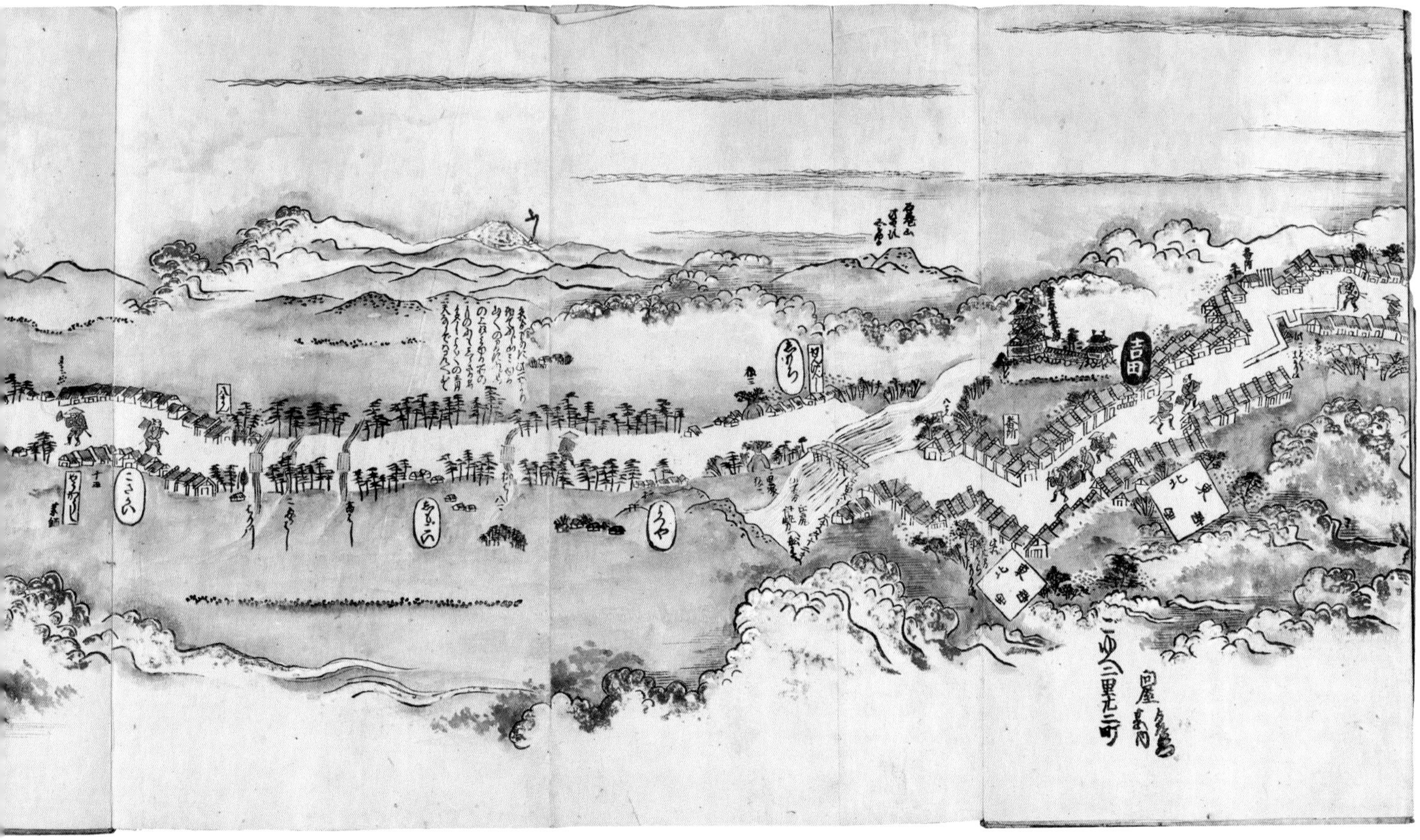

最上圖　這是美國國會圖書館收藏的一幅東海道地圖中的一小段。整張地圖是由兩條26公分高的卷軸組成，接起來長約36公尺。這種用起來很不方便的手繪東海道地圖不是為旅人設計的，很可能是用來激發看圖的人對旅程的想像，在17和18世紀的日本很流行。

上圖　這是曼徹斯特大學收藏的東海道地圖中的一段。這幅7.8公尺長的經摺裝地圖是1690 年地圖的重印本。不同於美國國會圖書館的東海道地圖，這張地圖充滿了對各種旅人的描述。在日本的階級文化裡，東海道是少數能讓平民有機會和武士、將軍面對面的地方。

美國國會圖書館的東海道地圖中的三段，只涵蓋全長大約十分之一。這樣的地圖通常包含路邊旅店、商家，和店家之間的距離等實用資訊，以及和沿途各地方有關的故事、詩歌和神話。

趣。不同於同時代由官方製作、控管的典型地圖，這些地圖反映了目標受眾的文化趣味，製圖者往往會和與製圖領域無關的人士合作，如畫家、詩人和東海道上的旅人。

其他版本的東海道地圖描繪了許多不同類型的旅人（見219頁）。東海道的魅力有一部分在於，這是日本不同階級難得相遇的地方。「這不是日常現實中會發生的事，」特拉加諾說，「因為這個時代的生活是相當隔離的。」

尤其是在東海道有機會看到某些領主和他們的武士。不同領地的領主每隔幾年就必須帶著家族和軍隊前往江戶，在那裡的宅邸住上一陣子，並接受將軍的教誨。這代表各地領主經由東海道前往東京時，這裡會定期出現大規模的儀式行列。

商人、工匠等平民不允許直視領主（眼睛只能看著地面），但有機會跟武士階級往來。武士被視為日本社會的知識分子，領主一般會禁止他們參與五光十色的地方夜生活，但東海道是難得的機會，讓他們得以逃離嚴格的社會規範。他們會藏起佩刀，以免被認出是武士，然後偷溜出去跟別人同樂。⁕

Trump's America

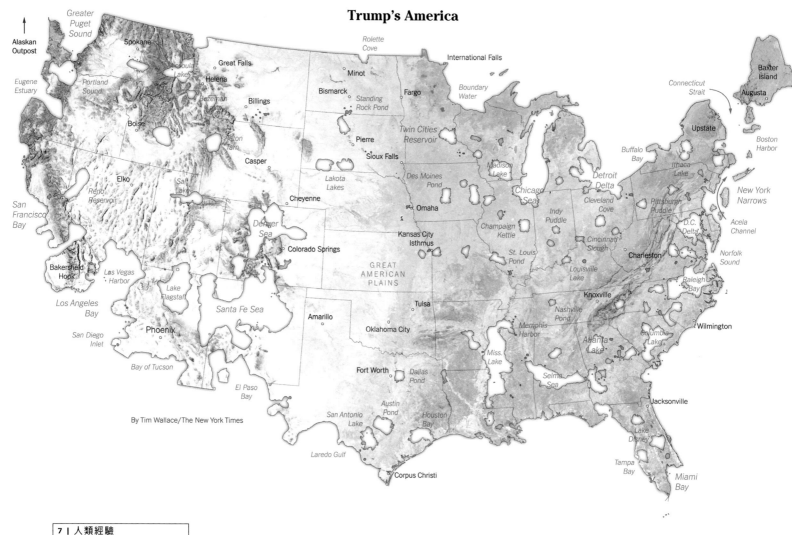

Greater Puget Sound
Alaskan Outpost
Spokane
Eugene Estuary
Portland Sound
Missoula Lake
Great Falls
Helena
Bozeman
Billings
Boise
Rolette Cove
Minot
Bismarck
Standing Rock Pond
Fargo
International Falls
Boundary Water
Connecticut Strait
Baxter Island
Augusta
Upstate
Boston Harbor
Buffalo Bay
Ithaca Lake
New York Narrows
Pierre
Sioux Falls
Twin Cities Reservoir
Madison Lake
Detroit Delta
Chicago Sea
Casper
Elko
Reno Reservoir
Salt Lake
San Francisco Bay
Lakota Lakes
Cheyenne
Des Moines Pond
Omaha
Cleveland Cove
Pittsburgh Puddle
Indy Puddle
D.C. Delta
Acela Channel
Denver Sea
Colorado Springs
Kansas City Isthmus
Champaign Kettle
Cincinnati Slough
Charleston
Norfolk Sound
St. Louis Pond
Louisville Lake
Bakersfield Hook
Las Vegas Harbor
Lake Flagstaff
GREAT AMERICAN PLAINS
Raleigh Bay
Los Angeles Bay
Santa Fe Sea
Tulsa
Knoxville
Nashville Pond
Amarillo
Oklahoma City
Memphis Harbor
Wilmington
San Diego Inlet
Phoenix
Columbia Lake
Atlanta Lake
Miss. Lake
Bay of Tucson
Fort Worth
Dallas Pond
Selma Sea
El Paso Bay
Austin Pond
Jacksonville
By Tim Wallace/The New York Times
San Antonio Lake
Houston Bay
Lake Disney
Laredo Gulf
Tampa Bay
Corpus Christi
Miami Bay

7 | 人類經驗

一場選舉，創造出兩個美國

兩張非傳統的地圖顯示2016年美國總統大選如何改變政治地貌

製作年份：2016年

來源：提姆・華勒斯（TIM WALLACE），《紐約時報》

「對許多美國人來說，感覺上2016年大選把美國分成了兩半。」唐諾・川普（Donald Trump）當選美國第45任總統一週後，提姆・華勒斯在《紐約時報》上寫道。華勒斯是《紐約時報》繪圖團隊的地理學家與製圖師，他製作了這兩張地圖，以呈現美國歷史上一個動盪時刻的政治地貌。

不同於往往在選舉期間占據媒體版面的紅藍兩色選舉地圖，華勒斯的地圖省略了州郡邊界。他先分析選舉結果，估計多數人投給共和黨候選人川普的區域，和多數人投給民主黨候選人希拉蕊・柯林頓的區域邊界落在哪裡。然後，把這些區域當作兩個不同國家來標繪。

華勒斯的地圖捕捉到最近幾次選舉中，都市和鄉村地區之間愈來愈大的分歧，都市地區傾向民主黨，鄉村地區傾向共和黨。柯林頓的美國擁有54%的人口，但川普的美國占有85%的土地。「川普的美國有很多洞，但占了美國非常大的面積比例。」華勒斯說。柯林頓的美

Clinton's America

國比較像是一群分散的島嶼。

這兩張地圖上最突出的一點，就是中西部城市的孤立狀態。例如，在川普的地圖上，「路易斯維湖」（Louisville Lake）和「辛辛那提泥沼」（Cincinnati Slough）完全被陸地包圍。華勒斯為近期幾次選舉製作過類似的地圖，當時這些政治水域都較大，有時還相連，比較像川普地圖上的南北卡羅萊納州和深南部的水澇地。事實上，中西部這片堅定支持川普的地貌幫忙扭轉了選舉結果。

在柯林頓地圖上，一座座城市看起來像島嶼，但並非每座島嶼都是城市。位於「懷俄明淺灘」東北方的三座中型島嶼，對應的實際地點是南達科他州的立岩（Standing Rock）、夏安河（Cheyenne River）等印第安保留地。一些最小的島嶼代表大學城，如喬治亞州的雅典市和內布拉斯加州的林肯市。

華勒斯說，這兩張地圖讓兩大陣營都能欣然接受。對川普支持者來說，這些地圖顯示出與他們看法相同的人遍布在很廣大的土地上。而令柯林頓支持者感到安慰的是，雖然他們或許被流放到小島上，但這些小島數量眾多，而且整個群島分布很廣。在這麼分歧的時刻，大家在地圖上見到的往往就是他們本來就相信的，這或許並不奇怪。✱

在備受爭議的2016年美國總統大選過後，《紐約時報》繪圖團隊採用中性的地理術語來標示這張地圖（例如圖上沒有沼澤或惡地）。只有一個地方偷渡了一項只能意會的指涉：阿瑟拉水道（Acela Channel）在川普地圖上切開了一條路線穿過東北部，大致沿著阿瑟拉高速列車的路線。

用地圖呈現民族與文化

為探究人類多樣性根源而誕生的第一部民族誌地圖集

製作年份：1861年
來源：史丹福大學圖書館大衛・倫西地圖收藏

姆斯・考爾斯・普里查德（James Cowles Prichard）是他那時代最創新的思想家之一，差點就在演化論上搶先達爾文。普里查德是貴格會教徒，在英格蘭長大，19世紀初在蘇格蘭受訓成為醫師。他迷上一個過去大思想家都思考過的問題：這麼多不同的民族是怎麼散布到全球各地的？

普里查德在人類學上留下了深遠的印記，協助發展出一個較新的民族學領域：研究民族及其文化的起源和差異。1843年，他發表了世界上第一套世界民族誌地圖。

他的非洲地圖（本章圖為1861年第二版）或許是其中最有趣的，因為關於非洲大陸的資訊相對稀少。普里查德仔細拼湊當時對非洲居民的認識，在地圖上畫出了31個種族的分布位置，中央連綿一大片的是「廣大的未知區域」，其中有一座月亮山（Mountains of the Moon），當時認為這座未經證實的山脈是尼羅河的源頭。這些山可能是非洲實際存在的山，也可能只是傳說。

普里查德找不到辦法把他收集到的歷史資訊，全部放進單一張包含了每一塊大陸的地圖中。「有一項缺失是避免不了的，」他在地圖的說明裡寫道，「就是不可能在同一張地圖上表現各民族在不同時代的位置，因為他們的位置會隨著遷徙和征服而發生變化。

一般認為普里查德是種族研究的創始人，他很早就提倡所有人類種族都起源自一個共同祖先。他是最早主張「走出非洲」理論的人之一，這項理論認為現代人類是在東非演化而成，然後遷徙到世界各地。他依照這樣的想法發展出合理的結論，認為他某些同代人所擁護的種族優越理論本質上是無稽之談。

普里查德反對蓄奴，在他構思並發表理論的時候，加勒比地區英的國種植園主仍在蓄奴。他也是成立於1837年的國際人權組織原住民保護協會（Aborigines' Protection Society）的早期成員。

當時人類學家的典型研究模式，是測量並比較不同種族的頭骨，但普里查德超越了這種狹隘的關注焦點，認為科學家也應該研究文化，尤其是語言。他說，這些領域能揭露人類的共同本性，以及不同種族的相互關聯。他指出凱爾特語族和梵語的相似性，為印歐語系引進了一個新的分支。

驚人的是，普里查德雖然做了這麼多人類學研究，但基本上這只是他的副業，他其實是專精神經系統疾病的執業醫生。在這個領域上他也是創新者，曾經推測出「悖德症」（moral insanity）這項精神障礙的存在，並率先使用失智症一詞。然而，就算功勞這麼多，普里查德仍是一個鮮為人知的歷史人物。儘管洞察力過人，他卻似乎差了臨門一腳，就能達成一件原本會是他畢生最大成就的事，那就是演化論。

在1859年達爾文發表這個突破性理論之前，已經有很多科學家和哲學家思考過各種面向。達爾文是把所有片斷拼湊起來的那個人，因此　大部分人談到演化就只會想起他的名字。但是有好幾位思考得夠深入的人差點就搶先達爾文一步，碰觸到那個「頓悟」時刻。普里查德正是其中一位。

從普里查德那一長串關於物種多樣性的想法和觀察，可以看出他已經握有理解天擇所需的所有素材。他認為，是居住環境的不同產生了不同的種族；他明白物種個體間的變異是關

上圖 英國醫師普里查德在1843年出版《人類自然史》（Natural History of Man）這部記錄全球種族特徵的巨著。書中收錄了大量世界各地居民的插圖，包括這張在沙烏地阿拉伯吉達描繪的「薩瓦金酋長」（Souakiny chief）圖。

右頁 普里查德的史上第一張非洲民族誌地圖，收錄在他1843年出版的人類學著作《人類自然史》所附的地圖集中。本圖是1861年印製的第二版，畫出了31個種族，並讓歐洲人了解到這塊大陸上還有多少未知之處，圖中有一大部分標示為「廣大的未知區域」。

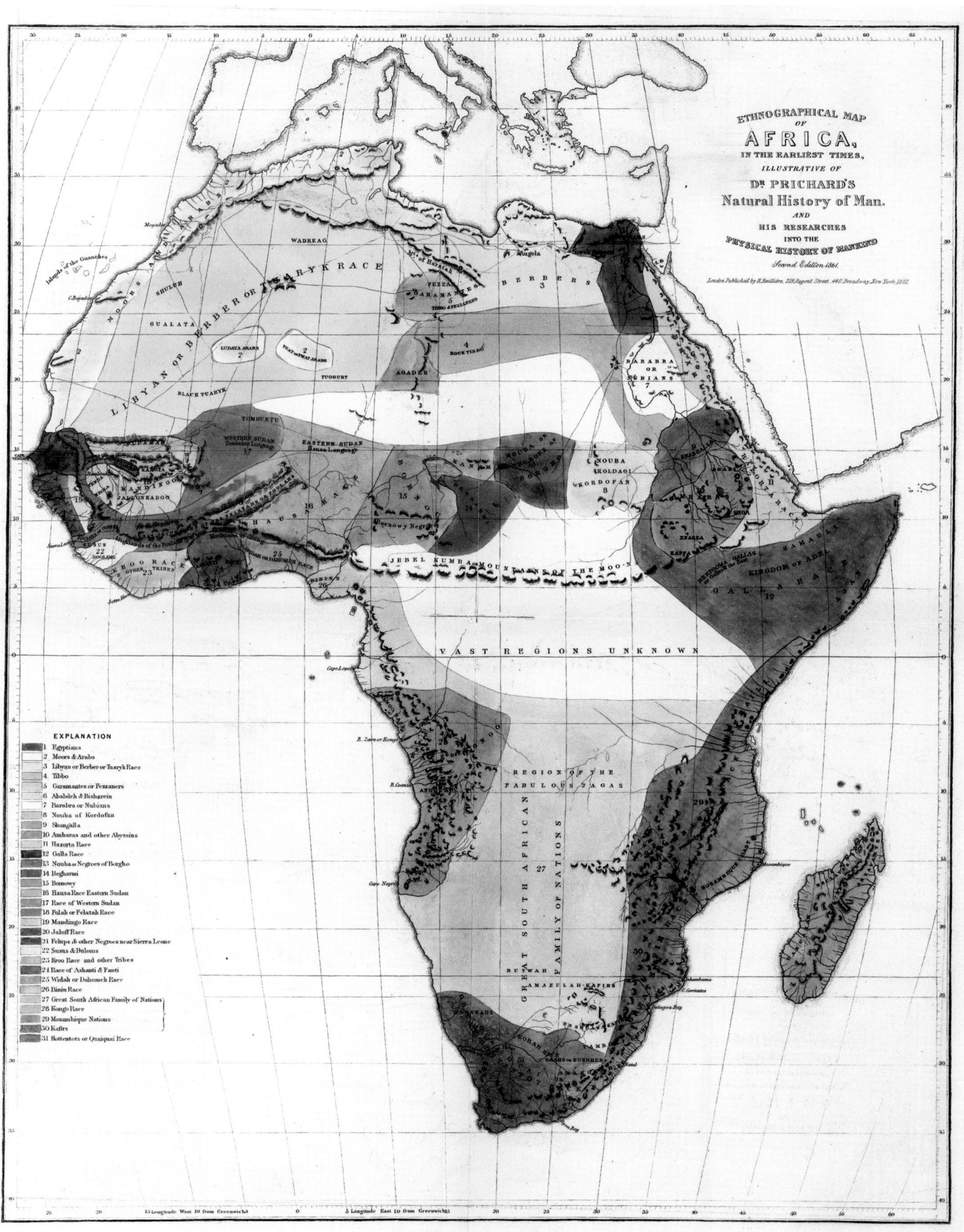
ETHNOGRAPHICAL MAP
OF
AFRICA,
IN THE EARLIEST TIMES,
ILLUSTRATIVE OF
DR PRICHARD'S
Natural History of Man.
AND
HIS RESEARCHES
INTO THE
PHYSICAL HISTORY OF MANKIND
Second Edition 1861.
London Published by H. Baillière, 219 Regent Street, 440 Broadway New York 1861.
EXPLANATION
1 Egyptians
2 Moors & Arabs
3 Libyan or Berber or Tuaryk Race
4 Tibbo
5 Garamantes or Fezzaners
6 Ababdeh & Bisharein
7 Barabra or Nubians
8 Nouba of Kordofan
9 Shangalla
10 Amharas and other Abyssins
11 Hazorta Race
12 Galla Race
13 Nouba or Negroes of Borgho
14 Begharmi
15 Bornowy
16 Hausa Race Eastern Sudan
17 Race of Western Sudan
18 Fulah or Felatah Race
19 Mandingo Race
20 Jaloff Race
21 Felups & other Negroes near Sierra Leone
22 Susus & Buloms
23 Kroo Race and other Tribes
24 Race of Ashanti & Fanti
25 Widah or Dahomeh Race
26 Binin Race
27 Great South African Family of Nations
28 Kongo Race
29 Mosambique Nations
30 Kafirs
31 Hottentots or Quaiquai Race
VAST REGIONS UNKNOWN
REGION OF THE FABULOUS JAGAS
GREAT SOUTH AFRICAN FAMILY OF NATIONS
JEBEL KUMRA MOUNTAINS OF THE MOON
LIBYAN OR BERBER OR TUARYK RACE
BERBERS
WADREAG
GUALATA
TIMBUKTU
EASTERN SUDAN
AGADES
KORDOFAN
GALLA RACE
KINGDOM OF ADEL
AMAZULAH-KAFIRS
15 Longitude West 10 from Greenwich
5 Longitude East 10 from Greenwich

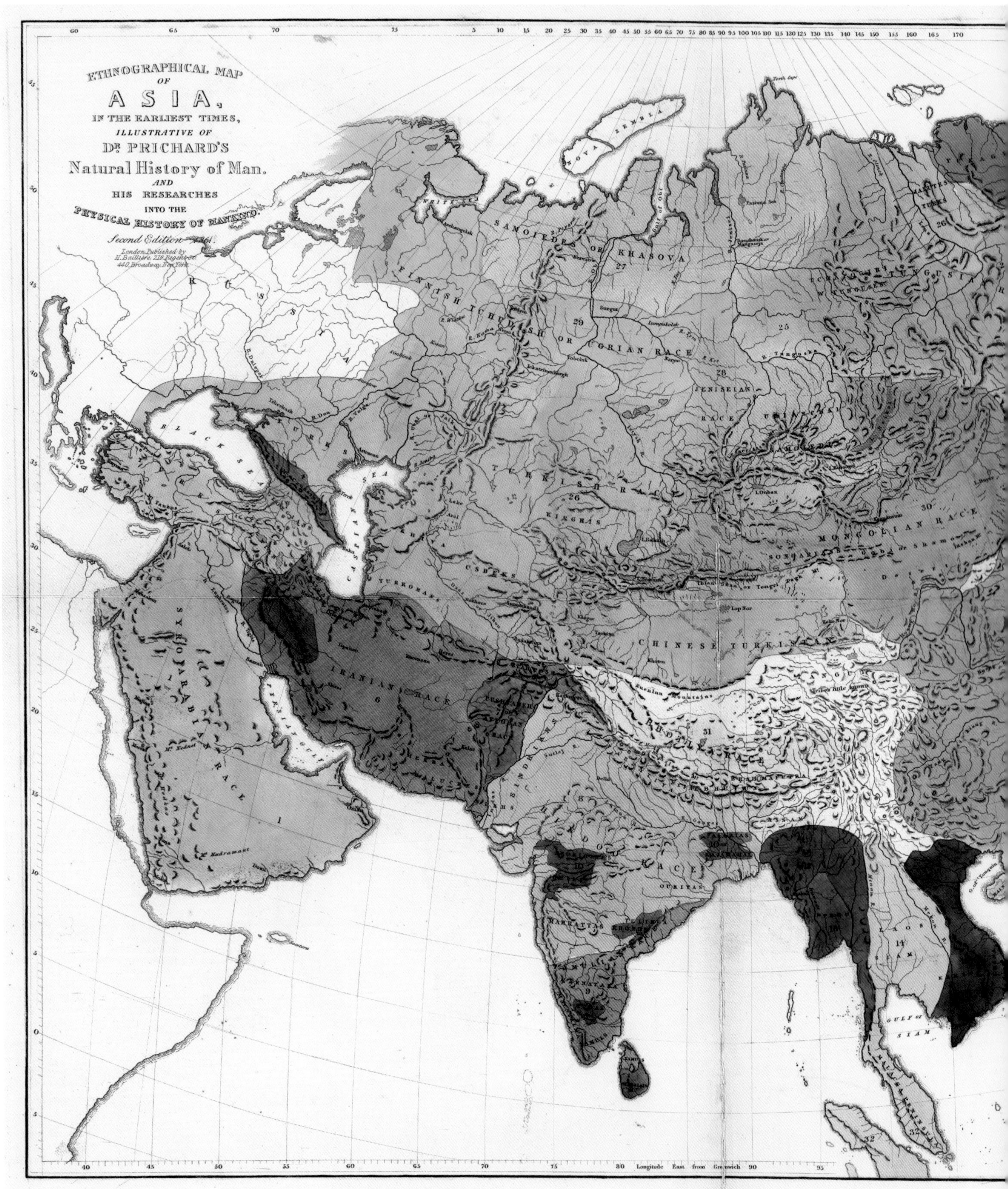
ETHNOGRAPHICAL MAP
OF
ASIA,
IN THE EARLIEST TIMES,
ILLUSTRATIVE OF
Dr. PRICHARD'S
Natural History of Man.
AND
HIS RESEARCHES
INTO THE
PHYSICAL HISTORY OF MANKIND.
Second Edition
London Published by
H. Baillière, 219 Regent St.
440, Broadway New York
NOVA ZEMLA
SAMOIEDES OR KHASOVA
FINNISH TCHUDISH OR UGRIAN RACE
JENISEIAN RACE
TURKISH RACE
KIRGHIS
MONGOLIAN RACE
CHINESE TURKISTAN
IRANIAN RACE
SYRO-ARABIAN RACE
BLACK SEA
CASPIAN SEA
PERSIAN GULF
HINDOO RACE
GULF OF SIAM
Longitude East from Greenwich

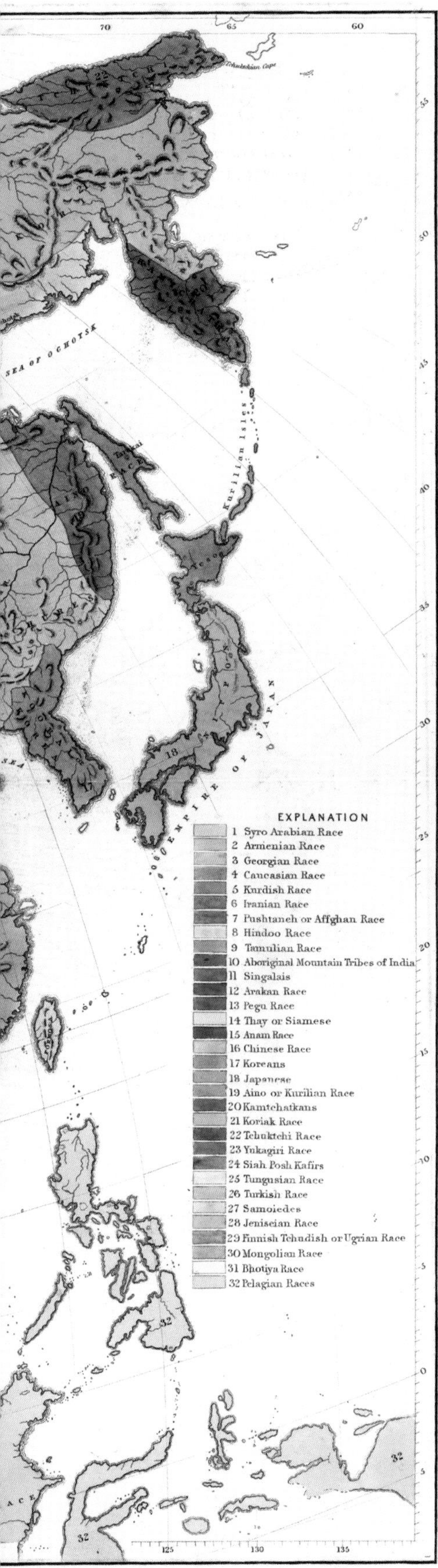

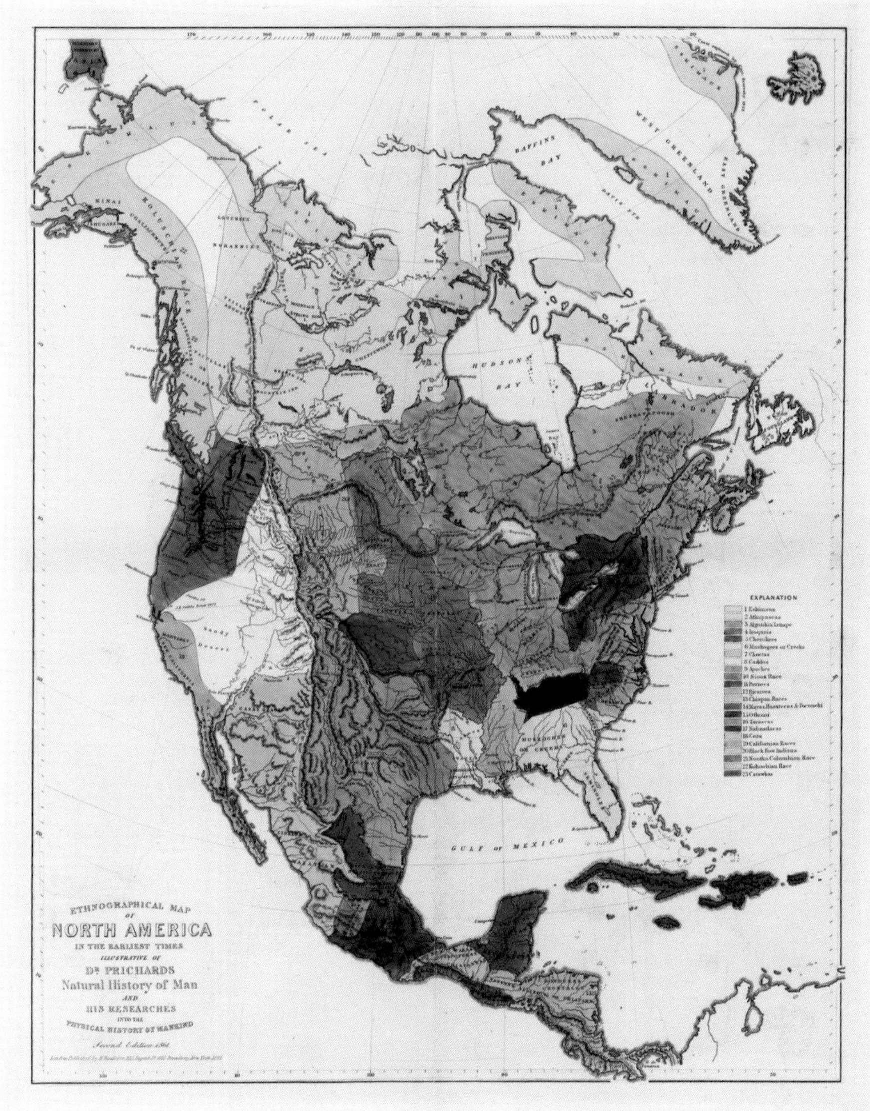

鍵所在；他還認識到，人類（或動植物）的先天性狀是可以遺傳的，但後天性狀不行。

但是普里查德未曾把這些拼湊起來。他似乎更關心人類學上細節，甚於造成這一切的機制。正如歷史學家康威・澤克爾（Conway Zirkle）在1941年所說的，「事實上我們很有理由訝異，普里查德怎麼可能沒發現天擇是生物演化的一大因素。」✳

左圖 在這張1861年第二版的亞洲地圖上，普里查德標示出32個種族的分布，資料是根據朱利厄斯・克拉普羅斯（Julius Klaproth）的東方語言研究著作《多語的亞洲》（Asia polyglotta）中收錄的1831年地圖。

上圖 普里查德的1861年北美民族誌地圖指出23個種族的地理分布，根據的是艾伯特・加勒廷（Albert Gallatin）在1836年出版的地圖，那是當時最好的美洲原住民地圖。

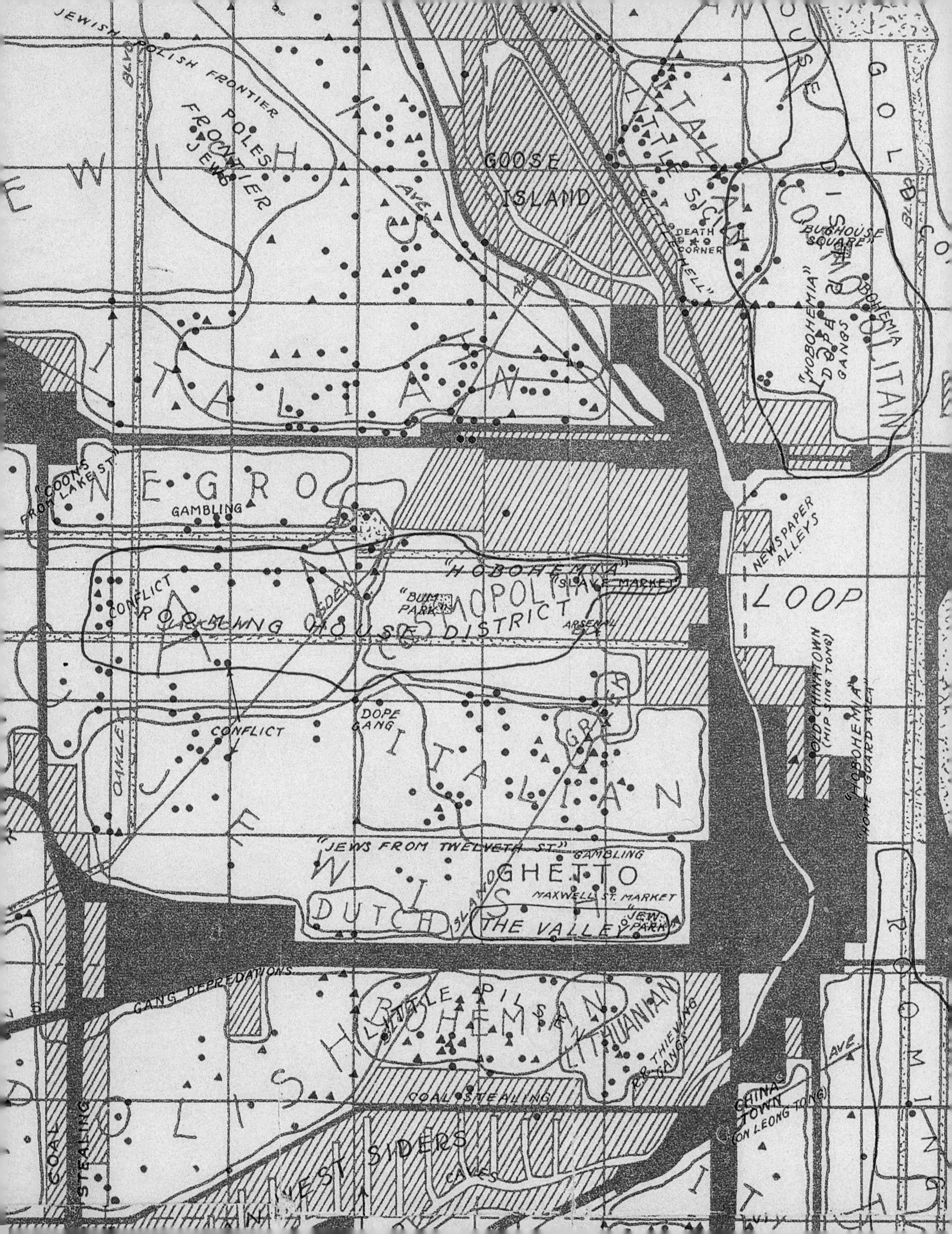

JEWISH POLISH FRONTIER
POLES
FRONTIER
JEWS
GOOSE ISLAND
LITTLE SICILY
"LITTLE HELL"
DEATH CORNER
"BUGHOUSE SQUARE"
"HOBOHEMIA"
DOPE GANGS
BOHEMIA
COSMOPOLITAN
ITALIAN
NEGRO
"COONS FROM LAKE ST."
GAMBLING
"HOBOHEMIA"
"SLAVE MARKET"
"BUM PARK"
ROOMING HOUSE DISTRICT
COSMOPOLITAN
CONFLICT
ARSENAL
NEWSPAPER ALLEYS
LOOP
OLD CHINATOWN (HIP SING TONG)
"HOBOHEMIA" "HOME GUARD AREA"
DOPE GANG
CONFLICT
OAKLEY
GREEK
ITALIAN
"JEWS FROM TWELVETH ST."
GAMBLING
GHETTO
MAXWELL ST. MARKET
DUTCH
THE VALLEY
"JEW PARK"
GANG DEPREDATIONS
LITTLE PILSEN
BOHEMIAN
LITHUANIAN
R.R. THIEVING GANGS
COAL STEALING
COAL STEALING
CHINA TOWN (ON LEONG TONG)
WEST SIDERS
CAVES

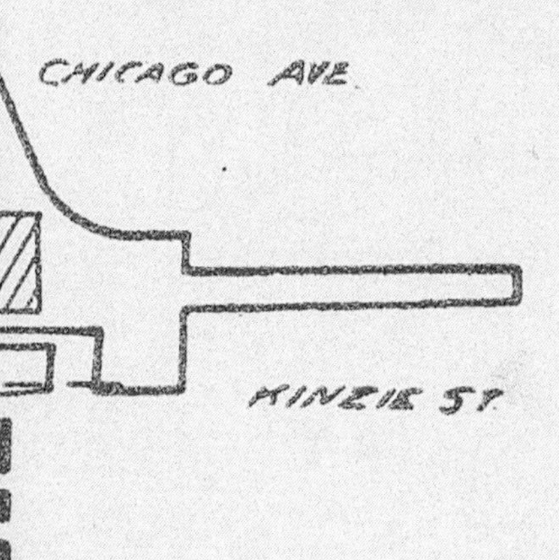

芝加哥幫派

一項1927年的開創性研究標繪出市內的幫派活動與生活

製作年份：1927年
來源：芝加哥大學地圖收藏

在1927年，芝加哥街頭共有1313個幫派，同年出版的《幫派》（The Gang）一書收錄了本節這張地圖，上面標示了其中許多幫派的地盤，作者是剛在芝加哥大學拿到博士的年輕社會學家弗雷德里克・特拉舍（Frederic Thrasher）。特拉舍是當時幫派運作研究的先驅，對後世深具影響力。

特拉舍把芝加哥黑社會的地盤劃成三塊，有點聳動地稱之為「北邊叢林」、「西邊荒野」和「南邊惡地」。這些區塊並未標在地圖上，但形成一條帶狀圍繞著中心商業區盧普區（The Loop），如圖中央的湖岸一帶。灰色輪廓線顯示這些地區的主要族裔群體，紅色輪廓線和標記是當地居民習稱的社區和地標。微小的紅點代表幫派，三角形表示擁有專屬會所的幫派，圓圈則表示只在街角聚集的幫派。

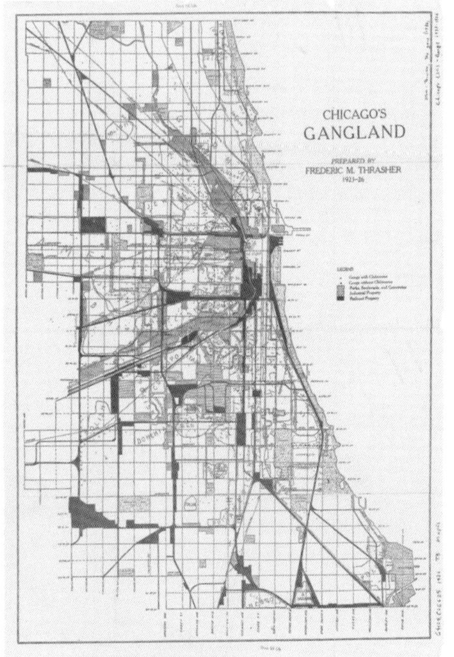

特拉舍在書中描述了每一區的知名幫派。例如南邊有普普幫（So-Sos）、洋蔥幫（Onions）、魚雷幫（Torpedos），以及經營啤酒買賣的三X幫（XXX's），當時是禁酒令期間。西邊則有好幾個猶太幫派，包括黑手會（Black Hand Society），特拉舍形容那是一個扒手團體。地圖上只標出少數幫派，大概是因為幫派太多，也不是都有名字。

北邊有好幾個跟黑手黨有關係的幫派，包括榮光幫（Feloriannas）和小義大利幫（Little Italy gang），他們的根據地在小西西里，也就是特拉舍用紅線在盧普區北側圈出來的範圍。他還標出這一帶一個特別糟糕的地方，當地人稱之為「小地獄」，以及附近一個兇案頻傳的地點叫作「死亡角」。沿著芝加哥河往上到西北邊，就是波蘭人的飛地「波傑鎮」（Pojay Town），這裡有好幾個幫派跟河對岸的西邊幫派經常發生衝突。

特拉舍最為人津津樂道的論點之一，就是幫派的形成並不是因為男孩天生容易受幫派吸引，而是和複雜的地理和社會因素有關。他的研究顯示，芝加哥的幫派集中在盧普區和較外圍住宅區之間的過渡區域。特拉舍寫道，在別的地方，學校、教堂和健全的社區能提供男孩有條理、有目標的生活，但在這裡卻無法引起他們對未來的憧憬或是讓他們得到激勵。幫派的出現填補了這樣的空缺。特拉舍率先把幫派當作值得嚴肅研究的課題，因此他的結論在往後幾十年對相關領域有極大影響。

特拉舍正視和幫派有關的犯罪等問題，但他也同情幫派成員，有時候似乎美化了幫派生活。「幫派存在於貧民窟的陰影中。」他寫道。然而，他接著說：「他們活在一個明顯屬於他們自己的世界——迥異於一般公民的乏味生活。」✳

這張局部圖取自特拉舍的地圖，顯示小西西里（上圖中央）和東南邊的毒蟲大本營霍波希米亞（Hobohemia）。

夜晚的啟示

衛星地圖上的夜間燈火揭露人類活動模式的轉變

製作年份：2017年
來源：約翰・尼爾森（JOHN NELSON）

國航太總署在2011年把一顆1.8公噸重的衛星送上軌道，揭露了我們未曾見過的夜間地球。在索米國家極地軌道夥伴衛星（Suomi National Polar-Orbiting Partnership）攜帶的諸多強大儀器中，有一部微光感測器的空間解析度比以往的衛星高了六倍，能偵測到的光線亮度差異更是高了250倍，可以接收到非常小而微弱的光，如同能在800公里外看見海上一盞盞的漁火。

測繪夜間燈光可以看出人類在地球上活動的模式，並追蹤這個模式如何隨著時間改變。NASA科學家已開發出一些技術來濾除自然光源，例如火光和反射的月光，只在地圖上留下人造光。這些資料可以用來監測各種事物，例如都市成長、非法捕魚、光害，和戰爭的衝擊。有時連節慶也可以在太空中看見，如美國某些城市在感恩節和新年之間的燈光秀，會使城市亮度比平時增加50%之多，中東有些城市則是在齋戒月期間明顯變亮。

製圖軟體公司Esri的製圖師約翰・尼爾森取用2012年和2016年的NASA夜間燈光資料，標繪出全球的燈光亮度變化。他在亞洲和中東地圖上畫出了燈光變亮，或是出現新燈光的地方（黃色），以及燈光變暗或消失的地方（藍色）。維持不變的亮光以白色顯示。

地圖上有好幾個區域引人注目。飽經戰事的敘利亞有許多地方呈藍色，代表燈光在2011年開始的內戰中變暗或熄滅。相較之下，印度有一大片新的燈光，部分原因可能是印度有許多鄉村地區初次獲得供電。✳

以演算法比對 2012年和2016年的衛星影像，找出這段期間哪些地方原有的燈光消失（顯示為藍色），那些地方出現新的燈光（黃色）。沒有變化的地方顯示為白色，如最左邊尼羅河三角洲地區。

Kazakhstan
Kyrgyzstan
Uzbekistan
Turkmenistan
Tajikistan
China
Afghanistan
Pakistan
Nepal
Bhutan
Myanmar
India
Sri Lanka
ghts Out
No Change
Lights On
e changing nighttime illumination between 2012 and 2016

美式鄉村情懷

19世紀晚期的郡地圖集，以迷人而理想化的眼光呈現美國鄉村生活

製作年份：1874年

來源：史丹福大學圖書館大衛・倫西地圖收藏

傑西・菲利浦斯（Jesse J. Phillips）在美國內戰中為北軍奮勇作戰，他騎的馬被射倒了至少五次，他自己也中了兩槍，其中一槍射穿他的腳踝，使他不良於行。儘管如此他還是一路升到將軍，以戰爭英雄的身分回到他在伊利諾州蒙哥馬利郡的家鄉希爾斯波洛。

菲利浦斯的戰功在蒙哥馬利郡1874年出版的一本地圖集中有詳細描述，書中提到他返鄉後重拾原先經營得很成功的法律業務，而且顯然很受愛戴：「在社交生活上，將軍非常和藹可親，並擁有罕見的口才和機智，因此有他在場總是令人愉快。」

這樣的地圖集在19世紀末的北美鄉村非常流行。這些地圖集名義上是為了房地產，登載某個地區的哪塊土地是誰的，結果卻變成別種東西，因為出版商意識到，有人願意付錢放上一篇簡短傳記，或請畫家畫出自家農場、家人，或是得獎豬，讓所有鄰居都看得到。

芝加哥大學地理學教授麥可・康岑（Michael Conzen）估計，在鼎盛時期出版了超過5000本插畫地圖集，主要在東北部和中西部。有些地圖集描述某個地區最初開墾的情形，伊利諾州有很多地方在幾十年前才有人定居。所以這些地圖集等於是記錄了居民和自己的親戚做到了哪些事情，其中往往有美化的成分，也因此成了市民和個人表達自豪感的途徑。

居民的個人美德是常見的主題。地圖集中對家畜商詹姆斯・凱利（James Milton Kelley）的介紹是這麼說的：「他一生從未喝醉，沒摔過一張牌，沒跟人打過官司——是孩子和鄰居的好榜樣。」約翰・比提（John H. Beatty）是當地「可敬、高尚且可信的」銀行主席（右邊的素描就是他的農場）。

書中的插圖畫出整齊的農舍和細心照料的田野，把19世紀晚期美國鄉村生活描繪得十分美好。從某種意義上，這些地圖集是當時的臉書：一個讓大家呈現最佳自我的場域。讀者不會從這些人的頁面得到完整故事，但能窺見社群裡的人希望給別人留下什麼印象。✳

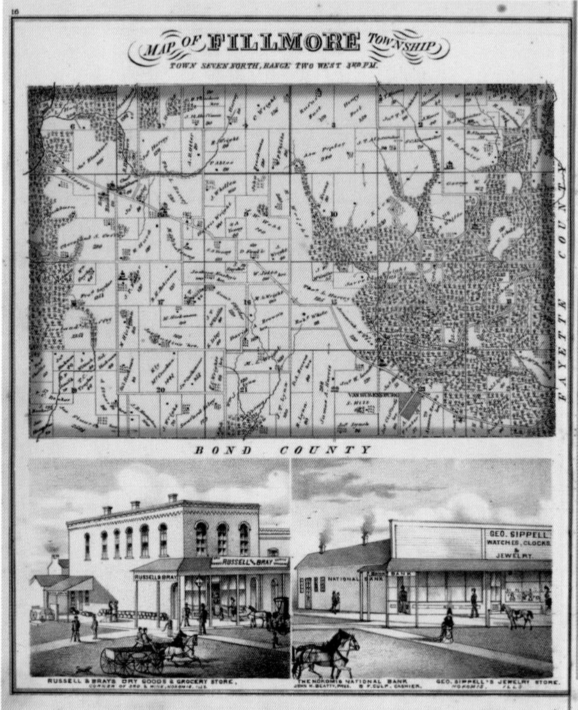

左頁最上圖 在1874年伊利諾斯州蒙哥馬利郡的地圖集裡，傑出公民會獲得特殊待遇。菲利浦斯是一位內戰英雄，也是廣受喜愛的律師，因此登上了地圖集的標題頁。

上圖 比提是當地銀行主席（在左頁下方的菲爾莫鎮地圖上，這間銀行就在珠寶店的轉角處勉強可見），在鎮外的180公頃土地上飼養短角牛和波中豬，上面這張就是他的農場地圖，圖上畫進了比提的兩隻得獎牲畜，花俏男孩和史丹利勳爵。

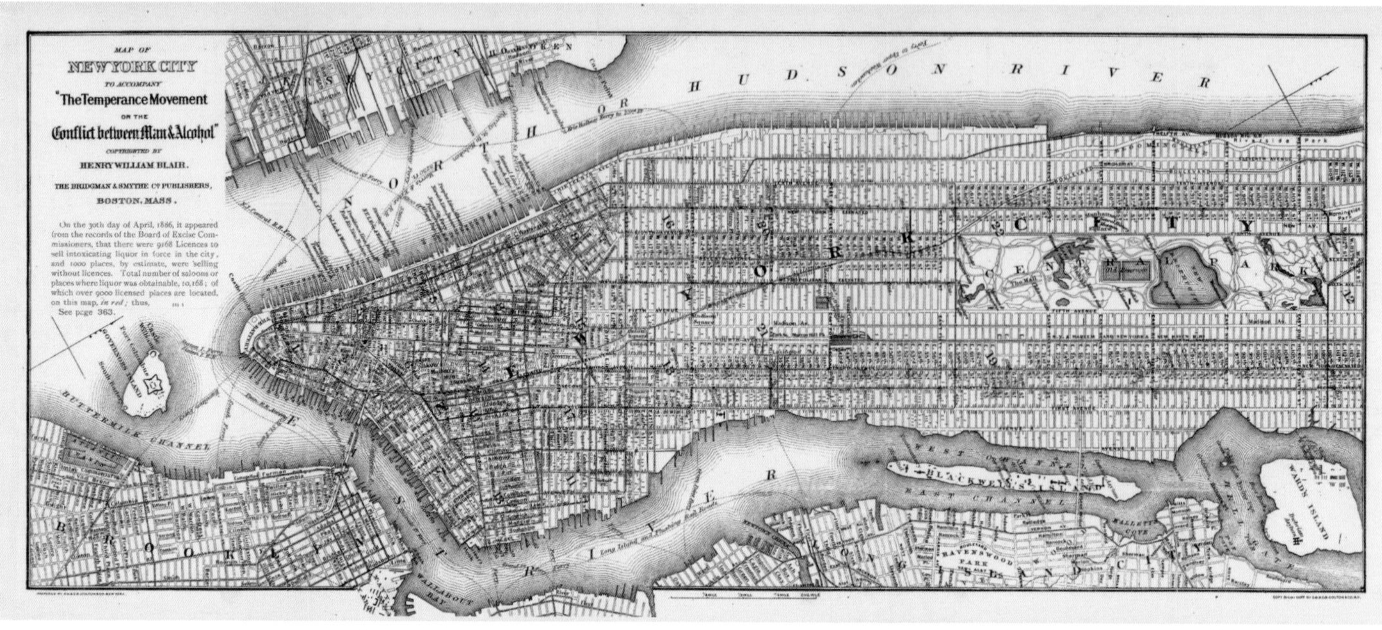

美國禁酒令的興衰

透過地圖了解禁酒令如何來到紐約市，卻從未真正徹底執行

製作年份：1838－1932年
來源：康乃爾大學PJ莫德說服性地圖收藏、太平洋書籍拍賣公司（PBA GALLERIES）、美國國會圖書館

儘管多次嘗試實施禁酒，但19世紀末的紐約市依然酒氣薰天。上面這張地圖收錄在亨利・威廉・布萊爾（Henry William Blair）1888年出版的一本著作中，布萊爾是新罕布夏州的聯邦參議員，也是提倡禁酒的著名人士。他的這本《禁酒運動，或人與酒精的衝突》（The Temperance Movement or the Conflict Between Man and Alcohol）記錄了9168　間領有執照、販售「醉人烈酒」的酒館，並指出市內還有1000家酒館是無照經營的。對布萊爾來說，這是不折不扣的災難。

布萊爾在書中以將近600頁的篇幅痛罵酒精之惡，用彩色插圖呈現酗酒者的肝和胃，引述傳教士、法官和其他公民領袖的說法，表示酒水橫流必然導致社會墮落。他痛陳紐約市就是失序、社會主義、無政府狀態的明證！「紐約這樣一座城市正在敗壞美國人民，危害之甚勝過整個南方在1861年到1865年間的所作所為。」他寫道。

從19世紀初美國禁酒運動興起開始，到一個多世紀後禁酒令廢除為止，許多地圖描繪提倡者眼中酒精的危險，並以挖苦的方式呈現反對者如何看待這種限制他們自由的無理（更不用說掃興）愚行。雙方經常都以紐約市為焦點。「作為美國的文化首都、金融中心、媒體總部和最大城市，這裡是討伐邪惡蘭姆酒的首要戰場。」歷史學者麥可・勒納（Michael Lerner）在他2008年出版的《無酒曼哈頓》（Dry Manhattan）寫道。

禁酒運動起源於新教教會，提倡者從一開始就用地圖說明酒精的道德危害。其中一個例子就是右頁這張由費城牧師小約翰・克里斯汀・威爾特伯格（John Christian Wiltberger, Jr.）在1838年製作的彩色寓意地圖。地圖最左邊是「獸慾洋」，最右邊是「永恆洋」。有一條水道連接這兩片大洋，不過沿途充滿危險。剛過了「節制飲酒海峽」就是「愚行島」和「損友島」，再過去是「酗酒海」和更凶險的「殘酷」、「竊盜」、「凶殺」諸島。（威爾特伯格似乎是在說，不要誤以為偶爾喝酒是無害的習慣。」

幸好這不是唯一的一條路。正直的「絕對戒酒鐵路」穿過「繁榮省」來到「禁酒海」，有德之人將在這裡發現 寧靜島」和「長壽島」等著他們。

隨著第十八修正案通過，禁酒運動取得意外進展。這項修正案禁止製造、銷售或運輸酒精飲料，並在1920年1月成為國家法律。但是禁酒令實施起來卻完全是另外一回事，紐約人展現出特別的創意來規避、或至少試圖規避法律，勒納在《無酒曼哈頓》中寫道。布魯克林一家糖果店出售裝了威士忌的巧克力兔子；曼哈頓一家橄欖油商用鐵罐盛裝裸麥威士忌；史坦頓島有一輛靈車被抓到載了60箱烈酒。

禁酒時期的地圖也捕捉到了這種反叛精神。上圖是插畫家希姆斯・坎貝爾（E. Simms Campbell）1932年的作品，他後來以在《君子》雜誌刊登的作品成名。圖上呈現的熱鬧

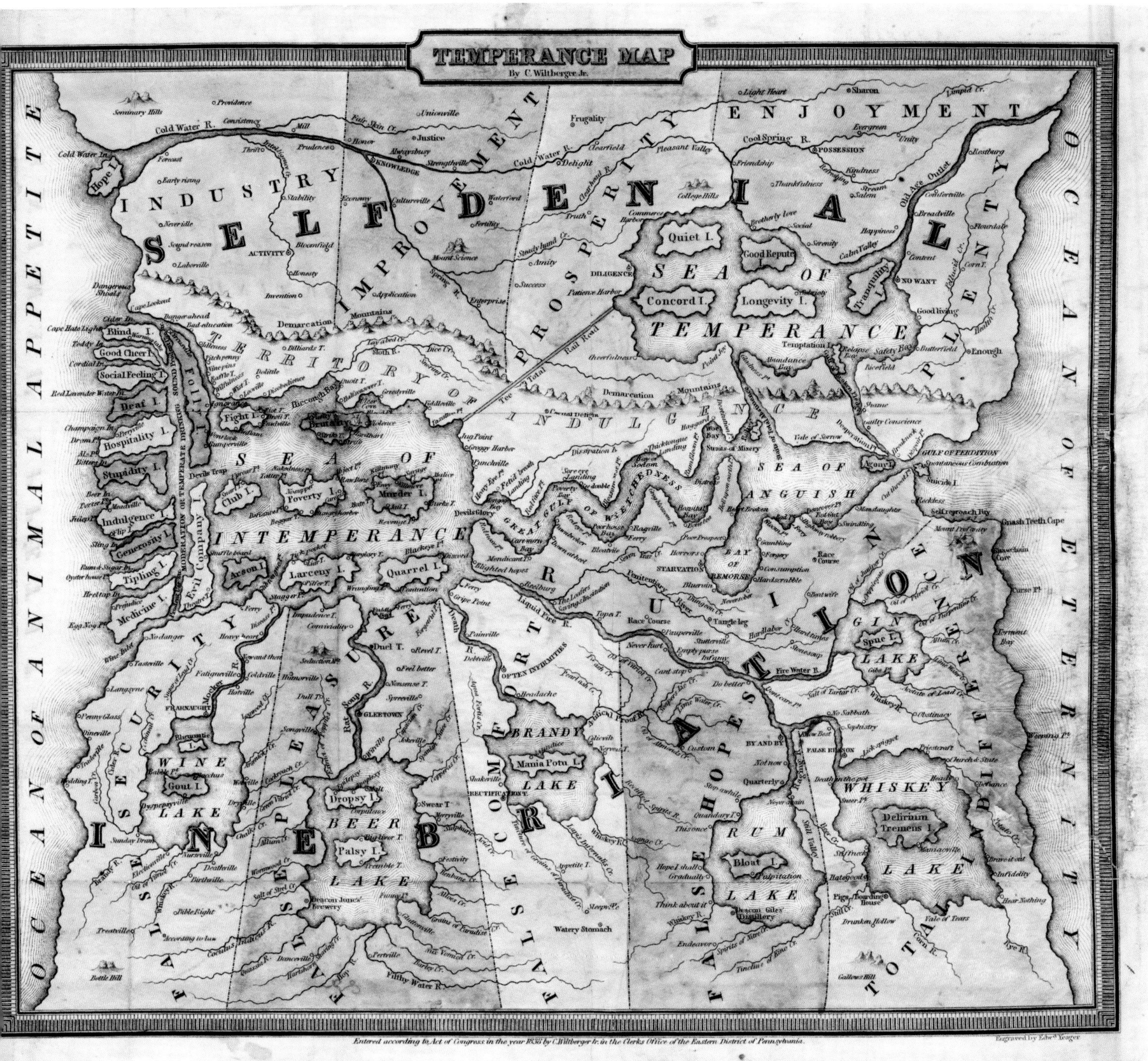

左頁 這張1888年的曼哈頓酒館地圖，是新罕布夏州聯邦參議員布萊爾撰寫的關於酒精之惡的報告中的附圖。提倡禁酒者往往會利用這樣的地圖，主張美國城市裡酒精太過泛濫。

上圖 費城牧師威爾特伯格在1838年製作的禁酒地圖，描繪了「克己地」（頂部）和「酩酊地」（底部），中間散布著險惡的水域，包括「不幸大灣」和「痛苦海」。

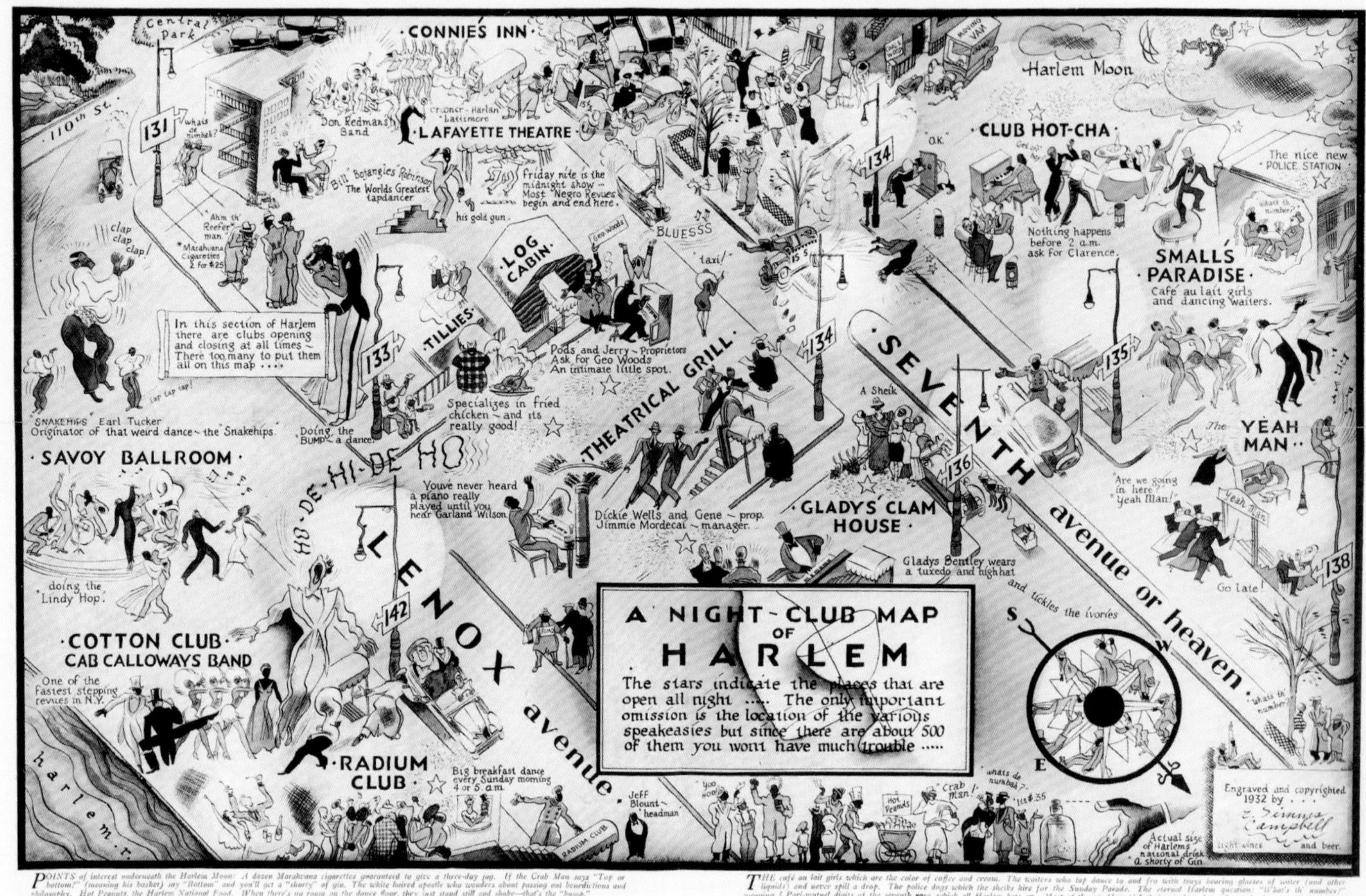

夜生活集中在今天最具代表性的哈林區爵士樂坊，如索威舞廳（Savoy Ballroom），還有「全紐約最步伐最快的場所之一」棉花俱樂部（Cotton Club），凱伯．凱洛威（Cab Calloway）就在這裡擔任樂團領班；附近還有「蛇臀」厄爾．塔克（“Snakehips” Earl Tucker）跳著詭異的舞蹈——蛇臀舞。坎貝爾的地圖上充滿了著名樂手的誇飾畫、夜裡的可疑常客，以及派對迷需要知道的小道消息。唯一沒有的就是地下酒吧。「但是，這裡大約有500家，所以你不用太煩惱。」地圖上向讀者打包票。

右頁的地圖在寓意上與威爾特伯格的地圖正好相反。這張地圖畫的是酩酊國，形狀像人的頭骨，裡面塞滿各種諷刺地名和雙關語（棒球場稱作高球雞尾酒場（High-Ball Grounds），火車站附近有個標示牌寫著：「苦艾酒讓情更濃」）。在地圖左側，第十八修正案號這艘船在禁酒海（Prohibition Sea）中「沉入無盡深淵」。抓緊桅杆頂端的是安德魯．沃爾斯特德（Andrew Volstead），正是這位明尼蘇達州聯邦眾議員提出全國禁酒令（通常稱為《沃爾斯特德法案》），這項法律明定了實施第十八修正案的規則。

專門收集「說服性地圖」的地圖收藏家莫德（PJ Mode）說，這些在禁酒令頒布後問世的地圖，和早先的地圖差異極大。禁酒令以前的地圖，例如莫德收藏的威爾特伯格寓意地圖和布萊爾的酒館地圖，往往都極其嚴肅，也支持立法。相反地，幾乎所有後來的地圖都偏向諷刺、攻擊的意味。「也許這就是推動立法的狂熱、虔誠的少數人士，和禁酒令一旦成真就會受到切身影響的廣大民眾之間的差別。」他說。

無論如何，禁酒令如今在紐約已經是遙遠記憶。如果布萊爾今天還在世，他會很錯愕最近一次統計顯示這座城市擁有超過2萬1000家銷售烈酒、葡萄酒和啤酒的場所。✳

上圖 散落在像一朵玫瑰的指北針上的醉漢，象徵哈林區並未因禁酒令而停止狂歡。這張地圖告訴讀者，狂熱俱樂部（Club Hot-Cha）「在凌晨兩點前沒啥搞頭，去的話請找克拉倫斯（Clarence）」。有個「大麻兄」在萊諾克斯大街（Lenox Ave）和110街的街角（「大麻菸兩根25分錢」）。

右頁 太陽的「月光」（moon shine，指私酒）照耀在「暢飲洋流」（Gulp Stream，墨西哥灣流的諧音）上，地圖邊緣排列著烈酒、雞尾酒和葡萄酒。這張1931年的地圖主要是在頌揚飲酒之樂；不過有一隻名叫「老譫妄」（Old Delirium Tremens）的海怪潛伏在水中。

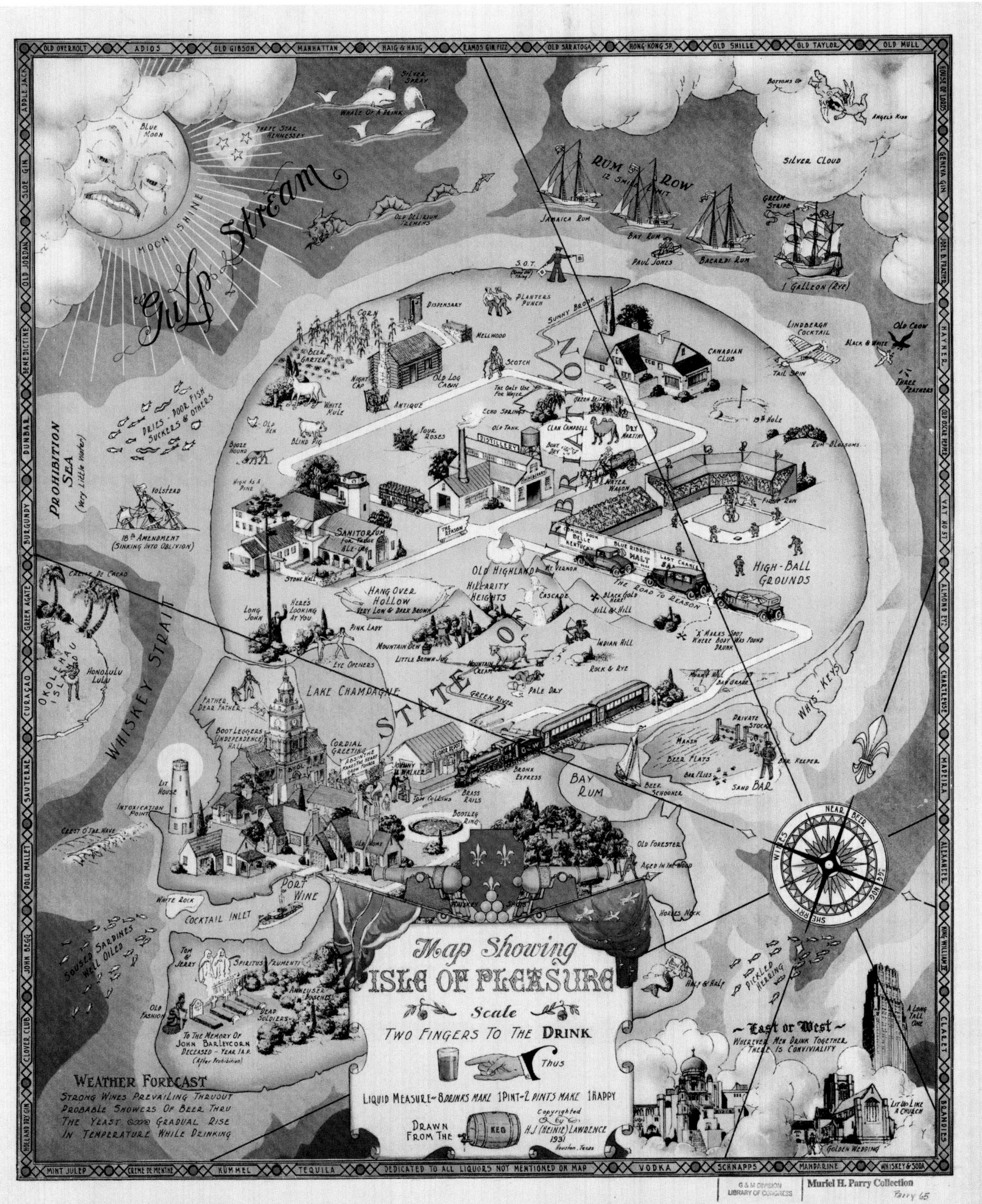
OLD OVERHOLT
ADIOS
OLD GIBSON
MANHATTAN
HAIG & HAIG
RAMOS GIN FIZZ
OLD SARATOGA
HONG-KONG SP.
OLD SHILLE
OLD TAYLOR
OLD MULL
HOUSE OF LORDS
GENEVA GIN
JOEL B. FRAZIER
HAYNER
OLD OSCAR PEPPER
ALMOND EV.
CHARTREUSE
MADEIRA
ALEXANDER
KING WILLIAM
CLARET
BRANDIES
MINT JULEP
CREME DE MENTHE
KUMMEL
TEQUILA
DEDICATED TO ALL LIQUORS NOT MENTIONED ON MAP
VODKA
SCHNAPPS
MANDARINE
WHISKEY & SODA
HOLLAND DRY GIN
CLOVER CLUB
JOHN BEGG
POLO MALLET
SAUTERNE
CURACAO
GREEN AGATE
BURGUNDY
DUNBAR
BENEDICTINE
OLD JORDAN
SLOE GIN
APPLE JACK
BLUE MOON
MOON SHINE
GULF STREAM
THREE STAR HENNESSEY
SILVER SPRAY
WHALE OF A DRINK
OLD DELIRIUM TREMENS
RUM ROW 12 MILE LIMIT
JAMAICA RUM
BAY RUM
PAUL JONES
BACARDI RUM
GREEN STRIPE
1 GALLEON (RYE)
SILVER CLOUD
BOTTOMS UP
ANGEL'S KISS
S.O.T.
PLANTERS PUNCH
DISPENSARY
CORN
BEER GARTEN
OLD LOG CABIN
SUNNY BROOK
CANADIAN CLUB
LINDBERGH COCKTAIL
TAIL SPIN
OLD CROW
BLACK & WHITE
THREE FEATHERS
19th HOLE
RUM BLOSSOMS
PROHIBITION SEA
(Very Little Water)
DRIES - POOR FISH SUCKERS & OTHERS
VOLSTEAD
18th AMENDMENT (SINKING INTO OBLIVION)
WHITE MULE
ANTIQUE
BLIND PIG
FOUR ROSES
DISTILLERY
CLAN CAMPBELL
DRY MARTINI
WATER WAGON
SANITORIUM
STONE WALL
HIGH-BALL GROUNDS
OLD HIGHLAND
HILLARITY HEIGHTS
HANG OVER HOLLOW
VERY LOW & DARK BROWN
THE ROAD TO REASON
KILL OR HILL
CASCADE
INDIAN HILL
ROCK & RYE
"X" MARKS SPOT WHERE BODY WAS FOUND DRUNK
LONG JOHN
HERE'S LOOKING AT YOU
PINK LADY
MOUNTAIN DEW
LITTLE BROWN JUG
EYE OPENERS
PALE DRY
GREEN RIVER
STATE OF INEBRIATION
WHIS-KEYS
PRIVATE STOCK
BEER FLATS
BAR KEEPER
SAND BAR
BEER SCHOONER
BAY RUM
BRONX EXPRESS
LAKE CHAMPAGNE
FATHER, DEAR FATHER
BOOT LEGGERS (INDEPENDENCE) HALL
CORDIAL GREETING
JOHNNY WALKER
TOM COLLINS
BRASS RAILS
BOOTLEG RING
LIT HOUSE
INTOXICATION POINT
CREST O'THE WAVE
OLD HOME
OLD FORESTER
AGED IN THE WOOD
HORSES NECK
OKOLEHAU ISLAND
HONOLULU LULU
WHISKEY STRAIT
PORT WINE
WHITE ROCK
COCKTAIL INLET
SOUSED SARDINES WELL OILED
TOM & JERRY
SPIRITUS FRUMENTI
ANHEUSER BUSCHES
OLD FASHION
DEAD SOLDIERS
TO THE MEMORY OF JOHN BARLEYCORN DECEASED - YEAR 1 A.P. (After Prohibition)
NEAR BEER
WINES
SHERRY
HALF & HALF
PICKLED HERRING
A LONG TALL ONE
~ East or West ~
WHEREVER MEN DRINK TOGETHER THERE IS CONVIVIALITY
LIT UP LIKE A CHURCH
GOLDEN WEDDING
Map Showing
ISLE OF PLEASURE
Scale
TWO FINGERS TO THE DRINK
Thus
LIQUID MEASURE — 8 DRINKS MAKE 1 PINT — 2 PINTS MAKE 1 HAPPY
DRAWN FROM THE KEG
Copyrighted by H.J. (HEINIE) LAWRENCE 1931 Houston, Texas
WEATHER FORECAST
STRONG WINES PREVAILING THRUOUT
PROBABLE SHOWERS OF BEER THRU
THE YEAST GRADUAL RISE
IN TEMPERATURE WHILE DRINKING
G & M DIVISION LIBRARY OF CONGRESS
Muriel H. Parry Collection

都市氣味景觀

志願者以嗅覺測繪城市裡不斷變化的氣味

製作年份：2017年

來源：凱特・麥克林（KATE MCLEAN）

大多數城市地圖表現的都是看得見的東西，如街道、公園和建築物，而這張英國設計師兼研究者凱特．麥克林製作的地圖，表現的則是某種易逝且主觀的東西：氣味。

麥克林說，人類雖然是以視覺為主的動物，但氣味會跟我們某些最難忘的記憶糾纏在一起。然而，氣味是極難標繪的東西。人類在一天之中的不同時間會進行不同的活動，產生不同的氣味（清晨的現烤麵包味，接著是尖峰時間的廢氣味），而溫度和風等環境因素也會影響氣味的飄散。還有就是人類嗅覺系統的變異性。「四個人打開同一個垃圾桶，可能聞到的氣味都不一樣。」麥克林說。

她正在試驗一些方法來產生城市的嗅覺快照，這張地圖就是其中一次嘗試。她在臉書和推特上招募七名陌生人，在2016年耶誕節那天跟她一起走在烏克蘭基輔的冰冷街道上，麥克林稱之為嗅行（smellwalk）。行前她向志願者進行任務簡報，鼓勵他們關閉其他感官，只專注在嗅覺上。

這群人從獨立廣場（右頁圖正下方）出發，走到基特尼市場（Zhytnyi Market，右頁圖左上角），沿途做記錄。每個顏色代表一個人，圓點標示他們注意到某種氣味的地方。同心線圈表示氣味強度，仿效地形圖上用來表示高度的等高線。地圖右側的聶伯河邊有微風吹過，麥克林也用相應的變形等高線表示。地圖外圍的文字用顏色代表每位嗅行者，並描述他們在步行過程中記錄到的氣味，範從容易辨認的氣味如菸味和烤肉味，到較複雜的組合氣味如「糕點師傅的甜熱狗水」。

麥克林說，很多人問她是不是每個城市都有獨特的氣味景觀。她認為這個問題還沒有定論，而且值得更多關注。她設想她的氣味地圖計畫會演變成類似Flickr之類照片分享網站的嗅覺版，讓大家貼出在不同時間點從不同角度拍到的快照。有了足夠的快照，或許一幅更完整、面向更多的圖像就會浮現。

七名志願者跟著製圖者在基輔市區一路「嗅行」，地圖上標註了他們的氣味描述，反映出城市的氣味複雜度，包括「輪胎和熱引擎」和「辣蔬菜、醃菜」等氣味（如下方局部圖）。

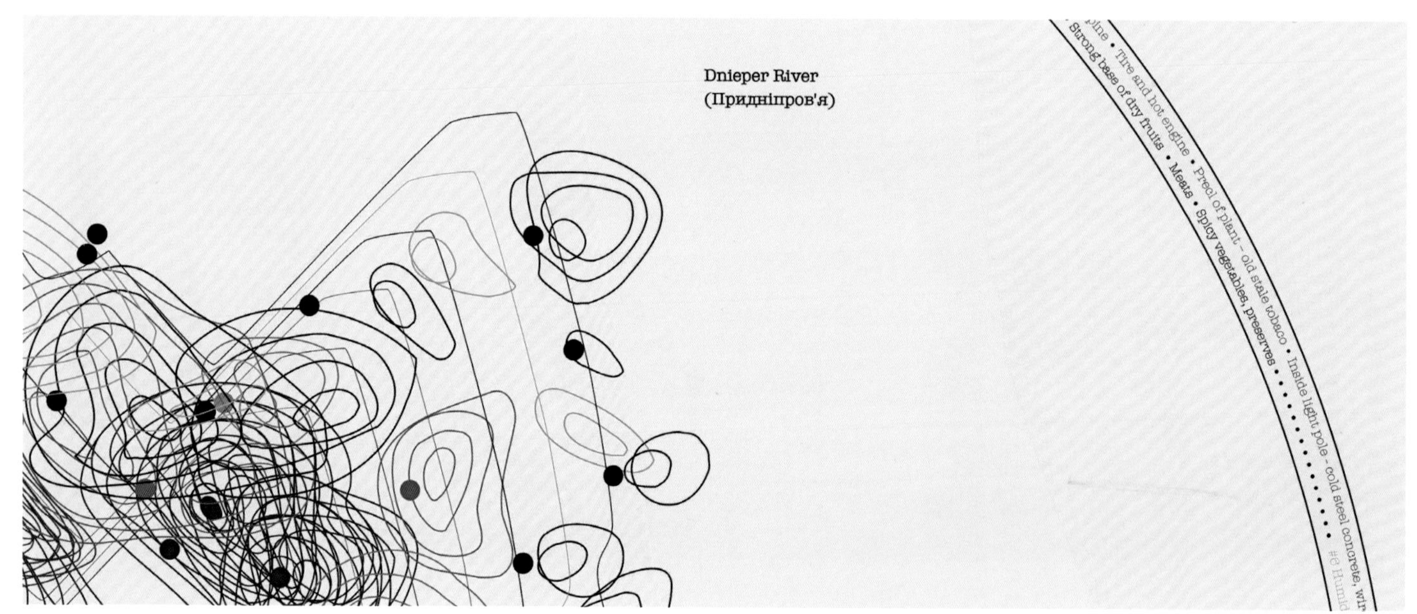

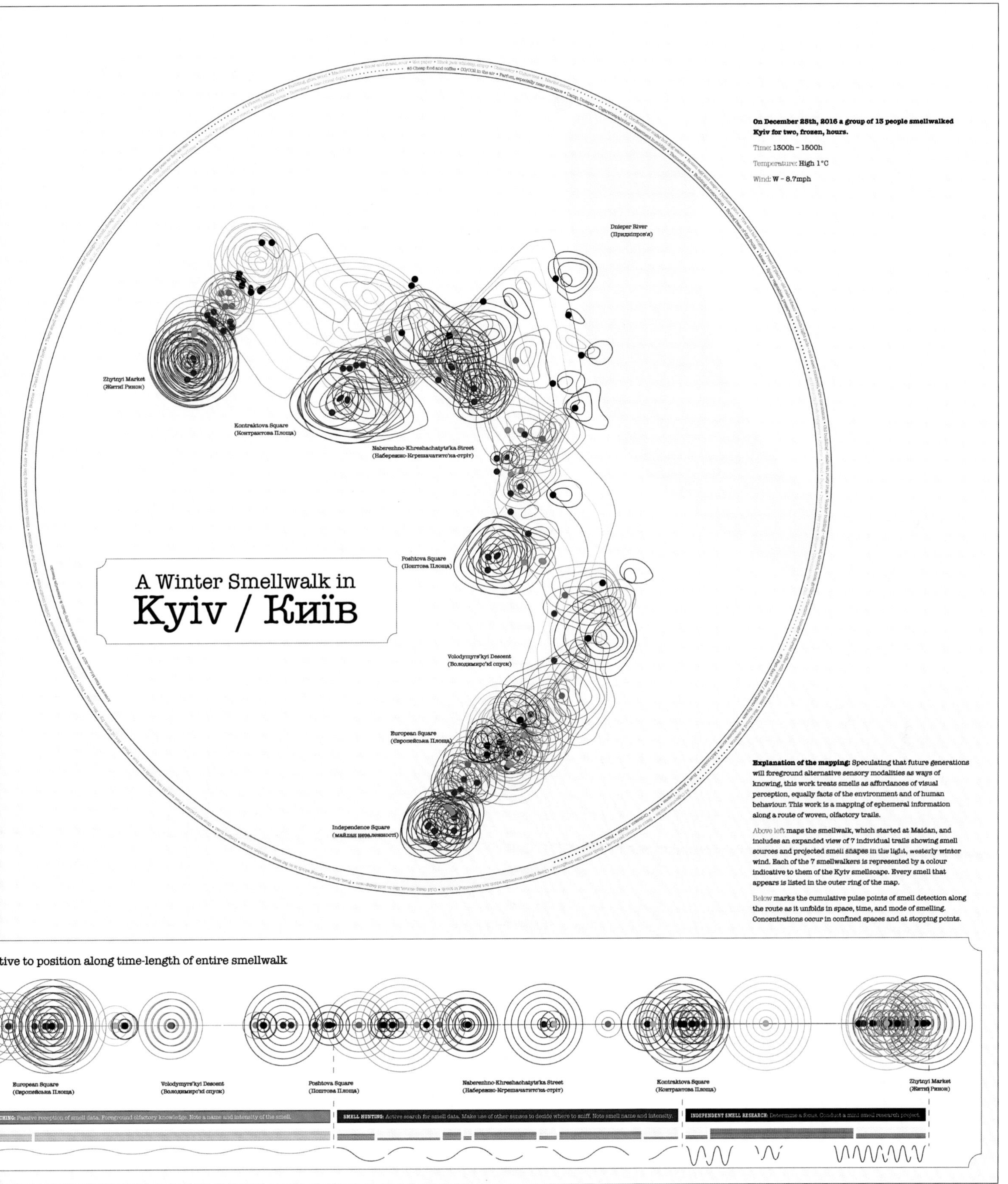
On December 25th, 2016 a group of 13 people smellwalked Kyiv for two, frozen, hours.
Time: 1300h - 1500h
Temperature: High 1°C
Wind: W - 8.7mph
Dnieper River
(Придніпров'я)
Zhytnyi Market
(Житні Ринок)
Kontraktova Square
(Контрактова Площа)
Naberezhno-Khreshachatyts'ka Street
(Набережно-Кгрешачатитс'ка-стріт)
Poshtova Square
(Поштова Площа)
A Winter Smellwalk in
Kyiv / Київ
Volodymyrs'kyi Descent
(Володимирс'кі спуск)
European Square
(Європейська Площа)
Independence Square
(майдан незалежності)
Explanation of the mapping: Speculating that future generations will foreground alternative sensory modalities as ways of knowing, this work treats smells as affordances of visual perception, equally facts of the environment and of human behaviour. This work is a mapping of ephemeral information along a route of woven, olfactory trails.
Above left maps the smellwalk, which started at Maidan, and includes an expanded view of 7 individual trails showing smell sources and projected smell shapes in the light, westerly winter wind. Each of the 7 smellwalkers is represented by a colour indicative to them of the Kyiv smellscape. Every smell that appears is listed in the outer ring of the map.
Below marks the cumulative pulse points of smell detection along the route as it unfolds in space, time, and mode of smelling. Concentrations occur in confined spaces and at stopping points.
ative to position along time-length of entire smellwalk
European Square
(Європейська Площа)
Volodymyrs'kyi Descent
(Володимирс'кі спуск)
Poshtova Square
(Поштова Площа)
Naberezhno-Khreshachatyts'ka Street
(Набережно-Кгрешачатитс'ка-стріт)
Kontraktova Square
(Контрактова Площа)
Zhytnyi Market
(Житні Ринок)
TCHING: Passive reception of smell data. Foreground olfactory knowledge. Note a name and intensity of the smell.
SMELL HUNTING: Active search for smell data. Make use of other senses to decide where to sniff. Note smell name and intensity.
INDEPENDENT SMELL RESEARCH: Determine a focus. Conduct a mini smell research project.

分割天堂的土地

夏威夷群島上的現代土地所有權如何承襲下來

製作年份：1886年

來源：英國國會圖書館地理與地圖部

這張19世紀的夏威夷地圖上奇特的放射狀土地分割界線是大約600年前就劃定的，直到19世紀才開始有人想要把大島上的細節測繪出來。這一條條細長的土地叫作阿呼普阿阿（ahupua'a），從海岸往火山的側面延伸，以確保每一塊地都能分享到夏威夷提供的一切，從森林、可耕地到海岸都有。

傳統上，夏威夷群島的所有土地都掌控在國王手中，國王把每一塊阿呼普阿阿交給一位高階酋長管理。這些酋長把一部分土地撥為自用，其餘分成叫作庫雷納（kuleana）的小塊土地，讓平民家庭居住和耕種。每塊阿呼普阿阿基本上就是一個自給自足的單位；佃戶互相交換土地的物產，並透過賦稅制度層層上繳。低階酋長會設法確保土地使用方式兼顧生產力和永續性，甚至會發布禁令，禁止在某些季節捕撈特定魚種。

這一切在1848年風雲變色。想在島上擁有土地的外國人施壓國王卡美哈梅哈三世（King Kamehameha III），把夏威夷從傳統的土地租佃和共同維生制，推向西式的土地私有制。在史稱「大分配」（Great Mahele）的過程中，國王留下了一些土地，其餘的就全部分給政府、酋長和佃農。

隨著酋長開始取得阿呼普阿阿的合法所有權，佃戶也主張擁有庫雷納，地產邊界的鑑定就成了一大難題。在歷史上大部分時間，夏威夷原住民並沒有書面語言的文化，因此關於地名和地界的知識都是世代口傳，沒有任何相關的記錄或地圖。

當時群島上幾乎沒有合格的測量員，因此釐清地界問題的艱難任務就落在未經訓練的人身上。地界往往分頭測繪，沒有人試圖釐清跟周圍地產的關係，或在地面上標記下來。更糟的是，熔岩石的金屬成分會干擾羅盤讀數，使得初步調查的結果更不可靠。

到了1870年，情況已經混亂到連必須靠賣地取得經費的政府，都不知道還有哪些地可賣。因此，夏威夷政府測量局應運而生，以有系統的方式測繪群島上所有的地籍。夏威夷測量隊利用美國海岸暨大地測量局出借的設備建立起測站網，花了將近30年對各島進行全面測量。

他們製作的地圖，如這張1886年的夏威夷島地圖，至今仍會作為參考，用來釐清那些必須追溯到「大分配」時代的土地所有權聲請。✳

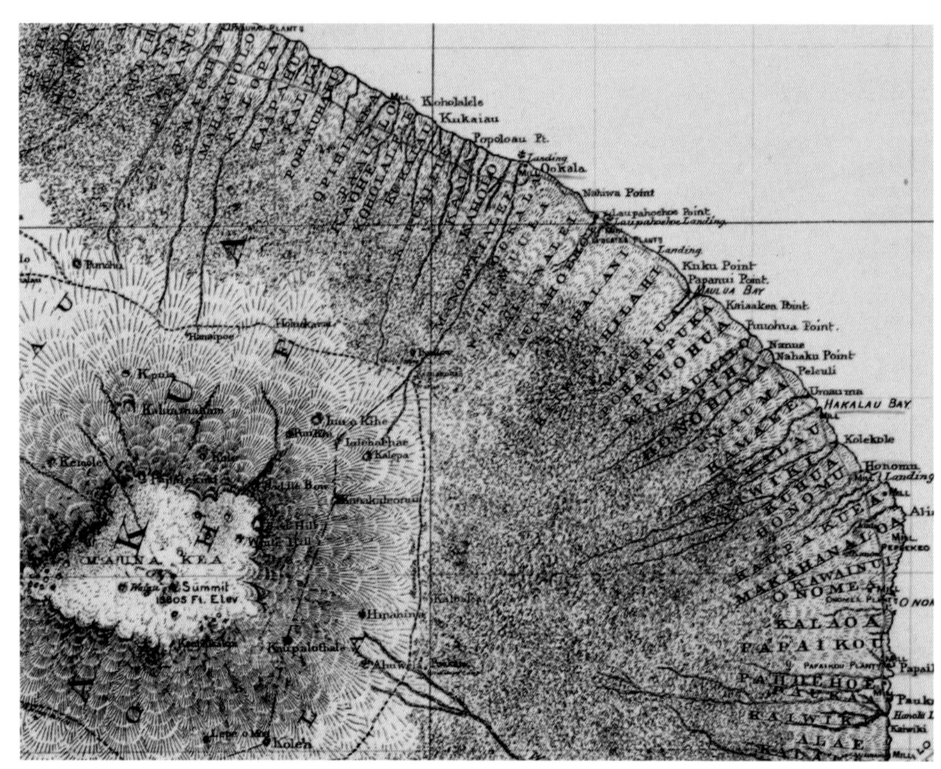

右頁 這張1886年的夏威夷大島地圖，是整個群島最早的一張詳細地圖。製作這張地圖的測量員被賦予一項艱難的任務，就是測繪土地單位之間的地界，而這些土地的位置在哪裡，都是世世代代口傳下來的。

左圖 夏威夷傳統的土地使用制度以阿呼普阿阿為基礎，這種土地單位通常是從海岸延伸到火山邊坡，而且往往是以負責監管的酋長命名，如這張夏威夷大島東北海岸地圖所示。

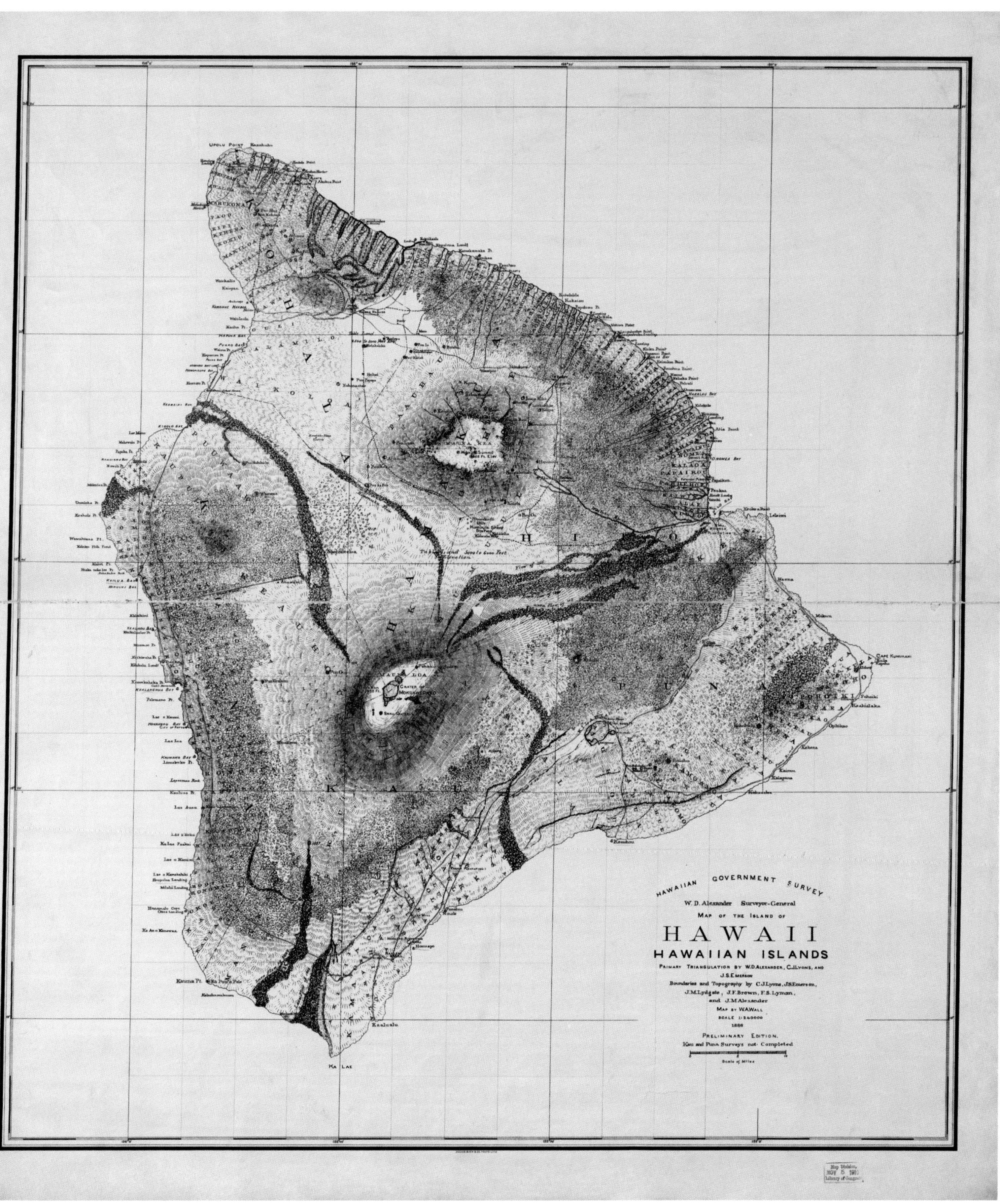
HAWAIIAN GOVERNMENT SURVEY
W. D. Alexander Surveyor-General
MAP OF THE ISLAND OF
HAWAII
HAWAIIAN ISLANDS
PRIMARY TRIANGULATION BY W.D.ALEXANDER, C.J.LYONS, AND J.S.EMERSON
Boundaries and Topography by C.J.Lyons, J.S.Emerson, J.M.Lydgate, J.F.Brown, F.S.Lyman, and J.M.Alexander
MAP BY W.A.WALL
SCALE 1:240000
1886
PRELIMINARY EDITION.
Kau and Puna Surveys not Completed
Scale of Miles
UPOLU POINT
HA LAE
CAPE KUMUKAHI

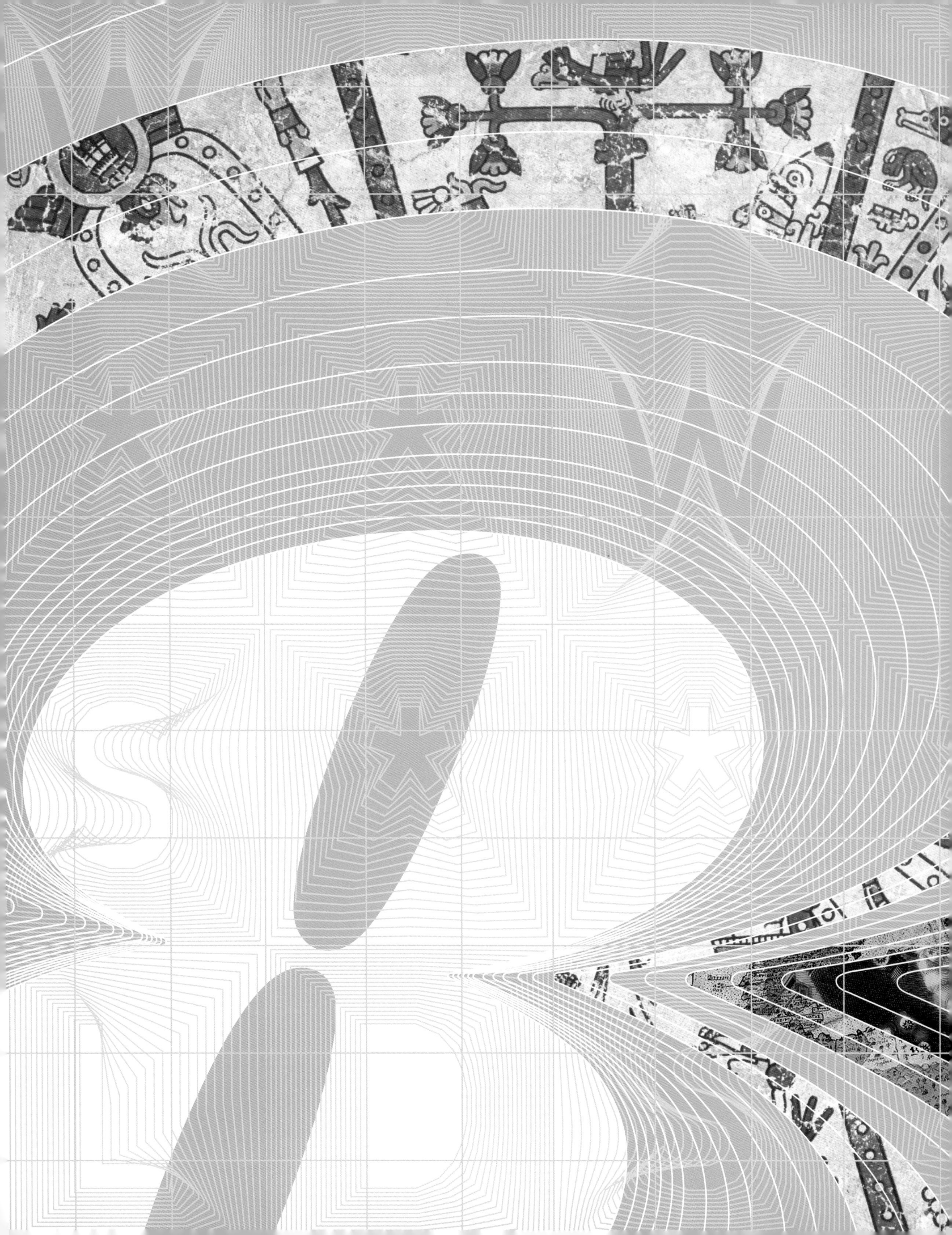

8
WORLDS
世界
Dorado
Canobus sohel

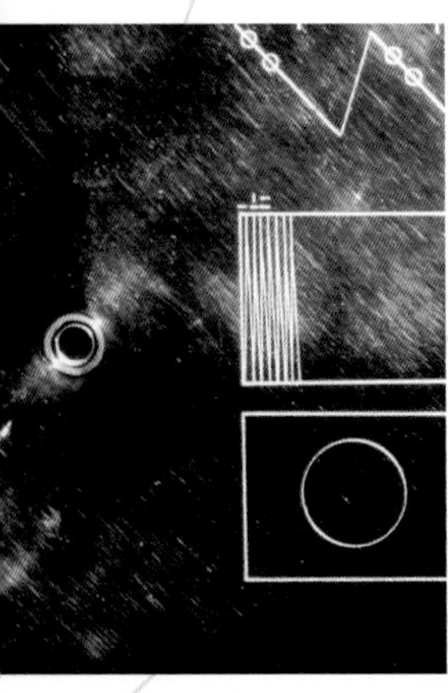

8 世界

透過地圖了解世界

最早的世界地圖是透過揣測而得，猜想的成分多過對地理的了解。隨著15世紀地理大發現時代（Age of Discovery）展開，地圖師開始能夠根據探險家的敘述來改良地圖。但是，許多空白依舊存在，製圖者往往就以精美的裝飾和幻想中的生物來填補，或許是為了掩飾他們的無知。本章的地圖反映了一項由來以久的奮鬥，一方面展現我們對自己居住的這個世界的認識，同時也表達我們對存在於遙遠時空中的其他世界的想像。

這些地圖敘述的故事是關於人類知識史的轉捩點，如17世紀初望遠鏡的發明，如何引發一場爭相標繪月球和月面特徵的命名競賽（見268頁），最終推翻長久以來認為地球是宇宙中心的觀念（見256頁）。

本章地圖也展現了製圖者如何理解自身知識的侷限，例如19世紀末在火星表面觀察到的長線條所引發的爭論，有人主張是智慧生物的傑作，有人認為是自然形成的（見248頁），還有一個更棘手的問題：究竟末日會以什麼方式降臨（見254頁）。

所有的地圖都多少透露了製圖者是什麼樣的人，本章的地圖也不例外。有很多地圖都反映了製圖者的偏見和信念、他們對自己眼中的世界所抱持的希望和恐懼，以及他們想要繼續探求解答的渴望。➸

邊緣上的世界
（1908年，奧雪地圖圖書館）

這張地圖顯示了一種即將永遠改變的世界觀。這是20世紀初的地球儀三角片（gore，黏貼到球體上以製作地球儀的長條切片）複製品，原件是現存最古老的地球儀，於1490年代初在德國製作，當時哥倫布發現美洲的消息尚未傳到歐洲。左上圖版中，在原本應為南北美洲的地方什麼都沒有，只有一片藍色汪洋（話是這麼說，但製圖師還是用帆船、海怪和大量文字填補了空白）。

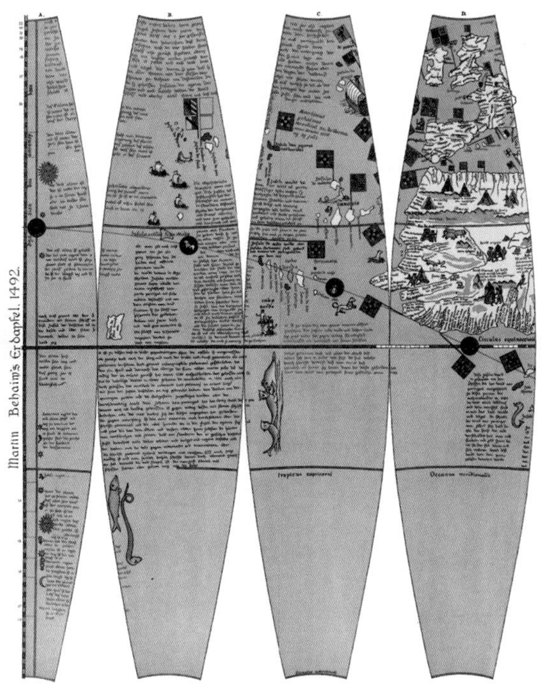
Martin Behaim's Erdapfel. 1492.

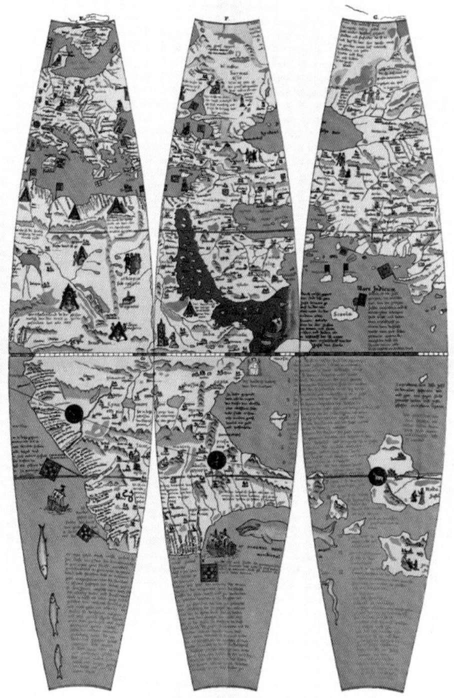

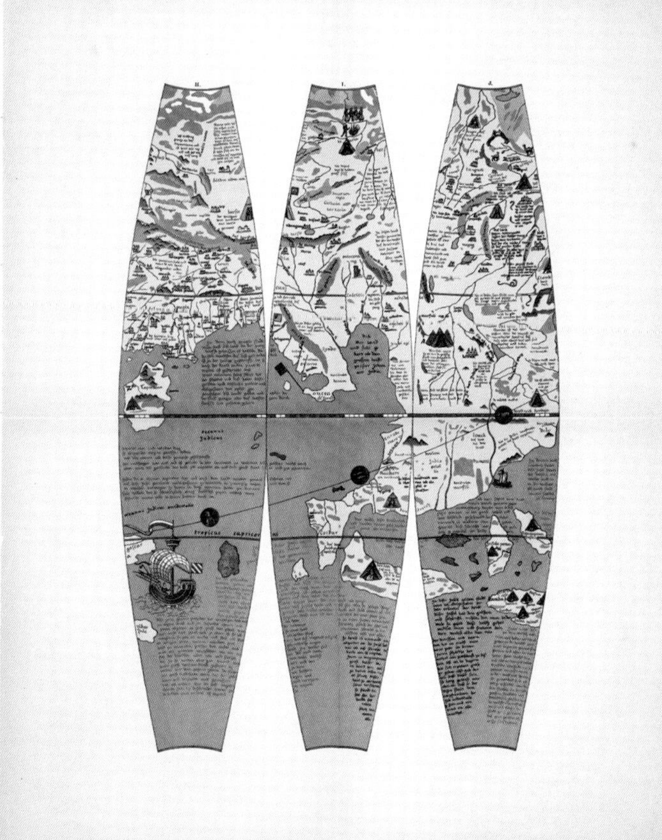

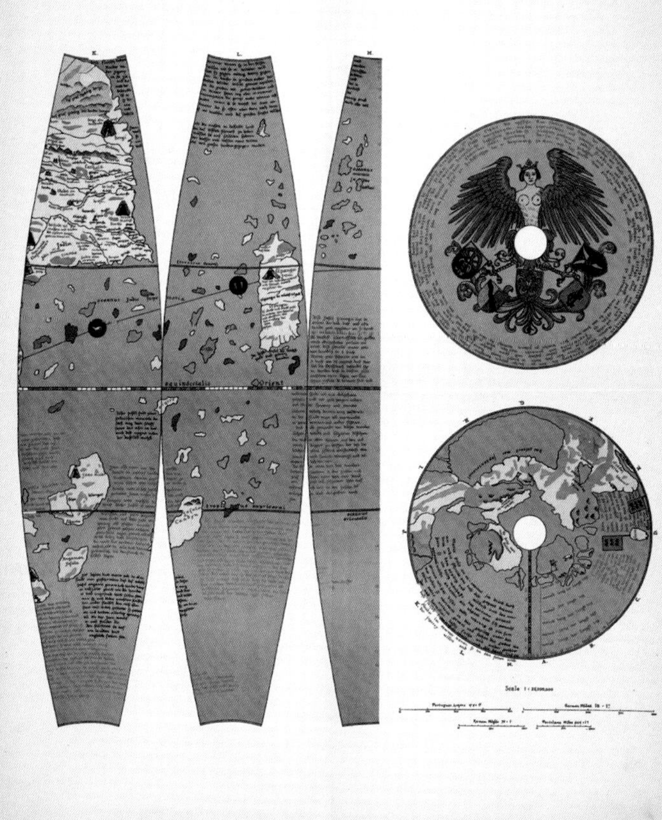

拼出一套古老的世界觀

以現代科技實現一位16世紀地圖師對世界的想像

製作年份：1587年

來源：史丹福大學圖書館大衛・倫西館藏

幅地圖由烏爾巴諾・蒙特（Urbano Monte）在1587年完成，在當時可能是有史以來最大的地圖。整幅地圖是以60個單張的形式裝訂成一本地圖集，之後的430年間從未被視為一個整體。但在2017年，這些單張終於以數位方式組裝起來，揭露出蒙特眼中的世界。

那是個非常迷人的世界。蒙特描繪的地球是從北極正上方俯視──這是當時非常少見的視角。地圖上塞滿了幻想生物，如西伯利亞的獨角獸，還有抓著一頭大象飛越南冰洋的可怕怪鳥。

「它在很多方面都很獨特。」史丹福大學大衛・倫西地圖中心主任兼館長G.薩利姆・穆罕默德（G. Salim Mohammed）說。大衛・倫西地圖中心在2017年取得這套地圖，一般相信是留存至今的三套蒙特地圖中最早的一套。

蒙特出身米蘭一個上流社會的富裕家庭，和當時的很多士紳學者一樣，他也對地理深感興趣。他似乎有很高的地理學天分，他參考了其他更有名的地圖師的作品，例如麥卡托和奧特柳斯，然後加入近期的發現，例如1520年葡萄牙探險家麥哲倫在南美洲最南端發現的火地群島。透過一些位高權重的人脈，蒙特得以會見在1585年來到米蘭的第一支日本訪歐使節團。或許正因如此，他對日本的描述包含了許多當時西方地圖看不到的地名。

蒙特的地圖還有一項更不尋常的特徵，就是他把地球攤平到二維地圖上的投影方式（見264頁）。他把北極放在中心，讓經線向外輻射。因為20世紀空中旅行拉近了世界各地的距離，這種極投影（polar projection）地圖才流行起來（聯合國徽記就用了極投影），但在蒙特時代是極為罕見的。

「我認為蒙特很想把地球的圓形本質呈現出來。」地圖收藏家大衛・倫西說；他買下了這張地圖，然後捐贈給史丹福大學以他為名的收藏館。蒙特的投影極度誇大了南極洲的大小，讓南極洲環繞整張地圖的外圈，這種作法反映了當時的製圖思維。「大多數地圖師認為南極洲一定很大，才能和北邊的大型陸塊抗衡。」倫西說。這種錯誤的想法源自古希臘人，影響力很大。

今天的蒙特地圖數位合成版可供學者和任何想要探索的人自由取用。這些掃描頁面接合得近乎完美，表示這一直是蒙特的用意。⁕

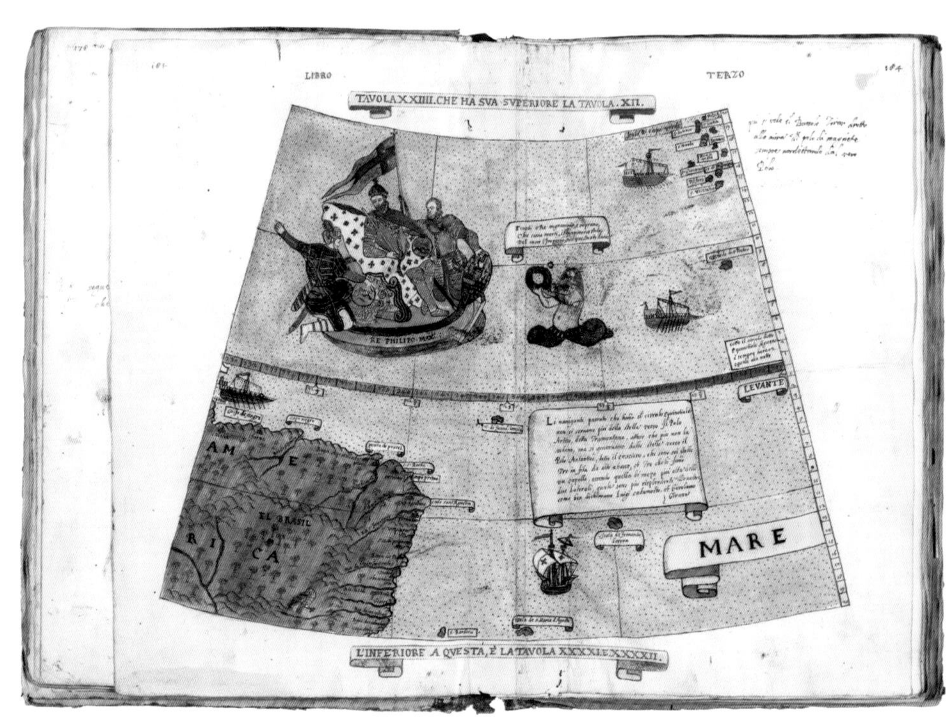

左圖是蒙特1587年地圖的其中一個單張，有一隻男人魚向坐在王座上漂浮的西班牙國王腓力二世致敬，象徵西班牙對公海的控制。整幅地圖是由60個單張構成，完全拼裝起來的面積大約是3乘3公尺。

MARE OCEANO

那些年，火星上有運河……

曾經有將近一百年之久，人類相信火星上有智慧生物

製作年份：1867－1965年
來源：美國國會圖書館、史密森尼圖書館、羅威爾天文臺

認為火星上可能有智慧生物的想法在19世紀末開始深入人心。自從伽利略首度透過望遠鏡看見火星之後，300年來科學家觀看火星表面的能力大為提升。天文學家對觀測結果的解讀使民眾大為著迷，這樣的情況在1938年達到頂點，當時奧森・威爾斯（Orson Welles）的廣播劇《世界大戰》（War of the Worlds）引起民眾對火星人入侵的恐慌。

在此之前將近70年，英國天文學家理查・普羅克特（Richard Proctor）在1870年出版《地球以外的世界》（Other Worlds Than Ours）這本通俗讀物的時候，就種下了日後民眾對火星著迷的種子。書中收錄了下面這張火星地圖，這是他在1867年根據幾張火星素描拼湊而成，那些素描是一位眼力絕佳的牧師所繪。普羅克特把火星上的亮處和暗處解讀為大陸和海洋，兩極有冰帽。他率先命名這些特徵，並以卡西尼陸（Cassini Land）和第谷海（Tycho Sea）等名稱，來紀念曾發表火星觀測成果的著名天文學家。

於是想像起來火星也類似地球，有陸地有海洋，這樣的畫面引發了民眾對火星適居性的猜想。普羅克特在書中寫道：「在太空的另一頭發生的作用看起來完全無用，是自然界能量的浪費，除非，那些作用就像在地球上發生的這種，是為了滿足有機體的需求。」

其他的火星地理學家，也就是所謂的火星描繪者（areographer），接續了這樣的思

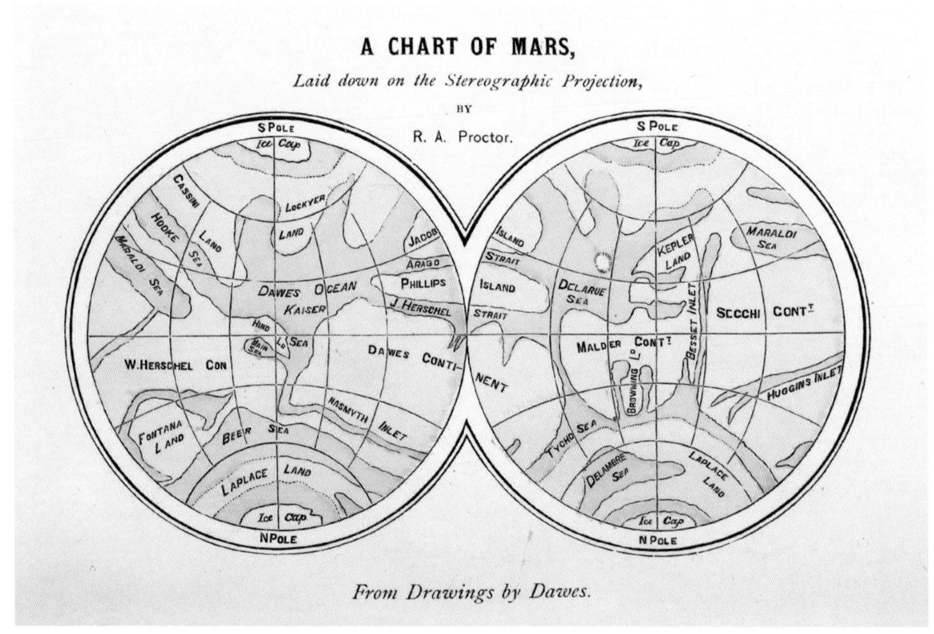

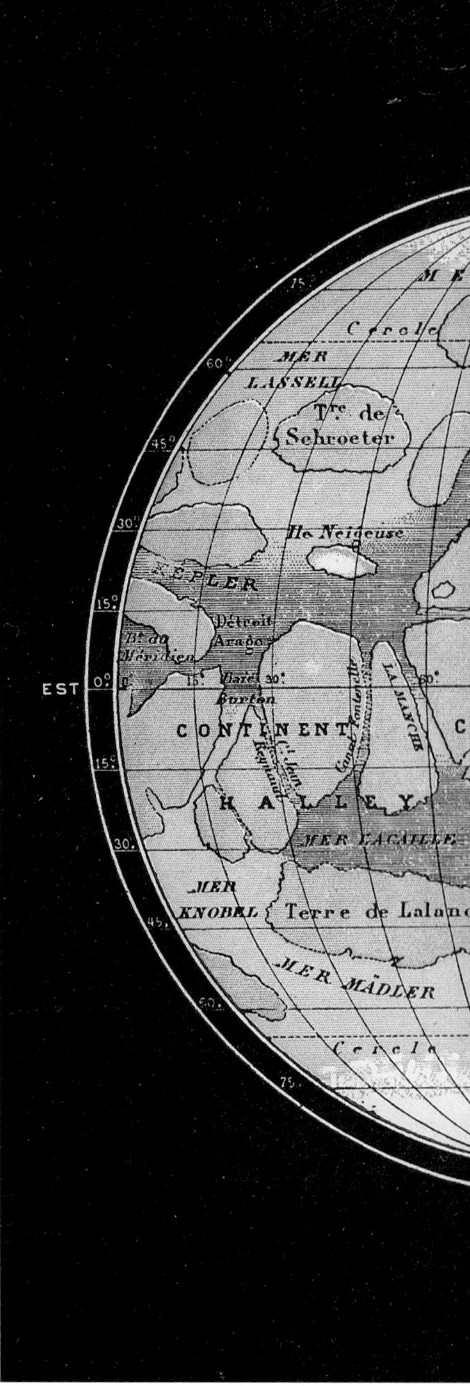

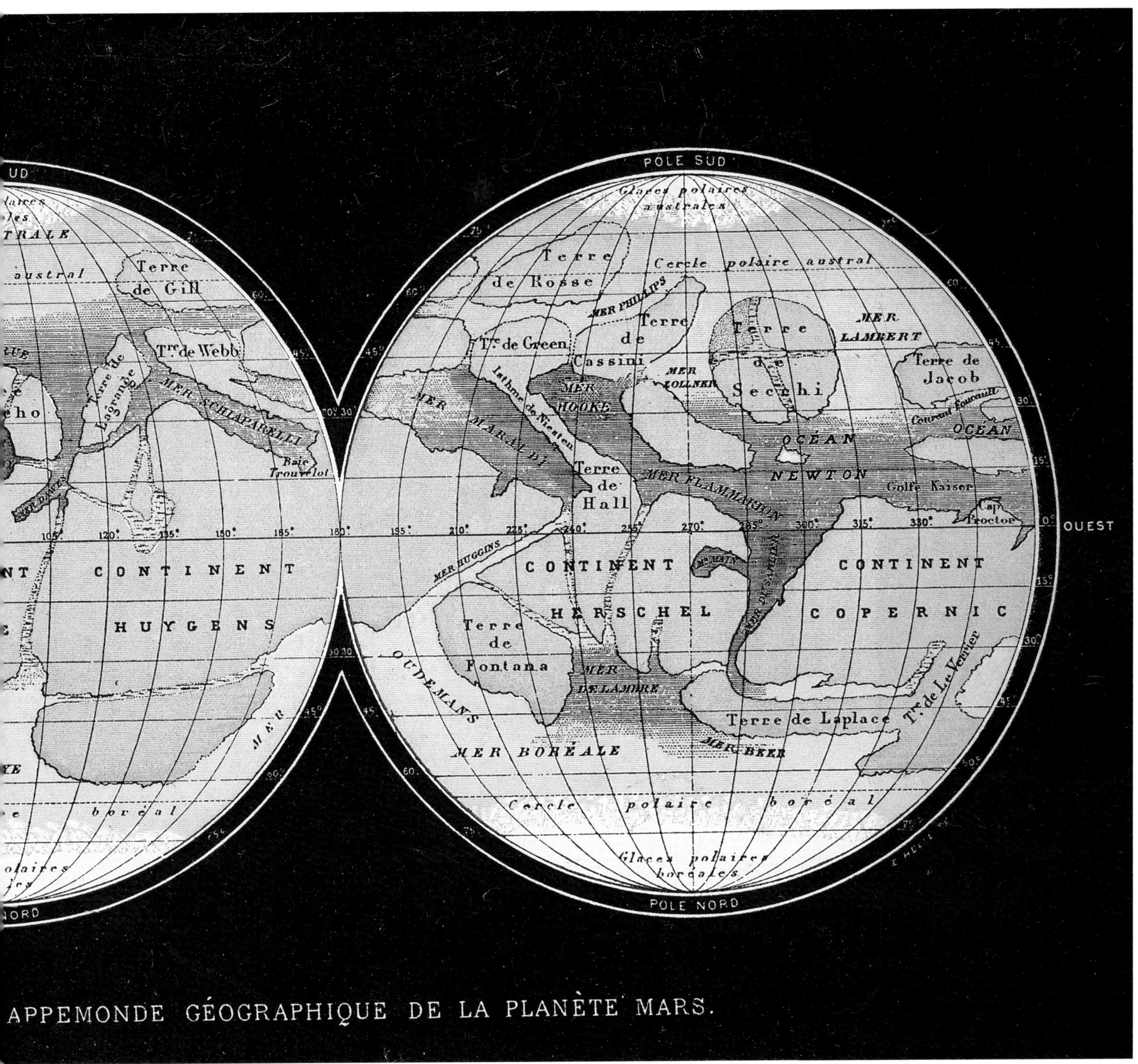

左頁 英國天文學家普羅克特在1867年把威廉・道斯（William Dawes）的素描彙編成這張火星地圖，並把火星上的好幾處地貌命名為道斯。普羅克特也把火星上的亮區和暗區解讀為大陸和海洋，讓火星顯得類似地球，因而引人猜想上面是否也住著智慧生物。

上圖 法國天文學家弗拉馬利翁的這張1884年火星地圖，很像普羅克特的1867年地圖（左頁），並且明顯影響到後來斯基亞帕雷利和羅威爾（見250頁）製作的地圖，進而引人猜想火星上有人工運河。弗拉馬利翁相信火星是適合居住的地方。

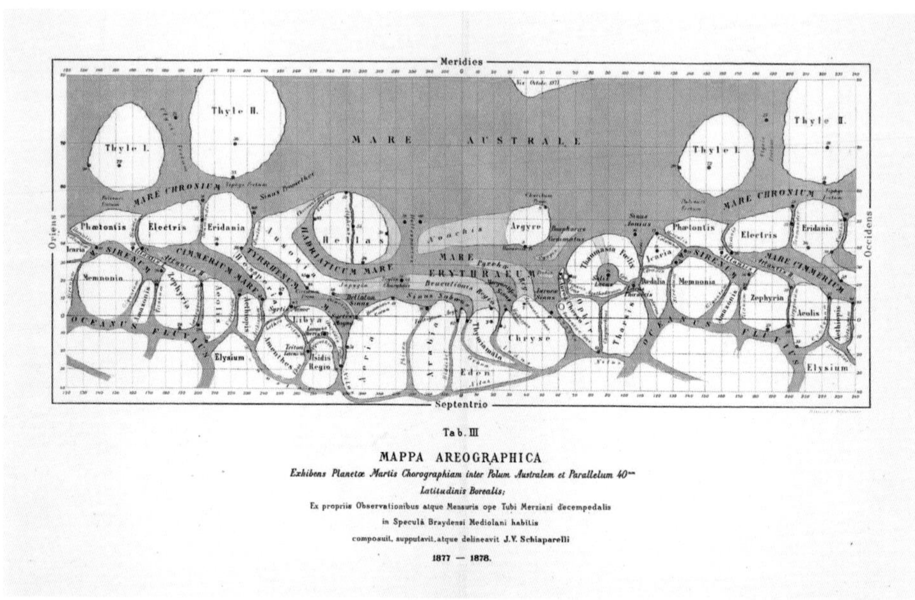

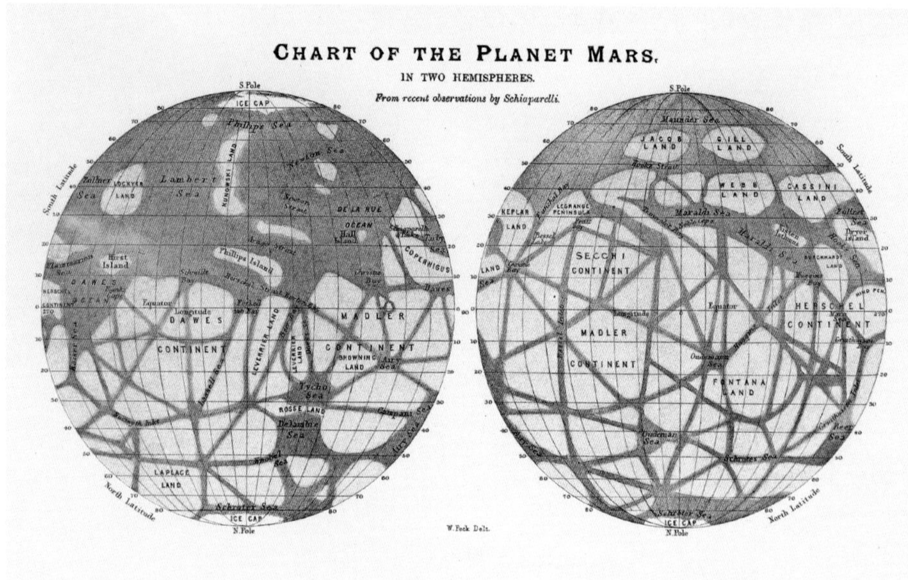

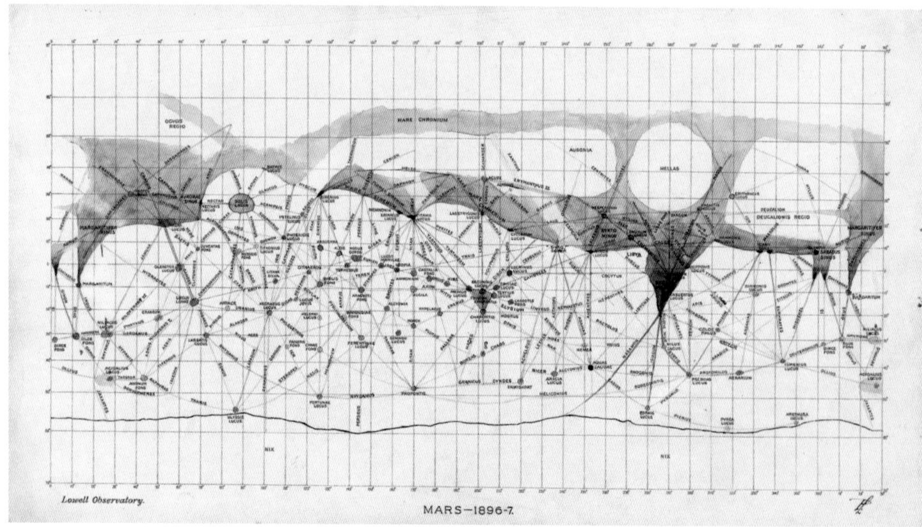

左上圖 斯基亞帕雷利的1878年火星地圖上布滿了被解讀為陸地（白色）和海洋（藍色）的地貌，很像弗拉馬利翁的1884年地圖（見249頁）。斯基亞帕雷利當初命名的火星地名有許多沿用至今。

左中圖 這張地圖發表在1891年一本英國天文學手冊上，看得出斯基亞帕雷利地圖上那些分隔陸地的水文特徵變直了許多，開始令人懷疑是怎麼形成的。斯基亞帕雷利稱這些直線為canali，這個義大利文單字的意思是人工運河或天然水道，許多人因此猜想這些線形地貌是火星人造成的。

左下圖 羅威爾大力鼓吹火星上的線形特徵是具備高等智慧的火星人建造的運河。他的1897年地圖原稿很像斯基亞帕雷利後期的地圖，但包含了更多運河。羅威爾為他地圖上的每一條運河都取了名字，如火焰河（Phlegethon）、巨河（Gigas）、泰爾梅頓河（Thermadon）。

右頁 美國空軍在1965年發表了這張1962年由史利佛製作的地圖，為水手號的飛越任務做準備。值得注意的是，圖上不知為何依然保有羅威爾的線形運河，即使當時火星運河的存在已經被推翻。地圖上的文字提到，「這些線形特徵表現出『運河』在許多著名火星觀測家筆下的樣子。」

路。法國天文學家卡密爾．弗拉馬利翁（Camille Flammarion）的地圖，如右邊這張，出自他1884年的著作《天空的世界》（Les Terres du Ciel），就很像普羅克特的地圖，只是比較詳細。弗拉馬利翁也和普羅克特一樣，相信火星可以供養生命。1873年，他在《自然》（La Nature）一書中寫道：「地球上最小的水滴裡住著無數的微動物（animalcule），陸地和海洋也充滿了數不盡的動植物種類；所以我們很難理解，在類似的條件下，另一顆行星怎麼可能只是一片廣闊無用的沙漠。」

這一切關於火星生命的猜想，影響到後續對火星地圖的解讀。1870年代末，義大利天文學家喬凡尼．斯基亞帕雷利（Giovanni Schiaparelli）開始把他的火星觀測成果畫成地圖（左上），看起來和弗拉馬利翁的地圖很像。但是到了1891年，他地圖上那些分割陸塊的假想水道明顯變得較直（左中），讓人很難不把這些線條解讀成智慧生物的作品，因為實在直到不像天然的。

斯基亞帕雷利雖然並未完全排除這些線條有可能是人造的，不過他是抱持懷疑態度。但是他似乎無意間煽動了外界的猜測，因為他是用義大利文的canali一詞來指稱這些線條。

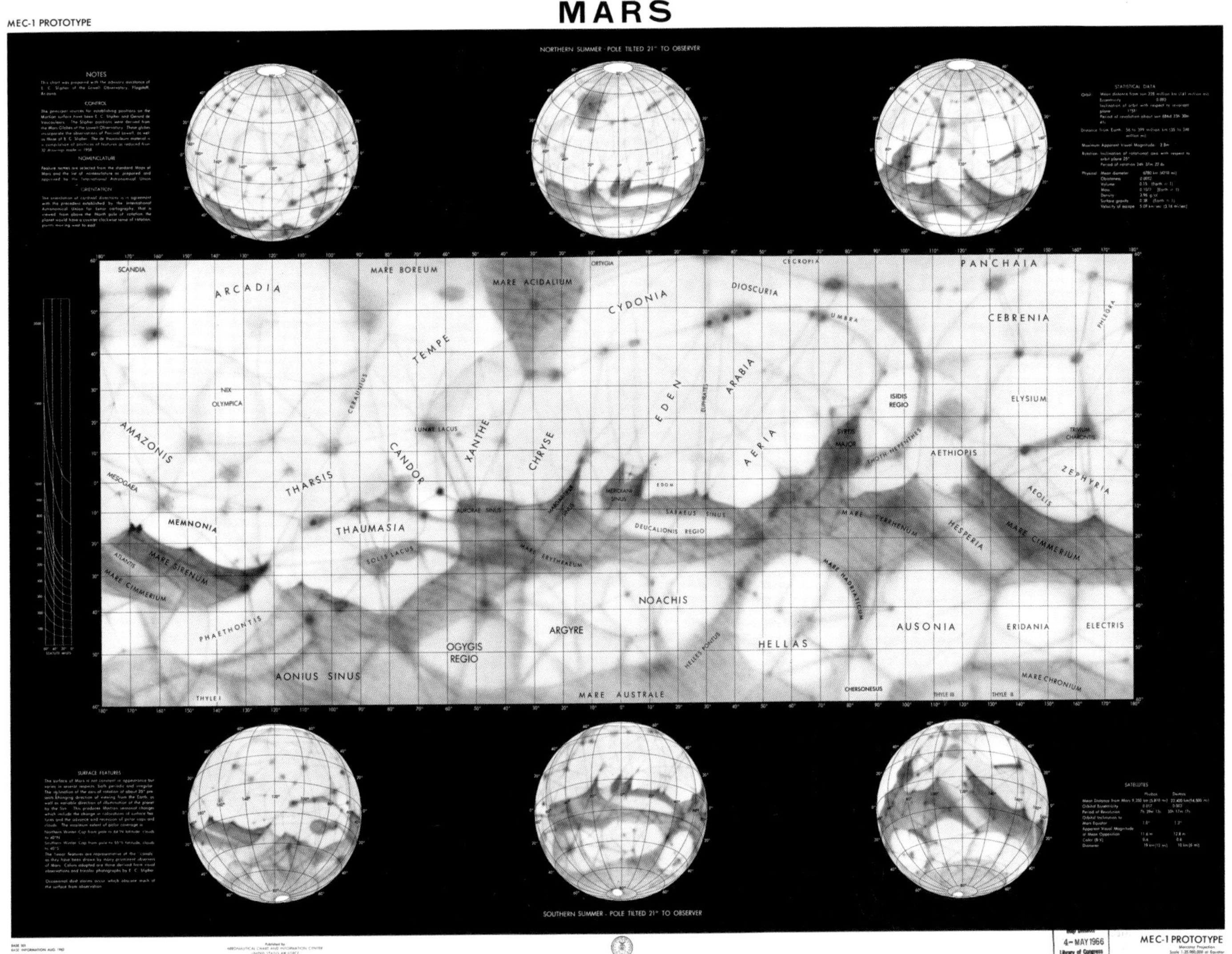

canali譯為英文就是運河，而運河的定義就是人工水道。然而在義大利文中，canali也經常用來指稱天然水道，而這似乎才是斯基亞帕雷利心裡所想的意思。

「沒有必要認定那是智慧生物所為，」他在1893年寫道，「而且，雖然這套線條近乎就像幾何形狀，但我們現在傾向於相信那是行星演化所產生，就像地球上有英吉利海峽和莫三比克海峽一樣。」

斯基亞帕雷利給火星取的地名大多留存至今，但最令人印象深刻的還是他的運河說。這個說法能流行這麼久，主要是因為美國天文學家帕西瓦．羅威爾（Percival Lowell），他不但認同斯基亞帕雷利地圖上的直線是火星人建造的水道，還加以推廣。羅威爾在1894年對波士頓科學學會的演講中說到：「對於這些痕跡本身最明白的解釋很可能就是對的；換句話說，我們在這些痕跡中看見的，是某種智慧生物創造的結果。」羅威爾在1897年製作了一張地圖（左頁最下），圖上有數十處綠洲，由200多條運河相連，每一條運河他都加以命名。

羅威爾也料到其他科學家不願意「承認可能有別人」住在其他星球。但是民眾很喜歡這個想法，他的講座也經常爆滿。羅威爾本人深深迷上這種理論，還在亞利桑那州旗桿市蓋了一座天文臺，花了幾年觀察火星並標繪火星表面。

然而不久之後，隨著科學家更加了解火星，運河說也受到愈來愈多的批評。火星表面溫度太低，不可能存在液態水，還有人做了一項科學演示，證明那些直線可能只是光幻視（optical illusion）的結果。但是，羅威爾還是繼續撰寫科普書籍，在1908年以《火星——生命的住處》（Mars as the Abode of Life）達到高峰。他的想法在大眾的想像中留存了幾十年，啓發了無數科幻作品，包括1938年的《世界大戰》，這部廣播劇演出外星人入侵的故事，有些聽眾還誤以為這是真實發生的事。

此外，地圖上的運河還是繼續存在，令人驚訝的是，其中包括了上面這張1962年為美國空軍製作的地圖。這張圖看起來很像羅威爾和斯基亞帕雷利的表現法，作者是美國天文學家厄爾．史利佛（Earl Slipher），他曾在1908年加入羅威爾天文臺。空軍用史利佛的地圖規畫了最初幾次水手號飛越任務。水手4號太空船在1985年第一次與火星近距離相遇之後，一切關於運河的疑惑才終於平息下來。✱

把宇宙放進口袋

袖珍地球儀曾是18世紀歐洲的時髦配件

製作年份：約1745年
來源：奧雪地圖圖書館

對服裝講究的18世紀英國紳士來說，這個袖珍地球儀是時髦的配件。黑色的魚皮外殼可以打開，露出一顆直徑不到7公分的中空木球。在外殼的內側凹面上，精美地畫出了北天和南天的彩色星座圖。

荷蘭地圖歷史學家彼得．范德克羅格特（Peter van der Krogt）在《科學儀器學會學報》（Bulletin of the Scientific Instrument Society）中寫到，袖珍地球儀最早出現於16世紀晚期，在英國和荷蘭特別流行，可能是作為海員或地理學生的教具。但是，更流行的用法可能是作為身分地位的象徵，讓擁有這顆地球儀的人顯得具有世界觀，又跟得上科學的最新發展。根據范德克羅格特所引述，有一家荷蘭報紙在1697年刊登一則廣告，形容袖珍地球儀「適合所有天文學和其他藝術的業餘愛好者，可以像懷錶一樣隨身攜帶。」

本節的袖珍地球儀是較晚期的版本，原版是英國測量員兼地圖師理查．庫西（Richard Cushee）在1731年的作品。這個版本是他的妻子伊莉莎白在他去世後製作的，時間大概是1745左右，反映了當時的地理知識——以及知識欠缺之處。收藏這顆地球儀的南緬因州大學奧雪地圖圖書館前館長伊恩．富勒（Ian Fowler）說，地球儀上澳洲的東半邊完全遺漏，因為還要再過幾十年澳洲的測繪才臻完備。「澳洲最東端和北部的洋流極難航行，這是花了這麼久才測繪完成的原因之一。」他說。

不過，伊莉莎白．庫西的確為丈夫的地球儀做了一些更新和改進。加州在1731年的地球儀上被描繪成北美洲海岸外的島嶼（這是當時常見的誤解），這個版本的加州已經和本土相連。她還加上表示信風的箭頭，以及英國海軍上將喬治．安森（George Anson）歷時四年，在1744年完成的環球航行路線。

對歷史學者而言，這顆地球儀最值得注意的地方，是理查．庫西對宇宙的創新描繪。過去的天體圖作者一直很苦惱視角的問題，大多數選擇所謂的上帝視角，也就是從太空俯視地球所看到的星座。而庫西的袖珍地球儀則是最早把星座描繪成從地球上仰望天空時見到的樣子。這雖然是凡人的視角，但使用起來實際得多。⁕

在理查．庫西袖珍地球儀的後期版本上，前頭表示信風風向，一條細虛線顯示英國海軍上將喬治．安森的航線。魚皮匣的內側表面（下方）描繪在地球上可見的星座。

Moscovy
Ireland
Taurus M.
PERSIA
MOGUL
BARBARY
Biledulgerid
ARABIA
ZAARA or the Desart
Nubia
NEGRO LAND
Indian
Sea
Socotra I
Malabar
Coromandel
AFRICA
GUINEA
Abassinia
Ceylon
C Comorin
ETHIOPIA
Anian
Almirante I.
S. Mathco
OCEAN
THE EASTERN
Zaire
Ascension
Monoe
mugi
ZANGUEBAR
ETHIOPIAN
Trinidada
INDIAN
SEA
Monomotapa
Comoro I.
Madagascar
I. Mauritius
I. S. Helena SEA
Tristan da Cunha
CAFFERS
C. S. Sebastian
C of Good Hope
St Paule
Dina
SOUTHERN OCEAN

地圖啟示錄

一份晦澀的15世紀手稿描繪世界末日的降臨

製作年份：約1486年
來源：亨廷頓圖書館（HUNTINGTON LIBRARY）

在15世紀的歐洲，世界末日是每個人心中的陰影。當時瘟疫猖獗，羅馬帝國的偉大首都君士坦丁堡也落入土耳其人之手。末日看樣子是不可避免了。

那個時代有數十部作品，用詳細的文字和血淋淋的圖像來描述即將到來的清算，不過有一份被人遺忘已久的手稿，用了很不一樣的方式來描繪世界末日——那就是地圖。「它用一連串的地圖來說明末日降臨的每個階段。」查特・范杜澤（Chet Van Duzer）說，這位地圖學歷史學家和伊里亞・迪內斯（Ilya Dines）合著的2015年著作《末日地圖學》（Apocalypse Cartography），檢視了這份沒人研究過的手稿。

這份以圖面表述的世界末日，一開始就是一張顯示639年到1514年間世界情況的地圖。地球是一個圓形，亞洲、非洲和歐洲是被水包圍的扇形。文字描述伊斯蘭教的興起，作者認為這對基督教世界是愈來愈大的威脅——當時的歐洲人普遍這麼認為，因為幾個世紀以來雙方為了爭奪聖地和其他領土而交戰不休。

接下來幾張地圖描繪「伊斯蘭之劍（Sword of Islam）」征服歐洲，以及後來敵基督的興起，圖上以一個從北極延伸到南極的巨大三角形來呈現。另一張地圖顯示地獄之門在審判日開啟，作者預測會發生在1651年。一個毫無特徵的小球體代表在此之後的世界。手稿裡的所有地圖都是象徵性的，但這張末日後地圖把極簡主義發揮到極致。「上面什麼都沒有，但標示得很清楚說這是地圖。」范杜澤說，「它引起了何謂地圖這個問題，探索了地圖的界線。」

這份手稿於1486年到1488年間在德國的呂貝克（Lübeck）製作，但作者不詳。范杜澤懷疑可能是一個名叫巴普蒂斯塔（Baptista）的醫生，他遊歷甚廣，曾受教宗庇護二世（Pope Pius II）指派到耶路撒冷錫安山上的方濟會修道院照顧朝聖者。手稿內容以拉丁文撰寫，所以不是給一般大眾看的。

除了末日的章節之外，手稿還包含一個關於占星醫學的章節，以及一篇遠遠領先時代的地理學論文。作者勾勒出一種本質上非常現代的理解，認為地圖可以用來闡明實體地貌以外的事物。大多數地圖歷史學家認為這種觀念到17世紀才開始出現，但范杜澤認為這份末日地圖把這個年代往前推了整整兩個世紀。「對我來說，這是最驚人的段落之一，15世紀的人竟然會告訴你他們覺得地圖能做些什麼。」他說。✳

右頁 這張地圖出自一份15世紀的手稿，圖上的三角形代表預測中敵基督在1570年到1600年間的興起。

下圖 接下來分別以其他地圖表示（左起）：敵基督的四個角伸向大地四端；在審判日這天，受詛咒者站在一個通往地獄的無底洞上方；本頁描寫在經過最後審判、復活、大地更新之後，世界只剩下一顆毫無特徵的球體。

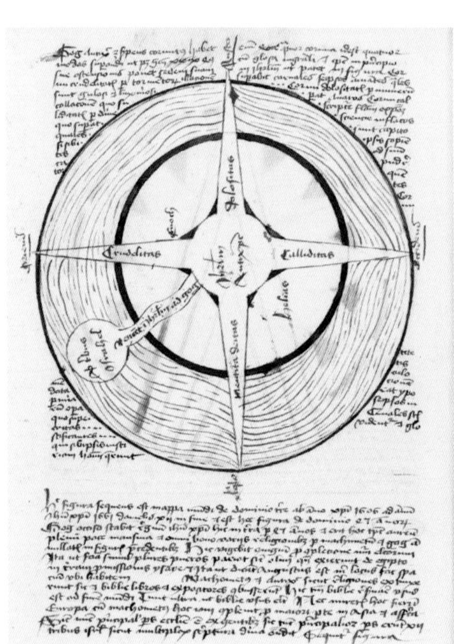

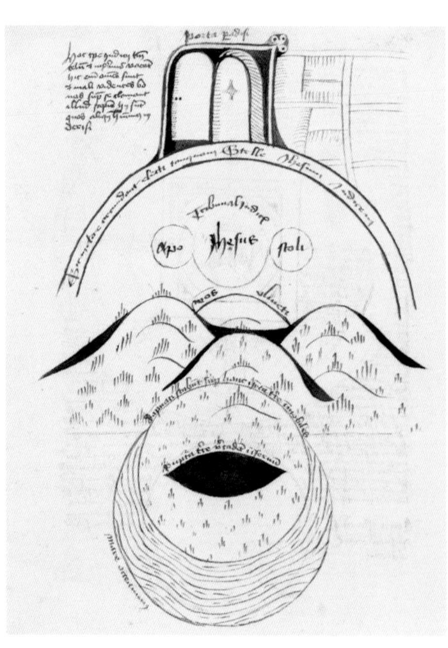

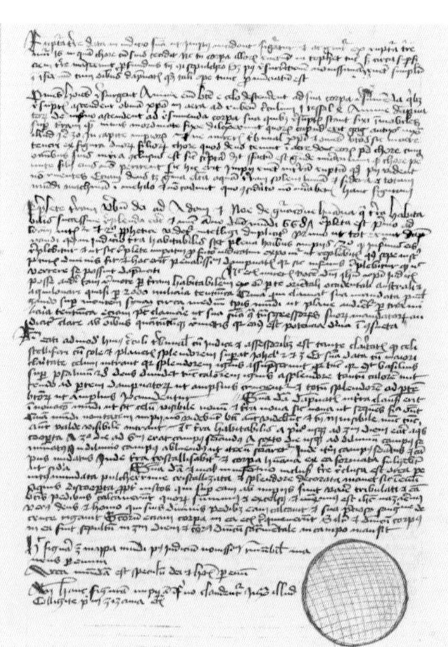

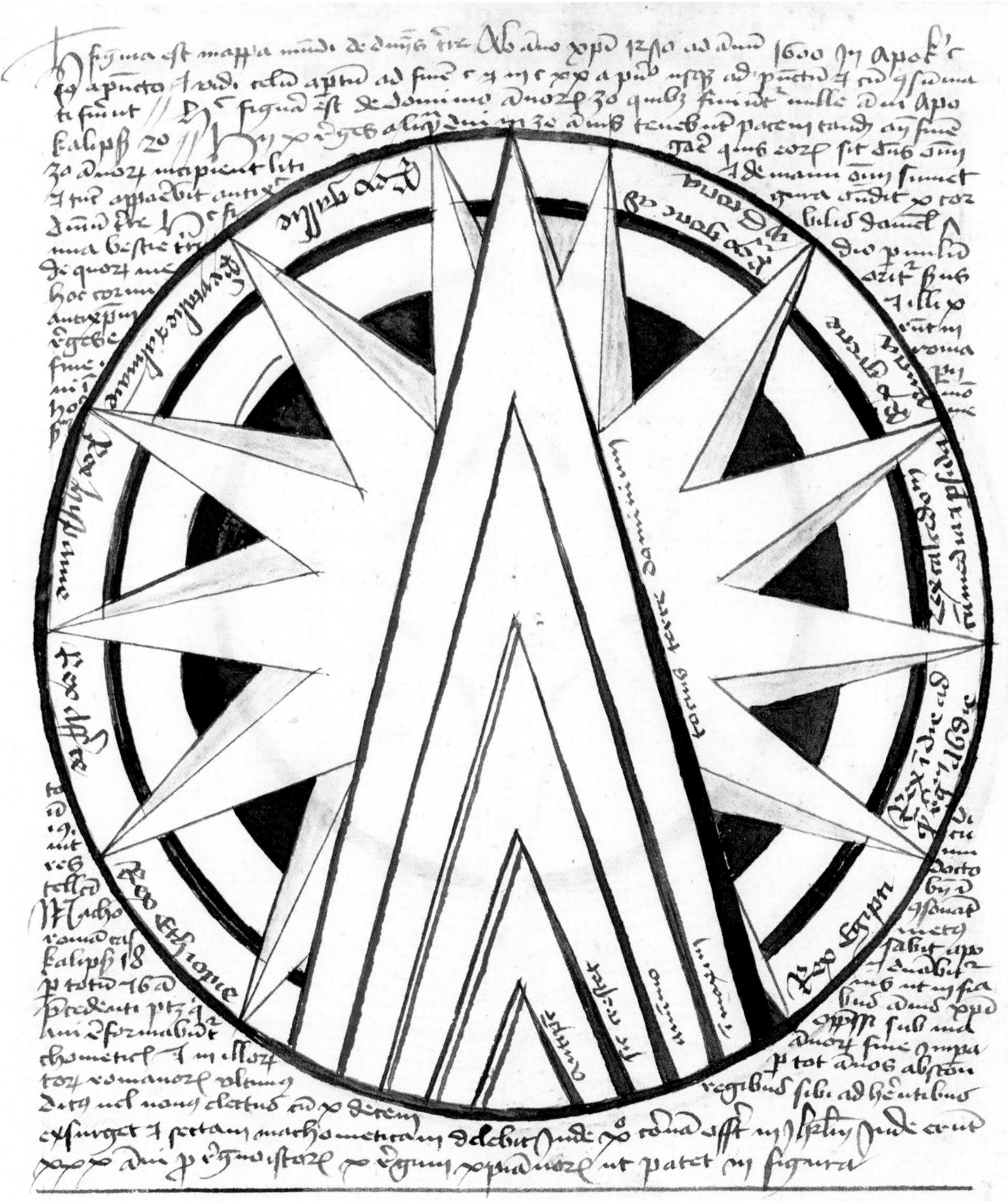

不同世界觀的碰撞

一本精采絕倫的17世紀地圖集，表現出世人如何開始意識到地球不是宇宙的中心

製作年份：1661年

來源：Octavo公司／沃諾克圖書館（WARNOCK LIBRARY）

以一本超過350年前的天文地圖集來說，安德烈亞斯・塞拉里烏斯（Andreas Cellarius）的《和諧大宇宙》（Harmonia Macrocosmica）至今受歡迎的程度簡直令人吃驚。市面上可以買到印有書中圖樣的各種東西，從日曆、拼圖到浴簾和抱枕都有。毫無疑問的是，塞拉里烏斯的設計，以及製版師和配色師為了製作出最佳版本所展現的精湛工藝，是他這本書歷經數百年依然魅力不減的原因。連地圖學者也把它列為史上最美的天體地圖集之一。

文史學家羅伯特・范根特（Robert Van Gent）在現代複製版的引言中寫到，《和諧大宇宙》中的天文學即使在當時也稱不上先進。然而，這本地圖集確實捕捉到一場變革，從盛行了1500年的宇宙觀，過渡到明顯不再以人類為中心的較新、較科學的世界觀。塞拉里烏斯這整本地圖集多半都在描繪這些宇宙想像的衝突。

即將淡出舞臺的舊觀點出自公元2世紀的希臘數學家兼天文學家托勒密（Claudius Ptolemy）。地球是托勒密宇宙的中心，月球、太陽、行星和恆星都是繞著地球運轉。這種觀點對古希臘人而言完全說得通，因為他們確實就是站在地球上，眼看著天體在夜空中移動。這也恰好契合基督教神學的觀念：把地球置於上帝創世的中心。

到了1660年，塞拉里烏斯製作第一版圖集時，托勒密的觀念還是很有影響力。地圖集裡有好幾張天體圖是在描繪托勒密的世界觀，以及在這種觀念下的行星運動。

在258頁上方的地圖上，藍色的地球位於中心，外圍是依序由水、氣和亮橘黃色的火所構成的球形外殼。托勒密把月球軌道

這張地圖出自塞拉里烏斯的17世紀地圖集，內容描繪哥白尼提出的新世界觀，圖中顯示地球（正中央上方，有月亮繞行）繞行太陽，而非太陽繞行地球。哥白尼自己就坐在右下角，手上拿著一個地球儀。對面角落看似學者的人物可能是阿里斯塔克斯（Aristarchus），這位希臘學者早在公元前3世紀就主張日心宇宙，但在哥白尼出現之前這個理論一直受到忽視。

COPERNICANVM
Systema
TIVS CREATI
THESI
CANA IN
EXHIBITVM.

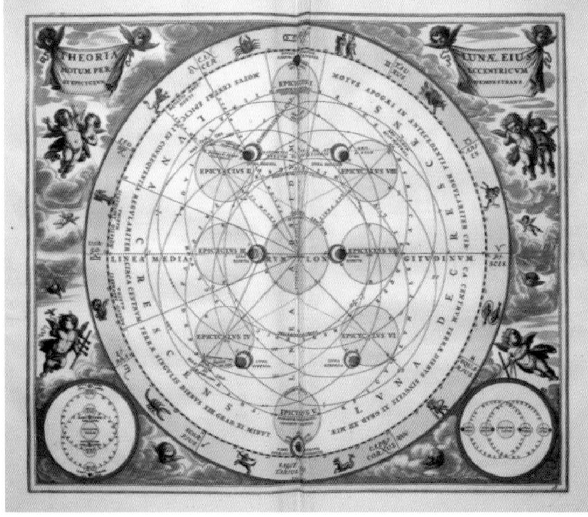

上圖 地球位於托勒密宇宙的中心，古典神話中的人物代表各行星。

左圖 托勒密必須借助一些數學手法，在圓裡面加上別的圓，也就是「本輪」，來讓他的系統符合觀測到的行星運動。塞拉里烏斯在地圖集裡用了好幾張圖來說明這些複雜的運動，例如這張是呈現月球的各個本輪。

上圖 在布拉赫提出的系統中，地球依舊位在宇宙中心，但其餘行星（包括木星和它的四顆衛星，靠近頂部）則是繞行太陽。右下角那位穿著體面、留八字鬍的人物就是布拉赫，旁邊圍繞著他的學生。

（火焰外面的白圈）以下的內圈區域稱為「月下世界」（sublunary sphere），這是一個變動不居的不完美領域，在此所有物質都是由土、水、氣、火這四種古典元素構成，會表現出各自的特性（比方火焰會升向上方的炙熱領域，除非被東西擋住）。

月下世界以外是較完美的地方，那裡的天體是由以太（ether）這種恆定不變的第五元素構成。行星在一系列的同心球體中各據一處，球體的轉動帶動行星繞行地球周圍的圓形軌道。在月球以外是水星和金星，然後是太陽。再往外是塞拉里烏斯時代已知的其他行星：火星、木星和土星。

塞拉里烏斯在他的托勒密式宇宙地圖上，利用代表各行星的古典神話人物來表現這些天體。代表火星的戰神瑪爾斯駕著一輛滿載長矛和戰旗的戰車，讓兩頭看似狼的生物拉著。代表金星的愛與生育女神維納斯裸身躺在天鵝拉的戰車上。土星軌道之外的領域屬於固定星（fixed stars），以黃道12宮為代表。然而，這種世界觀的一個問題是，正圓形軌道無法充分解釋從地球上看到的天體運動。即使在托勒密時代，天文學家也看得出某些時候天體似乎會在夜空中移動得較快或較慢，在行星來說，有的還會改變方向。托勒密必須調整軌道的形狀，並借助本輪（epicycle）這種更加複雜的圓中之圓來讓一切合理化（見258頁下方地圖）。

HÆMISPHÆRI
GRAPHICUM
COELI
TIET
Andromeda
Pegasus
Perseus
Triangulum
TAURUS
Delphinus
AQUARIUS
ÆQVINOC
Cetus
OCEANUS
ÆTHIOPICUS
Piscis Aust.
Phoenix
Grus
Indus
Toucan
Hydrus
Dorado
Pavo
Fluvius Eridanus
Lepus
Columba Noachi
COGNITA
Apis Indica
Chameleon

第256頁的地圖呈現一種完全不同的配置，根據的是波蘭天文學家哥白尼的理論，他在1543年提出是地球繞行太陽，而非太陽繞行地球。塞拉里烏斯在一個多世紀後製作這本地圖集的時候，這個曾經被視為異端的思想才終於確立了地位。

在這張地圖上，一顆大而發光的太陽取代地球的中心位置，地球和其他行星在環繞太陽的圓形軌道上運行。月球繞行地球（圖中央上方），四顆衛星繞行木星（圖右），這四顆衛星是義大利天文學家兼博學家伽利略在望遠鏡發明後不久的1610年發現的。

天文學家看得出哥白尼系統的簡明和數學之美，但很少人立刻表示接受，大概是因為看到直言擁護日心說的道明會托缽修士布魯諾（Giordano Bruno）被判宣揚異端，在1600年被送上火刑臺，因而心生畏懼。何況，放棄托勒密就代表放棄當時理解的物理學。如果不是緊緻的乙太球殼讓行星各安其位，還會是什麼？

丹麥天文學家第谷・布拉赫（Tycho Brahe）跟其他人一樣，雖然欽佩哥白尼，但還是懷疑地球（他稱之為「那個笨重又懶惰的天體」）能夠繞行太陽。布拉赫提出一個折衷解釋，認為行星繞行太陽，如同哥白尼的論述，但太陽還是繞行地球，只是拖著其他行星一起。塞拉里烏斯在259頁的地圖上畫出這種配置。

布拉赫很可能不願意放棄托勒密的觀點，但他的好幾項觀察結果到頭來還是瓦解了這個觀點。例如，他在1577年發現有一顆彗星近距離飛掠金星——這大大打擊了認為行星全都嵌在不可穿透的乙太球殼上的想法。

其他的證據也愈來愈多，尤其是伽利略在1610年發現金星表現出如同月球的相位變化，這個現象直接打臉托勒密，證實了金星是繞行太陽，而非地球。

約略同時，布拉赫的門徒克卜勒（Johannes Kepler）正在構思他的行星運動定律，認為行星軌道是橢圓形而非正圓形，這個想法更容易調和哥白尼理論與實際的觀測結果。最終，到了17世紀末，牛頓提出解釋，認為是一種力——重力——讓行星保持在軌道上，也說明了為什麼行星在接近太陽時移動得比較快。這成了壓垮托勒密體系的最後一根稻草。

塞拉里烏斯似乎只是大略跟上這些發展。例如他並未提及克卜勒對行星運動的研究（儘管他可能打算在第二集呈現，只是未曾實現）。范根特寫道，這本圖集很可能對當時的天文學家用處不大，但那些人並不是目標受眾。塞拉里烏斯在前言中寫道，他製作這本地圖集是要讓自己和其他天文愛好者使用的。

塞拉里烏斯的地圖集還包括八張顯示北天和南天星座的星圖，其中四張使用一種新穎的視角，把地球畫成一個半透明球體，把代表星座的神話動物和人物畫在這個球體上（見左圖）。塞拉里烏斯把這幾張畫滿了插畫的圖版稱作「透視圖」，是認真的收藏家夢寐以求的珍品。

但是，塞拉里烏斯呈現這些對立的世界觀的方式，似乎才是持續吸引一般消費者的地方。話雖如此，可以想見大多數把這些彩圖掛在牆上的人，大概並未真正思索過它們在當年的時空脈絡下代表的意義——以及作者的目的究竟是透過托勒密向過去致敬，還是透過哥白尼展望未來。✱

在這張圖上，塞拉里烏斯描繪從太空俯瞰地球所見的南半球星座，這在當時算是新穎的視角。在代表星座的彩色人物底下，可以看見南極洲和南美洲尖端。圖中央上方的海怪是刻托（Cetus），模樣特別可怕。

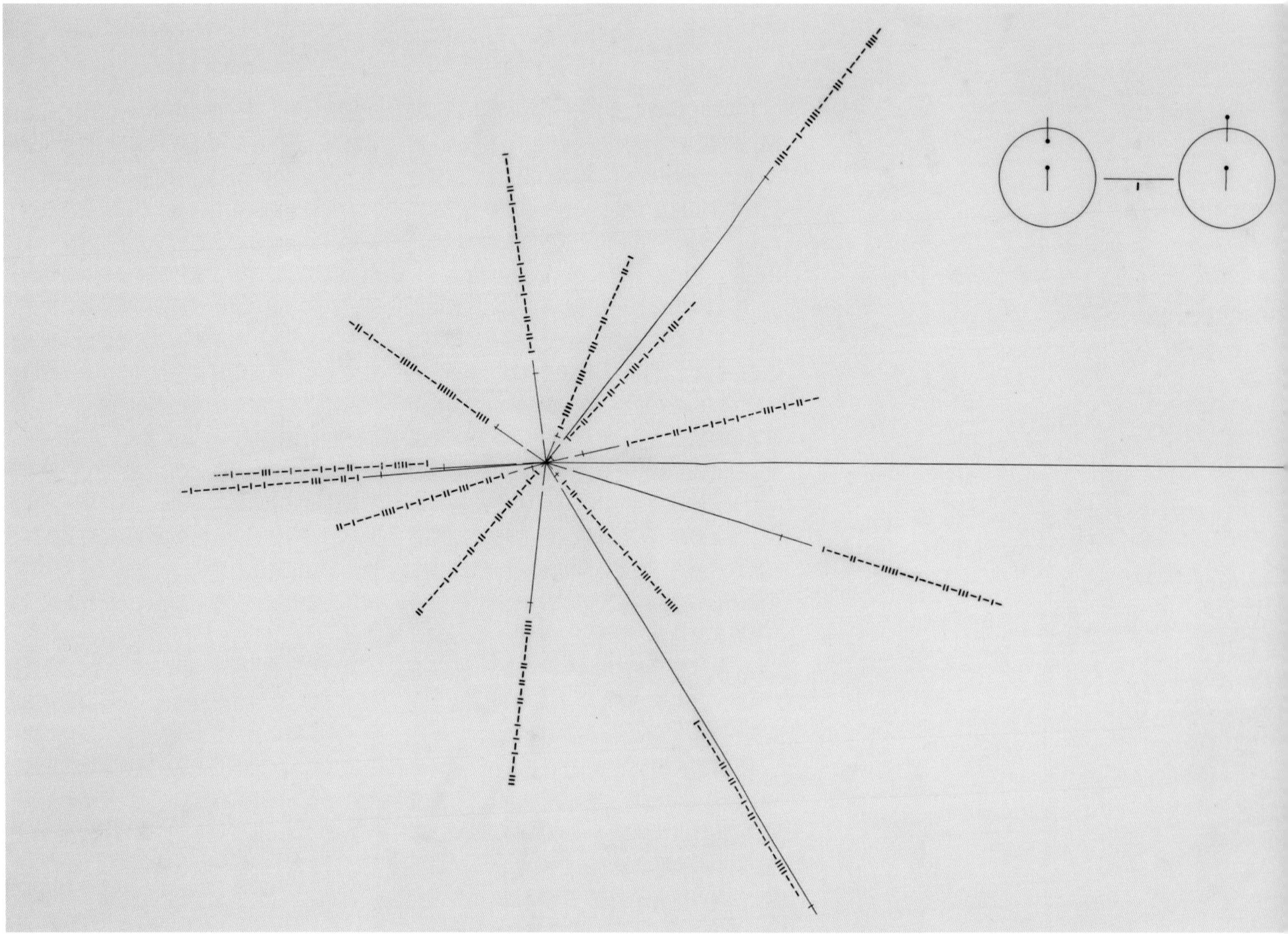

8 | 世 界

我們在這裡

把一張地圖發射到星際空間，幫助外星人找到地球

製作年份：1972年
來源：法蘭克・德瑞克（FRANK DRAKE）

航海家1號太空船目前距離地球超過210億公里，以每小時6萬1000公里的速度飛越星際空間。地球上的東西從來沒有到過這麼遠的地方，所以這艘太空船攜帶了人類出外探索的基本工具：地圖，也是很合理的。

但是，這張地圖和過去所有的地圖都不一樣，目的是要讓任何有機會攔截到它的地外生命，知道地球在宇宙中的位置。

這張地圖是天文學家法蘭克・德瑞克在1972年設計的，他和卡爾・薩根（Carl Sagan）共同負責打造一則人類要傳給外星生物的訊息。他們決定在其中加入一張地圖，表示「我們在這裡」。這是一個還滿直觀的想法，但需要先回答一個複雜的問題：如何做出一張能讓外星生物理解的地圖？

德瑞克最知名的就是與地外智慧搜尋協會（Search for Extraterrestrial Intelligence, SETI）的合作，他想出一個聰明的解決方案，能在廣大的時空裡精確地定出太陽的位置。他選用超新星爆炸的殘餘物作為路標，這些殘餘物叫作脈衝星，因為看起來像在發出脈衝光，但其實脈衝星釋放的是穩定的電磁輻射光束，看起來像在閃爍是因為它在旋轉。

德瑞克會想到利用幾年前才發現的脈衝星，是因為每顆脈衝星都有獨特的脈衝間隔作為特徵。也由於脈衝星會在數十億年間以可預測的速度變慢，因此地外生物可以比較脈衝星當前的轉速和地圖上所示的轉速，來計算太空船航行了多久。

德瑞克草繪出太陽和14顆脈衝星，算出太陽與這些脈衝星之間的距離，再用二進位碼把脈衝星的自旋速率寫在相連的距離線旁（見上圖）。之後這張地圖被蝕刻在一塊金屬板上，旁邊加上一男一女的輪廓畫，然後送上先鋒號任務預定離開太陽系的兩艘太空船。航海家號任務準備再向太陽系以外的星際空間發射兩艘太空船時（其中一艘要取代先鋒號太空船），

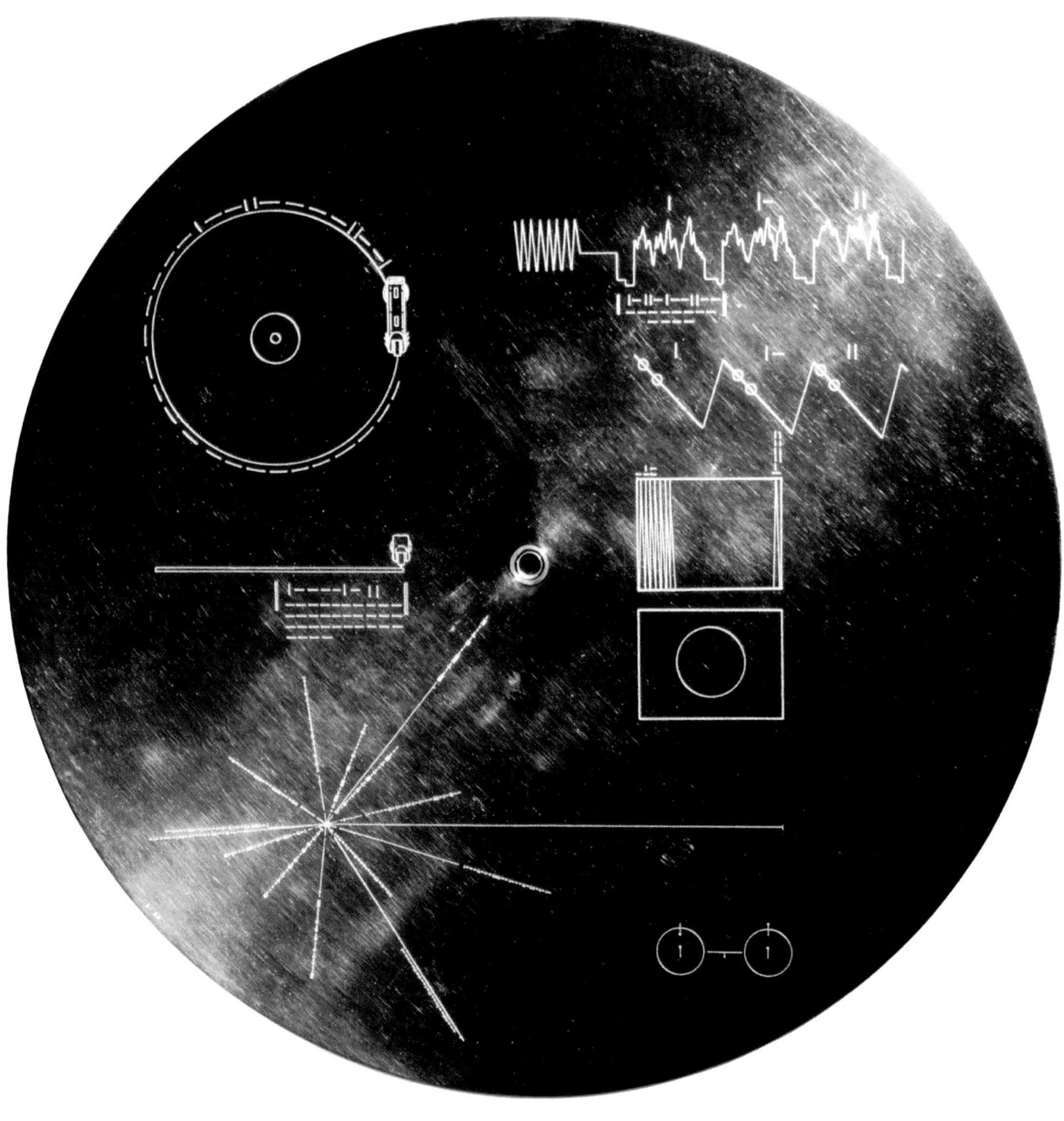

薩根設想了一種更宏大的宇宙快遞方式。

他帶領一個委員會，花了一年收集各種內容，要讓外星人大致了解地球的生物。他們選擇了各式各樣的聲音，包括雷聲、鯨魚之歌、55種語言的口頭問候語、腳步聲、笑聲、摩斯電碼，以及從巴赫的古典樂到查克·貝瑞的藍調搖滾。他們挑選了一些照片和示意圖，包括太陽系、DNA結構、人體解剖圖、昆蟲、動物、風景、建築，以及正在做各種事情的人類（從吃飯到跑步）。這一切全都錄製在兩張鍍金的銅唱片上，固定在兩艘航海家號太空船的船艙中。兩張唱片放在各自的鋁製封套內，封套上蝕刻了如何播放唱片和破譯編碼圖像的教學圖、氫原子示意圖（氫原子的自旋在此代表時鐘，在圖中用來表達時間），當然還有德瑞克的地圖。

但是，不必擔心這樣做會把可能懷有惡意的外星人引過來。「因為太空非常空曠，所以航海家號基本上不可能進入另一顆恆星的行星系統。」薩根在1977年8月發射航海家1號時說，「但是……光是把這個瓶子發射到宇宙之海，就讓人覺得地球上的生命充滿希望。」

隨著航海家1號——旅行者2號僅僅落後它37億公里——離地球愈來愈遠，飛向某個未知的收件者，我們愈來愈能夠領悟到，這些地圖和唱片其實是替我們自己做的，以幫助我們了解地球在宇宙中的位置。✳

左上圖 天體物理學家德瑞克在1972年製作了這張脈衝星地圖，準備隨著先鋒號和航海家號任務一起上太空。這張地圖定出了太陽系相對於14顆脈衝星的位置，理論上智慧地外生物應該看得出來。

上圖 固定在兩艘航海家號太空船上的金唱片，封套上都蝕刻了幾個示意圖，包括德瑞克的脈衝星地圖（圖左下），以及一個說明如何播放金唱片的示意圖（圖左上），和一個處於最低能階狀態的氫原子示意圖（圖右下）。

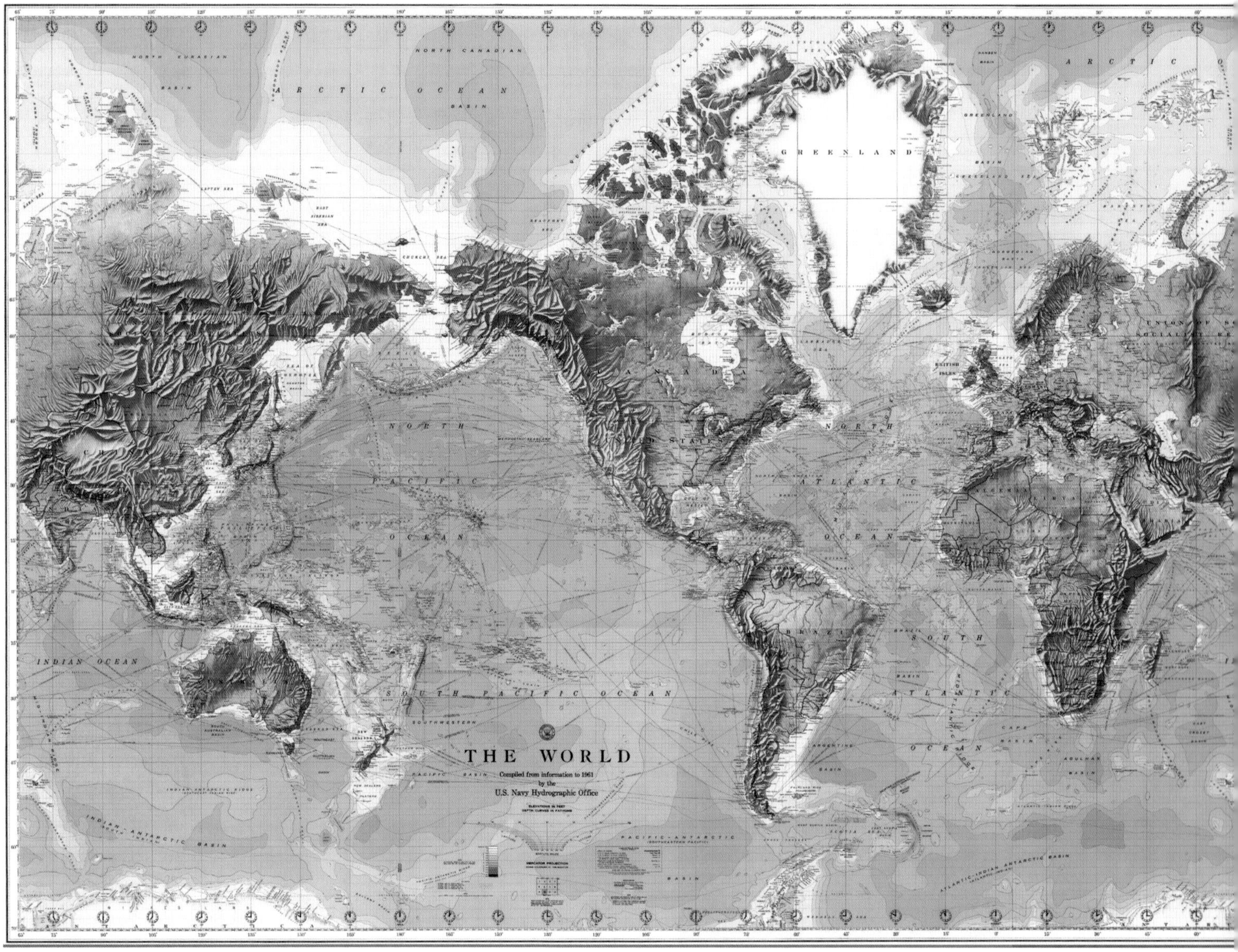

ARCTIC OCEAN
BASIN
GREENLAND
NORTH PACIFIC OCEAN
NORTH ATLANTIC OCEAN
INDIAN OCEAN
SOUTH PACIFIC OCEAN
SOUTH ATLANTIC OCEAN
THE WORLD
Compiled from information to 1961
by the
U.S. Navy Hydrographic Office

NATIONAL GEOGRAPHIC
THE WORLD
ANTARCTICA

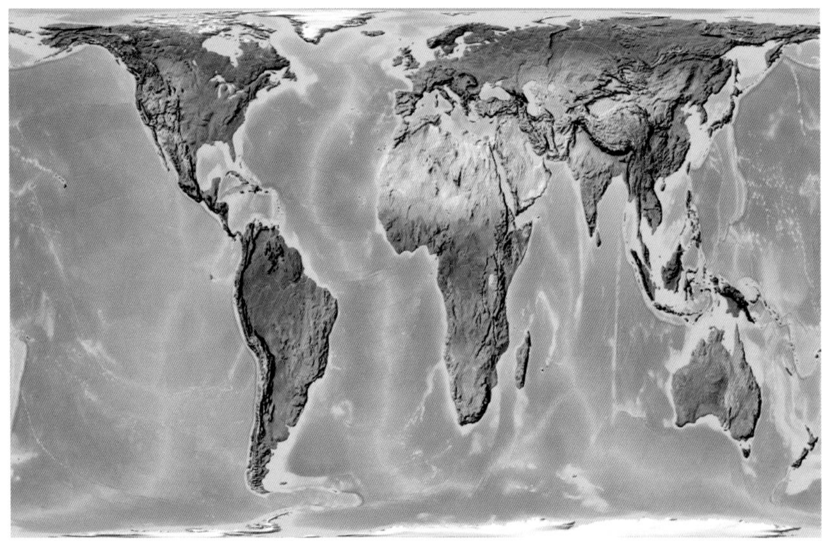

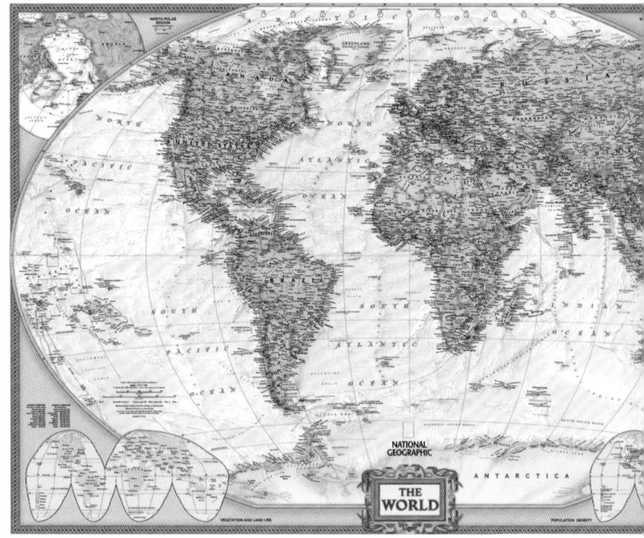

攤平全世界

如何把地球平面化的眾多有趣解決方案

製作年份： 1923－2015年

來源： 史丹福圖書館大衛．倫西地圖館藏、國家地理學會等

個製作世界地圖的製圖師都會面臨到同樣的問題，那就是如何把三維的球體表面攤平成二維的平面。無論怎麼做，地球表面都會被拉長、撕扯，或產生其他變形。除非是在地球儀上，否則平面的地圖都會在某些地方偏離現實。

在平面地圖上表現地球曲面的各種方法都叫做投影法。選用投影法的時候，地圖師必須決定哪些變形可以容忍，哪些必須減到最少。投影法會扭曲地理的五大面向：面積、形狀、距離、角度和方向。減少某一方面的變形，其他方面的變形就會增加。

最知名的世界地圖投影法之一，是由德國－法蘭德斯地圖師麥卡托在16世紀設計的，目的是作為導航框架。使用麥卡托投影法的地圖著重於角度和方向，所以如果在兩點之間畫一直線，用量角器測出這條線的角度，就能用測得的讀數在現實世界中的那兩點之間移動。麥卡托投影法一直到20世紀都很常用，很多教室牆上掛的都是以麥卡托投影法繪製的世界地圖，有些人認為這種地圖會扭曲學生對世界的概念。麥卡托投影法尤其盛行於強調海洋的地圖（見188頁）。美國海軍水文局就採用這種投影法（左上圖），最終迫使美國海岸和大地測量局也跟著使用。

麥卡托投影法在20世紀中葉開始失寵，主要是因為它有其他顯著的特徵：為了保持方向正確，經線必須平行，面積也就會往兩極膨脹，使得各洲和各國的相對大小受到嚴重扭曲，造成失真。例如瑞典會變成實際大小的兩倍，歐洲也比應有的面積來得大，剛好方便地圖師塞進歐洲的小國家和國名。但是有人認為這種投影法會造成誤導，因為相對於赤道附近的國家，北方國家的面積受到誇大，連帶也誇大了在讀圖者眼中的重要性。

解決麥卡托兩極膨脹的方法之一，就是採用優先考慮面積的投影法。德國歷史學家阿諾．彼得斯（Arno Peters）在1967年發明一種這樣的「等面積」投影法，用來代替麥卡托投影法，可以更準確、公平地描繪發展中國家。這一點使得彼得斯投影法（左下圖）在1980年代受到發展機構和教育工作者歡迎，還曾在2017年登上新聞，因為當時波士頓的公立學校系統開始以它作為教室掛圖，取代麥卡托地圖。

但是，地圖師和許多其他人普遍鄙視彼得斯投影法，因為它大大扭曲各大洲的形狀，在赤道附近往縱向拉伸、在兩極附近往橫向擠壓。彼得斯投影圖或許並不好看，不過跟麥卡托投影圖一比之下，就能了解選擇投影法的重要性。

國家地理學會偏好的是溫克爾投影法（Winkel Tripel，右下圖），這是一種折衷投影。這種投影法盡可能壓低變形，把它分攤到各項地理因素上，以求讓一切顯得平衡，同時兼顧美觀。

另一種折衷投影法是由匈牙利裔美籍地圖師爾文．賴斯（見124頁）在1943年發明的，他經常出言批評麥卡托投影法。賴斯把他的投影法叫作犰狳投影法，因為畫出來的圖很像犰狳身上皮革般的曲面鱗甲。這種投影法添加一個透視要素，讓投影圖看似三維，幾乎就像把地球敲破再攤開。「雖然周邊的變形可能很極端，但會讓人感知到正確的比例，因為我們想像的是一個三維實體，而不是一張平面地圖。」賴斯在介紹犰狳投影法的論文中寫道。賴斯

最上圖 這張由美國海軍水文局在1961年發表的世界地圖使用麥卡托投影法。這種投影法扭曲各大洲的形狀和相對大小，會放大靠近兩極的部分，但維持了方向，因而有利於航海。

左下圖 這張暈渲立體世界地圖使用的彼得斯投影法讓各大陸和各大洋保有正確的相對面積，但形狀是變形的。各洲在赤道附近往縱向拉伸，在兩極附近則受到橫向擠壓。

右下圖 國家地理學會的世界地圖使用的是溫克爾投影法。這種投影法採取折衷方式，使整體變形程度減到最低。國家地理學會在自家網路商店上表示，這張2015年世界地圖上「格陵蘭的大小約相當於阿根廷，而不是整個南美洲。」

在他1944年出版的地圖集裡，以犰狳投影法製作了幾張主題地圖（右頁最下），但主要是為了鼓勵嘗試各種新的投影法。

另一種避免扭曲各洲的方法就是把地圖拆成幾塊。1909年，伯納德·卡希爾（Bernard Cahill）這位住在舊金山的英國建築師發表了一張投影圖，是由八個排成蝴蝶形狀的曲邊三角形構成（下圖）。雖然這種「中斷視圖」把各大洋拆開，但也使各大陸受到的扭曲減到最少。卡希爾認為，他的「蝴蝶」地圖遠比麥卡托的「荒謬地圖」更適合任何有興趣拿陸地上發生的事來進行比較的人，如地理學者、教師、政治經濟學家、政治家、世界政策的學者，尤其是科學家。「總之，這種地圖的用處是數不盡的。」他寫道。他成立了卡希爾世界地圖公司（Cahill World Map Company）推廣這種投影法，但蝴蝶圖從未引起太大注意。

其他的中斷視圖就比較受歡迎一點。保羅·古德（J. Paul Goode）的「橘皮」投影法可以僅分割各大洋，但保持各洲完整，也可以反過來做。這種投影法在1923年推出，接下來的整個20世紀大部分都用於蘭德·麥克納利公司（Rand McNally）的《古德的世界地圖集》（Goode's World Atlas）。在國家地理學會顯示人口密度、植被和土地利用的世界地圖（264頁右下）上，最下方兩個角落的小圖用的就是古德投影法。

或許最著名的中斷視圖作品，是美國建築師兼願景家巴克敏斯特·富勒（Buckminster Fuller）在1943年發明的，《生活》雜誌曾以一篇圖片故事專文介紹。富勒投影圖的做法是先把地球表面投影到由三角形構成的二十面體。接著整張地圖可以用幾種方式展開，但他在1954年選定了右頁（上圖）所示的配置，並命名為戴馬克松地圖（Dymaxion map）。這張圖調整了其中幾個三角形，藉以顯示地球陸地的鄰近和相連性，宛如「一片海洋中的一座島」。

要解決攤平地球表面的問題可以有幾千種方法，每一種都提供了不同的世界觀，有的是刻意為之，但往往是偶然致之。在某種意義上，每一張地圖都始於謊言，看圖的人最好記住這一點。✱

右頁上圖 富勒的投影法把地球拆成22片，可以用各種方式展開。富勒偏好這裡呈現的配置，稱之為戴馬克松地圖，因為突顯了全世界陸地的相連——他稱這個概念為「太空船地球」（Spaceship Earth）。這張地圖贏得了巴克敏斯特·富勒研究所的2013年戴馬克松地圖設計競賽。

右頁下圖 這張世界農業地圖出自賴斯的1944年著作《全球地理地圖集》（Atlas of Global Geography），所用的投影法叫作犰狳投影法，是因為形似犰狳鱗甲而得名。這種投影法加上一點點三維透視，但仍顯示了地球的絕大部分。紐西蘭消失在轉角處，所以有些犰狳投影地圖會加上一條附有這些島嶼的「豬尾」。

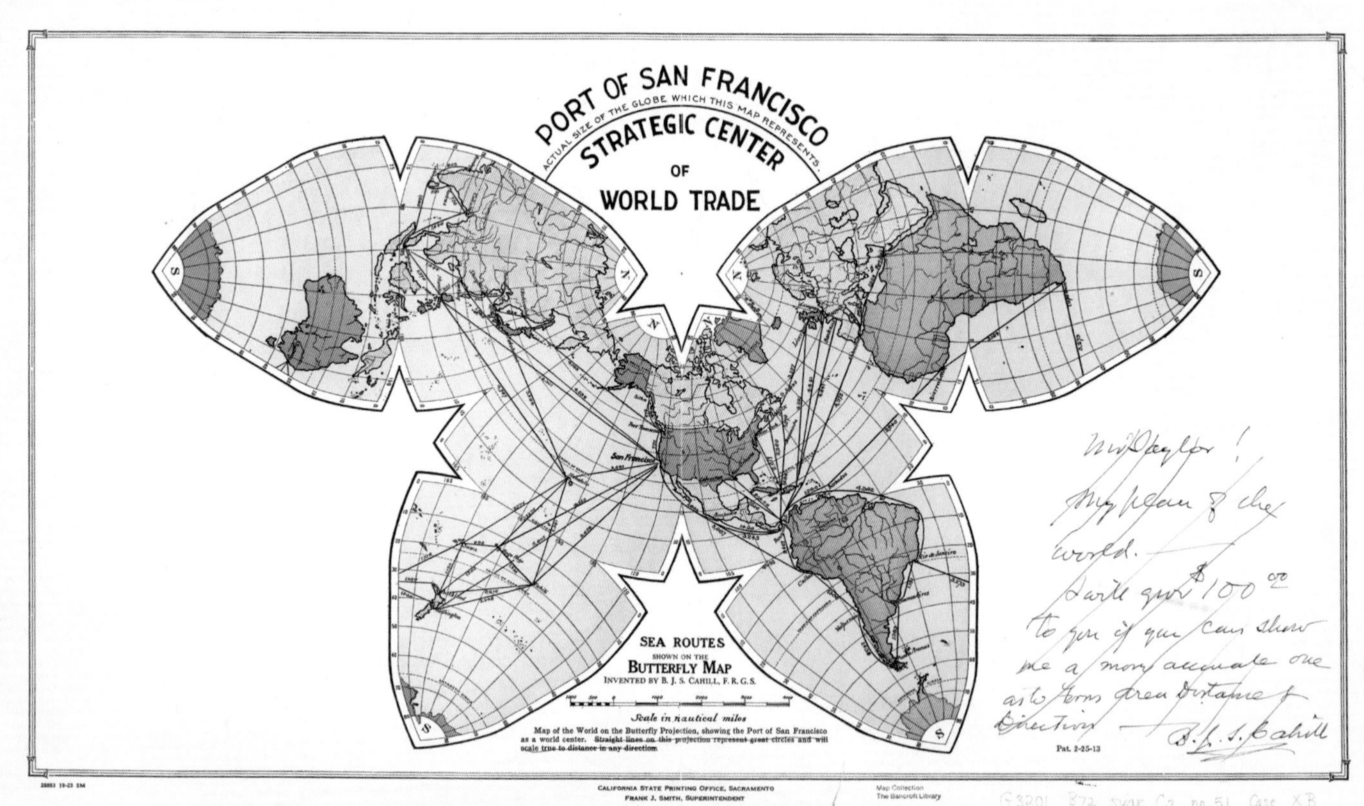

下圖 這張1923年的宣傳地圖使用卡希爾的蝴蝶投影法，把舊金山放在世界中心。這種投影法把地球拆成八片來減少變形，這八片可採取各種配置方式來保持大陸或海洋的完整。地圖上的留言是卡希爾寫給一位熟人的：「這是我的世界平面圖。要是你能畫出一份在形狀、面積、距離和方向上更準確的地圖，我就給你100塊錢。」

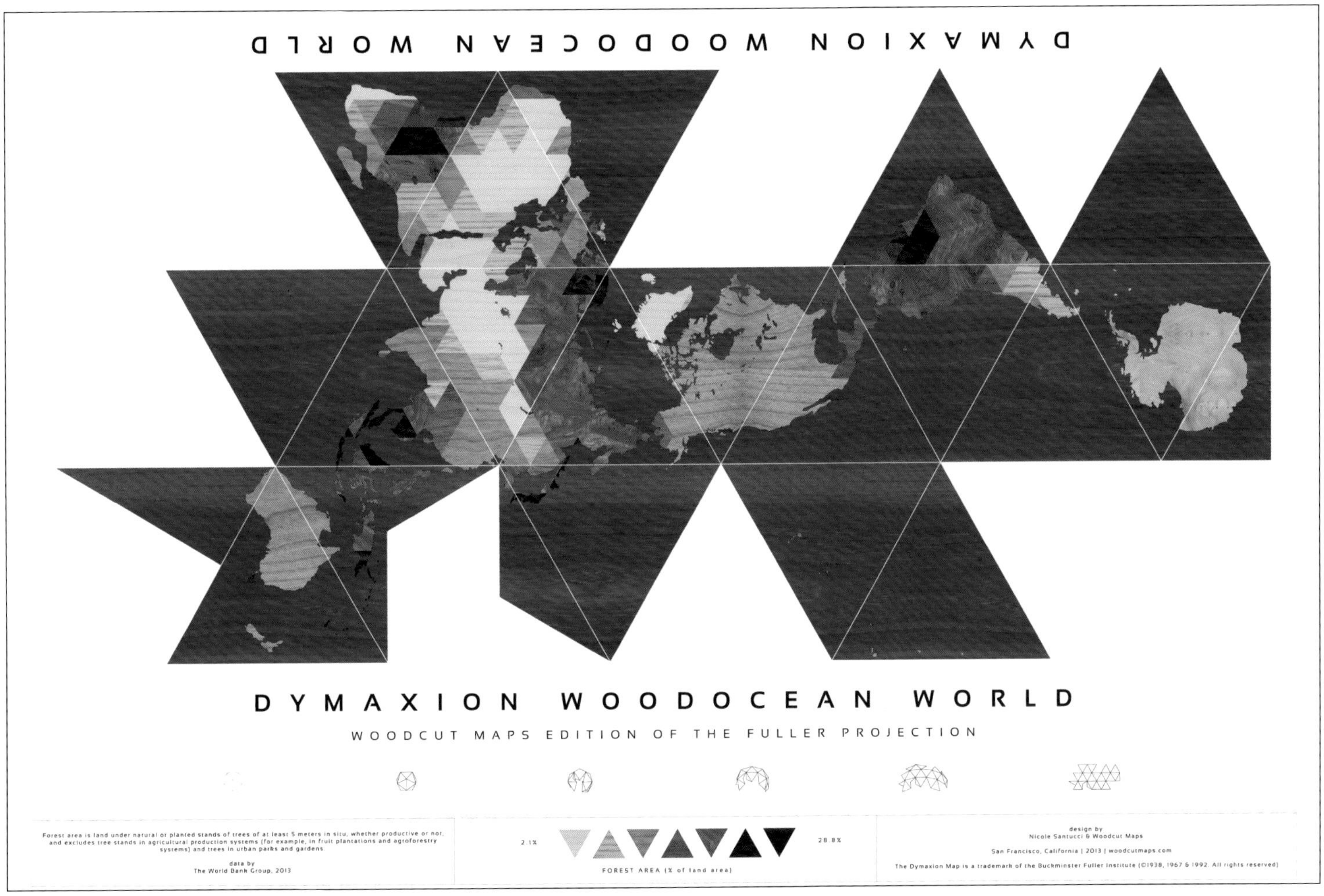

DYMAXION WOODOCEAN WORLD
DYMAXION WOODOCEAN WORLD
WOODCUT MAPS EDITION OF THE FULLER PROJECTION
Forest area is land under natural or planted stands of trees of at least 5 meters in situ, whether productive or not, and excludes tree stands in agricultural production systems (for example, in fruit plantations and agroforestry systems) and trees in urban parks and gardens.
data by
The World Bank Group, 2013
2.1%
28.8%
FOREST AREA (% of land area)
design by
Nicole Santucci & Woodcut Maps
San Francisco, California | 2013 | woodcutmaps.com
The Dymaxion Map is a trademark of the Buckminster Fuller Institute (©1938, 1967 & 1992. All rights reserved)

AGRICULTURE
Three-fourths of mankind get their living from agriculture and herding but do not produce enough food for all the people in the world. It is estimated that 4000 million acres are cultivated throughout the world; this amounts to about 2 acres per person. An adequate food supply requires an average of 2.5 acres per person or a more intensive cultivation of the present acreage. The outstanding fact shown by the map below is that intensive farming is concentrated in relatively small areas. The best producing sections for wheat are the belts in the temperate grasslands; for rice, the river flood plains and deltas in the wet tropics; and for mixed farming, the mid-latitude forests. (See pages 12-13.)
Rubber production
All others
Cotton production 1941
Nomadic herding
cattle
sheep
Livestock ranching
Shifting cultivation
Rudimental sedentary tillage
Intensive subsistence tillage, rice dominant
Intensive subsistence tillage without paddy rice
Commercial plantations
Mediterranean type of agriculture
Commercial grain farming
Commercial livestock and crop farming
Subsistence crop and livestock farming
Commercial dairy farming
Specialized agriculture, Irrigated land
Oases
after D.S. Whittlesey
SOIL EROSION.—Soil erosion, an extremely serious problem in many countries, occurs in over-cultivated or over-grazed lands when rain washes off the rich top soil, which took hundreds or thousands of years to form. The silt covers fertile fields, chokes rivers, and causes floods. China suffers most from soil erosion, but the United States and eastern Europe are not much better off. In the United States 50 million acres have already been destroyed and 200 million acres are in danger of destruction. Soil erosion can be prevented. The methods employed are crop rotation, the use of fertilizers, contour plowing, and terracing. Much of the slope land should be entirely removed from cultivation. Land already destroyed can be restored by planting it to kudzu vine or other protective plants.
WORLD WHEAT ACREAGE
50
51

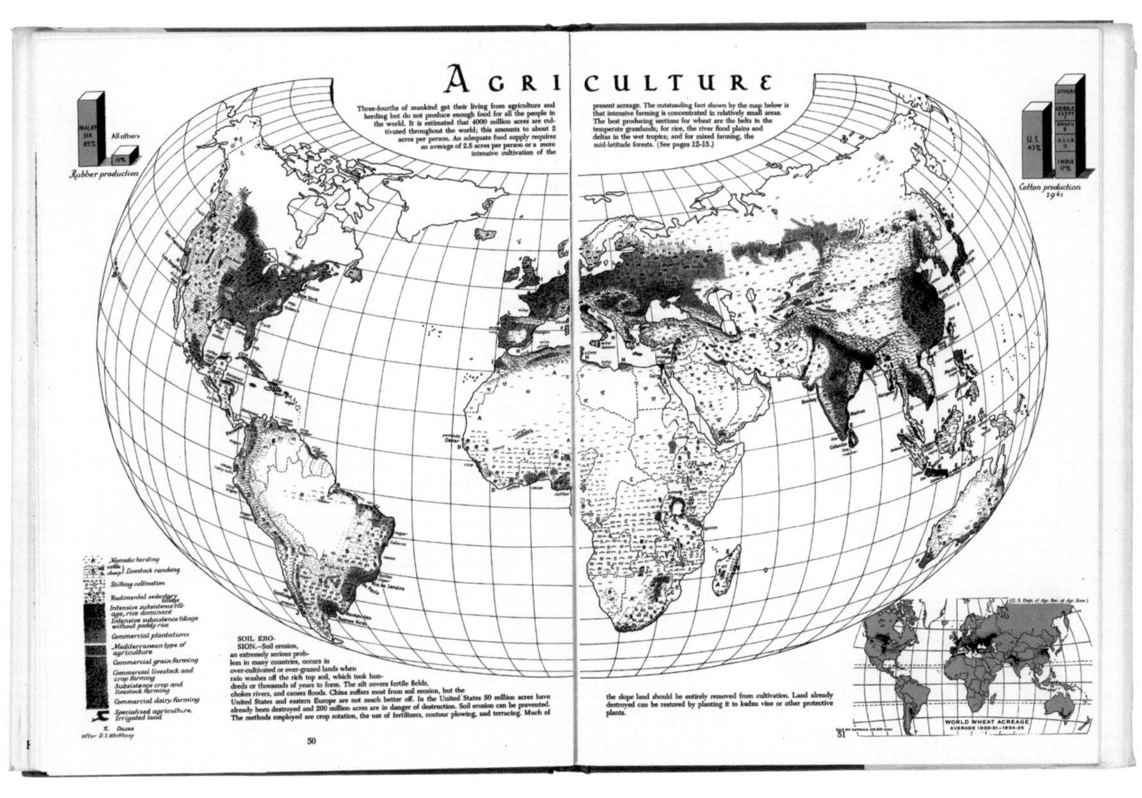

Cl. Mellan Gal. ping. et sculp.
Phasis Aquis sextijs An. 1635. Octob. 7. a claro adhuc crepusculo in occasū usq.

標繪月球

人類長久以來都在觀看月球，也一直從中看見自己的倒影

製作年份：1610－1742年
來源：波士頓美術館、托馬斯費雪善本圖書館及其他

月球是唯一一個在地球上能用肉眼清晰看見表面特徵的天體。觀星者長久以來都在仰望夜空，並把自己的世界觀投射上去。在古代韓國和日本的傳說中，月球表面可見的斑點代表一隻正在做年糕的兔子；中世紀天主教聖徒大阿爾伯特（Albertus Magnus）則覺得看見了一隻龍。

隨著17世紀初望遠鏡的發明，這種傾向有增無減。畢竟，如今可以看見的月球表面細節比以前多了太多。天文學家都在爭取威望和不朽聲名，於是競相製作更好的月球圖像，並藉由命名月球上的地貌來宣示主權。這些命名方案往往反映發明者的政治、宗教和哲學傾向，毫不令人意外。

早期的月球圖有很多都模糊了天文學和藝術的界線，而且很多是天文學家和藝術家的合作。「做得比科學準確度所要求的還漂亮得多，很適合獻給國王當禮物，」研究月面學（selenography）的歷史學者妮迪亞．皮內達．阿維拉（Nydia Pineda De Avila）說。

義大利天文學家伽利略從1609年開始透過自製望遠鏡觀測月球，畫出一系列不同相位的月球（右圖）。雖然伽利略不是最早透過望遠鏡素描月球的，英國人湯瑪斯．哈里奧特（Thomas Harriot）早了他幾個月，但他的藝術技巧使得月球表面的地形清晰可見，尤其是在晨昏線（terminator）沿線一帶，令人不禁拿地球上熟悉的地形來比較。

「月球並非擁有光滑無瑕的表面，而是崎嶇不平的，而且就像地球表面一樣，到處都是巨大的突出、深深的裂口、以及渦流。」伽利略寫道。他還重振了古希臘人的看法，亦即月球上的明亮區域是陸地，陰暗處可能是海洋。

伽利略的圖一時無人匹敵，直到法國畫家兼製版師克勞德．梅蘭（Claude Mellan）受佩雷斯克（Nicolas-Claude Fabri de Peiresc）和伽桑狄（Pierre Gassendi）兩位天文學家之託，在1635年創作出左頁的出色版畫。梅蘭的作品在細節和準確性上遠勝伽利略，而製作這張圖的計畫，是要利用月球表面特徵來確定地球上的經度，這對當時的海員來說是一大挑戰。

數以百計原先看不到的月球特徵，都因為望遠鏡而變得清晰可見，不久之後歐洲一些有學問的人就開始爭論應該如何命名。

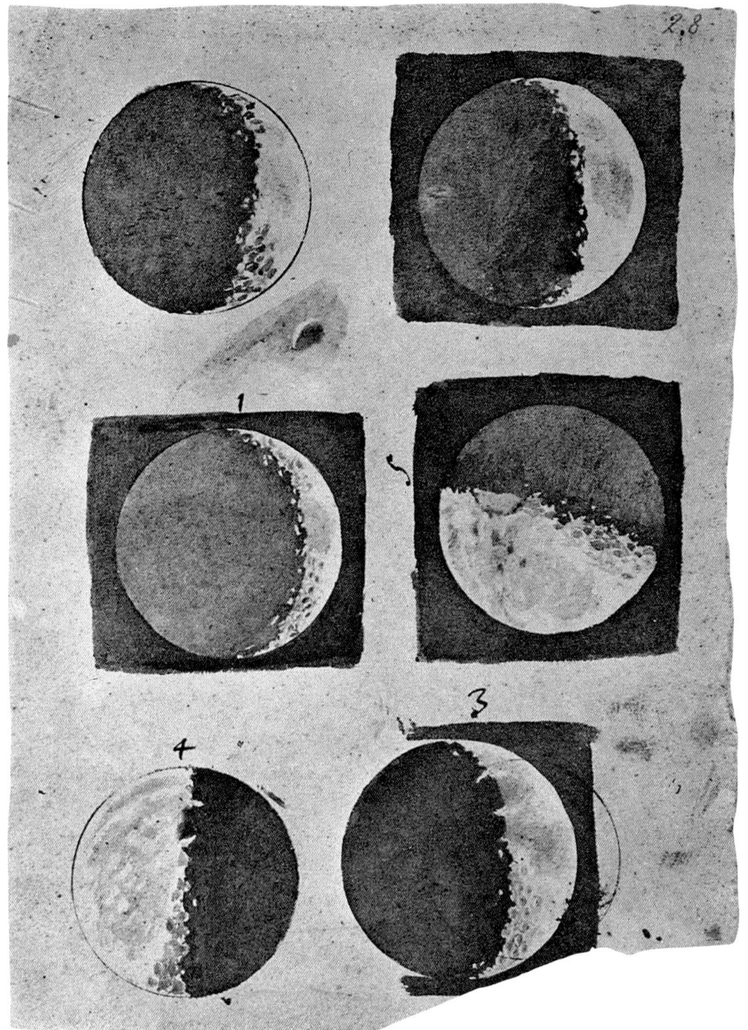

三種命名方案在16世紀中葉的短短六年間發表出來，一場持續一個半世紀的爭論就此拉開序幕。

第一張標示特徵的月球地圖在1645年由天文學家麥可．弗羅倫特．范朗倫（Michael Florent Van Langren）發表。范朗倫生活在當時西屬尼德蘭的首都布魯塞爾，效忠西班牙國王腓力四世和天主教會，因此他把月球特徵用包括貴族、哲學家和聖徒在內的名人來命名。他把一片廣大陰暗的區域留給國王，稱之為腓力洋（Oceanus Philippicus），這是月球上最顯著的地貌之一，並用自己的名字命名一片較小的「海」和一個撞擊坑。

左頁 梅蘭的月球版畫特別令人印象深刻，因為他使用的望遠鏡的視角很窄，任何時候都只能看見三分之一個月球。他做了三張版畫來捕捉不同相位的月亮。這張顯示的是上弦月。

上圖 伽利略在1609年繪製的淡彩畫，是最早利用望遠鏡的觀察結果畫成的月球圖像之一。崎嶇的月球地形在晨昏線沿線非常明顯，使得伽利略把地球表面和月球表面作了比較。

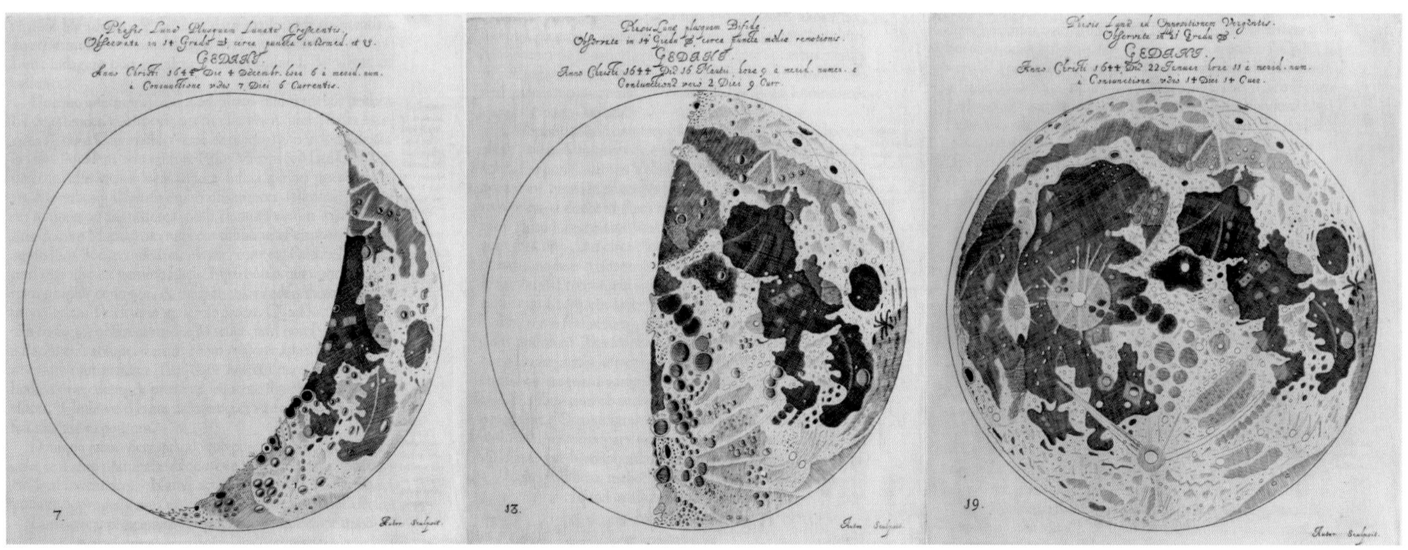

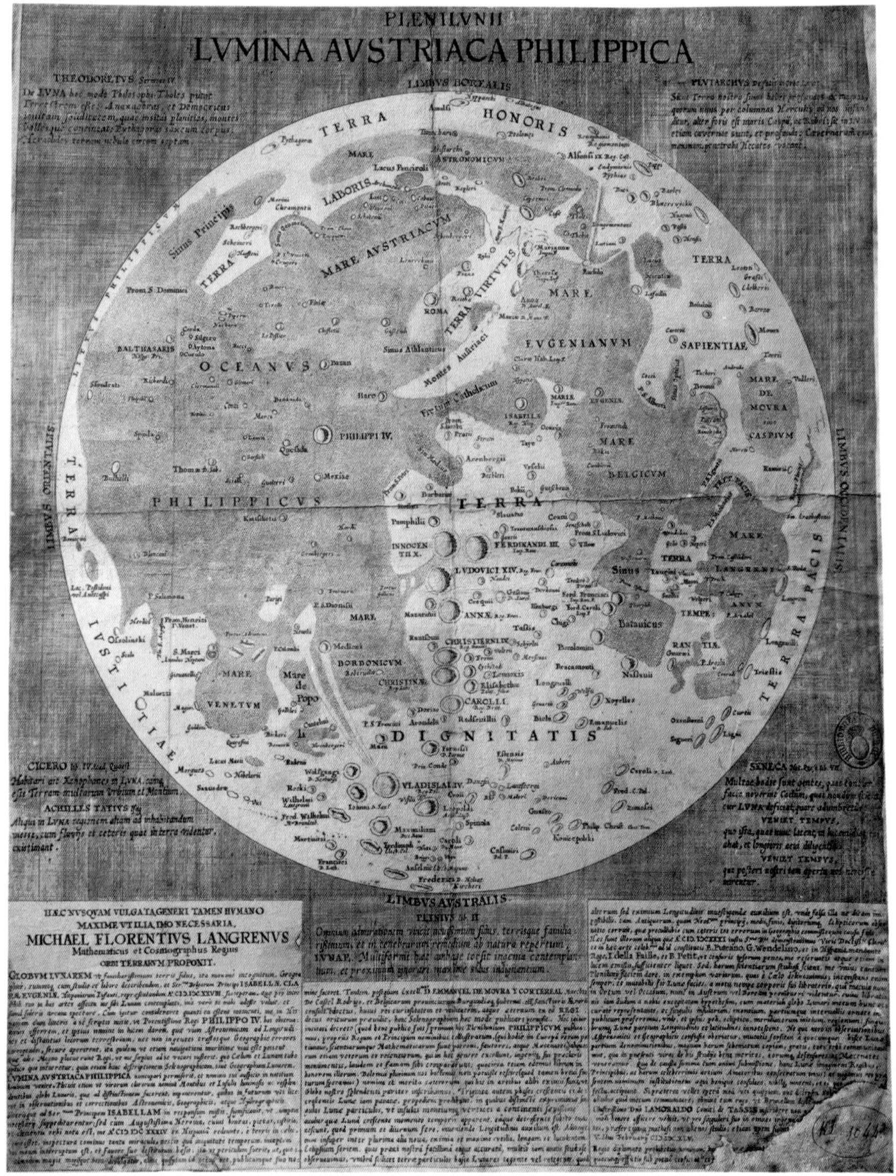

上圖 赫維留斯在1647年出版的《月面圖》中收錄了40張不同相位的月球圖畫，這裡是其中三張，書中還有一張地圖介紹他的月球特徵命名法。.

左圖 范朗倫的1645年地圖是公認第一張真正的月球地圖，因為圖上有系統地命名月面特徵。范朗倫用了325個名稱，超過半數至今仍在使用，但幾乎都用在別的特徵上。

右頁 赫維留斯（左）和利喬里（右）分別提出的月球命名法，在後來的一個多世紀受到廣泛討論和爭論。這張18世紀地圖是由一位天文學家兼製圖師所製作，他把兩種命名法並列以便比較。

同時間，原為釀酒師的波蘭天文學家約翰．赫維留斯（Johannes Hevelius）也設計了一套命名法。赫維留斯利用一具自己發明的望遠鏡，畫了超過40張不同月相的圖像，在1647年發表在他劃時代的《月面圖》（Selenographia）中，一般公認這本書是第一本月球地圖集。赫維留斯提出他命名月球特徵的體系，但並未提到范朗倫。究竟他是不知道范朗倫的成果，還是故意忽略他，這一點並不清楚，不過他寫道，他決定不用他同時代的名人來命名月球特徵，以免遺漏了誰而引起嫉妒和憤怒。他設法把地球的地理搬上月球，用的是地球地貌的拉丁名詞，例如地中海（Mare

Mediterraneum）和馬爾他島（Malta, Insula）。

赫維留斯很快又碰上另一種命名法的競爭，對手是有學問的耶穌會神父詹巴提斯塔．利喬里（Giambattista Riccioli）。1651年，利喬里出版了一部天文學巨冊，內容包含一張月球標示地圖。利喬里看不起赫維留斯的方案，指出當中月球特徵的形狀和用以命名的地球地點不太相關。利喬里的命名法比較類似范朗倫，但他並不優先考慮天主教聖徒和政要，而是以古今對天文學有貢獻者來命名月球特徵，不論他們的宗教和政治歸屬。

在超過一個世紀間，赫維留斯和利喬里的命名法都被天文學家用在他們的地圖和書寫裡（見上圖）。然而，最終是利喬里勝出。赫維留斯所用的老式拉丁文命名法很難用，此外，他愛用單一名稱指稱一群撞擊坑的傾向，到了18世紀末變得很有問題，因為更好的望遠鏡揭露愈來愈多月面細節。如今只有四個月面特徵依舊沿用赫維留斯的命名：兩座山脈（阿爾卑斯山脈和亞平寧山脈）和兩個岬（阿格魯姆岬和阿切魯西亞岬）。

而利喬里的將近250個名稱大多都可以在今天的月球地圖上找到。這些名稱構成現代月球命名法的核心，此外還有將近2000個幾個世紀以來發現和命名的新增特徵。✱

命運多舛的中美洲古地圖

這張呈現阿茲提克世界觀的珍本地圖兩度逃過摧殘

製作年份：1521年以前
來源：利物浦世界博物館（WORLD MUSEUM）

在1940年，隨著德國開始空襲倫敦，利物浦世界博物館的策展人也擔心起他們的數千件珍貴文物。由於害怕自己的城市即將成為目標，他們開始把數百件館藏轉移到比較不會被空襲的北威爾斯和柴郡鄉間。其中三件最珍稀、最寶貴的文物，則裝箱攜往利物浦市政廳旁邊的馬丁銀行（Martin's Bank），存放在保險箱裡直到戰爭結束。

這三件珍品分別是一枚精緻的盎格魯－撒克遜飾針，一條拉美西斯三世（Ramses III）的腰帶，以及一份超過500年歷史的文件，其中包含一張阿茲提克世界地圖（右頁）。這份抄本（codex）是現存僅有的十幾本前哥倫布時期的中美洲書籍之一。要是這本書當初沒移到銀行，現在世界上就少一本了。1941年5月1日，德國空軍開始連續轟炸利物浦，在七天內摧毀了數千座建築。雖然世界博物館未被直接擊中，但在5月3日有一枚燃燒彈落在隔壁的中央圖書館，隨後的大火把兩棟建築都吞噬了。留在博物館裡的物件大多被毀，只有這份抄本和其他撤離的文物得以倖存。

這份中美洲抄本是用鹿皮紙做的經摺裝書籍，共有22個雙面頁。全書就從這張地圖開始，這是阿茲提克人和鄰近的米斯特克人的世界觀概念圖。整張地圖把地球表面分成四個象限，輪廓就像一個馬爾他十字，各象限都有一棵「世界樹」撐住天空。阿茲提克火神希烏特庫特利（Xiuhtecuhtli）占據十字中心，但學者認為這張地圖很可能出自米斯特克人之手。

地圖上每棵樹都有兩位神祇在旁。東方（地圖頂部）可以看到太陽從樹的基部升起。北方是死亡和犧牲的領域，作為象徵的盆子裡裝著用來刺穿血肉的削尖骨頭。西方住著難產而死的婦女的靈魂，以及穿著裙子的神祇。南方叫作「荊棘之地」，這裡的樹幹基部長在地怪張開的大口中。十字周圍是一部用動物、物體和圓點標示的260天儀式日曆。用這種方式結合空間和時間，是阿茲提克和米斯特克文化的特色。

和世界博物館這件館藏類似的抄本，在中美洲祭司階級的藏書裡可能非常普遍，但在1521年科爾特斯（Hernán Cortés）征服並摧毀阿茲提克首都特諾奇提特蘭（Tenochtitlan）之後，倖存下來的很少。西班牙人把這些書一批批燒毀，因為他們不同意書中的宗教神話和宇宙觀。這件抄本奇蹟般地逃過不只一場、而是兩場祝融之災，顯得更加特別。⁕

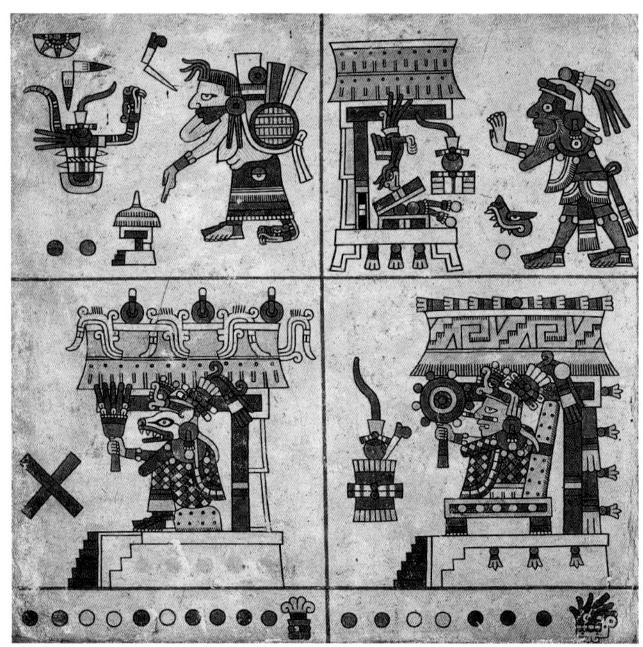

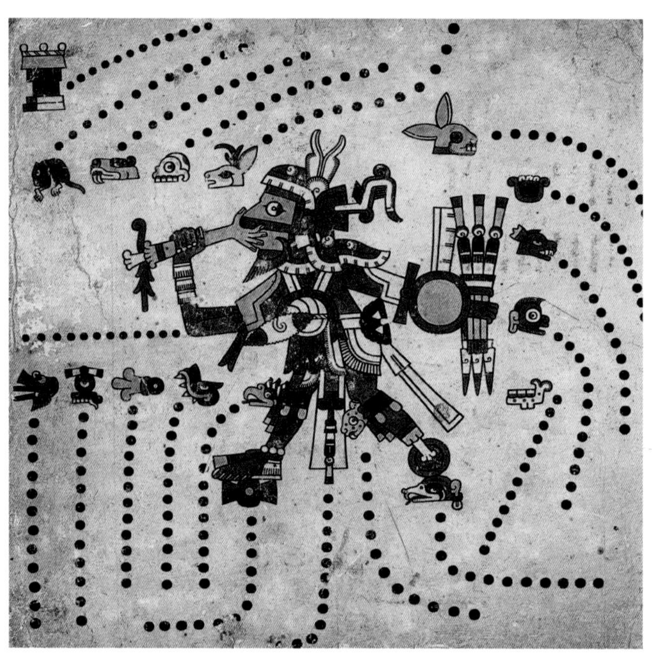

左頁 這兩個頁面來自一份古代阿茲提克抄本，內容描繪幾位阿茲提克神祇。從左頁左上角起順時針方向依序為：生育、性及汙穢女神特拉佐爾特特爾（Tlazolteotl）；風與智慧之神魁札爾科亞特爾（Quetzalcoatl），也叫作羽蛇神；花神索奇皮利（Xochipilli）；以及大地女神特拉爾特庫特利（Tlaltecuhtli）。右頁描繪了特斯卡特利波卡（Tezcatlipoca），祂是祖先記憶與時間之神，名字的意思是「冒煙的鏡子」。

上圖 這張17公分高的阿茲提克宇宙觀地圖收錄在一份經摺裝抄本中。公元1521年西班牙人到來以後，這些中美洲文件很少有倖存下來的。這份抄本是英國古文物家約瑟夫．梅耶（Joseph Mayer）在1867年捐贈給利物浦世界博物館，而他之前是向匈牙利收藏家加布里耶．費耶瓦利（Gabriel Fejéváry）購得，因此通常稱為費耶瓦利－梅耶抄本。

風的世界

這些美妙的地圖讓人得以一窺驅動天氣的無形力量

製作年份：2013年

來源：卡麥隆·貝卡里奧（CAMERON BECCARIO）

幾張優美的地球視圖是都是記錄某一瞬間的快照，但也揭露出世界上始終存在的一則故事，那就是大大影響世界天氣的盛行風模式，幾個世紀以來人類環球旅行的方式就是依照這個模式建立起來的。

本節圖像是一段動畫網路地圖的定格畫面，這段地圖是東京的軟體工程師卡麥隆·貝卡里奧利用美國國家氣象局和其他來源的資料所設計，每三小時更新一次。貝卡里奧從美國一部類似的網路動畫得到靈感，另一方面也希望填補自己履歷上的一些空白，於是決定打造一部全球地圖。「天氣真的是很驚人的東西，」貝卡里奧，「讓人感到害怕，同時又那麼美麗。」

貝卡里奧的動畫能在距離地表不同高度顯示各種天氣資料，包括溫度、壓力、溼度和降水。在右頁的畫面上，線條呈現出2017年9月18日地表附近的風場形狀。較快的風速由較亮的線條和顏色來表示；隨著風速增加，顏色從藍色和綠色變成黃色和紅色。

在大西洋上，可以看到瑪麗亞颶風（Hurricane Maria）逼近波多黎各，這個颶風將在幾天後登陸這座島並大肆蹂躪。暴風中心的颶風級風是紅色的。同時間，荷西颶風（Hurricane Jose）也威脅到美國大西洋岸，之後會轉向往北並減弱。

這張地圖上最清楚的趨勢之一，就是整個熱帶都盛行從東向西吹的風。這些東風叫作信風，英文名稱為trade wind，源於trade這個詞在14世紀的用法，意思是「路線」或「途徑」。到了19世紀中葉，毛瑞標繪信風和相應的洋流時（見206頁），這種風對於用船把貨物運過大西洋的歐洲商人變得很重要，恰好符合trade一詞的現代意義。

在信風南邊，盛行風轉了個方向，變成以西風（從西向東吹的風）為主。這種模式稱為咆哮40度（Roaring 40s），因為通常出現在緯度40度和50度之間。這種西風對17世紀的香料貿易極為重要，當時的歐洲船隻，如荷蘭東印度公司的船，會繞過非洲南端，然後乘著西風加速東行前往東印度群島。左邊這個畫面的中心是南極，日期為2017年10月9日，優美地呈現出西風，隱約可見風向就在極地再次翻轉，這裡的盛行風又成了東風。✳

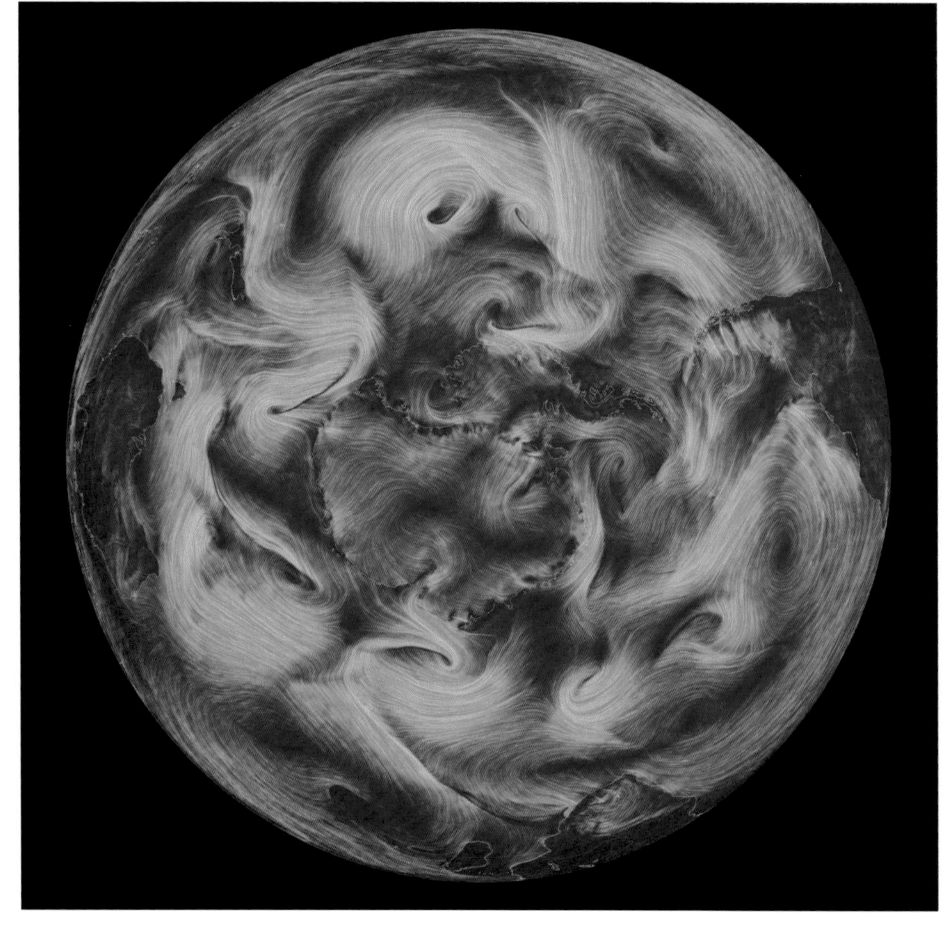

右圖 這張西半球地圖呈現2017年9月18日吹過地球表面的風。風速是由流線的亮度和顏色表示，隨著風速增加，從藍色和綠色變成黃色和紅色。圖中可見瑪麗亞颶風正衝向波多黎各，荷西颶風則在美國東岸外。

左圖 這個畫面顯示2017年10月9日繞著南極洲吹的西風，這個西風帶叫作「咆哮40度」（Roaring 40s），名稱取自所在的緯度。這種西風因為沒有大片陸地來減緩風速，所以特別強勁，有利於東行的帆船。

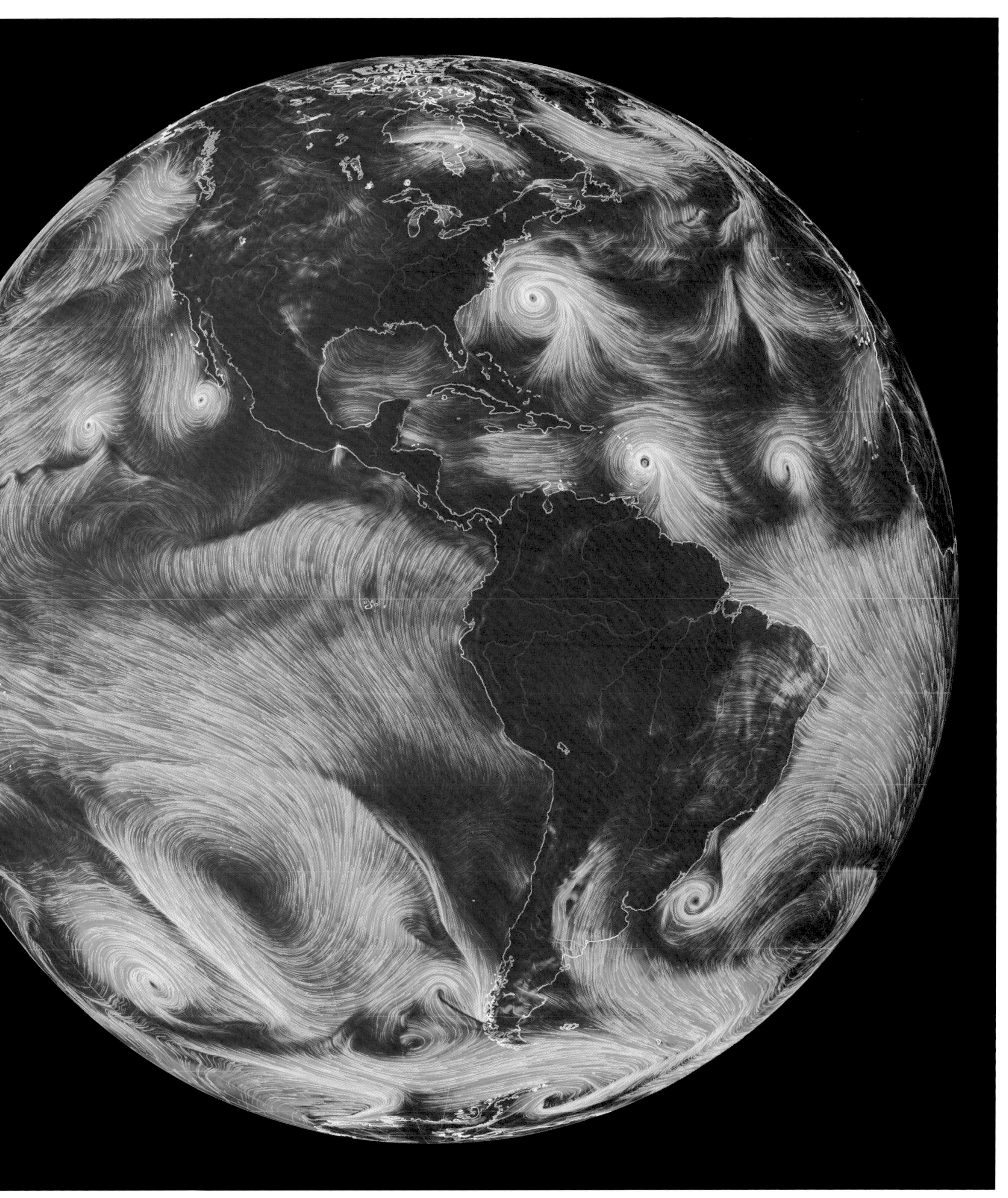

9 ART AND IMAGINATION 藝術與想像

MUNICIPAL
RAILWAY

當地圖學遇上創意

地圖的本質就是讓人想像圖中描繪的世界，想了解那是什麼樣子。地圖可以鋪墊出整個假想世界，提供途徑讓人從不同觀點探索現實世界，或是啟發關於未來的新想法。藝術家紛紛迷上地圖製作的創意面向，發掘無數種方式來描繪某地。

本章的地圖，從描繪對實際地方的想像，到純屬虛構領域的幻想式地圖都有。有一個凶險的虛構世界，就在電視影集《權力遊戲》（Game of Thrones）劇中一幅巨大的維斯特洛地圖上（見290頁）。雖然這整個國度完全是幻想出來的，但這幅地圖卻是受到中世紀的真實地圖作品所啓發。有一張地圖是一位16世紀神父描繪的基督時代耶路撒冷地圖（見286頁），他從未親自到過聖城，全憑他人的描述再加上一點自己的想像，完成這張地圖。在19世紀，有一位發明家想像出一種自給自足的烏托邦社區，希望有一天成為現實（見296頁）。還有一位當代藝術家用紡織品做成地圖，呈現舊金山灣的美好未來（見294頁）。

地圖提供一種熟悉的方式，讓假想地方變得可見、可感。地圖也使我們得以探索現實世界的種種奇蹟和可能性，讓我們從無數角度加以觀看。➤➤

時間的皺摺
（2015年，安德魯・迪葛拉夫／Zest Books）
藝術家安德魯・迪葛拉夫（Andrew DeGraff）會用地圖呈現熱門書籍和電影角色通過情節的路徑。這張地圖出自麥德琳・蘭歌（Madeleine L'Engle）備受喜愛的科幻小說《時間的皺摺》（A Wrinkle in Time），描繪女學生梅格・莫瑞（Meg Murry）和弟弟出發營救被關在卡馬佐茲星的父親。書中11個角色的路徑分別用不同顏色表示，而這對姊弟（梅格是紅色，查爾斯・華勒斯・莫瑞是藍色）用來在星球之間跳躍的「超時空挪移」（tesseract）則被畫成他們路線中的皺摺。

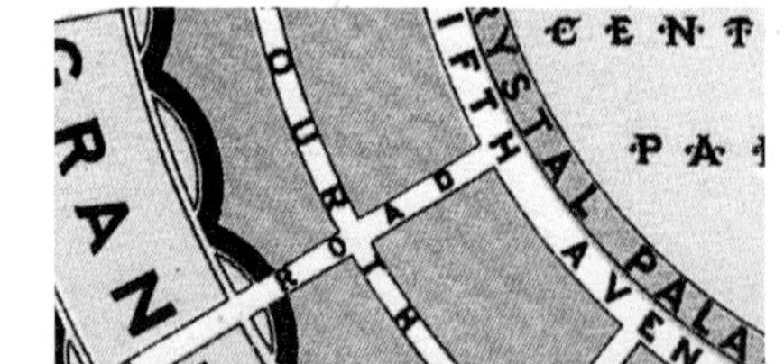

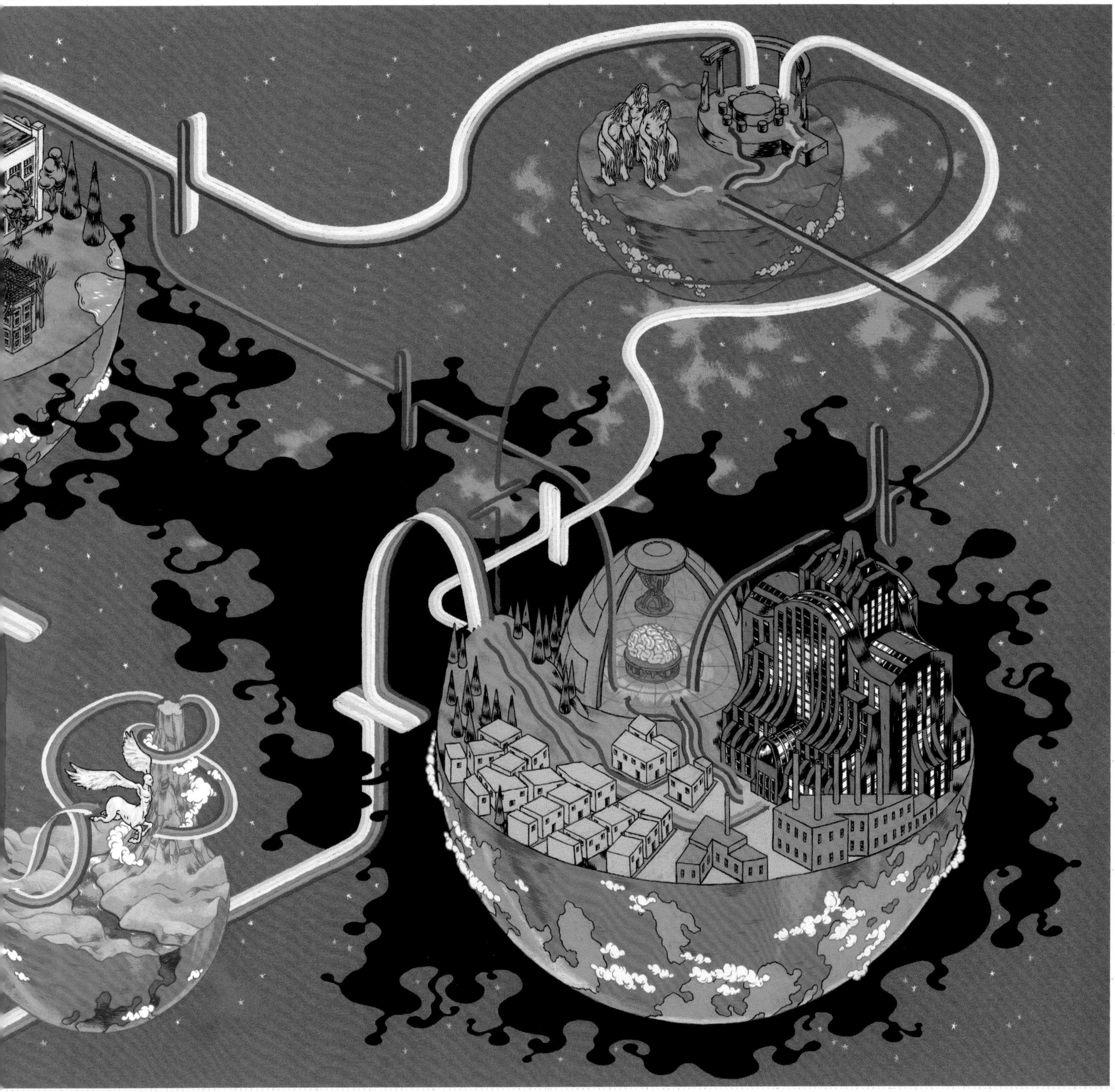

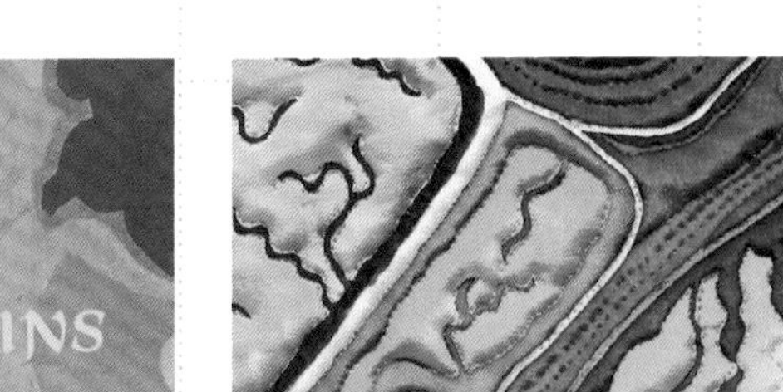

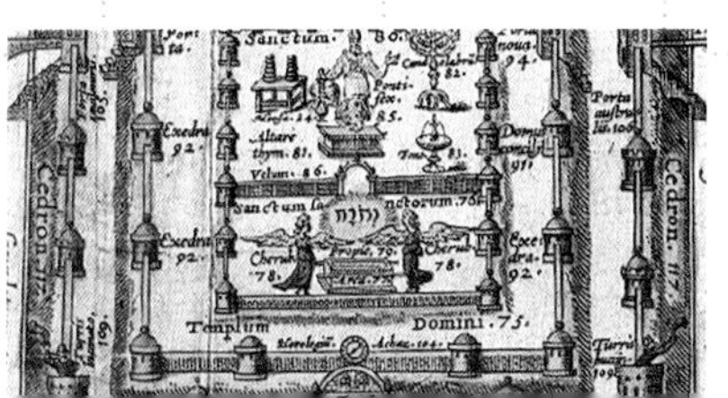
Templum Domini. 75.

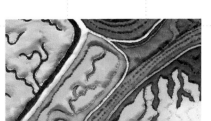

一張藏了許多祕密的地圖

以手繪地圖表現倫敦的活力和情緒

製作年份：2015年
來源：加雷斯·富勒（GARETH FULLER）

這張倫敦地圖很有看頭，作者畫出許多大家原本永遠不會看見的事物。這是英國藝術家加雷斯·富勒十多年前的作品，他曾靠徒步和自行車探索倫敦的每個角落。這張地圖表現出他對這座城市的親身體驗，從他在音樂俱樂部度過的夜晚，到2005年地鐵恐攻的傷痛。「這完全就是我對倫敦的感覺，還有倫敦文化在當時對我來說代表什麼。」富勒說，他是在2005年開始製作這張地圖，當時他25歲。

這張地圖對應到現實世界的參考點，是從左至右蜿蜒而過的泰晤士河，還有通過河流上方的地鐵中央線，和從上到下貫穿全圖的北線。整張地圖充滿文化和歷史指涉。許多熟悉的地標都出現了，但幾乎都帶有些許顛覆想像的變形。國會大廈被重新想像成馬戲班帳棚，大笨鐘的鐘面換成一個大問號。仔細一看，就會發現關於無謂競爭（rat race）、監控國家（surveillance state）和金錢影響的暗中指涉。

圖中也有一些較陰沉的指涉。在圖中央附近，一節地鐵車廂看起來好像從隧道跑出來要衝出地圖，車窗裡的兩個人頭都是炸彈，指的是地鐵恐攻。地圖上的兩個十字架代表富勒認識的兩名年輕女性不幸身亡。「裡面有一些非常非常私人的東西。」他說，其中包含一些他寧可不要指出來讓世人看見的東西。

富勒把這張地圖看作一封地圖式情書，即使存在那些痛苦部分。「一封情書可能包含許多美妙的想法，」他說，「但也可能會有許多焦慮和悲傷。」✷

富勒這張倫敦藝術地圖中的文化指涉之一，就是一隻漂浮在泰晤士河南岸巴特西發電站（Battersea Power Station）電塔之間的豬，這是在致敬平克·佛洛伊德（Pink Floyd）的《動物》（Animals），這張專輯的封面也有這棟建物。

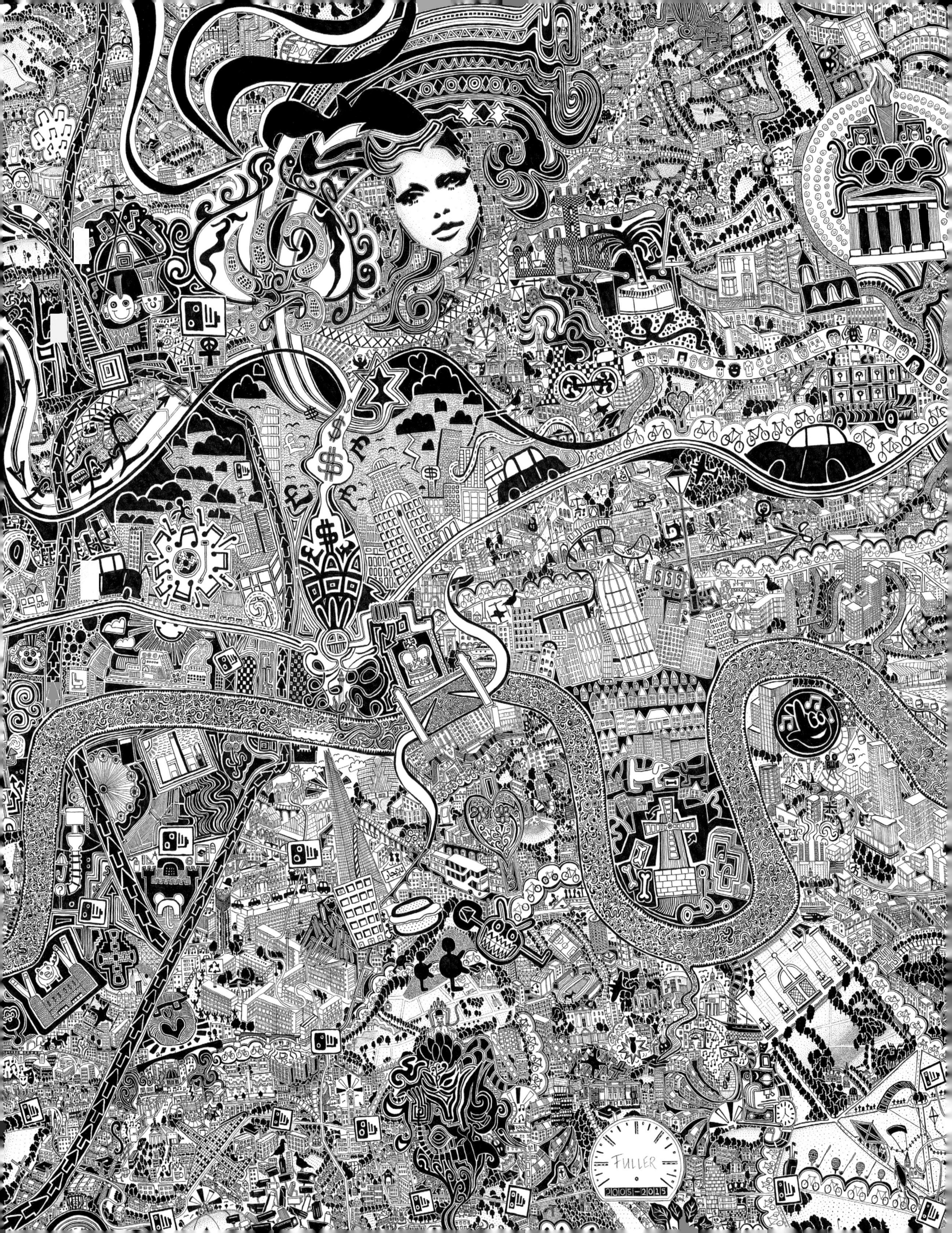
FULLER
2005–2015

傑瑞的地圖

這個男人花了35年標繪一個想像世界，且至今尚未完工

製作年份：1963年至今
來源：傑瑞・格雷欽格（JERRY GRETZINGER）

照傑瑞・格雷欽格的說法，這有點像一件偶然落在他身上的事。一切始於1963年，當時他在密西根州一家軸承廠做暑期工，照顧機臺的工作令他厭倦，於是他動手塗鴉。他畫起建築物，還有道路、河流和鐵路。畫滿一頁之後，他又接著再畫了一頁、又一頁。時至今日，也就是在他動工的55年後，「傑瑞地圖」（Jerry’s Map）已有大約3500幅、橫跨17公尺，而且仍在增長。

傑瑞的想像世界到處蔓延、不斷變化，混雜著寫實和抽象的成分，媒材有顏料、筆和拼貼。上面有數以百計自創的城市，如烏克蘭（Ukrania）、塞卜拉泰（Sabratha）和威本（Wybourne），城市總人口已經超過1700萬。在市區之外，有鮮綠的農地、旋動的藍色水體、還有鐵鏽色的山區。整部地圖的周邊變得愈來愈抽象，一片片紫色和棕色就畫在麥片盒和啤酒盒的紙板上。

這些地圖跟著傑瑞的生活一起演變。卸下軸承廠的工作之後，他就到柏克萊加州大學去學習建築，而且帶著地圖。然後他加入和平隊，地圖也跟著他去了突尼西亞。「這就像是一條安心毯，」他說，「是個很熟悉的地方，雖然是想像出來的。」

到了1980年代，這些地圖已經增長到大約800幅紙版。當時傑瑞住在紐約市，販賣他的手工側肩包，在麥迪遜大道造成轟動。這段期間他幾乎天天都在畫他的地圖，加上了火車站、機場、學校和田野。有一天，他突然想要做些不一樣的嘗試。於是他從一本雜誌上剪下一些圖像——主要是手臂和腿的圖片，這讓他想起沙丘——然後拼貼到一塊版面上。這是整部地圖的第一個抽象部分。「這為我釋放出一個全新的圖像世界。」他說。

不久之後，傑瑞的生活也有了新的轉折。他娶了第二任妻子，兩人做起每個款式只做一件的服裝生意，然後成家。他們的第一個兒子就在1983年出生，這讓他愈來愈難有時間畫地圖。整部地圖先被推到他的辦公桌後面，再被送進盒子裡，然後很快就從他眼前消失了。

這部地圖沉睡了20年，直到2003年的某一天，才被他一個兒子在哈德遜河畔的住家閣樓裡發現，傑瑞說。「他把這個積滿灰塵的盒子拿了下來，然後說，『爸，這是什麼？』」就這樣，地圖回來了。這時傑瑞已經是半退休狀態，擁有大量空閒，而且不再有需要設計的衣服讓他抒發創意。他清掉地圖上的灰塵，重新開始幹活。

在進度中斷之前，他一直都在尋找某種方法來讓地圖上現有的城市得以成長和改變，獲得高速公路、機場和郊區。如今他發現可以不失去既有成果就能做到這一點，就是把他想更改的版面複印下來，並把原件存檔。

這些可能性讓傑瑞很興奮，他很快就等不及想要弄完這整堆20乘25公分的版面。他希望有方法可以加快速度，又不用挑選地圖哪個部分來加工，所以他設計出一套方法，讓他能在整堆版面中隨機亂跳。「如果抽中一張J，我就會往下走11個版面。如果是一張3，那麼我只會往下走3個版面，然後把其他的移到整堆底下。」傑瑞說。

左頁 傑瑞・格雷欽格幾十年來一直都在創作一部想像世界的地圖。地圖公開展出之後，他開始吸引到畫迷，也啓發別人打造自己的想像世界。甚至在新聞討論網站Reddit上還有一個線上社群（叫作r/Jerry Mapping）是「專門討論如何創作傑瑞・格雷欽格風格的地圖」。

左圖 這張照片攝於2012年，圖中傑瑞正在排列他的地圖，準備在麻薩諸塞當代藝術館展出，當時大約有2600個版面。在此之後，整部地圖增長到超過3500多個版面，寬度超過17公尺——大到再也無法一起展示。

左圖 這張照片攝於1980年代初，傑瑞在他位於紐約市的工作室裡望著他的地圖。這時他已經花了20年工夫，估計當時整部地圖大約有800個版面。

下圖 經過20年的中斷，傑瑞在2003年重新開始畫地圖，還設計一個這樣的紙牌系統來指引他的作業。每天他都會抽出一張牌，遵照上面的指令進行，例如在某個舊地圖版面塗上新顏料、給某座城市添加機場之類的設施，或給整部地圖加上一個新版面。

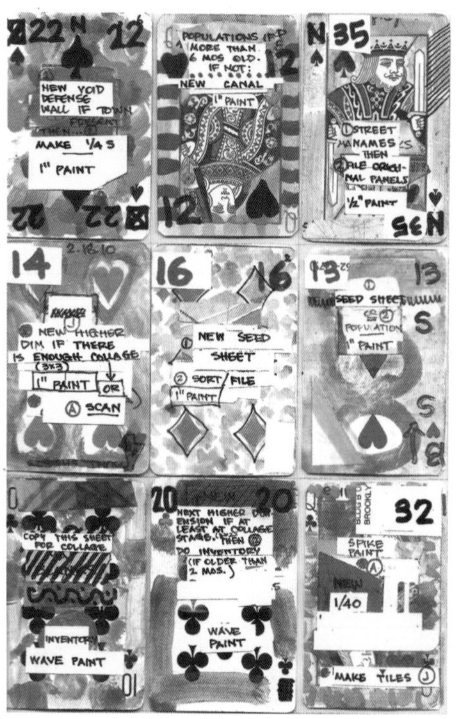

經過一段時間，他開始在紙牌上添加指令，告訴自己如何處理版面，可能是增加某座城鎮的市政設施，或彩繪版面的某個部分、把材料拼貼到地圖上、在邊緣增加新版面等等。他發展出一套規則來引導整部地圖的演變。「我不用去思考要它往哪裡走，」傑瑞說，「而是退開來，看著它被改造。」

整疊紙牌裡有一些更不尋常的指令，其中一項就是用全白空格蓋掉一部分版面來添上空白。如果他替某個已有空白的版面抽到這張紙牌，那片空白就會變大，有時甚至會消除整座城市。唯一可以阻擋空白的方法是防禦牆。如果紙牌不能及時對某一座城市提供防禦，這座城市就會消失。如果空白變得夠大，一座新城市就能開始在裡頭成長。「我總是很好奇它會變成什麼樣子，」傑瑞說，「看看隨著時間它會走上什麼方向，出現什麼形式。」

大約十年前，幾個朋友說服他相信大眾也會迷上他的地圖。於是他開始在博物館、畫廊和美展展出作品。傑瑞的地圖已經在很多地方展示過，到過新墨西哥州和紐約，也到過巴黎和日本名古屋。整部地圖就只有完整展示過一次，地點是在北亞當斯（North Adams）的麻薩諸塞當代藝術館。但那是2012年的事了，當時只有2600個版面。如今，大多數時候就只展出一部分；這部地圖對於大多數公共空間來說實在太大了。傑瑞自己也沒辦法同時觀看全貌。

同時間，整部地圖和製圖規則也繼續演變。傑瑞已經開始剪碎日誌，慢慢把碎片添加到地圖上。他還加上舊信件的碎片，有的是50年前的信。這部地圖長久以來都是他人生故事的一部分，而今他的故事也成了這部地圖的一部分。✷

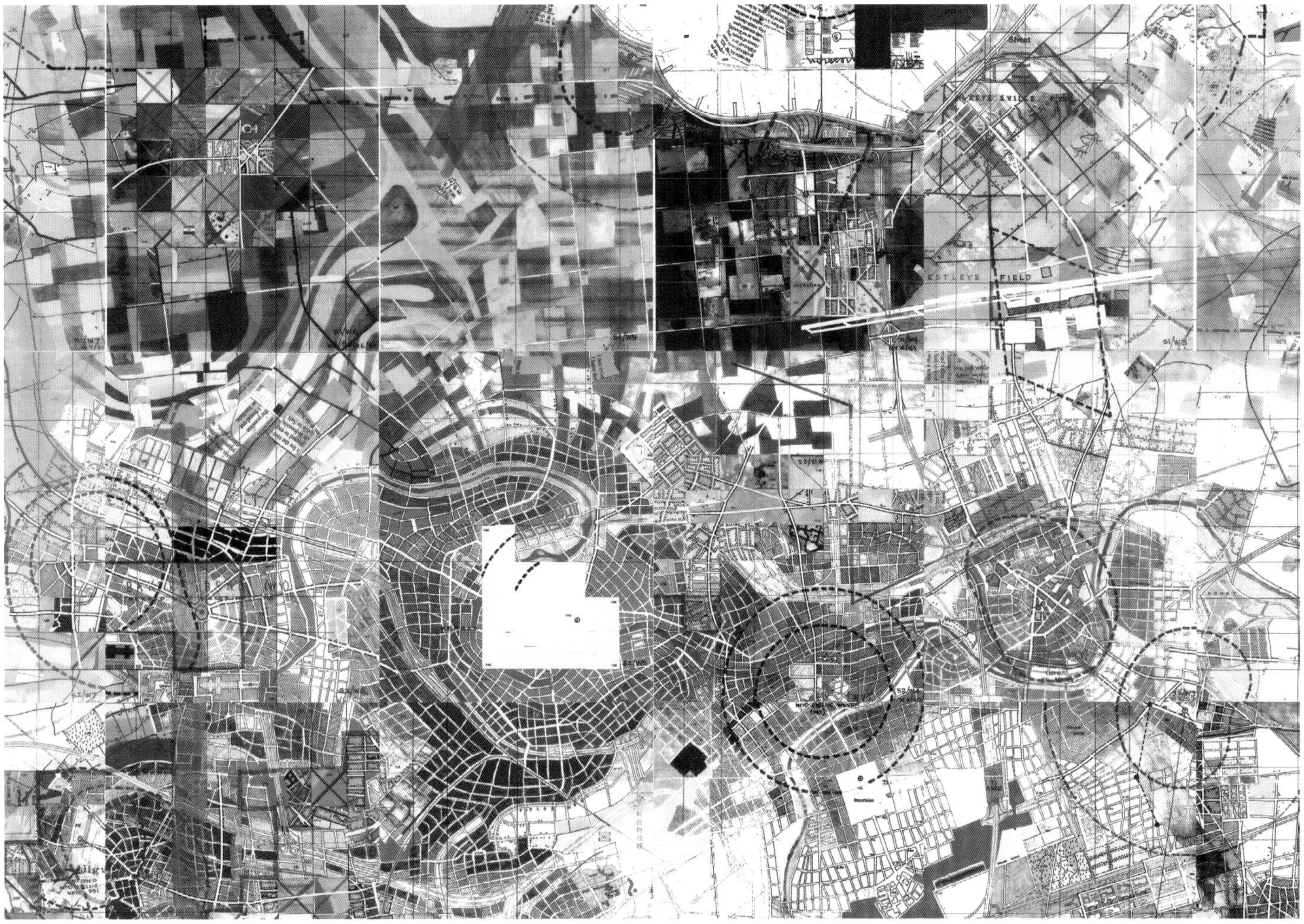

上圖 在整部地圖上的這個區塊，可以看到傑瑞按照他的方法隨機修改地圖現有部分的成果。相鄰的版面會有某些連續特徵，不過有些版面會有全新配色或大範圍拼貼，因而跟周圍版面有所分別。白色樓梯狀區域是一塊空白，這塊空白開始抹掉城市的一部分。地圖頂端的防禦牆阻止一塊空白蔓延到雷耶斯維爾（Reyesville）和鐵角（Ironcorn）這兩座城鎮。

左圖 在傑瑞地圖的這一個版面（尺寸為20乘25公分），傑瑞的電郵和其他文件的碎片被放進新彭福和卡薩曼尼外圍的鄉村區域。版面右下角的「S5/W11」標記，表示這個版面位在整部地圖的西南象限。

基督時代的耶路撒冷

一位歐洲神父遙想1500年前基督教誕生之際的聖城

製作年份：1584年
來源：以色列國家圖書館

克里斯蒂安・范・阿德里喬姆（Christiaan van Adrichom）在1584年製作這張地圖之前，幾乎可以肯定未曾造訪過耶路撒冷。他是天主教神父，在現今德國的科隆服務，當時聖地已經落入穆斯林之手好幾個世紀，因此對基督教朝聖者來說難以造訪，而且可能有危險。儘管如此，阿德里喬姆還是做出了一張大受歡迎的地圖，這張地圖不僅讓歐洲基督徒得以想像一場他們多數人永遠去不了的旅行，還帶著他們回到過去，想像這個城市在基督時代的樣子。

整張地圖塞滿270項基督教傳統的地標和指涉，相關的編號和說明都收錄在一本隨附的小冊子。阿德里喬姆的參考對象包括過往地圖的作品、《聖經》，以及早期學者和朝聖者的敘述。

這張地圖是從西邊俯瞰耶路撒冷，所以圖的上方是東邊。整齊的街道網格似乎是依據1世紀歷史學家約瑟夫斯（Flavius Josephus）對這座城市太過簡化的描述（見289頁較寫實的地圖）。相較於很可能在基督時代占據耶路撒冷的厚實石灰石建物，阿德里喬姆地圖上的建築莫名類似16世紀歐洲更華麗的建築風格。

耶穌一生的關鍵事件分散在整張地圖上。如同《新約》所述，他坐著驢子抵達耶路撒冷，身旁門圍繞，有一個人走在前面把樹枝鋪在路上（編號214，靠近地圖頂端中央偏右，見288頁）。耶穌預告猶大將要背叛他的最後晚餐在靠近地圖右下角的城牆內側（編號6），而耶穌被羅馬總督彼拉多審判並下令處死的經過就在圖中央左側上演（編號115）。阿德里喬姆描繪耶穌從那裡背著木製十字架走向加略山（編號235，圖左下角，就在

阿德里喬姆的1584年地圖指涉許多歷史事件——城牆周圍可見看見在不同時間入侵聖城的軍隊紮好營帳——不過焦點還是放在基督的故事，從他的抵達（靠近地圖頂部，就在中央偏右）到他在加略山被釘十字架（左下角）。

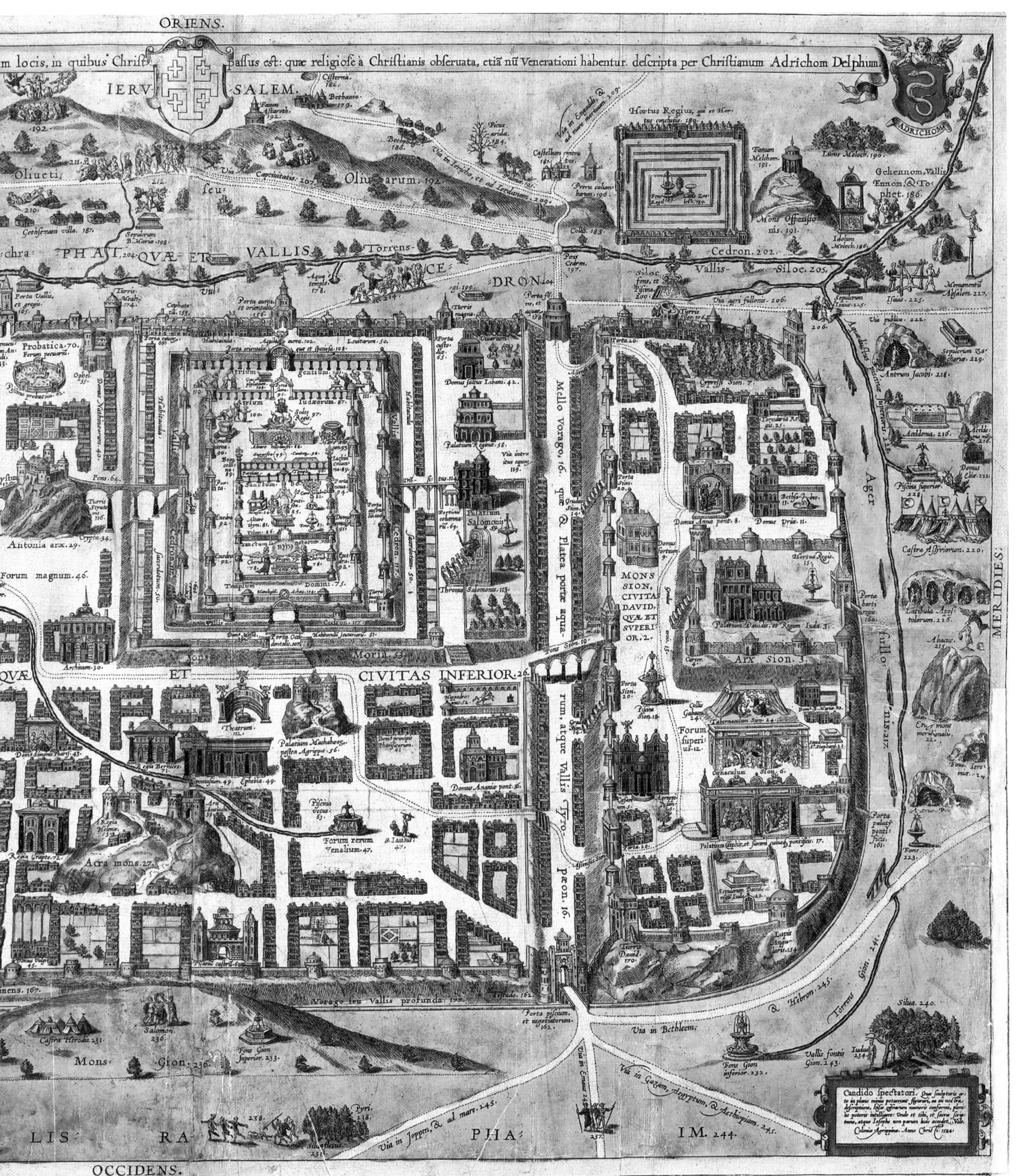
ORIENS.
um locis, in quibus Christ passus est: quæ religiose à Christianis obseruata, etiã nũ Venerationi habentur. descripta per Christianum Adrichom Delphum.
IERV SALEM.
ADRICHOM
Hortus Regius, qui et Hortus conclusus. 189.
Oliueti
Oliuarum. 192.
Gethsemani villa. 187.
PHAT, QVÆ ET VALLIS
Torrens
Cedron. 202.
CE
DRON. 204.
Siloe fons, et Piscina. 200.
Vallis
Siloe. 205.
Gehennom, Vallis Ennom, & Tophet. 186.
Mons Offensionis. 191.
Probatica. 70.
Antonia arx. 29.
Forum magnum. 46.
Templum Domini. 75.
Moria. 53.
Mello Vorago. 16. quæ & Platea portæ aquarum. atque Vallis Tyropæon. 16.
Palatium Salomonis
Thronus Salomonis. 113.
MONS SION, CIVITAS DAVID, QVÆ ET SVPERIOR. 2.
Palatium Davidis, et Regum Iuda. 3.
Arx Sion. 3.
Castra Assyriorum. 220.
Aceldema. 216.
Ager
fullonis. 217.
MERIDIES.
QVÆ
ET
CIVITAS INFERIOR. 26.
Palatium Machabæorum, postea Agrippæ. 56.
Forum rerum Venalium. 47.
Acra mons. 27.
Forum superius. 12.
Tabernaculum Sion. 24.
Cenaculum Sion. 6.
Turris David. 170.
Via in Bethleem.
Hebron. 245.
Torrens Gion. 241.
Silua. 240.
Fons Gion inferior. 232.
Fons Gion superior. 233.
Castra Herodis. 231.
Mons
Gion. 236.
Via in Gazam, Aegyptum, & Aethiopiam. 245.
Via in Joppen, & ad mare. 245.
LIS
RA
PHA
IM. 244.
OCCIDENS.
Candido spectatori.
Coloniæ Agrippinæ. Anno Christi. 1584.

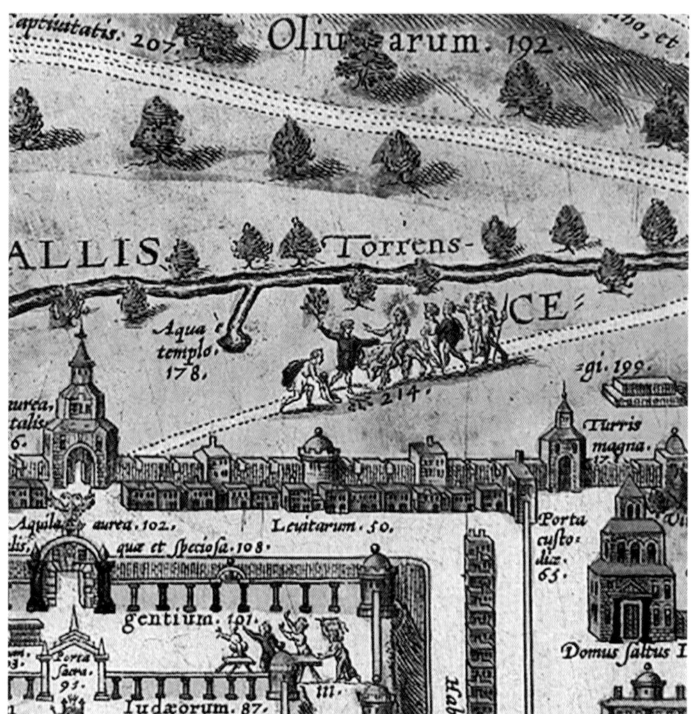

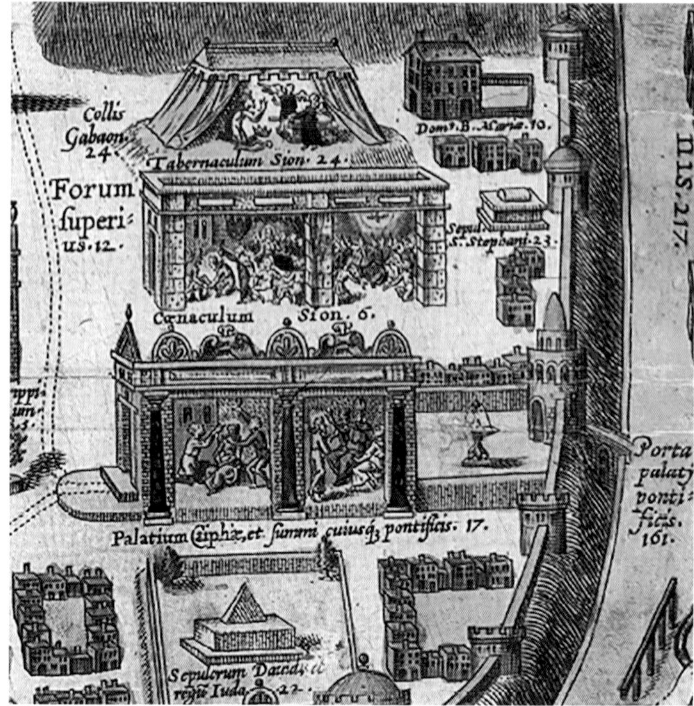

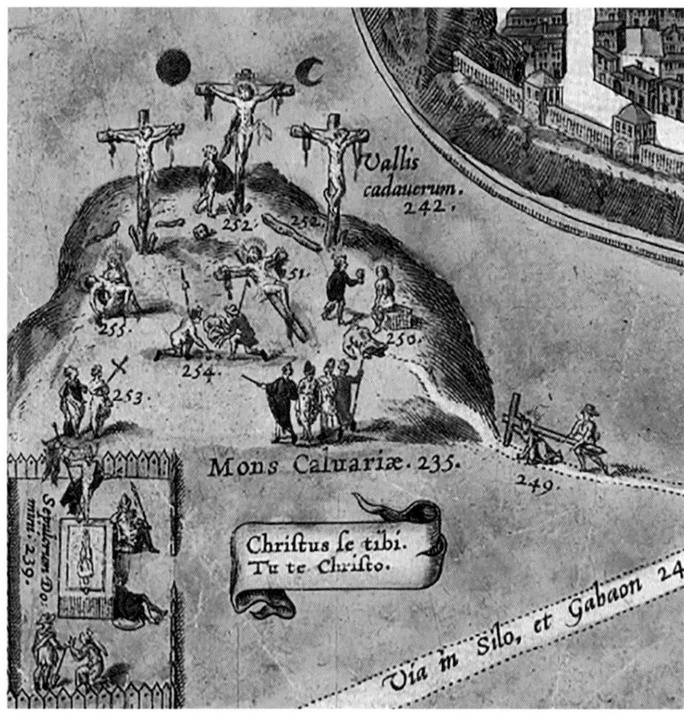

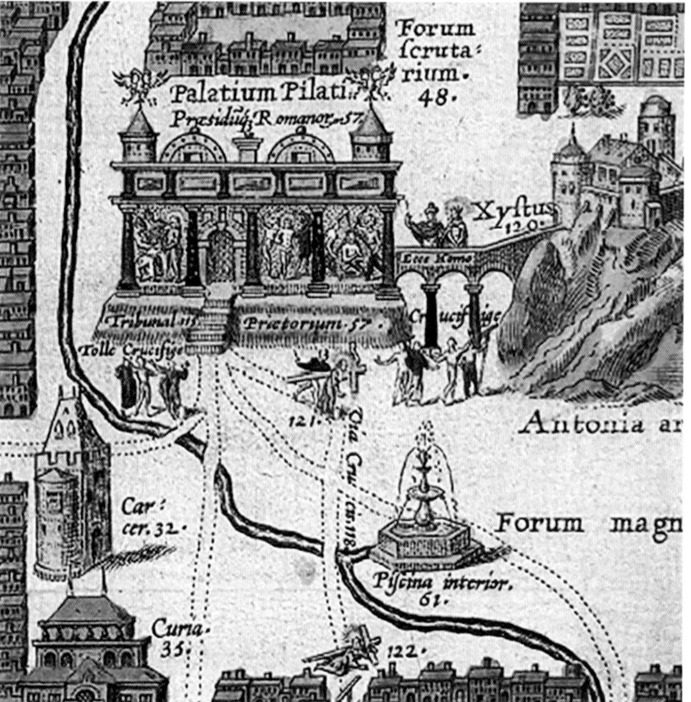

這幾幅取自阿德里喬姆地圖的局部圖描繪了基督生命中的幾個事件，包括（左上起順時針方向）棕枝主日這天他在門徒陪伴下乘驢抵達耶路撒冷、最後的晚餐、基督受彼拉多審判，以及在加略山上被釘十字架，最後這段情節發生在好幾個場景，結局就是他母親馬利亞抱著他的遺體（編號255）。

方濟會修士法蘭西斯科．夸里慕斯（Francisco Quaresmius）在1639年出版這張較寫實的耶路撒冷地圖，部分內容是依據他的幾次聖城之旅所繪。如同阿德里喬姆的地圖，這張地圖除了納入關於基督一生事件的指涉並附上編號，還納入不同時期的歷史指涉。然而，這張地圖的方向跟阿德里喬姆的相反，是西邊朝上、東邊朝下。

城牆外），然後在這裡被釘上十字架，正如14個不同事件的圖像所刻畫的。這個數字似乎已經固定下來。甚至在今天，有些基督徒還會在過聖週五的時候重演耶穌的苦路，在14處都停下來禱告。

阿德里喬姆把耶穌生命最後幾天的事件畫成好像同時發生，不過他還創造出更厲害的時間扭曲：歷史上征服過耶路撒冷的入侵者一起包圍了這座城市。在8世紀入侵的亞述人就在地圖右邊搭起帳棚（編號220），在6世紀來圍城的迦勒底人在左邊紮營（編號258），不遠處就是公元70年到來的羅馬征服者（編號259）。

在阿德里喬姆的時代，耶路撒冷是鄂圖曼帝國的一座次要城市，但宗教意義仍使它在歐洲人的想像中顯得突出。自從印刷機在一個世紀前發明以後，關於聖地的歷史書、旅遊指南等書籍就愈來愈受歡迎，而且一般人都買得到。但是，歐洲人在這些作品中尋找的，並不是可以實際用來規畫出訪的東西，耶路撒冷希伯來大學歷史地理學家雷弗．魯賓（Rehav Rubin）在1993年一篇刊於聖經考古學雜誌《聖經評論》（Bible Review）的文章上寫道。「當時很少有歐洲人真的前往耶路撒冷。這些人購買的地圖和書籍，只是反映他們對聖城相關概念和事件的興趣——實體細節並不重要。」

阿德里喬姆的地圖正好做到這點。這張地圖很受歡迎，在往後幾個世紀裡印了好幾版，被翻譯成多種語言。將近300年間，歐洲基督徒對耶路撒冷的憧憬在很大程度上都是由這張色彩豐富、具高度想像力的地圖所塑造。✳

標繪冰與火之地

受中世紀地圖啓發的熱門電視劇地圖

製作年份：2016年
來源：吉姆・史丹斯為HBO製作

地理對於HBO電視影集《權力遊戲》的情節非常重要，因此片頭就用飛越鏡頭帶出一部動畫地圖，除了呈現劇中雜亂擴展的虛構世界，也特別突顯與各集相關的疆域。劇中隨處可見王朝貴族世家用來思考策略的地圖。

根整部影集的主要劇情，是爭奪維斯特洛七王國統治權的血腥鬥爭，參與鬥爭的角色眾多，全都在密謀要坐上鐵王座。全劇的第七季、也是倒數第二季的首集在2017年播出，畫面中展示一面又大又搶眼的全境地圖，這面地圖就畫在最頑強的競爭者之一瑟曦・蘭尼斯特的石造天井地板上。她和孿生弟弟詹姆站在上面，凝望他們腳下的土地，在瑟曦眼中這全該屬於他們。

這麼大的一件布景通常很適合用電腦成像來處理，也就是在拍攝後再用數位方式添加到場景中。但是，這幅地圖是真的：一面手繪的9乘10公尺實體地圖就裝設在愛爾蘭貝爾法斯特的《權力遊戲》攝影棚。這是在英國工作的平面藝術家吉姆・史丹斯（Jim Stanes）為這部影集設計製作的數十張地圖之一。劇中地圖衍生自喬治・馬丁（George R. R. Martin）的系列小說《冰與火之歌》（A Song of Ice and Fire）中收錄的一張地圖，這部小說即是《權力遊戲》的改編依據。劇中地圖的風格和質感是以真正的老地圖為參考。「我們天天都在專心研究老地圖。」史丹斯說。

《權力遊戲》發生在一個不特定、但大概是中世紀的時代，有好幾件來自中世紀的歷史地圖影響了史丹斯為整部影集製作的作品。他說，早期的科學和地圖製作跟宗教、神話和傳說結合起來，很吸引人。「我愛這些地圖是因為其中的神祕感。畫這些地圖的人並不是真正了解全貌，很多地方都是猜測，因此很多有趣的事情就會發生。」史丹斯說。

讓史丹斯獲得靈感的其中一張地圖就是高夫不列顛地圖（Gough Map of Great Britain，見292頁），以1809年把這張地圖捐給牛津大學博德利圖書館的收藏家為名。製圖者和製圖年代不明，但學者推測是在14世紀和15世紀的中世紀晚期。這張地圖很可能是野心勃勃的不列顛王室成員所有，因而適合作為瑟曦那幅地圖的原型。根據大英圖書館的中世紀地圖專

右頁 這張維斯特洛地圖畫的正是電視影集《權力遊戲》眾家相爭的領域，而且弄得像是來自中世紀，這也大概是劇情發生的時代。地圖的設計者參考了一些實際的歷史地圖，不過有一項例外：等高線要到幾百年後才會普遍用在地圖上。

右圖 在設計出來之後，這面維斯特洛地圖經過兩位畫師超過三週的努力才完成，然後被裝設在愛爾蘭貝爾法斯特的《權力遊戲》攝影棚。這張照片顯示2017年整面地圖在劇中出現的樣子。在這一幕裡，地圖的最後一角正在繪製中。

The Shivering Sea
Hardhome
White Tree
Shadow Tower
Castle Black
Eastwatch by the Sea
Bay of Ice
Queenscrown
Bay of Seals
Last Hearth
Karhold
Deepwood Motte
Winterfell
Dreadfort
The North
Barrowton
White Harbour
Widows Watch
Blazewater Bay
Moat Cailin
The Neck
Greywater Watch
The Bite
The Sunset Sea
The Twins
Riverlands
Ironmans Bay
The Eyrie
Pyke
Riverrun
Harrenhal
Bay of Crabs
Casterly Rock
Dragonstone
Kings Landing
Lannisport
Crownlands
Blackwater Bay
The Narrow Sea
The Reach
Old Oak
Shipbreaker Bay
Evenfall Hall
Highgarden
Sea of Dorne
The Citadel
Dorne
Sunspear
Redwyne Straits
The Summer Sea

家彼得·巴伯（Peter Barber）所述，「高夫地圖顯示不列顛諸王及其教士的稱帝野心。」

高夫地圖上的土地形狀看起來可能很陌生，主要是因為整張圖是東邊朝上。順時針旋轉90度，就可以認出英格蘭海岸線。看起來甚至有點像維斯特洛：哈德良長城隔開了英格蘭和邊界較不清楚的蘇格蘭等北方領土，與高聳的冰牆隔開維斯特洛和嚴寒的北方荒野如出一轍。兩張地圖的另一個相似處就是對城鎮的描繪。中世紀地圖師通常使用重要建築的側影來代表城鎮，史丹斯則用他的手繪城市精采地捕捉到這樣的風格。他的臨冬城看起來就跟高夫地圖上的倫敦一樣宏偉（右頁）。

「我迷上了那些地圖師想像的世界，覺得那個時期有很多地圖都是史上最美的作品。」史丹斯說。

另一張影響史丹斯的地圖是赫里福德地圖（Hereford Mappa Mundi），這是13世紀晚期的世界地圖，也是已知現存最大的中世紀地圖。這張1.6乘1.3公尺的地圖由英格蘭赫里福德座堂的神職人員製作，至今仍留存在那裡。和高夫地圖一樣，這張地圖上的地點也都是用建築物的側影來標示，只是裝飾得更加豪華，最精美的就是矗立著巴別塔的巴比倫城，比得過史丹斯所繪的七王國首都君臨城。

史丹斯並非畫出建築物的平面側影，而是帶點角度來描繪天井地圖上的各個城市。這種鳥瞰視角有助於把城市連結到片頭動畫地圖的飛越鏡頭。至於每個城市的細節，史丹斯則是參考動畫地圖和劇中場景。他畫好個別城市、做好底圖之後，一切就以數位方式組合起來，再印成完整尺寸交由製作人審核。接下來，兩位畫師就開始加工一塊塊0.6公尺見方的瓷磚，一次畫半打，接著把這些瓷磚鋪在攝影棚裡。從最初的構思到完成最後一筆，整個計畫總共花了兩個月左右。

這一切努力為史丹斯帶來一點福利，就是在第七季首集客串演出一小段。他扮演地圖師，正在繪製天井地圖的最後一角，瑟曦·蘭尼斯特就在一旁看著。她弟弟詹姆走進天井看到地圖，點頭要史丹斯的角色退下，然後問姊姊：「這是什麼？」

「這就是我們一生都在等的。這也是父親訓練我們的目的，無論他知不知道，」她回答。「現在這是我們的了。我們只需要把它奪下來。」

但是，正當兩人在地圖上踱步，一邊評估地理形勢，一邊思考跟鄰近貴族世家的關係，他們的危險處境就變得很清楚了。「到處都是敵人，」瑟曦沉痛說道。「我們被叛徒包圍。東、南、西、北都是。」✳

上圖 這張中世紀大不列顛地圖稱為高夫地圖，以原先一位持有者為名。圖東邊朝上，估計完成於14或15世紀，圖中的英格蘭海岸線相對準確，但蘇格蘭則是難以辨認的一團，表示這張地圖是為某個英格蘭人製作，可能是不列顛王室的成員。

右頁上 維斯特洛地圖上的臨冬城圖樣（右圖）很像中世紀高夫地圖（左圖）上的倫敦。中世紀地圖經常使用知名或重要建築的側影來表現主要城市。

右頁下 赫里福德地圖約製作於1300 年，圖中的巴比倫城以巴別塔來代表（左圖），是整張地圖畫得最精細的部分。七王國首都君臨城同樣也在維斯特洛地圖（右圖）受到特別關照。

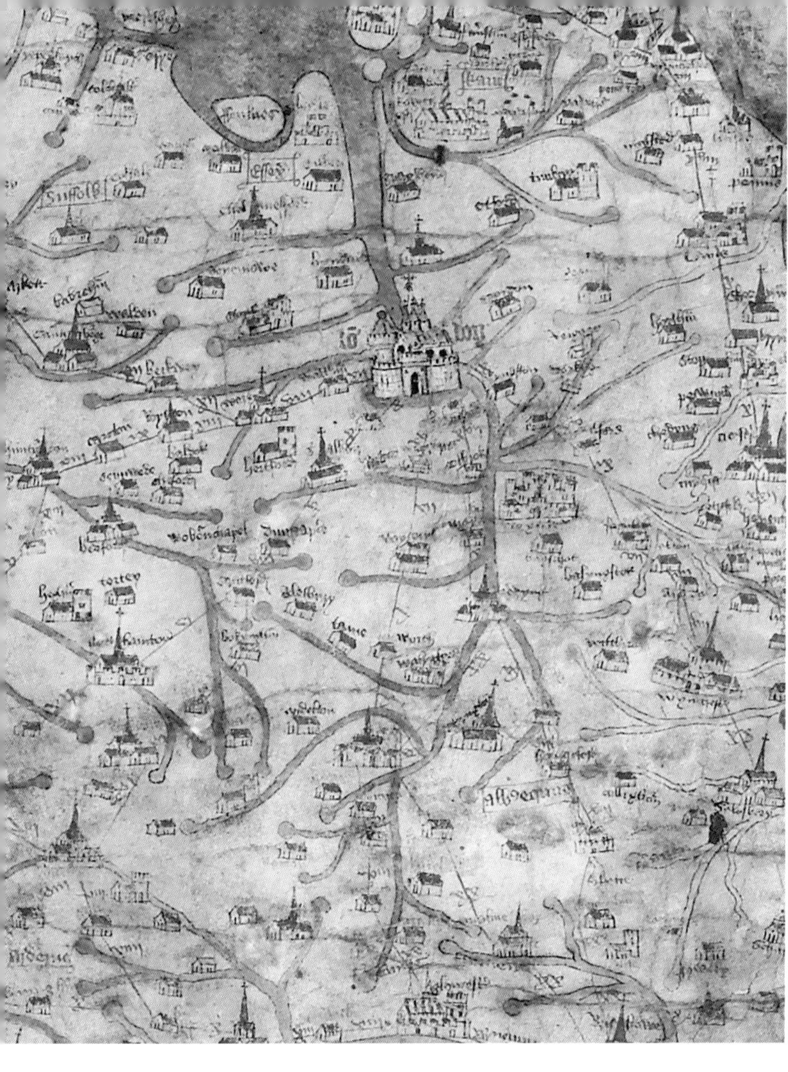

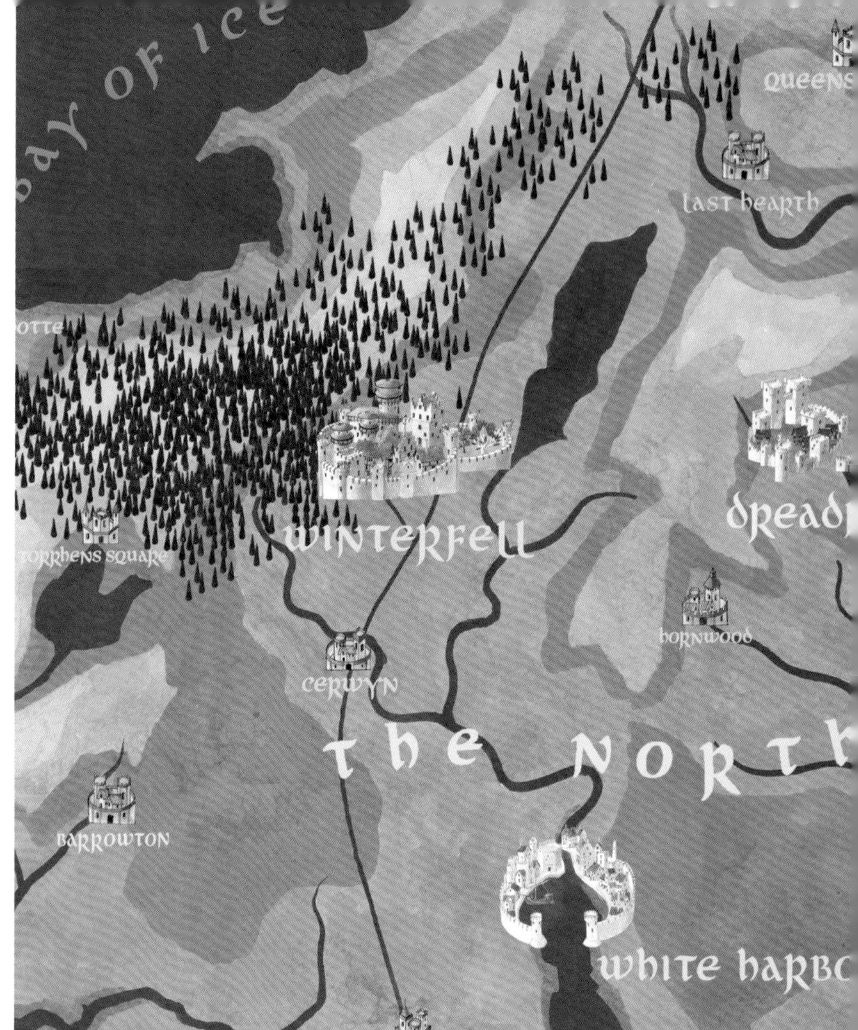

BAY OF ICE
LAST HEARTH
WINTERFELL
TORRHENS SQUARE
HORNWOOD
CERWYN
BARROWTON

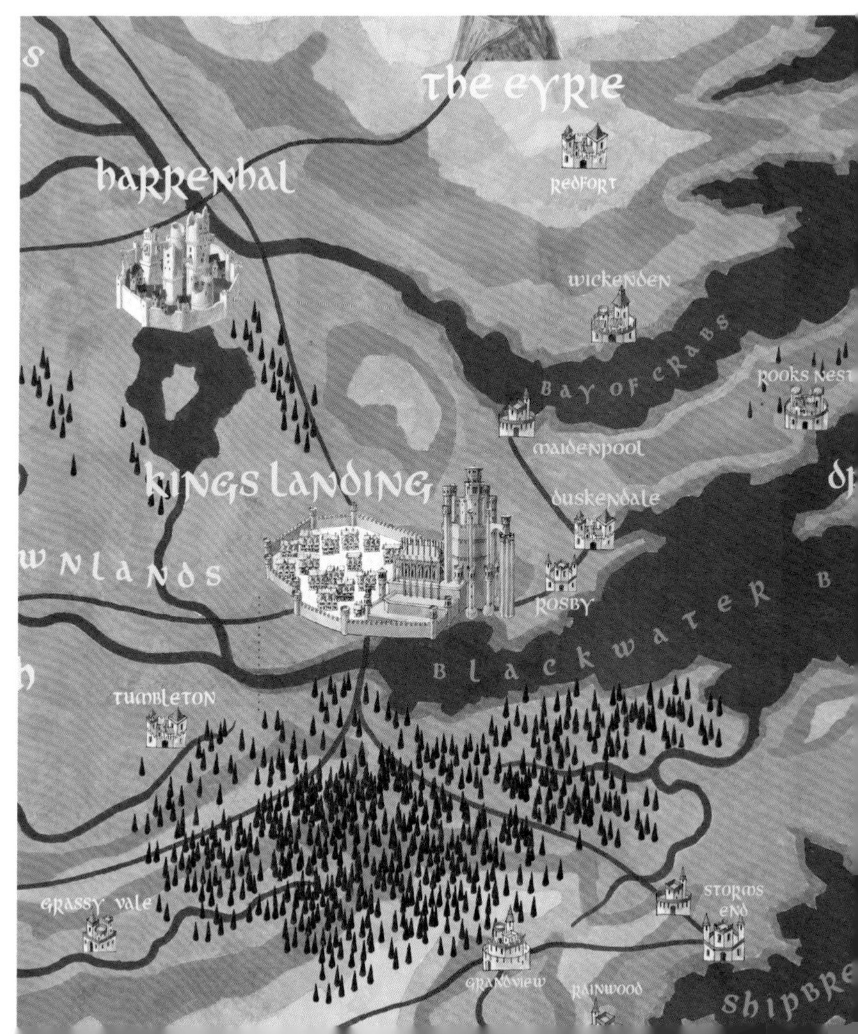

THE EYRIE
HARRENHAL
REDFORT
WICKENDEN
BAY OF CRABS
ROOKS NEST
MAIDENPOOL
KINGS LANDING
DUSKENDALE
ROSBY
BLACKWATER
TUMBLETON
GRASSY VALE
STORMS END
GRANDVIEW
RAINWOOD

縫在絲綢裡的舊金山灣

織品地圖讓灣區的工業化海岸線重回自然的懷抱

製作年份：2005－2013年
來源：琳達．加斯（LINDA GASS）

舊金山灣原本是一處充滿溼地的繁茂河口灣，但自從人類到來，這裡的天然沼澤地消失了超過90%。舊金山灣的邊緣現在交雜著鹽池、辦公園區、機場和健行步道，中間點綴著少許小型的溼地保留區。這番地景在過去如何改變、在未來又可能如何繼續演變，整個故事都被加州藝術家琳達．加斯編織在被單上。

「我最初會關注舊金山灣，是因為從飛機窗戶看到工業鹽池的神祕景象讓我覺得困惑。」加斯說，「那些不真實的顏色和形狀是什麼？」她後來得知這些藉由蒸發產生海鹽的池子，會呈現出微生物的鮮豔紅色、橘色和綠色。

在舊金山河口研究所（San Francisco Estuary Institute）製作的一套地圖上，她看到過去兩個世紀灣區周圍的許多天然溼地不是被排乾填平，就是變成鹽池。加斯感到好奇，於是開始研究從前的空拍照片和地圖，然後把學到的事情融入她的藝術。她的目標是幫助大家了解舊金山灣對動物、水質和防洪的重要性，以及人類對它造成的影響。「我的方法就是用美來鼓勵大家正視我們面臨的難題。」她說。

為了創作她所謂的「縫拼畫」（stitched paintings），加斯會先在白色絲綢上彩繪，然後縫上細節和紋理。以本節的作品來說，她聚焦在灣區紅木城（Redwood City）附近一處叫作拜爾島（Bair Island）的區域，將近一個世紀前的一位牧場主人佛瑞德．拜爾把這裡的水排乾。她的第一件作品（右頁）顯示這片區域在1970年代的樣子：被各種微生物染成鮮豔顏色的鹽池、從前的牧場和一些剩餘的小塊溼地。名稱貼切的瓶塞鑽泥沼（Corkscrew Slough）貫穿拜爾島中部。

1982年，紅木城的居民投票阻止拜爾島的一項現代開發計畫。2007年，這片土地被納入保護區，復育行動也開始進行。在她這個系列的第二件作品（右上）中，加斯想像的未來地景就是溼地開始收復鹽池，周圍的泥沼也逐漸恢復健康。

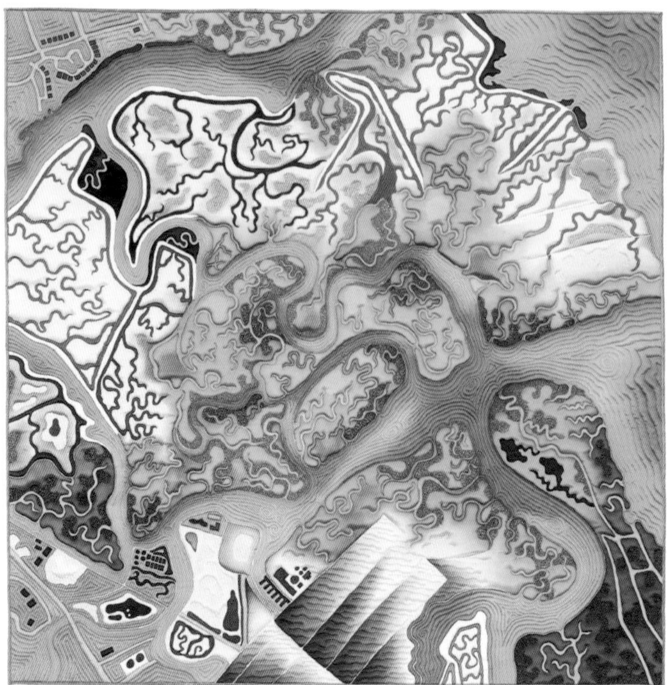

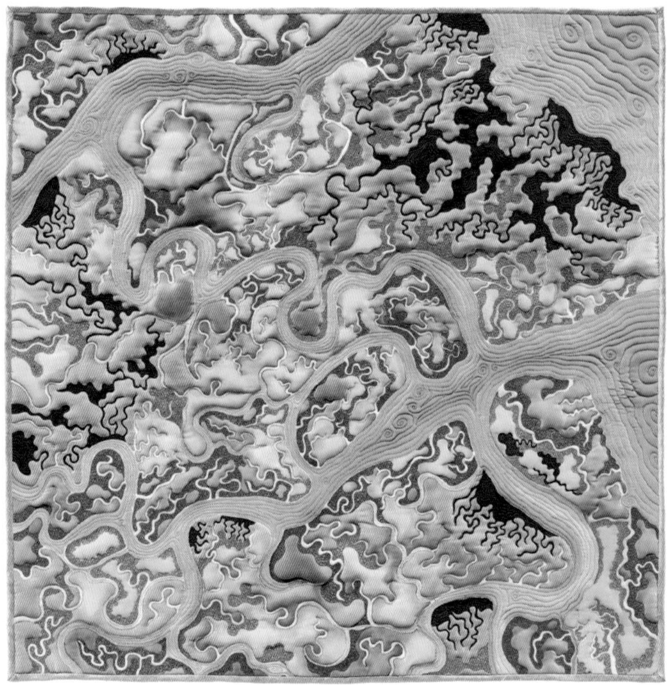

「雖然這是我想像的地景，但並不是完全虛構。」加斯說。「我研究過這片區域的歷史照片，以了解這些溼地在鹽池建好之前是什麼樣子。」因為從前的空拍照片都是黑白的，為了了解舊金山溼地的自然顏色，她造訪了當地少數僅存的一處完好沼澤。

第三件作品（上圖）是純屬想像的復原後的荒野。「這片景觀要表現的是大自然等不及我們復育溼地，自己就直接動手了。」⁕

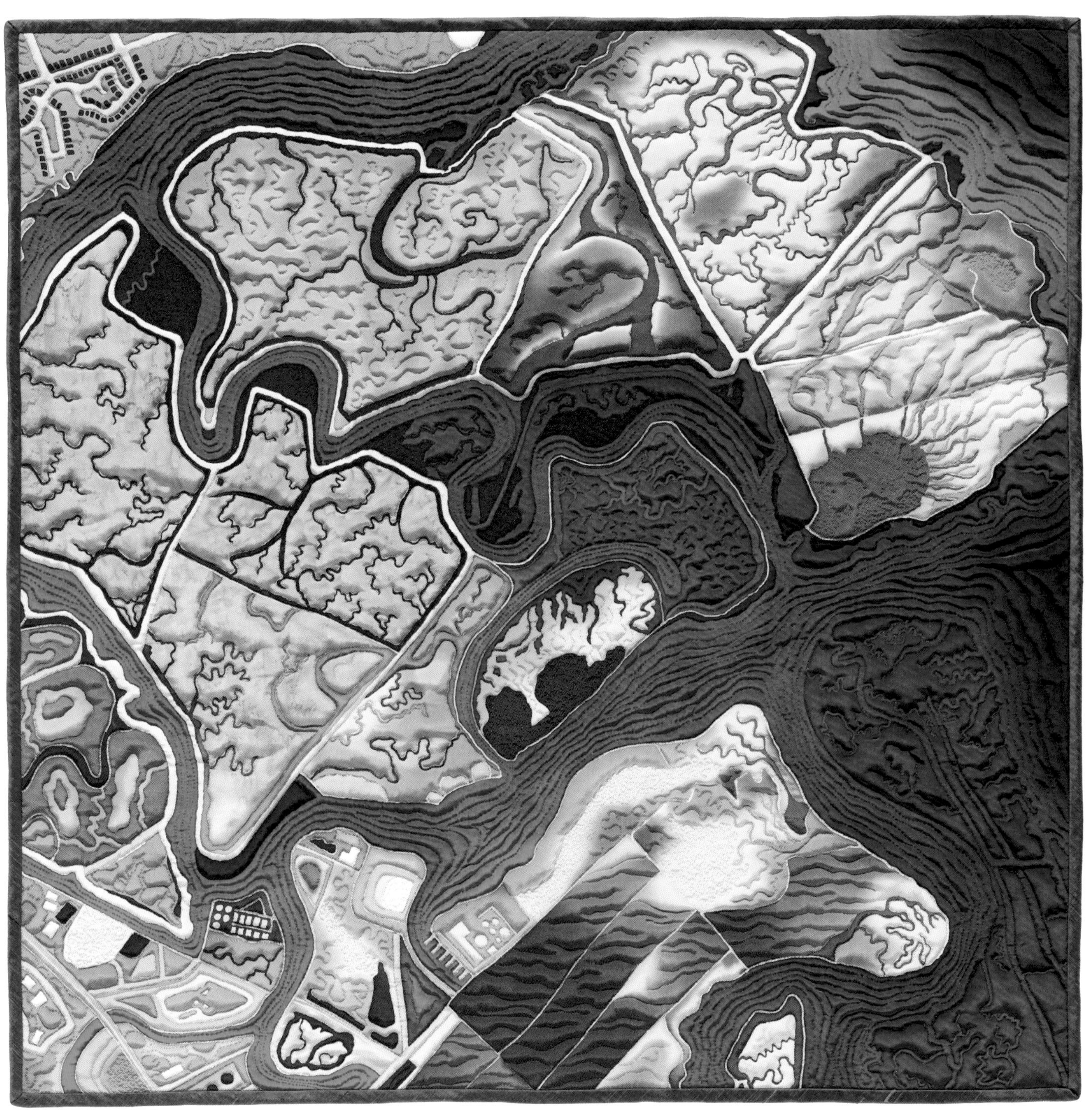

藝術家琳達·加斯這一系列「縫拼畫」呈現舊金山灣邊緣在想像中的演變。第一件（上圖）是依據1970年代的照片，內容顯示鹽池被生活在其中的微生物染成各種鮮豔顏色。第二件（左頁上圖）顯示這片區域在未來開始回歸大自然的可能樣貌。最後一件（左頁下圖）顯示在更遠未來完全恢復自然溼地的地景。

花園城市烏托邦

一位倫敦速記員設想出一種結合城鄉優點的社區生活

製作年份：1898年
來源：埃比尼澤·霍華德（EBENEZER HOWARD）

埃比尼澤·霍華德在1898年出版了本節介紹的社區規畫地圖，當時他住在倫敦，是一位速記員和兼差發明家。這些地圖收錄在霍華德的著作《明日：一條通向真正改革的和平道路》（To-morrow: a Peaceful Path to Real Reform），書中描述他想像中的烏托邦社區，結合了都市和鄉村生活的最佳元素，霍華德稱之為花園城，從此這樣的城市一直是都市規畫者的靈感來源。

在霍華德眼中，鄉間提供了陽光、新鮮空氣和自然美景等好處，但欠缺高薪工作、社交機會和娛樂。城鎮大大提供了鄉間在就業和社交方面欠缺的部分，但也伴隨高昂租金和骯髒空氣（霍華德是在工業革命的高峰住在倫敦）。他還把「貧民窟和琴酒殿堂」算作不利因素。

霍華德想像出第三種社區，不但結合這兩種世界的優點，還能在很大程度上自給自足。他建議在2400公頃的土地上開創一座假想的城市，讓居民購買入住。中心占地約400公頃，這就是花園城本身，可容納大約3萬人。霍華德把城市畫成圓形，不過每一張示意圖都同意實際形狀會隨當地情況而異。

右邊的地圖顯示花園城的楔形區（ward）。中央是一座大花園，周圍是公共和文化機構，例如市政廳、圖書館和博物館。一座大型的中央公園圍繞這些建築，中

霍華德把他的花園城想像一個個同心圓形的住宅區（粉紅色圓環）圍繞一個大型的中央公共空間。整座城市周圍會有2000公頃農地（可另外容納2000人），並經由公路和鐵路連到其他城市。

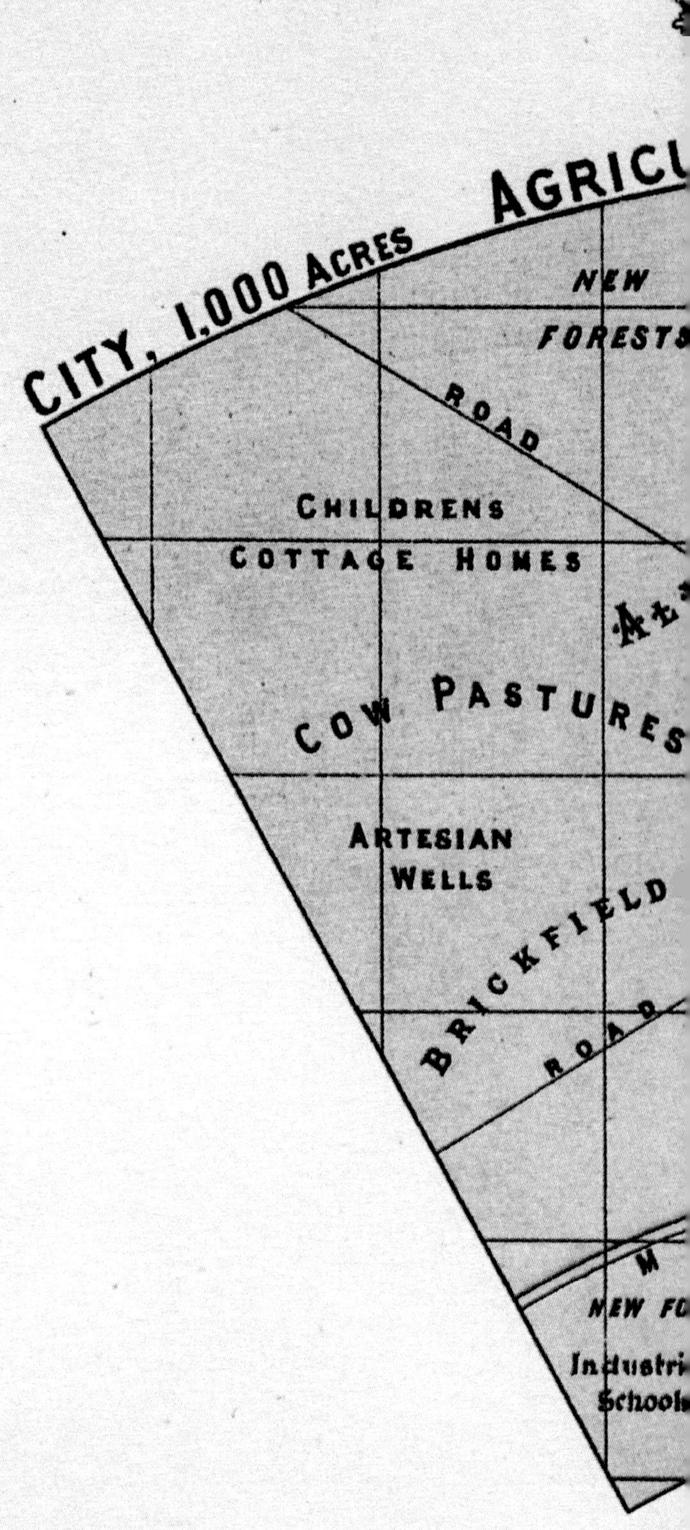

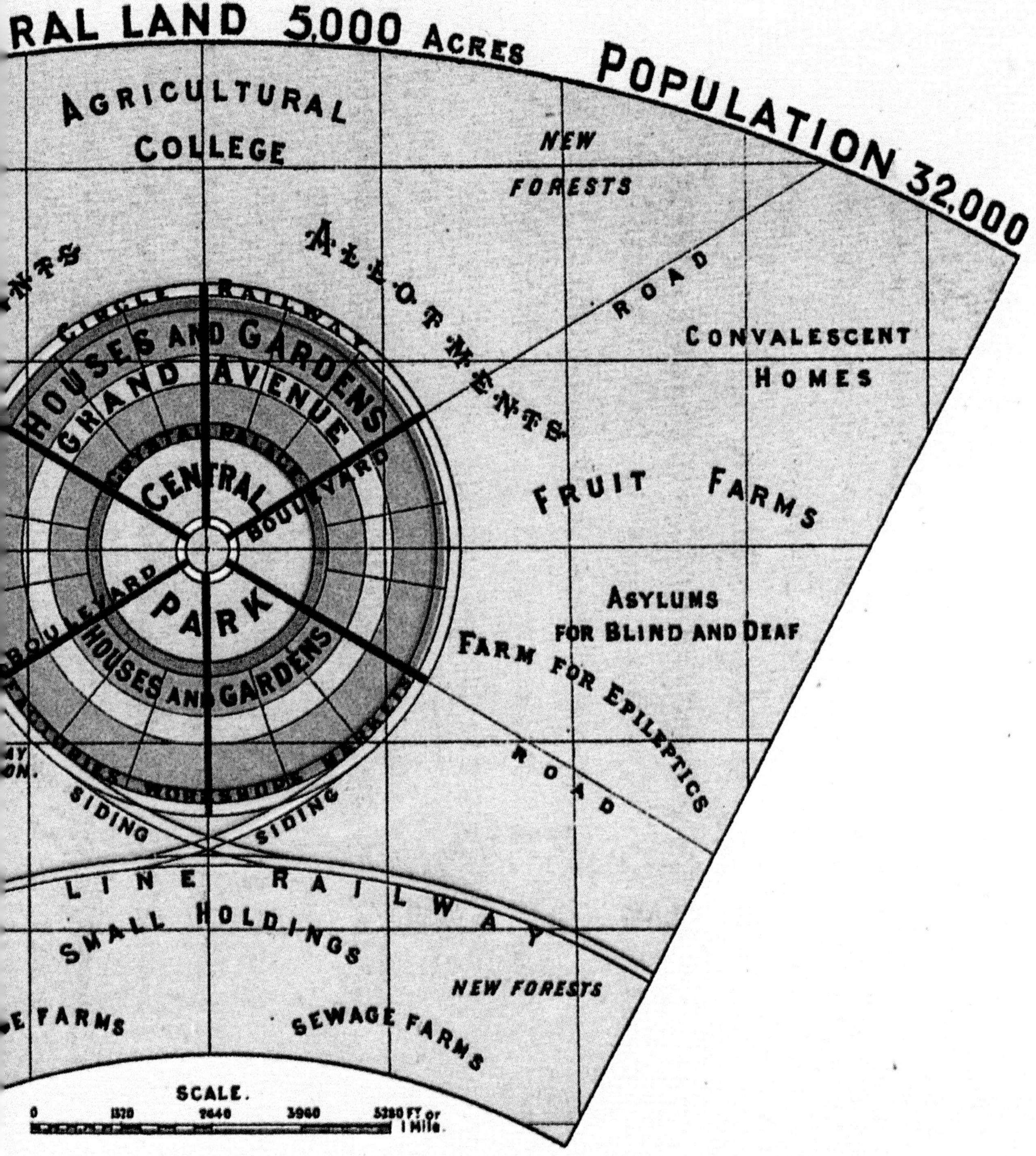

— Nº2. —
RAL LAND 5,000 ACRES
POPULATION 32,000
AGRICULTURAL COLLEGE
NEW FORESTS
ALLOTMENTS
ROAD
CONVALESCENT HOMES
CIRCLE RAILWAY
HOUSES AND GARDENS
GRAND AVENUE
CENTRAL PARK
BOULEVARD
FRUIT FARMS
ASYLUMS FOR BLIND AND DEAF
FARM FOR EPILEPTICS
ROAD
SIDING
SIDING
LINE RAILWAY
SMALL HOLDINGS
NEW FORESTS
SEWAGE FARMS
SCALE.
0 1320 2640 3960 5280 FT or 1 Mile.

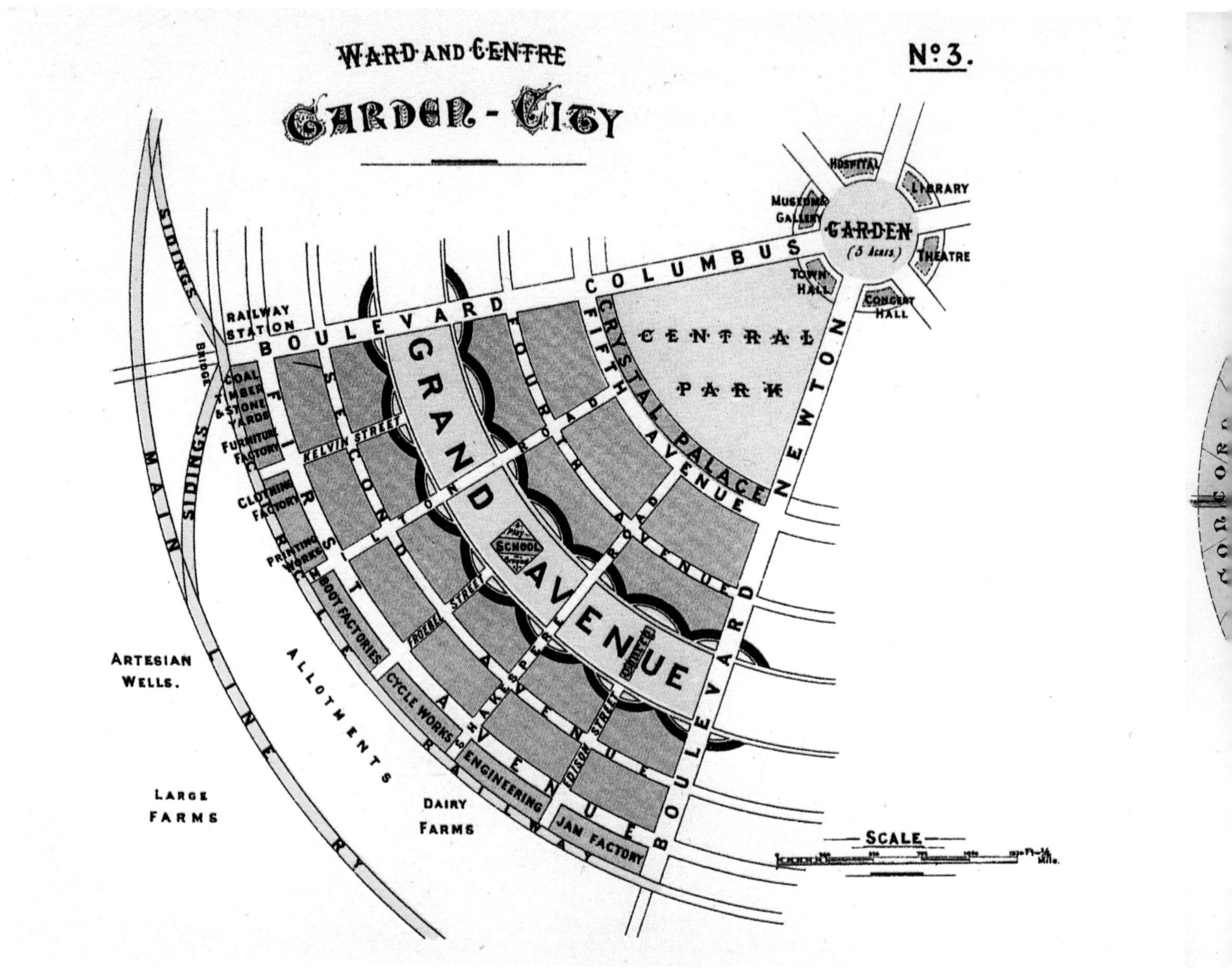

央公園本身又被一座水晶宮環繞，水晶宮是一座玻璃拱廊，「即使碰到最糟的天氣」也能讓人享用這整個區域。同心環狀的住宅街道圍繞這個公共空間。一條廣闊的大道（Grand Avenue）在區內開出一條130公尺寬的綠帶，提供空間給教堂、學校和更多的花園。由於大道是環形設計，因此距離任何居民的住處都不超過220公尺。

整座花園城的最外圈留給工廠和其他工作場所。其中有些充滿復古風情，彷彿來自維多利亞時期，例如腳踏車工房和果醬工廠，不過很適合一些重新流行起工藝品的現代街廓。位於外環邊上的軌道車站會把花園城連結到其他花園城（見299頁左圖）。城市之間的空間保留作為鄉村，可以提供空間來建立果園和農場，並設置若干機構和收容所來照顧不幸的人（包括「流浪兒」、「酒鬼」和「瘋子」）。

這本書問世之後毀譽參半。有人認為霍華德的想法只是天真的理想，對倫敦這樣已經充分建立好的城市來說完全行不通。「他的計畫如果是在羅馬人征服不列顛的時候提交出來，就會來得及採用。」一位評論家在費邊社（Fabian Society）的通訊中寫道，這還是一個鼓吹社會改革的社會主義團體。

霍華德沒被這些批評嚇倒。他巡迴英格蘭各地發表演說並宣傳理念。雖然據說他其貌不揚，但他說話鏗鏘有力，口才便給，在他的宣傳之下，募得資金在1903年興建了第一座花園城，位於倫敦北邊大約64公里處的列契沃斯（Letchworth），1920年又在威林（Welwyn）蓋了第二座花園城。這兩座花園城都實現了霍華德的重要理念，只是沒蓋成他地圖上的理想幾何形狀，而且兩者至今依然存在。

霍華德在1928年去世後，陸續有數十座花園城在英國和其他地方建立，此外他的理念也在整個20世紀影響了既有城市的都市計畫

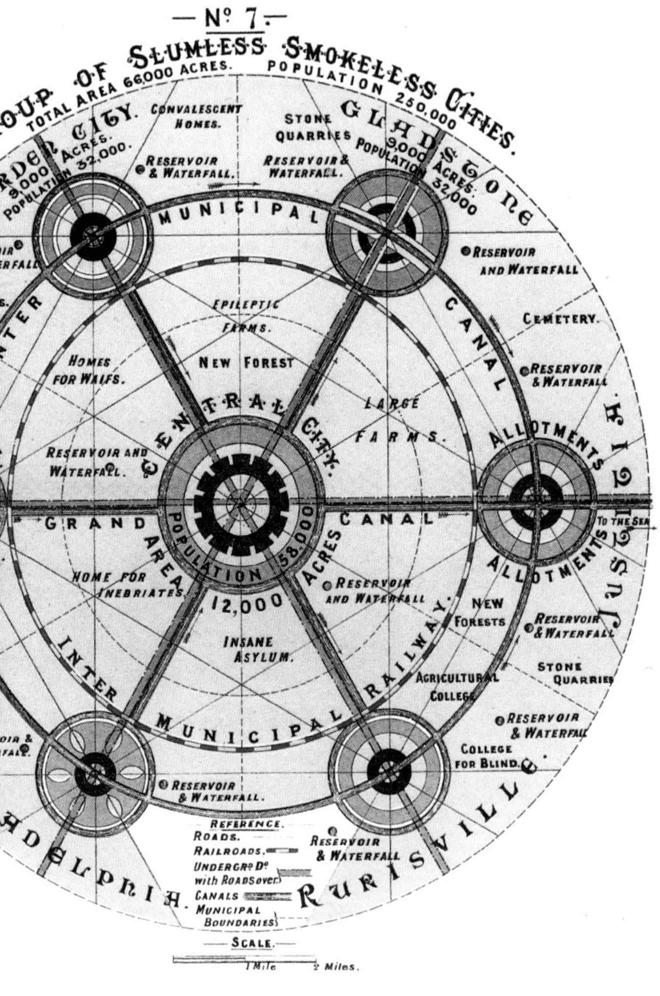

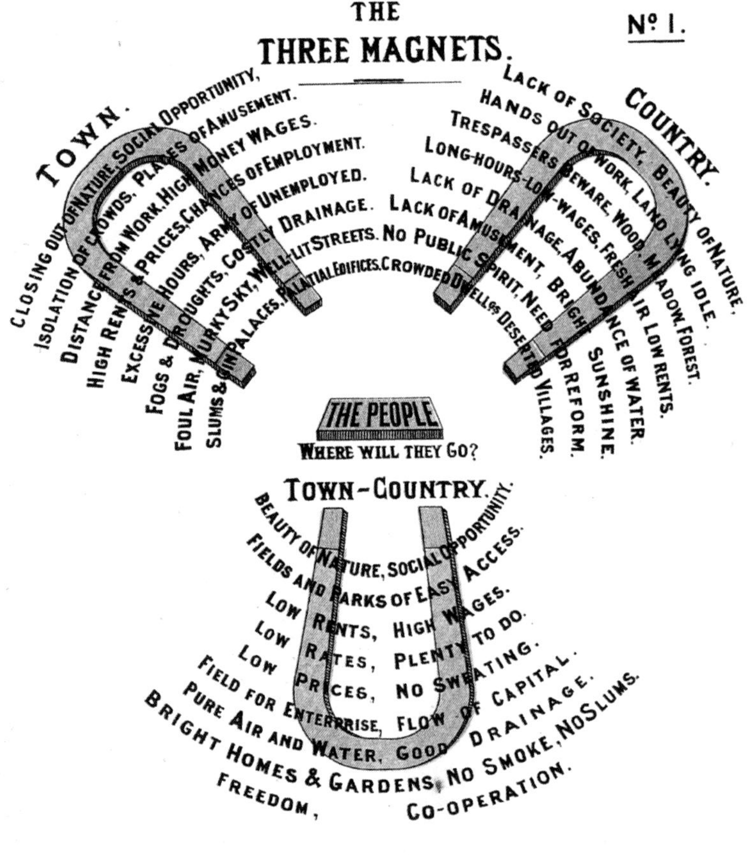

和再造工作。例如，美國俄勒岡州立法機構就在1970年代設立都市增長邊界，來保護特定規模城市周圍的鄉村綠地，美國各地也在推動振興城市公園和其他綠地。霍華德希望城鄉生活能夠完美平衡的願景或許依舊是個難以實現的理想，不過這個願景在今天的吸引力，完全不下於他在一個多世紀前提出的時候。✻

左頁 這張細部圖顯示花園城的同心圓環。圖中可見中央花園裡的市政廳、醫院、圖書館和其他公共建築，也可以看見外環周圍的商鋪和火車站。

上方左圖 這張地圖顯示花園城市網的可能樣貌，是由鐵路、公路和「市間運河」連接。這「一群無貧民窟、無菸的城市」將會容納25萬人，但仍包含大量的開闊空間。

上方右圖 霍華德把「城鎮」和「鄉間」比作兩種磁鐵，各自都有吸力和斥力。他的花園城旨在創造「鄉城」，這第三種磁鐵擷取了那兩個世界的優點，包括「費率低、工作多。物價低、不流汗。」

難得一見的死星設計圖

這種超級武器在星戰系列中扮演要角，但很少讓觀衆看見

製作年份： 2015年
來源： 盧卡斯影業

原始的《星際大戰》電影在一開始就用黃色的爬升字幕來鋪陳接下來的行動。我們得知有一場內戰正在進行，叛軍才剛初次戰勝邪惡的銀河帝國。「在爭戰之中，叛軍間諜成功竊取帝國終極武器死星的機密設計圖。」整段字幕就此滾向無垠。

根經過四十多年，現在告訴大家這些設計圖攸關劇情已經算不上是劇透。死星確實是一種致命武器，配備了可以蒸發整顆行星的強大雷射。但是，死星有一項致命缺陷：從被盜的設計圖中看出它有一個狹窄的冷卻井，只要一枚瞄得準的質子魚雷，就能從這裡引發連鎖反應，把死星整個炸掉。在這部電影的緊張結局中，出擊的叛軍飛行員穿過一條狹窄溝道，飛向冷卻井的開口，帝國的鈦戰機就在後面狂追。

在這張剖面示意圖中，冷卻井顯示為一條細線，從死星頂部幾乎垂直往下延伸，通往主反應爐，用來毀滅行星的雷射能量就是由此而來。

像這樣的詳細示意圖從未出現在電影中。這幅關於死星內部運作的想像圖，被盧卡斯影業用來製作宣傳《俠盜一號》（Rogue One）的海報，這部2016年電影講述叛軍如何從帝國檔案館竊取死星設計圖並偷運到安全處（一些早先版本的示意圖曾用於其他宣傳和商品，包括一本2013年的死星擁有者手冊）。

《俠盜一號》的劇情是從1977年星戰電影中的爬升字幕發展而來，1977年那部電影現在稱為《星際大戰四部曲：曙光乍現》（Star Wars: A New Hope），好和所有續集和前傳區分。約翰・諾爾（John Knoll）在《俠盜一號》擔任共同編劇、執行製作人和視覺特效總監，他小時候看過《曙光乍現》，而那行講到叛軍竊取設計圖的文字激發了他的想像力。「我當時覺得這件事就可以拍成一部相當不錯的電影。」他說。

然而，雖然死星設計圖這麼重要，但在螢幕上只有幾次能夠瞥見局部。《曙光乍現》裡最長的連續鏡頭出現在接近片尾的地方，這時一名叛軍指揮官在飛行員出擊前向他們做簡報。他身後的螢幕上有個線框圖形，上面顯示一條飛行員必須通過才能抵達目標的狹窄溝道。

《俠盜一號》中拍到設計圖的那幾個短鏡頭，就是在向1977年星戰電影的早期電腦圖像致敬。諾爾說這是刻意的，因為《俠盜一號》的事件直接承襲《曙光乍現》。「我們努力忠於《曙光乍現》的平面設計風格，」諾爾說。「大家都希望不要出現會在原始電影裡看起來不搭嘎的設計。」

當然這是有道理的，不過影迷要是想知道那些搶手的設計圖是什麼樣子，這大概就是最接近的答案了。✷

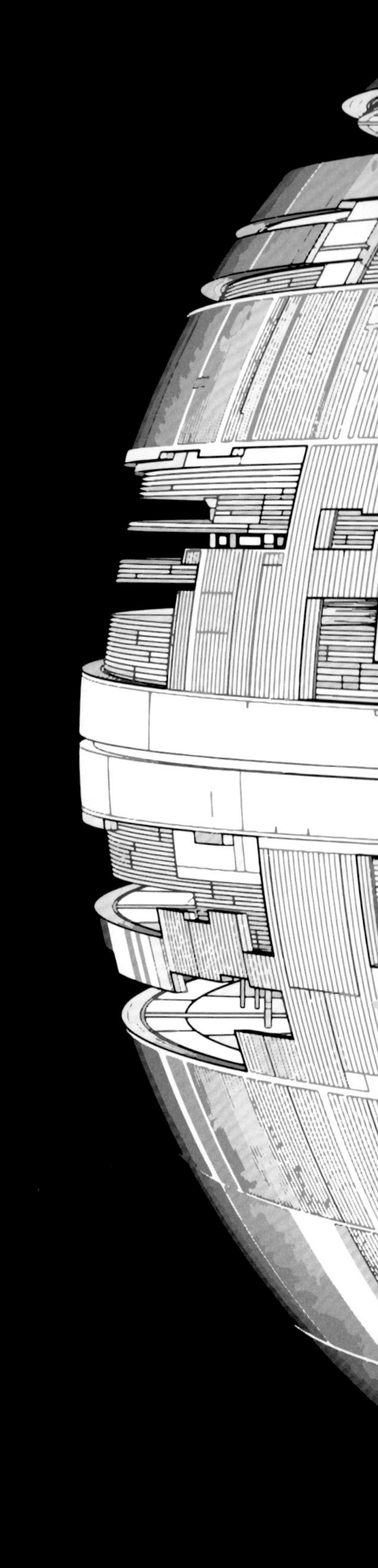

死星的行星蒸發雷射看起來很像表面上的一個凹眼，使它運轉的巨大圓柱狀裝置可見於這張剖面圖。這個超級武器和行星一樣大，位在中心的圓形艙室是提供雷射能量的「超物質」反應爐。

一場史詩般的製圖之旅

一位藝術家全心感受北美的風景和文化，只為了創作一張非凡的地圖

製作年份：2018年
來源：安東·湯瑪斯（ANTON THOMAS）

安東·湯瑪斯花了四年才完成他的手繪北美地圖。那段時間，他在1.5公尺高的地圖上塞滿了森林、山脈、湖泊、動物和城市，全都是用色鉛筆和墨水精心描繪。

隨著他從西岸一路往東描繪風景，他的素描技巧也大有進步——進步之大，讓他在畫到東岸時，決定重畫整個大陸的西半部。「這讓我回到將近一年前的進度。」因為他要用一把鋒利的刀子把一年來畫的東西全部刮除。但是，他說這終究是值得的。這張地圖為他開啓了地圖師的新生涯，他也打算出售印刷本。

湯瑪斯從七歲左右就開始迷上地圖，後來發現自己在做的事結合了藝術和製圖時，更是高興得不得了。「對於畫圖要做的研究和畫圖本身，我每一件事都很愛。」他說。

湯瑪斯在2011年到美國旅行了六個月，使他有了畫這張地圖的念頭。當時他21歲，是他第一次離開家鄉紐西蘭。他愛上了美國，也一直忘不了這件事。所以，當一位室友請他用藝術來裝飾他們的舊冰箱時，湯瑪斯就直接畫了一張北美地圖在上面。「結果我只是在冰箱上畫了一張地圖就花了一個月。」他說，「大家看到冰箱都一直說，『這也太美了吧！你可以畫我的冰箱嗎？』」

種子就此種下，到了2014年，湯瑪斯開始製作真正的地圖，這次是在紙上。第一步是把整個大陸的輪廓投影到掛在牆上的一大張紙上，然後描出海岸線、河流和政治邊界。其他部分都是徒手繪製的。

湯瑪斯畫了600　座城鎮的天際線，並設法納入所有具有代表性和意義的重要建築，例如舊金山的金門大橋和西雅圖的太空針塔。至於其餘部分，他上網廣泛考察，並且盡可能在遠方讓自己沉浸在北美各地。他會去聆聽當地音樂、觀看以這些地點為背景的電影、尋找當地特色餐飲。「我設法撒下一張大網，去了解我能了解的，然後畫出代表某個地方的內容，」他說，「是當地人看了會覺得熟悉的內容。」

例如，湯瑪斯畫出高掛在蒙大拿州米蘇拉上方183公尺處的大「M」，還有哨兵山斜坡上通往這個字母的Z字形山路。在太平洋岸西北地區的喀斯開山脈（Cascade Range），每座主峰——包括雷尼爾峰、胡德峰和聖海倫斯峰——在地圖上都可以辨認（見305頁）。「我覺得它們都有某種個性，我也很努力要捕捉這一點。」他說。

在考察古巴的時候，他重看了電影《樂士浮生錄》（Buena Vista Social Club），還花了幾個小時聆聽古巴音樂。他找來古巴食物，甚至買了一支昂貴的古巴雪茄來抽。他認為這是製圖的「方法派演員」套路。要開始圖解哈瓦那的時候，湯瑪斯並不是簡單在地圖上擺放幾個音符，而是畫出代表倫巴節奏的符號，倫巴正是源自古巴的音樂風格。

這張地圖也畫出400多隻動物，包括25隻熊、12隻馴鹿、8隻駝鹿、4隻美洲虎和許

這張取自湯瑪斯北美地圖上的美國東北部細部圖，顯示了圖中驚人的細節。他畫出數百座城市的天際線，還有動物和無數的樹木、山岳、沙漠、平原和草原。他把這項多年計畫稱作「一封寫給這塊大陸的情書」。

Trois-Rivières
MAINE
Bangor
Sherbrooke
MONTREAL
OTTAWA
Sudbury
North Bay
Pembroke
Augusta
Gulf of Maine
Burlington
Montpelier
VERMONT
NEW HAMPSHIRE
Portland
Lake Huron
Georgian Bay
St Lawrence
Peterborough
Kingston
Barrie
Concord
Manchester
TORONTO
Lake Ontario
Syracuse
Utica
Albany
BOSTON
MASSACHUSETTS
ROCHESTER
NEW YORK
Springfield
PROVIDENCE
Kitchener
Hamilton
BUFFALO
HARTFORD
RHODE ISLAND
CONNECTICUT
Saginaw
Flint
London
Sarnia
Ithaca
Binghamton
Lake Erie
Lansing
DETROIT
Erie
Scranton
Ann Arbor
Windsor
NEW YORK
CLEVELAND
PENNSYLVANIA
Toledo
Youngstown
Trenton
Akron
PHILADELPHIA
NEW JERSEY
Wayne
Mansfield
Altoona
Harrisburg
OHIO
PITTSBURGH
Atlantic City
Dover
BALTIMORE
MARYLAND
COLUMBUS
Morgantown
Annapolis
DELAWARE
Dayton
WASHINGTON D.C.
WEST VIRGINIA
CINCINNATI
Charlottesville
VIRGINIA
Huntington
Charleston
RICHMOND
LOUISVILLE
Frankfort
Lexington
Lynchburg
NORFOLK
Roanoke
KENTUCKY
Winston-Salem
Johnson City
Greensboro
RALEIGH
NORTH CAROLINA
Pamlico Sound
Knoxville
TENNESSEE
Asheville
CHARLOTTE
Fayetteville
Spartanburg
Chattanooga
Greenville
Wilmington
SOUTH CAROLINA
Myrtle Beach
Columbia
Athens
ATLANTA
Augusta
Charleston

多其他物種。各州州鳥和各國國鳥都被描繪出來，甚至包含哥斯大黎加的泥色鶇，這似乎浪費了哥斯大黎加在地圖上的有限空間。「我覺得很奇怪，在一個擁有地球5%物種的國家裡，為什麼無聊的鶇鳥會是國鳥。」湯瑪斯說。鄰近國家選了色彩更豐富、更有魅力的鳥類，例如宏都拉斯的緋紅金剛鸚鵡、巴拿馬的角鵰和貝里斯的巨嘴鳥。後來發現鶇鳥確實是完美的選擇：這是一種歌聲迷人、性情友善的鳥，在城鎮裡很常見。「牠能跟人類的現實生活產生共鳴。」他說。

但是，地圖上這些象徵並非每個都令人愉快。德州和伊利諾州到處都是把污染排放到空氣中的煙囪。在1989年洩漏數十萬桶原油的艾克森瓦德茲號（Exxon Valdez）正在沉入阿拉斯加的威廉王子灣。核彈試驗的蕈狀雲從內

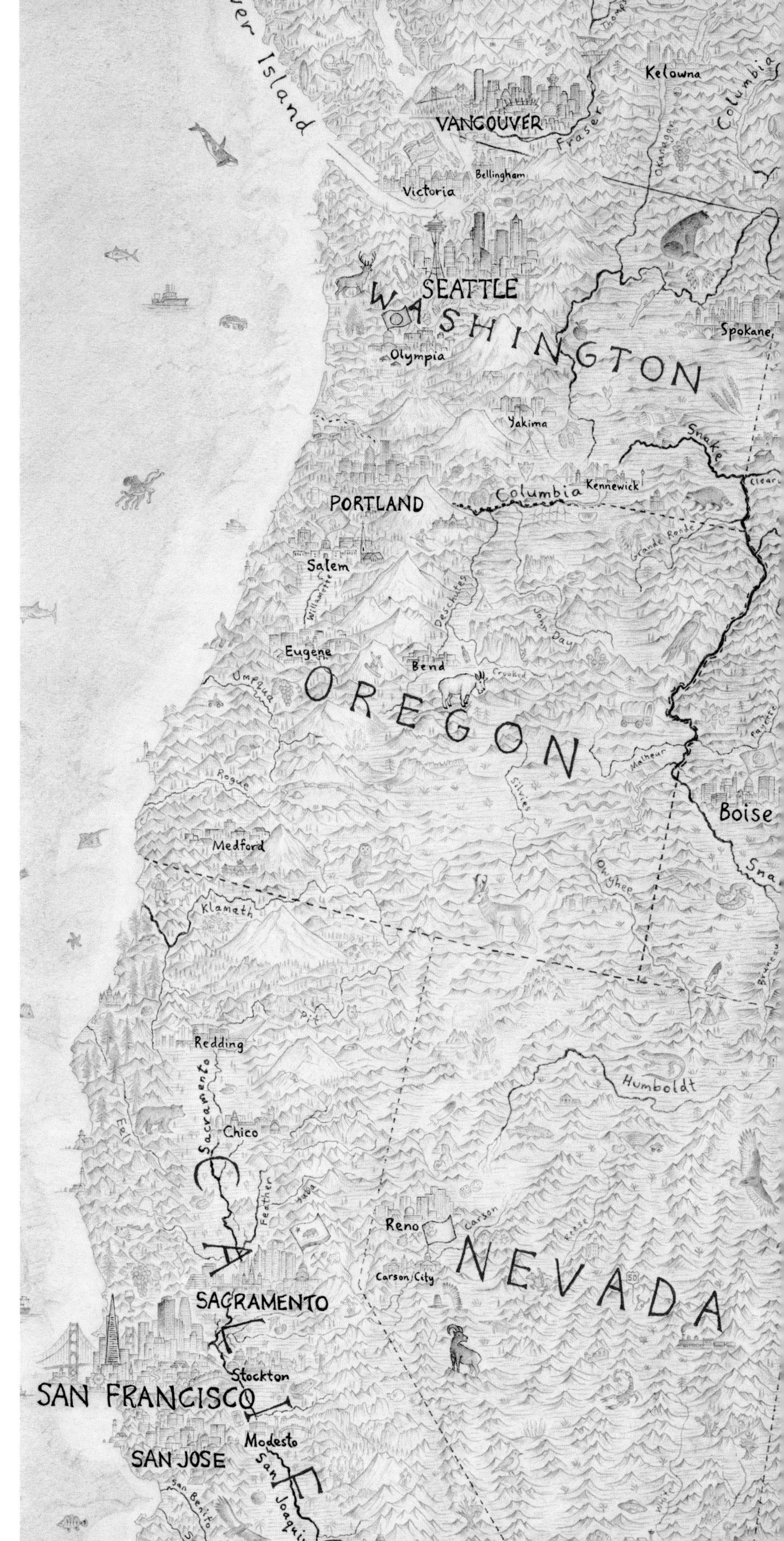

左頁上圖 湯瑪斯地圖上的墨西哥地景包括前哥倫布時期遺址，例如瓦哈卡外邊的阿爾班山。奧里薩巴山這座火山是北美第三高峰，位於哈拉帕以南。墨西哥城的歷史中心清楚可辨，背後是現代的天際線。鄉間則有各種原生動物，包括蜜熊、細腰貓、中美小食蟻獸和山咬鵑。

左頁下圖 對於湯瑪斯來說，整張地圖的一大挑戰就是錯綜複雜的北極圈海岸線。加拿大最北部的這片北極地帶人煙稀少，不過擁有許多有趣的動物，包括北極熊、麝牛、白鼬和斑海豹。雖然這裡主要都是非常小的城鎮和偏遠村落，但湯瑪斯還是很小心地準確描繪。

右圖 湯瑪斯是從美國西岸開始畫整個北美洲。當他一路畫到東岸，他的畫法大有進步、風格也大有改變，所以他最終重畫了地圖的西半部。如今加州、華盛頓州、俄勒岡州和內華達州的天際線變得更俐落，而動物除了變小、也擺放得更準確。

華達沙漠升起。

湯瑪斯很為難要怎麼表現戰爭和天災留下的疤痕。在海地的太子港，他畫出了2010年地震造成的破壞，呈現出倒塌建築的可怕輪廓。在整張地圖上，他都努力在美麗的畫面和地理現實之間求取平衡。「這整件事處處都會遇到有趣的謎題和疑難，」他說，「有時候還滿有哲學性的。」

經過多年悉心繪製北美大陸幾千個細節之後，他已經準備好要轉往下一個新領域。他說，做完這個大規模計畫，來點小型計畫可以讓他好好喘息。或許紐西蘭會是他下一個要畫的。

至於下一張真正的大地圖，湯瑪斯則是把目光投向南美洲，他估計只要12到18個月就能搞定。⁕

娜麗・布萊的環遊世界競賽

這套桌遊標繪出一位先鋒記者的旋風之旅

製作年份：1890年
來源：大衛・倫西地圖收藏

在1889年，娜麗・布萊（Nellie Bly）這位帶頭開路的記者打算以創紀錄的時間環遊世界，這項驚人之舉是啓發自凡爾納（Jules Verne）的流行小說《環遊世界八十天》（Around the World in Eighty Days）。隨著蘇伊士運河和橫貫北美大陸鐵路之類的鐵路完工，在這麼短時間裡環遊地球才剛開始看似可能。但是，要是是個女人率先這麼做——就是獨自旅行——那將會是一場轟動。

布萊在《紐約世界報》（New York World）的主編最初對這個想法遲疑不決，含蓄表示任何女人肯定都會帶上太多行李而趕不上轉運。他最終還是態度放軟，而布萊廣為人知的就是打包好一個一手可拿的隨身包，而且穿上她在出發前一天自己做的連身裙。「我總有一種舒適感，就是沒有什麼是不可能的，只要個人朝著正確方向使出一定精力就行了，」她後來如此寫道。

布萊是在11月14日離開紐約市，搭乘的是一艘開往倫敦的汽船。在往後幾個月裡，大眾都在關注她的旅程，而他們的想像力也被她從國外發來的電訊給激發了。《世界報》盡其所能去激起熱潮，除了印出點券讓讀者可以用來下注布萊返回紐約的確切時間（有超過90萬人參與，全都希望贏得一次免費的歐洲之旅），也印出一種以她行程為依據的桌遊，讓人從報紙上剪下來。這裡呈現的版本是貼在紙板上的，而且色彩比較豐富，是在她回來之後才生產的。

這個遊戲把布萊的旅行計畫畫成一個螺旋。整個行程依序如下：渡海前往倫敦、搭乘火車前往位於義大利靴子跟部的布林迪西（Brindisi）、乘船通過蘇伊士運河、越過亞洲底部、北上前往日本橫濱、橫跨太平洋到舊金山、最終搭乘火車返回紐約。圖板上的每一格都代表行程中的一天，其中有好幾格指示玩家往前跳幾格或倒退回去，這主要是因為天氣變化。雖然這個遊戲最早是在布萊出行期間印製的，但她真的在僅僅72天裡就返回紐約——正如圖版所示。

在布萊那時代，少數擔任記者的女性大多都被丟去寫八卦專欄、食譜和關於家事妙方。布萊則是帶頭開闢新通道，所靠的不僅是這次旅行，還有一件揭發某家精神病院可怕情況的臥底報導，以及她在一戰期間的前線回報。環遊世界讓布萊在她那時代享有盛名，不過她最長遠的貢獻可能是做好榜樣讓後代女性敢做社會說她們不能做的事。＊

抓著手提包的布萊出現在桌遊的封面（上圖）和遊戲版左上角的起點（右圖）。她啓程的時候是35歲。遊戲版右上角的男性是《環遊世界八十天》的作者凡爾納，他也啓發了布萊的旅程。布萊出發後不久就到法國亞眠拜訪他。

1ST DAY
THE START
2ND DAY
CLEAR
GO AHEAD 3 DAYS
3RD DAY
RAIN
GO BACK 1 DAY
4TH DAY
STORM
GO BACK 2 DAYS
5TH DAY
ICEBERGS
GO BACK TO PORT
6TH DAY
CLEARING
GO TO SOUTHAMPTON
GOOD BY PHILEAS!
7TH DAY
FAIR SAILING
8TH DAY
SOUTHAMPTON
GO TO AMIENS
9TH DAY
AMIENS
ONE MORE THROW
10TH DAY
INDIAN MAIL
ACCIDENT
GO BACK 5 DAYS
11TH DAY
BRINDISI
BRIGANDS
GO BACK 2 DAYS
12TH DAY
MEDITERRANEAN
13TH DAY
SUEZ CANAL
14TH DAY
THANKSGIVING
15TH DAY
ISMAILIA
16TH DAY
RED SEA
17TH DAY
STORMY
18TH DAY
STRIKES A ROCK
19TH DAY
ADEN
20TH DAY
ARABIAN SEA
21ST DAY
STUCK ON SAND BAR
22ND DAY
INDIAN OCEAN
23RD DAY
INDIAN OCEAN
JULES VERNE
GLOBE CIRCLER
29TH DAY
BAY OF BENGAL
GO TO SIAM
30TH DAY
MALACCA STRAITS
PIRATE SHIP
GO BACK 3 DAYS
31ST DAY
OFF SUMATRA
32ND DAY
MALACCA STRAITS
GO AHEAD 1 DAY
33RD DAY
SINGAPORE
34TH DAY
SIAM
GO AHEAD 2 DAYS
35TH DAY
CHINA SEA
36TH DAY
SIMOON
GO BACK 10 DAYS
37TH DAY
BORNEO
GO AHEAD 2 DAYS
38TH DAY
CHINA SEA
39TH DAY
CHINA SEA
GO BACK 3 DAYS
40TH DAY
HONG KONG
GO TO 16TH DAY
41ST DAY
CHRISTMAS
I MORE THROW
42ND DAY
JOSS
LOSE NEXT THROW
43RD DAY
CANTON
GO BACK 5 DAYS
44TH DAY
HONGKONG
GO BACK 10 DAYS
45TH DAY
CHINA SEA
ANOTHER THROW
GO AHEAD 5 DAYS
46TH DAY
CHINA SEA
LOSE 2 THROWS
47TH DAY
STORMY
GO BACK 1 DAY
48TH DAY
OFF FORMOSA
49TH DAY
YOKOHAMA
LOSE NEXT THROW
GO AHEAD 5 DAYS
50TH DAY
YOKOHAMA
GO AHEAD 1 DAY
51ST DAY
YEDDO
ONE MORE THROW
LOSE NEXT THROW
52ND DAY
YOKAHAMA
53RD DAY
YOKAHAMA
DELAY
GO BACK 5 DAYS
54TH DAY
YOKAHAMA
55TH DAY
ON THE PACIFIC
GO BACK 2 DAYS
56TH DAY
STORMY
GO BACK 10 DAYS
57TH DAY
CLEAR
GO AHEAD 1 DAY
58TH DAY
BREAK IN MACHINERY
GO BACK 3 DAYS
59TH DAY
CLEAR
60TH DAY
FAIR
GO AHEAD 2 DAYS
61ST DAY
CLEAR
62ND DAY
STORM
GO BACK 3 DAYS
63RD DAY
COLLISION
GO BACK 15 DAYS
64TH DAY
ON A RAFT
LOSE 2 THROWS
65TH DAY
RESCUED
GO BACK 5 DAYS
66TH DAY
CLEAR
GO AHEAD 10 DAYS
67TH DAY
PACIFIC OCEAN
LOSE 1 THROW
68TH DAY
GOLDEN GATE
69TH DAY
SIERRA MOUNTAINS
SNOW BOUND
LOSES THROWS
70TH DAY
CHEYENNE
INDIANS
GO BACK TO GOLDEN GATE
71ST DAY
OMAHA
GO IN CENTRE
72ND DAY
LEAVING CHICAGO
LOSE 1 THROW
73RD DAY
FIRST PART OF
NELLIE BLY
ALL RECORDS BROKEN
THE WORLD
P.R.R. DEPOT
ACROSS THE ATLANTIC.
OVER A MILE A MINUTE.
NELLIE BLY

金星：女神的國度

以來自各文化的強大女性標示金星的地貌

製作年份：20175年

來源：艾莉諾・魯茲（ELEANOR LUTZ）

金星上住著一大群強大的女性。扎拉宏斯（Dzalarhons）是太平洋岸西北地區原住民海達族的火山女神，她就住在歐朱茲（Ojuz）的住家下方，歐朱茲是塔吉克人的冰霜暨寒風之神。附近還有西非國家貝南豐族（Fon）的猜測女神葛芭朵（Gbadu），以及和埃及的裁判與處決女神瑪芙代特（Mafdet）。她們的名字全都用來命名金星表面的地貌，出現在右頁這張想像地圖的上半部，地圖作者是科學設計師艾莉諾・魯茲。

魯茲在2017年製作這張地圖，當時她是華盛頓大學的生物學博士生。她在早一年前製作她第一張行星地圖，那是一張火星地圖，靈感來自於維多利亞時代那些向大家引介遠不可及之處的地圖。這張金星地圖則是完全不同的樣子。「我想要使用一種指涉冷戰宣傳海報元素的美學，這是在致敬金星探索的政治歷史，」她說。大多數送上金星的探測器都是蘇聯在1960年代和1970年代太空競賽期間發送的。它們的著陸點在地圖上都用圓盾標出。有好幾具登陸器都墜毀了，但即使是那些沒墜毀的也很快就毀於炙熱高溫（可能超過攝氏430度）和沉重氣壓（大約是地球上的90倍）。

這些登陸器的數量遠遠少於被用來命名金星實體地貌的女神、神話英雌和其他女性。依照國際天文學聯合會（International Astronomical Union，設立天體命名規則的科學組織）的規定，幾乎所有金星上的地貌都是以真實或想像中的女性來命名。

魯茲說，她很好奇被提到的女神對於所屬文化有多重要，譬如來自現今俄羅斯西南隅的阿迪格人（Adyghe）就有養蜂女神。「同樣也很有趣的，就是看到有些事情看來幾乎在全世界都很重要——整張地圖上有很多生育女神和水之女神。」

其中也有凡人女性。寬度超過20公里的撞擊坑都以著名女性命名，在地圖上顯示為黃色。這些女性包括蒙娜麗莎、維吉尼亞・吳爾芙和比莉・哈樂黛。較小的撞擊坑顯示為紅色，名稱來自各文化的常見女子名。因此法蒂瑪、瑪德蓮娜、甚至琳達都在金星占有一席之地。⁕

金星的命名規則非常明確。鑲嵌地（tessera）這種地形如瓷磚般的區域是以各文化的幸運與命運女神命名，在圖中是以包在深色方塊裡的白色圓圈來標示。冕狀物（corona）這種橢圓形地貌則是以生育或大地女神來命名，在圖中是以四個圓圈的符號來標示。

FAUSTINA
THOLUS
Tibetan Goddess of Compassion
KUMANG CORONA
Mother Goddess of Ibans (the sea Dayaks of Borneo)
Quechua Potato Goddess
Adyghe Wise Predictor
AYASHE Hausa
CORINNA
Greek Poet
MAMITU TESSE
Akkadian Destiny Goddess
MERISA FLUCTUS
Adyghe Beekeeping Goddess
BEREGHINYA PLANITIA
SLAVIC WATER SPIRIT
ESTHER Persian
FAUFAU Polynesian
VENERA 4 • Венера-4
SUCCESSFUL
Survived for 93 MIN
USSR • 1967
SHEILA
GUOR LINEA
Northern European Valkyrie
IRNINI MONS
Assyro-Babylonian Goddess of Cedar-Tree Mountains
METELITSA DORSA
East Slavic Snowstorm Deity
BRADSTR
Anne
NINMAH CORONA
Sumer-Akkadian Mother Goddess
NEHALENNIA CORONA
Teutonic Fertility Goddess
DEVORGUILLA
Irish Heroine
HIRIATA Polynesian
HUAREI
Polynesian
SAPPHO PATERA
Lyric Poet
MARGARITA
Greek
AGOE Eve
PAVLOVA CORONA
Anna Pavlova (formerly Pavlova Crater)
LIBERA CORONA
Roman Fertility Goddess
ANALA MONS
Hindu Fertility Goddess (formerly Anala Corona)
CARMENTA FARRA
Goddess of Springs
EISTLA REGIO
NORSE GIANTESS
DE AYALA
Josefa
FESTA
Italian Painter
VIRTUS LINEA
Roman War Goddess
CHANGKO CORONA
Kachin Mother of all Humans
BADB LINEA
Irish War Goddess
AKUBA Eve
GWYNN Nell
MAFDET TESSERA
Egyptian Goddess of Judicial Authority & Executions
BELET-ILI CORONA
Mesopotamian Nature & Fertility Goddess
MANTON Sidnie
KELEA
Maui Chieftess
KALI MONS
Hindu Goddess, Mother of Death
SUNRTA CORONA
Hindu Fertility Goddess
CALAKOMANA CORONA
Pueblo Corn Goddess
RABZHIMA CORONA
Tibetan Great Mother Goddess
AMINATA Mandinka
OJUZ DORSA
Tajik Deity of Frost & Cold Wind
AFIRUWA Hausa
FARIDA Azeri
OSHUN FARRA
Yoruba Water Goddess
GAIA CORONA
Greek Earth & Fertility Goddess
NAMJYALMA FOSSAE
Tibetan Victorious Mother
DZALARHONS MONS
Haida Volcano Goddess
GBADU TESSERA
Fon (Benin) Goddess of Guessing
PTESANWI MONS
Lakota White Buffalo Woma
CALLAS Maria
NEPRA VALLIS
East Slavic Goddess of Dnieper River
PIAF Edith
5E
10E
25E
30E
35E
40E
45E
50E
VENERA 5 • Венера-5
SUCCESSFUL
Survived for 53 MIN
USSR • 1969
VENERA 6 • Венера-6
SUCCESSFUL
Survived for 51 MIN
USSR • 1969
KUAN-YIN CORONA
Chinese Fertility Goddess
NEKHEBET FLUCTUS
Egyptian Vulture Goddess
SALUS TESSERA
Roman Health & Prosperity Goddess
LARA Latin
EVIKA Tatar
VANESSA
Greek
GRAHAM PATERA
Martha
VALERIE French
VASHTI Persian
BANUMBIRR VALLIS
Arnhemland word for Venus
THOURIS CORONA
Egyptian Fertility Goddess
THERMUTHIS CORONA
Egyptian Fertility & Harvest Goddess
ATARGATIS CORONA
Hittite Fertility Goddess
NABUZANA CORONA
Ugandan Crop Goddess
XANTIPPE
Wife of Socrates
LESLIE English
REBECCA Hebrew
MUKYLCHIN CORONA
Udmurt Fertility Goddess
MAGDALEN
Spanish
LINDA Latin
KAREN Greek
DUDUMITSA DORSA
Bulgarian Rain Deity
FRANK Anne
TINATIN PLANITIA
GEORGIAN EPIC HEROINE
FATUA CORONA
Roman Fertility Goddess
ADAMSON Joy
GILLIAN Lat
MUNTER Gabriele
LAURENCIN Marie
BATHSHEBA
Hebrew Queen
ANDAMI
Iranian Doctor
FATIMA Arabic
MEDHAVI
Ramabai
JUKSAKKA CORONA
Sami Goddess of Birth
MINU-ANNI TESSERA
Assyrian Fate Goddess
MICHELLE French
ALPHA REGIO
BRYNHILD FOSSAE
Norse Warrior Maiden
SCARPELLINI
Caterina
KIMITONGA
Polynesian
VIRGA Lithuanian
MAMA-ALLPA CORONA
Peruvian Harvest Goddess
ANICIA
Greek Physician
NADIA Russian
UMAY-ENE CORONA
Kazakh Childcare Goddess
SOPHIA Greek
SEORITSU FARRA
Japanese Stream Goddess
ZENOBIA
Queen of Palmyra
STUART
Mary, Queen of Scots
KALOMBO Bantu
PUREV Mongolian
PASOM-MANA TESSERA
Hopi Goddess of Dreams & the Insane
ZEMLIKA CORONA

延伸閱讀

一般性參考資料

線上資源

Mason, Betsy, and Greg Miller. "All Over the Map." nationalgeographic.com /all-over-the-map.

David Rumsey Map Collection: www .davidrumsey.com.

Library of Congress: "Worlds Revealed." blogs.loc.gov/maps.

Osher Map Library: www.oshermaps.org.

Norman B. Leventhal Map Center, Boston Public Library: www.leventhalmap.org.

New York Public Library Map Division: www.nypl.org/about/divisions/map -division.

印刷品

Antonis, Antoniou, and R. Klanten, eds. *Mind the Map*. Gestalten, 2015.

Benson, Michael. *Cosmigraphics: Picturing Space Through Time*. Abrams, 2014.

Black, Jeremy, and others. *Great City Maps*. DK Publishing, 2016.

Blake, John. *The Sea Chart*. Conway, 2016.

Hall, Debbie, ed. *Treasures from the Map Room*. Bodleian Library, 2016.

The History of Cartography series. University of Chicago Press.

Hornsby, Stephen. *Picturing America: The Golden Age of Pictorial Maps*. University of Chicago Press, 2017.

Sumira, Sylvia. *Globes: 400 Years of Exploration, Navigation, and Power*. University of Chicago Press, 2014.

Van Duzer, Chet. *Sea Monsters on Medieval and Renaissance Maps*. British Library, 2014.

文獻節選

1 | 水道

14-17 Fisk, Harold N. "Geological Investigation of the Alluvial Valley of the Lower Mississippi River." U.S. Army Corps of Engineers, 1944.

Morris, Christopher. "Reckoning with 'the Crookedest River in the World': The Maps of Harold Norman Fisk." *The Southern Quarterly* (Spring 2015), 30-44.

Barry, John M. *Rising Tide: The Great Mississippi Flood of 1927 and How It Changed America*. Simon & Schuster, 1998.

18-21 Howse, Derek, and Norman Thrower, eds. *A Buccaneer's Atlas: Basil Ringrose's South Sea Waggoner*. University of California Press, 1992.

Lynam, Edward. "William Hack and the South Sea Buccaneers." In *The Mapmaker's Art: Essays on the History of Maps*. Batchworth Press, 1953.

Lloyd, Christopher. "Bartholomew Sharp, Buccaneer." *Mariner's Mirror* (1956), 291-301.

22-23 Wolter, John. "The Heights of Mountains and the Lengths of Rivers." *Quarterly Journal of the Library of Congress* (July 1972), 186-205.

Rumsey, David. "Heights of Mountains, Lengths of Rivers." 2009. www.davidrumsey.com/ blog/2009/9/5/heights-of -mountains-lengths-of-rivers.

24-29 Osher Map Library. "The Northwest Passage: Navigating Old Beliefs and New Realities." Exhibit, 2016-2017. www.oshermaps.org/exhibitions/ arctic-exploration.

30-31 Russell, Ron. "Neglected Treasures." *SF Weekly*, January 16, 2008.

Covarrubias, Miguel. *Pageant of the Pacific*. Pacific House, 1940.

32-35 Hofmann, Catherine, Helene Richard, and Emmanuelle Vagon. *The Golden Age of Maritime Maps: When Europe Discovered the World*. Firefly Books, 2013.

38-41 McCullough, David. *The Path Between the Seas: The Creation of the Panama Canal, 1870-1914*. Simon & Schuster, 2001.

Allen, Cyril. "Félix Belly: Nicaraguan Canal Promoter." *Hispanic American Historical Review* (February 1957), 46-59.

Meyer, Axel, and Jorge A. Huete-Pérez. "Conservation: Nicaragua Canal Could Wreak Environmental Ruin." *Nature* (February 20, 2014), 287-289.

42-43 Theberge, Albert E. "The Coast Survey 1807-1867." NOAA. http:// library.noaa.gov/About/Mission/ Coast-Geo-Survey/Coast-Survey -1807-1867-TOC

2 | 城市

50-55 Berg, Scott. *Grand Avenues: The Story of the French Visionary Who Designed Washington, D.C.* Random House, 2007.

60-63 Ebel, Kathryn. "Representations of the Frontier in Ottoman Town Views of the Sixteenth Century." *Imago Mundi* (2008), 1-22.

Ayduz, Salim. "Nasuh Al-Matrakî, A Noteworthy Ottoman Artist-Mathematician of the Sixteenth Century." Muslim Heritage. www.muslimheritage.com.

Rogers, J. M. "Itineraries and Town Views in Ottoman Histories." In *The History of Cartography*, vol. 2, book 1, edited by J. B. Harley and David Woodward. University of Chicago Press, 1992.

66-69 "Kowloon Walled City" (multimedia documentary). *Wall Street Journal*. http://projects.wsj.com/kwc.

Kowloon Walled City Expedition: https://kowloonexpedition.word press.com.

70-73 Seasholes, Nancy. *Gaining Ground: A History of Landmaking in Boston*. MIT Press, 2003.

Boston Groundwater Trust: www .bostongroundwater.org.

74-75 Barber, Peter. *London: A History in Maps*. British Library Publishing, 2012.

Rosen, Jody. "The Knowledge, London's Legendary Taxi-Driver Test, Puts Up a Fight in the Age of GPS." *New York Times*, November 10, 2014.

3 | 衝突與危機

80-83 Desjardin, Thomas. *These Honored Dead*. Da Capo Press, 2003.

Hartwig, Scott. "High Water Mark: Heroes, Myth and Memory." National Park Service, 2008. www .npshistory.com/series/symposia/ gettysburg_seminars/12.

84-89 Davies, John, and Alexander Kent. *The Red Atlas: How the Soviet Union Secretly Mapped the World*. University of Chicago Press, 2017.

Miller, Greg. "Inside the Secret World of Russia's Cold War Mapmakers." *Wired*, July 18, 2015.

90-93 Osborn, Carlyn. "Anna Beek and the War of the Spanish Succession." Library of Congress, March 25, 2016. https://blogs.loc.gov/ maps/2016/03/anna-beek.

Falkner, James. *The War of the Spanish Succession, 1701-1714*. Pen and Sword Military, 2015.

94-97 Ward, Laurence. *The London County Council Bomb Damage Maps, 1939-1945*. Thames & Hudson, 2016.

98-99 Moore, Ryan. "World War I: Understanding the War at Sea Through Maps." Library of Congress, January 18, 2017. https://blogs.loc.gov/ maps/2017/01/world-war-i -understanding -the-war-at-sea -through-maps.

Breemer, Jan. *Defeating the U-Boat: Inventing Antisubmarine Warfare*. Naval War College Press, 2012.

100-103 Abrams, Leonard. *Our Secret Little War*. International Geographic Information Foundation, 1991.

Pearson, Alastair. "Allied Military Model Making During World War II." *Cartography and Geographic Information Science* (2002), 227-241.

Reed, Harrison. "The Development of the Terrain Model in the War." *Geographical Review* (October 1946), 632-652.

104-107 Wigan, Kären, ed. "Japanese Imperial Maps as Sources for East Asian History: The Past and Future of the Gaihōzu." *Cross-Currents: East Asian History and Culture Review* (March 2012).

108-109 The Refugee Project: www.the refugeeproject.org.

4 | 地景

114-115 Patterson, Tom. "A View From On High: Heinrich Berann's Panoramas and Landscape Visualization Techniques for the U.S. National Park Service." *Cartographic Perspectives* (Spring 2000), 38-65.

Troyer, Matthias. "The World of H. C. Berann." www.berann.com/life.html.

116-117 Thorington, J. Monroe. "John Auldjo, Fortunate Traveller." *Alpine Journal* (November 1952), 459-464.

118-123 Washburn, Bradford. "Resurvey of the Heart of the Grand Canyon, 1971-1978." National Geographic Society and Boston Museum of Science, 1979.

Wilford, John Noble. "Copters and Lasers Map Grand Canyon." *New York Times*, July 19, 1972.

Washburn, Bradford. *An Extraordinary Life*. WestWinds Press, 2005.

124-127 Garver, Joseph. "Plainly Visible Patterns: The Cartography of Erwin Josephus Raisz." *Mercator's World* (September/October 1999).

Raisz, Erwin. "The Physiographic Method of Representing Scenery on Maps." *Geographical Review* (April 1931), 297-304.

Robinson, Arthur. "Erwin Josephus Raisz, 1893-1968." *Annals of the Association of American Geographers* (March 1970), 189-193.

132-135 "Eduard Imhof—Swiss Cartographer." *Treffpunkt*. Swiss television documentary with English subtitles, 1983. https://vimeo .com/164529891.

Imhof, Eduard. *Cartographic Relief Presentation*. Esri Press, 2007.

136-137 Beveridge, Charles, Lauren Meier, and Irene Mills. *Frederick Law Olmsted: Plans and Views of Public Parks*. Johns Hopkins University Press, 2015.

Olmsted and America's Urban Parks. Directed by Rebecca Messner and others. PBS, 2011. www.olmsted film.org.

138-141 James Niehues: www.jamesniehues .com.

142-143 Mode, P. J. "Birds-Eye View From Summit of Mt. Washington." Cornell University Library, April 4, 2014.

https://digital.library.cornell.edu/catalog/ss:19343463.

5 | 經濟

148-151 Baker, Oliver. *Atlas of American Agriculture*. U.S. Government Printing Office, 1936.

Baker, Oliver, Ralph Borsodi, and M. L. Wilson. *Agriculture in Modern Life*. Harper and Brothers, 1939.

152-157 Friendly, Michael. "Visions and Re-Visions of Charles Joseph Minard." *Journal of Educational and Behavioral Statistics* (Spring 2002), 31-51.

Andrews, R. J. "Seeking Minard" and "Finding Minard." Infowetrust.com, March 15, 2017.

Robinson, Arthur. "The thematic maps of Charles Joseph Minard." *Imago Mundi* (1967), 95-108.

158-161 Kahrl, William, ed. *The California Water Atlas*. California Governor's Office of Planning and Research, 1979.

162-163 Deák, Antal. "The Mineral Maps of L. F. Marsigli and the Mystery of a Mine Map." In *Lecture Notes in Geoinformation and Cartography*, edited by E. Liebenberg, P. Collier, and Z. Török. Springer, 2014.

Stoye, John. *Marsigli's Europe, 1680-1730: The Life and Times of Luigi Ferdinando Marsigli, Soldier and Virtuoso*. Yale University Press, 1994.

164-167 Miller, Greg. "Historical Atlases Rescued from the Trash Could Be a Boon to Historians." *National Geographic*, March 3, 2017.

Brinkley, Douglas. *Wheels for the World*. Penguin Books, 2004.

Fitzpatrick, Gary. "Sanborn Samplers." Library of Congress. www.loc.gov/collections/sanborn-maps/articles-and-essays/sanborn-samplers.

168-171 Jarvis, Paul. *Mapping the Airways*. Amberley Publishing, 2016.

172-173 Dobb, Edwin. "The New Oil Landscape." *National Geographic* (March 2013), 28-59.

174-175 Rappaport, Erika. *A Thirst for Empire: How Tea Shaped the Modern World*. Princeton University Press, 2017.

6 | 科學

180-183 Koch, Tom. *Cartographies of Disease: Maps, Mapping, and Medicine*. Esri Press, 2017.

Cairo, Alberto. "Heroes of Visualization: John Snow, H. W. Acland, and the Mythmaking Problem." Peachpit.com, May 29, 2013.

184-189 Tharp, Marie. "Connect the Dots: Mapping the Seafloor and Discovering the Mid-Ocean Ridge." In *Lamont-Doherty Earth Observatory of Columbia: Twelve Perspectives on the First Fifty Years, 1949-1999*, edited by Laurence Lippsett. LDEO of Columbia University, 1999.

Felt, Hali. *Soundings*. Holt, 2012.

190-193 MappingRome: http://mappingrome.com.

Stanford Digital Forma Urbis Romae Project: https://formaurbis.stanford.edu.

194-197 Lawson, Andrew. *The California Earthquake of April 18, 1906: Report of the State Earthquake Investigation Commission*. Carnegie Institution of Washington, 1908.

Zoback, Mary Lou. "The 1906 earthquake and a century of progress in understanding earthquakes and their hazards." *GSA Today* (April/May 2006), 4-11.

Mason, Betsy, and others. "A Century Ago, a Moment Away." *Contra Costa Times* (special section), April 18, 2006.

198-199 Atlas for the End of the World: http://atlas-for-the-end-of-the-world.com/index_0.html.

200-203 Swanson, Larry, and others. *Beautiful Brain: The Drawings of Santiago Ramón y Cajal*. Abrams, 2017.

Instituto Cajal "Legacy of Cajal." www.cajal.csic.es/ingles/legado.html.

204-205 Greeley, Ronald, and Raymond Batson, eds. *Planetary Mapping*. Cambridge University Press, 1990.

206-209 Hearn, Chester. *Tracks in the Sea: Matthew Fontaine Maury and the Mapping of the Oceans*. International Marine, 2003.

Maury, Matthew F. *Physical Geography of the Sea*. Harper, 1855.

7 | 人類經驗

214-217 Farwell, Willard. *The Chinese at Home and Abroad: Together with the Report of the Special Committee of the Board of Supervisors of San Francisco on the Condition of the Chinese Quarter of that City*. A. L. Bancroft & Co., 1885.

Shah, Nayan. *Contagious Divides: Epidemics and Race in San Francisco's Chinatown*. University of California Press, 2001.

218-221 Traganou, Jilly. *The Tōkaidō Road: Traveling and Representation in Edo and Meiji Japan*. Routledge, 2004.

222-223 Wallace, Tim. "The Two Americas of 2016." *New York Times*, November 16, 2016.

224-227 Zirkle, Conway. "Natural Selection Before the 'Origin of the Species.'" *Proceedings of the American Philosophical Society* (April 25, 1941), 77-123.

228-229 Thrasher, Frederic. *The Gang: A Study of 1,313 Gangs in Chicago*. University of Chicago Press, 1927.

230-231 Nelson, John. "Lights On & Lights Out." Adventuresinmapping.com, April 18, 2017.

Carlowicz, Michael. "New Night Lights Maps Open Up Possible Real-Time Applications." NASA.gov, April 12, 2017.

232-233 Conzen, Michael. "The County Landownership Map in America: Its Commercial Development and Social Transformation." *Imago Mundi* (1984), 9-31.

Conzen, Michael. "The All-American County Atlas: Styles of Commercial Landownership Mapping and American Culture." In *Images of the World: The Atlas Through History*, edited by John Wolter and Ronald Grim. Library of Congress, 1997.

234-237 Lerner, Michael. *Dry Manhattan: Prohibition in New York City*. Harvard University Press, 2008.

Blair, Henry. *The Temperance Movement; or, The Conflict Between Man and Alcohol*, W. E. Smythe, 1888.

Graham, Robert. *Liquordom in New York City*. Church Temperance Society, 1883.

238-239 McLean, K. "Sensory Maps." http://sensorymaps.com.

240-241 Cummins, Patrick, and Mary Cummins. "Surveying in the Former Kingdom of Hawaii." *American Surveyor* (January/February 2006), 12-20.

Alexander, W. D. "A Brief History of Land Titles in the Hawaiian Kingdom." In *Surveyor General's Report, Interior Department*. P. C. Advertiser Co., 1882.

8 | 世界

246-247 Ruderman, Barry, David Rumsey, and Katherine Parker. *A Mind at Work: Urbano Monte's 60-Sheet Manuscript World Map*. 2017.

Digital composite of Urbano Monte world map: www.davidrumsey.com/luna/servlet/s/j552ds.

248-251 Digital Museum of Planetary Mapping: planetarymapping.wordpress.com.

252-253 Van der Krogt, P. "Globes, Made Portable for the Pocket." *Bulletin of the Scientific Instrument Society* (1985).

254-255 Van Duzer, Chet, and Ilya Dines. *Apocalyptic Cartography: Thematic Maps and the End of the World in a Fifteenth-Century Manuscript*. Brill, 2015.

256-261 Van Gent, Robert. *Andreas Cellarius, Harmonia Macrocosmica*. Taschen, 2016.

Kanas, Nick. *Star Maps: History, Artistry, and Cartography*. Springer, 2012.

Kuhn, Thomas. *The Copernican Revolution: Planetary Astronomy in the Development of Western Thought*. Harvard University Press, 1957.

262-263 Drake, Nadia. "How a NASA Spacecraft May Help Aliens Find Earth." *National Geographic*, August 14, 2017.

NASA. "The Golden Record." https://voyager.jpl.nasa.gov/golden-record.

264-267 Kretschmer, Ingrid, Daniel Strebe, and others. "Projections." In *The History of Cartography*, vol. 6, part 2, edited by Mark Monmonier. University of Chicago Press, 2015.

Monmonier, Mark. "Mercator Projection." In *The History of Cartography*, Vol. 6, edited by Mark Monmonier. University of Chicago Press, 2015.

Monmonier, Mark. *How to Lie with Maps*, 2nd ed. University of Chicago Press, 1996.

268-271 Whitaker, Evan. *Mapping and Naming the Moon: A History of Lunar Cartography and Nomenclature*. Cambridge University Press, 1999.

Montgomery, Scott. *The Moon and the Western Imagination*. University of Arizona Press, 1999.

272-273 World Museum. "Bombed Out! World Museum and the Blitz." National Museums Liverpool. www.liverpoolmuseums.org.uk/wml/collections/blitz/index.aspx.

Mundy, Barbara. "Mesoamerican Cartography." In *The History of Cartography*, vol. 2, book 3, edited by David Woodward and G. Malcolm Lewis. University of Chicago Press, 1998.

274-275 Beccario, Cameron. "EarthWind Map." earth.nullschool.net.

9 | 藝術與想像

280-281 Map, art, and works by FULLER: www.fullermaps.com.

282-285 Gretzinger, Jerry. "Jerry's Map." *Cartographic Perspectives* (2014), 68-70.

Jerry's Map: www.jerrysmap.com.

286-289 Rubin, Rehav. "Fantasy & Reality—Ancient Maps of Jerusalem." *Bible Review* (April 1993).

De Peuter, Stanislas. "The Holy Land as Seen by Christiaan van Adrichem." *BIMCC Newsletter*, no. 28 (May 28, 2007).

290-293 Gough Map: www.goughmap.org.

Hereford Mappa Mundi: www.themappamundi.co.uk.

294-295 Gass, Linda. "Art About San Francisco Bay." www.lindagass.com/NewWork.html.

296-299 Howard, Ebenezer. *To-morrow: A Peaceful Path to Real Reform*. Swan Sonnenschein, 1898.

Fishman, Robert. *Urban Utopias in the 20th Century: Ebenezer Howard, Frank Lloyd Wright, Le Corbusier*. MIT Press, 1982.

300-301 Windham, Ryder, Chris Reif, and Chris Trevas. *Imperial Death Star Owner's Workshop Manual*. Haynes Publishing, 2013.

302-305 Anton Thomas Cartography Art: www.antonthomasart.com.

306-307 Bly, Nellie. *Around the World in Seventy-Two Days and Other Writings*. Penguin Classics, 2014.

308-309 Lutz, Eleanor. "The Goddesses of Venus: A Topographic Map." March 6, 2017. http://tabletopwhale.com/2017/03/06/goddesses-of-venus.html.

謝　誌

自從我們在2013年開啓關於地圖的網誌，一直以來都幸運受益於地圖界的溫情和熱情。專業地圖師、地圖學者、收藏家、圖書館員和檔案員全都鼓勵我們，也協助我們求知。他們樂意向一對新手分享專業知識，這般付出難能可貴，而且反映在本書中。雖然我們還有很多要學（本書文責全歸作者），但非常感謝他們的慷慨。

許多人都對本書成書非常重要，但莫過於大衛·倫西。從五年前他邀請我們參觀他的收藏，到本書的寫作過程，大衛都在激發我們對地圖的興趣，而且親切分享他的知識和地圖。本書許多地圖都是來自他那驚人的收藏。

我們也要感謝奧雪地圖圖書館的伊恩·福勒（Ian Fowler）（他後來換到紐約公共圖書館），他從一開始就關心這項計畫，而且推薦本書中的一些地圖。PJ莫德提供他在康乃爾大學勸說性地圖收藏的好幾張地圖，而且協助給出相關資訊。除了書中提到和引用的人物，我們也必須感謝其他許多人分享知識並以各種方式協助，包括范杜澤（Chet Van Duzer）、佛萊（Michael Fry）、（Ryan Moore）、史威特金－辛格（Julie Sweetkind-Singer）、穆罕默德（G. Salim Mohammed）、埃德尼（Matthew Edney）、宏斯比（Stephen Hornsby）、科德斯（Kate Cordes）、泰特（Alex Tait）、安德魯斯（R. J. Andrews）、菲爾德（Ken Field）、凱托（Simon Kettle）、威爾基（Vanessa Wilkie）、馬奎斯（Joe Marquez）、伯恩斯（Bonnie Burns）、格里姆（Ron Grim）、蒙莫尼耶（Mark Monmonier）、鄧巴（Joe Dunbar）、平托（Karen Pinto）、中崎（Shizuka Nakazaki）、莫羅（Kevin Morrow）、內科克（David Neikirk）、奧汀（Whitney Autin）、鮑爾（Susan Powell）、華納（Michael Warner）、赫尼（Lorenz Hurni）、羅曼（Walt Roman）和史坦（Ross Stein）。

本書包含超過200張地圖，能夠成書全都多虧了許多人的協助和慷慨允准，包括比德尼（Marcy Bidney）、布朗（Sam Brown）、布勒（Michael Buehler）、卡倫（Luzia Carlen）、卡斯楚（Fernando de Castro）、克里明斯（Bret Crimmins）、阿瑪·德瑞克（Amahl Drake）、法蘭克·德瑞克（Frank Drake）、納迪亞·德瑞克（Nadia Drake）、霍內菲德（David Hodnefield）、伊藤（Rika Ito）、凱斯（Hazel Kayes）、李（Kent Lee）、馬丁尼茲（Ricardo Martínez）、穆登（Amy Muldoon）、派特森（Tom Patterson）、西蒙（Rob Simmon）、沃爾頓（AmyLee Walton）和沃諾克（John Warnock），以及科瓦魯比亞斯（Miguel Covarrubias）、吉爾（Macdonald Gill）、英霍夫（Eduard Imhof）和賴斯（Erwin Raisz）等人的家屬。我們也非常感謝所有作品出現在本書中的當代地圖師。

我們也受惠於一些公共資源，尤其是公立圖書館和大學圖書館。本書大大得助於許多這類機構的數位版地圖，要是沒有這些圖書館所藏的書籍、期刊文章和研究工具，以及網際網路檔案館（Archive.org）、哈提信託（Hathi Trust）和谷歌圖書（Google Books）之類的免費線上資源，我們關於過往地圖和地圖師的研究一定會更加困難。

我們也要好好感謝國家地理圖書的團隊，感謝泰瑞－布朗（Robin Terry-Brown）用他的願景在本計畫初期階段加以形塑並培植，感謝凱西迪（Michelle Cassidy）從計畫開始到完成都靈巧而熱情地加以指引。製作一本收錄這麼多特殊而稀有圖像的書籍，絕對少不了布萊爾（Susan Blair）和威爾考克斯（Meredith Wilcox）所領導的優秀照片編輯暨授權獲取團隊。我們的文字編輯阿姆斯壯（Kate Armstrong）協助帶出這些故事最好的一面。創意總監法里斯（Melissa Farris）和我們的設計師安德森（Gail Anderson）不怕許多地圖的形狀既奇怪又不可更動，勇敢負責打造美觀而協調的設計。

在許多方面上，這本書總結了我們過去五年先後在《連線雜誌》的Map Lab網誌和《國家地理雜誌》的All Over the Map網誌上所寫的。我們一路上從無數人身上得到很多協助和鼓勵，對此我們深深感謝。我們特別要致謝尼史塔克頓（Nick Stockton）、舒爾滕（Susan Schulten）、克努岑（Matt Knutzen）、曼恩（Adam Mann）、伍德拉夫（Andy Woodruff）、羅賓森（Anthony Robinson）以及北美地圖資訊學會（North American Cartographic Information Society）的成員。我們非常感謝國家地理線上團隊歷來成員的支持，包括恩格豪普（Erika Engelhaupt）、布拉德（Gabe Bullard）、柏林（Jeremy Berlin）、戴利（Natasha Daly）和吉爾戈夫（Dan Gilgoff）。我們也受益於桑德（Damien Saunder）、西克利（Ted Sickley）等國家地理優秀製圖團隊歷來成員的智慧。

兩位作者都感謝親友在本計畫期間的支持。葛瑞格感謝朋友和家人的鼓勵和支持，尤其感謝妻子瑞貝卡（Rebecca）忍受他許多週末都在工作、取消許多安排、還在一年大半時間裡都聊不了地圖之外的事情。沒有瑞貝卡，他是絕對辦不到的。他也感謝愛犬里奧（Rio）提醒他記得偶爾出門，而且別太嚴肅。

貝姬要感謝家人的關愛和支持，感謝朋友的鼓勵，感謝愛犬霍根（Hogan）讓她即使面臨截稿也要天天出門走走。她特別感謝伴侶布萊恩·加德納（Bryan Gardiner）的關愛、支持和鼓勵。從推薦本書相關地圖，到閱讀並編輯故事，再到耐心聽著貝姬不停談論地圖，這一切協助都讓她感謝不盡。

關於作者

貝西・梅森和葛瑞格・米勒是國家地理All Over The Map（nationalgeographic.com/alloverthemap）部落格格主。這個部落格在2013年創立，最初開設在《連線》（Wired）雜誌網站。追蹤他們的推特和Instagram帳號請搜尋@mapdragons。

貝西・梅森（Betsy Mason），科學記者，工作地點在美國舊金山灣區，擅長的報導主題十分廣泛，包括地球科學、動物行為學、地圖學，還有啤酒。作品散見於各大知名刊物，包括《科學》（Science）、《自然》（Nature）、《新科學家》（New Scientists）、《發現》（Discover）、《連線》（Wired）和《科學新聞》（Science News）。

梅森在**2008**到**2015**年擔任《連線》雜誌的資深編輯，負責線上科學報導。更早之前曾在舊金山灣區的《康特拉科斯塔時報》（**Contra Costa Times**）擔任科學與國家實驗室記者，期間她對加州地震風險所作的報導，獲得美國地球物理聯盟（**American Geophysical Union**）頒發的大衛・普爾曼獎（**David Perlman Award**）。

她取得史丹福大學地質學碩士學位之後，在加州大學聖塔克魯茲分校修習科學寫作研究生學程結業。曾獲得麻省理工學院奈特科學新聞學（**Knight Science Journalism**）計畫的**2015-2016**學年度研究獎助。**2013**年起加入科學寫作促進委員會（**Council for the Advancement of Science Writing**）。

梅森從小就會畫她的房間、她的家和後院的地圖，展現出對地圖學的興趣。在大學學習繪製地質圖時開啓了她對地球科學的興趣，也加深了她對地圖的熱愛。她現在正在學習繪製數位地圖，不過每次出門她還是習慣帶著紙本地圖。

閱讀梅森的其他作品，請上她的個人網站：**www.betsymason.com**

葛瑞格・米勒（Greg Miller），科學與技術記者，工作地點在美國俄勒岡州波特蘭。曾任《連線》雜誌資深撰述，《科學》雜誌專任撰述，除了地圖學報導之外，也撰寫生物學、神經學、行為學和社會科學等主題。

米勒曾得過幾次報導獎，包括**2013**年與其他人共同獲得國家科學工程與醫學學院（**National Academies of Science, Engineering, and Medicine**）頒發的雜誌新聞報導獎（**Magazine Journalism Award**），以表彰他在《科學》雜誌一期關於人類衝突研究的特刊中的貢獻，米勒的文章仔細檢視了無人機為戰爭心理學帶來的改變。米勒也是羅莎琳・卡特精神衛生新聞（**Rosalynn Carter Fellow for Mental Health Journalism**）的研究獎助金得主，曾前往斯里蘭卡、印度、中國和印尼，報導精神病學的文化差異，以及開發中國家治療精神疾病時面臨的難題。

米勒從事新聞工作之前取得史丹福大學神經學博士學位，在加州大學聖塔克魯茲分校完成科學寫作學程。

米勒對地圖的興趣也始於童年，每當全家開車出去旅行，他就在後座認真研究地圖。他認為是地圖引起了他的旅行嗜好，以及對世界的好奇心。在寫作本書前所作的研究過程中，地圖重新點燃了他對歷史、藝術、天文學等學科的興趣，在學校的時候他這些科目的成績並不是特別好。

閱讀米勒的其他作品，請上他的個人網站：**www.gregmiller.co**，也可在推特上追蹤他：**@dosmonos**。

圖片出處

DRMC = David Rumsey Map Collection, www.davidrumsey.com
DRMCSL = David Rumsey Map Collection, David Rumsey Map Center, Stanford Libraries
LCGM = Library of Congress Geography and Map Division

Cover
Front
(UP) Stanford University Libraries; (CT) LCGM, cw0322000; (LO) Swiss Alpine Museum, Bern, photo by Vincenz Schwab; (Inner Circle) London Metropolitan Archives; (Outer Circle) Made by Bert Spaan for Waag Society, Amsterdam, 2013

Back
Main: Courtesy, DRMCSL; Strips (L to R): Courtesy, DRMCSL; Library of Congress, Geography and Map Division, 2016432165; National Geographic Maps; Courtesy, DRMCSL.

2-3 (Inner circle to outer), from pages 16, 125, 204, 25; 4-5, Image Copyright, 2013, Weldon Cooper Center for Public Service, Rector and Visitors of the University of Virginia (Dustin A. Cable, creator); 6-7, Courtesy DRMCSL; 9, NG Maps; 10-11 (L to R), from pages 30-31, 42-3, 16; 12-13 (UP), Courtesy, Barry Lawrence Ruderman Map Collection, David Rumsey Map Center, Stanford Libraries; 12-13 (LO-L to R), from pages 25, 30-31, 38-9, 42-3, 35, 17 LO LE; 14-16, U.S. Army Corps of Engineers, ERDC; 17 (UP LE), Planet Labs, Inc., 9/29/17 (https://creativecommons.org/licenses/by-sa/4.0/legalcode); 17 (LO LE), 17 (RT), U.S. Army Corps of Engineers, ERDC; 18, National Maritime Museum, Greenwich, London; 19, British Library, London, UK/© British Library Board. All Rights Reserved/Bridgeman Images; 20, National Maritime Museum, Greenwich, London; 21, HM918 The Huntington Library, San Marino, California; 22-3, Courtesy DRMCSL; 24-9, Osher Map Library and Smith Center for Cartographic Education; 30-31, © Maria Elena Rico Covarrubias, photo courtesy DRMC; 32-5, Osher Map Library and Smith Center for Cartographic Education; 36-7, Created by Muir-Way.com, Design by Jared Prince, Data by Roman Perkhaliuk; 38-9, Courtesy DRMCSL; 40, Produced by ProQuest as part of ProQuest Serial Set Digital Maps Collection. www.proquest.com. Published with permission. Further reproduction is prohibited without permission. (UP-https://congressional.proquest.com/congressional/docview/t45.d46.2826_s.rp.1944_map_8), (LO-https://congressional.proquest.com/congressional/docview/t45.d46.2826_s.rp.1944_map_7); 41, Cornell University - PJ Mode Collection of Persuasive Cartography; 42-3, Courtesy DRMCSL; 44-5 (L to R), from pages 65, 74-5, 56-7; 46 (L to R), from pages 68-9, 48-9, 60-61, 74-5; 46-7, LCGM ct000338; 48-9, Made by Bert Spaan for Waag Society, Amsterdam, 2013; 50-51, LCGM, ct001865; 52, LCGM ct002488; 53 (UP), LCGM ct005090; 53 (LO), National Geographic Map retrieved from LCGM, ct005040; 54-5, National Geographic Map retrieved from LCGM, ct004682; 56-7, San Francisco Maritime National Historical Park; 58, Courtesy DRMCSL; 58-9, Smithsonian Institution, National Museum of American History, Photographic History Collection; 59 (UP), Courtesy DRMCSL; 59 (LO), James Allan; 60-61, Istanbul University Library of Rare Books; 62, Map of Aleppo, ca 1600 (color litho), Ottoman School/Private Collection/Bridgeman Images; 62-3, Images & Stories/Alamy Stock Photo; 63, TSM H.1608 View of Nice, from the Suleymanname (Life of Suleyman) 1545 (gouache on paper), Al-Silahi, Nasuh (Matraki) (16th century)/Topkapi Palace Museum, Istanbul, Turkey/Dost Yayinlari/Bridgeman Images; 64-5, Eric Fischer, Base map © OpenStreetMap (https://creativecommons.org/licenses/by-sa/2.0/legalcode); 66-9 (UP), Hitomi Terasawa, courtesy Iwanami Shoten, Publishers; 69 (LO), Jodi Cobb/National Geographic Creative; 70-71, LCGM gm71002188; 71, Map reproduction courtesy of the Norman B. Leventhal Map & Education Center at the Boston Public Library; 72 (LE), Map reproduction from the Mapping Boston Collection of the Norman B. Leventhal Map & Education Center at the Boston Public Library; 72 (RT), Map reproduction courtesy of the Norman B. Leventhal Map & Education Center at the Boston Public Library; 73 (UP LE), NOAA's Office of Coast Survey Historical Map & Chart Collection, http://historicalcharts.noaa.gov; 73 (UP RT), Greater Boston area map © Mapbox © OpenStreetMap, see https://www.mapbox.com/about/maps/ and https://www.openstreetmap.org/copyright; 73 (LO), © The Muriel G. and Norman B. Leventhal Family Foundation. Cartography by MapWorks, Herb Heidt and Eliza McClennen, Norwell, Massachusetts; 74-5, Reproduced by permission of Geographers' A-Z Map Co. Ltd. Licence No. B8245. © Crown copyright and database rights 2018 OS 100017302.; 76-7 (L to R), from pages 106 up, 87 lo, 92 lo; 78 (UP to LO), from pages 107, 101, 84-5, 94-5, 98-9; 79, Cornell University—PJ Mode Collection of Persuasive Cartography; 80-81, LCGM cw0322000; 82 (UP), LCGM cw0322000; 82 (LO), LCGM cw0322000; 83 (LE), Courtesy Gettysburg National Military Park; 83 (RT), LCGM cw0322000; 84-7 (UP), East View Geospatial, www.geospatial.com; 87 (LO), U.S. Geological Survey; 88, East View Geospatial, www.geospatial.com; 89, John Davies, http://redatlasbook.com; 90-91, LCGM 2008621715; 92 (UP), LCGM 2008621715; 92 (LO), LCGM 2008621715; 93, LCGM 2008621715; 94-6 (UP), London Metropolitan Archives; 96 (CTR), © Historic England; 96 (LO), Andrew Holt/Getty Images; 97, London Metropolitan Archives; 98, LCGM 2016432163; 98-9, LCGM 2016432165; 100-101, LCGM, control number 2008628434; 101, Bryan Gardiner; 102 (UP), Figure 20 from *Geographical Review* article "The Development of the Terrain Model in the War" by Harrison P. Reed, Wiley, 1946; 102 (LO), AP Photo; 103, Courtesy Imperial War Museum, Neg. #CH_015885; 104-7, Courtesy Stanford University Libraries; 108-109, Hyperakt and Ekene Ijeoma; 110-11 (L to R), from pages 120, 114-15, 132-3; 112 (UP to LO), from pages 136-7, 114-15, 143, 132-3, 118-19; 113, Courtesy Boston Rare Maps Incorporated, Southampton, Massachusetts; 114-15, National Park Service; 116-17, Typ 825 32.1757, Houghton Library, Harvard University; 118, Museum of Science, Boston, photo by David Ochsner; 118-19, 120, NG Maps; 121, Charles O'Rear; 122, Jim Mendenhall/National Geographic Creative; 123 (UP), Brad Washburn sketches photographed by Mark Thiessen, NG Staff; 123 (LO), Jim Mendenhall/National Geographic Creative; 124-127 (LE), Courtesy Raisz Landform Maps and DRMC; 127 (RT), Courtesy Raisz Landform Maps; 128-131, Stephen Gladieux; 132-3, Swiss Alpine Museum, Bern, photo by Vinzenz Schwab; 133, ETH Library, Image Archive; 134-5, ETH Library, Maps; 136-7, Design for Prospect Park in the City of Brooklyn, Olmsted, Vaux & Co., 1871; B PP-1871.Fl; Brooklyn Historical Society; 138-41, James Niehues; 142-3, Cornell University—PJ Mode Collection of Persuasive Cartography; 144-5 (L to R), from pages 164, 154-5, 160; 146 (UP to LO), from pages 168-9, 166, 161, 148-9, 155; 147, Cornell University—PJ Mode Collection of Persuasive Cartography; 148-51, Courtesy DRMC; 152-3, LCGM ct002136; 154-6, Ecole nationale des ponts et chaussées, Fol.10975; 157, LCGM ct000242; 158-161, Courtesy DRMC; 162-3, Getty Research Institute; 164-167 (UP), Historical Information Gatherers; 167 (LO), LCGM sb000010; 168-71, Courtesy of British Airways, Amberley Publishing, and Paul Jarvis; 172-3, Virginia W. Mason/National Geographic Creative; 174-5, Courtesy DRMC; 176-7 (L to R), from pages 198, 194-5, 180-81; 178 (L to R), from pages 201, 196, 205, 185; 178-9, Courtesy Stanford University Libraries; 180-81, "Map of Oxford, to illustrate Dr. Acland's Memoir on cholera in Oxford in 1854," 1856, Historic Maps Collection, 2010-0388Q, Department of Rare Books and Special Collections, Princeton University Library; 182 (UP), British Library/Granger. All Rights Reserved; 182 (LO), "Map of Oxford, to illustrate Dr. Acland's Memoir on cholera in Oxford in 1854," 1856, Historic Maps Collection, 2010-0388Q, Department of Rare Books and Special Collections, Princeton University Library; 183, Memoir on the cholera at Oxford, in the year 1854, with considerations suggested by the epidemic, 1856, Historic Maps Collection, 2010-0388Q, Department of Rare Books and Special Collections, Princeton University Library; 184, Joe Covello/Black Star; 185, NG Maps; 186, Heezen, B. C., Tharp, M., and Ewing, M., Lamont Geological Observatory, Columbia University (now the Lamont-Doherty Earth Observatory), 1965, The Floors of the Oceans, I. The North Atlantic: Geological Society of America Special Paper 65, pl. 22, https://doi.org/10.1130/SPE65-p1; 187, Physiographic Diagram of the South Atlantic Ocean, by Bruce C. Heezen, Marie Tharp, Lamont Geological Observatory, Columbia University (now the Lamont-Doherty Earth Observatory), published by the Geological Society of America, 1961. Reproduced by permission of Marie Tharp Maps, LLC, 8 Edward Street, Sparkill, New York 10976; 188-9 LCGM 2010586277; 190-91, Forma Urbis Romae, Detail, by Rodolfo Lanciani, 1901. Digital representation developed by University of Oregon, Stanford University, and Dartmouth College. Reprinted by permission of the University of Oregon http://mappingrome.com/; 192, Courtesy DRMC; 193 (UP), Istituto Nazionale di Archeologia e Storia dell'Arte, Roma, Fondo Lanciani, inv. Roma XI.100.7; 193 (LO), © Roma, Sovrintendenza Capitolina ai Beni Culturali; 194-6, Courtesy DRMCSL; 197 (LE), Based on U.S. Geological Survey graphic; 197 (RT), U.S. Geological Survey; 198-9, Richard J. Weller, Claire Hoch, and Chieh Huang, ATLAS FOR THE END OF THE WORLD; 200-203, Self-portrait and original drawings of Santiago Ramón y Cajal belong to the Legado Cajal, conserved at the Instituto Cajal (Consejo Superior de Investigaciones Científicas-CSIC/Spanish Research Council), Madrid, Spain; 204, Geologic Map of the North Side of the Moon, by Baerbel K. Lucchitta (1978), USGS Map I-1062; 205, Geologic Map of the West Side of the Moon, by David H. Scott, John F. McCauley, and Mareta N. West (1977), USGS Map I-1034; 206-7, American Geographical Society Library, University of Wisconsin-Milwaukee Libraries; 208 (UP), LCGM; 208 (LO), Naval History and Heritage Command; 209, Osher Map Library and Smith Center for Cartographic Education; 210-11 (L to R), from pages 216-17, 236, 226-7; 212 (L to R), from pages 214-15, 226-7, 238-9, 237; 212-13, Charles Booth's Poverty Maps courtesy of the Library of the London School of Economics and Political Science (LSE); 214, Arnold Genthe/Library of Congress Prints and Photographs Division, 7a08939; 214-17, Courtesy DRMCSL; 218-9 (UP), LCGM 2002531180; 218-19 (LO), Digital capture by Heritage Imaging, The University of Manchester Library; 220-21, LCGM 2002531180; 222-3, From the *New York Times*, November 16, 2016 © 2016 *The New York Times*. All rights reserved. Used by permission and protected by the Copyright Laws of the United States. The printing, copying, redistribution, or retransmission of this Content without express written permission is prohibited.; 224, Illustration from *The Natural History of Man* by James Cowles Prichard, 1843; 225-7, Courtesy DRMCSL; 228-9, University of Chicago Map Collection; 230-31, Courtesy Esri, cartography by John Nelson; 232-3, Courtesy DRMCSL; 234-5, Cornell University—PJ Mode Collection of Persuasive Cartography; 236, PBA Galleries; 237, LCGM; 238-9, A Winter Smellwalk in Kyiv © Kate McLean 2017; 240-41, LCGM 2005625310; 242-3 (L to R), from pages 273, 246-7, 260-61; 244 (UP to LO), from pages 270, 263, 260, 246-7, 274; 245, Osher Map Library and Smith Center for Cartographic Education; 246-7, Courtesy DRMCSL; 248, R. A. Proctor, from drawings by W. R. Dawes, 1864/65; 248-9, From *Les terres du ciel* by Camille Flammarion, 1884; 250 (UP), 1877-1878 Mars map by Giovanni Schiaparelli; 250 (CTR), Chart of Mars-Plate 12 from *A Popular Handbook and Atlas of Astronomy* by William Peck, 1891; 250 (LO), Lowell Observatory Archives; 251, LCGM 2013593160; 252-3, Osher Map Library and Smith Center for Cartographic Education; 254 The Huntington Library, San Marino, California, HM 83 f.10v (LE), HM 83 f.11v (CTR); HM 83 f.12r (RT); 255, The Huntington Library, San Marino, California, HM 83 f.10r; 256-61, Octavo/Warnock Library; 262-3, Frank Drake; 263, NASA/JPL; 264, © Michael Schmeling, www.aridocean.com; 264-5 (UP), Courtesy DRMCSL; 264-5 (LO), NG Maps; 266, Collection of maps, diagrams, and globes relating to the Butterfly Map, and its development and promotion/B.J.S. Cahill, G3201.B'12 svar.C3 no.5. Courtesy of The Bancroft Library, University of California, Berkeley; 267 (UP), The Fuller Projection Map design is a trademark of the Buckminster Fuller Institute. ©1938, 1967 & 1992. All rights reserved, www.bfi.org.; 267 (LO), Courtesy Raisz Landform Maps and DRMC; 268, Claude Mellan, French, 1598-1688, The Moon in its First Quarter, 1636, Engraving, 23.5 x 17x5 cm (9 1/4 x 6 7/8 in.), Museum of Fine Arts, Boston, Harvey D. Parker Collection - Harvey Drury Parker Fund, P4596/Photo (c) 2018 Museum of Fine Arts, Boston; 269, Wellcome Collection (https://creativecommons.org/licenses/by/4.0/legalcode); 270 (UP), Thomas Fisher Rare Book Library, University of Toronto; 270 (LO), SSPL/Getty Images; 271, VCG Wilson/Corbis via Getty Images; 272-3, National Museums Liverpool, World Museum; 274-5, Cameron Beccario, earth.nullschool.net; 276-7 (L to R), from pages 289, 306-307, 299 le; 278-9 (UP), Map ©2015 by Andrew DeGraff. Used with permission from Zest Books LLC from *Plotted: A Literary Atlas* by Andrew DeGraff. All rights reserved.; 278-9 (LO-L to R), from pages 298, 291, 295, 300-301, 286-7, 285 lo; 280-81, FULLER; 282-5, Courtesy Jerry Gretzinger, www.jerrysmap.com; 286-9, Courtesy National Library of Israel; 290-91, Courtesy of HBO. Map image © 2018 Home Box Office, Inc.; 292-3 (UP LE), Bodleian Images; 293 (UP RT), Courtesy of HBO. Map image © 2018 Home Box Office, Inc.; 293 (LO LE), © The Dean and Chapter of Hereford Cathedral and the Hereford Mappa Mundi Trust; 293 (LO RT), Courtesy of HBO. Map image © 2018 Home Box Office, Inc.; 294 (UP), Copyright © 2013 Linda Gass, Photo by Don Tuttle; 294 (LO), Copyright © 2008 Linda Gass, Photo by Don Tuttle; 295, Copyright © 2005 Linda Gass, Photo by Don Tuttle; 296-9, From *To-Morrow: A Peaceful Path to Real Reform* by Ebenezer Howard, 1898; 300-301, Courtesy of Lucasfilm Ltd. LLC, STAR WARS© & ™ Lucasfilm Ltd. LLC; 302-305, Anton Thomas www.antonthomasart.com; 306-307, Courtesy DRMC; 308-9, Copyright 2017 Eleanor Lutz. References: Venus 1:5 million-scale Magellan Imagery: USGS and IAU Gazetteer of Planetary Nomenclature. Venus Nomenclature search function: USGS and IAU Gazetteer of Planetary Nomenclature. Altimetric Radar Image Map of Venus (1997, USGS Series #I-2444) and Topographic Map of Venus (1997, USGS Series #I-2444).

索 引

N

O

P

R

U

V

X

Z

地圖的故事
悠遊在現實與想像、科學與藝術之間的地圖學發現之旅

作　　者：貝西・梅森　葛瑞格・米勒
翻　　譯：陳義仁
主　　編：黃正綱
資深編輯：魏靖儀
美術編輯：謝昕慈
行政編輯：吳怡慧

發 行 人：熊曉鴿
總 編 輯：李永適
印務經理：蔡佩欣
發行經理：曾雪琪
圖書企畫：黃韻霖　陳俞初

出 版 者：大石國際文化有限公司
地 址：台北市內湖區堤頂大道二段 181 號 3 樓
電 話：（02）8797-1758
傳 真：（02）8797-1756
印 刷：群鋒企業有限公司

2019 年（民 108）9 月初版
定價：新臺幣 1200 元 ／ 港幣 400 元
本書正體中文版由 National Geographic Partners, LLC
授權大石國際文化有限公司出版
版權所有，翻印必究
ISBN：978-957-8722-58-3（精裝）
＊本書如有破損、缺頁、裝訂錯誤，
請寄回本公司更換

總代理：大和書報圖書股份有限公司
地址：新北市新莊區五工五路 2 號
電話：（02）8990-2588
傳真：（02）2299-7900

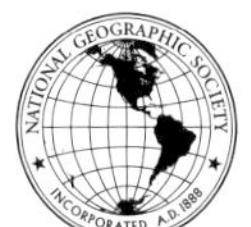

國家地理合股有限公司是國家地理學會與二十一世紀福斯合資成立的企業，結合國家地理電視頻道與其他媒體資產，包括《國家地理》雜誌、國家地理影視中心、相關媒體平臺、圖書、地圖、兒童媒體，以及附屬活動如旅遊、全球體驗、圖庫銷售、授權和電商業務等。《國家地理》雜誌以 33 種語言版本，在全球 75 個國家發行，社群媒體粉絲數居全球刊物之冠，數位與社群媒體每個月有超過 3 億 5000 萬人瀏覽。國家地理合股公司會提撥收益的部分比例，透過國家地理學會用於獎助科學、探索、保育與教育計畫。

國家圖書館出版品預行編目（CIP）資料

地圖的故事 悠遊在現實與想像、科學與藝術之間的地圖學發現之旅 貝西・梅森、葛瑞格・米勒 Betsy Mason & Greg Miller 作；陳義仁 翻譯 . -- 初版 . -- 臺北市：大石國際文化，民 108.9
320 頁；23.5 × 28.5 公分
譯自：All over the map : a cartographic odyssey
ISBN 978-957-8722-58-3（精裝）

1. 地圖學 2. 地圖繪製 3. 歷史

609.2　　108012165